Inhaltsverzeichnis

Vorwort zur ersten und zweiten Auflage

Moderne Ansätze der Systemtheorie und der Innovationsforschung haben faszinierende Instrumente entstehen lassen, mit welchen die Grundfragen vieler Wissenschaften neue aufgerollt werden können. Für die Wirtschaftsgeorgraphie bietet solches die Theorie der dissipativen Strukturen, deren Anwendung hier erstmals konsequent versucht wird. Dieses Buch will allerdings keine systemtheoretische Untersuchung sein, sondern nur die Anwendbarkeit dieser Ansätze auf geographische Fragestellungen prüfen und einleiten.

Verbunden werden damit eine Reihe von Überlegungen, die in Werken zur allgemeinen Wirtschaftsgeographie bisher ungewohnt sind, sich aber aus diesen Ansätzen ergeben, etwa die Rolle der Einheit von Ort, Zeit und Handlung bei wirtschaftlichen Tätigkeiten oder die Frage nach den dynamischen Prozessen, die in solchen Systemen ablaufen. Sie legen eine teilweise Abkehr von bisher gängigen Vorstellungen über den geographischen Raum als dem Handlungsumfeld der Wirtschaft nahe.

Die geographische Wissenschaft ist an sich für einen solchen Sprung in unbekannte Gewässer gut gerüstet, allerdings mehr von der empirischen Seite her als durch ihre Theorieansätze. Deren Fehlen über weite Strecken kann vorerst nur notdürftig überbrückt werden. Es wird versucht, wenigstens bis in die Nähe einer Theorie regionaler Systeme vorzustoßen.

In diesem Sinne spiegeln viele Abschnitte des Buches die praktischen Erfahrungen des Verfassers. Allzuoft mußte er sich als Geograph an einer Wirtschaftsfakultät mit der berechtigten Frage nach dem Erklärungswert und Nutzen seines Faches für wirtschaftliche Entscheidungen herumschlagen und Antworten versuchen, auch wo der Forschungsstand noch lange nicht zureicht.

In solchen Situationen besteht die Gefahr, die Leistungen früherer Generationen von Forschern pauschal zu verwerfen. Ein derartiger Bruch bringt jedoch keinen Nutzen. Daher wurde die Dogmengeschichte der Wirtschaftsgeographie breit eingearbeitet. Die alten Thesen und Antworten erhalten aber oftmals einen ganz anderen Stellenwert als bisher.

W. Ritter

Vorwort zur dritten Auflage

In den wenigen Jahren seit dem Erscheinen der ersten Auflage und der unveränderten zweiten haben laufende Ereignisse reiches Anschauungsmaterial für einige, damals nur theoretisch postulierbare Schlußfolgerungen geliefert. Insbesondere gilt dies für das Zerbröckeln einer Reihe von Staaten und den Zerfall ihres ideologischen Überbaus, was zu revolutionären Änderungen von Systemstrukturen und Versuchen zur Transformation der Wirtschaftssysteme führte. Ganz allgemein ist eine Flut von Literatur zu vielen in dem Buch angeschnittenen Fragen erschienen, die damals noch als eher randlich gelten mußten. Dazu haben Forschungen am Lehrstuhl und Arbeiten der Studenten wesentlich beitragen können. Besonders erfreulich ist die Aufnahme von Grundgedanken und deren Weiterführung durch andere Autoren wie Chr. STAUDACHER (1997) und Th. REICHART (1998). All dies sind gute Zeichen, weil sie anzeigen, daß hier nicht Nebensächlichkeiten ausgearbeitet oder alter Wein aufgefrischt wurden. Dies macht es aber auch schwieriger den Umfang ein- und den Charakter eines konzeptuellen Werkzeugkastens für Studierende beizubehalten.

W. Ritter

Einleitung
Grundpositionen des vorliegenden Buchs

Im allgemeinen Bereich einer Wissenschaft stellt sich die Aufgabe, Hypothesen zum forschungsobjekt und die beobachteten Erscheinungen in den Zusammenhang eines systematischen Lehrgebäudes zu bringen. Generelle Theorien sind dabei auf ihre Anwendbarkeit im konkreten Sachzusammenhang abzuklopfen. Für die Forschung am Objekt der Disziplin steckt der allgemeine Bereich einen Rahmen für die Entscheidung ab, welche Erscheinungen untersucht und erklärt werden müssen.

Daß derzeit in der Wirtschaftsgeographie der allgemeine Bereich in den Lehrbüchern nach höchst unterschiedlichen Konzeptionen aufbereitet wird, liegt einerseits am Wandel der Auffassungen, welchen die Geographie insgesamt in jüngerer Zeit erlebt hat, andererseits an der vornehmlich analytischen und abstrahierenden Vorgehensweise der Wirtschaftswissenschaften. An diesen orientieren sich Wirtschaftsgeographen bei ihren theoretischen Überlegungen, wogegen sie in ihrer Forschungspraxis weniger von der Komplexität der realen Welt abgehen wollen. Es gelingt nur schwer, diesen Widerspruch zu überbrücken.

Einige Worte sind hier zu den traditionellen Positionen der Geographie angebracht. Diese gliedert man konventionell in physische Geographie und Kulturgeographie. Die erstere ist eine Naturwissenschaft und untersucht Prozesse, die sich in den Grenzschichten von fester Erdkruste, Wasser- und Lufthülle abspielen. Dabei konte bisher noch weitgehend von den menschlichen Aktivitäten abstrahiert werden. Die Kulturgeographie befaßt sich mit den Menschen und deren Hervorbringungen, wobei die Menschen in denselben Grenzschichten agieren, welche die physische Geographie naturwissenschaftlich untersucht. Solange man diese Gleichsetzung aufrechterhält, erscheinen Menschen, ihre Gesellschaften und Werke in ein einheitliches geographisches Forschungsobjekt hineingestellt, das sie selbst nicht hervorgebracht haben, und das infolgedessen von der Kulturgeographie auch nicht mehr begründet werden muß.

Auf dieser Basis konnte man sich problemlos den verschiedenen menschlichen Tätigkeitsbereichen wie Siedlung, Verkehr, Religion, Politik, Gesellschaft und Wirtschaft zuwenden und diese Felder innerhalb der Kulturgeographie zu Spezialdisziplinen ausbauen, die in engen Gedankenaustausch zu den jeweiligen Fachdisziplinen traten. Für die Wirtschaftsgeographie haben in erster Linie die Nationalökonomie, in zweiter Betriebswirtschaftslehre, Wirtschaftsgeschichte und Soziologie diese Referenzfunktion. Ihren Theorien folgt das Fach im Abstand von ein bis zwei Generationen, wobei dieser Rückstand die Gefahr des Absinkens zur „Dienstmagd" der anderen mit sich bringt. Dieses hätte dann ein Residuum von Randproblemen zu untersuchen, deren Erforschung den Vertretern der zuständigen Sachdisziplin nicht lohnend genug erscheint. Die immer feingleingliedrigere Aufspaltung im wissenschaftlichen Betrieb kommt dieser Tendenz sehr entgegen.

Es ist im konkreten Anwendungsfall dann jedoch schwierig, die speziellen Fragestellungen der Agrargeographie, Industriegeographie, Handelsgeographie, Fremdenverkehrsgeographie und all ihrer Verästelungen wieder zusammenzuführen, weil zu viele Lücken im Beobachtungsmaterial, heterogene theoretische Interpretationen und nicht eingeordnete, aber scheinbar wichtige Teilaussagen auftreten.

Vernünftiger ist es, einen brauchbaren Verbund der Fragestellungen von vornherein beisammen zu lassen. Dies läßt sich einerseits durch wirtschaftsgeographische Strukturkomplexe erreichen, wie sie in den späteren Kapiteln dieses Buches behandelt werden, andererseits durch die Unterscheidung mehrerer Ebenen der fachlichen Betätigung, für die jeweils andere Zielvorstellungen gelten. Wir können dabei fünf Ebenen anführen, auf denen Wirtschaftsgeographie betrieben werden kann.

a) Bei der Anwendung in Entscheidungssituationen im Alltag zählt nur, was der Entscheidungsträger im Kopf hat. Dazu gehören neben seiner im Laufe des Lebens erworbenen Umweltkenntnis auch Vorstellungen, die ihm direkt oder indirekt die geographische Wissenschaft vermittelt hat.

b) Die angewandt-praktische Ebene der Wirtschaftsgeographie ist die vornehmliche Quelle solcher Vorstellungen. Sie umfaßt Ausarbeitung als Text oder Karte für Information und Unterricht, ferner Projektstudien und Gutachten zur Entscheidungsvorbereitung. Diese Aufgaben sind komplex und müssen benutzergerecht gelöst werden. Dazu reicht eine wissenschaftliche Spezialdisziplin allein nicht aus. Vielmehr müssen Erkenntnisse und Begriffsapparat anderer Disziplinen eingebracht, und alle zusammen im Gesamtprodukt dem jeweiligen Verwendungszweck untergeordnet werden. Solche Problemlösungen gleichen den Aufgaben der Techniker und Mediziner. In der Geographie wird man sich dieser Eigenständigkeit der Anwendungspraxis erst langsam bewußt.

c) Die angewandt-wissenschaftliche Ebene dagegen umfaßt Studien, die den Begriffsapparat der Wirtschaftsgeorgraphie verwenden, Erkenntnisse aus anderen Disziplinen nur nach kritischer Prüfung übernehmen und gelegentlich auch in ihrer Darstellung eine Lücke lassen können, wo Forschungsergebnisse noch nicht verfügbar sind. Ein unmittelbarer Anwendungszweck ist nicht gegeben. Solche Arbeiten dienen der Information eines fachlich interessierten Publikums über den erreichten Stand der Forschung und Methodik, sowie über die erzielten Ergebnisse. Derartige Studien beziehen sich entweder auf Wirtschaftstätigkeiten oder auf Wirtschaftsregionen. Die Fragestellung wird gewöhnlich fachspezifisch eingeengt. Die Ergebnisse sind in Abhandlungen oder kleineren Aufsätzen niedergelegt.

d) Die allgemeine Ebene oder allgemeine Wirtschaftsgeorgraphie muß die auf angewandt-wissenschaftlicher Ebene gewonnenen Erkenntnisse und Hypothesen in einen Begriffsapparat einbauen und auf deren Zusammenfügbarkeit achten. Lücken der Forschung deckt sie auf. Eine allgemeine Wirtschaftsgeographie wird gewöhnlich die Form eines Lehrbuchs haben und mit diesem Ziel das gesamte Fach umfassen wollen.

Die allgemeine Wirtschaftsgeographie umschießt einen sachbezogenen, systematischen Zweig und daneben einen methodisch orientierten, regionalen Zweig, der allerdings noch wenig ausgebaut ist. Ersterer untersucht Strukturen und Prozesse der Wirtschaft unter geographischem Gesichtspunkt in umfassender Weise. Der zweite beschäftigt sich mit den Verfahren und Fragestellungen bei der Behandlung von Wirtschaftsregionen bzw. wirtschaftlichen Regionalsystemen.

e) Auf der theoretischen Ebene endlich müssen die auf den Ebenen a) bis d) „entdeckten" Hypothesen und Theorieansätze zunächst mit jenen der übrigen Geographie, sodann mit denen der benachbarten Wirtschafts- und Gesellschaftswissenschaften und schießlich mit der Wissenschaftstheorie zusammengeführt werden. Aus dieser theoretischen Ebene kommen auch die grundsätzlichen Überlegungen zu „räumlichen" Problemstellungen, aus denen die Geographie ihre Begründung als Fach zieht und denen die Geographen nicht ausweichen dürfen.

Normalerweise wird Forschungsarbeit auf den Ebenen b) und c) geleistet soweit sie sich der spezifisch geographischen Methode der Beobachtung im Gelände und der

Kartierung bedienen. Theoretische Forschung hat andere Instrumente. Es bedarf jedoch eines steten Austauschs über alle fünf Ebenen, wie er oben durch Wechselwirkungspfeile angedeutet wird. Nur so können sich Theorie und Praxis gegenseitig befruchten.

Eine Aufspaltung in Teildisziplinen ist zunächst gar nicht erforderlich und sie resultiert wohl auch weitgehend aus den unvermeidlichen Restriktionen der Einzelforschung auf der angewandt-wissenschaftlichen Ebene. Sie wird auf der praktischen Ebene hinderlich und auf der allgemeinen und theoretischen Ebene trivial. Jede der fünf Ebenen hat also ihre spezifischen Regeln, die im Auge zu behalten sind. Die allgemeine Ebene darf aber die spezifischen Stärken der vier anderen nicht unterdrücken, was in der Wissenschaft meist „vergessen" bedeutet. Dazu wird es notwendig die Vielfalt der Erkenntnisse durch Grundhypothesen zu filtern. Solche Grundhypothesen haben in der Wirtschaftsgeographie noch keine generelle Anerkennung durch die Gemeinschaft der Forscher finden können. Der Vergleich des vorliegenden Werks mit den Arbeiten von *Obst* (1961), *Bösch* (1966), *Otremba* (1969), *Voppel* (1970), *Schätzl* (1978–1993), *Wagner* (1994), *Sedlacek* (1988) und der Zusammenfassung geographischer Ansätze durch *Uhlig* (1970) wird dies dem Leser unschwer und in zahllosen Einzelaussagen verdeutlichen können. Deshalb seien nachstehend die vier wichtigsten Grundhypothesen des Verfassers angeführt, an denen das gesamte Buch ausgerichtet ist:

1) Der von der Geosphäre abgeleitete Raumbegriff ist nur sehr eingeschränkt für die Wirtschaftsgeographie verwendbar. Deshalb ist nach anderen Raumbegriffen und einer Theorie des Raumes überhaupt zu fragen, die es besser erlaubt, das grundlegende Problem der Einheit von Ort und Zeit bei wirtschaftlichen Handlungen aufzugreifen.

2) Alle wirtschaftsgeographischen Erscheinungen sind Ergebnis und Auswirkung von Innovationen, die ihrerseits wieder von nachfolgenden Innovationen und deren Ausbreitung abgelöst und zurückgedrängt werden. Die Innovations- und Diffusionstheorien haben daher eine Schlüsselrolle für die allgemeine Wirtschaftsgeographie.

3) Alle diese Erscheinungen stehen im Funktionszusammenhang offener Systeme und nicht für sich allein. Aus ihrer Einbettung in Regionalsysteme lassen sich ihre geographischen Attribute wie Größe, Form, Lage und Umweltabhängigkeit erklären. Da eine Theorie der wirtschaftlichen Regionalsysteme noch weitgehend fehlt, muß auf die allgemeine Systemtheorie zurückgegriffen werden.

4) Die derzeit umfassendste Art solcher Systemverflechtungen sind Volkswirtschaften bzw. Volkswirtschaftsregionen. Als Makrozustand prägen sie in ihrem internen Bereich die Eigenschaften und Evolutionsbedingungen aller ihrer Subsysteme. Ebenso projizieren sie ihre internen Strukturmerkmale in die systemexterne Umwelt hinaus, die inzwischen mit der gesamten Welt gleichzusetzen ist. Volkswirtschaftliche Modelle und Theorien wird die Wirtschaftsgeographie deshalb nicht entbehren können. Viele davon lassen sich jedoch nur schwer auf die geographische Substanz übertragen und mit dynamischen Ansätzen der Systemtheorie verknüpfen.

Daß daneben so manche Anregung aus anderen Wissensgebieten gekommen ist, wird dem Leser mehrfach deutlich werden. Die Geowissenschaften einerseits und die Sozialwissenschaften im breiten Sinne dieses Ausdrucks auf der anderen Seite können Hypothesen beisteuern, welche die Wirtschaftsgeographie aus sich heraus nicht zu formulieren vermag. Es ist jedoch nicht Aufgabe der allgemeinen Wirtschaftsgeographie sich mit solchen Theorien an sich zu befassen oder sie gar zu begründen zu versuchen. Es geht ausschließlich um die Frage, ob man sie mit Berechtigung auf geographische Fragestellung anwenden darf, und auf welche. Daher wurde hier auf Ableitungen solcher Ansätze generell verzichtet.

Ebenso war es unmöglich, alle Einzelaspekte in voller Breite zu behandeln. Viele, vielleicht für manchen kritischen Leser allzuviele, konnten nur in knappen Strichen skizziert werden und mußten im Interesse des Gesamtkonzepts zurückgedrängt werden.

Kapitel I
Raumvorstellungen in der Geographie

Wenn die Wirtschaftsgeographie gemäß unserer ersten Grundhypothese nach anderen Zugängen zum Begriff des Raumes suchen soll, so muß dies wohl sogleich diskutiert werden. Die Ausführungen dazu sind etwas breiter, denn es ist nicht so leicht einsichtig, daß der geographische Raum, den unsere Atlanten abbilden, nur eine von vielen Möglichkeiten abgibt, die irdische Umwelt geistig zu durchdringen (*Hard* 1966). Derartige Raumabstraktionen hat jüngst H. *Klüter* (1986) mit Bezug auf die Wirtschaftsgeographie breit dargelegt. *Werlen* (1995) betrachtet von der Handlungswissenschaft ausgehend Raum als eine formal-klassifikatorische Ordnungskategorie, die sich auf „ausgedehnte" handlungsrelevante Dinge bezieht. *Burnet* (1992) stellt in einer anregenden Studie ganz darauf ab, daß Raum vom Menschen „produziert" wird. Leider sind solche Ansätze noch sehr schwer für praktische Aufgaben fruchtbar zu machen. Daß schon immer eine latente Unzufriedenheit mit den gängigen Raumvorstellungen bestand, zeigen die anregenden Gedanken von *F. Perroux* (1964, 124, 128).

Die Wirtschaftstheorie entwickelt ihre Modelle auf der Basis des euklidischen Raumes, der vielfach zum isotropen, d. h. in jeder Richtung gleichartig ausgestatteten, zweidimensionalen Raum vereinfacht wird, wie bei *Thünen, Christaller* und *Lösch*. Eine weitere Abstraktion führt zur Reduktion der Probleme auf die Faktoren Distanz und Abstand in eindimensionalen Anordnungen wie bei *Hotelling*. Geographen werden mit solchen Vereinfachungen nicht restlos glücklich, zumal sie in strenger Form oft gar nicht erforderlich wären. Aus der Vielzahl der Raumabstraktionen, die *Klüter* für die Geographie vorführt, mögen für unsere Zwecke drei genügen.

I.1 Der geosphärische Raum

Diese Raumvorstellung der Geographen wird vom Erdkörper abgeleitet und ist historisch gesehen sehr jung. Ihre Wurzeln gründen sich auf die Bemühungen von Seefahrern und Karawanenhändlern, ihre Routen für weite Reisen verläßlicher und berechenbarer zu machen. Insbesondere galt es das Ziel überhaupt zu finden und die Reisedauer konkret abzuschätzen. Die Vorstellungen von der Lage eines Ortes und seinen Distanzen zu allen anderen konnten mit Hilfe der Gestirne kodiert werden. In Verbindung mit der Idee von der Kugelgestalt der Erde entstand daraus das Instrument des Gradnetzes, welches jedem Punkt der Erdoberfläche eine absolute, wiederauffindbare Lage zuschreibt. Damit war zur Orientierung das geschaffen, was *Wirth* (1979, 87) ein abstraktes Beziehungsgefüge von Distanzen und Richtungen nennt. Diese Vorstellung modifiziert den euklidischen Raum durch die Krümmung von zwei Dimensionen zur Kugeloberfläche, auf welcher die dritte Dimension senkrecht steht und vom Erdmittelpunkt ausgeht.

Das neue Erdmodell wurde gerne als Globus vorgestellt. *Martin Behaim* mußte 1492 seinen „Erdapfel" zwar noch mit allerlei kognitivem Zierrat füllen, die Entdeckungsfahrten sorgten aber schnell für wahres Detail. Bereits 1569 leitete *Gerhard Mercator* aus dem Globusmodell die erste mathematisch einwandfreie Kartendarstellung der gesamten Erde ab. Mit ihrer Hilfe konnten die noch unbekannten Küsten die Kontinente und die Inseln systematisch erkundet und dokumentiert werden.

I.1.1 Die Entdeckung der Geosphäre

Der Blick zu den Sternen ging den Geographen jedoch verloren als nach dem Abschluß der Entdeckungsfahrten im 18. Jahrhundert eine genauere Befassung mit der Natur der Erde einsetzte. Bekannt sind z. B. die Studien über Klimazonen, Höhenstufen und Meeresströmungen geworden, die damals *Alexander v. Humboldt* angestellt hatte und woraus eine geographische Gesetzhaftigkeit der Anordnung dieser Phänomene erkennbar wurde. Etwa zur gleichen Zeit versuchte *Carl Ritter* (1822 f) seine neue, an der Natur der Erde orientierte Auffassung der Geographie in eine wissenschaftliche Beschreibung umzusetzen, um das Fach von der Bindung an die politischen Territorien zu befreien.

Während des 19. Jahrhundrts gelang es nicht nur, das Innere der Kontinente zu erkunden, sondern auch, sich Klarheit über Relief, Landschaften, Wasserhaushalte, Klima, Böden, nutzbare Mineralien, Vegetation, Tierwelt und „eingeborene" Menschengruppen zu verschaffen und deren Verbreitung teilweise zu erklären. Seit damals gilt die Erdoberfläche oder Erdhülle, unter der Bezeichnung Geosphäre als das Forschungsobjekt der Geographie.

Erkenntnisse über ihre dingliche Erfüllung sollten in die wissenschaftlichen Beschreibungen angewandter Art möglichst vollständig aufgenommen werden. Für diesen Zweck benutzte man gerne das „länderkundliche Schema", dem um die Jahrhundertwende *Alfred Hettner* eine für die folgenden 50 Jahre verpflichtende Form gegeben hatte.

Das große Rätsel der Verteilung von Land und Meer auf der Erde wurde jedoch erst um 1960 durch die Theorie der Plattentektonik plausibel erklärbar. Bald darauf erlaubten die bemannten Raumflüge es endlich, auch bildhaft und emotional verständlich zu machen, was die Geographen denn unter der Bezeichnung Geosphäre als ihr Objekt sehen wollten.

Die jüngste Auffassung hat dieses Konzept zu der Vorstellung der Geosphäre als eines gewaltigen, erdumspannenden, selbstregulierenden Systems erweitert (*Lovelock* u. *Margulis* 1974). Dieses bildete sich vor 1,5 Milliarden Jahren aus, als sauerstoffproduzierendes pflanzliches Leben den Haushalt der Geosphäre umkrempelte und die Basis für die Evolution aller atmenden Lebewesen hervorbrachte. Nach den heutigen Kenntnissen über die Evolution von Planeten im Sonnensystem war die Ausbildung dieses GAIA-Systems jedoch nur eine von mehreren Alternativen gewesen (*Jantsch* 1982, 172). Dies sollte als Warnung an die Menscheit dienen, GAIA nicht durch unbegrenzte Schadstofffreisetzung zu destabilisieren.

Der naturwissenschaftliche geosphärische Raumbegriff ist also zweifellos eine äußerst erfolgreiche Konzeption. Es kann heute als erwiesen gelten, daß Geosphäre und GAIA tatsächlich real existierende Dinge sind und daß die vielen älteren, oft sehr phantasievollen Kosmologien und Auffassungen von der Erdgestalt überholt sind.

Dennoch bleiben sie für die meisten Menschen noch ohne praktische Bedeutung. Andere Raumkonzeptionen helfen ihre bescheidenen Raumprobleme besser zu lösen. In jenen nämlich steht nicht die Natur, sondern der Mensch im Mittelpunkt. So groß daher der Erkenntnisfortschritt der Wissenschaft dank des geosphärischen Raumkonzepts war, man kann nicht übersehen, daß seine Anwendung auf menschliche Probleme und überhaupt sein Vorherrschen in der Geographie, diese an vielen Fragestellungen gehindert hat. Es besteht daher guter Grund in der Wirtschaftsgeographie nicht allzusehr darauf zu vertrauen, wenngleich seine Kenntnis angesichts der Umweltbedrohungen natürlich erforderlich bleibt.

I.1.2 Die Gliederung der Geosphäre

Die Geosphäre bildet die Außenschale des Planeten Erde, bestehend aus Atmosphäre, Hydrosphäre, aus welcher man die Kryosphäre oder Eishülle ausgliedern müßte, und Lithosphäre als Unterlage. Der Mensch wird in diesem Modell erst durch seine Aktivitäten interessant, womit er das Kräftespiel innerhalb der Geosphäre ausgestaltet und verändert (*Carol* 1963). Eine konsequente Analyse erweist die Geosphäre als einen in sich unbegrenzte wenngleich nicht unendliche Kugelschale. Gegen den Weltraum wie auch gegen das Erdinnere läßt sie sich nicht scharf abgrenzen.

Vom Begriff her kommt der Geosphäre ein Totalcharakter oder besser ein ganzheitlicher Aspekt zu. Sie umschließt nämlich alles, was Menschen bislang zugänglich war, also auch alle Territorien und kommunikativen Räume. Erst der Ausbruch ins Weltall könnte dies verändern. Die Geosphäre hat auch keinerlei Lücken und alle Distanzen sind objektiv meßbar. Als Berechnungsgrundlage verwendet man heute das Erdellipsoid von *Hayford* aus dem Jahre 1924 (Vgl. *Ritter* 1970, 36). Seither wurden allerdings wesentlich genauere Satellitenmessungen angestellt.

Eine Gliederung der Geosphäre ergibt zunächst die vier Elementarsphären Luft, Wasser, Eis und Gestein. Diese Volumina stoßen an vier geosphärischen Hauptgrenzen (I–VI) in Abb. I–1) aneinander. Diese Hauptgrenzen trennen sechs Erdräume, die jeweils Basis- oder Oberflächen dieser Volumina sind (1–6).

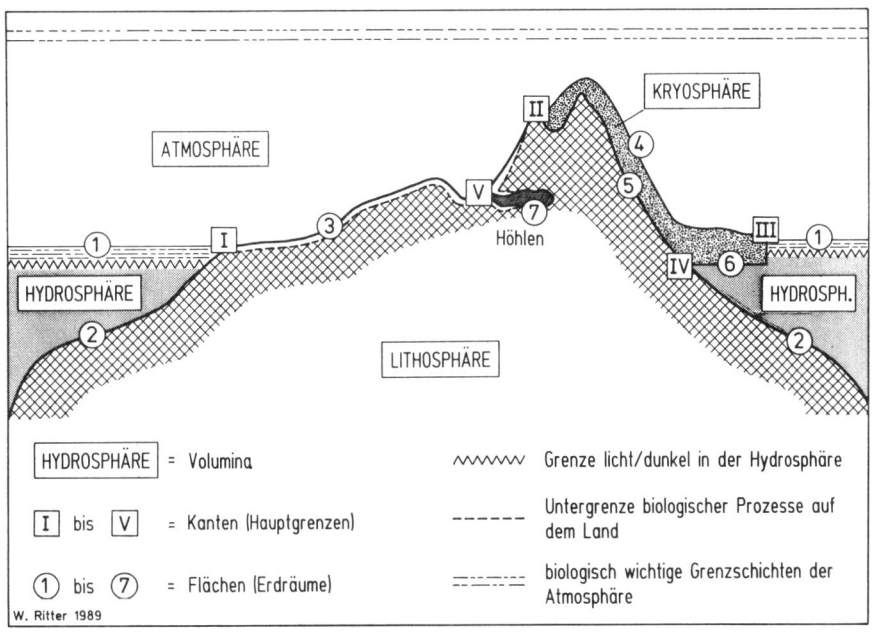

Abb. I–1   Schematische Gliederung der Geosphäre

Nicht alle sechs Erdräume sind dem Menschen zugänglich und nur Erdraum 3 kann unbeschränkt menschlicher Lebensraum werden. Er wird durch die Hauptgrenzen I und II formal definiert. Hauptgrenze I bewirkt auch die konventionelle geographische Gliederung der Erde in Kontinente und Inseln, Ozeane und Seen.

So weit, so gut. Die Geographie hat sich in der Tat sehr erfolgreich mit Erdräumen und Hauptgrenzen befaßt, freilich ohne zu beachten, daß diese nur vom Menschen her Sinn ergeben. Infolgedessen hat man auch den Erdraum 7 weitgehend vergessen. Gerade dieser aber erscheint aus menschlicher Sicht besonders wichtig, haust doch die Menschheit überwiegend in künstlichen Höhlen, deren Eingänge (Grenze V) in Gestalt von Türen und Schwellen sehr große symbolische und praktische Bedeutung haben. Dies zeigt uns sogleich eine wichtige Einschränkung dieses geosphärischen Raumansatzes auf.

Gleichwohl kann die physische Geographie (z. B. Geomorphologie) ihr Objekt problemlos mit der Geosphäre gleichsetzen. Wir wissen heute, daß der konkrete Verlauf der vier Hauptgrenzen einerseits von plattentektonischen Vorgängen bestimmt wird, die Kontinentmassen, Gebirge, Meeresbecken und Tiefseegräben schaffen, andererseits spielt die mittlere Temperatur der Geosphäre eine entscheidende Rolle, denn sie bestimmt die Menge des jeweils in flüssiger Form vorhandenen Wassers. Durch Temperaturänderungen steigt oder sinkt der Meeresspiegel, dringen die Gletscher vor oder gehen zurück und ändern sich im gleichen Rhythmus die Hauptgrenzen I bis IV. Zum letzten Mal erfolgte dies in größerem Umfang vor etwa 12000 bis 8000 Jahren am Ende der letzten Eiszeit. Vergleichbares befürchtet man gegenwärtig von einer Verstärkung des Treibhauseffekts.

Vorgänge der Aufschüttung und Abtragung ziselieren das Erdrelief in kleinerem Rahmen. Diese Kräfte sind weitgehend klimatisch gesteuert. Ihre Wirkungsweise wird jedoch durch das Hinzutreten des Lebendigen oder Biosphäre (Böden, Pflanzen, Tier, Menschen) modifiziert. Die Biosphäre erfüllt die Hydrosphäre und die unteren Schichten der Atmosphäre. Sie kann jedoch nicht die gesamte Grenzschicht von Atmosphäre und Lithosphäre einnehmen und nur mit einfachsten Lebensformen tiefer in die Lithosphäre eindringen. Noch etwas enger, nämlich durch seine Subsistenzmöglichkeiten, wird der Lebensraum des Menschen umschrieben.

Vom Erdraum 3, der ca. 130 Millionen Quadratkilometer umfaßt, sind alle Wüsteneien abzuziehen. Solche treten in den Polargebieten, Hochgebirgen, Trockenzonen und vereinzelt auch entlang der Küsten auf. Infolgedessen lassen sich menschliche Lebensräume innerhalb Erdraum 3 durch Polar-, Höhen- und Trockengrenzen genauer umschreiben. Im Gegensatz zu den Hauptgrenzen sind jedoch derartige Abgrenzungen nicht absolut trennscharf (vgl. Abb. I-2a), sondern Übergangssäume. Allerdings sind sie dauerhaft und nicht in größerem Umfang willentlich veränderbar.

Die physische Geographie konnte mit Hilfe solcher Grenzen und weiterer Unterteilungen ihr großes Objekt je nach Bedarf als Systemganzes sehen oder in handliche, kleinere Einheiten zerlegen, in Kontinente, Erdräume, Naturlandschaften, Flußgebiete usw. bis hin zu den kleinsten, durch Naturprozesse einheitlich geprägten Ausschnitten der Geosphäre.

Die Kulturgeographie hatte aber gerade mit solchen Gliederungen immer ihre liebe Not. Vergeblich versuchte man, in den 200 Jahren seit *Carl Ritter* für den Bereich der menschlichen Aktivitäten ähnlich verbindliche Gliederungen zu finden. Aber Politik, Wirtschaft, Recht, Religion und Gesellschaft wollen sich weder an physisch vorgegebene Grenzen und Gliederungen halten, noch bringen sie selbst allgemeingültige Gliederungsprinzipien hervor. Sogar Staatsgrenzen, Türen und Schwellen sind willkürliche, jederzeit aufhebbare Setzungen. Gleiches gilt für Stadtränder, die der Vorstellung von geosphärischen Hauptgrenzen noch am nächsten kommen, oder für Waldränder. Das Ergebnis aller Forschungsbemühungen ist, daß die Träger von -

a)
Ein Ausschnitt, gegliedert nach dem
geosphärischen Raumkonzept

b)
Derselbe Ausschnitt, gegliedert nach
dem territorialen Raumkonzept

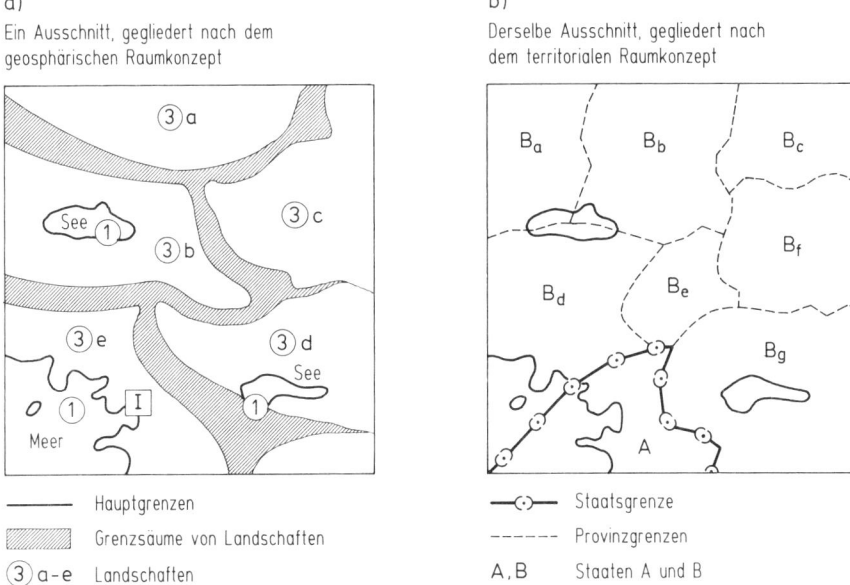

——————	Hauptgrenzen	—⊙— Staatsgrenze
▨▨▨	Grenzsäume von Landschaften	- - - - - - Provinzgrenzen
③ a-e	Landschaften	A, B Staaten A und B

Abb. I-2 Raumgliederungen nach dem geosphärischen und dem territorialen Konzept

Macht, Recht und Einfluß ihre Auffassung von Grenzen und Gliederungen unabhängig von den Erkenntnissen der Geographen in die Welt einbringen und durchsetzen.

I.1.3 Die Wirtschaft als Teilinhalt bei der Analyse der Geosphäre

Bei der Bewertung unterschiedlicher Raumkonzepte bleibt der Geosphärenbegriff für die Wirtschaftsgeographie wichtig, da ihm auch der größte Teil der wissenschaftlichen Literatur entspricht und ihm das Denken der meisten Geographen eng verbunden bleibt.

Dieser Ansatz stellt die Nutzung der naturgegebenen Umwelt durch den wirtschaftenden Menschen in den Vordergrund (*Fels* 1954). Bezugsgrundlage sind auf der angewandt-wissenschaftlichen Ebene die von der physischen Geographie erarbeiteten Erdräume und Zonen.

Lange Zeit versuchte man, die Wirtschaftstätigkeiten und ihre Variationen als Ausfluß der oder als Antwort auf die festgestellten Naturbedingungen zu erklären. Dies war in einer früher noch vornehmlich agrarbestimmten Kulturwelt naheliegend und als Weg von der Natur zur Kultur auch räumlich plausibel. Der wirtschaftende Mensch versuchte, sich den Naturgegebenheiten optimal anzupassen und daher würde die Natur zur „Ursache" für das Erscheinungsbild der Kulturlandschaft.

Dabei wurde mancherlei übersehen. Wirtschaftliche Tätigkeiten konstituieren kein erdräumliches Kontinuum, wie dies Naturfaktoren tun, sondern lassen Lücken. Sie setzen oft überhaupt nur an wenigen Punkten innerhalb der Geosphäre an, an allen anderen mit grundlegend gleicher Naturausstattung aber nicht. Sehr häufig überwinden Wirtschaftstätigkeiten die naturräumlichen Grenzen und kombinieren die Ressourcen weit voneinander entfernter Erdstellen in unerwarteter Weise. Naturbedingungen können also nicht kausal limitierend sein, weil die Reichweite der Tätigkeiten und der eingesetzte Stand von Wissenschaft und Technik alle hemmenden Faktoren relativiert. Die Wissenschaft ist daher heute weitgehend von solchen naturbezogenen Positionen abgerückt.

Das noch weitergehende Postulat, menschliche Wirtschafts- und Kulturformen als direkte Anpassungen an ihren Lebensraum zu erläutern (Naturdeterminismus), ist schlechterdings eine Irrlehre. Menschliche Gesellschaften sind vielmehr durch das genaue Gegenteil bestimmt. Sie entfernen sich von den Begrenzungen durch Naturfaktoren soweit es ihnen irgend möglich ist. Dabei nehmen sie auch in Kauf, ihre natürliche Umwelt zu zerstören.

Dennoch ist der geosphärische Ansatz für die Wirtschaftsgeographie weiterhin brauchbar, wenn man sich entschließt die physisch-geographisch definierten Areale als Eignungsräume für Tätigkeiten zu verstehen, wobei gewisse Ressourcen im Hinblick auf ihre komparativen Kostenvorteile gewertet werden (*Otremba* 1969, 66; *Wagner* 1994, 32).

Diese Eignungsräume sind dann Verbreitungsareale von Ressourcenkombinationen, in denen man bestimmte Dinge besser, gleich gut oder schlechter tun kann als anderswo, bzw. mit der verfügbaren Technik noch nicht tun könnte. Wir haben heute gelernt, solche Eignungsräume unter Umständen als Gebiete zu verstehen, in denen man bestimmte Dinge aus ökologischen Gründen gar nicht mehr tun darf, weil keine Nachhaltigkeit gewährleistet ist (*Wagner* 1994, 29). Dieser „Umweltgedanke" schlägt die wichtige Brücke zur Geosphäre als dem GAIA-System, denn dieses sichert zwar langfristig das Leben auf der Erde, schützt uns aber nicht vor unangenehmen Überraschungen (*Richter* 1993, 328). Nachhaltigkeit versus Raubbau sind die Entscheidungsalternativen in der Relation des Menschen zu seiner irdischen Umwelt. Wie wir noch sehen werden, ist die Umwelt in allen anderen Raumkonzepten schlechter verankert als hier, weshalb die Wirtschaftsgeographie auch nicht auf den geosphärischen Raumbegriff ganz verzichten darf.

Unter den Gliederungen der Geosphäre kommt jener in Klimazonen der größte Erklärungswert für die Wirtschaftsgeographie zu. Klimafaktoren, Witterung und Wasserhaushalt beeinflussen viele Aspekte der Agrarproduktion, der Erholung, des Siedlungswesens und anderer Tätigkeiten. Indirekt wirken solche Momente in die gesamte übrige Wirtschaft hinein. So müßte ein Ausfall der Weizenernte in Kanada sicherlich den Dollar abstürzen lassen und viele Geldanlagen entwerten.

Klimatische Widrigkeiten wie Kälte, Hitze, Wassermangel sind zwar in gewissem Umfang technisch überwindbar, aber nur um den Preis hoher Investitionen und Betriebskosten. Daher bilden Zonen mit verläßlich ertragreicher Landwirtschaft, das sind im wesentlichen die kühlgemäßigten Klimate, auch Vorzugsräume für die Entstehung von höherem Wohlstand bis hin zum Entstehen von Industrien (*Ruppert* 1987). Hier treten komparative Vorteile günstig kombiniert auf, von denen später noch zu sprechen sein wird.

Auf praktische Anwendungen bezogen, läßt sich die Eignungsproblematik zur Standortfrage im physisch-geographischen Raum einengen. Wo innerhalb der zugänglichen Umwelt wäre der Standort einer Einrichtung zu wählen, wenn man die günstigste Ressourcenkombination oder die niedrigsten naturbedingten Kosten und Risiken sucht? Dies spielt bei Großprojekten wie Häfen, Kraftwerken, Verkehrstrassen u. ä. eine wichtige Rolle, seltener bei Industrieprojekten.

Wirtschaftsgeographie nach dem geosphärischen Raumkonzept kann sich der Beschreibung konkreter Naturregionen aber auch recht willkürlicher Ausschnitte der

Geosphäre zuwenden. Jeder Ausschnitt ist ja Teil eines Gesamtsystems und Wirkungsfeld aller Naturkräfte. Diese sind von Ort zu Ort die nämlichen, allenfalls unterschiedlich ausgeprägt. Daher konnte das „Länderkundliche Schema" nach *Hettner* (1927; 1932) als Beschreibungsmuster auch in der Wirtschaftsgeographie breite Anwendung finden. Die Wirtschaft eines Raumes wird darin allerdings nur als ein Geofaktor unter vielen anderen betrachtet, dem oft nur kurze Darlegungen gewidmet waren. Ihre eigentliche Aufgabe sahen Geographen eher in der exakten Erforschung der Natureinflüsse.

In besonderem Maße verleitete diese Methodik jedoch dazu, Untersuchungen an den selbstgewählten Abgrenzungen enden zu lassen und Fernwirkungen zu übergehen. Im Grunde aber ist jedes wirtschaftliche Regionalsystem auf der Erde mit jedem anderen verknüpft, da sie ja über die in ihnen agierenden Menschen einander wahrnehmen können. Die tatsächlichen Verflechtungen über geschäftliche Transaktionen mögen dabei noch so locker sein. *Pohl* (1986, 87f) hat diesen Gedanken unter Berufung auf Leibnizens Monadentheorie wieder in Erinnerung gebracht. Jede Einzelaktivität betrifft letztlich die gesamte Welt. Und diese darf man nicht mit der Geosphäre gleichsetzen, denn in solche Beziehungen gehen seit jeher, und nicht nur als bloßer Aberglaube, Sonne, Mond, Gestirne und Kosmos ein. An der Schwelle der wirtschaftlichen Nutzung des interplanetaren Raumes ist das Weltbild der klassischen Geographie viel zu eng geworden.

I.2 Das territoriale Raumkonzept

Die zweite Raumvorstellung mit der wir uns im Alltag auseinandersetzen ist die Auffassung von Raum als einem Stück Land mit festen Grenzen. Dieses Landstück gehört jemandem als Eigentum oder es untersteht einer Behörde als Zuständigkeitsbereich. Die Reihe solcher Landstücke geht von den Grundstücken über Kommunen, Kreise, Provinzen und andere Gebietskörperschaften bis zum souveränen Staat und zur UN-Organisation. Der jeweilige Träger der Verfügungsgewalt darf über die Verwendung dieses Landstücks insgesamt und über alles was innerhalb von dessen Grenzen vorhanden ist, entscheiden. In der Praxis sind derartige Rechte auf den unteren Stufen vielfältig zugunsten des Staates eingeschränkt, der aber dafür wieder durch seine Rechtsordnung die Eigentümer absichert.

Territorien sind eine alte menschliche Errungenschaft, die sich allerdings schwerlich auf ein biologisch verankertes menschliches Revierverhalten zurückführen lassen, wie man ein solches von vielen höheren Lebewesen kennt. Dieses ist beim Menschen eher auf soziale Schauplätze bezogen, wie *Dürrenberger* (1989, 22) darlegt. Territoriales Besitzdenken scheint erst mit der Einführung des Ackerbaus auf den Boden ausgedehnt worden zu sein, den man sich ja zunächst durch Arbeit zu eigen gemacht hatte. Die vielfältigen Abhängigkeiten der Landwirtschaft von den Launen der Natur brachten die Vorstellung von Schutzgöttern ins Spiel, die innerhalb eines Bannbezirks die dort lebenden Menschen belohnen oder strafen konnten. Der Götter als der wahren Eigner des Landes und all dessen was darauf, darüber oder darunter ist konnten sich Könige und Priester zur Legitimation ihres abgeleiteten Hoheitsanspruchs über das Land bedienen, woraus erst allmählich private Besitzansprüche entstanden.

Territorien sind daher mit einem Totalitätsanspruch verbunden, wie er geosphärischen Räumen und erst recht den unten behandelten kommunikativen Räumen völlig fehlt. Sie brauchen scharfe Grenzen, um Konflikte verhindern und regeln zu können

(*Bökemann* 1982, 63). Als Rechtsfigur decken sie die Fläche innerhalb ihrer Grenzen lückenlos ab. **Es gibt keine Orte und Ressourcen innerhalb eines Staatsgebiets, die nicht der Staatsgewalt unterstünden.**

Solche Territorien nehmen heute den größten Teil der Erdoberfläche ein. Ihre Grenzen sind rein willkürlich, aber auch veränderbar. Derartiges ist jedoch ein neuer Zustand. „Staaten", die sich als Personenverband verstanden, brauchten nämlich keine festen Grenzen. So wurde es erst in den Sechzigerjahren unseres Jahrhunderts nötig, in Arabien Staatsgrenzen zu ziehen, weil diese als Referenzlinien für die Erdölsuche wichtig wurden. Genau genommen sind solche territoriale Auffassungen erst auf der Basis des römischen Rechts von den Europäern weltweit durchgesetzt worden.

I.2.1 Territorien in der Geographie

Für alle angewandten Formen der Geographie sind die Territorien recht praktisch. Sie sind einwandfrei definiert, lassen sich einfach zu zweidimensionalen Flächen abstrahieren und somit gut auf Plänen und Karten abbilden. Die Darstellungsweise einer politisch-administrativen Karte kann so einfach sein, daß sie jedermann auch ohne Hilfe einer Legende versteht. Daten aller Art lassen sich auf den Gebietsraster einer solchen Karte mit genügender Genauigkeit umlegen, indem man die administrativen Einheiten als kleinste Orte benützt. Dies ist von großem Vorteil, wenn solche Daten ohnehin schon von den Statistikern im selben Bezugsrahmen erhoben wurden. Sie lassen sich auch leicht zu größeren Einheiten aggregieren oder auf kleinere Teileinheiten disaggregieren. Viele Zweige der Geographie bedienen sich territorialer Bezugseinheiten vorwiegend oder für bestimmte wissenschaftliche Zwecke und auf der angewandten Ebene wählt man Staaten gerne als Bezugsrahmen für Darstellungen aller Art.

Wo Territorien und ihr Inhalt an Erscheinungen selbst zum Darstellungszweck werden, sprechen wir mit *Schwind* (1972) von Staatengeographie. Wir können dabei eine „ältere" und eine „jüngere" Richtung auseinanderhalten.

Beispiele für die ältere Staatengeographie sind etwa *F. Büschings* „Neue Erdbeschreibung" (ca. 1754 f) oder *A. v. Humboldts* berühmtes Werk über Neuspanien von 1809, wobei *Humboldt* freilich schon durch naturwissenschaftliche Fragestellungen im ersten Buch über die reine Staatengeographie hinausweist. Aus dieser Tradition der Beschreibung von Staatsgebieten und ihres Inhalts leiten sich die zahllosen Handbücher, Atlanten und aktuellen Nachschlagewerke her, die der allgemeinen Information dienen. Ein Ableger sind die Reiseführer, die daneben allerdings auch eine kognitive Wurzel haben. In den Augen des breiten Publikums wird Geographie überhaupt mit der älteren Form der Staatengeographie gleichgesetzt, so daß Publikationen vom Typus des Statesman's Yearbook oder des Fischer Weltalmanach jährliche Millionenauflagen erleben.

Die jüngere Staatengeographie befaßt sich mit dem gestaltenden Einfluß des Staates auf sein Territorium. Dieser ergibt sich durch die Verwirklichung staatspolitischer Ziele, die häufig erst allmählich durch die Anwendung der Rechtsordnung realisierbar sind. Dabei können Kulturlandschaften so eigentümlicher und unverwechselbarer Prägung entstehen, daß man sie bereits auf Satellitenbildern erkennt. *Martin Schwind* hat in seiner allgemeinen Staatengeographie (1972) versucht, diesen gestalterischen Einfluß zu fassen. Angewandte Formen der jüngeren Staatengeographie sind Raumordnung und Regionalplanung auf allen administrativen Zuständigkeitsebenen (*Ritter* 1976 a). *Bökemanns* Theorie der Raumplanung (1982) ist auf diesem Konzept aufgebaut.

Wie nützlich immer Territorien für Wissenschaft und Verwaltung sein mögen, es fehlt ihnen doch die Flexibilität und ständige veränderbare Kombinationsmöglichkeit der Schauplätze menschlichen Handelns. An starren Grenzen und Zuständigkeiten spießt sich die Verwirklichung der Einheit von Ort, Zeit und Handlung. Territorien werden daher oft von den Menschen, die an sie gebunden sind, als Korsett und Kerker und nicht als Lebensraum für ihre Entfaltung angesehen.

I.2.2 Die Wirtschaft als Inhalt von Hoheitsgebieten

Die Rechtsordnung der Staaten greift bis auf die Ebene des individuellen Besitzes durch. Auf diese Weise entstehen durch politische Macht sanktionierte Ausschnitte der Geosphäre in Gestalt von Grundstücken, Verwaltungsgebieten und Staaten. Solche Ausschnitte haben neben natürlichen und kulturbedingten auch wirtschaftliche „Inhalte", die in angewandt-wissenschaftlicher Weise systematisch abgehandelt werden können (*Schwind* 1972, 246 f). Viele Geographen finden es ganz natürlich ein Staatsterritorium wie einen Naturraum zu behandeln, d. h. eine Beschreibung nach dem *Hettner*schen Schema zu bringen, wobei man die Ausführungen an den Staatsgrenzen enden läßt.

Man muß sich aber aus wirtschaftsgeographischer Sicht Rechenschaft geben, daß diese Vorgangsweise ganz entscheidende Nachteile hat. Zwar kommt den Staaten der Charakter gesellschaftlicher Kraftfelder zu, die es vermögen, die weniger wichtigen wirtschaftlichen Aktivitäten zu konzentrieren und am Ausbrechen aus ihrem Hoheitsgebiet zu hindern. Der Staat vermag es aber nur um den Preis sehr großer Schwierigkeiten, die Wanderungen mobiler Ressourcen zu unterbinden und die Bevölkerung dazu zu zwingen, sich mit einer unvollständigen Bedarfsdeckung abzufinden, wie sie die Beschränkung auf eigene Ressourcen nahelegen mag. Bedenkt man z. B., daß Australien und Neuseeland als Teile einer britischen Volkswirtschaft erschlossen worden waren und dies auch bis zum EG-Beitritt Großbritanniens blieben, so versteht man leicht, wie wenig ein Staatsgebiet für sich allein bestehen, einen sinnvollen Rahmen für eine wirtschaftsgeographische Darstellung abgeben kann.

Deshalb ist es nötig, auch hier die Argumentation umzukehren und solche Territorien ebenfalls als wirtschaftliche Eignungsräume zu verstehen. Ihre Grenzen umschließen meßbare Mengen und Qualitäten von Ressourcen und eröffnen Möglichkeiten für bestimmte Tätigkeiten. Komparative Vorteile werden wirksam, wenn man die Grenzen ausreichend dicht halten kann. Innerhalb der Grenzen werden in ökonomischen Modellen die Ressourcen als ubiquitär oder völlig mobil angenommen, wie in der neo-klassischen Außenhandelstheorie nach *Heckscher* u. *Ohlin* (vgl. dazu *Grotewold* 1979). Und ähnlich wie bei den Naturräumen läßt sich auch hier bei detaillierter Analyse die Eignungsfrage zum Standortproblem im Ressourcenfeld verdichten.

Die staatliche Macht bezieht sich grundsätzlich auf alles, was in einem Territorium enthalten ist. Dies erlaubt es im Verbund mit der statistischen Erhebung der Wirtschaftstätigkeiten solche Sachverhalte auf politische Territorien und ihre Untergliederungen umzulegen. Mit diesem Raster von Beobachtungs- und Meßpunkten kann man dann buchstäblich „Kraut und Rüben" geographisch vergleichen. Gemeinsam ist ihnen ja die Eigenschaft, Inhalt bzw. Attribut eines Territoriums zu sein. Mit Hilfe einer solchen Transformationsmatrix können auch nicht-kontinuierliche Sachverhalte, etwa Bevölkerungsverteilung oder Wertschöpfung wie die physisch-geographischen Kontinua dargestellt werden. Eine Karte der Bevölkerungsdichte oder der Industrieverbreitung braucht dann nicht anders auszusehen wie eine Temperatur- oder Niederschlagskarte und wird auch in gleicher Weise erstellt. Überhaupt sind

Landkarten und Wirtschaftskarten oft im territorialen Raumkonzept angesiedelt und daher von problematischem wissenschaftlichen Wert.

Dieser methodische Kniff bringt allerdings so viele informationstechnische Vorteile, daß er generell angewandt wird, wo es darum geht, Einzelaussagen zu aggregieren. Mit der breiten Anwendung dieser Verfahren steht die Wirtschaftsgeographie der Nationalökonomie sehr nahe und ist mit dieser in der Kameralistik wie auch im Marxismus weithin verschmolzen.

Eine bekannte Frucht aus dieser Ehe sind die „Disparitäten". Man versteht darunter die unterschiedliche Merkmalsausprägung in administrativen Teilgebieten eines Staates. Unter Wohlfahrtsgesichtspunkten sollten solche Disparitäten möglichst klein gehalten oder überhaupt abgebaut werden, um allen Menschen im Staatsgebiet wennschon nicht die gleichen Lebensbedingungen so doch gleiche Lebenschancen zu bieten. Die Ursachen der wirtschaftlichen Disparitäten liegen jedoch meist in den Entscheidungen auf betrieblicher oder Unternehmensebene. In der aggregierten statistischen Form sind Daten dazu zwar leicht zu vergleichen, einen Zugang zu den Gründen kann man aber so nicht gewinnen. Dies zeigt sehr deutlich, wie die Benutzung dieser Raumabstraktion vornehmlich zu quantitativen Aussagen führt, die zwar exakt aber doch zugleich unanschaulich sind.

I.3 Kommunikative Räume

Versetzen wir uns gedanklich auf die in der Einleitung erwähnte Alltagsebene. Hier wäre als geographisches Problem der Besuch bei einem Freund zu lösen. Diese erklärt mir, wie sein Haus zu finden ist, und führt aus:

> „Du fährst auf der XX-Straße hinaus in Richtung YY. Nach einiger Zeit siehst du auf einem Berg eine Burg. Danach überquerst du eine Brücke. Hinter der Brücke nimmst du die zweite Abzweigung nach links, biegst bei der nächsten Kreuzung nach rechts ab. Das zweite Haus links ist dann meines"

Das Einfachste ist es nun für mich, mir diese Angaben zu merken. Ich könnte mir aber auch eine Skizze (Karte) anfertigen, um den Weg zu meinem Freund nach seinen Anweisungen zu finden. Natürlich ist daneben die Benützung einer Straßenkarte für dieses geographische Problem denkbar, aber die wenigsten Menschen können Landkarten lesen oder mit Himmelsrichtungen etwas anfangen, so daß die einfache mündliche Information für sie weitaus nützlicher bleibt.

Im konkreten Fall wird der Raum zwischen Ausgangspunkt und Ziel auf Burg, Brücke, Abzweigung, Kreuzung, Haus und auf Richtung, rechts, links abstrahiert. Diese Elemente werden in entsprechender Weise zu einer Handlungsanweisung verknüpft. Alles was sonst zu beiden Seiten der Route zu sehen ist, interessiert in diesem Zusammenhang nicht. Die Handlungsanweisung ist eindimensional ausgelegt.

Seit jeher haben sich die Menschen in dieser Weise mit ihrer Umwelt auseinandergesetzt und einen durch Objekte, Zeitfolge und Richtungen mitteilbaren Handlungsraum für sich und ihre Angehörigen geschaffen. Wie sehr derartige Räume ein Produkt menschlicher Kommunikation sind, verdeutlicht am besten ihre Ausstattung mit Gebiets-, Siedlungs- und Ortsnamen in großer Zahl. Solche Namen hatten wohl ursprünglich die symbolische Bedeutung der benannten Objekte im Auge. Sie werden jedoch als Code weit länger beibehalten als dieser Sinnbezug verständlich ist. Manche Ortsnamen in Deutschland stammen aus der Altsteinzeit.

Kommunikative Räume sind nicht Raum im geometrischen Sinne. Sie haben realiter mehr als drei Dimensionen, bilden aber andererseits weder Körper noch Flächen. Sie sind auch keine Ausschnitte der Geosphäre. Vielmehr bestehen sie aus Erdstellen, die Schauplätze für Handlungsabfolgen sind und als solche Bedeutung für Individuen und Gruppen haben. Distanzen sind nicht metrisch meßbar, sondern an den Schauplätzen selbst durch soziale Interaktionsabstände bestimmt (*Hall* 1979; *Dürrenberger* 1989, 93) und zwischen den verschiedenen Schauplätzen durch Aktionsreichweiten. Sie werden durch Verrichtungswege verknüpft, die vom jeweiligen Handlungsablauf her bedingt sind. Schauplätze und Verrichtungswege haben keine gegebene Dauerhaftigkeit und keine ein für allemal gegebene Lage, denn die Handlungsabläufe sind sehr veränderlich. Ebensowenig haben die Schauplätze Grenzen oder erfüllen die Umwelt lückenlos. Sie bilden nur ein lockeres Gefüge, welches mit zunehmender Entfernung vom Mittelpunkt der Lebensinteressen einer Menschengruppe immer mehr Leerstellen enthält, über die man nicht mit anderen zu sprechen braucht und die man nicht aufsucht. Dies ist als ob sie gar nicht existierten.

Kommunikative Räume sind also Gefüge von Erdstellen über welche Menschen miteinander sprechen können, und dies wird niemals mehr sein als die Gesprächspartner jeweils im Kopf haben. Wissenschaftlich hat man sich erst seit kurzer Zeit mit diesem Problem beschäftigt und spricht von kognitiven Karten (mental maps) als den Abbildern solcher Räume und von kognitivem Kartieren als der Basis für alle konkreten Entscheidungen im Alltag (dazu *Wirth* 1979, 285; *Downs* u. *Stea* 1982). Wir wissen auch, daß politische Entscheidungen und die Standortwahl von Unternehmen eher auf der Basis von kognitiven Karten gefällt werden als auf Grund wissenschaftlicher Problemanalysen.

Besonders große Bedeutung haben kognitive Karten und kommunikative Räume in Film, Fernsehen, Schauspiel, Literatur, Werbung und Touristik, mitsamt den entsprechenden Darstellungsformen und ihren, die Geographen oft ärgernden, Verzerrungen. Produkte einer kommunikativen Geographie sind die so zahlreich angebotenen Bildbände über fremde Länder. Auch die alten Landkarten, welche man sich heute gerne in die Wohnung hängt, hatten diese Funktion. Städte sind darauf ausgedrückt durch kleine Abbilder ihrer markanten Bauwerke, Gebirge sind als tatsächliche Berge gezeichnet. Dies hat keineswegs als Grund, daß man in der frühen Neuzeit nicht genügend hätte abstrahieren können, sondern weil solche Abbilder der kommunikativen Aufgabe der Geographie besser dienen. In diesem Raumkonzept stellt sich nämlich die Welt als ein Gefüge von Merkobjekten dar, über die man reden will, und die stellvertretend für mögliche Schauplätze stehen.

I.3.1 Der kommunikative Charakter des Wirtschaftsraums

Mit der Errichtung von Staaten schafft der Mensch geographisch faßbare Gebilde, die von der Natur nicht vorgesehen sind und deren Formen daher nicht von der Natur her erklärt werden können. Ähnliches gilt für die Strukturen der Wirtschaft. Soweit Wirtschaften über einen simplen Austausch mit der Natur hinausgeht, schließt es einen vernunftgesteuerten Austausch mit anderen Einheiten ein. Wird also die autarke Bedürfnisbefriedigung aufgegeben, so müssen sich räumliche Verknüpfungen bilden, die von der Natur her nicht direkt erklärbar sind, weil in dieser der Rückstrom der Entgelte fehlt (Abb. III-2). In derselben Weise schafft die Wirtschaft auch Beziehungsmuster, die vom politischen System her nicht vorgesehen sind, ja dessen Zielen geradezu entgegengesetzt sein können.

Ein weiteres wichtiges Merkmal dieser Austauschbeziehungen ist darin zu erkennen, daß sie gegenüber der natürlichen und der gesellschaftlich-politisch definierten

Umwelt sehr selektiv sind. Nicht was die Natur oder das Territorium bieten können wird zum möglichen Austauschobjekt, sondern interne Parameter der Haushalte und Betriebe bestimmen, weswegen, mit wem und wohin Wirtschaftsbeziehungen unterhalten werden.

Daraus ergibt sich ein Raumverständnis, in welchem miteinander verknüpfte Wirtschaftseinheiten ineinander gegenseitig als Akteure an bestimmten Standorten wahrnehmen. Alles andere aber wird wenig bis gar nicht registriert. Diese Standorte bestehen aus Schauplätzen und bilden regionale Gefüge, die stets kommunikative Räume sind.

Während Naturkräfte universell auf die Gesamtheit der Objekte innerhalb eines Ausschnitts der Geosphäre einwirken und politische Macht eine im Prinzip universelle Hoheit über den Inhalt eines Territoriums postuliert, liegen der wirtschaftlichen Praxis Vorstellungen zugrunde, die andersartige räumliche Gebilde hervorbringen. Abb. I-3 versucht dies zu verdeutlichen. Wirtschaftsräume bzw. Wirtschaftsregionen sind lockere Gefüge von Standorten, die sogar in den dichtest besiedelten Ländern der Erde niemals einen Ausschnitt der Geosphäre lückenlos ausfüllen. Selbst in der Bundesrepublik Deutschland entfallen nur rund 12% der Staatsfläche auf solche Standorte und die sie verbindenden Wege, 37% werden nur so extensiv in Anspruch genommen, daß darauf weniger als 0,5% des Bruttosozialprodukts erwirtschaftet werden kann. Solche Areale wie Wälder, Watten, Hochgebirge, Naturschutzgebiete und Truppenübungsplätze sind Teile des Staatsgebiets aber nur sehr bedingt auch als Teile des Wirtschaftsgebiets anzusehen. Es ist daher genau genommen unsinnig, dessen „Größe" in Quadratkilometern angeben zu wollen. Richtige Meßgrößen wären die Zahl der Standorte oder die Zahl der Wirtschaftseinheiten.

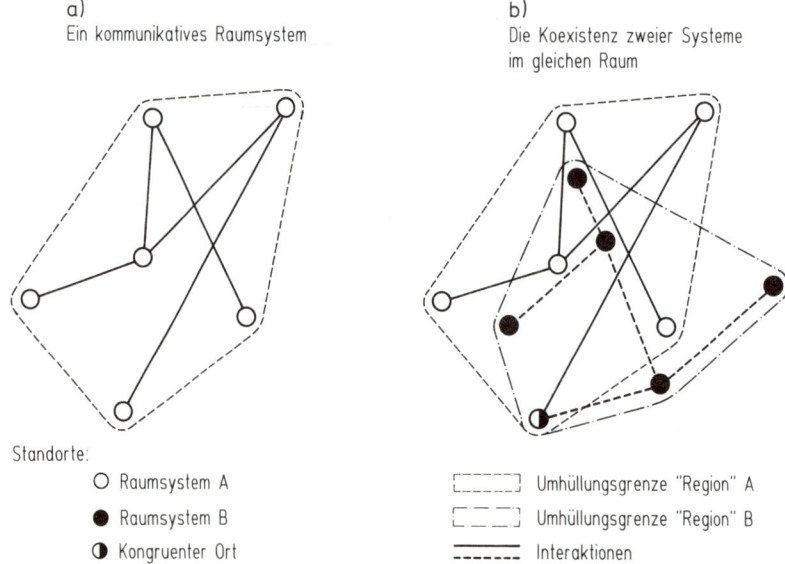

a)
Ein kommunikatives Raumsystem

b)
Die Koexistenz zweier Systeme
im gleichen Raum

Standorte:

○ Raumsystem A		⌐------⌐ Umhüllungsgrenze "Region" A
● Raumsystem B		⌐- - -⌐ Umhüllungsgrenze "Region" B
◑ Kongruenter Ort		——— Interaktionen

Abb. I-3 Kommunikative Raumsysteme

Auch gehören niemals alle im Staatsgebiet anzutreffenden Menschen zu dem eventuell darin ausgebildeten wirtschaftlichen Regionalsystem. Autarke Einheiten (Selbstversorger) würden ex definitione nicht dazugehören. Bei Aussteigern, Anstaltsinsassen und versorgten Personen besteht nur eine Einbindung als Konsument ohne Entscheidungsfreiheit über Kaufkraftressourcen.

Wirtschaftsbeziehungen bringen also keine flächendeckenden und auch keine jemals fest abgrenzbaren Regionen hervor, sondern immer nur lockere Mosaike miteinander verknüpfter Standort oder Erdstellen. Dieses läßt sich geographisch nur zu einem Graphen, bestehend aus Knoten und Kanten abstrahieren. Zwischen den Knoten und Kanten liegen aus der Sicht des jeweilig betrachteten Regionalsystems zahlreiche Leerstellen. Der Wirtschaftsraum ist kein Kontinuum und auch kein Potentialfeld, dessen Kräfte an jedem beliebigen Punkt meßbar und wirksam wären, sondern ein ständiger Wechsel zwischen hohen Werten und Null. Vielleicht sollte man ihn mit der Krone eines Baumes vergleichen. Diese erscheint einem fernen Beobachter wie ein Körper. Sie stellt sich auch in dieser Weise dem Wind entgegen. Die Vögel jedoch erleben die Baumkrone als durchlässiges Gebilde, das zu 99 % aus Luft und nur zu einem Prozent aus Blättern und Zweigen besteht. Solche Gebilde, die keiner ganzzahligen Dimension zugeordnet werden können, untersucht ein Zweig der Mathematik unter der Bezeichnung „Fraktale". Wirtschaftliche Beziehungsgefüge, wofür wir auch Wirtschaftsräume oder Wirtschaftsregionen sagen dürfen, sind eher Fraktale und sollten nicht zu Flächen oder Körpern abstrahiert werden. Freilich ist ihre Selbstähnlichkeit nicht so deutlich wie jene der bekannten Mandelbrotmengen.

Daher ist im Wirtschaftsraum möglich, was bei Körpern und Flächen nicht vorkommen darf und was die Politik mit allen Mitteln zu verhindern sucht, daß nämlich mehrere „Dinge" sich zur gleichen Zeit am gleichen Ort befinden. Wirtschaftsregionen mögen als großartige Beziehungssysteme die halbe Welt umspannen. Die Leerstellen und Nischen in ihrem Gefüge erlauben es jedoch, daß sich dazwischen, über- und untereinander und hineinverschachtelt im gleichen geosphärischen Raumausschnitt auch andere Regionalsysteme ausbilden können, was Abb. I-3b für zwei Systeme verdeutlichen soll. Diese Systeme ko-existieren im gleichen Ausschnitt, jedes ist für sich allein betrachtet ein sinnvolles Ganzes.

Untersucht man jedoch einen Ausschnitt der Geosphäre, einen Naturraum oder ein Territorium auf seinen Inhalt an wirtschaftlichen Erscheinungen mit dem klassischen geographischen Instrument der Kartierung, dann ist das Ergebnis oft genug ein wüstes und unverständliches Sammelsurium von Fakten, das umso zufälliger gemixt erscheint, je kleiner der untersuchte Ausschnitt war. Der Schritt zur Detailerfassung in kleinen Untersuchungsräumen also, der in anderen Raumkonzepten der Geographie eine Methode zur Gewinnung von exaktem Beobachtungsmaterial wäre, kann in der Wirtschaftsgeographie eher Verwirrung bringen. Es genügt eben nicht Einzeltatsachen einem Ort zuzuordnen, ihre Funktionalzusammenhänge aber zu vernachlässigen.

Hermann Lautensach (1953, 11, 17) bemühte sich, dieses vielen Bereichen der Kulturgeographie eigentümliche Problem dadurch zu erfassen, daß er den gebietlichen Erscheinungswirrwar einfach als „geographische Substanz" zum Forschungsgegenstand der Kulturgeographie erhob (dazu auch *Carol*, 1956, 129f).

Die Hoffnung daraus, verständliche Bausteine von Kultur- und Wirtschaftsstrukturen isolieren und deren geographische Bedingtheit erfassen zu können, hat wohl nicht sehr weit getragen, weshalb auch diese Konzepte wieder in Vergessenheit gerieten. Häufig behindern nämlich Geographen ihre Arbeit selbst, wenn sie ungeeignete Raumkonzepte und darauf bezogene Datenklassifizierungen unbedacht verwenden.

Der oben skizzierte Weg zu einem brauchbaren Raumkonzept für die Wirtschaftsgeographie erlaubt einen einfachen Brückenschlag zu der Theorie offener Systeme, sei es nach der naturwissenschaftlichen oder der sozialwissenschaftlichen Systemtheorie, weil hier nicht mehr Inhalte von Raumausschnitten analysiert werden müssen, die oftmals nur wenig mit den untersuchten Zusammenhängen zu tun haben, sondern nur Elemente mit tatsächlich gegebenen Beziehungen. Freilich ist es dann aber nötig, so grundlegende Begriffe wie Ort und Region neu zu definieren.

I.4 Die Einheit des Ortes, der Zeit und der Handlung

Kommunikative Räume bestehen aus Schauplätzen von Handlungen. Schauplätze von häufig und wiederholt vorgenommenen Handlungen werden als Standorte mit entsprechenden Einrichtungen ausgestattet. Fassen wir aber Standorte als Schauplätze wirtschaftlicher Aktivitäten auf, so drängt sich sogleich das wohlbekannte dramaturgische Prinzip der „Einheit von Ort, Zeit und Handlung", in den Vordergrund. Seine Bedeutung für die Wirtschaftsgeographie ist sehr groß. Ein jeglicher Handlungsablauf läßt sich ja am günstigsten Zug um Zug an einem Ort abwickeln. Es werden dann Leerlauf, Wartezeiten, Störungsrisiken und Mißverständnisse weitgehend ausgeschaltet. Ist eine Einheit von Ort und Zeit nicht herstellbar, so müssen in den vorgesehenen Ablauf Hilfshandlungen eingeschoben werden.

Der Bruch der Einheit des Ortes bedeutet so, daß Gütertransporte oder Fahrten von Personen organisiert werden müssen. Dieses sind in sich selbständige Handlungsabläufe. Sie unterbrechen das eigentlich vorgesehene Aktivitätsmuster. Wird die Einheit der Zeit gebrochen, so entstehen Wartezeiten oder es müssen Läger gebildet werden, die man für die Zeit der Unterbrechung zu sichern hat. Nur eine gewährleistete Einheit von Ort und Zeit ermöglicht zügige Handlungsabläufe. Das Verhältnis dieser drei Komponenten ist eines wechselseitiger Bedingtheit.

Aus der Sicht der Wirtschaftspraxis ist wohl zunächst die Einheit der Zeit entscheidender. Sie wird grundsätzlich und regelhaft durch den Tag-Nacht Rhythmus in Frage gestellt. Die Länge des Tages bedeutet eine Beschränkung möglicher Aktivitäten. Die Unterbrechung bewirkt in jedem Falle, daß am nächsten Tage nicht sogleich an der Stelle, wo aufgehört wurde, mit voller Intensität weitergemacht werden kann. Die sinnvolle Maßeinheit für die Zeit ist also der Arbeitstag. Was heute nicht mehr erledigt werden kann, wird morgen mehr Zeit und Mühe erfordern. Beschleunigende Techniken der Kommunikation und des Reisens konnten viele der früheren Limitierungen abschwächen, sie aber nicht gänzlich beseitigen.

Die Einheit des Ortes muß ihre maximale Ausdehnung finden, wo man sich an einen Schauplatz nicht mehr begeben kann, ohne die normalen, alltäglichen Aufgaben zu verschieben. Ein auf sich allein gestellter Mensch wird vielleicht zwei bis vier untertags verlorene Stunden am Abend noch einbringen können. Dies beschränkt seine Aktionsreichweite auch mit dem schnellsten Auto auf maximal etwa 300 km. Normale Reichweiten sind sehr viel enger. Die extremste Einengung finden wir bei Haushalten mit Kleinkindern. Hier erfordert bereits ein kurzfristiger Ausgang der Aufsichtsperson als Hilfshandlung sorgfältige Sicherheitsvorkehrungen, damit den Kindern nichts zustößt.

Das alltägliche Versorgungsgeschehen in Haushalten ist durch Reichweiten von 15–20 Gehminuten zu umschreiben. Bei größeren Distanzen werden Fahrten mit öffentlichen oder privaten Verkehrsmitteln erforderlich. Arbeitspendler nehmen zwar tägliche Reisezeiten von zwei Stunden und mehr in Kauf, und Arbeitsmärkte können tatsächlich in solchen Distanzen noch als Einheit des Ortes interpretiert werden. Nur wenige Pendler über solche Distanzen würden aber behaupten, daß zwischen ihrem Wohnsitz und ihrem Arbeitsplatz eine Einheit des Ortes bestünde. Ansätze zur Betrachtung solcher Probleme bringt *Wirth* (1979, 157, 210).

Trotz aller moderner Techniken sind viele wirtschaftliche Tätigkeiten nach wie vor auf sehr eng benachbarte Schauplätze angewiesen. Jede räumliche Ausweitung erfordert eine komplexere Organisation. Viele Formen der innerbetrieblichen Arbeitsteilung sind entstanden, um solchen Beschränkungen wenigstens teilweise zu entkommen. Automatisch ist damit eine Vergrößerung der Wirtschaftseinheiten verknüpft, denn der kleine Betrieb und Haushalt ist allein wegen seiner Kleinheit häufig in einem engen Aktionsraum gefangen.

Wir haben allen Grund, diesen Aspekt des Wirtschaftsraums, der wohl sein fundamentalster ist, stets im Auge zu behalten. Wiederum handelt es sich um ein Problem, das in der Natur in dieser Form geringe Bedeutung hat. Wohl deshalb haben es die Geographen bisher gerne vernachlässigt oder wie *Hägerstrand* bei seiner Time-geography nur einseitig gesehen.

I.5 Orte, Ortsraster und Regionen

Im kommunikativen Raumkonzept, von dem hier ausgegangen wird, wurden bisher Schauplätze, Standorte und Orte unterschieden. In den anderen Raumkonzepten müßten für die gleichen Begriffe z. T. andere Definitionen verwendet werden. Der geosphärische Raum ist z. B. unbeschränkt teilbar und kleinste Orte nur schwer zu präzisieren. Im territorialen Konzept dagegen sind Grundstücke wohldefinierte kleinste Einheiten, die in sich homogen gedacht werden. Standorte sind daher nach *Bökemann* (1982) stets Grundstücke. Sie lassen sich mit entsprechenden rechtlichen Methoden zu größeren Grundstücken konsolidieren oder zu kleineren aufteilen.

Schauplätze im kommunikativen Raum sind durch soziale Interaktionsdistanzen zwischen Menschen oder durch technische Zweckmäßigkeit bestimmt. Sie können daher nur schwer verkleinert oder vergrößert werden. Standorte können Bündelungen von vielen Schauplätzen sein. Es wäre jedoch absurd, ein Betriebsgelände mit Hilfe eines Quadratrasters von Prüffeldern analysieren zu wollen. Unsere „Orte" lassen sich zwar als Aggregate von Standorten verstehen, können aber umgekehrt nicht schematisch in solche aufgeteilt werden.

Jeder Schauplatz ist eingebettet in ein Gefüge von anderen, die zum gleichen Handlungszusammenhang gehören. Er wird nur mit dessen Kenntnis erklärbar und verständlich. Jeder Standort gehört zu dem für diese Tätigkeit als Ergänzung nötigen Netz der Standorte der jeweiligen Wirtschaftspartner. Seine Brauchbarkeit wird von der Lage in diesem Netz bestimmt. *Otremba* (1969, 38) hatte solches im Auge, wenn er mit *Schmithüsen* sagt, der Standort wäre „... über die topographische Bestimmung hinaus als die Gesamtheit aller an einem Punkt wirksamen, ökonomisch gestaltenden Kräfte aufzufassen". Neben dem Zugang zu den Inputressourcen aus anderen Standorten schließt dieser Begriff auch die von dort ausgehenden Störeffekte ein. Die mehreren Standorte involvierenden Transaktionen laufen innerhalb eines Standortnetzes ab, das wir als Knoten in einem Graphen abstrahieren dürfen. Dies führt uns schnell zur Erkenntnis der Bedeutung der relativen Position eines Knoten, zu den anderen im gleichen Netz, also zur geographischen Lage.

Auf einen einzelnen Schauplatz, Standort oder Ort bezogene Aussagen wollen wir topographisch also ortsbezogen nennen. Aussagen über die Gesamtheit der Standorte in einem Handlungsverbund oder Netz sind regionsbezogen oder chorographisch. Sie betreffen stets eine größere Anzahl von Ortseinheiten.

Allerdings sind bei der Anwendung des wirtschaftsgeographisch richtigen Standort-begriffs nach *Otremba* und den mit seiner Hilfe gebildeten Regionen die Ressourcen der jeweiligen Standorte und damit die wirksamen ökonomischen Kräfte nur schwer meßbar. Für diesen Zweck wären die nach anderen Raumkonzepten gebildeten Orte mitunter bequemer.

Wie lassen sich aber punktförmige Standorte zu flächenhaften Orten transformie-ren? Der von der Wirtschaftspraxis meist benützte Weg ist die einfache Zuordnung von Standorten zu administrativen Gebietseinheiten. Wir sprechen dann vom Stand-ort „Nürnberg" und meinen „im Verwaltungsgebiet der Stadt Nürnberg gelegen". Analog wird von den Standorten Bayern, Deutschland und Europa gesprochen. Frei-lich ist dies sehr unpräzise und daher auch nur für Politik und Medieninformation geeignet.

Ein methodisch sauberer Weg ist die Bildung von Dirichlet- oder Thiessen-Polygo-nen (vgl. *Haggett*, (1983, 587). Abb. I-4 zeigt ein einfaches Anwendungsbeispiel. Dirichlet-Polygone werden durch Kantenzüge in gleichem Abstand zu jeweils benach-barten Standorten begrenzt. Für ihre Konstruktion gibt es neben dem von *Haggett* geschilderten Verfahren auch die Methode in gleichem Abstand Kreise um die Stand-orte zu ziehen und deren Schnittpunkte zu verbinden (Abb. X-5). Wesentlich unge-nauer ist die Benutzung schematischer Quadratraster. Mit Hilfe solcher Transforma-tionen lassen sich Ressourcen quantifizieren, wenn auch mit einigen sachlichen Unge-nauigkeiten.

Die Abb. I-5a–c dienen dazu den Regionsbegriff zu verdeutlichen. Wir gehen dazu von Schauplätzen, Standorten oder Orten aus, die Träger bestimmter Eigenschaften sein sollen.

Abbildung I-5a zeigt eine Gruppe von einander benachbarten Orten unterschiedli-cher Größe, die aber alle das Merkmal (x) als wesentliche Eigenschaft aufweisen. Wir können sie mit einer Hüllkurve umgeben und als eine homogene Region bezeichnen.

Abb. I-5c zeigt solche Orte aber mit unterschiedlichen Merkmalen, die durch Be-ziehungen miteinander verknüpft sind. Wir können uns diese als einen Austausch der Güter (x) und (y) denken, der auf bestimmten Pfaden verläuft. Hier handelt es sich um eine funktionale Region, die ein Austauschsystem darstellt. Die Hüllkurve ist hier zugleich hypothetische Systemgrenze.

Da es für homogene Regionen recht umständlich wäre, für jeden Ort die gleiche Aussage zu seinen Merkmalen zu wiederholen, faßt man diese gerne zu aggregierten Aussagen zusammen. Damit wird durch Verallgemeinerung, Addition, Mittelwertbil-dung u. a. die Aussage so zusammengefaßt, daß sie die gesamte Region wie einen Ort behandelt (Abb. I-5b). Wir können hier von topographischem Aussagemodus spre-chen, dem der chorographische Aussagemodus von Abb. I-5a gegenüberzustellen ist. Diese Transformationstechnik wird in der Geographie breit angewandt. Funktional-regionen lassen sich jedoch nicht in dieser Weise umwandeln.

In diesem Sinne werden Regionen definierbar als Mengen von Orten bzw. Standor-ten, die durch gesetzte Bedingungen oder Merkmale begrenzt sind. Diese können sich auf nur ein Merkmal beschränken oder viele bis alle denkbaren einbeziehen. Räume wären dann unbestimmte Mengen von Orten, bei denen begrenzende Bedin-

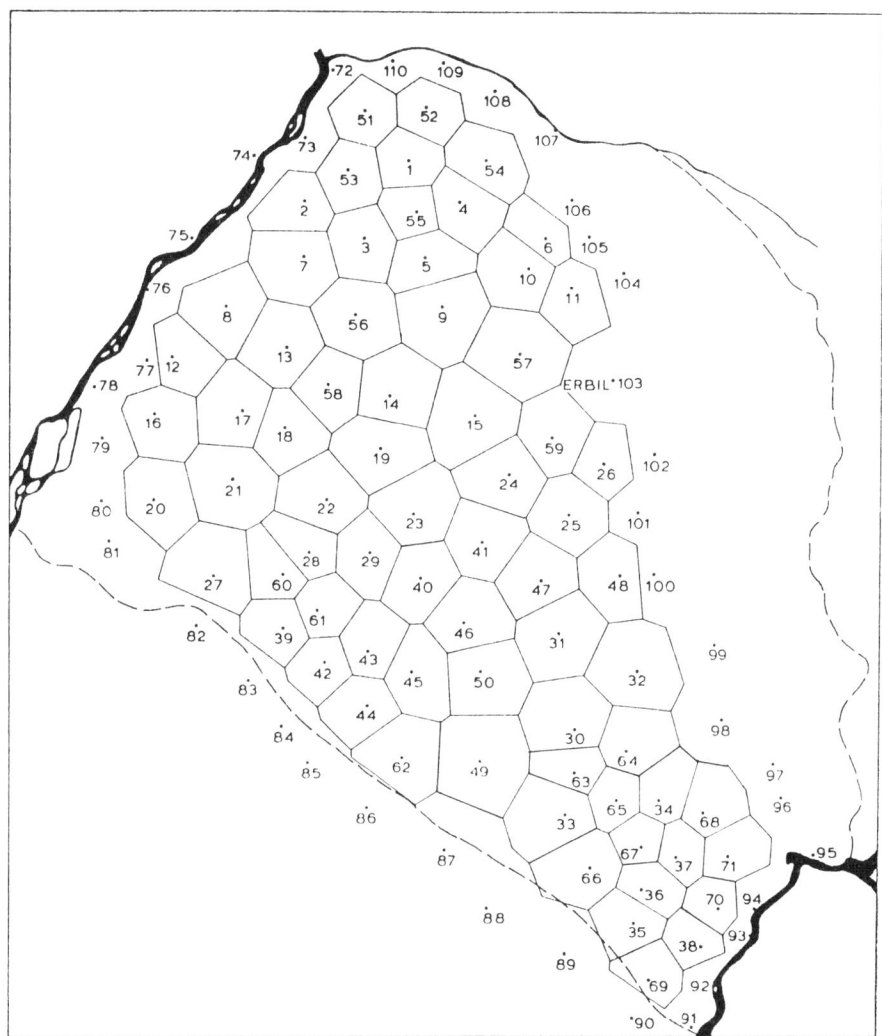

Abb. I-4 Die Verwendung von Dirichlet-Polygonen zur Bildung eines Ortsrasters aus punkt-
bezogenen Meßdaten (1-105 = Meßpunkte)

gungen nicht angegeben werden könnten. Für die Bildung homogener Regionen gibt
es sehr ausgefeilte mathematische Methoden in der Faktoren- und Clusteranalyse.
Der Nachweis funktionaler Regionen ist stets von einer Erfassung von Beziehungen
und Verflechtungen abhängig, wofür öffentlich zugängliches Datenmaterial nur ausnahmsweise existiert.

a)
Eine homogene Region im
chorographischen Aussagemodus

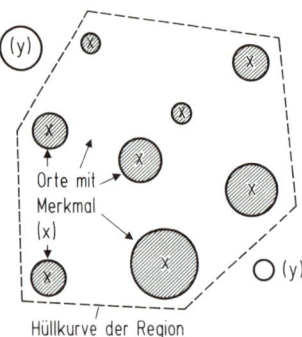

Hüllkurve der Region

b)
Die gleiche Region im
topographischen Aussagemodus

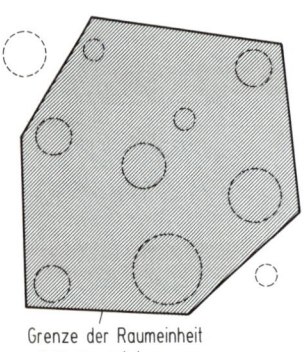

Grenze der Raumeinheit
mit Merkmal (x)

c)
Heterogene, funktionale Region,
gebildet durch Orte mit unterschiedlichen Merkmalen

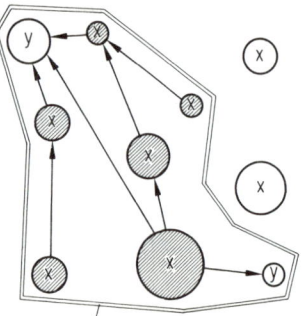

Hüllkurve = hypothetische
Systemgrenze

Abb. I-5 Eine Region in unterschiedlichen Aussageweisen

Kapitel II
Ressourcen als Grundlagen des Wirtschaftens

Geographen neigen dazu, die Wirtschaft im Spannungsfeld von Natur und Gesellschaft zu sehen und von ersterer auszugehen (*Lütgens* 1949). Diesen Ansatz legt der geosphärische Raumbegriff nahe, ist doch die Wirtschaft eine jener anthropogenen Kräfte, durch welche Landschaften und selbst deren physikalisches Substrat verändert werden. In diesem Sinne hatte *Zwittkowits* (1965, 149) sein System der wirtschaftsräumlichen Zusammenhänge gesehen, das später von *Otremba* (1969, 19) vereinfacht übernommen wurde. Ähnliche Sichtweisen, die von den natürlichen Voraussetzungen ausgehen, sind in vielen Richtungen der Nationalökonomie zu finden. Ihr Nachteil ist die Vernachlässigung der zweiseitigen Einbindung wirtschaftlichen Handelns in Bezugs- und Absatzverflechtungen, die mittels der Entgelte zustandekommt. Mit jenen freilich wollten Geographen sich nicht befassen, da sie außerhalb der mit ihren Methoden faßbaren räumlichen Bezüge liegen. Diese Einseitigkeit führte jedoch dazu, daß man nicht die Befriedigung menschlicher Bedürfnisse als den Sinn und Zweck der Wirtschaft erkannte, sonder nur an die optimale oder auch maximale Ausnutzung natürlicher und gesellschaftlicher Produktionspotentiale dachte, was dann in einigen autoritären Staaten prompt zu grotesken Übersteigerungen geführt wurde.

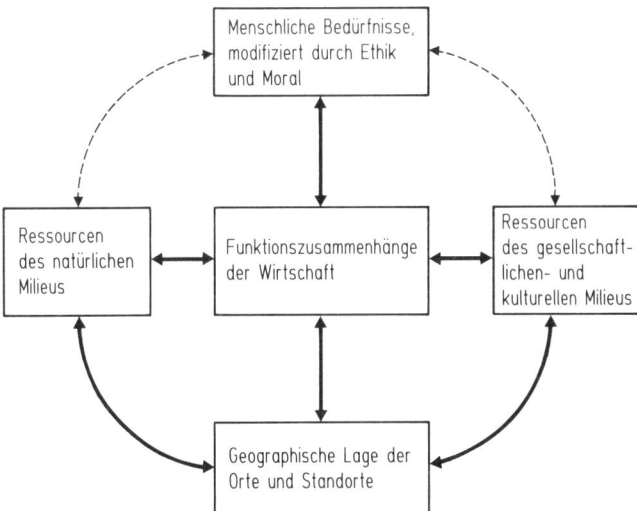

Abb. II-1 Wirtschaftsgeographische Grundzusammenhänge

Aus diesem Dilemma der Geographie kommt man mit Hilfe des Ressourcenbegriffs heraus. Dieser erlaubt es, sowohl die eingesetzten Güter und Leistungen als auch die als Entgelte hereinströmenden Gegenwerte geographisch zu interpretieren und als Mittel der Wirtschaft zur Erreichung ihrer Ziele anzuerkennen. Abb. II-1 soll diese Relation in zunächst schematischer Form verdeutlichen.

Wirtschaften bedeutet in einfachster Definition, verfügbare Mittel zur Erreichung bestimmter Zwischen- und Endziele nach Optimierungsgesichtspunkten einzusetzen. Dabei werden wirtschaftliche Funktionszusammenhänge an einem oder zwischen mehreren Orten konstituiert. Steuerungsgrößen sind menschliche Bedürfnisse, die als Nachfrage oder Bedarf manifestiert werden und ein Angebot hervorlocken. Ressourcen aus dem natürlichen wie auch aus dem gesellschaftlich-kulturellen Milieu werde zur Deckung herangezogen.

Umgekehrt bestimmen aber die wirtschaftlichen Funktionszusammenhänge, was jeweils als Ressource angesehen werden kann. Die Funktionalbeziehungen bewirken daneben zwischen den Orten und den Vorkommen der Ressourcen Distanzrelationen. Diesen Umstand können wir als relative geographische Lage der Ressourcenvorkommen und Standorte bezeichnen. Nur an den im Rahmen der Funktionalbeziehungen möglichen Orten kann eine Nutzung in Frage kommen. An anderen mögen sie zwar vorhanden sein, sind aber hier wertlos.

Geographische Lage ist keine Ressource für sich. Sie spielt aber in alle Funktionalzusammenhänge hinein, sei es über die Einheit des Ortes, sei es als Zugänglichkeit von einem oder vielen Standorten aus. Sie erweist sich als ein Umstand der untrennbar mit dem Ressourcenbegriff verbunden ist. Wenn *Spencer & Thomas* (1975, 238) Ressourcen als Dinge oder Umstände definieren, die einen wirtschaftlichen Wert haben, wenn man zumindest weiß, wer etwas damit anfangen kann, so reicht dies nicht ganz aus. Ressourcen müssen darüber hinaus in der Griffweite des wirtschaftenden Menschen liegen oder dorthin gebracht werden können.

II.1   Die Klassifizierung der Ressourcen

Ressourcen sind also einerseits Eingangsgrößen von Prozessen, die auf Bedürfnisbefriedigung abzielen (*Paterson* 1972, 1), andererseits auch deren Ergebnisse, die wieder zu Eingangsgrößen anschließender Prozesse werden können. In dieser Kette bilden weder die Urproduktion noch der endliche Konsum die Endglieder, da auf der Welt nichts umsonst zu haben ist.

Aus geographischer Sicht sind Ressourcen in die Geosphäre eingebettet oder wirken in sie hinein. Die Wirtschaftsgeographie sieht sie präziser als Attribute von Orten und Regionen. Die Klassifizierung der Ressourcen sollte daher diese Zuordnung nicht aus dem Auge lassen.

II.1.1   Die „sogenannten" natürlichen Ressourcen

Man versteht darunter Dinge, welche die Natur in verwertbarer Form ohne Zutun des Menschen an bestimmten Örtlichkeiten bereitgestellt hat. Manche sind selten anzutreffen, andere sind generelle Eigenschaften der Geosphäre bzw. einzelner Erdräume. Naturkräfte, wie z.B. der Wind und natürliche Speicher, etwa ein Erdöllager, stellen zwei Seiten dieser Phänomene dar.

Naturkräfte sind mit dem laufenden Energiehaushalt des Gaia-Systems gekoppelt. Sie können als „erneuerbare" Ressourcen bezeichnet werden. Ihre Nutzung z.B. die eines Flusses durch ein Wasserkraftwerk erbringt quasi ein laufendes Einkommen. Bei der Nutzung eines Waldes in pfleglicher Form gleicht der Ertrag der Verzinsung eines Kapitals.

Viele natürliche Speicher sind dagegen in ihrer Entstehung an geosphärische Prozesse gebunden, die aus menschlicher Sicht viel zu langsam ablaufen, als daß man sie mit der Vorsicht eines Rentenbeziehers nutzen könnte. Sie sind deshalb

„aufbrauchbar" bzw. nicht-erneuerbar. Dies gilt für Erz- oder Erdöllager, die gleich-wohl in sehr langen geologischen Zeiträumen stets neu gebildet würden.

Manche Naturerscheinungen sind aus menschlicher Sicht dauerhafte Gegebenhei-ten der Geosphäre (Schwerkraft, Erdmagnetismus) oder einzelner ihrer Teile, wie gutes Klima, schöne Landschaft, Gesteinsaufbau, Niederschlagsmenge usw. Diese können vom Menschen noch nicht verändert werden. Die Ausnützung dauerhafter Gegebenheiten, die nur an wenigen Orten auftreten, kann ökonomische Seltenheits-renten einbringen, d. h. daß höhere Entgelte gezahlt werden, als sonst üblich wären.

Jeder Umstand der physischen Umwelt mag zur natürlichen Ressource werden. Eine ökonomische Bewertung ist aber nur dann möglich, wenn der Ort seines Auftre-tens für den Nutzer zugänglich gemacht werden kann. Erst diese Nebenbedingung macht Naturgegebenheiten zu potentiellen Ressourcen. Daher ist es vernünftiger, immer nur von „sogenannten" natürlichen Ressourcen zu sprechen. In unserer Abb. I-1 sind die Erdräume 2 und 6 nur beschränkt zugänglich, der Erdraum 5 liegt samt allen Naturpotentialen noch völlig außerhalb des menschlichen Zugriffs.

Das Gegenteil natürlicher Ressourcen sind Kosten verursachende Negativfaktoren, die wir als Hemmnisse, Nachteile und Risiken bezeichnen können. Sie treten in Gestalt von Distanzen, geographischen Barrieren, Klimarisiken, Erdbeben und vie-len anderen Umständen auf.

II.1.2 Geschaffene Ressourcen

Dies sind alle Dinge und Umstände, die von Menschen hervorgebracht wurden, wie Geld, Waren, Bauwerke, Arbeitsplätze, Grundstücke, Haustiere und Nutzpflanzen. Bei diesen lassen sich alle oben gemachten Anmerkungen analog aufführen bis auf eine: Die Inwertsetzung durch vorheriges Zugänglichmachen ihres Ortes stellt sich nur mehr in eingeschränkter Weise. Für die derzeit nutzende Menschengruppe ist sie ja bereits gegeben.

Geschaffene Ressourcen sind in unterschiedlichem Maße erneuerbar, wofür man in der Wirtschaft „wiederbeschaffbar" sagen würde. Im Extremfall können sie auch aufbrauchbar oder nicht-wiederbeschaffbar sein. Auch hier gibt es dauerhafte Gege-benheiten in Gestalt des der Menschheit gemeinsamen Schatzes an Wissen. Freilich kann dieses veralten, und seine Dauerhaftigkeit bemißt sich nicht nach geologischen Zeiträumen.

Gleichzeitig zeigt uns der Hinweis auf menschliches Wissen, daß geschaffene Res-sourcen auch immateriell sein können, was ja gerade für von Mensch zu Mensch übertragbare und daher nicht mehr an bestimmte Personen gebundene Information gilt.

Nicht alles, was vom Menschen an Kulturgütern geschaffen wurde, stellt Ressour-cen dar. Vieles ist unnützer Trödelkram, der aus anderen gesellschaftlichen Motiven mitgeschleppt wird. Einiges ist sogar schädlich. Die Umgehung oder Beseitigung solcher Dinge verursacht der Wirtschaft Kosten und Risiken.

Geschaffene Dinge haben in der Wirtschaft eine besondere Stellung. Als Inputs der Wirtschaftseinheiten müssen wir sie unter dem Ressourcengesichtspunkt betrachten. Als Ergebnis des Wirtschaftens sind sie Produkte, die zu Waren werden, die man auf dem Markt anbieten kann. Ebenso bilden sie das strukturelle Gerüst wirtschaftlicher Systeme, was häufig unter dem Begriff Infrastruktur zusammengefaßt wird. Sowohl Waren wie auch Infrastruktur können wieder als Ressourcen eingesetzt werden.

II.1.3 Menschliche Ressourcen

Wir wollen hierunter alle an lebende Menschen gebundenen Umstände verstehen. Wesentliche Aspekte werden gerne unter dem Begriff Humankapital angesprochen, was jedoch nur einen Teilaspekt umgreift.

Menschliche Ressourcen sind zunächst angeborene Eigenschaften wie Kraft, Intelligenz und Schönheit, die oft nur allzu einfach nutzbar sind. Zum anderen sind es erlernte Fähigkeiten und Kenntnisse und schließlich auch psychologische Einstellungen wie Ehrlichkeit und Leistungsbereitschaft. Auch hier können wir mit dem Gedanken von Dauerhaftigkeit und Erneuerbarkeit operieren.

Dazu kommen ferner alle an lebende Menschen gebundenen Rechte wie Bürgerrecht, Erbansprüche, Autorenrechte, Besitz und persönliche Kaufkraft, welch letztere die wichtigste Ressource überhaupt vorstellt. Rechte können veräußerlich oder unveräußerlich sein. Veräußerlichte Ressourcen haben eine Übergangsrolle zu den geschaffenen Ressourcen. Um sie davon abzuheben, könnten wir sie als „erworben" bezeichnen.

Menschliche Ressourcen haben stets eine Person als Träger. Aus geographischer Sicht werden sie daher Attribute des Wohnorts dieser Träger und dort primär wirksam. Da Menschen jedoch ihren Wohn- und Aufenthaltsort verändern können, sind Humanressourcen dann mit ihnen unterwegs. Die Ausstattung von Orten mit menschlichen Ressourcen ist daher außerordentlich rasch veränderlich. Dies gilt insbesondere für integriertes Wissen, das nicht ohne Mitwirkung seines Trägers anwendbar ist. In gewissem Sinne ist aber keine wirtschaftliche Tätigkeit ohne dieses Knowhow denkbar.

II.2 Mobilität und Inwertsetzung von Ressourcen

II.2.1 Das Problem der Inwertsetzung

Weil Ressourcen Attribute von Orten und Standorten sind, lassen sie sich auch jenen Gebieten zurechnen, in die politische Macht oder geographische Weltsicht die Erde aufteilten. Die unterschiedliche Sichtweise dieser beiden anderen Raumkonzepte kann mitunter zu Schwierigkeiten und Doppeldeutigkeiten führen. Der Fehler bleibt jedoch im angewandten Bereich gering, solange die Betrachtungseinheiten nicht weit über Orte und Standorte hinausgehen.

So kann z. B. ein Acker als Grundstücksparzelle einen sehr niedrigen Ertrag hervorbringen, weil die Bodenqualität (= Inhalt, Ressource) schlecht ist. Entsprechend gering wird der kapitalisierte Wert sein, zu welchem er an einen anderen Landwirt verkauft werden könnte.

Da aber von diesem Acker aus, als wirtschaftlicher Standort verstanden, die Ressourcen vieler anderer benachbarter Standorte zugänglich sein können, und diese vielleicht Kaufkraft „tragen", wird der Betreiber eines Verbrauchermarktes gerne das 20- und Mehrfache dafür bezahlen wollen. Er kann dies tun, weil er auf diesem Grundstück eine Inwertsetzung vornehmen will, indem er mit Hilfe anderer Ressourcen (Kapital, Warenangebot, Arbeitskraft, Know-how) einen Ressourcen-Mix schafft, der es ihm erlaubt die latenten Bedürfnisse der Umwohner zu decken und die Lagervorteile des Ackers auszunützen, wozu ein Landwirt nicht in der Lage wäre. Alles was er über den agrarischen Nutzwert hinaus zu zahlen bereit ist, wäre diesen anderen Faktoren zuzurechnen.

Selten ist eine Ressource für sich alleine bewertbar und dies gilt insbesondere für die sogenannten natürlichen Ressourcen. Auf Grund der ungeeigneten Raumkonzepte wird in Politik, Information und auch Wissenschaft, besonders aber im Schulunterricht, oft angenommen, alle anderen zur Inwertsetzung erforderlichen Ressourcen wären ebenfalls am gleichen Ort vorhanden. Also fände man bei einem Erzlager auch automatisch Kapital, Ingenieure, Arbeiter, Maschinen, Transportwege, Unterkünfte und Werkskantinen. Dies ist eine Illusion, weil man die Bindung der unterschiedlichen Ressourcen an Vorkommensorte übersieht. Vielfach muß man sie erst aus bestehenden wirtschaftlichen, sozialen und rechtlichen Bindungen herauslösen, um sie an anderen Orten einsetzen zu können.

Da eine räumliche Kongruenz der zu einem wirtschaftlichen Prozeß erforderlichen Ressourcen in der Praxis nur selten gegeben ist, besteht eine wesentliche Anfangsaufgabe darin, einen brauchbaren Ressourcen-mix unter Einheit des Ortes herbeizuführen. Wir können für diese Tätigkeit auch Investition sagen. Um investieren und danach unser Erzlager nutzen zu können, müssen zu dessen Ort die zunächst noch fehlenden Ressourcen hingeschafft werden. Diese dürfen daher nicht permanent an die Orte ihres Vorkommens gebunden sein.

II.2.2 Mobile und lokalisierte Ressourcen, sowie Ubiquitäten

Als mobile Ressourcen wollen wir alle jene betrachten, die ohne Wertverlust an andere Orte gebracht und dort in die örtlichen Ressourcenkombinationen eingebaut werden können. Ein solcher Transfer an einen anderen Ort kann sogar einen Wertzuwachs ergeben, wenn die dortige Eingliederungsmöglichkeit ergiebiger ist, als jene am Ursprungsort. Derartige Wertdifferenzen sind die Voraussetzungen des Handels. Mobile Ressourcen „wandern" in der Regel dorthin, wo für sie die am höchsten bewertete Eingliederungschance in den örtlichen Ressourcen-mix erwartet wird. Sie helfen dort mit, lukrative Produktionsprozesse aufzubauen.

Umgekehrt kann die Ressourcenabwanderung bestehende Ressourcenkombinationen eines Ortes unterminieren. Behörden und Staaten, die sich ja als „Besitzer" der mobilen Ressourcen ihrer Territorien fühlen, versuchen oft diese am Abwandern zu hindern. Sie nehmen dabei in Kauf, daß diese Ressourcen nicht optimal eingesetzt werden können.

Lokalisierte Ressourcen können entweder überhaupt nicht oder erst nach komplizierten Umwandlungsschritten und daher unter erheblichen Kosten bzw. Wertverlusten an andere Orte gebracht werden. Benötigt man also in einer spezifischen Kombination eine streng lokalisierte Ressource, so wird die entsprechende Tätigkeit an den Ort des Ressourcenvorkommens gezogen werden. Man wird dort investieren und die Einheit des Ortes zu bilden versuchen. Bei mehreren lokalisierten Ressourcen wird die relative Stärke der geographischen Bindung entscheiden, ein Problem, das analog in der Standortlehre von *Alfred Weber* wieder auftaucht.

Politisch-administrative Grenzen sind häufig Barrieren für Ressourcenwanderungen, und wir müssen daher Mobilität und Lokalisierung auch im Maßstab der territorialen Gliederung sehen. So ist etwa Arbeitskraft über Binnengrenzen hinweg sehr mobil, jedoch im Rahmen der Staaten noch weitgehend als lokalisiert anzusehen.

Ubiquitäten sind Ressourcen, die an jedem Ort eines regionalen Systems in ausreichender Menge und Qualität verfügbar sind. Während zu Beginn unseres Jahrhunderts *Alfred Weber* (1909, 51 f.) als er diesen Ausdruck prägte, dabei an Wasser, reine Luft und Baurohstoffe dachte, sind diese Dinge heute längst keine Ubiquitäten mehr.

Dafür sind neue Einrichtungen und Umstände ubiquitär geworden wie z. B. Stromversorgung, Straßenanschluß, Telephon, Fernsehen, Postämter, Schulen, Polizei, ärztliche Versorgung, Einzelhandel und auch Finanzämter.

Wiederum können wir erkennen, daß sich die Feststellung „an jedem Ort verfügbar" mit den Raumkonzeptionen verschneidet. Was versteht die Wirtschaft darunter und was der Staat? Letzterer wird bestrebt sein, solche Monopoleinrichtungen und Versorgungsdienste in jeder seiner administrativen Untereinheiten von geeigneter Größe anzubieten und so ein „flächendeckendes Netz" zu schaffen. Der Wirtschaft ist dies entweder zu viel oder zu wenig. Sie wird bei wesentlichen Dingen nach dem ubiquitären Angebot an ihren Standorten, also direkt im Betrieb oder im Haus streben.

II.2.3 Probleme mit dem geosphärischen und dem territorialen Raumkonzept

Im Zusammenhang mit der Wertung von Ressourcen können ungeeignete Raumvorstellungen zu Fehlinterpretationen führen. Im geosphärischen Konzept sind Orte Ausschnitte aus der Geosphäre, im territorialen kleinste rechtliche Flächeneinheiten und Ressourcen ihre Inhalte. Beiden Konzepten fehlt weitgehend der Gedanke der Einheit des Ortes.

Zwei Beispiele sollen kurz beleuchtet werden. Der Begriff „Bodenschätze" stammt aus dem territorialen Konzept und bezieht sich auf noch unbekannte, vergrabene Dinge. Diese gehören dem Staat oder Herrscher und durch die Vergabe von Privilegien zum Aufspüren und Gewinnen von Mineralien kann dieser sich Einkünfte verschaffen. Insofern ist der Begriff „Schatz" durchaus angebracht. Die von geowissenschaftlicher Forschung aufgespürten Mineralvorkommen werden jedoch nur dann zu Einkommensquellen im wirtschaftlichen Sinne, wenn sich jemand zu einer Investition entschließt und den Abbau längerfristig mit Profit betreibt. In anderen Fällen ist es sicherlich unangebracht von Bodenschätzen zu sprechen.

Das zweite Argument betrifft die zahlreichen Studien zur Tragfähigkeit der Erde. *Eyre* (1978) hat in seinem Buch „Der wahre Reichtum der Nationen" dazu einen neuen Ansatz geliefert. Er berechnet für die einzelnen Klima- und Landschaftszonen der Erde die pflanzliche Nettoprimärproduktion und rechnet diese länderweise auf den Kopf der Bevölkerung um. Für die Bundesrepublik Deutschland ergeben sich dann 5,5 t pflanzlicher Trockenmasse pro Kopf und Jahr. Die Niederlande kommen auf nur 3,4 t, Österreich dagegen auf 12,6. Sowohl in Deutschland wie auch in Österreich reicht die pflanzliche Primärproduktion offensichtlich aus, um die Nahrungsmittelversorgung und einen wichtigen Teil des Rohstoffbedarfs zu decken. Um so mehr müßte dies dann für Länder wie Äthiopien (41,5 t), Mali (129,7 t) oder Zambia (250 t) der Fall sein, die wir aber als notorische Hungerländer kennen.

Eyre, der seine Untersuchung auf dem geosphärischen und territorialen Raumkonzept aufgebaut hat, sieht diese Widersprüche zwar. Er geht aber kaum darauf ein, daß dort der potentielle Reichtum unerschlossen bleiben muß und die Einheit des Ortes und der Zeit für eine leistungsstarke Landwirtschaft nicht herstellbar ist, solange es an den komplementären Ressourcen mobiler Art fehlt.

Bei theoretischen Überlegungen ist es also sehr nützlich, die verschiedenen Raumkonzepte auseinanderzuhalten. Beim praktischen Handeln in vielfältig strukturierten Räumen ist dies nicht immer so einfach. Es ergeben sich in Handlungsabläufen, bei der Anwendung von Strategien oder auch in der Planung immer wieder Mischungen von kommunikativen Elementen (Netze, Knoten, Achsen, Synapsen) mit territorialen Momenten (Grundstücke, Grenzen, Gebietskörperschaften) und auch geosphärischen Faktoren (Ränder, Eignungszonen, Risikozonen). Solche Gedanken, die letztlich zu einem neuen Ansatz der Geographie führen könnten, hat bisher nur *Brunet* (1992) breiter aufgegriffen.

II.3 Ressourcen und Standorte

Mit dem nun erarbeiteten Rüstzeug lassen sich einige Fragen nach den besten Orten für wirtschaftliche Tätigkeiten behandeln. Wir nehmen dazu eine Region aus „n" Orten an, die nach einem wabenförmigen Muster verteilt sind.

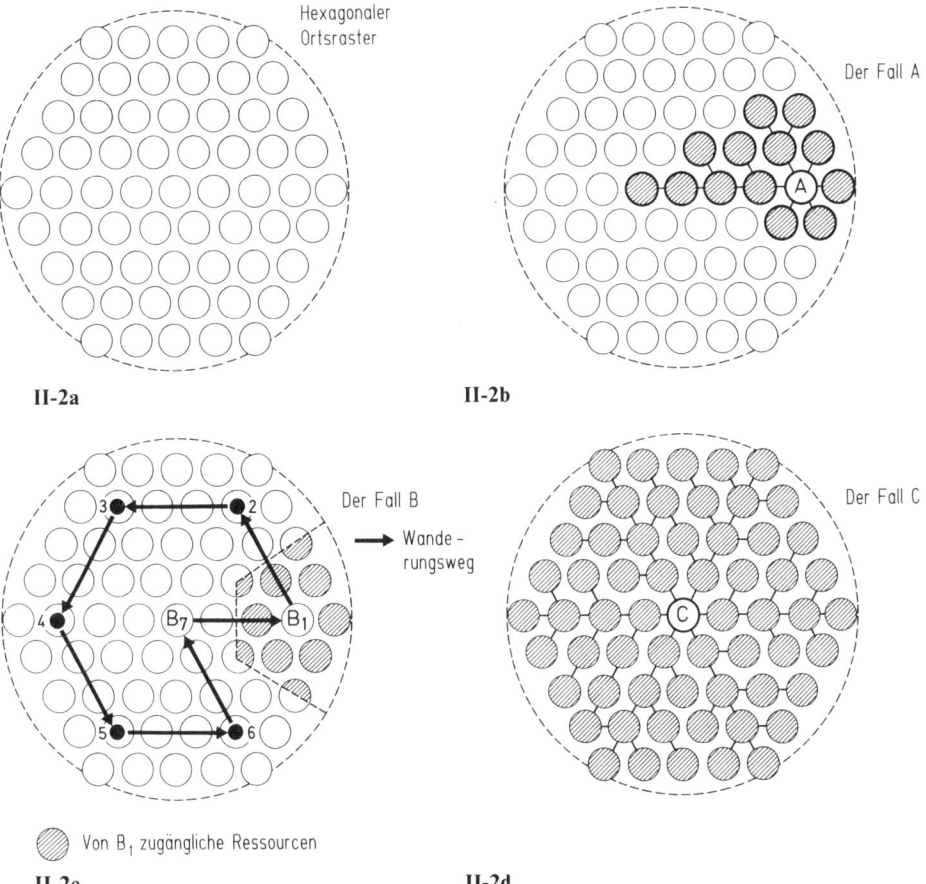

Abb. II-2 Standorte und Ressourcen

Alle Orte wären mit den gleichen Ressourcen in der gleichen Menge ausgestattet, die Region also homogen. Standort der wirtschaftlichen Tätigkeit soll stets eines der Ortsfelder sein und nicht der „Leerraum" dazwischen.

Als Ressource wollen wir in diesem Beispiel die individuelle Kaufkraft der Bewohner der Orte annehmen. Abb. II-2a zeigt diese als hexagonale Versuchsanordnung.

Bei der Frage, wo nun für eine wirtschaftliche Tätigkeit der Standort gewählt wird, gehen wir hier genau den umgekehrten Weg wie die Standorttheorie von *Weber* (1909). Das erlaubt reizvolle Vergleiche und es ergeben sich drei grundsätzlich mögliche Fälle:

Fall A: Der ressourcennutzende Betrieb, z. B. ein Einzelhändler hätte die Möglichkeit, von jedem beliebigen Ort in unserer Region aus alle Kaufkraft aller anderen Orte zu nutzen. Er benötigt aber für eine rentable Führung seines Unternehmens nur einen Teil davon (Abb. II-2b). Wo wird er also seinen Standort einrichten und nach welchen Gesichtspunkten wird er diesen Ort auswählen?

Optimierer rufen nun gerne: „Im Zentrum der Region". Dies ist aber nur eine von vielen Möglichkeiten. Da nämlich jeder beliebige andere Ort innerhalb der Region ebenso geeignet ist, und sein Markt in erreichbarer Entfernung groß genug, brauchen ökonomische Gründe für unseren Unternehmer keinerlei Rolle zu spielen. Er kann seinen Standort nach seinen persönlichen Präferenzen oder nach außerwirtschaftlichen Zwängen, denen er unterliegt, auswählen.

Dieser Standort kann auch beibehalten werden, wenn innerhalb der Region Konkurrenten auftreten oder sich die Ergiebigkeit des Ressourcenfeldes ändern sollte.

Fall B: Hier würde der Betrieb zwar, um rentabel arbeiten zu können, die Ressourcen der gesamten Region benötigen, jedoch lassen sich von einem festen Standort aus nur kleine Teilmengen erreichen. Um die Existenz seines Unternehmens dauerhaft zu sichern, muß unser Händler seinen Betrieb periodisch an andere Standorte verlagern, damit für ihn das gesamte Ressourcenfeld ausschöpfbar wird (Abb. II-2c).

Standorte ganz am Rande des Ressourcenfeldes sind dann zwar möglich, aber ungünstig, weil er sich dort nur ganz kurze Zeit aufhalten kann. Die praktische Lösung ist eine periodische Rundumwanderung innerhalb der Region. Dies machen ambulante Händler und Marktfahrer, wobei innerhalb der Regionen die Wochenmärkte auf bestimmte Tage festgelegt sind (dazu *Gormsen* 1976, *Wirth* 1979, 125). Vergleichbare Wanderungen unternehmen Veranstaltungen, Zirkusse und auch Wanderfeldbauern und Hirtennomaden.

Fall C: Die für den Betrieb benötigten Ressourcen wären hier wiederum die Gesamtmengen innerhalb der Region. Der Betrieb könnte auf keine Teilmenge verzichten und kann auch alle erreichen. Er hätte unter diesen Voraussetzungen zwar Freiheiten hinsichtlich der Standortwahl, wird sich aber vernünftigerweise in die Mitte des Ressourcenfeldes setzen. Hier ist er von seinen Kunden am besten erreichbar und wird die geringsten Transportaufwendungen haben, falls er seine Kunden beliefern muß. Diese Bedingungen gelten für viele Zweige des Einzelhandels und Gewerbes, insbesondere für die sogenannten zentralen Dienste (Abb. II-2d).

Selbstverständlich sollte man bei solchen Modellkonstruktionen die Sache nicht nur statisch sehen, sondern immer an mögliche Veränderungen denken. Einfache Modelle sind dabei oft so überraschend aussagekräftig, daß dieses Spiel nur punkthaft durchgeführt werden kann.

Was geschieht z. B. wenn im Fall C das Ressourcenfeld weniger ergiebig wird? Es muß dann letzten Endes der Betrieb schließen, da er ja seine Tätigkeit nicht räumlich ausweiten kann, oder sein Inhaber muß die Branche wechseln. Ein schönes Beispiel dafür waren die Kinos auf dem Lande, die nach dem Aufkommen des Fernsehens zum größten Teil eingegangen sind.

Vergrößert sich dagegen das Ressourcenfeld oder wird es ergiebiger, so wandeln sich die Bedingungen des Falls C zu jenen das Falls A. Dies war in den letzten 150 Jahren ein sehr häufiges Ergebnis der Steigerung des allgemeinen Wohlstands und der verbesserten Verkehrstechniken. Hätte eine derartige Verbesserung Auswirkungen für den Standort unseres Betriebes? Nicht notwendigerweise, er wird vielmehr dort bleiben können, wo er auch bisher war. Die neugewonnene Freiheit der Standortwahl wird der Unternehmer wohl gegen die Kosten eines Standortwechsels abwägen.

Da nur wenige Unternehmer in solchen Fällen eine Optimierungsstrategie betreiben, läßt sich eher vermuten, daß eine wachsende Wirtschaft mit einer Konservierung bestehender Standortmuster verbunden sein wird.

Ergiebigere Ressourcenfelder und gleichzeitige Hemmnisse für die Vergrößerung der Anbieterbetriebe, z. B. Flächenmangel am Standort, erlauben das Auftreten von Konkurrenten. Im Fall C wird bei steigender Kaufkraft der Haushalte bald ein zweiter, dritter, vierter Anbieter usw. möglich. Wo werden sich solche Nachahmer niederlassen? Grundsätzlich wären sie in ihrer Standortwahl ja frei. Falls sie in ihrer Einschätzung des Marktwachstums jedoch nicht sehr optimistisch sind, werden sie sich vielleicht überlegen, daß sie ja berechtigte Aussicht haben, die Hälfte, ein Drittel, ein Viertel des Kaufkraftvolumens auf sich zu ziehen, wenn sie sich unmittelbar neben den ersten Anbieter setzen. Diese Überlegung gälte in einem statischen Markt auch im Fall A (Abb. II-3 u. II-4).

Hotelling (1929) und *Chamberlin* (1969) haben dieses Problem aufgegriffen, das in der Literatur oft als das „Eisverkäuferproblem" angesprochen wird. *Hotelling* meint, daß sich ein erster Eisverkäufer mit seiner Bude an einem Badestrand hinstellen kann, wo er will. Dies wäre A in Abb. II-4a. Ein zweiter Eisverkäufer, der ja genau das gleiche Angebot hätte, wird listig überlegen, daß er den größeren Teil der Kundschaft bekommen könnte, wenn er sich nahe zu A aber auf der Seite mit dem größeren Strandstück niederläßt (B in Abb. II-4b). A baut darauf seine Bude ab und stellt sie auf der anderen Seite von B wieder auf. Und dieses Spiel würden die beiden solange wiederholen, bis sie beide nebeneinander in der Mitte des Strandes sitzen. Jeder hätte nun dieselben Marktchancen und keiner könnte durch eine Verlagerung noch etwas gewinnen (Abb. II-4c).

Damit ist eine primäre Agglomeration gleichartiger Betriebe entstanden. *Chamberlin* weist nach, daß unter den linearen Modellbedingungen des Badestrands diese Agglomeration bei mehr als zwei Anbietern instabil wäre. Ist der Markt jedoch flächenhaft (Abb. II-3), so werden klare Vorteile erst ab dem vierten Anbieter sichtbar, und unter Voraussetzungen realer Wegesituationen erst viel später. Nach *Chamberlin* würden sich im linearen Markt vier Anbieter in zwei Paaren niederlassen, was auch bei flächenhaften Märkten denkbar wäre. Reale Nachbarschaftspaare lassen sich in der Hotellerie und bei Tankstellen gut beobachten. Ihre Inhaber bemühen sich jedoch immer, durch Produktdifferenzierung möglichst von der Bedingung des gleichen Angebots wegzukommen.

Die primären Agglomerationen sind selbstverständlich kein Optimum für die Kunden im Sinne einer Wohlfahrtsmaximierung. Dafür wäre es günstiger, wenn sich die beiden Eisverkäufer aus Abb. II-4 an den Quartilspunkten niederließen und so die Einkaufswege minimiert wären. Zu einer solchen Lösung können die beiden aber niemals kommen, da sie sich ja gegenseitig Marktanteile abknöpfen möchten. Eine Wohlfahrtslösung wäre in diesem Falle nur durch Planung zu erreichen, da bei jeder nicht gleichzeitigen Standortbildung das Konkurrenzmoment in Erscheinung tritt.

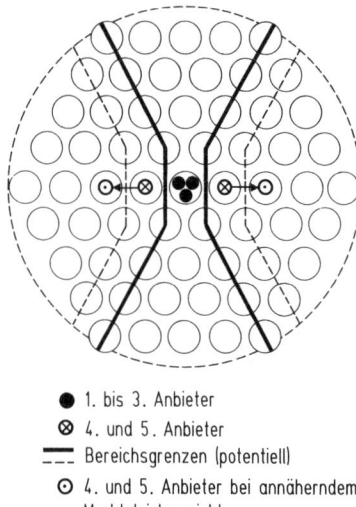

● 1. bis 3. Anbieter
⊗ 4. und 5. Anbieter
--- Bereichsgrenzen (potentiell)
⊙ 4. und 5. Anbieter bei annäherndem
   Marktgleichgewicht

Abb. II-3 Eindringen von Konkurrenten im Fall C (1. bis 5. Anbieter, mit Standortverlagerung).

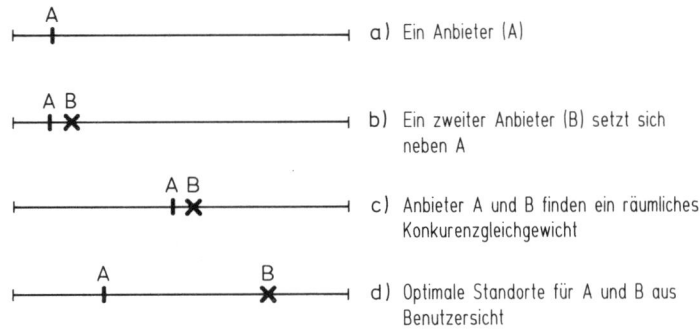

a) Ein Anbieter (A)

b) Ein zweiter Anbieter (B) setzt sich neben A

c) Anbieter A und B finden ein räumliches Konkurenzgleichgewicht

d) Optimale Standorte für A und B aus Benutzersicht

Abb. II-4 Hotellings Eisverkäuferproblem

Anders wird diese Situation, wenn A nicht die gesamte Nachfrage abdecken könnte, weil der Strand so lang ist, daß das Eis in der Tüte unterwegs zerrinnt. Abb. II-5 zeigen theoretisch was dann geschieht. B wird sich im unversorgten Strandabschnitt niederlassen und eventuell wird sich noch ein dritter Anbieter C hineinzwängen. Sie werden ihre Buden so verlagern, daß jeder ein Drittel des Strandes als Marktanteil hat. Die flächenhafte Analogie läßt sich aus dem Fall A von oben ableiten, wenn wir Betriebe annehmen, die nur einen Teil der Ressourcen brauchen, aber auch nicht alle erreichen können. Es bildet sich dann ein Standortmuster mit sechseckigen Marktgebieten, welches der von *August Lösch* aufgestellten Tendenz zur Maximierung der selbständigen Existenzen (1962, 97, 111 f.) entspricht und in der zentralörtlichen Theorie aufgegriffen wird.

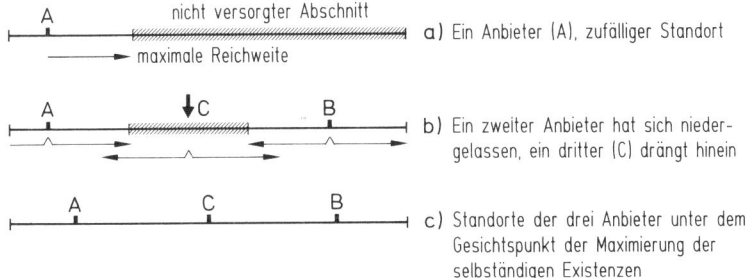

Abb. II-5   Lösch-Konfigurationen im linearen Markt

Ob jedoch ein Standortmuster dem *Hotelling* Theorem folgend, zur primären Agglomeration oder durch Ausgrenzung von Marktbereichen zu einer *Lösch-Christaller* Konfiguration tendiert, scheint in der Praxis sehr stark von den Strategien abzuhängen mit denen die jeweils ersten Anbieter auf eine vorgefundene Situation reagieren. Sind diese Modelle auch für völlig abstrakte Gedankenspielereien aufgestellt worden, so kommen sie doch realen Gegebenheiten in vielen Bereichen der Wirtschaft nahe. Lineare Marktgebiete sind neben den Stränden auch die Ausfallstraßen der Städte, insbesondere die Commercial Strips in den USA, aber auch die innerstädtischen Einkaufsstraßen mit ihren Agglomerationen von Schuhläden.

II.4 Das Problem der Ausweitung von Marktgebieten

Eine wirtschaftsgeographisch wichtige Überlegung verbindet sich mit der Frage der Nutzung der Ressourcen entfernterer Standorte. Wir gehen dabei zurück auf den Fall A und stellen uns einen Händler vor, der zusätzlich zu den Kunden an seinem Ort nun auch die sechs nächstgelegenen Orte bedienen will. Da zwischen diesen und seinem Ort keine Einheit des Ortes besteht, muß er die neuen Kunden beliefern. Pro Ortsfeld wäre eine Fahrt erforderlich. Die Distanz zwischen den Orten wäre 1 (vgl. Abb. II-2a, b).

Die Ausweitung des Marktes ist an sich problemlos, da diese Orte ja für ihn zugänglich sind. Tabelle II-1 zeigt uns, daß dazu dann sechs Fahrten über die Distanz 1 nötig sind und das Marktgebiet insgesamt 7 Orte umfaßt.

In der nächsten Entfernungsstufe 2 liegen 12 Orte. Werden sie auch bedient, so wächst der Markt insgesamt um 170 %, die Transportaufwendungen steigen jedoch gegenüber vorher um 220 % an. Dieses Spiel läßt sich leicht weiterführen. Bei einer quadratischen Anordnung der Orte sind die Relationen insgesamt etwas ungünstiger, wie die Marktgröße 61 im Vergleich zur hexagonalen Verteilung deutlich zeigt. Derartige Mehrkosten sind im Baugewerbe sehr wichtig.

Bei der Erschließung jeder neuen Entfernungsstufe steigt der Transportaufwand überproportional an, was rasch die Grenzen des ökonomisch Sinnvollen erreichen kann. Diese Relationen sind sehr interessant. Jedes Wachstum der Wirtschaftsaktivitäten läßt nämlich ein räumliches Ausgreifen erwarten, da ja zusätzliche Ressourcen mobilisiert werden müssen. Aber das überproportionale Anwachsen der Transportaufwendungen heißt, daß nur sehr kräftige Wachstumsvorgänge tatsächlich ein solches Ausgreifen bewirken können. Kurze Wachstumsphasen laufen sich in weiten Räumen schnell tot. Im Hinblick auf die überproportionalen Aufwendungen für die Ressourcen ferner Gebiete ist es meist sinnvoller, die vorhandenen Möglichkeiten der

Tab. II-1   Marktausweitung, Distanzen und Transportaufwand

Hexagonale Anordnung der Orte

Marktgröße	Gesamter Transportaufwand	Maximale Transportweite	Durchschnittl. Transportweite	Steigerung der Marktgrößen gegenüber 7	Steigerung des Transportaufwands gegenüber 7
1	0	0	0	–	–
7	6	1	0,9	–	–
19	29,3	2	1,5	170%	220%
37	87,3	3	2,4	429%	1355%
61	170,5	4	2,8	770%	2740%

Quadratische Anordnung der Orte

				Gegenüber 5	Gegenüber 5
1	0	0	0	–	–
5	4	1	0,8		
13	17,7	2,0	1,4	160%	340%
29	58,9	3,0	2,0	480%	1370%
61	179,0	4,0	2,9	1120%	4375%

näher benachbarten Gebiete intensiver zu nutzen. Ressourcenwanderungen führen überdies zu einer Konzentration in den günstiger gelegenen Orten, so daß man in der Regel die Ressourcen der Peripherien gar nicht braucht, wenn sie nicht von selber kommen.

In der Wirtschaftsgeschichte zeigen sich immer wieder kurze Phasen der räumlichen Ausweitung der Wirtschaftsbeziehungen, die von längeren Phasen einer Intensivierung in gewissen Kernräumen gefolgt werden. In solchen Konsolidierungsepochen werden die bereits aufgeschlossenen Ressourcen der Peripherien wieder aufgegeben, weil man sie zu diesem Preis nicht mehr benötigt.

Aus wirtschaftsgeographischer Sicht erweisen sich nur sehr wenige Arten von Ressourcen als auf der Erde insgesamt knapp. Leider wird oft mißverständlich der volkswirtschaftliche Knappheitsbegriff auf geographische Situationen angewandt. Die reichlich vorhandenen und keineswegs knappen Ressourcen bleiben in weiten Teilen der Erde unerschlossen und ungenutzt. Besonders betroffen sind die schlechter zugänglichen Teilräume der Erde. Solche Gebiete bleiben arm, weil niemand brauchen kann, was sie zu bieten hätten.

Damit soll dieser kleine Ausflug in die Raumwirtschaftstheorie beendet werden. Manche der angeschnittenen Fragen werden später als Grundlagen zum Verständnis anderer Erscheinungen herangezogen.

Kapitel III
Von der geographischen Substanz zur funktionalen Ordnung

III.1 Formale und Funktionale

Wenn bereits simple Modelle, wie sie im vorigen Kapitel verwendet wurden, viele verschiedene Überlegungen zulassen, die zu gänzlich anderen räumlichen Problemlösungen führen, um wieviel komplizierter muß dann die reale Welt sein, wo ja niemals eine Entscheidungssituation von so klaren Randbedingungen bestimmt sein wird. Bei der Auseinandersetzung mit der realen Welt haben wohl viele Forscher diese als derart ungeordnet empfunden, daß sie sich damit nicht die Hände schmutzig machen wollten und lieber bei ihren Modellen blieben. *August Lösch* (1962, 145) gab dem bereits vor 50 Jahren beredt Ausdruck und *v. Weizsäcker* (1989, 43) spricht herausfordernd vom Chaos als der noch nicht entdeckten Ordnung.

Nicht wenige Geographen gewannen bei ihren Analysen der überaus vielfältigen Erscheinungen unserer Kulturlandschaften eher den Eindruck von strukturlosem Wirrwarr als von sinnfälliger Ordnung. Der Schweizer Geograph *Hans Carol* (1956, 124f.; 1963, 30) geht vom Wirrwarr dieser „geographischen Substanz" aus und sagt sinngemäß: was wir als Geographen beobachten und mit den üblichen Techniken unserer Wissenschaft registrieren können, sind zunächst nur die geschaffenen Einrichtungen der Wirtschaft, wie Gebäude, Werkstätten, Verkehrswege, Feldparzellen und dergleichen. Diese Dinge sind leicht zu registrieren und auf Landkarten darzustellen. Carol nennt sie die „Formale" der Landschaft.

Wir wissen aber, oder können vermuten, daß diese Formale aus den Beziehungen und Zielen der Wirtschaftstätigkeiten hervorgehen und durch eine angemessene Investition geschaffen wurden (vgl. Abb. II-1), denn solche Vorgänge entsprechen in der Kulturlandschaft den physischen Gestaltungskräften in der Natur, wo dieser Zusammenhang ebenfalls besteht.

Produktionstätigkeiten, Handelsaustausch, Vorratshaltung, Verbrauch usw. bilden den Formalen gegenüber die „Funktionale" der Wirtschaft. Zu ihrer Durchführung werden die Formale geschaffen. Jedoch sind die Funktionale selbst meist nicht direkt beobachtbar, und noch weniger mit der klassischen geographischen Methode der Kartierung zu erfassen. *Bösch* (1966, 279f.) hat diese Unterschiede anschaulich dargelegt.

Haben wir bereits etwas Ahnung von dem verbindenden Systemgefüge, so läßt sich von den Formalelementen bzw. von der Formalstruktur aus auf die geltenden Funktionalbeziehungen und die Funktionalstruktur schließen. Dies gilt natürlich auch umgekehrt und ist noch einfacher, weil ja Formale in der Regel so konstruiert werden, daß sie den intendierten Funktionalen gerecht werden. Dies ist eine sehr wichtige Methode der Wirtschaftsgeographie, mit deren Hilfe man sich schrittweise an die wahren Gegebenheiten herantasten kann. Ein kleines Beispiel soll dies verdeutlichen (Bearbeitung durch *A. Mehnert* 1987):

Wir hätten z. B. alle Filialen der Firma McDonalds in Deutschland standortmäßig erfaßt. Aus dieser Verteilung läßt sich ablesen, daß nicht nur große, sondern auch viele kleinere Städte einen ausreichend großen Markt für McDonalds Filialen abgeben. In Fremdenverkehrsorten von vergleichbarer Größe finden sich jedoch so gut wie keine (Formaler Aspekt).

Es ist bekannt, daß sich McDonalds mit seinen Speiseangeboten an vornehmlich jüngere und eilige Kunden wendet. Die obige Beobachtung erlaubt uns nun, diese Hypothesen zu präzisieren und bezüglich der Standortentscheidungen der Firma zu ergänzen (funktionaler Aspekt).

• In den deutschen Ferienorten halten sich nicht die üblichen Kunden von McDonalds auf.
• Fast-food Angebote passen nicht zu den Verhaltensmustern von Leuten in der Urlaubssituation.
• Der saisonale Charakter des Fremdenverkehrs erlaubt bei solchen Filialen keine Rentabilität.

Mit diesen Hypothesen zu den Funktionalen lassen sich nun die Formale nochmals abklopfen, ob und wo sich Abweichungen ergeben, die dazu zwingen würden, sie aufzugeben. So bestand zu diesem Zeitpunkt sehr wohl eine McDonalds Filiale in dem Fremdenverkehrsort Garmisch-Partenkirchen (Formal). Als weitere Hypothese ließ sich daher vermuten, daß hier ganzjährig ein starkes Nachfragepotential durch eher jüngere Tagesausflügler auftritt, was leicht zu bestätigen war.

Man könnte natürlich auch die Firma McDonalds selbst befragen. Dies hätte im gegenständlichen Falle zu dem gleichen Resultat geführt, ist aber sonst in der Wirtschaftsgeographie oft verlorene Liebesmüh. Denn Unternehmen machen nicht gerne Unterlagen über ihre Geschäfte und Führungsentscheidungen für Außenstehende zugänglich (Funktional). Ebenso haben bei Firmen dieser Größe selbst die leitenden Angestellten oft keine rechte Ahnung, warum wo und warum wo nicht solche Filialen errichtet wurden, geben aber dieses Unwissen nur ungern zu.

Eine solche Untersuchung hat v. Tucher (1994, 124) durchführen können. Sie bestätigt die obigen Aussagen. Freilich hatten sich zu diesem späteren Zeitpunkt die Marktgegebenheiten und Angebotsformen schon so weit gewandelt, daß nun auch solche Standorte auftraten, die 1987 noch unmöglich gewesen wären.

Die Schlußfolgerung von Formal auf Funktional erlaubt es häufig, ein Problem so scharf einzugrenzen, daß die verbleibende Ungewißheit mit sehr geringem Forschungsaufwand ausgeräumt werden kann. Allerdings lassen sich mit dieser Methode immer nur einzelne Aspekte der geographischen Substanz herausgreifen. Überdies verlangt der Schluß von den Formalen auf die Funktionale, daß es sich um rezent entstandene Erscheinungen handelt und daß die Formale tatsächlich aus den dahinter vermuteten Funktionalen hervorgegangen sind.

Bei formalen Phänomenen, die ursprünglich einem anderen Zweck dienten, wird diese Schlußfolgerung sehr viel schwieriger oder gar unmöglich.

III.2 Wirtschaftliche Verflechtungen

Ein anderer Ansatz zur Durchdringung des Chaos könnte über die Verflechtungen von Wirtschaftseinheiten (Betrieben, Haushalte) als den kleinsten Standortkomplexen gesucht werden. Es ist nicht weiter schwierig und sehr instruktiv, die realen Verflechtungen einer Wirtschaftseinheit zu anderen zu verfolgen, weshalb solches in der Didaktik der Geographie oft gemacht wird. Bekannt wurde in dieser Hinsicht das Beispiel einer Joghurt-Herstellung in Stuttgart (R. Hoppe im Zeit-Magazin v. 29.1.1993), worin dargetan wurde, daß Lastwagen mit den Zutaten und Materialien schon 9000 km kreuz und quer durch Deutschland gefahren sind, bevor die Becher ausgeliefert werden können.

Wir wollen hier der Einfachheit halber die Wirtschaftseinheiten als Blackboxes von Systemen erfassen.

Eine autarke Wirtschaftseinheit, und dies können nur Haushalte sein, entnimmt ihrer Umwelt, die sie als „Vorratslager" betrachtet, die benötigten Ressourcen (R) als Inputs und gibt Abfälle (A) als Outputs an diese Umwelt zurück (Abb. III-1). Wir wollen hierbei außer Acht lassen, daß die eigentlichen menschlichen Leistungen andere Outputs sind wie Reproduktionserfolg, geistige, kulturelle und religiöse Erkenntnisse, kognitive Durchdringung der Umwelt usw.

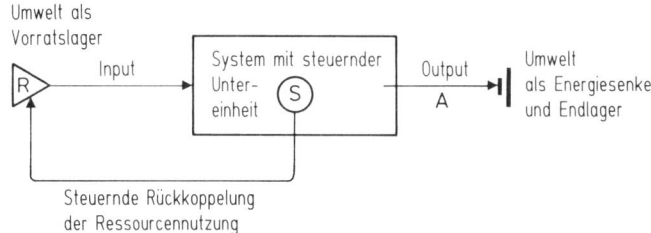

Abb. III-1   Schema einer autarken Einzelwirtschaft

Die Art und Menge der entnommenen Ressourcen und ihr Einsatz im System werden von planenden und denkenden Menschen als systeminternem Regler (S) bestimmt. Dies wirkt als Rückkoppelung zur Umwelt. Es wäre sinnlos dieser mehr an Ressourcen zu entnehmen, als man systemintern benötigt. Es könnte langfristig sogar gefährlich werden, durch übertriebene Ausbeutung die Umwelt zu schädigen, obgleich dies schon unsere Urvorderen durchaus auch fertiggebracht haben. Die Umwelt ihrerseits wird von den autarken Einzelwirtschaften als Vorratslager und als Endlager benützt, und nur so, wenn es sich um sogenannte Wildbeuter handelt. Autarke Einzelwirtschaften mit Güterproduktion z. B. Ackerbauern, zeigen kompliziertere Muster. Hinsichtlich der Standorte solcher Einzelwirtschaften kann zunächst wenig gesagt werden. Da sie autark sind, brauchen sie keine Kontakte und keinen Austausch. Ihr internes Aktivitätsmuster wird durch den Verbrauch ständig neu angeregt. Damit bildet sich ein Ungleichgewicht, das Prozesse zu seiner Behebung auslöst. Noch immer ist Robinson von *Daniel Defoe* (1719) der beste gedankliche Zugang für die Probleme der Einbettung einer autarken Wirtschaft in ihre Umwelt.

Eine nicht-autarke Einzelwirtschaft (S1) in der Abb. III-2 hat andere Beziehungen. Ein Teil ihrer Outputs wird an nachgelagerte Wirtschaften weitergegeben (S2). Daher richten sich der Umfang und die Art ihrer Inputs (R1) nicht allein nach den eigenen Bedürfnissen, sondern auch nach der erwarteten Nachfrage (R2) des nachgelagerten Systems. Über dessen Bedürfnisse und Nachfrage besteht jedoch kein vollkommenes Wissen. Daher entspricht jede Vermutung darüber im System 1 einer Vorwärtskoppelung zum System 2 in der Art eines Sensors. Dessen Meldungen geben eventuell Anlaß, den Input von System 1 zu vergrößern. Das Entgelt liefert dann nachträglich die rückkoppelnde Bestätigung, daß diese Entscheidung richtig war.

Solche Vorgänge haben eine zeitliche Reihenfolge und meist auch eine geographische Dimension. Dies mag wenig Rolle spielen, wenn die beiden Einzelwirtschaften einander nahe benachbart sind.

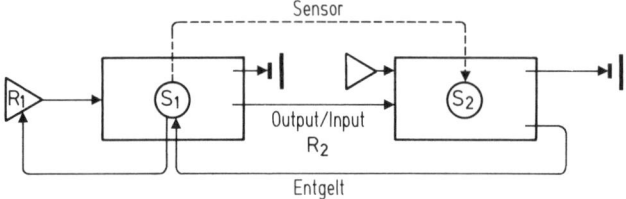

Abb. III-2 Schema der nicht autarken Einzelwirtschaften

Wird jedoch die Einheit von Ort und Zeit gebrochen, so müssen Handel, Transport und Lagerhaltung in den Produktenstrom und Banken in den Entgeltstrom eingebaut werden, wodurch auch die Signale zeitlich vergrößert und eventuell sogar verzerrt werden. Sind die Distanzen in Raum und Zeit groß, so treten bei beiden Partnern Unsicherheiten auf. Das liefernde System wird trachten, sich Entscheidungsalternativen möglichst lange offen zu halten.

Ferner wird einsichtig, daß ein derartiges nicht-autarkes System seiner Umwelt anders entgegentritt und deren Schädigung bewußt in Kauf nimmt, wenn es durch den Entgeltstrom dafür entlohnt wird. Unter solchen Gesichtspunkten lassen sich nun verschiedene Verknüpfungsmuster von Einzelwirtschaften zu Austauschsystemen bilden, die in den folgenden Abschnitten erläutert werden sollen.

III.2.1 Kettenbildung

In Abb. III-3 sind mehrere Einheiten hintereinandergeschaltet, die schrittweise den Output von S1 weiterbehandeln. Aus dem Gut x1 würde dabei die Ware x3, welche wir uns als ein konsumfähiges Produkt vorstellen wollen. SK ist der Endverbraucher, dessen materielle Outputs an ein Endlager abgeführt werden. Solche Ketten sind in der Realität meist drei bis fünf Stufen lang.

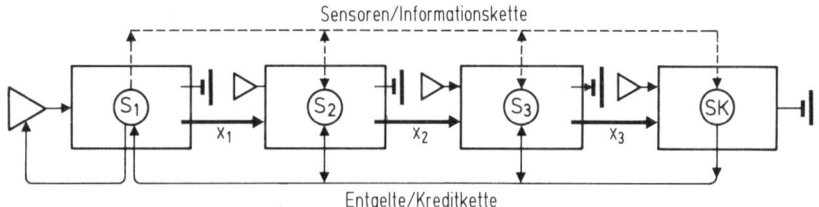

Abb. III-3 Schema der Kettenbildung

Offensichtlich können die zeitlichen und räumlichen Koordinationsprobleme in solchen Ketten beträchtlichen Umfang annehmen. Sie werden, wo die Einheit von Ort und Zeit nicht gegeben ist, von speziellen Hilfssystemen der Wirtschaft bewältigt. Da aber das System S2 noch kein Entgelt in der Hand haben kann, wenn es den Output von S1 übernehmen soll, wird in einer Kette Kredit nötig. Gleichfalls wird S1 seinen Input letztlich an der Nachfrage von SK orientieren müssen. Die Sensoren aller Teilsysteme der Kette müssen also ein durchgängiges Informationsnetz bilden.

Logistische Ketten über mehrere Verarbeitungsstufen sind in Kombination mit ihren Hilfssystemen vortrefflich dazu geeignet, große Distanzen in Raum und Zeit zu bewältigen. Diese Distanzprobleme und mit ihnen verbundene Reibungsverluste ließen sich vermeiden, wenn sich S1 bis S3 geographisch in unmittelbarer Nachbarschaft niederlassen, oder noch besser, sich vertikal zu einem Betrieb integrieren. Dann aber kann wiederum ihre Distanz zu SK so groß werden, daß zusätzlich eine geographisch gestaffelte Absatzorganisation erforderlich wird.

Die Kredit-, Lagerungs-, Transport- und Informationsprobleme in einer Kette lassen sich also nicht vermeiden, sondern nur organisatorisch verschieben. Sie sind spezifische Eigentümlichkeiten, welche bei dieser Art der Verknüpfung in Erscheinung treten. Solche Merkmale, die nicht in den Systemen selbst angelegt sind, sondern erst über deren Verknüpfungen zu komplexeren Systemen zutagetreten, nennt man „emergent" (*Willke* 1982, 91). Kredit, Transport, Lagerhaltung und übertragbare Information sind emergente Notwendigkeiten der kettenartigen Verknüpfung von Wirtschaftseinheiten bei arbeitsteiliger Bedarfsdeckung.

Es wird ohne weiteres einleuchten, daß solche Ketten sich verzweigen, wenn ein Nebenprodukt auftritt, das einen anderen Verarbeitungsweg nimmt. Das schönste Beispiel sind immer noch die Zuckerplantagen der Karibik, wo die anfallende Melasse zu Rum weiterverarbeitet wurde, der jahrhundertelang die Stütze der christlichen Seefahrt war. Ebenso können sich mehrere selbständig beginnende Stränge im Endprodukt bündeln, wofür die Autoherstellung ein Exempel ist. Besonders wichtig ist das Rückführen der Produktions- und Konsumprozesse in sich selbst geworden. Für solche zu weiteren oder engeren Ringen zusammengeführte Ketten sagen wir „Recycling". Wir denken in erster Linie an die Ringbildung, die bei den Outputs von SK ansetzt. Recyclingprozesse sind jedoch auf allen Stufen notwendig, um möglichst wenig Material und Energie in Senken verschwinden zu lassen.

Konsequentes Recycling führt zu Kreislaufprozessen, in denen Materie in ständigem Formwandel immer wieder einsetzbar ist. Solche sind in der Landwirtschaft und auch im Geldwesen mit großer Perfektion ausgebildet. Funktionierende Kreisläufe wiederum sind die Motoren von Wachstum und Entwicklung.

III.2.2 Spezialisierung

Kreislaufprozesse zeigt auch das nächste Beispiel. Hier bilden vier Einzelwirtschaften S1 bis S4 untereinander ein Austauschsystem. Jedes beliefert die drei anderen mit seinen spezifischen Produkten und empfängt dafür die Erzeugnisse der anderen (u bis x). Dieser Austausch von Produkten beinhaltet bei diesem Verknüpfungsmuster automatisch die Gegenleistung und den Kredit. Ebenso trägt der Austauschvorgang die notwendige Information selbst in sich (Abb. III-4).

Eine weitere Wirtschaftseinheit S5 könnte sich in dieses System nur über eine neuartige Spezialisierung (y) eingliedern, was aber eine Umgliederung der Güterströme u bis x zur Voraussetzung hätte. S1 bis S4 müssen sich ja nunmehr enger spezialisieren

Die Vernetzung ist, wie wir sofort sehen können, in solchen Austauschsystemen sehr viel komplizierter als in den Ketten. Spezialisierung baut sich bei dieser Art der Verflechtung die autarke Bedürfnisbefriedigung immer weiter ab, bis schließlich alle Wirtschaftseinheiten völlig voneinander abhängig sind. Kredit, Handel und Information sind keine eigenständigen Notwendigkeiten bei dieser Art der Verflechtung und wären, streng genommen, sogar „unproduktiv". Um auf sie verzichten zu können, müßten aber die Einzelwirtschaften dann unmittelbare Nachbarn sein, so daß der gesamte Austauschkomplex in der Einheit von Ort, Zeit und Handlung funktionieren kann.

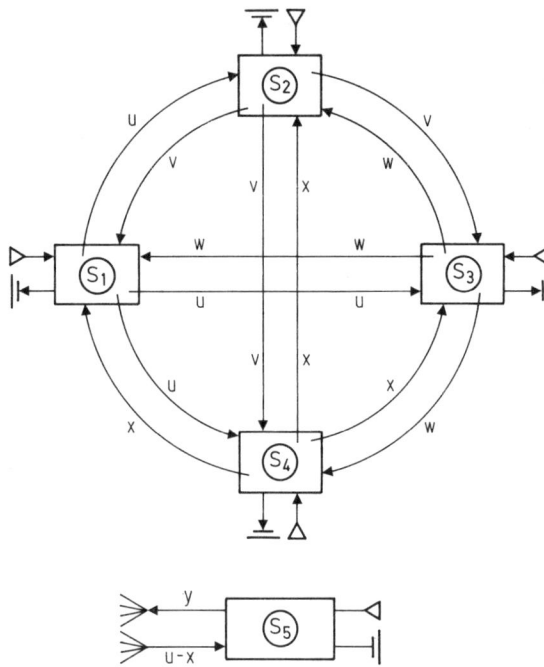

Abb. III-4 Schema der Verflechtungen bei Spezialisierung

Dies wird in Städten näherungsweise möglich, nicht aber in vielgliedrigen Funktionalsystemen vom Typus der Volkswirtschaftsregionen. In diesen bleiben Kredit, Handel, Transport und Information erforderlich, und bilden sich auch in solchem Rahmen als zusätzliche Spezialisierungen aus. Fatal kann jedoch in einem solchen Rahmen die Verwendung eines falschen Raumkonzepts in der Wirtschaftspolitik werden. Betrachtet man z. B. die gesamte Volkswirtschaftsregion als ein einheitliches Territorium und als räumlichen Rahmen der Spezialisierung, so kann leicht die Idee aufkommen, die Dienste wären eigentlich nur unproduktive und daher zu eliminierende Komplikationen der Wirtschaftsstruktur, und alle leider unvermeidlichen Hilfsdienste könnte man den Produzenten eingliedern.

In Austauschbeziehungen spezialisierter Einzelwirtschaften werden ungleiche Dinge getauscht und damit taucht die Frage nach einem Wertmaßstab oder nach dem „Geld" auf. Als gemeinsamer Wertmesser ist Geld eine emergente Eigenschaft solcher Systeme. Seine Erfindung ist daher eng mit den frühesten Stadtkulturen verbunden.

III.2.3 Konkurrenz und Formationsbildung

In der Abb. III-5 sehen wir vier Einzelwirtschaften S1 bis S4, die mit dem gleichen Produkt (x) auf den Markt (M) gehen, den wir uns als die Summe aller Endverbraucher (SK) vorstellen, die aber jeder für sich zwischen S1 und S4 auswählen können. Die Anbieter sind hier weder durch Material- noch durch Entgeltströme verbunden und agieren ihren Abnehmern gegenüber unabhängig voneinander. Sie erhalten jedoch vom Markt her alle die gleichen Informationen als Orientierungsdaten.

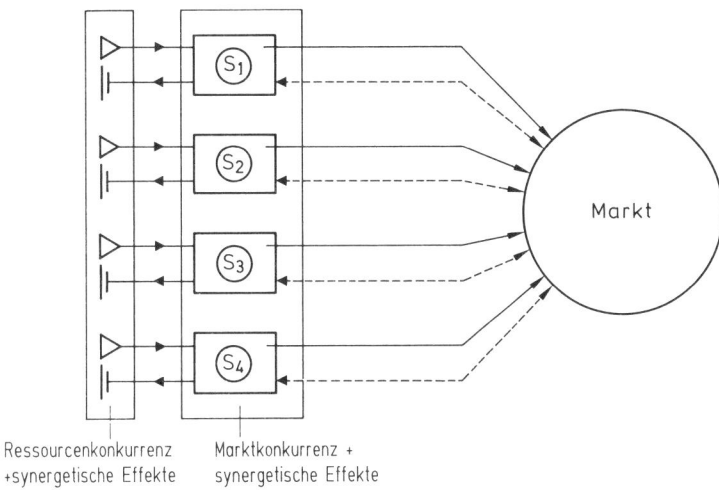

Ressourcenkonkurrenz   Marktkonkurrenz +
+synergetische Effekte   synergetische Effekte

Abb. III-5   Verknüpfungsmuster bei Formationen u. Branchen

Da sich die Erzeuger an den gleichen Abnehmerkreis wenden, wird sich für ihre Produkte und deren Wertschätzung durch die Kunden ein Mechanismus der Anglei- chung ausbilden, den wir als „Marktpreis" bezeichnen können, und der eine emer- gente Eigenschaft dieses Verflechtungstyps darstellt. Der Markt führt bei den Anbie- tern zu scharfer Konkurrenz. Sind darüberhinaus auch ihre Standorte räumlich be- nachbart, so tritt zur Marktkonkurrenz auch die Konkurrenz um die Ressourcen hinzu.

S1 bis S4 bilden dann das, was man gemeinhin eine Branche nennt, also eine Menge von strukturell einander sehr ähnlichen Wirtschaftseinheiten die gleichartige Produk- te hervorbringen und gegeneinander konkurrieren.

Es kann jedoch auch vorkommen, daß bei standörtlicher Nachbarschaft diese Kon- kurrenz durch synergetische Effekte gemildert wird. Für alle nicht direkt zur Konkur- renz herausfordernden Probleme von Handel, Transport, Kredit, Information, La- gerhaltung, Arbeitsbeziehungen usw. können nämlich gemeinschaftliche Lösungen gefunden werden, die allen Beteiligten nützen. In solchen Fällen sprechen wir von wirtschaftlichen Formationen. In schwächerem Umfang sind derartige kooperative Elemente auch bei bloßen Branchen zu finden, denen das Nachbarschaftsmoment der Anbieter fehlt. Diese gemeinschaftlichen Lösungen sind als emergente Erscheinun- gen Gegenstücke zum Mechanismus der Marktpreise.

Die hier geschilderten Verknüpfungsmuster erlauben es, bei Kenntnis nur eines Elements auf die gesamte Struktur zu schließen, und umgekehrt. Hat man also einmal einen Zipfel in der Hand, so ist es nicht mehr so schwer, das ganze Hemd zu bekom- men, wenn auch die Verknüpfungen in der Realität komplizierter sind als bei unseren einfachen Modellen.

Sie führen auch einen Schritt weiter in geographische Fragestellungen hinein. Bil- den sich Formationen als Nachbarschaften gleichartiger Betriebe an mehreren Orten aus, so können wir diese Zonen insgesamt als homogene oder gleichartige Wirt- schaftsregionen anerkennen, wie dies in Kapitel I-5 schon angeschnitten wurde. Ket- tenbildung wie auch Spezialisierung führen dagegen zur Nachbarschaft ungleicharti- ger Betriebe, d. h. zu heterogenen Wirtschaftsregionen, die zugleich Funktionalregio- nen sein werden.

III.3 Das Thünen-Modell

Die Forschungsansätze über Formal- und Funktionalstrukturen auf der einen und der Ansatz über Systemverflechtungen von Wirtschaftseinheiten auf der anderen Seite haben gänzlich unterschiedliche Gesichtspunkte hervortreten lassen, die jedoch nur partielle Antworten für die Entschleierung der räumlichen Ordnung der Wirtschaft versprechen. Dies hat viele Autoren, darunter besonders *August Lösch* und *Walter Isard* gereizt, Gesamtmodelle aufzustellen. Der früheste für Geographen interessante Versuch eines solchen Modells ist jedoch der von *Johann Heinrich v. Thünen* bereits 1826 konstituierte „isolierte Staat".

Thünen hatte dieses Modell durchdacht, lange bevor die Industrialisierung Kontinentaleuropa zu verwandeln begann. Insofern ist sein Isolierter Staat ein statisches Abbild der Bedingungen in Deutschland vor der Einführung der Eisenbahnen und der Dampfschiffe. Dies muß man sich stets vor Augen halten, um nicht allzu buchstäblich in der Welt von heute nach Beweisen für die empirische Brauchbarkeit des Modells suchen zu wollen. Überdies hat der Nationalökonom *Thünen* so viele vereinfachende Annahmen eingebaut, daß es selbst damals müßig gewesen wäre, die Thünenschen Kreise im Umkreis einer großen Stadt exakt nachzuweisen (dazu *Lösch* 1962, 26f.). Mit dem Modell selbst, dessen Begründung für die Geographie gar nicht weiter von Interesse ist, beschäftigt sich *Brake* (1985). Dennoch ist das *Thünen*-Modell realitätsnahe genug, daß man in Australien, Äthiopien und in der UdSSR Agrarstrukturen mit zonaler Differenzierung finden kann. *Haggett* (1983, 530f.) geht auf solche Beispiele breit ein. Ebenso lassen sich Thünen-Effekte im städtischen Grundstücksmarkt, im Tourismus, in der Waldnutzung und in vielen anderen Wirtschaftsbereichen aufzeigen. Dieses wohlbekannte Modell zeigt Abb. III-6, wo zugleich die von *Thünen* postulierten Formen der Landnutzung in den einzelnen Kreisringen angegeben werden (vgl. dazu *Thünen* 1966, 387). Die Bezeichnungen sind hier etwas modernisiert worden.

Bei seinen Überlegungen ging *Thünen* von einem durch die Natur völlig einheitlich mit Ressourcen ausgestatteten Raum aus, der sogenannten „isotropen Ebene" der Ökonomen, die zugleich beliebig teilbar ist und worin Standorte dimensionslose Punkte sind. Inmitten dieser Ebene liegt die zentrale Stadt. Sie ist Standort aller nichtagraren Wirtschaftstätigkeiten im Austausch mit den Landwirten der Umgebung. Da jedoch bei jeder Austauschbeziehung zwischen Stadt und Landwirten Transportkosten auftreten werden, können die Ressourcen der Ebene für unterschiedliche agrare Produktionsrichtungen genutzt werden. Die Art der Nutzung spiegelt die Ergiebigkeit der jeweiligen Ressourcenkombination und die Transportkostenempfindlichkeit des Produkts (Abb. III-7).

Bei zwei alternativen Produktionsrichtungen z.B. Getreidebau (A) Viehaufzucht (B) sind die Erlöse pro Flächeneinheit bei Viehaufzucht sicherlich geringer (N' gegenüber n'). Getreide ist jedoch transportkostenintensiver und schon bei A' würden die auf dem Markt (AB) erzielbaren Nettoerlöse für Getreide gleich Null sein. Dieser Erlösausfall mit zunehmender Distanz ist bei Vieh wesentlich geringer, so daß es möglich ist, dieses auch noch aus der Entfernung B' auf den Markt zu bringen. Obgleich der Getreidebau von A bis A' Nettoprofite erlaubt, werden diese schon in C von jenen für die Viehaufzucht übertroffen. Getreidebau kann also nur zwischen A und C mit Vorteil betrieben werden.

Thünen unterstellt, daß seine Landwirte als Spezialisten unter Aufgabe der Autarkie in den isolierten Staat eingebettet sind und ihren Gewinn maximieren wollen. Die Preise sind als langfristig fix durch die Kosten und den Bedarf des Marktes der

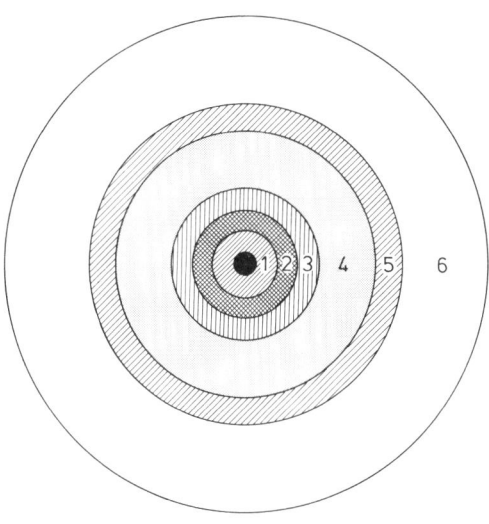

1) bis 4,5 deutsche Meilen
Freie Landwirtschaft (Fruchtfolge ohne Brache nach Rentabilitätsgesichtspunkten)
2) 4,5 bis 8 deutsche Meilen
Forstwirtschaft (Bauholz und Brennholz = Energieversorgung der Stadt)
3) 8 bis 11 deutsche Meilen
Fruchtwechselwirtschaft (Getreide, Hackfrüchte, Stallfütterung von Vieh)
4) 11 bis 25 deutsche Meilen
Koppelweidewirtschaft (verbessertes Weideland und Wiesen, Viehaufzucht und Mast)
5) 25 bis 30 deutsche Meilen
Dreifelderwirtschaft (arbeits- und flächenextensiver Getreidebau, Viehweide auf Brachfeldern)
6) 30 bis 50 deutsche Meilen
Viehzucht (vorw. Naturweiden, Jungviehaufzucht und Wolle)
7) über 50 deutsche Meilen
unkultivierte „Wildnis"
Zeichnung nicht ganz maßstäblich.
Eine deutsche Meile = ca. 7,5 km.

Abb. III-6   Die Thünenschen Kreise

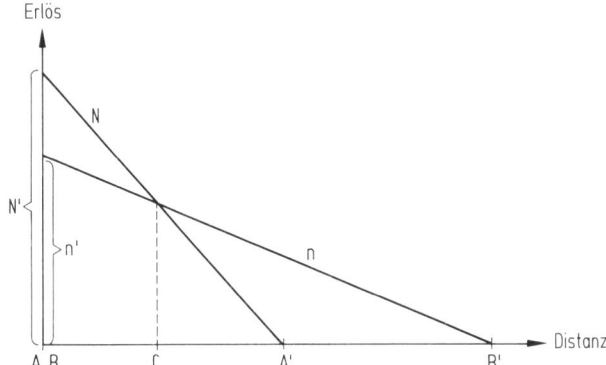

Abb. III-7   Auswirkungen unterschiedlicher Transport-Kostenempfindlichkeit der Produkte

zentralen Stadt angenommen. Dieser Bedarf wird zur Gänze gedeckt, so daß keine Importe auftreten und konsequenterweise auch keine Exporte nötig werden. Über diesen Bedarf hinaus zu produzieren, wäre bei einem Fehlen von Außenhandel für die Landwirte sinnlos. Bei gegebener Technologie sind auch die Transportkosten als entfernungsabhängig fix angenommen. Unter der Annahme eines so umschriebenen Marktgleichgewichts erhält *Thünen* seine sechs Zonen in Gestalt von Kreisen bzw. Kreisringen bei genau feststellbaren Entfernungen von der zentralen Stadt. Insofern ist das Modell statisch, und viele Interpretatoren begnügen sich damit.

Jedoch hat schon *Thünen* selbst über die Verschiebungen seiner Zonen im Gefolge von Preisänderungen oder durch die Einführung anderer Transportmittel nachgedacht. Zu Lebzeiten war er ein eifriger Förderer des Chausseebaus in seinem heimatlichen Mecklenburg, denn der Gütertransport auf einer guten Straße kostete nur ein

Viertel von dem, was für das Ochsenfuhrwerk auf schlechten Landwegen aufging. Wenig später haben dann Eisenbahn und Dampfschiff die Transportkosten für Getreide, Holz und Wolle auf ein Fünfzehntel und die Transportdauer auf kleine Bruchteile der früheren Werte gedrückt. Von 50 deutschen Meilen oder etwa 350 km konnten *Thünen*-Systeme nun auf 5000 km und mehr ausgeweitet werden. Damit waren schon bald nach *Thünens* Tod alle Teile der Welt in ein auf London zentriertes wirtschaftliches Austauschsystem einbezogen (*Peet* 1969, 293 f.).

Gehen wir an eine geographische Interpretation des Modells der *Thünen*schen Kreise, so erkennen wir hinter dem formalen Aspekt eine funktionale Wirtschaftsregion. Darin stehen Agrarbetriebe im Austausch mit einer Stadt, die als Entgelt alle nichtagraren Güter liefert. Die Bauern sind also Spezialisten in dieser Beziehung mit den Städtern und gleichzeitig Konkurrenten auf dem städtischen Markt. Bei der Belieferung der Stadt können auch Ketten auftreten, wenn etwa Jungvieh aus der Zone 6 zur Mast in die Zonen 4, 3 und 1 weiterverkauft wird. In jeder Zone sind die Agrarbetriebe gleichartig spezialisiert. Sie bilden homogene Wirtschaftsregionen.

Es treten also im *Thünen* Modell zwei Formen der Regionsbildung in Erscheinung. Alle Betriebe sind in das übergeordnete funktionale Gesamtsystem eingebunden. Teilmengen von Betrieben bilden aber jeweils homogene Regionen. Diese sind der funktionalen Verflechtung im Gesamtsystem untergeordnet und von diesem her zu erklären, z. B. durch das in Abb. III-7 gezeigte Gefälle der Transportkosten.

Da wir nun gute Gründe zu der Vermutung haben, daß wirtschaftliche Regionalsysteme grundsätzlich durch Funktionalbeziehungen konstituierte heterogene Regionen sind und homogene Regions- oder Zonenbildung eher einen Sonderfall darstellt, hat diese Erkenntnis große Bedeutung. Wo immer die formale Analyse bei marktwirtschaftlichen Systemen Ansätze zu homogener Regionsbildung aufdeckt, können wir die Existenz eines übergeordneten Funktionalsystems vermuten.

III.3.1 Veränderungen im Thünen-Modell

Ein großer Vorteil einfacher Modelle liegt in der Möglichkeit, gedanklich einzelne Parameter zu verändern und Restriktionen aufzuheben und sodann die notwendigen Anpassungen der Konfiguration durchzuspielen (*Lösch* 1962, 37, 41; *Peet* 1969, 287). Sie gewinnen vielfach erst dadurch ihre grundlegende Bedeutung für die Wirtschaftsgeographie. Man kann aber auch alle Bedingungen des Modells bestehen lassen und nur versuchen, sich ein realitätsnahes Bild der Wirtschaft in den einzelnen *Thünen*-Zonen zu zeichnen. Damit soll beispielhaft hier begonnen werden.

In der Zone 5 (Dreifelderwirtschaft) z. B. müssen die Agrarbetriebe über recht große Flächen verfügen, da ja extensiv bei geringen Hektarerträgen gewirtschaftet wird. Unterstellen wir die heutigen agrartechnischen Bedingungen und die Notwendigkeit von Dienstleistungen, so wird der Getreidefarmer mit Vorteil große Spezialmaschinen für Anbau und Ernte einsetzen. Er braucht diese aber nur an wenigen Tagen des Jahres. Statt selbst einen riesigen Maschinenpark zu finanzieren und das Jahr über vor sich hin rosten zu lassen, wird er eher „Operatoren" gegen Entgelt für solche Arbeiten einsetzen, die diese Maschinen mitbringen und von einer Farm zur nächsten weiterziehen. Was angebaut wird, hängt dann auch vom Arbeitskalender dieser Operatoren ab.

Ferner wird unser Getreidefarmer wirklich nur einmal im Jahr, nach seiner Ernte, Geld haben. Für den Rest des Jahres ist er auf Kredit angewiesen. Dieses Kreditgeschäft ist für Großbanken zu riskant. Es ist eher von orts- und personenkundigen

Kleinbanken durchführbar. Farmer und Farmbevölkerung brauchen daneben auf der Input wie auf der Outputseite eine Vielzahl von Dienstleistungen und Vorprodukte. Typische, den Farmen vorgelagerte Einrichtungen sind die Operatoren, Saatgutzüchter und Maschinenreparateure; nachgelagert finden wir Lagerhäuser für Getreide und Transportfirmen. Die lokalen Banken unterstützen die gesamte Wirtschaftsweise.

Alle diese Betriebe im Umfeld der Farmen, von den *Thünen* mit Absicht nicht spricht, sind in der Zone der Dreifelderwirtschaft vorhanden und örtlich vergesellschaftet (*Läpple* 1985, 50). Das gesamte Gefüge der Zone kennt also auch die synergiebezogenen Einrichtungen, was es uns erlaubt, die Zonen als ökonomische Formationen anzusehen, die jeweils Subsysteme des Gesamtsystems sind. Das *Thünen*-Modell kennt sechs solcher Formationen im Umkreis der Stadt.

Was aber ist die Stadt selbst? Sie ist mit allen sechs Formationen verbunden und bildet in Hinblick auf die Güterproduktion eine sekundäre, heterogene Agglomeration aller Einrichtungen, die des zentralen Standorts in der Gesamtregion bedürfen. Als Markt steuert sie dieses Gefüge insgesamt.

Daß die Zonen *Thünens* eigentlich Formationen sind, wird bei Änderungen des Preisgefüges wichtig. Nach Art der Nationalökonomen hatte *Thünen* angenommen, daß jeder Bauer auf Preissignale sofort mit Umstellung seiner Produktion reagieren könnte. In der Realität ist dies selten bis nie der Fall, denn es würde ja zuvor eine Betriebsumrüstung nötig, die erst zu finanzieren wäre. Bei Reaktionen auf Veränderungen des Agrarpreisniveaus sind Zeitverzögerungen um mehrere Jahre zu erwarten. Die Umstellungen sind aber noch weit tiefgreifender. Bei dauerhaft sinkenden Getreidepreisen müßten in der Zone 5 mehrere Getreidefarmen zu einer flächengrößeren Viehranch der Zone 6 zusammengelegt werden, denn die normale Getreidefarm ist zu klein für den extensiveren Ranchbetrieb.

Umgekehrt müßten steigende Getreidepreise dazu führen, daß große Ranches in kleinere, ackerbautreibende Betriebseinheiten aufgeteilt werden. Solche Reaktionen ließen sich in Nordamerika, Australien und Argentinien beobachten. Die Umwandlung der Ausrichtung der Betriebe geht jedoch niemals reibungslos vor sich, da Besitzverhältnisse, Siedlungsnetz und Infrastruktur sowie das gesamte Gefüge der Formation in funktioneller Hinsicht umzubauen sind. Solche Umrüstungen in der Landwirtschaft erfordern sehr viel Kapital, das gewöhnlich nur durch staatliche Zuschüsse und Subventionen aufgebracht werden kann. Alle Industrieländer haben die gleiche Agrarmisere. Selten nur ist das Gefüge der Agrarproduktion an die aktuellen wirtschaftlichen Gegebenheiten angepaßt. Da die Reaktionen auf Veränderungen des Preisgefüges um Jahre bis Jahrzehnte verzögert vorgenommen werden, sind oft regelrechte Agrarreformen zur Wiederanpassung nötig. Die Einkommen der Bauern liegen weit unter dem möglichen Niveau und die Landwirtschaft insgesamt ist in der Situation der „alten Industrien".

Ein Thünensystem würde also bei instabilen Preisrelationen zwischen verschiedenen Produktionsrichtungen nur sehr schlecht funktionieren.

III.3.2 Teilungen und Pioniergrenzen

Ferner kann man vermuten, daß durch Preisänderungen ausgelöste Umstellungsprobleme jeweils an den Rändern der sechs Zonen zuerst wirken müßten, im zentralen Streifen aber weniger dringend erscheinen werden. Diese Grenzsäume wären dann also Bereiche kulturgeographischen Wandels, erhöhter Mobilität der Ressourcen und wohl auch ökonomischer und sozialer Zerrüttung, mit anderen Worten strukturelle Krisengebiete.

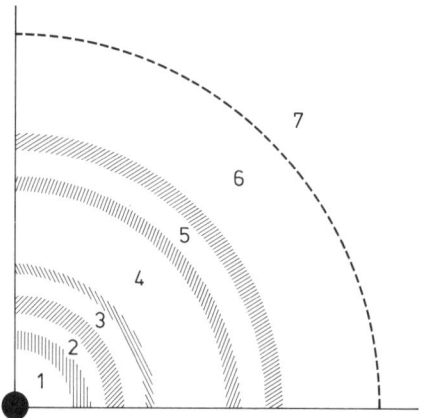

Abb. III-8   Potentielle Teilungen im Thünensystem

Formal ließen sich solche Säume als „Teilungen" im Systemgefüge verstehen, womit hier ein Ausdruck aus der Planetenkunde übernommen wird. Sie wären also Gebietsstreifen, deren Zugehörigkeit zu einer Zone aus systeminternen Gründen nicht permanent sein darf, wo sich die Merkmale zweier Zonen mischen müssen oder die Merkmale keiner von beiden zur Ausbildung kommen können (Abb. III-8). Teilungen können logischerweise nur auftreten, wenn ein Thünensystem über längere Zeit kräftig im gleichen räumlichen Rahmen oszilliert. Ihrer Art nach stehen sie den grenznahen Zonen der Staaten und den Randbereichen von Stadtbezirken nahe. Bei Teilungen in Thünensystemen, die übrigens noch nie systematisch erforscht wurden, wäre ferner zu vermuten, daß dort zwei Wirtschaftsformen mit unterschiedlichen Ansprüchen um die gleichen Ressourcen konkurrieren.

Der Gedanke eines systembedingten Strukturwandels läßt sich weiterführen und auf ein insgesamt wachsendes Thünensystem anwenden (Abb. III-9). Steigt die Nachfrage nach Agrarprodukten weil die zentrale Stadt wächst, so müssen sich alle sechs Zonen samt der entsprechenden Umstellungsproblematik nach außen verschieben.

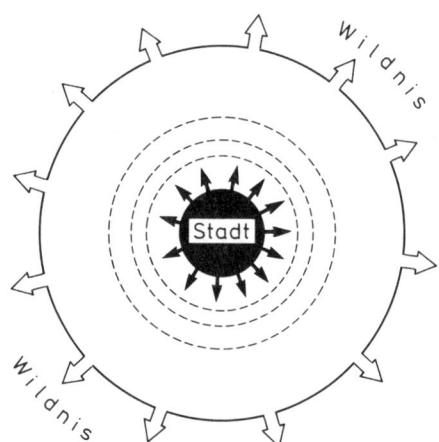

Abb. III-9   Pioniergrenzen in wachsenden Thünensystemen

Am Außenrand der 6. Zone tritt jedoch eine andersartige Erscheinung auf. Hier wird „Wildnis" zuerst Gegenstand ökonomischer Spekulation und später dann der Kolonisation. Als erste kommen gewöhnlich die Viehzüchter und als zweite Welle die Ackerbauern. An der Wildnisgrenze wird Naturlandschaft in Kulturlandschaft umgestellt. Diese Vorgänge sind rauh, ja brutal. Wald und Tierwelt, ganze Ökosysteme werden samt der darin lebenden „unzivilisierten" Vorbevölkerung hinweggefegt. Diese Kolonisations- und Pioniergrenze wandert in die Wildnis hinein solange die Nutzung des Bodens Nettoprofite verspricht. Wird diese Erwartung nicht mehr erfüllt, kommt der Vorgang zum Stehen. *Turner* (1920) und dann *Isaiah Bowman* (1931) haben die Pioniergrenzen für die USA des 19. Jahrhunderts beschrieben. Gegenwärtig gibt es wandernde Pioniergrenzen im Amazonasgebiet Brasiliens (*Coy* 1988, 1990), in den Wäldern von Paraguay und allenthalben sonst in Lateinamerika (*Waibel* 1955) wie auch in Südostasien (*Pelzer* 1945). Den Pioniergrenzen gegenüber der Wildnis sind die Außenränder der Stadt grundsätzlich ähnlich. Hier wird agrare Kulturlandschaft in „Stadtgebiet" umgewandelt, d. h. aus Feldern und Wiesen wird Bauland. Spekulation und Planung laufen der tatsächlichen Umwandlung voraus. Die Methoden sind am Stadtrand nicht weniger ruchlos wie in der Wildnis. Wie dort, so können auch hier große Vermögen in kurzer Zeit gemacht werden, was zu illegalen Praktiken verführt.

III.3.3. Auswirkungen unvollkommener Marktorientierung

Eine interessante Fragestellung betrifft die Marktorientierung der Bauern. *Thünen* nimmt die vollkommene Ausrichtung auf den Markt an. Was aber geschieht, wenn die Bauern nur mit einem kleinen Teil ihrer Produktion auf den Markt gehen, sonst aber zu – sagen wir 90 % – Selbstversorger bleiben. Der Anbau für den eigenen Verbrauch ist dann für sie weit wichtiger als die Marktbelieferung. Diese Bauern werden alles anbauen und züchten, was sie brauchen und zwar in jeder der sechs Zonen. Lediglich die cash-crops für den Markt können zonenspezifisch sein. Diese Orientierung ist aber nicht zwingend, weil ein Anbau von cash-crops für den Bauern nicht unbedingt rentabel sein muß, solange er ihn innerbetrieblich aus anderen Ressourcen subventionieren kann. Diese Bauern setzen eben nur einen Teil ihres Bodens oder ihrer Arbeitskraft anders ein, um ein Gut zu haben, das sie für Bargeld verkaufen können. Diese Situation ist noch heute in weiten Teilen Afrikas gegeben. Entfernungsabhängigkeiten sind hier gelockert.

In der Realität ist natürlich auch die Bodenqualität nie über größere Areale hinweg gleich. Mit relief-, substrat- und erosionsbedingten Unterschieden muß sich jeder Bauer kleinräumig auseinandersetzen. Wollen die Bauern bei weitgehender Selbstversorgung Sicherheit für sich selbst haben, so werden sie bei der Wahl und Kombination ihrer Anbaufrüchte mehr an solche Unterschiede der Bodenqualität und an die Risiken der Natur denken müssen als an die Transportkosten für Marktprodukte. Damit tauschen sie die maximale Bodenrente gegen Versorgungssicherheit ein (*Lösch* 1962, 39).

Unter diesen Voraussetzungen würden sich keine konzentrischen Ringe als Agrarformen ausbilden, sondern von Boden und Klima bedingte Landwirtschaftsgürtel, wie sie besonders deutlich in der Sowjetunion entstanden sind. Von dieser Einpassung in den Spielraum der Natur stammt die weit verbreitete Illusion her, die Landwirtschaft wäre primär von Böden und Klima abhängig und müßte sich diesen anpassen. Dies gilt jedoch nur als Grenzfall und hinsichtlich absolut limitierender Minimumfaktoren wie Frost und Bodensalz. In Mitteleuropa hatte sich eine Anpassung an die Bodenqualitäten und die Höhenlagen bei dichter Besiedlung in der frühen Neuzeit ausgebildet und war mit Zeitverzögerung in der Umstellung bis nach dem Zweiten Weltkrieg erhalten geblieben. Seither löst sich diese Bindung der deutschen Landwirtschaft an Naturgegebenheiten zunehmend auf. Thüneneffekte und Subventionsgelder werden wirksamer als die Landesnatur.

Thünen-Konfigurationen der Bodennutzung können überdies nur dann entstehen, wenn das verfügbare Land nicht vollständig genutzt werden muß und die Bauern sich auf das leicht kultivierbare Land beschränken können. Sind die Bauern gezwungen auch die schlechteren und nicht gut meliorierbaren Lagen zu kultivieren, so wird sich eine eher feingliedrige Differenzierung der Anbauzonen verschiedener Ackerfrüchte durchsetzen.

III.3.4 Das Schnapsbrennerproblem

Beschränkungen der Marktbelieferung durch zu hohe Transportkosten lassen sich umgehen. Baut ein Landwirt in der Zone 6 Getreide an, etwa weil er seinen wenigen Boden restlos ausnützen muß, so könnte er dieses nicht mit Gewinn in der Stadt verkaufen. Was aber kann er tun? *Thünen* (1966, 275 f.) erwähnt als möglichen Ausweg das Schnapsbrennen, denn Alkohol ist weniger voluminös als Getreide und kann daher billiger in die Stadt verfrachtet werden. Dies gilt auch für einige andere Handelsgewächse, auf die er eingeht.

Die Frage ist jedoch breiter zu stellen und mündet in die Veredlung agrarischer Produkte und nach den Standorten solcher Veredelungswirtschaften im Raum ein. Man kann z. B. Überschüsse der Subsistenzproduktion zu hochwertigen Produkten weiterverarbeiten, die haltbar und geringer an Volumen und Gewicht sind (Käse, Butter, Schnaps, Rosinen und andere Trockenfrüchte). Diese können dann fallweise verkauft werden. Sofern überschüssige Arbeitskraft im Betrieb vorhanden ist, lassen sich die marginalen und für die zonenspezifischen Produkte nicht geeigneten Lagen für andere Produktionsrichtungen heranziehen, wie dies besonders typisch beim Weinbau war. Es läßt sich aber auch ein Teil des Bodens für ein besonders hochwertiges Produkt verwenden, wie den Anbau von Gewürzpflanzen oder Hopfen. Die Ausrichtung auf solche Sonderkulturen und Sonderprodukte geht in den Erzeugergebieten oft auf die guten Ideen einzelner Personen zurück und hat sich dann als agrare Innovation weiter ausgebreitet, solange sich für das Produkt ein Markt finden ließ (*Windhorst* 1974). Damit können sich innerhalb der weiträumigen, auf betriebliche Spezialisierung zurückzuführenden Formationen des Thünensystems auch kleinere Formationsgebiete ausbilden, deren Entstehungsgrund die Innovationsdiffusion ist (Abb. III-10).

Klassische Beispiele sind ganz im Sinne *Thünens* die Erzeugung von Bourbon-Whisky in Kentucky und Tennessee und die schottischen Whisky-Formationen um Inverness und auf der Insel Islay. In Schottland ist nämlich der Gerstenbau auf podsoligen Böden weit ergiebiger als die sonst übliche Schafzucht. Doch wurde Gerste nach der Aufhebung der Getreidegesetze in Großbritannien in den Städten unverkäuflich und man hätte sich in Schottland auf eine unergiebigere Wirtschaftsweise umstellen müssen. Die Schnapsbrennerei war da ein willkommener Ausweg.

Bei weitem nicht alle gedanklichen Möglichkeiten des Thünenmodells konnten in diesen kurzen Abschnitten durchgespielt werden. Dies sollte dem Leser Anreiz zu eigenen Versuchen geben. Viele Probleme des Agrarbereichs werden mit kleinen Modifikationen der Modellannahmen erstaunlich scharf faßbar. Auch Grundfragen der Weltwirtschaft lassen sich mit seiner Hilfe interpretieren, wie dies vor einiger Zeit

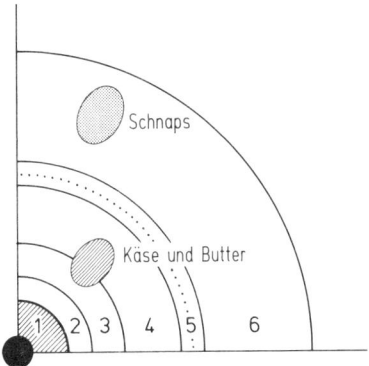

Abb. III.10   Innovative Veredelungswirtschaften im Thünensystem

H. Giersch (FAZ v. 21.5.1994, 13) betont hat. Er versteht das Modell als einen Intensitätskegel der wirtschaftlichen Aktivitäten, die vom Zentrum d. h. der Stadt gesteuert werden. Daraus lassen sich Hypothesen entwickeln, die willkommene Ansätze zur Ordnung im Gewirr der geographischen Substanz liefern. Die Arbeit mit dem Thünenmodell kann also mehr Einsichten bringen als das Studium ganzer Bibliotheken.

Kapitel IV
Wirtschaftliche Regionalsysteme

Die Fragen nach den Mitteln und Zielen des Wirtschaftens und die Aufgabe, mit der Kompliziertheit oder besser der Unordnung der Welt zurechtzukommen, haben uns zum Thünenmodell geführt, das von den funktionalen Verflechtungen der Wirtschaft her deren Strukturgefüge auch in formaler Hinsicht erklärbar macht. Damit wird ein volkswirtschaftliches Modell für die Geographie relevant und mit deren Methoden interpretierbar. Der „Isolierte Staat" läßt sich insgesamt als ein „Regionalsystem" bezeichnen. Der Ausdruck entstammt der anglo-amerikanischen Geographie und wurde erstmals von *Bartels* (1968, 134) in der deutschen Literatur verwendet. *Wirth* (1979, 126) gibt diesem Konzept großes Gewicht, verweist aber gleichzeitig auf die noch geringe Erfahrung damit. Konkret wäre das Thünenmodell als ein funktionales wirtschaftliches Regionalsystem zu bezeichnen, in welchem unterschiedlich spezialisierte Wirtschaftseinheiten an vielen Orten ein einheitlich gesteuertes Gefüge bilden.

Welche Regionalsysteme dieser Art es in der Wirtschaft geben mag, bringt uns ein wenig Herumhorchen in Theorie und Praxis näher. Dort wird von Volkswirtschaften, Gebietswirtschaften, Weltwirtschaft, Marktgebieten, Arbeitsmärkten, Wirtschaftszonen, Wirtschaftsgürteln gesprochen. Daneben aber tragen die anderen Zweige der Geographie ihre Regionsbegriffe an die Wirtschaftsgeographen heran, worunter „Land" und „Staat" sicherlich die wichtigsten sind. Diesen letzteren gegenüber haben für einen an den formalen Aspekten der Erdräume orientierten Geographen die wirtschaftlichen Begriffe der obigen Aufzählung keine reale Existenz. Zur Lösung dieses Widerspruchs hatte *Obst* (1961, 534f.) sein Konzept von Wirtschaftsgauen, Wirtschaftsländern und Wirtschaftsreichen gebastelt. Dieses ist heute völlig überholt, weil Geographen inzwischen gelernt haben, mit funktionalen Raumkategorien kompetent umzugehen.

Bevor wir uns aber den wirtschaftlichen Regionalsystemen als den eigentlichen Objekten unserer Darlegung zuwenden, ist ein Blick auf die Regionsbegriffe aus physischer und Kulturgeschichte nützlich, die bereits im ersten Kapitel als Eignungsräume der Wirtschaft angesprochen wurden.

IV.1 Eignungsräume als Objekte der Wirtschaftsgeographie

Die Frage, ob natur- und kulturbedingte Gegebenheiten, die bisher nur unter dem Raum- und Ressourcenaspekt betrachtet wurden, geeignete Regionsvorstellungen für die Wirtschaftsgeographie ergeben könnten, läßt sich nicht eindeutig zustimmend oder ablehnend beantworten.

Von den naturgeographischen Aspekten oder vom Verteilungsmuster natürlicher Ressourcen ausgehend, lassen sich sowohl formale als auch funktionale Regionen bilden. Kontinente und größere Inseln wären formale Regionen, die durch die zufällige Lage der geosphärischen Hauptgrenzen und plattentektonische Vorgänge zu erklären sind. Nur kleine Inseln lassen sich funktional als Resultanten bestimmter Kräftekonstellationen erklären wie etwa Korallenatolle, Düneninseln oder Vulkaninseln.

Komplexe, heterogene Regionen als großräumige prozeßbestimmte Systeme finden wir in der Natur in Form von Gebirgen, Flußgebieten, Landschaftskatenen, Vegetationsformationen bzw. Ökosystemen vor. Sie alle liefern im Hinblick auf morphologische und ökologische Fragestellungen vernünftige Regionsbegriffe. Diese sind wirtschaftsgeographisch brauchbar, wenn es um die technische Inwertsetzung einer solchen Region geht, z. B. um den Ausbau der Trinkwasserversorgung in einem Flußgebiet. Sie sind ebenfalls nützlich, wo es notwendig ist, Informationen zu sammeln und aufzubereiten und in verständlicher Weise weiterzugeben. Man muß ferner auf solche natürliche Regionen zurückgreifen, wo schwere Umweltschäden zu beheben oder wo Vorsorgen für Naturkatastrophen zu treffen sind. Davon abgesehen haben sie für die Wirtschaft wenig bestimmende Kraft.

Es zeigt sich nämlich, daß wirtschaftliche Tätigkeiten in systematischer Weise über die Grenzen solcher Regionen hinausgreifen, um die Ressourcen unterschiedlicher physischer Regionen oder Ökosysteme zu kombinieren. Dies ist in der Regel ergiebiger, als sich mit den Möglichkeiten eines homogenen Naturraums zu begnügen. Man spricht in diesem Zusammenhang von Grenzeffekten oder besser mit *Kiemstedt* (1967) von Randeffekten, weil dann die Ränder naturräumlicher Zonen die Standorte von Wirtschaftstätigkeiten an sich ziehen. Die Strategie der Kombination unterschiedlicher Naturräume ist schon bei kleinen Einzelwirtschaften zu finden. Selbst Robinson auf seiner Insel handelte in dieser Weise.

Schmithüsen (1953 f.) und viele andere Autoren versuchten, durch die Integration aller Naturfaktoren ein Verfahren der „Naturräumlichen Gliederung" zu entwickeln, nach welchem dann ganz Deutschland bearbeitet wurde. Die dort ausgewiesenen Einheiten verschiedenster Größe lassen sich aus wirtschaftsgeographischer Sicht als Eignungsräume verstehen, die man daraufhin abklopfen kann, was dort alles sinnvoll getan werden könnte (*Wagner*, 1994, 32). Sei es, daß man dabei nur eine Tätigkeit im Auge hat, sei es daß man vielerlei Nutzungsalternativen vergleicht oder kombiniert.

Kulturgeographische Gegebenheiten aus dem nicht-wirtschaftlichen Bereich führen uns ebenfalls zu Eignungsräumen. Am besten sind uns daraus die administrativen Zuständigkeitsbezirke, kommunalen Hoheitsgebiete und die Staaten vertraut. Weniger Beachtung haben bisher Regions- und Ortsbildungen mit religiösem, sozialem, ästhetischem oder symbolhaftem Kontext gefunden, z. B. der Begriff „Heimat".

Soweit staatliche Einwirkungen die Wirtschaft steuern wollen, spannen sie diese gewöhnlich über das Prokrustesbett ihrer Territorien. Derartigen sachfremden Einengungen pflegen sich Wirtschaftstreibende auf legalen oder illegalen Wegen zu entziehen. Gerade die ständig zunehmende Umgehung und Mißachtung staatlicher Regelungsversuche in unserer Welt muß uns gegen die naive Verwendung territorialer Regionsbegriffe in der Wirtschaftsgeographie sehr mißtrauisch machen. Allerdings ist ihre Handhabung so überaus einfach, daß man sie auch wider besseres Wissen auf angewandt-praktischer Ebene als Bezugseinheiten heranzieht. Beachtung verdienen daher einige Alternativkonzepte, die vielleicht weit bessere Bezugsräume für die Wirtschaftsgeographie abgeben könnten.

Relativ gut eingeführt ist bereits die kulturgeographische und raumordnerische Unterscheidung von ländlichem und städtischem Raum, Stadtregionen, Übergangszonen und Peripherien. Stadt-Land Unterschiede sind auf allen höheren Kulturstufen anzutreffen, wobei innerhalb der Städte andersartige Verflechtungsmuster der Wirtschaft auftreten als im ländlichen Raum. Die Außengrenzen der Stadt sind wie die Grenzen gegenüber der Wildnis im Thünenmodell eine Hauptgrenze kulturgeographischer Art, vergleichbar den geosphärischen Hauptgrenzen in Abb. I-1.

Ein sehr brauchbarer Begriff ist ferner der „Kulturkreis", der lose alle Gesellschaften und Gebiete gleicher Kulturtradition umschließt. Innerhalb der Kulturkreise finden wir sehr häufig weitgehend gleiche Lösungen für wirtschaftliche Problemstellungen, sei es durch direkte Nachahmung, sei es durch analoge Formbildung aus endogenen Wurzeln, eine Frage, welche die Entwicklungstheorie bisher beharrlich ignoriert hat. Ebenso bilden sich in den Kulturkreisen verwandte Wirtschaftsstile oder Ähnlichkeiten des Wirtschaftsgeists aus.

In der Kulturgeographie sind ferner „Land" und „Landschaft" wichtige Grundbegriffe. Sie werden verstanden als die Integration aller kultur- und wirtschaftsbedingten Eigenschaften der Orte und Regionen unter Einschluß der Naturgegebenheiten zu einem jeweils „einmaligen Ganzen", das sich auch als humanökologisches System verstehen läßt. *Hans Bobek* (1957, 142) definiert Landschaften als typische Raumeinheiten unter dem Gesichtspunkt ihrer formalen Struktur, des Wirkungsgefüges geographischer Kräfte und ihrer Genese, so daß die Gesetzmäßigkeiten ihres Aufbaus klar zutage treten. Unter Land versteht er „eine Raumeinheit nach ihrem ganzen einmaligen Wesen, unter Einschluß namentlich ihrer Größe, ihrer Lagebezeichnungen und ihres historischen Schicksals". Anschauliche Fälle der Bildung solcher *Bobek*-Länder sind das Saarland in Deutschland seit dem Jahre 1919 oder das Burgenland in Österreich.

Diese Einmaligkeit der Synthese unzähliger Teilkomponenten zu Ländern ist nun keine willkürliche Entscheidung der Geographen, sondern der Volksmund drückte diese Erfahrung schon immer aus. Länder werden mit einem „Namen" versehen, der in die Umgangssprache eingeht. Mitunter werden auch wirtschaftliche Umstände für solche Namensgebungen entscheidend wie etwa bei Elfenbeinküste, Pfefferküste oder Kannebäckerland, hier nach der dort verbreiteten Töpferei. Da die gleichen Formen der Namensgebung für Siedlungen, Orte und Schauplätze angewandt werden, können wir sehen, daß der Begriff „Land" im kommunikativen Raumkonzept anzusiedeln ist und *Bobek*-Länder nicht Untergliederungen der Geosphäre sein können.

Solche Länder sind gewöhnlich durch ein starkes Zusammengehörigkeitsgefühl ihrer Bewohner gekennzeichnet. Dieses kann auf die Intensität und räumliche Ausrichtung wirtschaftlicher Verflechtungen zurückwirken. Ein solches Land wäre dann eine vernünftige Untersuchungseinheit für die Wirtschaftsgeographie. Wirtschaftstreibende werden jedoch auch hier ständig die externe Umwelt nach neuen Chancen abtasten und sich gegebenenfalls von einer solchen Einbindung emanzipieren. Wir sollten daher auch *Bobek*-Länder aus wirtschaftsgeographischer Sicht nur als Eignungsräume und nicht als eine höchstrangige Systemebene ansehen.

Eignungsräume lassen sich schließlich in mannigfaltiger Weise ausgrenzen, wenn man wirtschaftliche Beziehungsmuster analysiert. Wir erhalten dann Begriffe wie Standortraum, Beschaffungsmarkt, Absatzmarkt und die Gebietsgliederungen, mit denen die Marktforschung und die Marketing-Geographie operieren.

IV.2 Die allgemeine Struktur wirtschaftlicher Regionalsysteme

Von der formalen Seite her betrachtet, besteht ein solches System zunächst aus einer endlichen Menge verschieden ausgestatteter Standorte, die durch eine der beiden Gruppen wirtschaftlicher Beziehungen verknüpft sind, nämlich durch Leistung/Gegenleistung oder durch Konkurrenz und Ressourcenwanderungen. Ganz einfache Fälle wären das Absatzgebiet eines Unternehmens oder das Arbeitereinzugsgebiet eines Werks. Solch einfache Regionsbegriffe sind gute analytische Konzepte, die auch realen Gegebenheiten entsprechen. Natürlich sind sie weit von der durch viele Beziehungen auf vielen Ebenen der Verflechtung gegebenen komplexen Situation entfernt, die aber für uns ungleich wichtiger ist. Auf solcher Basis wären dann Systeme keineswegs so einfach abzugrenzen wie unser folgendes Beispiel.

Abbildung IV-1 zeigt ein Regionalsystem, das aus fünf Standorten besteht (1–5). Diese unterliegen einer Steuerung durch einen Kommunikationsmechanismus, der im Ort (1) lokalisiert ist. Diese Steuerung ist nur an diesen fünf Orten wirksam. Das System wird dadurch abgrenzbar. Die Standorte 1–5 und ihre Verflechtungen bilden die interne Struktur des Systems.

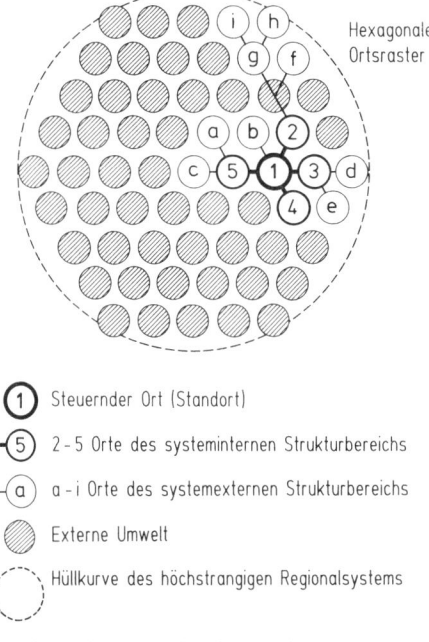

Abb. IV-1   Räumliche Struktur eines funktionalen Regionalsystems

An diesen fünf Orten treten daneben auch nicht steuerbare, gleichwohl die Verflechtungen beeinflussende Effekte auf. Sie sind Umweltaspekte des Systems und können als interne Umwelt bezeichnet werden. Typisch für solche Effekte wären die an jedem Standort denkbaren Naturrisiken oder politisch bedingten Störungen.

Insgesamt ist dieses System in eine Umwelt eingebettet, die aus vielen Orten besteht. Zu einer Teilmenge dieser Umweltorte (a–i) bestünden von unserem System aus Beziehungen, etwa über den Güterabsatz. Die Orte selbst unterlägen jedoch anderen Steuerungseinflüssen und können daher nur bedingt als dem System zugehörig betrachtet werden. Sie können ein zweites, andersartiges Systemgfüge bilden. Soweit aber tatsächliche Verflechtungen mit den Orten 1–5 bestehen, können wir sie als externe Subsysteme ansehen, so daß neben der internen auch eine externe Systemstruktur in Erscheinung tritt. Die hier und an den nicht einbezogenen Orten auftretenden und nur selten vom System der Orte 1–5 beeinflußbaren Umstände sind als externe Umwelt anzusehen. Sie sind nur insoweit zu beachten, als sie das gesamte höchstrangige System betreffen, worin 1–5 eingebettet sind. *Luhmann* (1984, 36) betont zwar, daß man in die Umwelt keine Systemstruktur hineindenken sollte. Gerade dies aber kann bei wirtschaftlichen Regionalsystemen zu Fehlreaktionen führen.

Diese einfache Skizze mag zunächst genügen, um zu verstehen, daß es Grenzfälle gibt, in denen die interne Systemstruktur und die interne Umwelt so klein sind, daß sie für wirtschaftsgeographische Untersuchungen unbedeutend werden. Die externen Systemstrukturen und die externe Umwelt sind immer sehr viel größer und komplexer als das System selbst. Für Geographen ist es leicht, in den Fehler zu verfallen, die interne Umwelt und die interne Struktur eines kleinen Systems ganz zu vernachlässigen. Ebenso fehlerhaft ist es, die externe Umwelt und die externen Strukturen zu übersehen und ein Untersuchungsobjekt an festen Grenzen enden zu lassen, über welche nicht mehr hinausgeschaut wird.

Gerade dies aber wird die Wirtschaftspraxis machen dürfen und müssen. Aus deren Sicht bestehen Regionalsysteme nur aus den Schauplätzen und Standorten für eigene Entscheidungshandlungen und jene ihrer Partner. Orte und Regionen im Sinne der Darlegung von Kap. I-4 und 5 haben für sie keine unmittelbare Existenz. Man hat mit ihnen nicht in ihrer Gesamtheit und Komplexität zu tun, sondern nur hinsichtlich sehr selektiv wahrgenommener Aspekte. Daher wird ein Wirtschaftstreibender sich mit der Bedeutung der Einheit von Ort und Zeit und mit den Gegebenheiten von aus vielen Orten bestehenden Regionen erst auseinandersetzen, wenn er irgendwo an deren Grenzen stößt. Und er wird sogleich darangehen, diese Grenzen durch neue Organisationsformen zu überwinden.

Kapitel IV bietet anschließend einen gerafften Überblick der Regionalsysteme als den Forschungsobjekten der Wirtschaftsgeographie auf angewandt-wissenschaftlicher Ebene. Diese Objekte sind in systemtheoretischer Sicht entweder ganzheitliche Erscheinungen oder wohldefinierte Teile von solchen. Sie bilden den Rahmen, in welchen Forschungen zu Einzelphänomenen, Prozessen, Standortmustern und Teilstrukturen letztlich einmünden müssen, da nur im Zusammenhang vollständiger Systemstrukturen eine sinnvolle praktische Anwendung wissenschaftlicher Erkenntnisse möglich ist. Der Akteur auf der Alltagsebene wird zwar nie das gesamte Systemgefüge mit allen Einzelheiten in seinem Kopf haben, er setzt jedoch seine Kenntnisse immer im allseitigen Zusammenhang bei seinen Entscheidungen ein. Für jede übergeordnete Planung ist ein Überblick über das konkrete Gesamtsystem erforderlich.

Leider ist gerade dieses interessante Forschungsfeld beim derzeitigen Stand der Wirtschaftsgeographie erst sehr dürftig und ungleich abgedeckt. Vergleichende Studien zu Systemen derselben Klasse sind sehr selten. Die geographischen Entscheidungsprobleme einzelwirtschaftlicher Regionalsysteme wurden wenig beachtet.

Die Ausführung dieses Kapitels sind, von einigen Hinweisen abgesehen, vornehmlich statisch und auf Zustands- und Strukturbeschreibung von Regionalsystemen ausgerichtet. Ihre innere Dynamik soll in späteren Kapiteln systematisch beleuchtet werden. Auch dort muß vieles hypothetisch bleiben, denn die Forschungssituation ist kaum besser und ein exakter Zugriff auf echte Entscheidungssituationen in Firmen und Institutionen ist für den beobachtenden Geographen nur bruchstückhaft zu erlangen.

IV.3 Eine Klassifizierung funktionaler wirtschaftlicher Regionalsysteme

IV.3.1 Haushalte, Betriebe und Unternehmen

Mancher Leser mag sich hier verwundern, daß Haushalte und Betriebe hier als regionale Systemstrukturen und nicht als lokale Einheiten angesehen werden. In unserem Sinne aber sind beide Regionalsysteme mit nur sehr kleiner interner Systemstruktur, die oft auf einen Standort, die Wohnung oder die Betriebsstätte beschränkt ist. Diese interne Systemstruktur wäre auch tatsächlich für Geographen uninteressant, wenn nicht die wichtige Frage zu beantworten wäre, ob denn hier auch die jeweilige steuernde Untereinheit lokalisiert ist. Entscheidungen der im System agierenden Menschen können oft sehr weiträumige externe Strukturen betreffen und werden nur dann verständlich, wenn man in etwa sagen kann, wie diese Steuerung funktioniert.

Bei Haushalten ist die Steuerung ein Produkt des kommunikativen Zusammenwirkens der Familienmitglieder und erfolgt vorzugsweise innerhalb der Wohnung, weshalb man deren Standort auch als den „Mittelpunkt der Lebensinteressen" betrachtet. Bei den Betrieben großer Unternehmungen wird die Frage nach der Steuerung mitunter sehr kompliziert, sowohl im Hinblick auf die beteiligten Personen und Kapitalinteressen, wie auch auf die Standorte bei Entscheidungen. Das Steuerrecht verlangt konsequenterweise einen offiziellen „Firmensitz" und bei den meisten geschäftlichen Transaktionen muß ein „Erfüllungsort" vereinbart werden, um Zweideutigkeiten zu entgehen.

Private Haushalte können nur einen kleinen Teil ihrer Lebensbedürfnisse im Wohnbereich erfüllen. Aus der unendlichen Fülle der umgebenden Standorte wählen sie eine kleine Anzahl für wichtige Funktionen aus z. B. für Arbeiten, Einkaufen, Geselligkeit, Erholung. Die Verbindungswege zwischen der Wohnung und diesen Verrichtungsorten beeinflussen eine Anzahl anderer, minder wichtiger Entscheidungen (Abb. IV-2 a). Auf diese Weise entsteht ein locker geknüpftes externes Regionalsystem mit der Wohnung als zentralem Standort. Um diese gruppieren sich in erreichbarer Entfernung die vorrangigen Zielorte für alltägliche Verrichtungen wie Arbeitsplatz, Schule, Supermarkt usw. Das Ganze ist funktional eingebettet in das höherrangige Verflechtungssystem einer Stadt oder eines Gebietes, im Idealfall unter Einheit von Ort und Zeit.

Dieses von einem Haushalt benützte Regionalsystem läßt jedoch alle anderen Standorte dieses höherrangigen Regionalsystems unbeachtet. Es hat also einen hochgradig selektiven Charakter und kann deshalb mit vielen anderen seiner Art im gleichen Raum koexistieren. Nur für das interne System ist eine solche Koexistenz normalerweise ausgeschlossen. Die Wohnung braucht daher spezielle Vorrichtungen für den Kontakt mit der Außenwelt und dem Fremden in Form von Türen und Empfangsräumen.

Das System eines Haushalts wird Streßmomente enthalten, etwa wenn die Zielorte der täglichen Verrichtungen zu weit voneinander entfernt sind (Abb. IV-2 b). Solch zeitlicher und räumlicher Streß wird gerne durch Zeitpfade veranschaulicht. In den meisten Fällen ist der Streß für die Frauen größer als für die Männer.

Für die Situation der Haushalte angemessene Analysemethoden wurden von Geographen mehrmals entwickelt und können insbesondere im Ansatz der Grunddaseinsfunktionen gefunden werden (*Bobek* 1948; *Partzsch* 1964; *Ruppert & Schaffer*

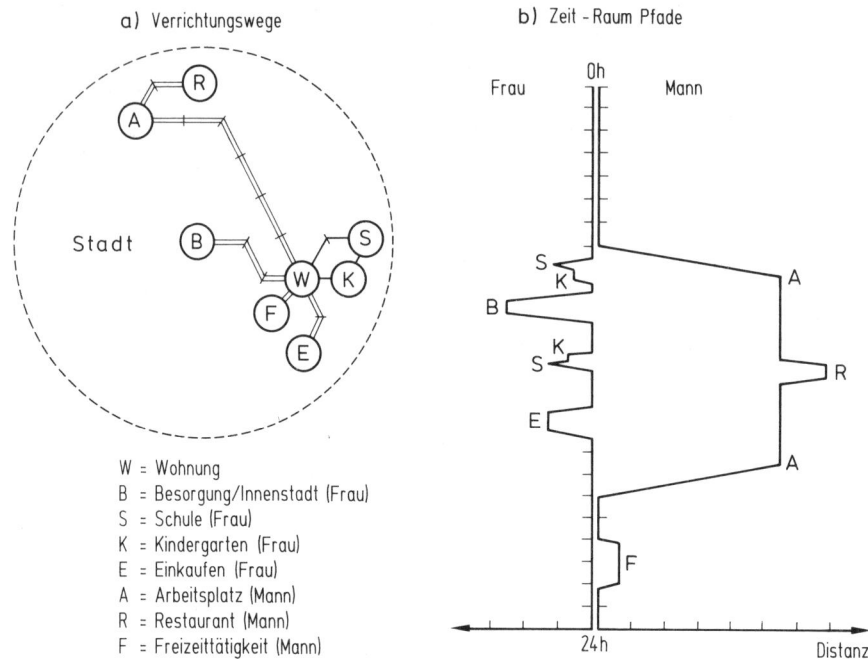

a) Verrichtungswege   b) Zeit-Raum Pfade

W = Wohnung
B = Besorgung/Innenstadt (Frau)
S = Schule (Frau)
K = Kindergarten (Frau)
E = Einkaufen (Frau)
A = Arbeitsplatz (Mann)
R = Restaurant (Mann)
F = Freizeittätigkeit (Mann)

Abb. IV-2 Schauplätze u. Verrichtungswege für einen städtischen Haushalt

1969). Ebenso hat sich die „Time-geography" nach *Hägerstrand* (1973) *Lentorp* (1976) *Carlstein* (1982) und *Friberg* (1993) sowie der „aktionsräumliche Ansatz" (*Klingbeil* 1977) intensiv mit solchen Fragen beschäftigt. Für Betriebe und Unternehmen halten Betriebswirtschaftslehre und Marketing ähnliche Verfahren bereit.

Lenken wir den Blick aber zunächst auf einige wichtige Merkmale des internen Subsystems. Ein solches System steuert und organisiert sich selbst mittels der Kommunikation der beteiligten Menschen. Mag auch der Chef ein Autokrat sein, seine Mitarbeiter müssen doch zumindest verstehen, was er angeordnet hat. Gewöhnlich werden die Vorgänge der Entscheidungsbildung daher viel demokratischer ablaufen.

Bestimmte Teile der internen Systemstruktur werden ausschließlich privat oder betrieblich, man könnte auch sagen monopolistisch genutzt. Dies gilt für Betriebsstätten, Wohnungen oder Hausgärten. Die an diesen Standorten vorhandenen Ressourcen sind dann entweder im Systemgefüge genutzt oder sie bleiben ungenutzt und wertlos, weil sie für Außenstehende nicht zugänglich sind.

Systemintern gibt es eine Menge quantitativ und qualitativ exakt aufeinander bezogener Tätigkeiten. Die Freiheitsgrade der Akteure sind gering. Formale und funktionale Elemente des Systems entsprechen einander weitgehend. Diese Entsprechung wird durch den innenbürtigen Entscheidungsprozeß immer wieder neu hergestellt.

Mitgliedern oder Subsystemen werden die benötigten Ressourcen nach dem dringlichsten Bedarf für bestimmte Zwecke zugeteilt. Diese Allokation geht auf den Entscheidungsprozeß zurück.

Wie alle Regionalsysteme leben auch Einzelwirtschaften, wie wir als Sammelbegriff nun sagen wollen, davon, daß sie aus der Umwelt Ressourcen beziehen, diese in

Güter, Leistungen und geschaffene Ressourcen umwandeln, welche sie entweder selbst konsumieren oder an andere Einzelwirtschaften weitergeben. Die dabei auftretenden Vernetzungen wurden im vorigen Kapitel behandelt. Dies aber führt sogleich zu der Frage nach Streßmomenten, Standorten und der Einheit von Ort und Zeit zurück.

Eine kleine Einzelwirtschaft z. B. ein Haushalt kann der Frage nicht ausweichen, wie die Daseinsgrundbedürfnisse in einem begrenzten Zeitbudget untergebracht werden können, wenn die Standorte dafür zu weit auseinandergezogen sind (Abb. IV-2). Je kleiner der Haushalt ist und umso weniger handlungsfähige Personen er umfaßt, desto schwieriger kann dies werden. Das Problem läßt sich durch geeignete Wohnungswahl entschärfen, womit sich der Zeitaufwand für die nötige Minimalkombination reduzieren läßt. Dieser Umstand ist bei den Wohnstandortentscheidungen von Singles sehr wichtig und dürfte auch bei ärmeren Haushalten oft bedeutsamer sein als der bloße Geldmangel.

Zur Verbesserung des Standortgefüges gibt es eine Reihe möglicher Strategien. Diese lassen sich anwenden, wenn man eine gewisse Kenntnis des übergeordneten Regionalsystems hat. Ambulanz und Umzug sind passive Reaktionen auf ungenügende standörtliche Rahmenbedingungen. Aktive Reaktionen bestünden in einer Beeinflussung der Umwelt etwa durch Werbung um Abnehmer oder durch Koalitionsbildung mit Bürgerinitiativen zur Beeinflussung der Stadtplanung.

Diese Möglichkeiten sind jedoch für Haushalte und andere kleine Systeme gering. Umso interessanter ist daher wirtschaftsgeographisch die weitverbreitete Standortteilung. Dabei werden Komponenten der internen Systemstruktur ausgegliedert und an andere Standorte verlagert. Dies erfolgt bei Zweigbetrieben, Geschäftsstellen, Filialen, doppeltem Wohnsitz, Zweithaus, Urlaubsdomizil. Mit mehreren Standorten kann auf diese Weise ein diskontinuierliches Ressourcenfeld von größerer Vielfalt selektiv genutzt werden. Ein Mittelpunkt der Lebensinteressen ist bei weitgehender Standortteilung nur mehr schwer festzustellen. Der große Vorteil eines solchen Standortnetzes liegt für eine Einzelwirtschaft im Zugang zu den Ressourcen weiträumiger oder stark diversifizierter Eignungsräume. Die Standortteilung ist kaum mehr durch distanzielle Restriktionen bei Kommunikation und Transfers begrenzt. Sie neigt daher bei globalen Unternehmen zum Überschreiten aller Begrenzungen der nominell noch übergeordneten Systeme.

Da die Umwelt einer Einzelwirtschaft quasi unendlich groß ist, sind dieser Filialisierung und auch dem Wachstum von Haushalten und Unternehmen potentiell keine Grenzen gesetzt. Ihre Wachstumsorientiertheit kann stark sein, weil ja die externe Systemstruktur nicht monopolistisch organisiert ist, Einzelwirtschaften daher leicht über andere Systeme in ihrer Umgebung ein Übergewicht an Macht erlangen können. Ungewöhnliches Wachstum zeigen nicht nur die heute weltweit tätigen Großunternehmen mit mehreren hunderttausend Beschäftigten an weitverstreuten Betriebsstandorten und die bürokratischen Institutionen sondern es gab solche Ungeheuer auch schon früher in der Form fürstlicher Hofhaltungen oder kolonialer Ausbeutungsgesellschaften. So besaß vor 1859 die British East India Company mit „steuerlichem Sitz" in London über 100 Millionen „firmenangehörige" Untertanen im indischen Subkontinent.

Ein solches Wachstum wird durch gesteigerte Input- und Outputbeziehungen zu immer neuen Orten der externen Umwelt erreicht. Dies kann mit einer Einverleibung solcher Orte in das interne Systemgefüge verbunden werden. Selbstgeschaffene Ressourcen oder Systemglieder wie Nachkommen oder Kapital tragen dazu in geringerem Maße bei. Das Wachstum von Einzelwirtschaften hat daher eine ausgeprägte räumliche Komponente. Diese zwingt dazu, sich mit den Gegebenheiten immer neuer Orte auseinanderzusetzen. Darin liegt eine der Wurzeln der Geographie.

Wie solches Wachstum sich im Erwerb der lokalisierten Ressourcen anderer Orte niederschlägt, so schrumpft umgekehrt eine Einzelwirtschaft als Regionalsystem durch die Aufgabe solchen Besitzes. Dieser wird meist durch Verkauf in mobile Ressourcen rückverwandelt.

Mehr Wachstum bedeutet auch gesteigerte Konkurrenz um solche Ressourcen, jedoch verlassen wir damit bereits das Feld der Betrachtung von Einzelwirtschaften. Es wäre lediglich noch anzumerken, daß sich alle anderen funktionalen Regionalsysteme als Integrationen von Einzelwirtschaften interpretieren lassen. Im Rahmen der damit entstehenden Systeme sind diese aber zu neuartigen Strukturen zusammengefügt.

IV.3.2 Dorf- und Stadtwirtschaften

Waren früher autarke Dörfer und unabhängige Stadtwirtschaften keine Seltenheiten, so sind sie durch die Ausbildung des volkswirtschaftlichen Verflechtungsmusters derart zurückgedrängt worden, daß man heute eigentlich nur noch von Modellvorstellungen sprechen darf. Dabei sind auch die Institutionen dieser Systeme aufgelöst oder entmachtet worden. Ihre Wirkungsweise in den einstigen dörflichen und städtischen Verflechtungssystemen Mitteleuropas wird nur mehr durch historische Forschung erkennbar. Eine funktionsfähige Dorf- oder Stadtwirtschaft würde voraussetzen, daß alle Inputs ihrer Einzelwirtschaften, die lokal erzeugt und angeboten werden, auch tatsächlich vorzugsweise lokal nachgefragt werden. Eine solche Abschließung nach Außen war auch früher nur bei autarken Dörfern denkbar, bei Städten niemals. Dennoch wurde auch dort gerne der Versuch einer strikten Kontrolle des Güteraustauschs gemacht und diese Denkweise hat sich später auf die volkswirtschaftliche Ebene verlagert, weil man darin ein Instrument zur Sicherung des eigenen Wohlstands und damit des eigenen Systems sah. In heutigen Dörfern ist der Anteil lokaler Wirtschaftsverflechtungen sehr gering geworden und nur in ganz großen Städten kann dieser bedeutend bleiben, weil kleinere Einzelwirtschaften dort wegen zeitlicher und räumlicher Restriktionen eher die Angebote benachbarter Anbieter in Anspruch nehmen.

Zwischen Städten und Dörfern bestand früher ein wesenhafter Unterschied. Das Dorf war ein Personenverband, der gemeinschaftlich ein bestimmtes Territorium nutzte. Dessen Ressourcen wurden zum Teil privat in Wert gesetzt, zum anderen Teil dienten sie als Allmende, worauf jeder Dorfgenosse Anspruch hatte. Die Nutzungsberechtigungen waren ganz allgemein von der Zugehörigkeit zum Personenverband abhängig. Dabei konnte die Steuerung informell bleiben und eher nominell in Häuptling und Medizinmann, Pfarrer und Schulze verankert sein, ergänzt durch gelegentliche Vollversammlungen der Dorfgenossen. Für alles übrige sorgten die Verwandtschaftsbeziehungen. Nur in der Regelung des sozialen Zusammenlebens und in der Ressourcenzuteilung gingen Dorfwirtschaften wesentlich über Einzelwirtschaften hinaus. Solche Dörfer wären also homogene Agglomerationen aus gleichartigen Einzelwirtschaften zu nennen.

Städte sind, bei allen äußerlichen und formalen Ähnlichkeiten der Siedlungsweise zum Dorf keine Personenverbände sondern Agglomerationen von heterogenen Einzelwirtschaften mit verschiedenartigen Spezialisierungen. Deren Freiheitsgrade im

Verhalten sind jedoch so groß, daß ihr Zusammenwirken formaler Regelungen in Gestalt von Stadtrechten und entsprechender Formen der Steuerung bedarf. Es treten Gruppen, Schichten und Klassen mit unterschiedlichen Interessen hervor. Die Zuteilung von Ressourcen wird damit ungleich komplizierter, weil ungleiche Ansprüche bestehen und immaterielle oder geschaffene Ressourcen großes Gewicht haben.

Gegenüber den Einzelwirtschaften haben Städte als Systeme eine Reihe von Eigenschaften, die auch heute noch uneingeschränkt wichtig sind.

Das System Stadt besteht z. B. aus vielen, miteinander verflochtenen Einzelwirtschaften. Jede von diesen hat ihre spezifische aktionsräumliche Reichweite und Regionalstruktur mit Standorten in- und außerhalb der Stadt. Die Mittelpunkte ihrer Lebensinteressen erscheinen jedoch formal in der Stadt agglomeriert. Dies gibt ihnen die Möglichkeit hier Verflechtungsmuster, Prozeßketten, Spezialisierungen und Nachbarschaftsbeziehungen oder überhaupt Handlungsabläufe unter Einheit von Ort und Zeit zu bilden. Dadurch wurden Städte dem platten Land als ökonomische Organisationsform grundsätzlich überlegen. Ein Umstand der erst in den Volkswirtschaften wieder abgeschwächt wurde.

Die Spezialisierung der Einzelwirtschaften in der Stadt beruht nicht auf angeborenen persönlichen Eigenschaften und Zugehörigkeiten wie im Dorf, sondern sie ist angelernt, d. h. sozial bedingt. Den Rahmen aber bilden nicht allein die erlernbaren Fähigkeiten sondern auch der Grad der Arbeitsteilung und Ausgliederung von speziellen Funktionen. Dieser Prozeß ist in großen Städten stets rascher und umfassender als in kleinen.

An den zugänglichen Ressourcen sind die Einzelwirtschaften nicht mehr nach der Dringlichkeit des Bedarfs oder der Verteilungsgerechtigkeit beteiligt, sondern nach anderen Kriterien wie Erwerbsgeschick, Besitz, Kaufkraft, Macht. Es gibt stets eine soziale Randschicht, die von Almosen lebt.

Die Ressourcen einer Stadt werden nämlich vorwiegend privat genutzt. Die Stadt behält darüber allenfalls einen selten geltend gemachten und heute überhaupt aufgehobenen Oberanspruch. Früher wurde dieser immerhin militärisch verteidigt. Gemeinsam genutzt sind allenfalls noch Wälder, Gewässer und Weiden. Aus den Wegen, Plätzen und Heiligtümern wird andererseits ein allgemein zugänglicher öffentlicher Bereich, der gegenüber dem privaten Bereich der Einzelwirtschaften rechtlich scharf abgegrenzt ist. Diese Aussonderung ist ein emergentes Phänomen städtischer Kulturen.

Religion, Sitte und Verwandtschaft reichen in Städten nicht mehr zur Koordinierung der Tätigkeiten der Einzelwirtschaften aus. Schon der Tausch ungleicher Dinge verlangt Bewertungsmaßstäbe. Sie führen zu Tauschwerten und Tauschregeln, womit sich neben den unbewerteten internen Güterkreislauf der Einzelwirtschaften ein zweiter Kreislauf mit bewerteten Inputs und Outputs als emergentes Phänomen ausbildet, der zum Geld weiterführt.

Eine besondere Verwaltung ist jedoch dafür nicht nötig. Vielmehr formiert sich in der täglichen Kommunikation im öffentlichen Raum der „Markt", oder Agora, Forum, Basar, der die Rolle des Meinungen und Preise bildenden zentralen Subsystems für die wirtschaftlichen Belange des städtischen Lebens an sich zieht. Dieser funktioniert unabhängig von Kirche, König oder Gouverneur. Letztere erwiesen sich daher in unabhängigen Städten als unnötig und wurden oft durch republikanische Institutionen ersetzt.

Analysiert man gedanklich ein städtisches System, so lassen sich zwei strukturelle Segmente auseinanderhalten. Das eine beruht auf dem Gefüge von Entscheidungen und Transaktionen auf individueller bzw. einzelwirtschaftlicher Ebene. Dieses bildet die Mikrostruktur des Systems. Jede einzelne Entscheidung wird idealtypisch unter dem Gesichtspunkt des Vorteils der Einzelwirtschaft getroffen.

Das andere Segment umreißt die Gestalt und Funktionsweise des Gesamtsystems. Diese Makrostruktur erwächst zwar aus den Summen aller Transaktionen der Mikroebene, liefert dieser aber zugleich den Orientierungsrahmen. Wichtige Merkmale der Makrostruktur einer Stadt sind ihre Größe, die Reichweite ihres Einflusses, das herrschende Kosten-und Preisniveau, die Funktionsweise ihrer Steuerungseinrichtungen usw. Mikro- und Makrostruktur müssen einander in vernünftiger Weise entsprechen, wiewohl dafür Spielräume bestehen, die durch ein Hin und Her von einzelnen Anpassungsschritten aufgelöst werden. Dies deutet der Doppelpfeil in Abb. IV-3 an. Veränderungen der einen Komponente haben unvermeidliche Rückwirkungen auf die andere. Verkürzt sich z. B. die Reichweite des Einflusses einer Stadt, so kann die Zahl ihrer Haushalte sinken und die Spezialisierung der Einzelwirtschaften wird zurückgenommen.

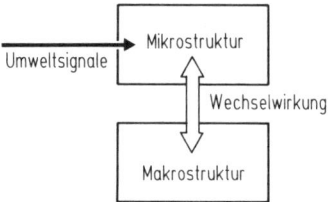

Abb. IV-3   Interaktion von Mikro- und Makrostruktur

Die Einbettung von Einzelwirtschaften in städtische Systeme ändert deren Entscheidungsspielräume und Struktur. Sie führt zur Auflösung sippen- und stammesmäßiger Bindungen zugunsten der Familie im engeren Sinne, was man derzeit in den arabischen Golfstaaten sehr schön beobachten kann. Sie erlaubt andererseits die Ausgliederung spezialisierter Gewerbe aus der undifferenzierten Hauswirtschaft, läßt also Betriebe entstehen.

Dorf und Stadt unterscheiden sich in höherrangigen Systemen später durch ihren Beruf. Das Dorf wird zum Ort der agraren Produktion mit den dafür unentbehrlichen Minimaleinrichtungen (Kirche, Kneipe, Kaufmann), Städte dagegen haben die Aufgabe alle Güter und Leistungen anzubieten, welche eine Kultur sonst noch hervorbringen kann. Dies setzt seit jeher eine gewisse Mindestgröße der Stadt voraus, die über dörfliche Dimensionen hinausgeht, aber von Kultur zu Kultur variieren kann. Wesensmerkmale der Städte, wie sie im Anschluß an *Bobek* (1938) mehrfach zusammengestellt wurden, nehmen vielfach auf diese Momente Bezug.

Auch bei Dörfern und Städten lassen sich interne und externe Systemstrukturen und Umwelten unterscheiden. Der systeminterne Bereich wird gewöhnlich mit der zugehörigen Flur, dem Bannbezirk, der Gemarkung oder dem Gemeindegebiet gleichgesetzt. Diese Abgrenzung bleibt jedoch unzulänglich, weil sie einseitig auf territorialem Denken beruht. Der rechtlichen Zuständigkeit der örtlichen Körperschaft für gewisse Aufgaben steht nämlich die faktische und marktwirksame Verfügungsgewalt der Einzelwirtschaften über ihre eigenen Ressourcen gegenüber und letztere können durchaus auch in anderen Hoheitsbezirken liegen. *H. Jäkel* (1953) und *W. Hartke* (1959) haben solche Inkongruenzen an Hand des Ausmärkerproblems und dessen Folgen für die Flurbereinigung herausgestellt. Für Städte fehlen systematische Untersuchungen.

Bei Städten wäre vor allem der standortteilige Außenbesitz der Bürger zu berücksichtigen, der vom Mittelpunkt der Lebensinteressen, bzw. der Unternehmensinteressen in der Stadt gesteuert wird. Daher sind die Grenzen von externer und interner Systemstruktur bei heutigen Städten sehr schwer festzustellen, weil man dazu Besitzrechte samt Nutzungsabsichten, Nutzungsansprüche der Einzelwirtschaften für Ressourcen, Beteiligungen sowie die Art, Richtung und Reichweite privater Interaktionen und geschäftlicher Transaktionen kennen müßte.

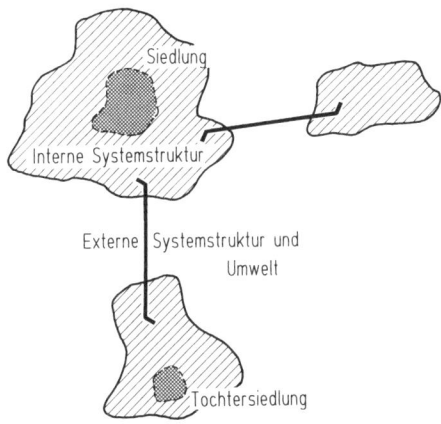

Abb. IV-4 Diskontinuität von Dorf- u. Stadtwirtschaften

Man zieht zur Abgrenzung des städtischen Umlands lieber meßbare Indikatoren wie Wanderungsströme oder Einkaufsfahrten heran, die aber nur der mittleren Reichweite kleinerer Einzelwirtschaften entsprechen.

Sowohl die internen wie auch die externen Ressourcenfelder von Städten und Dörfern können diskontinuierlich sein. Oft wurden Besitzungen in weit entfernter Lage von Dorfgemeinschaften für Ergänzungszwecke als Weide, Wald oder Fischgrund erworben. Solche Verhältnisse haben in Liechtenstein überlebt, wo das Gemeindegebiet von Vaduz aus fünf Teilstücken besteht (*Ritter* 1981a, 383). Städte erwerben heute solchen Außenbesitz als Wasserschutzgebiete oder für Flughäfen. Gelegentlich dient solches Land für Tochtersiedlungen. Vaduz hat so den Wintersportplatz Malbun aufgebaut. Bekannter ist Bremerhaven, von der Hansestadt Bremen auf einem 1827 erworbenen Landstück als Vorhafen angelegt. Die politische Flurbereinigung in Deutschland nach 1933 hat viele ähnliche Beispiele beseitigt. Was damals allen Beteiligten vernünftig erschien, müßte man aus ökonomischer Sicht als Kahlschlag betrachten.

Innerhalb ihrer Ressourcenfelder stellt sich die Standortfrage für Städte und Dörfer eher in passiver Weise als Verbesserungsstrategie. Verbesserungsfähig ist insbesondere die geographische Lage über den Ausbau von Verkehrswegen. Städte können auch die Ausstattung mit menschlichen Ressourcen über das Ausbildungswesen beeinflussen oder ganz allgemein mobile Ressourcen anlocken. Daneben gibt es schon bei Dörfern zahlreiche sinnvolle Maßnahmen der intensiveren Ressourcenausschöpfung gegenüber der natürlichen Umwelt.

Bei Bedarf aber können Dörfer auch wanderungsfähig sein. Bei Wanderfeldbauern ist die periodische Verlegung der Siedlung üblich und manche Gruppen von Hirten-nomaden könnten eigentlich als wandernde Dörfer betrachtet werden, wobei freilich das verbandliche Organisationselement verstärkt wurde. Wandernde Städte sind da-gegen immer selten gewesen.

Ein Wachstum erfolgt im Wechselspiel von Mikro- und Makrostruktur durch die Vergrößerung der Zahl der Einzelwirtschaften und der Vielfalt ihrer Spezialisierun-gen, sowie durch den Erwerb und die Inanspruchnahme von Ressourcen an systemex-ternen Orten. Systeminternes Wachstum, das *Otremba* als Kernwachstum bezeichnet (1969, 78), führt zu größerer Komplexität. Externes Wachstum ist gewöhnlich struk-tur-konservierend und kann leicht außer Kontrolle geraten. Die historisch zu Groß-mächten aufgestiegenen Stadtwirtschaften Rom, Athen, Venedig sind als seltene Erfolgsfälle den vielen Städten gegenüberzustellen, die sich wie Karthago, Syrakus und Palmyra durch eine derartige Politik ruinierten.

Systemstrukturell gab es jedoch für eine horizontale Ausweitung der städtischen Einflußbereiche immer enge Grenzen. Nur was sich noch unter Einheit von Ort und Zeit einbeziehen ließ, konnte voll am städtischen Leben teilhaben, dies war schon ab einer Entfernung von ⅓ Tagesreise oder 10–15 km erschwert. Entferntere Besitzun-gen einer Stadt konnten der Sache nach nur kolonieartig ausgebeutete Untertanen-lande sein, deren Bewohner nicht mehr zur Bürgerschaft zählten.

Moderne Verkehrs- und Kommunikationstechniken haben diese Beschränkungen auch für große geographische Regionen aufgehoben, wenn auch diese Neuerungen nicht von den Städten selbst bewirkt werden konnten. Seither lockert sich die Aus-richtung der Einzelwirtschaften auf ihr Dorf und ihre Stadt zusehends. Vorleistungen und Materialien werden nicht mehr beim nächstgelegenen sondern vom billigsten Anbieter bezogen. Erzeugt wird für weiträumige Absatzmärkte. Dennoch beruht auch heute die Leistungsfähigkeit der großen Städte auf ihrem inneren Beziehungs-feld, dem bei manchen Großstädten wohl bis zu 75 % ihrer Wertschöpfung zuzurech-nen sein dürften und an dem dann auswärtige Firmen vertreten sein möchten.

IV.3.3 Wirtschaftsgebiete und Regionalwirtschaften

In allen höheren Stufen wirtschaftlicher Entwicklung nach *Bobek* (1959) entstehen über die Dorfsiedlungen und Städte hinaus weiträumigere Systemintegrationen. Dies scheint eine allgemeine d. h. nicht kulturspezifische Regelhaftigkeit zu sein. Die Er-scheinungsformen sind außerordentlich vielfältig und die Anfänge verlieren sich in weiter historischer Ferne. Im Gegensatz zur Stadtentstehung sind sie auch archäolo-gisch kaum nachweisbar. Gedanklich können solche Regionen am einfachsten aus einer ökonomischen Differenzierung von Siedlungen innerhalb eines Stammesgebie-tes oder aus der teilweisen Verselbständigung von Tochtersiedlungen hergeleitet werden.

Fassen wir die Einzelwirtschaften und Siedlungen innerhalb einer Region als Orte bzw. Standorte auf, so ist es das Wesensmerkmal der regionalen Verflechtung, nicht auf einen „Ort" reduzierbar zu sein. Regionen bestehen aus mehreren, räumlich voneinander getrennten Orten. Die für wirtschaftliche Transaktionen so wichtige Einheit von Ort, Zeit und Handlung läßt sich nur durch Hilfskonstruktionen nähe-rungsweise herstellen oder ersetzen. Alle Abläufe wirtschaftlicher Art, bei denen diese Einheiten nicht gewährleistet sind, müßten aber eigentlich als unökonomisch organisiert angesehen werden. Die Wirtschaftspraxis hat viele Konstruktionen erfunden, um die Nachteile solcher Situationen zu vermindern oder sie unter die Geschäftspartner aufzuteilen.

Die verbreiteste Form von Wirtschaftsgebieten und Regionalwirtschaften bestehen aus einer zentralen Stadt in Verbindung mit einem weiten Umland. Wir kennen diesen Fall bereits vom Thünen-System her und können in diesem eine echte Regionalwirtschaft erkennen, denn die stadtfernen Siedlungen der Landwirte sind hier mit der Stadt eng zu einem Austauschsystem für Dienste und Güter zusammengebunden. Im Originalkonzept erstreckt sich dieses System über viele Tagesreisen Distanz. In der Praxis treten natürlich auch anderswohin orientierte Beziehungen der Landwirte auf, doch in vielen Teilen der Welt haben sie noch heute nicht die Wahl zwischen mehreren städtischen Zentren.

Die in Industrieländern aktuellste Form ist die Region bestehend aus einem zentralen Ort und seinem Einzugsbereich gemäß *Christaller* (1933). Hier müßte man realistisch jedoch eher von einem locker verflochtenen Wirtschaftsgebiet als von einem integrierten Regionalsystem sprechen. Das gleiche gilt für die Arbeitsmarktregionen. Bei beiden treffen wir auch in den Industrieländern auf große Gebiete mit nur einem funktionsfähigen Zentrum, was sonst eher für Entwicklungsländer typisch ist. Wegen dieser einseitigen Ausrichtung auf nur eine zentrale Stadt bezeichnet man solche Gebilde gerne als nodale Regionen.

Eine zweite Form sind hoheitsrechtlich definierte Regionen in Gestalt von Staaten, Provinzen und Planungsdistrikten, die mit mehr oder minder trennenden Wirtschaftsgrenzen von der externen Umwelt abgesetzt sind. Wichtig ist dabei, daß der Hoheitsträger eine Zuweisung von Nutzungen an Standorte und damit eine Bestimmung der regionsinternen Arbeitsteilung vornehmen kann. Solche Gebiete sind nur dann als Regionalwirtschaften anzusehen, wenn der Hoheitsträger tatsächlich die Wirtschaft zu lenken versucht, nicht aber wenn er sie dem freien Spiel der Kräfte überläßt. Mit anderen Worten, nicht jeder Staat bildet automatisch auch eine Regionalwirtschaft, wohl aber immer ein Wirtschaftsgebiet in dem seine Gesetze lenkend wirken.

Eine dritte Grundform sind nicht-nodale wirtschaftliche Verflechtungssysteme in deren Innenbereich Mobilitäts- und Austauschhemmnisse weitgehend aufgehoben sind und die eine Infrastruktur zur raschen Zirkulation besitzen. Solche Regionen können auf Teilgebiete von Staaten beschränkt sein, ganze Staaten ausfüllen oder auch über Staatsgrenzen hinausgreifen. Einfache Formen sind Siedlungsverbände, Städtebünde und „Hansen". Enger integriert sind die auf Wirtschaftsformationen oder -zonen aufbauenden Gebiete wie das Ruhrgebiet, das Saarland, die Hallertau oder das Allgäu. Daneben stehen die aus Staaten herauswachsenden Volkswirtschaftsregionen. Letztere sind das bei weitem wichtigste Beispiel der Regionalwirtschaften, weshalb sie unten gesondert behandelt werden.

In Regionen aus mehreren Orten besteht die Möglichkeit die Arbeitsteilung und Spezialisierung auf ganze Siedlungen oder Orte auszuweiten. Dies ist ein konstituierendes geographisches Moment dieses Verflechtungstyps. Dabei kann der Austausch so einfach sein, daß der eine Typus von Orten nichts von dem hat was der andere anbieten kann wie im Thünen-Modell. Neben den dort für die Unterschiede von Stadt- und Bauernsiedlungen maßgeblichen Momenten kann die regionale Arbeitsteilung auch in sozialen und politischen Umständen begründet sein. Häufig zeichnet sie die geographischen Unterschiede der Ressourcenausstattung nach, indem komparative Kostenvorteile und lagebedingte Bewertungsunterschiede maßgeblich werden. Gar nicht selten beruht diese Arbeitsteilung auch auf dem historischen Vorsprung einzelner Orte bei der Annahme von Innovationen. Derartige ökonomische

Disparitäten zwischen den einzelnen Orten einer Region sind meist sehr stabil und nicht ohne großen Aufwand zu verändern.

Wegen solcher Unterschiede tritt nun gegenüber den Einzel-, Dorf- und Stadtwirtschaften ganz deutlich die Problematik der Organisation des Güteraustausches und der Ressourcenallokation durch Markt und Plan hervor. Es bildet sich innerhalb der Regionen eine dritte Art des Güterkreislaufs, der die Verschiedenheiten der Orte, d. h. ihrer Inputs und Outputs auszugleichen hat. Das Steuerungssystem der Region muß in der Lage sein, den intraregionalen Austausch wie auch die Kreisläufe auf örtlicher Ebene gegeneinander einigermaßen zu stabilisieren. Marktpreise können dabei als automatische Regler dienen.

Aus geographischer Sicht müssen die steuernden und organisierenden Subsysteme nicht nur die Unterschiedlichkeit der Orte sondern auch die Distanzen zwischen diesen bewältigen. Denn wo die örtliche und zeitliche Einheit fehlt, lösen sich geschäftliche Transaktionen in Einzelschritte auf und es kommt auch zu Verzögerungen in der Reaktion der Systemglieder auf Signale und Informationen. Diese Umstände werden von einer organisatorischen Infrastruktur in Handel, Geldwesen, Kreditvergabe und von einer technischen Infrastruktur durch Transport, Lagerhaltung, Kommunikationsmedien und Zahlungsverkehr bewältigt. All diese Tätigkeiten sind als neue Spezialisierungen emergente Phänomene dieser Integrationsstufe. Zugleich läßt sich festhalten, daß die Wirtschaft nicht auf Staat und Regierung zur Steuerung von Regionalverflechtungen angewiesen ist. Es genügt die Interaktion der Kaufleute und Wirtschaftstreibenden. Eine staatliche Organisation ist aber ein stabilisierender Überbau oder Suprastruktur, der wegen seiner Kosten nicht unbedingt populär sein muß.

Mit der Ausbildung von Infrastrukturen tritt zwischen die Entscheidungen der Einzelwirtschaften und die Gesamtkonfiguration des Systems ein organisierter, regionsspezifisch ausgebildeter Mittelbau, der geographisch sehr wichtig ist (Abb. IV-5). Wir wollen diesen als „Mesostruktur" des Regionalsystems bezeichnen. Die Verknüpfung der Einzelwirtschaften erfolgt nun zum großen Teil nicht direkt sondern vermittels dieser Mesostruktur, die auch innerhalb der Region die Signale der steuernden Makrostruktur überallhin verbreitet.

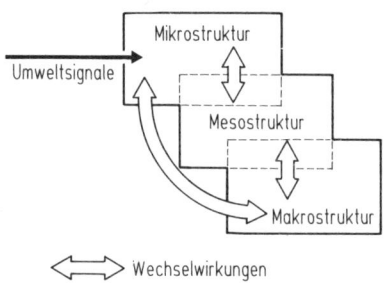

Abb. VI-5   Die Stellung der Mesostruktur

Mesostrukturen können von den Einzelwirtschaften her gebildet werden, sei es durch die Spezialisierung einzelner Unternehmen auf solche Aufgaben, sei es durch kooperative Schaffung von Einrichtungen wie etwa bei der Energieversorgung oder im Transport- und Geldwesen. Die großen Kapitalgesellschaften sind ein Ausdruck derartiger Vorgänge. Sie können aber auch von Institutionen der Makrostruktur d. h. des Staats her geplant, gebaut und aus Steuergeldern finanziert werden. Die Ergebnisse werden recht unterschiedlich ausfallen und daher in den Augen jener Ebene, der man eine Lösung vor die Nase gesetzt hat, auch unvorteilhaft wirken. Gelten die staatlichen Mesostrukturen als teuer und schwerfällig, so erscheinen die aus der Mikrostruktur herauswachsenden Einrichtungen der Wirtschaft wie preisbildende Märkte, vereinfachende Transaktionsformen und überörtlich aktive Firmen den staatlichen Instanzen von vornherein als verdächtig, weil man nie sagen kann, wie sie sich weiterentwickeln werden.

Mit dem Verflechtungstypus von Wirtschaftsgebieten und Regionalwirtschaften ist in der Regel die Umbildung eines Ortes zum Zentrum der Kommunikation, zur Hauptstadt oder besser gesagt zur Steuerungszentrale verknüpft. Es sind keine Formen von Regionalwirtschaften bekannt, in denen nicht wenigstens die Tendenz zu einer solchen „Vorortbildung" oder Hegemonie aufgetreten wäre. Für homogene Regionen gilt dies natürlich nicht, weil dort ein solches Zentrum nicht gebraucht wird. Ebenso bilden sich Grenzsäume, jenseits derer die Steuerungsimpulse einer solchen Zentrale nicht mehr empfangen oder beachtet werden.

Während sich die interne Systemstruktur in etwa bis zu diesen Außengrenzen erstreckt und die Makro-, Meso- und Mikrostruktur, wie auch die interne Umwelt einschließt, gründen sich systemexterne Beziehungen nach wie vor nur auf die Aktivitäten und Beziehungen der Einzelwirtschaften, also der Mikrostruktur. Diese wird daher zum Sensor des Gesamtsystems für Veränderungen der Umweltbedingungen. Auch die Institutionen der Mesostruktur verkehren untereinander wie Einzelwirtschaften.

Statistisch lassen sich die externen Beziehungen der Regionen als Außenhandel oder Außenwirtschaft erfassen und dem Binnenhandel bzw. der Binnenwirtschaft gegenüberstellen. Dies ist bedeutsam, denn im Gegensatz zu den Städten sind Regionen wieder potentiell autark. Bei großen Regionalwirtschaften ist dementsprechend das relative Gewicht der Außenbeziehungen geringer als bei den kleinen.

Auch Regionalwirtschaften können in geographischer Sicht diskontinuierlich sein d. h. aus mehreren voneinander getrennten Gebietsteilen, Exklaven oder Kolonien bestehen. Dagegen vermögen sie nicht mehr zu wandern.

Ihr Wachstum findet aber über drei hauptsächliche Prozeßtypen reichliche Möglichkeiten. Der wichtigste ist die Intensivierung und Vervollständigung der Ressourcennutzung im systeminternen Bereich. Eine unterschiedliche Spezialisierung einzelner Orte impliziert nämlich, daß ganze Ressourcensegmente ungenutzt oder unter ihrem Potential genutzt bleiben. Dies gilt modellhaft für die äußeren Kreise im Thünenmodell. Insbesondere sind an allen Orten mit agrarer Spezialisierung die menschlichen, landschaftlichen, mineralischen und energetischen Ressourcen nur wenig einbezogen. Die Vervollständigung der Nutzung bleibt eine stets offene Option. Dieser Vorgang wird von den Steuerungszentralen und den Orten mit nicht-agrarer Spezialisierung ausgehen und kann entweder im Sinne von *Otrembas* Konzept des Kernwachstums oder gemäß jüngeren Vorstellungen von einer endogenen Regionalentwicklung erfolgen (*Brugger* 1984).

Ein zweiter Weg des Wachstums führt zum Absorbieren benachbarter Orte und Gebiete. Bei solchen Einverleibungen muß stets auch die Mesostruktur geographisch ausgeweitet werden, oder es ist eine solche Ausweitung die Voraussetzung für die Einverleibung gewesen. Die Problematik dieser Vorgänge liegt darin, daß ja bereits spezialisierte Orte integriert werden sollen. Ihre Hinzunahme kann negative Effekte für die bereits vorhandenen Orte mit ähnlicher Spezialisierung haben, deren Leistungen nunmehr redundant werden, bzw. positive für hinzukommende Orte, deren Outputs bisher von der Region extern bezogen worden waren. Diese Problematik stellt sich insbesondere bei staatlichen Wirtschaftsgebieten.

Wachstum kann drittens auch durch die Inanspruchnahme bisher ungenutzter Ressourcen an Orten in und außerhalb der Region erfolgen. Bei Ausweitungen außerhalb handelt es sich um die Kolonisation von Wildnis, bisher nicht genutzten Landschaftsteilen oder um den Ausbau neuartiger Wirtschaftsbeziehungen. Ein Wachstum innerhalb des Rahmens der Region setzt eine erweiternde Innovation voraus, wodurch neuartige Ressourcen entstehen.

IV.3.4 Die Volkswirtschaftsregion

Aus formaler Sicht sind die Volkswirtschaften ebenfalls Regionalwirtschaften, so daß die obigen Ausführungen auch für sie zutreffen. Sie weisen jedoch einige besondere Merkmale auf, die aus ihrer engen Verzahnung mit einem souveränen Staat resultieren, der sich als Hoheitsträger über alle Lebensbereiche versteht. Zum anderen wird an Merkmale der Stadtwirtschaft angeknüpft. Deren Überlegenheit gegenüber dem ländlichen Raum beruhte auf der Kombination von Handelsprofit, gewerblicher Spezialisierung, preisbildenden Märkten sowie auf der Gewährleistung der Einheit des Ortes und der Zeit bei wirtschaftlichen Handlungsabläufen. Das Neuartige an den seit dem Merkantilismus entstehenden Volkswirtschaften war die Übertragung dieser Vorteile auf Flächenstaaten, die vorher aus einem Mosaik kleiner Gebiets- und Stadtwirtschaften bestanden hatten. Der Bildungsprozeß begann langsam von der Makrostruktur der Staaten her durch Aufhebung gesetzlicher Barrieren, Verbesserung der Verkehrsverhältnisse und Förderung neuer Wirtschaftszweige. Er wurde später, eher stürmisch, während der sogenannten industriellen Revolution von den Einzelwirtschaften zu Ende geführt.

Wichtige Merkmale der so entstandenen Volkswirtschaften bestehen darin, daß alle Einzelwirtschaften nun potentiell direkten Zugang zu den Märkten haben und ihre Entscheidungen auf die dortige Preisbildung stützen können. Ebenso sind sie der makrostrukturellen Steuerung in Form der Signale von Banken, Börsen, Regierung, Verbänden, Kammern und Gewerkschaften zugänglich geworden. Die Voraussetzung dafür ist ein hochentwickeltes und praktisch verzögerungsfrei arbeitendes Kommunikationssystem. Daneben steht die Öffentlichkeit der Information über die Presse. Dies alles konnte es nicht geben, solange Preis und Bezugsquellen noch Geheimwissen der Kaufleute waren und die freie Entscheidung der Einzelwirtschaften durch Vorschriften und Privilegien behindert wurde. Technische Kommunikationseinrichtungen, Öffentlichkeit wirtschaftlicher Informationen und preisbildende zentrale Märkte stellen ein ausreichendes Substitut für die natürlich auch hier nicht völlig wiederherstellbare Einheit von Ort, Zeit und Handlung dar. In ihnen sind daher die zentralen Subsysteme der Volkswirtschaften zu sehen.

Einige wichtige Eigenschaften wären nun anzuführen, worin sich Volkswirtschaftsregionen gegenüber den Merkmalen anderer Regionalsysteme unterscheiden.

In dem Maße als in einer Volkswirtschaftsregion die drei Einheiten in einem größeren räumlichen Rahmen wiederhergestellt werden können, werden alle kleinräumigen Verflechtungsmuster unnötig und auflösbar. Städte, Dörfer, Provinzen, Wirtschaftsgebiete und Regionalwirtschaften verlieren ihre Fähigkeit zur Selbststeuerung wieder, weil diese auf die höhere Integrationsstufe übertragen wird. Den Einzelwirtschaften ist es jedoch in den westlichen Systemen gelungen ihre Selbststeuerungsfähigkeit zu behalten und diese sogar noch auszubauen. Auf Makroebene entstehen als neuartige Steuerungsinstrumente die Währungs- und Zinspolitik.

Innerhalb der Volkswirtschaftsregionen werden die Hemmnisse für eine freie Mobilität der Ressourcen gewöhnlich im Rahmen der sogenannten bürgerlichen Freiheiten völlig beseitigt. Mobile Ressourcen aller Art werden durch die Höhe der erhofften Entgelte an andere Orte gelenkt. Dies führt zu deren Konzentration in Teilen der Volkswirtschaftsregion und löst dort sehr kräftige Kernwachstumsprozesse aus (*Otremba* 1969, 78). Darauf beruht ihr bis dahin unerhörter wirtschaftliche Erfolg. Als weniger angenehmer Nebeneffekt kommt es zu räumlichen Ungleichgewichten und zur Bildung von Entleerungsgebieten, in denen die Wirtschaftstätigkeit durch Ressourcenmangel erschwert wird. Trotz aller Gegenmaßnahmen und Subventionen scheinen sich solche Schwächezonen immer wieder an den gleichen Stellen auszubilden oder nach kurzen Erfolgsphasen wieder zu verstärken, so daß man sie als ein Ergebnis gerade dieser Art geographischer Vernetzung in größeren Regionen ansehen muß.

Volkswirtschaftsregionen bilden sich im regionalen Rahmen eines Staates und ihre Entwicklung bleibt anfänglich eng mit diesem verbunden. Häufig kann die volkswirtschaftliche Verflechtung zunächst nicht das gesamte Staatsterritorium ausfüllen. Es verbleiben Wildnisse und unterentwickelte Zonen mit älteren Strukturmustern, die aber gleichwohl der staatlichen Hoheit unterliegen. Umgekehrt wachsen Volkswirtschaften oft rasch über die Grenzen ihres Staats hinaus und durchdringen benachbarte Staaten, kleinere Nachbarländer, Kolonien und Rohstoffergänzungsgebiete, die sie in ihre Verflechtungen einbeziehen. Staatsgrenzen und die Abgrenzungen von Volkswirtschaftsregionen sind in der Regel nicht identisch.

Dennoch werden Zoll- und Wirtschaftsgrenzen ausgebildet. Sie sind Lenkungsinstrumente des Staates, der seine Hoheit über die Wirtschaft als Inhalt seines Territoriums nicht aufgeben will. Für eine dynamische Wirtschaft erweisen sich solche Barrieren als lästige Hemmnisse. Deshalb ist mit der Existenz von Volkswirtschaftsregionen auch die ständige Kontroverse zwischen freier wirtschaftlicher Betätigung und staatlicher Beschränkung verbunden. Daneben aber gibt es breite Felder der Wirtschaftspolitik, wo sich staatliche und einzelwirtschaftliche Interessen vorteilhaft ergänzen.

Eine autonome Politik ist den Volkswirtschaftsregionen jedoch nur möglich, wenn sie alle wirtschaftlichen Funktionen einigermaßen vollständig und auf hohem Niveau erfüllen können. Daher gehört zum Begriff der Volkswirtschaftsregion eine grundlegende Vielfalt der Tätigkeiten. Vollständigkeit im absoluten Sinne ist allerdings nicht nötig, denn es gab und gibt leistungsstarke Volkswirtschaften ohne einen ausreichenden Agrarsektor. Ohne Zweifel aber muß eine Volkswirtschaft die erheblichen Mittel für eine einwandfreie technische Infrastruktur hervorbringen können. Dazu ist ein entwickelter Industriesektor nötig, der nach unserem Wissen allein auf Dauer eine solche zu finanzieren vermag. Es ist daher mehr als fraglich, ob Länder ohne solche Industrien auf längere Sicht zu Selbststeuerung und Selbstorganisation als Volkswirtschaftsregionen im Stande sein können. Zwar haben viele heutige Industrieländer die ersten Schritte über Schulden finanziert, und Bergbau-, Erdölländer, Agrarexporteure und Dienstleistungswirtschaften konnten in ihren Boomphasen aus den Überschüssen volkswirtschaftliche Strukturbildung bezahlen. Die Marktzyklen der Produkte sind aber oft zu kurz. Der spätere Rückfall zwingt sie wieder zu Anlehnung an andere Volkswirtschaften bis hin zu kolonialer Abhängigkeit. Es ist daher heut durchaus fraglich, ob etwa die den Fluktuationen der Rohölpreise voll ausgesetzten arabischen Erdölländer jemals zu echten Volkswirtschaften heranreifen werden, oder auch, ob sich die heroischen Anstrengungen des kleinen Island lange werden durchhalten lassen.

Volkswirtschaftsregionen entsprechen daher eher den entwickelten Industrieländern. Eine Voraussetzung ihrer Ausbildung ist offenbar auch eine gewisse Mindestgröße, denn Mikrostaaten wie Andorra oder Liechtenstein treiben eine aktive Wirtschaftspolitik nur auf wenigen Sektoren und haben auf Attribute wie Währung und Zölle verzichtet. Auch große unterentwickelte Länder wie die Republik Sudan oder die Mongolei treiben nur beschränkt eigene Wirtschaftspolitik. Solche Staaten können als halbautonome Wirtschaftsgebiete gelten, die sich an eine starke Volkswirtschaftsregion anlehnen oder sich damit begnügen müssen, als externes Subsystem zur gemeinsamen Peripherie der entwickelten Welt zu gehören. Daß solche mehr oder weniger autonome Peripherien auch im gleichen Staatsverband mit einer entwickelten Volkswirtschaftsregion existieren können, zeigt uns ein genauerer Blick auf das interne Gefüge Indiens, der USA, Rußlands, Brasiliens und Chinas.

Volkswirtschaften sind selten selbst wirtschaftlich aktiv tätig. Sie leihen jedoch ihre Reputation den großen Einzelwirtschaften ihrer Region als den Hauptakteuren im wirtschaftlichen Weltgeschehen. Diese stehen untereinander in regem Austausch und Kontakt. Diese Vorgänge wieder laufen über die politischen und ökonomischen Steuerungszentralen oder Wirtschaftsmetropolen. Die Existenz solcher Städte, die mit allen anderen derartigen Zentren der Welt direkte Verbindung halten können, ist neben Infrastruktur und Industriesektor ein drittes wichtiges Merkmal einer Volkswirtschaftsregion. Diese muß mindestens eine solche Stadt enthalten, kann aber auch mehrere aufweisen.

Die größte von Volkswirtschaftsregionen zeigt weite Spielräume. Sie reicht von einigen 10 000 km² bis zu mehreren Millionen und von wenigen hunderttausend Einwohnern bis zu hunderten von Millionen Menschen. Fläche und Menschenzahl sind allerdings nur sehr grobe Größenindikatoren und erfassen die entscheidendere Vielfalt nicht. Festzuhalten ist jedoch, daß bei weniger als 10 Millionen Menschen ganz deutlich das Fehlen oder eine Schwäche von einzelnen Industrie- und Dienstleistungsbereichen festzustellen ist. Eine der kleinsten, vollständig ausgebildeten Volkswirtschaftsregionen scheint derzeit Schweden zu sein, das 8,5 Mill. Einwohner hat. Die etwas kleinere Schweiz zeigt demgegenüber bereits deutliche Lücken der Industriestruktur.

Da Volkswirtschaften Systemstrukturen sind, tragen sie gewisse Merkmale spezifischer Art in alle ihre Subsysteme hinein. Darunter sind auch Größeneffekte bei Siedlungen, Städten, Betrieben und Unternehmen und die Art, Ausdehnung und Ausgliederungsvielfalt spezialisierter Teilregionen. Was in kleinen Volkswirtschaftsregionen nur einmal auftritt, z. B. die Erdölraffinerie, ist in den großen mehrfach vorhanden und als Einheit größer oder technisch leistungsfähiger. Da Volkswirtschaften ihre Struktur aber auch nach außen projizieren, stehen ihnen gegenüber alle kleineren Regionalsysteme und kleineren Volkswirtschaften unter einem starken Anpassungsdruck, der gerade bei solchen Größenrelationen zutage tritt. Sie sind häufig gezwungen, eine technisch größere Lösung aufzubauen, als sie eigentlich brauchen würden. Diese erzwungene Größe bringt dann keine „economies of scale" sondern hemmt eher die Fähigkeit zur Selbststeuerung ihrer Entwicklung.

Wenn wir für echte Volkswirtschaften eine gewisse Autonomie der Wirtschaftspolitik und die Fähigkeit zur Selbstorganisation als Regionalsystem fordern, so ist nicht weiter verwunderlich, daß ihre Zahl kaum nennenswert zunimmt. Während *Sartorius v. Waltershausen* für 1924 von rund 60 Volkswirtschaften spricht und *Walter Heinrich* für 1950 an die 90 findet (*Heinrich* 1952, 31f.), vermag die heutige Zählung kaum mehr als 65 erbringen und auch dies noch vor dem Zusammenbruch im östlichen Europa. Die restlichen rund 130 selbständigen Staaten werden zu einem guten Teil niemals selbständige Volkswirtschaftsregionen sein.

Das Wachstum einer Volkswirtschaftsregion ist heute nur mehr selten als externe Ausweitung möglich, weil eine territoriale oder kolonialistische Expansion allenfalls gegenüber der „Wildnis" im eigenen Staatsgebiet zulässig ist. Die funktionale Einbeziehung kleinerer Gebietswirtschaften mit staatlicher Selbständigkeit wie bei dem Verhältnis Schweiz-Liechtenstein, Belgien-Luxemburg, Brasilien-Paraguay muß auf deren Entscheidungshoheit Rücksicht nehmen. Das interne Wachstum als Kernwachstum hat dagegen außerordentlich weite Spielräume. Dies zeigen am besten die Unterschiede im Bruttosozialprodukt pro Kopf zwischen den Staaten der Erde, die mit einem Faktor bis zu 2×10^4 differieren.

Gegenwärtig sind Volkswirtschaften die am vollständigsten durchgebildete Form der wirtschaftlichen Regionalsysteme. Sie haben die früheren Bildungen weitgehend aufgesogen, aufgelöst und umgeformt. Nur erst in sehr unvollkommener Form bahnt sich die Bildung von Regionalsystemen an, die potentiell darüber hinausführen könnten. Daher sind Volkswirtschaftsregionen das wichtigste Forschungsobjekt der Wirtschaftsgeographie.

IV.3.5 Großregionen und Wirtschaftsgroßräume

Die angestrebte Gestaltung des Binnenmarkts der Europäischen Union zeigt uns, daß es Regionen im Sinne von Räumen unbehinderter Mobilität von Ressourcen geben kann, die über die Organisationsebene der Volkswirtschaftsregionen hinausgehen. Ob aber aus der EU tatsächlich ein neuartiger Typus eines Regionalsystems werden kann, wird die Zukunft erst weisen müssen. Zusammenschlüsse von mindestens zwei entwickelten Volkswirtschaftsregionen können wir immerhin vorauseilend als „Großregionen" bezeichnen. Zwischen solchen Partnern werden Mobilitätshemmnisse weitgehend abgebaut und Niederlassungsfreiheit für Personen und Firmen aus dem jeweils anderen Land gewährt. Einem solchen Verbund mögen sich beliebig viele, weniger entwickelte, periphere Wirtschaftsgebiete und kleine Staaten angeschlossen haben und insgesamt einen „Wirtschaftsgroßraum" bilden. Den letzteren Begriff können wir auch dort anwenden, wo von einer einzelnen Volkswirtschaftsregion kleinere Regionalsysteme abhängig sind.

Die Integration von Volkswirtschaften zu einem größeren System ist eigentlich nicht wirtschaftlich bedingt. Vielmehr zielen die dahinter stehenden Staaten auf Größeneffekte und andere Vorteilspotentiale, die es ihnen erlauben ihre Stellung in der Welt zu halten oder zu verbessern. Für die EU war die Ohnmacht der Europäer gegenüber der Sowjetunion und den USA ein Hauptmotiv. Menschenfreundliche oder auch wirtschaftsfreundliche Motive liegen dem fern, auch wenn sie gerne in der öffentlichen Diskussion vorgeschoben werden. Die Wirkung der großen regionalen Verflechtung soll denn auch nach den Vorstellungen der Staaten genau unter Kontrolle bleiben und sich nicht auf alle Vorgänge auf einzelwirtschaftlicher Ebene erstrecken. Ebensowenig hat man die Absicht, die Strukturen der beteiligten Volkswirtschaften abzubauen. In einer Großregion wird daher alles vorhanden sein, und auch bleiben, was zu den notwendigen Subsystemen der einzelnen Volkswirtschaften gehörte. Wir werden in Europa nicht nur eine Vielzahl von Steuerungszentralen, Großhäfen mit Torpunktfunktionen, internationalen Großflughäfen, industriellen Kerngebieten behalten, sondern die Staaten werden auch ihre Steuerungsfunktionen über die Wirtschaft und den Zugriff auf deren Erträge nicht aufgeben wollen.

Die Wirtschaft selbst hat nur wenig Probleme innerhalb einer Großregion ihre Strukturen auf der Mesoebene über die früheren Grenzen hinweg zu verknüpfen. Weitaus schwieriger ist diese Verknüpfung und Kompatibilität bei den technischen Infrastrukturen im Bereich von Verkehr, Kommunikation und Energiewirtschaft herzustellen. Die EU hat zwar im Laufe der Zeit schon manches erreicht, ist aber noch weit von einer Integration solcher Strukturen entfernt, die ja das Rückgrat einer funktionsfähigen Superregion bilden müßten. Die Verknüpfung der organisatorischen Infrastruktur erfordert zahllose Gesetzesänderungen, die Verknüpfung der Märkte vorerst noch eine aufwendige Bürokratie, um Mißbräuche rechtzeitig zu erkennen.

Die Integration zu einer Großregion wird daher üblicherweise bei einzelnen Bereichen ansetzen. Die EU hat z. B. mit der Integration des Eisen-, Kohle- und Landwirtschaftssektors begonnen und die anderen Industrien und die Dienstleistungen erst teilweise einbezogen. Sie will einen Binnenmarkt der Staaten herstellen.

Ein Binnenmarkt der Einzelwirtschaften kann aber ganz anders aussehen und dies läßt viele Befürchtungen entstehen. Komparative Kostenvorteile sind in vielen Teilen Europas noch ungenutzt. Märkte, in welche man sich mühsam durch Zweigwerke oder Fusionen eingekauft hat, lassen sich vielleicht später direkt beliefern.

Ein eigentümlicher Effekt der beginnenden Großraumbildung in Europa war der Aufstieg von Luxemburg zur Finanzdrehscheibe (*Nottrot* 1985). Ein solcher Vorgang scheint einzusetzen, sobald Einzelwirtschaften über die Grenzen des eigenen Landes hinweg in andere Volkswirtschaften hineinwachsen und dabei erkennen, daß die verfügbare Verschiedenheit der Rechtsbestimmungen und anderer Regeln unternehmerische Teilleistungen an ganz bestimmten Orten begünstigen. Finanzdrehscheiben und Steueroasen sind somit Begleiteffekte einer unvollkommenen Integration.

Damit stehen wir aber an einem wichtigen Punkt. Nichts kann uns nämlich beweisen, daß Großregionen und Wirtschaftsgroßräume eines systemtheoretisch den Volkswirtschaften überlegene Konstruktion sein müssen. Die drei Einheiten, für welche auf volkswirtschaftlicher Ebene mit Mühe und großem Aufwand Teillösungen hergestellt werden konnten, sind in Großregionen noch weniger garantiert. Obgleich sehr weiträumige Volkswirtschaftsregionen möglich scheinen, wenn man etwa an die USA denkt, wird die Europäische Gemeinschaft weiterhin aus 15 „Orten" bestehen, wozu später noch einige kommen mögen. Der irgendwann erforderliche Rückbau nunmehr redundanter Subsysteme der Makro- und Mesostruktur wird nicht einfach sein, und mit einer großen Zahl unerwarteter, emergenter Erscheinungen ist bei einer wirklichen Integration zu rechnen.

Wirtschaftsgroßräume bildeten früher auch die Kolonialimperien, als deren letztes die Sowjetunion anzusehen war. Eine Großregion war die kurzfristige Integration der entwickelten Länder im liberalen Zeitalter. Gegenwärtig sind·fünf solcher Versuche erwähnenswert.

1) Die Europäische Union bestehend aus 15 Mitgliedsstaaten, von denen nicht alle vollwertige Volkswirtschaftsregionen sind. In die EU eingelagert ist die Benelux-Union, die schon früher die Struktur einer echten Großregion hatte. Für diesen Länderkreis wurde 1991 ein einheitlicher Wirtschaftsraum geschaffen. Ergänzt wird der Wirtschaftsgroßraum der EU durch die überseeischen Dependanzen der Mitgliedsstaaten, assoziierte Länder und die Staaten des Lomé-Abkommens, welche eine Peripherie bilden. Die restlichen Mitglieder der EFTA (European Free Trade Association) nämlich Norwegen, Island, die Schweiz und Liechtenstein und

einige beitrittswillige assoziierte Staaten können als „zugewandte Regionen" gelten, denn ihre Wirtschafts- und Währungspolitik wird an jene der EU-Länder freiwillig angepaßt.

2) Der einst von der Sowjetunion geführte Rat für gegenseitige Wirtschaftshilfe (COMECON) ist zerfallen. Von den Nachfolgerstaaten der Sowjetunion hatten sich 12 zur Gemeinschaft Unabhängiger Staaten (GUS) verbunden. Darunter wieder haben Rußland, Weißrußland, Kasachstan und Kirgistan eine Zollunion gebildet. Die Anfangsschwierigkeiten der Zusammenarbeit sind jedoch noch nicht überwunden.

3) Die NAFTA (Northamerican Free Trade Association) bestehend aus den USA, Kanada und Mexico wurde 1994 offiziell begründet. Alle drei sind vollwertige Volkswirtschaftsregionen, die auch bisher schon eng verflochten waren. Eine Integration nach Art der EU ist wegen der ökonomischen Übermacht der USA nicht so rasch zu erwarten.

4) Ähnliches läßt sich für Integrationsbestrebungen in Ost- und Südostasien sagen. Zwischen Japan, Südkorea, Taiwan und den Schwellenländern in Südostasien gibt es viele informelle Formen der Kooperation. An eine formelle Integration wird man aber wegen der Übermacht Japans und der Erinnerungen an dessen Haltung im Zweiten Weltkrieg noch lange nicht denken dürfen. Immerhin können die nachdrücklichen Schritte der ASEAN-Organisation in Südostasien in Richtung einer Freihandelszone als eine Vorstufe angesehen werden.

5) Einfacher ist dies beim MERCOSUR, dem Zusammenschluß der südamerikanischen Länder Brasilien, Argentinien, Paraguay und Uruguay, von denen die beiden ersteren größere Volkswirtschaften sind. Der vorgesehene gemeinsame Markt steht aber erst in seinen Anfängen und ein intensiverer Handelsaustausch muß sich erst entfalten.

Die vielen anderen Zusammenschlüsse zwischen insgesamt unterentwickelten Ländern oder die Anlehnung kleiner Staaten an einen stärkeren Nachbarn brauchen uns hier wenig zu interessieren (siehe dazu *Nuhn* 1997, 142) Manche Großregionen haben sich später auch politisch zu einem Staatswesen vereinigt und zu Volkswirtschaftsregionen vereinfacht. Allerdings bewahren sie noch lange Zeit die Spuren der einstigen, mehrgliederigen Struktur, da die Beharrlichkeit der Institutionen außerordentlich stark und dauerhaft ist. Dies gilt für Deutschland (politische Vereinigung 1871, Wiedervereinigung 1990); Italien (1867, 1870); USA (Wiedervereinigung 1865); Großbritannien (1707). Es wird viel davon abhängen, ob es der Europäischen Union gelingt, eine solche Tendenz zur Bildung eines Einheitsstaats zu vermeiden. Denn bei aller Europa-Begeisterung wäre ein solcher wohl kaum politisch stabil.

Bei manchen Staaten zeigt sich die gegenläufige Tendenz zu einem wirtschaftlichen und politischen Auseinanderdriften entwickelter Teilregionen, die sich bei geeigneter Gelegenheit als Quasi-Volkswirtschaften etablieren oder gar politisch verselbständigen. Es entsteht damit eine komplexere Großraumstruktur. Dies war bei Österreich – Ungarn vor 1918 der Fall und zeigte sich in unerwarteter Schärfe seit 1986 in der Sowjetunion und in Jugoslawien. Kanada, Indien, Spanien sind von solchen Bestrebungen ebenfalls betroffen und in China sind sie wohl nur politisch übertüncht. Dies muß uns zu der Frage führen, ob es nicht eventuell Obergrenzen für funktionsfähige Volkswirtschasftsregionen geben könnte. Die Separationstendenzen sind ja erst nach langer Vereinheitlichung aufgetreten. Hypothetisch lassen sie sich auf allzugroße Komplexität der Beziehungen zurückführen, die nicht ausreichend reduzierbar ist (dazu *Luhmann* 1984). Dabei werden dann alte ethnische oder religiöse Trennlinien wieder aktiv. Kein heute bestehender Nationalstaat scheint davor gefeit zu sein.

Gewöhnlich gibt eine Gruppe von Staaten mit ethnischer, kultureller oder religiös-ideologischer Verwandtschaft den geographischen Rahmen für versuchte Großraumbildung ab, hinter denen man auch eine Ähnlichkeit der Wirtschaftsstile vermutet. Daß man damit sehr vorsichtig sein sollte, zeigen Arbeiten wie *Gaspari-Millendorfer* (1973); *Ammon* (1989) oder auch *Hofstede* (1980) und *Todd* (1985), die solche Verhaltensmuster als höchst länderspezifisch ausweisen. Dies würde auch aus *Rühls* (1925 f.) Studien zum Wirtschaftsgeist so hervorgehen. Diese Auffassung einer kulturellen Vielgestaltigkeit der Welt löst seit etwa zwei Jahrzehnten die Erwartung ab, die industrialisierten Volkswirtschaften würden sich eines Tages von selbst zu einer „One World" vereinheitlichen.

Die Versuche ständig neuer Zusammenschlüsse mit der Absicht Freihandelszonen und Wirtschaftsgroßräume zu bilden, werden oft als eine Gegentendenz zur sogenannten Globalisierung der Weltwirtschaft verstanden. Es handelt sich letztlich aber um eine Strategie der Staaten analog zu den Firmenfusionen in der Wirtschaft. Den Mangel an Einheit von Ort, Zeit und Handlung können sie nicht beheben. Es gibt weiterhin hohe Barrieren in vielen Lebensbereichen und wo sich neuartige Regionalvernetzungen gebildet haben werden auch Schwächezonen und Entleerungsgebiete an nunmehr neuen Stellen auftreten.

Im Kreise der weltweit tätigen Unternehmen rechnet man offenbar nicht mit einer grundsätzlichen Überlegenheit wirtschaftlicher Integrationsbestrebungen sondern setzt auf die Vernetzbarkeit der Welt, wobei man sehr wohl mit deren Verschiedenheiten von Ort zu Ort zurechtkommt. In der „globalisierten" Welt würden nicht Großregionen nebeneinander stehen sondern eher globale Städte und rund um solche gruppierte und eng vernetzte Regionen (*Ohmae* 1996).

IV.3.6 Gibt es eine Region der Weltwirtschaft?

Die Frage, ob es jenseits der Volkswirtschaften und Großregionen ein wirtschaftsgeographisch relevantes Weltsystem als Funktionalregion höchster Stufe geben kann, läßt sich nicht eindeutig beantworten. Es treten ja nicht die Regionen in der Welt als Akteure auf sondern wiederum nur Einzelwirtschaften oder Institutionen, die sich wie Einzelwirtschaften verhalten. Daher ist es sinnvoll zunächst einen kleinen Umweg durch die verschiedenen Raumkonzepte zu machen.

Nach dem territorialen Raumkonzept, von dem z. B. die UNO samt ihren Zweigorganisationen ausgehen muß, besteht die Welt aus Staaten. Alle Einzelwirtschaften, ganz besonders die mobilen Betriebe im internationalen Verkehr, segeln unter der Flagge eines Staates. Sie sind damit in rechtlichen Belangen Teile von dessen Systemstruktur und gehören in wirtschaftlicher Sicht der darauf beruhenden Gebiets- und Volkswirtschaft an. Die kniffligen rechtlichen Fragen, die dabei auftreten können, brauchen uns hier nicht weiter zu beschäftigen.

Das geosphärische Raumkonzept führt zu einer Unterscheidung zwischen dem Menschen zugänglichen und von ihm nutzbaren Erdräumen und solchen, die dies nicht sind. Genutzte und bewohnte Gebiete bilden innerhalb der Geosphäre einen Raum, den wir als irdische Wirtschaftsökomene bezeichnen könnten. Dieser ist jedoch keine funktionale Region. Er wird im Hinblick auf seine menschliche Erfüllung gebildet, ist also eine homogene Region, wenn auch hier so unterschiedliche Orte zusammengefaßt werden wie Manhattan und ein Buschmannscamp in der Kalahari.

Die wirtschaftenden Menschen benützen jedoch die Geosphäre auch kollektiv als Endlager für ihre Prozesse. Unter diesem ökologischen Aspekt ist die Welt ein funktionales Regionalsystem besonderer Art. Während ihr zahllose Inputs von Abfällen und Immissionen zugeleitet werden, treten spezifische Outputs bei Endlagern und Endsenken ja nicht auf. Vielmehr werden die schädlichen Effekte über das gesamte System verdünnt und verteilt und somit in Kontinua rückverwandelt. Sehr deutlich wird dies beim CO_2 in der Atmosphäre. Ob sich dieses Gaia-System so managen läßt, daß zum Nutzen der Menschheit ein ständig steigender Durchsatz von Materie und Energie möglich ist, wissen wir eigentlich noch nicht.

Nach dem kommunikativen Raumkonzept verstehen wir auch die Welt als Summe oder Integration von Einzelwirtschaften. Nur wenige transnationale Unternehmen besitzen bislang ein weltweites Gefüge von Zweigstellen als Elemente ihrer internen Systemstruktur. Diese wirklich globalen Firmen und Organisationen versuchen, sich an allen Brennpunkten des Wirtschaftslebens als dazugehörige Teilnehmer eines örtlichen Komplexes zu betätigen. Wiewohl sich hier bereits Knotenbildungen im Sinne der Global Cities oder der Standorte von Regionalbüros abzeichnen, läßt sich das zukünftige Bild einer solchen Welt noch nicht genauer erahnen.

Die bisherige Weltwirtschaft war dadurch bestimmt, daß Einzelwirtschaften über ihre internen Systemstrukturen und die dadurch vermittelten Beziehungsfelder (vgl. Abb. IV-1) weltweit aktiv wurden. Derartige Kontakte stützten dann selbständige Akteure des Handels, Finanzwesens, der Nachrichtenübermittlung und des Transportwesens ab. Sie blieben in der Regel sehr selektiv gegenüber den berührten Orten und zeigten eine starke güterspezifische Spezialisierung des Austauschs. Wir sprechen in diesem Zusammenhang von Weltmärkten für bestimmte Güter, vornehmlich Rohwaren. Einige dieser Märkte funktionierten eher planwirtschaftlich, andere dagegen als idealtypische Märkte, wenn das gesamte Gefüge von Erzeugung und Preisen von den Weltbörsen gesteuert wurde. Die dortigen Entscheidungen und Preise bildeten zugleich die Signale für die Bewertung von Ressourcen und Investitionschancen für Unternehmen und Staaten, die gleichwohl im systeminternen Bereich davon abweichende höhere oder niedrigere Preise verwenden konnten. Daher waren Weltmarktpreise nur in beschränktem Umfang ein internationales Steuerungsinstrument (dazu *Ritter* 1994).

Über die Entwicklung eines Bündels solcher Einzelmärkte war die Ausbildung eines wirtschaftlichen Weltsystems noch um die Mitte des 20. Jahrhunderts nicht hinausgekommen. Es blieb eine Addition von Teilmärkten. Überdies war dieses Weltsystem von der europäischen Übersee-Expansion bis zur Entkolonialisierung in nationale Segmente der Kolonialmächte geteilt, zwischen denen hohe Barrieren bestanden.

Das Neuartige an der heutigen Situation ist der Umschwung von den Rohwaren zu komplexen Fertigprodukten im Welthandel verbunden mit einem hohen Grad der Internalisierung von Prozeßabläufen und Entscheidungen in Großorganisationen, die synergetische Effekte zwischen ihren Strukturkomponenten, Märkten und Hilfseinrichtungen ausbilden. Erst dies erlaubt es allmählich von einer echten Weltwirtschaft zu sprechen, die ein geographisch erfaßbares Strukturmuster besitzt und in das als Subsystem die kleineren Regionen und auch Volkswirtschaften eingebettet sind.

Für diese neue wie auch für alle früheren Weltwirtschaften im Sinne von *Braudel* (1986) gilt als wesentlicher Aspekt, daß in ihrem Rahmen jeglicher Güter- und Leistungsbedarf gedeckt wird, für den jemand zu zahlen bereit ist. Weltwirtschaft bedeutet schon vom Begriff her so etwas wie absolute Autarkie. Tritt zusätzlicher Güterbedarf auf, so müssen die Netzwerke und Produktionszonen geographisch ausgeweitet werden. Dafür besteht auf der Erde, geosphärisch gesehen, noch ein sehr weiter

Spielraum. Sinkt der Bedarf, so werden, im Sinne von Kap. II-4 die weniger profita-
blen Standorte oder die allzu peripheren Lagen unbarmherzig wieder aufgegeben.

Die so umrissene Region der Weltwirtschaft ist äußerst lose und extrem diskontinuierlich. Sie umfaßt auch in den industrialisierten Volkswirtschaftsregionen nur Teilgebiete und einzelne Orte. In den unterentwickelten Teilen der Welt sind diese Enkla-
ven selten und weitverstreut. Die Dynamik der Wirtschaft kann aber sehr schnell
neue Orte in das Weltsystem einbeziehen oder neue Weltwirtschafts- und Welthan-
delsgüter hervorrufen. Ebenso scheiden durch die Politik der Staaten oder durch
Obsoleszenz der Produkte laufend andere Orte wieder aus diesem System aus. Letzteres zwingt uns stets zu bedenken, daß die meisten Gegenstände des internationalen
Handels ja eher konsumferne und „unintelligente" Dinge sind, während bedürfnisge-
rechte Konsumangebote sich streng genommen nur in Einheit von Ort, Zeit und
Handlung erstellen lassen. Dieser altmodische Zug des Welthandels ist besonders bei
den Produkten peripherer Erzeugungsgebiete ausgeprägt. Sie können gewöhnlich
längst schon technisch substituiert oder beliebig vermehrt werden. Auf den Märkten
und in ihren Verwendungen halten sie sich nur dank ihrer außerordentlich geringen
Preise.

Für die geographische Behandlung der Weltwirtschaft bedeutet dies eine besondere Herausforderung, die in einem späteren Kapitel wieder aufgegriffen wird, weil sie
bisher von den Autoren der Weltwirtschaftsgeographien kaum aufgenommen wurde.
Immer noch werden diese nämlich durch falsche Vorstellungen von Wert und Seltenheit der Rohwaren in die Irre geführt.

IV.4 Wirtschaftszonen und Wirtschaftsformationen

Innerhalb der selbststeuernden und selbstorganisierenden Regionalsysteme, die wir
nun kennengelernt haben, gibt es eine von deren Gesamtstruktur abhängige Zonenbildung und die Möglichkeit für innovativ gebildete Systeme. Dies hat das Thünenmodell gezeigt und selbstverständlich sind solche Erscheinungen auf der gesamten
Skala der funktionalen Systemorganisation zu erwarten. Wir finden daher Zonen-
und auch Formationsbildung in Städten, Wirtschsaftsgebieten, Volkswirtschaften und
auch im weltwirtschaftlichen Rahmen, wo sich ja gerade aus der Erkenntnis ihrer
gleichartigen Situation Rohstoffexporteure immer wieder zu gemeinsamer Politik
zusammenschließen. Es wäre jedoch unangebracht, einen vollständigen Überblick
eines so weiten und noch dazu so dürftig erkundeten Forschungsgebiets geben zu
wollen. Die im folgenden Kapitel behandelten Zonen- und Formationsbildungen
sollen sich auf das beschränken, was im volkswirtschaftlichen Rahmen üblicherweise
auftritt.

Wählen wir als gedanklichen Ausgangspunkt die sechs Landwirtschaftszonen des
Thünenmodells, so können wir zunächst festhalten, daß sie begrenzte Räume sind,
deren Gefüge an allen Orten von den gleichen Erscheinungen bestimmt sind. Sie
stellen also in formaler Hinsicht homogene Regionen dar, gleichzeitig sind sie in
funktionaler Sicht Teile des Gesamtsystems des isolierten Staates und nur von diesem
her hinsichtlich ihrer Lage, Ausdehnung und ihres Gefüges bestimmt.

In der Realität kann marktorientierte Landwirtschaft nicht ohne ergänzende Leistungen aller Art bestehen. Die Zonen müßten daher komplexere Strukturen aufweisen, die wir unter gewissen Bedingungen als „Wirtschaftsformationen" bezeichnen
dürfen, in denen ein Bündel von Wirtschaftätigkeiten auf den durch die Bauernbetriebe repräsentierten, einheitlichen Zweck ausgerichtet ist.

Den Begriff der Wirtschaftsformation hat *Leo Waibel* (1927, 97) in die Wissenschaft eingeführt und an Hand von Beispielen aus der Landwirtschaft erläutert. Später haben ihn *Hottes* (1971) und *Quasten* (1970) für nicht-agrarische Beispiele aufgegriffen. Er wurde bisher nur von deutschen und niederländischen Autoren verwendet (vgl. *Kramer* 1991). Die angelsächsische Literatur spricht von „industrial districts", was jedoch eine Verengung der Problemstellung auf produzierende Gewerbe bedeutet, der man nicht unbedingt folgen sollte. *Quasten* zeigte für sein Beispiel, die Schwerindustrie im Luxemburger Minett, daß es sich bei seiner Formation um eine Systemstruktur im homöostatischen Gleichgewicht, faktisch also um ein ökologisches Gefüge handelte. Dieses bestand aus Hüttenwerken, Gießereien und Walzwerken als dominierendem Kern, dem Bergbau und Wasseraufbereitung vorgelagert und die Erzeugung von Phosphatdünger nachgelagert waren. Verschiedene andere Industrien erschienen diesem Prozeß zugeordnet wie Kokerei, Erzeugung von feuerfesten Steinen und Sauerstoff, während alle diese Industrien insgesamt die Entstehung von Arbeiterwohnstädten mit den entsprechenden Dienstleistungen induziert haben. Alle diese Erscheinungen standen in engem räumlichen Verbund und waren voneinander abhängig. Diese Formationsstruktur *Quastens* würde freilich heute stark verändert erscheinen, das allgemeine Modell des Gefüges aber bleibt anwendbar.

Ein solches Strukturschema von Wirtschaftsformationen bringt *Ritter* (1987, 430) auf Basis der Erfahrungen mit einer Anzahl von Formationen im nördlichen Bayern (Abb. IV-6). Hier wird der Kern der Formation als Prozeßindustrie bezeichnet, weil deren Tätigkeit die Gefügebildung bestimmt. Einander benachbarte Prozeßbetriebe sind gewöhnlich scharfe Konkurrenten auf den Absatzmärkten. Der räumliche Verbund ihrer zugeordneten und induzierten Tätigkeiten samt den besonders wichtigen unterstützenden Institutionen schafft zwischen ihnen auch die Möglichkeiten für kooperative Einrichtungen.

Solche Formationen können durch eine Reihe von Vorgängen wie Agglomeration, Spezialisierung, Innovationsdiffusion oder planmäßigen Ausbau zur Ausbildung kommen. Dabei ist die agglomerative Formationsbildung offenbar sehr selten. Sie entspräche den klassischen Vorstellungen von der Standortwahl der Unternehmen in einem Eignungsraum durch Zuzug bereits bestehender Firmen. Dafür lassen sich die Standorttheoreme von *Hotelling, Chamberlin* und *Weber* zur Erklärung heranziehen. *Marcusen* (1996) postuliert eine agglomerative Entstehung, wenn sich Zweigwerke multinationaler Firmen am gleichen Standort zu einer „satellite industrial platform" gruppieren. Die anderen Entstehungsmechanismen sind weniger gut bekannt aber weit häufiger und machen breitere Erläuterungen notwendig.

IV.4.1 Thünens Kreise als Ergebnis von Spezialisierung

Wir erinnern uns der Grundannahme im Thünenmodell, wo eine gleichmäßig fruchtbare, weite Ebene von Bauern besiedelt ist. Das Modell will aufzeigen, daß unter gewissen Bedingungen diese Bauern sich unterschiedlichen Produktionsrichtungen zuwenden sollten, um den besten Ertrag zu erzielen. Daraus ergeben sich weite, homogene Wirtschaftsregionen oder Zonen. Empirisch finden wir solche von Ort zu Ort in ewiger Wiederholung gleichartige Strukturen dann vor, wenn eine Art ökonomischer Systemverflechtung in jeder Hinsicht ausgereift ist und Unterschiede der örtlichen Ressourcenausstattung keine Gestaltungskraft mehr zeigen. Derartiges tritt bei den Wirtschaftsstufen der Jäger, Fischer, Hirtennomaden, Sippenbauern und bei herrschaftlich organisierten Agrargesellschaften nach *Bobek* (1959) auf. Bei all diesen

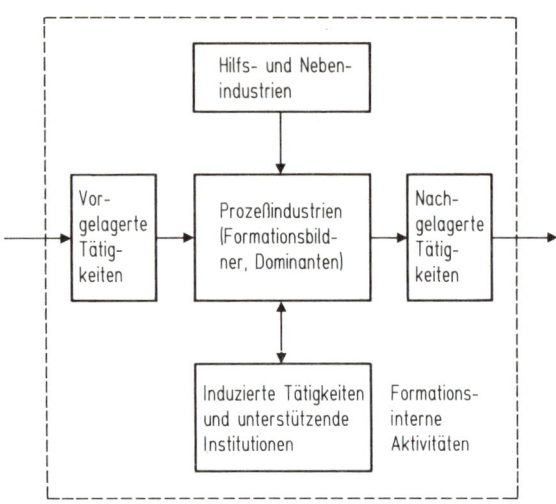

Abb. VI-6 Allgemeines Strukturschema einer Wirtschaftsformation

städtelosen Wirtschaftsstufen sind die Einzelwirtschaften und Lokalsysteme, die Sippen, Dörfer, Stämme und Herrschaftsbezirke weitgehend autark. Diese kleinen Systeme füllen die ihnen zugänglichen Eignungsräume auf, wobei sie sich in ihrer Wirtschaftsweise lose an die Naturgegebenheiten anlehnen, ohne daß es zu gebietlichen Spezialisierungen grundlegender Art käme. Außerordentlich weiträumig und homogen sind bzw. waren die Verbreitungsgebiete der eurasischen Rentierhalter, der altweltlichen Kamelnomaden und der Eskimokultur.

Es ist einsichtig, daß die Entstehung einer Stadt in einer bislang städtelosen Umwelt intensivere und weiträumigere Austauschbeziehungen erforderlich macht als sie bei quasi-autarken Einzelwirtschaften vorher bestanden. Bauern und ihre Lokalsysteme werden sich unter Aufgabe dieser Autarkie auf Produktionsrichtungen verlegen, die *Thünen* gesetzmäßig herleitet. Dabei wird die frühere Vielfalt und zeitliche Ordnung der bäuerlichen Tätigkeiten abgebaut und macht einer speziellen Produktion für den Markt Platz. Dieser fließen die freigesetzten Ressourcen an Boden, Kapital, Arbeit und Zeit zu. Innerhalb einer weiträumig einheitlichen, herrschaftlich organisierten Agrargesellschaft in Mitteleuropa hat *Thünen* seinen isolierten Staat gedanklich angesiedelt. Den entscheidenden Parameter für die Spezialisierung liefern ihm die Aufwendungen für die Distanzüberwindung zum Markt.

Rund um die nunmehr spezialisierten Landwirtschaftsbetriebe wird sich auch ein zonenspezifisches Gefüge von vorgelagerten, nachgelagerten, Hilfe gebenden und stützenden Leistungen ausbilden, die innerhalb der Zone ein lockeres aber gleichfalls homogenes Standortmuster aufbauen. Diese innere Homogenität einer Thünenzone ist aber nun nicht mehr wie bei Rentierlappen, Beduinen oder Eskimos und untertänigen Bauern durch Kulturstufe und Grenzen des technisch Möglichen bedingt, sondern primär durch die Marktdistanz, sekundär freilich auch durch selbstorganisierende Kräfte innerhalb der jeweiligen Zone. So läßt sich denken, daß die Spezialisierung der Bauernbetriebe durch die Spezialisierung der Dienstleister verstärkt und fixiert wird, und umgekehrt. Solche komplexeren Thünen-Effekte wird man auch in anderen Wirtschaftsbereichen erwarten dürfen, wo ähnliche Konstellationen auftreten.

Die Spezialisierung von Einzelwirtschaften erfolgt gewöhnlich in einer langen Serie kleiner Schritte, mit Aufgabe jeweils von Teilen einer früheren Vielfalt. So haben die

Bergbauernbetriebe in den Alpen im Laufe der Zeit ihren Getreidebau, Kartoffel-
bau, die Wollschafhaltung, Geflügelwirtschaft, Schweinezucht, Milch- und Käseerzeugung und viele Nebengewerbe aufgegeben und sich auf die Aufzucht von Jungrin-
dern spezialisiert. Sie haben dabei das betriebsinterne Gefüge durch den Wegfall von
Außenbeziehungen und Rückkoppelungen wie der Abfallverwertung sehr stark vereinfacht und den notwendigen Arbeitsaufwand reduziert. Ebenso vereinfacht sich
aber auch das ergänzende Formationsgefüge und eine sich spezialisierende Agrarre-
gion wird Menschen abstoßen müssen. Die Erzeuger werden mit ihren Produkten
wettbewerbsfähiger, zahlen aber dafür mit Abhängigkeit von ihren Abnehmern.

Ökonomisch erfolgt eine Spezialisierung nur selten aus den von *Thünen* unterstellten Motiven der Gewinnmaximierung. Weit eher wird der Aspekt der Aufwandsminimierung das Ziel sein. Unter seinen Modellannahmen aber führen beide Motive zum
selben Ergebnis. In der Realität müßte dies nicht der Fall sein. Ertragsmaximierung
hat z. B. in Dänemark jegliche Zonierung verschwinden und eine einheitliche Agrar-
formation entstehen lassen. Aufwandsminimierung dagegen müßte in einem geschlossenen Agrarmarkt zur Konzentration bestimmter Produktionen an den Standorten mit den besten Ressourcen führen. Diesem Postulat entsprechende Ausdiffe-
renzierung der bäuerlichen Landwirtschaft ist in vielen europäischen Ländern zu
verzeichnen, wo sich die früher gemischten Betriebe zur reinen Marktfrucht- oder
Viehzuchtbetrieben spezialisierten.

IV.4.2 Innovative Wirtschaftsformationen

Eine zweite Problemstellung hatte *Thünen* mit den Schnapsbrennern angedeutet.
Diese haben sich auf ein neuartiges Produkt verlegt. Zwar erfordert das Brennen
einen zusätzlichen Aufwand gegenüber der Getreideproduktion, doch können noch
höhere Entgelte erzielt werden. Es handelt sich also um eine Maximierung der Differenz zwischen diesem Entgelt und den alternativ erzielbaren Erlösen. Für das Produkt selbst existiert kein Marktpreis, der ihm einen spezifischen Erzeugungsort im
Thünensystem zugewiesen hätte.

Da die Schnapsbrenner auf eine günstige Erlösdifferenz gegenüber der besten ihnen sonst zugänglichen Alternative aus sind, spielt für sie eine optimale Ressourcenkombination an ihren Standorten keine sonderliche Rolle. Erweist sich ihr Produkt
als qualitativ gut und absetzbar, so wird jeder beliebige Standort möglich. Die ersten
Schnapsbrenner werden bei sich zuhause erzeugen und ihre Standorte erscheinen
dann in geographischer Sicht zufällig (*Ritter* 1987, 401). Ist der Absatz gut, so können
diese ersten Standorte zu Innovationszentren werden, von denen aus sich diese Neuerung solange in die Umgebung weiterverbreitet, bis der Markt gesättigt ist und die
letzten Nachahmer keine genügend großen Erlösdifferenzen mehr vorfinden.

Durch solche Vorgänge entstehen auf ein oder wenige ähnliche Produkte be-
schränkte Betriebshäufungen in einem größeren oder kleineren Verbreitungsgebiet.
An ihrer Wurzel steht meist eine markante Unternehmerpersönlichkeit als Innovator.
Seine Nachahmer könnten sich so nahe bei ihrem Vorbild etablieren, als sie noch
genügend Ressourcen der Inputseite vorfinden. Die Häufung ist dann dichter oder
weitständiger. Der Absatz ist von vornherein auf die gesamte Region bzw. ihr Marktzentrum ausgerichtet, wie groß immer die Distanz dorthin sein mag (dazu *Brusco*
1986).

In dem Maße als zu solchen Betriebshäufungen die in Abb. IV-6 skizzierten Einrichtungen hinzutreten, können auch aus ihnen wirtschaftliche Formationen entste-

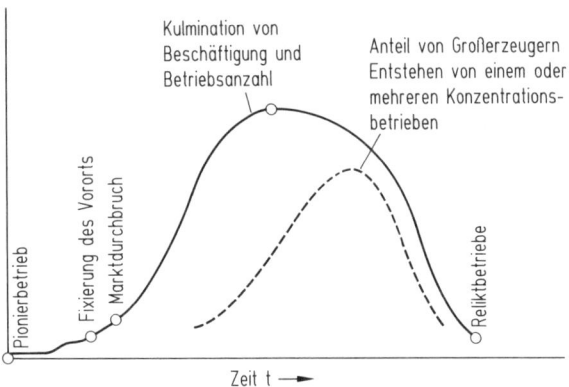

Abb. IV-7 Hypothetische Entwicklungskurve einer Wirtschaftsformation

hen. In ihrem Rahmen ergibt sich, wenn keine weiteren Neuerungen auftreten, ein dem einfachen Produktlebenszyklus ähnliche Entwicklung, die freilich viel länger dauert (Abb. IV-7). Geographisch sehr wichtig erscheint dabei, daß ein ausgebildetes Formationsgefüge weder in der Anfangs- noch in der Endphase eines solchen Zyklus gegeben ist (*Ritter* 1987, 438) sondern nur während einer Zeitspanne, die kürzer ist als der Gesamtablauf. Auch handelt es sich um keinen Agglomerationsvorgang, denn die neuen Betriebe werden in allmählich zunehmenden zeitlichen Abständen vom Pionierbetrieb neu gegründet. Ebensowenig kann man von Spezialisierung sprechen, denn die Betriebe werden ja mit genau dieser Produktionsaufgabe eingerichtet oder nehmen sie zu den früheren hinzu.

Innerhalb der Prozeßabläufe in einer solchen Häufung oder Formation ergeben sich willkommene Ansätze, die Betriebe zu klassifizieren. Gemäß dem Gründungszeitpunkt gibt es Pioniere, frühe und späte Nachahmer. Ihrer Rolle nach lassen sich loyale Mitbewerber, Konzentrationsbetriebe und in Spätphasen Relikte unterscheiden. Die Formationen zeigen ein genetisch und funktionell köhärentes Verbreitungsgebiet der Prozeßindustrie. In dieses kann in kleinerem Umfang ein Formationsgebiet eingelagert sein, worin dieses Gefüge die anderen Wirtschaftätigkeiten dominiert, wie dies *Quasten* (1970) postuliert hat. Ebenso lassen sich die einzelnen Standorte der Prozeßindustrie gut klassifizieren, weil eine einsetzende Innovationsdynamik sehr rasch ein Zentrum entstehen läßt, das als „Vorort" oder Hegemonialort der Formation angesprochen werden kann (Abb. IV-8). An diesem Vorort entstehen nicht nur die größeren Betriebe der Prozeßindustrie sondern vorzugsweise auch die nachgelagerten und Nebeneinrichtungen sowie die unterstützenden Institutionen. In den Nebenorten liegen wenige, mitunter aber ebenfalls große Betriebe der Prozeßindustrie und oft die vorgelagerten Aktivitäten. Schließlich gibt es Randorte mit nur einem oder kleinen Betrieben.

Da die Formationsstruktur weder für die Anfänge noch für die Endphasen des zeitlichen Verlaufs gegeben ist, wird eine Früherkennung solcher Formationen sehr schwierig. Die Spätkennung mag nur mehr die historische Forschung leisten. Die klassische Standortlehre hat sie daher übersehen oder als Agglomerationen fehlinterpretiert. Sie kann aber nicht vorhersehen, wo solche Bildungen entstehen, weil es ja keine Eignungsräume und Standortfaktoren dafür gibt, noch warum sie entstehen. Dies verwundert doch, denn ihre Zahl ist sehr groß und sie treten in beträchtlicher Vielfalt auf. Nachweislich lassen sie sich bei Industrie, Gewerben, Landwirtschaft,

Vorort u. Zahl der Betriebe
Nebenorte
Sonstige Standorte
aufgelassene Betriebe
Rohstoffbetrieb
spez. Maschinenbau
Zentraler Ort höh. Ranges
Dominanzgebiet u. Verbreitungs-
gebiet der Porzellanindustrie
Bahnlinien

Abb. IV-8 Die Formation der Porzellanindustrie in Nordbayern (Stand vor 1989)

Tourismus, Fischerei, Handel, Transportwesen und Schulwesen finden. Formationsbildung ist daneben die Grundlage vieler Industriereviere. Die Schnelligkeit ihrer Entstehung ist oft verblüffend, was der rasche Aufstieg von Silicon Valley in Kalifornien belegt (*Hall & Markusen* 1985). Dieses Tempo ist freilich noch immer an das Maß menschlicher Informationsverarbeitung und Lernfähigkeit gebunden. Gewisse agglomerative Auffüllungsprozesse in ressourcenbedingten Eignungsräumen können noch schneller ablaufen, wie das Goldrushphänomen zeigt.

Auch die Auflösung einer Formation muß uns interessieren. Nach dem Saturationspunkt (Abb. IV-7) setzt häufig eine Stagnation oder ein stabiler Zustand ein. Die Formation ist voll ausgebildet, die Märkte sind sicher, alle Arbeitskräfte im Formationsgebiet sind beschäftigt und weitere Neuerungen scheinen nicht mehr notwendig zu sein. Solche scheinbar noch in voller Blüte stehende Formationen können sehr schnell in die Situation der „alten Industriereviere" geraten, z. B. durch auswärtige Konkurrenz. Unter solchen Bedingungen sind gewöhnlich alle Ressourcen der Region von etablierten Firmen okkupiert. Da diese aber nun Marktanteile verlieren und ihnen die Mittel zu strukturverbessernden Investitionen fehlen, kommt es zur „Blokkierung des Produktzyklus auf betrieblicher und überbetrieblicher Ebene" (*Tichy* 1981, 20f.). In solchen Situationen wird oft ein Ausweg über Kartelle und Fusionen gesucht und die sonst übliche Konkurrenz der Prozeßbetriebe aufgegeben. Für die Spätphasen sind derart entstehende Konzentrationsbetriebe typisch (Abb. IV-7) solange der Markt für dieses Produkt besteht.

Interessant ist ferner, daß nicht immer einem erfolgreichen Innovator auch Nachahmer folgen. Bleiben sie aus, so wird die Neuerung im Betrieb des Pioniers weiterverwertet und kann seinem Unternehmen zu außerordentlichem Wachstum an ganz und gar entlegenen Standorten verhelfen. In solcher Weise entstanden Nixdorf in

Paderborn, Philips in Eindhoven, das Paar Adidas und Puma in Herzogenaurach bei Nürnberg und als Paradebeispiel LEGO in Billund in Dänemark (*Marcinowski* 1979). Solche Firmen bauen ihre Struktur auf nationaler und internationaler Ebene aus und wandeln sich später zu Multis.

In der geographischen Literatur wurden diese Erscheinungen früher meist nur als Mittelgebirgsindustrien angesprochen. Erst das Interesse an Entwicklungen in Südeuropa und in rezenten Hochtechnologiezonen ließ eine breitere Beschäftigung damit entstehen. Diese organisierte sich einerseits um das Schlagwort vom „Dritten Italien" (*Garofoli* 1983; 1991; *Brusco* 1986; *Loda* 1989, 186) und andererseits um Silicon Valley und Kalifornien (eingeleitet durch *Scott* (1983), *Hall & Marcusen* (1985). Die englische Literatur zu diesen Industrial Districts ist mittlerweile sehr umfangreich geworden, wenngleich sie auf gewisse Industrien beschränkt bleibt. Die oft zugrundegelegten Hypothesen aus der Nationalökonomie (flexible Produktion) oder der Soziologie (flexible Akkumulation, Regulationstheorie, ökonomische Milieus etc.) sollen hier nicht weiter verfolgt werden.

Die meisten innovativ entstandenen Betriebshäufungen sind freilich ephemer. Viele verschwinden nach kurzem Marktzyklus wieder, ohne daß sich schon ein stützendes Formationsgefüge hätte ausbilden können. Damit wird deutlich, wie wichtig die Einbindung solcher Anfänge in umfassende Betriebsvernetzungen ist. Erst diese bringen eine Verstetigung systematischer Entwicklungspfade.

IV.4.3 Gebietliche Produktionskomplexe

Ein formationsähnliches Gefüge kann auch auf anderem Wege entstehen und zwar durch Errichtung von Großunternehmen, die den Zugang zu den Märkten ganzer Volkswirtschaften haben. Solche Schlüsselbetriebe werden planmäßig vom Staat oder von großen Kapitalgesellschaften an günstigen Standorten errichtet. Strategisch wird angestrebt, an diesem Standort oder in seiner Nähe die gesamte Palette von vor- und nachgelagerten Produktionsstufen, Hilfs- und Nebenindustrien, stützenden Institutionen und Diensten bis hin zu den Siedlungen und anderen Notwendigkeiten zu schaffen und ein stabiles, gegebenenfalls entwicklungsfähiges Regionalsystem zu bilden.

Im Gegensatz zur innovativen Formationsbildung, für welche sich bis zum Silicon Valley Ereignis kaum jemand interessierte, wurde der hier skizzierte Vorgang zum Paradebeispiel der industriellen Entwicklungstheorien. *Walter Isard* (1959) nennt diesen Weg die „Industriekomplex-Analyse" und stellt sie an Hand eines Petrochemieprojekts vor, was er später verallgemeinert (*Isard* 1960). Unter einem solchen Komplex versteht er eine Menge von Aktivitäten an einem spezifischen Standort, die durch technische oder produktionsbezogene Relationen verbunden sind (1959, 33). Für diese wird der insgesamt optimale Standort gesucht, wobei er sich allerdings einseitig auf die produktionsbezogenen Aspekte verlegt. Die mühsamen Berechnungen unter Ausschluß jeglicher zeitlichen Variabilität der Kostengrößen zeigen, daß dieses Modell wenig gangbar ist.

In der Praxis gehen Schlüsselunternehmen anders vor. Sie schaffen sich die ergänzenden Produktionsstufen und Einrichtungen nicht selbst, sondern ermuntern die Firmengründung für solche Zwecke durch langfristige Kontakte mit früheren Angestellten oder örtlichen Unternehmern. In manchen Staaten verlangen die Regierungen inzwischen von ausländischen Bergbau- und Erdölfirmen, daß möglichst viele solcher Leistungen und Inputs von einheimischen Kontraktfirmen bezogen oder erstellt werden sollten. Die entstehende Struktur ist ein Wirtschaftskomplex unter Einheit von Ort und Zeit, der freilich noch lange auf Gedeih und Verderb mit den Schlüsselunternehmen verbunden bleibt. *Marcusen* (1996) bezeichnet diese als „hub and spoke" Distrikte..

Bemerkenswert ist in dieser Hinsicht der rezente Wandel in der Erdölindustrie im arabischen Raum. Die alten Ölkonzessionäre mußten sich alle ergänzenden Leistungen selbst erstellen. Sie prüften und verwarfen die Komplexbildung nach *Isard*, die ihnen keine Kostenvorteile gebracht hätte, zumal sie im jeweiligen Lande keine Konkurrenten hatten. Seither hat sich die Praxis radikal verändert. Es entsteht ein vielfältig aufgespaltener Komplex spezialisierter Firmen, die durch Kontrakte und Subkontrakte der Erdölindustrie verbunden sind. Im Downstream-Bereich der Erdölgesellschaften investieren die Regierungen in Verarbeitungsindustrien, woran sich allmählich auch private Weiterverarbeiter anschließen (*Ritter* 1983, 22).

In der ehemaligen Sowjetunion wurde die Methode der Komplexbildung schon früh aufgegriffen und zum Konzept der Territorialen Produktionskomplexe oder TKP ausgebaut (*Bandmann* 1980; *Mohs-Jacob* 1981, 67). Dieser ist hier ein Instrument der planmäßigen Erschließung peripherer Wirtschaftsregionen. Der Aufbau beginnt mit einem Großbetrieb, der diejenigen Ressourcen nutzt, die sich am schnellsten und mit den größten komparativen Vorteilen in die gesamtstaatliche Wirtschaft eingliedern lassen. Dazu wird die unbedingt notwendige Minimalausstattung mit Infrastruktur, Energieversorgung, Transportdiensten, Wohnstädten samt nahversorgender Landwirtschaft und anderen stützenden Einrichtungen aufgebaut. Auf dieser Basis können dann die nachgelagerten Produktionsstufen angesiedelt und solche Ressourcen erschlossen werden, für die allein sich die Erstinvestition nicht rechtfertigen hätte lassen. Die wachsende Vielfalt der Produktion und eine steigende Bevölkerung erlauben Synergieeffekte für Konsumgüterindustrien, Maschinen- und Anlagenbau usw. wodurch letztlich ein Regionalsystem entsteht, das zu selbsttragendem wirtschaftlichen Wachstum fähig ist. Ein territorialer Produktionskomplex muß nicht in Einheit des Ortes entstehen, sondern kann mehrere Industrieknoten enthalten.

In der geographischen Informationsliteratur wird gewöhnlich der territoriale Produktionskomplex Bratsk-Ust Ilimsk behandelt (*Wein* 1983, 235), der aus vier solchen Knoten aufgebaut wird (Abb. IV-9). Insgesamt sahen die letzten 5-Jahrespläne 21 solcher Komplexe vor (*Wein* 1983, 233).

Neben im großen und ganzen erfolgreichen Produktionskomplexen gab es in der Sowjetunion und in den Entwicklungsländern auch reichlich Fehlschläge. Ein solcher war z. B. das bekannte Jari-Projekt des Amerikaners *Ludwig* im Amazonasurwald Brasiliens. Dort sollten raschwüchsige Holzplantagen den Rohstoff für eine Zellstoffindustrie liefern. Als späte Phase war die Papierproduktion gedacht, wofür bereits Kraftwerke und Kaolingruben geplant wurden, als die Schuldenlast den Abbruch erforderte. Die Anwendung des Komplexgedankens als Entwicklungsmotor scheitert oft an der Kleinheit der nationalen und der Unsicherheit internationaler Märkte sowie den schwierigen Fragen einer zeitlichen Abstimmung der Folgeinvestitionen, die oft ausbleiben (*Klüter & Giese* 1990, 401).

Komplexe stehen mitunter am Anfang einer Formationsbildung (*Brusco 1986)* oder an ihrem Ende als Konzentrationsbetrieb (*Ritter* 1987). Gewissermaßen im Überschneidungsgebiet von geplantem Produktionskomplex und innovativer Formationsbildung steht auch der Gedanke der Wachstumspole von *Perroux* (1964), der auf *Schumpeter* zurückgeht. *Perroux* versteht darunter eine Gruppe von wachstumsstarken Unternehmen, die vor- und nachgelagerte Industrien und nachbarschaftliche

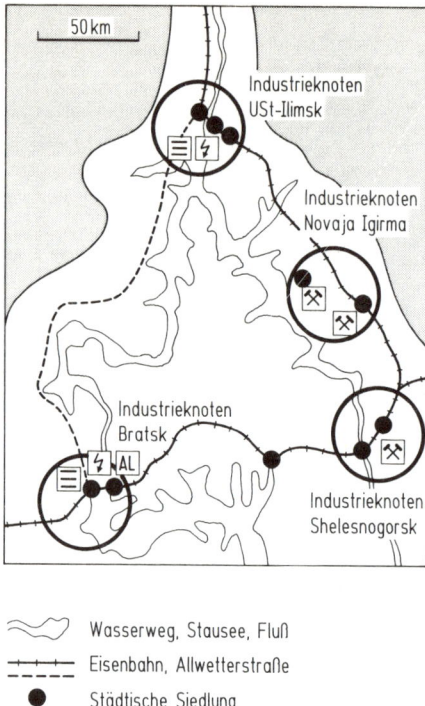

Abb. IV-9   Der TKP Bratsk-Ust Ilimsk (nach N. Wein 1983)

Synergieeffekte hervorrufen (1964, S. 142f., 152). Der Begriff des Wachstumspols wurde später in die Wirtschaftsplanung Frankreichs und anderer Länder übernommen und spielte in der öffentlichen Diskussion eine große Rolle. Bei der Identifizierung von Wachstumspolen mit größeren Städten ist den Planern allerdings meist die Schumpetersche Grundidee verlorengegangen. Solche Weiterentwicklungen behandeln *Schätzl* (1993, 175f.), *Boudeville* (1966) und *Lasuen* (1973, 164), wobei letzterer den bei den meisten der Arbeiten zu diesem Thema sonst fehlenden Innovationsgedanken einbringt.

IV.4.4 Diffusionistische Formationsbildung

Unter Diffusion versteht man in der Wirtschaftsgeographie die räumliche Ausbreitung von Formal- und Funktionalelementen, Produktionsverfahren, Betriebstypen usw. Der Vorgang mag von einer Innovation ausgelöst sein, ist aber auch Begleiterscheinung normaler Wachstumsprozesse. Bei dynamischer Betrachtung läßt sich ein Thünensystem als Produkt eines komplexen Wachstumsvorgangs deuten, der unter den Bauern als Inovationsdiffusion wahrgenommen wird. Dabei würden die wachsende und ihren Wohlstand steigernde Stadt von einer anfangs kleinen Keimzelle aus ihre Landwirtschaftszonen immer weiter hinaus und schließlich in die äußere Wildnis hineinschieben. Allerdings müßte dabei die Formationsstruktur jeder Zone an ihrem Innensaum laufend abgebaut und gleichzeitig am Außensaum neu aufgebaut werden. Ohne diesen volkswirtschaftlich nun doch etwas verschwenderischen Umgang mit Kapital könnten sich die spezialisierten Landwirtschaftsbetriebe nicht entfalten.

In der Praxis sind die Beharrungskräfte meist viel zu stark. Dennoch gibt es schöne Annäherungen. An erster Stelle ist hier wohl an die weiten Produktionszonen zu denken, die man in Nordamerika als spezialisierte Agrargürtel wahrnimmt und als „Corn belt, Wheatbelt, usw." bezeichnet. Die Keimzellen dieser Gürtel entstanden gesteuert von den Märkten in Übersee im Osten der USA an der Küste oder im Vorland der Appalachen. Sie dehnten sich im Laufe der Besiedlung immer weiter nach Westen aus. Die Ausweitung und das Westwärtswandern der Baumwoll-, Weizen-, Mais-, Viehzucht-, Tabak- und Milchwirtschaftsgürtel wird auf Abb. IV-10 vereinfacht gezeigt. Sie kam erst nach etwa 150 Jahren um 1920 zum Stehen. Manche dieser Gürtel, wie der berühmte „Cotton-belt" haben sich weitgehend aufgelöst, andere sind in ihrer nach Westen vordringenden Form noch gut erkennbar.

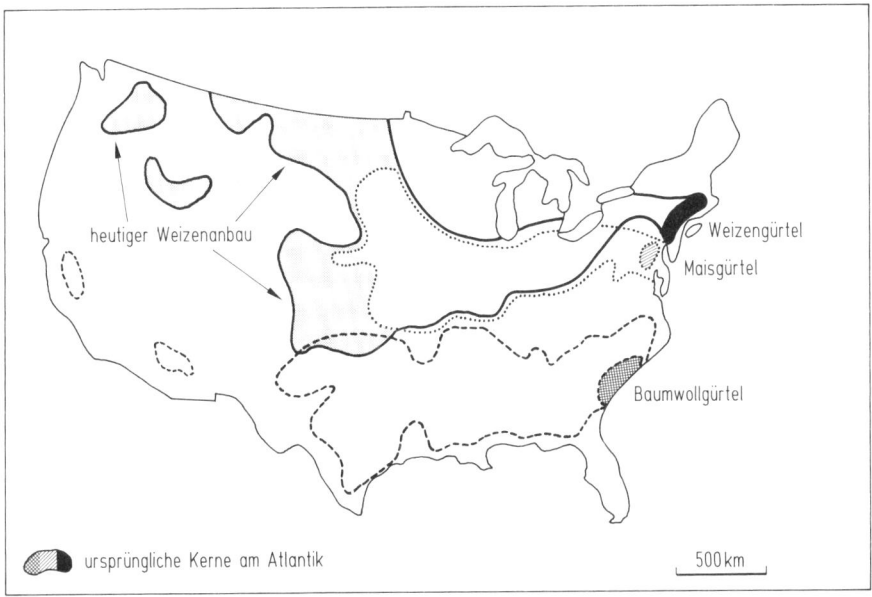

Abb. IV-10 Die Diffusion dreier Agrargürtel der USA

Diese Gürtel bilden nicht die vom Thünenmodell geforderten Kreise oder Kreissegmente, sondern breite, lose an die Naturgegebenheiten angelehnte Streifen in der Ausbreitungsrichtung. Ihre Diffusion läßt sich in Anlehnung an die Innovationswellen nach *Morrill* (1968) verstehen. Vielfach wurde auch hier die Formationsstruktur im Osten schon lange abgebaut, während sie weiter im Westen gerade neu entstand. Vergleichbare Entwicklungen haben in Rußland stattgefunden, wo insbesondere die Ausbreitung der Großrussen nach Osten mit Roggen und Haferanbau den Rand von Wald und Steppe nachzeichnete, während weiter im Süden die Ukrainer und Kosaken den Weizenböden folgten. Sowohl in den USA wie in Rußland sind vielfach geänderte Produktionsrichtungen den Pionieren nachgefolgt. Analoge Beispiele lassen sich aus anderen weiträumigen Volkswirtschaften beibringen.

Die Ursache für dieses Beharren bei der Diffusion ist zumindest verwunderlich. Wenn auch an den Außenrändern nicht immer und ausschließlich die Methoden von vorgestern weiter ausgebreitet werden, so bedarf die bloße Tatsache ihres Vorherrschens doch einer Erklärung.

Sie dürfte darin zu suchen sein, daß eine im Ursprungsgebiet gebildete Betriebsform und Standardgröße während einer Diffusion lange erhalten bleibt und sozusagen mitgeschleppt wird. Die Gründer an der Pionierfront übernehmen mangels anderer Erfahrungen die ihnen bekannten Lösungen immer wieder. Es handelt sich ja bei ihnen meist um kleine und mittlere Unternehmen, die auch um nichts in der Welt ihre Rückverbindung zu etablierten und als verläßlich angesehenen Märkten riskieren möchten. Was bewährt und bekannt ist, kann auch schnell aufgebaut werden. Auf diese Weise können sich über weite Distanzen einheitliche, und als entsprechend monoton empfundene Wirtschaftszonen ausbilden.

Dies läßt sich in der Landwirtschaft am unmittelbarsten erkennen, ist aber in anderen Wirtschaftsbereichen ebenfalls üblich und erfolgt im wesentlichen in der gleichen Weise. Diffusionistische Formationsbildung läßt sich ganz nach Art der Agrargürtel bei der Schweizer Uhrenindustrie und im Fremdenverkehrssektor im Alpenraum nachweisen. Es tritt im Grunde bei allen innovativen Wirtschaftsformen als Möglichkeit auf, die allerdings zu rasch an die Grenzen der Aufnahmefähigkeit der Märkte stößt. Analogien finden sich bei der Ausbreitung von Städten nach dem bekannten Sektorenmodell von *Hoyt* und ganz generell beim Suburbanisierungsprozeß. Sehr deutlich wird es ferner bei den Zonen des annehmlichkeitsorientierten Wohnens. Hierbei wird sicherlich oft die spätere Entwicklung eines spezifischen Formationsgefüges bereits von so banalen Maßnahmen wie der vorausgreifenden Landparzellierung mitbestimmt, was man ganz gewiß vom amerikanischen Heimstättengesetz für die Präriestaaten behaupten kann.

IV.4.5 Die Granulation der großräumigen Wirtschaftsformationen

Das Gefüge einer Wirtschaftsformation bilden Betriebe, Unternehmen und Haushalte in einem spezifischen örtlichen Zusammenwirken, zur Erreichung der Produktionsziele in der dominanten Aktivität. Sie alle aber unterliegen Beschränkungen hinsichtlich der räumlichen Reichweite ihrer Interaktionen. Wo die stärker distanz-abhängigen Systemelemente erfolgreich arbeiten sollen, wird auch der gesamte Satz der übrigen Formationselemente unter Einheit des Ortes benötigt. Eine Unterstützung durch Betriebe in größerer Entfernung bleibt immer fragwürdig und unverläßlich. Mit anderen Worten, ein Bauer wollte früher nicht lange warten oder stundenweit zum Schmied pilgern müssen, wenn in der Erntezeit sein Pferd ein Hufeisen verlor. Abb. IV-11 soll dies veranschaulichen. Die außerbetriebliche Aktionsreichweite der Bauern war zwar größer als ihre innerbetriebliche, aber nur so viel mehr, als sie nicht für solch einfache Besorgungen einen ganzen Arbeitstag verlieren konnten, denn zum Schmied mußten sie sich samt Pferd selbst hinbemühen. Etwas weiter wäre die Reichweite des Tierarztes anzusetzen, der nur gelegentlich geholt werden muß.

Unser Beispiel mag vielleicht nicht mehr ganz aktuell wirken, es veranschaulicht aber recht gut Bedingungen, die noch heute in unserem Siedlungsnetz zum Ausdruck kommen und die auch von Standorttheoretikern wie *Christaller* und *Lösch* aufgegriffen wurden. Hier werden sie zur Illustration des Arguments benützt, daß das gesamte jeweils relevante Formationsgefüge unter Einheit von Ort und Zeit verfügbar sein muß. Und darin kann auch die Begründung für die empirisch oft recht geringe räumliche Erstreckung innovativer Formationen und gebietlicher Komplexe zu sehen sein.

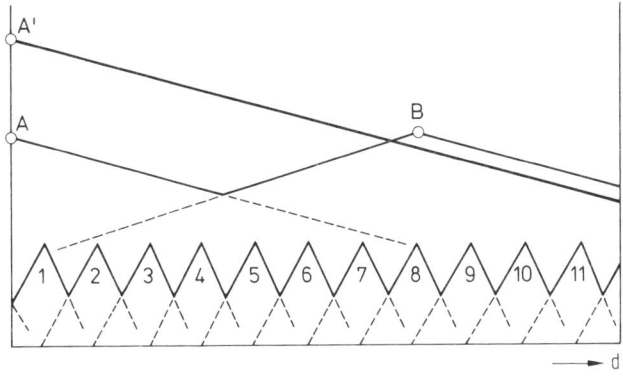

1 - 11 Bauerngehöfte, innerbetriebliche Reichweite
A - B Standorte von Hufschmieden
A' Standort des Tierarztes
—— tatsächliche Aktionsreichweite
- - - - potentielle Aktionsreichweite

Abb. IV-11 Unterschiedliche Aktionsreichweiten als Grundlage der Granulation

Was geschieht, wenn nun ein Formationsgefüge durch Diffusion größer wird? Es ist dann die Ausbildung von Abschnitten unvermeidlich, die hinsichtlich ihrer Einrichtungen sehr selbständig sind und namentlich eigene Vororte hervorbringen. Sie können dann auch in ihrer weiteren Entfaltung und ihrem Verhalten in Verfalls- und Stagnationsphasen völlig unabhängig reagieren.

Der geographische Ausdruck einer solchen Körnung oder „Granulation" ausgedehnter Agrarformen war in früheren Zeiten das Dorf, in dem alle zur Ergänzung der Landwirtschaft nötigen Leistungen angeboten wurden. Heute hat sich diese Granulation zu einem weiständigerem Standortmuster genossenschaftlicher Einrichtungen gewandelt. Gewerbe- und Industrieformationen können von Anfang an etwas weiträumiger sein, weil die Kontakte der Betriebe zu den Anbietern von Vorprodukten und Dienstleistungen weniger zeitgebunden sind und im Betrieb Einzelpersonen leichter abkömmlich sind. Formationen mit kleinbetrieblicher Struktur werden daher zu einer feineren Körnung neigen als solche mit Großbetrieben.

In dem riesigen amerikanischen Manufacturing Belt, den keine volkswirtschaftlichen Grenzen zerschneiden, hatte dennoch schon 1927 *de Geer* zahlreiche, oft ganz verschieden ausgerichtete Teilregionen mit eigenen Zentren und Grundstoffindustrien erkannt. *Smith & Ward* haben sich jüngst mit den seither recht unterschiedlichen Schicksalen seiner Teilräume befaßt. Die Schweizer Uhrenformation besteht bei genauerer Analyse aus mindestens drei Teilformationen. Die großen Textilformationen in Mitteleuropa lassen sich oft in Teilformationen der Spinnerei, Weberei, Wirkwaren- und Bekleidungsherstellung gliedern. In den großen Fremdenverkehrszonen im Alpenraum ergeben sich kleine, jeweils aus mehreren Dörfern bestehende „Kleinregionen", die eigentlich eigenständige Fremdenverkehrsformationen sind und Durchmesser von 10–15 km haben (*Ritter* 1976b). Sie zeigen Wachstum oder Krisen zu ganz unterschiedlichen Zeitpunkten, obgleich doch ihre Nachbarschaft sehr eng ist und die physisch-geographischen und sonstigen Anziehungsfaktoren für Touristen kaum differieren. Tirol hat solche Kleinregionen zu den Akteuren seiner Fremdenverkehrspolitik gemacht.

Wollen wir uns nochmals des Thünenmodells bedienen, so sind in dessen Zonen sehr unterschiedliche Körnungen zu erwarten, wenn sich die Landwirte spezialisiert haben (Abb. IV-12). Schon die innerste Zone ist 30 km tief. Während stadtnahe Bauern ihre ergänzenden Dienste noch aus der Stadt beziehen können, wird im stadtferneren Teil eine sehr kleinräumige Körnung auftreten, entsprechend den vermutlich kleinen Betrieben mit starker Spezialisierung auf einzelne Produkte der Intensivlandwirtschaft. Derartiges ist aktuell in Holland anzutreffen.

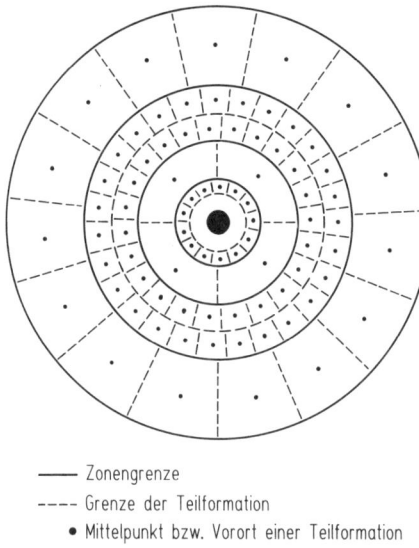

———— Zonengrenze

- - - - Grenze der Teilformation

• Mittelpunkt bzw. Vorort einer Teilformation

Abb. IV-12 Hypothetische Granulation der Agrarzonen im Thünensystem – die vier inneren Zonen

Seine Zone der Waldwirtschaft hätte entsprechend dem vermutlich saisonalen Nutzungsaufwand keine oder nur eine sehr grobe Körnung. Aus diesem Grund können ja kleinere Waldgebiete überhaupt siedlungsleer bleiben. In der darauf folgenden Zone der Koppelweidewirtschaft müßte sie wegen der räumlichen Restriktionen bei der Milchverwertung wieder sehr fein sein. In Milchwirtschaftsgebieten wie dem Allgäu gab es noch vor 50 Jahren in jedem Dorf eine, manchmal auch mehrere Käsereien. Heute haben sich hier die Aktionsreichweiten grundlegend verändert und das einstige Muster ist radikal ausgedünnt worden.

In der Zone der Fruchtwechselwirtschaft (Zone 4) könnte die Körnung wieder gröber sein, da die zeitlichen Restriktionen der Betriebe geringer sind. Das Spiel läßt sich weiterführen bis hin zu den sehr großen und zweckmäßigerweise alle Leistungen als Komplex selbst erbringenden Viehranches am Rande der Wildnis.

Thünen hat solche Dinge nicht untersucht. Zu seiner Zeit waren ja die Bauernbetriebe in Mitteleuropa noch nicht spezialisiert. Wie sich aber Agrarsysteme in Siedlungsmuster umsetzen, hat Geographen schon immer fasziniert. Weil aber Siedlungsmuster und Agrarformationen sehr stark zur Ausbildung einer funktionalen „Entsprechung" tendieren, ist eine Veränderung der Spezialisierungen meist sehr schwierig.

Kapitel V
Systemtheorie für die Wirtschaftsgeographie

In den vorhergehenden Kapiteln war viel von System und ihren Verknüpfungen die Rede, der Begriff des funktionalen Regionalsystems wurde erarbeitet und verschiedene Erscheinungsformen solcher Systeme behandelt.

Die allgemeine Theorie solcher Systeme ist in der Geographie noch wenig bekannt und über Versuche der Anwendung ist man kaum hinausgekommen (*Wirth* 1979, 101 f). Ursache ist wohl, daß die Grundannahmen zwar einleuchtend und einfach, reale Systeme aber sehr unhandlich sind, sofern es nicht gelingt, sie in adäquater Weise zu vereinfachen. Frühe Versuche stammen von *Wöhlke* (1969). *Quasten* (1970) gelang es sehr gut, das Luxemburger Minett als Struktur darzulegen. *Brunet* (1979), *Fliedner* (1993; 1997) und *Terjung* (1982) versuchen die vertiefte Analyse. Lehrbücher einer geographisch orientierten Systemtheorie von *Huggett* (1980) oder *Wilson* (1981a) bringen die mathematischen Verfahren der Systemanalyse, jedoch ohne Anwendungsversuche auf komplexere wirtschaftliche Regionalsysteme. Mangels solcher Erfahrungen sind die Wege, die sie vorschlagen, zu aufwendig, um in üblichen geographischen Arbeitsgebieten systemorientiert zu forschen.

Nach gängiger Formulierung sind Systeme Mengen von Elementen, die durch irgendwelche Prozesse enger miteinander verknüpft sind als jedes der Elemente mit seiner jeweils relevanten Umwelt. Andere Auffassungen sehen primär dieses Moment der Abgrenzung gegenüber der Umwelt als konstitutiv für Systeme an. Man sollte letzteres allerdings nicht zu absolut setzen, denn die meisten Systeme lassen sich zwar methodisch klar abgrenzen, haben aber immer vielfältigste Beziehungen zu ihrer Umwelt, die vom Arbeitsaufwand hier gar nicht zu fassen sind. Sie sind also „offene Systeme" im Gegensatz zu gewissen künstlich hergestellten Versuchsanordnungen. Wir konnten sehen, daß Orte und Standorte als Systemelemente interpretiert werden dürfen. Letztlich sind aber nur die Entscheidungen selbst echte, nicht mehr weiter aufteilbare Elemente. In der Geographie wird man sich mit einer mittleren Auflösungsebene begnügen müssen.

Regionale Systeme, mit denen wir uns in der Wirtschaftsgeographie befassen wollen, sind nicht nur überaus vielgliedrig und bestehen aus zahllosen Elementen und Subsystemen, sie sind auch durch Rück- und Vorwärtskoppelungen weitaus komplizierter als alle technischen und natürlichen Systeme. Überall sind nämlich denkende und planende Menschen einbezogen, welche die Abläufe der systeminternen Prozesse bewirken, steuern und nach ihren Vorstellungen verändern. Solche Systeme bezeichnet man als selbststeuernd und selbstorganisierend im Gegensatz etwa zu Maschinen. Sie sind auch selbstreflektierend und selbstreferentiell (*Luhmann* 1984). Sie vermögen daher, ihre Fehler zu erkennen, sich selbst in Frage zu stellen und sich selbst zu „rechtfertigen". Dadurch sind sie in dauernder Veränderung. Eine objektive Beschreibung allein ist schon schwer möglich, weil das Nachdenken über sie Selbsterkennen bedeutet, das schnell zu Veränderungen führt.

Dem Thema der Systeme sollte man sich als Geograph daher nicht nur von der naturwissenschaftlichen Seite her nähern, wofür die Arbeiten von *Odum* (1971) und seiner Schule und die Werke von *Nicolis & Prigogine* (1977; 1987) wertvolle Anregungen geben, sondern auch von der sozialwissenschaftlichen Seite. Letztere wird in modernster Form von *Niklas Luhmann* (1984) vertreten (dazu *Willke* 1982). Sie wurde von *Klüter* (1986) teilweise geographisch aufgearbeitet. Der Vorteil der soziologischen Ansätze liegt darin, daß man von vornherein von sehr komplexen Systemstrukturen ausgehen muß. Allerdings fehlt noch eine griffige Umsetzung auf räumlich-regionale Probleme, obgleich dies recht vielversprechend erscheint. Der Versuch von *Bleiweis* (1993) zeigt aber auch die großen Schwierigkeiten auf.

Bei der Betrachtung von Systemen ist es möglich, bestimmte Aspekte ihrer Funktionsweise hervorzuheben und die anderen zurücktreten zu lassen. Man erhält damit mehr oder minder realitätsnahe Methoden zur Interpretation von Systemstrukturen im geographischen Bereich, die im Folgenden kurz besprochen werden sollen.

V.1 Einfache Potentialsysteme und Kaskaden

Als Modell eines solchen Potentialsystems kann uns eine mechanische Uhr dienen. Durch das Aufziehen wird ein energetisches Potential im Mechanismus der Uhr aufgebaut, das dann einen geregelten Ablauf auslöst, der dieses Potential wieder vernichtet. Ist es endgültig aufgezehrt, so bleibt die Uhr stehen. Der Prozeß kommt zur Ruhe und das System Uhr hat zu einem stabilen Gleichgewicht gefunden.

Analoge Vorgänge lassen sich in der physischen Natur leicht aufzeigen (Abb. V-1). Wir nehmen eine Insel mit einem steilen Berg als Ausgangssituation. Der Berg unterliegt der von Schwerkraft und Witterung gesteuerten Abtragung. Solange der Berg hoch und steil ist, sind Abtragung und Aufschüttung an seinem Fuß recht rege. Allmählich aber wird der Berg niedriger und sein Potential geringer. Die Abtragungsvorgänge verlangsamen sich und hören schließlich fast ganz auf. Der Gleichgewichtszustand dieses Systems wäre eine flache Insel, die von einer „Fastebene" knapp über dem Meeresniveau eingenommen wird. Soweit diese Verebnung über dem härteren Gestein des einstigen Berges ausgebildet ist, spricht man von einer Rumpffläche. Diese Endkonfiguration ist zugleich der „wahrscheinlichste" physikalische Zustand des Systems, dem dieses als Ruheform zustrebt.

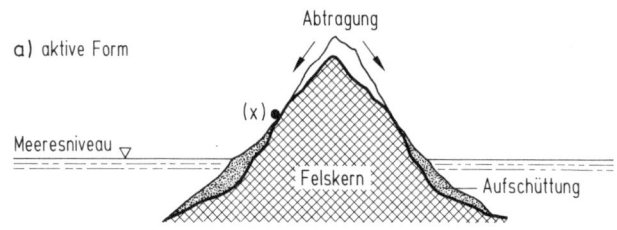

Abb. V-1   Ein natürliches Potentialsystem

Selbst gewaltige Gebirge werden in 10–20 Millionen Jahren völlig eingerumpft, während die Rumpfflächen selbst dann hunderte Millionen Jahre erhalten bleiben können.

Richten wir unsere Aufmerksamkeit noch auf den Felsbrocken (x), der nicht ganz zum Strand hinuntergekollert ist. Nun hängt er in labilem Gleichgewicht mit einem großen Restpotential an kinetischer Energie auf halber Höhe. Ein kleiner Anstoß mag genügen, um ihn mit großer Wucht hinuntersausen zu lassen. Viele Naturkatastrophen gehen auf solche Situationen eines labilen Ruhezustands zurück.

Auch die Frage nach dem Entstehen des Berges müßte beachtet werden. Wir wollen hier darauf nicht eingehen, doch zeigt die Frage, daß man hier den Anfangszeitpunkt des Prozesses methodisch festlegen muß, um die Fragestellungen nicht ausfern zu lassen.

Im obigen Beispiel sind die kleinsten Elemente im Abtragungsprozeß die durch Verwitterung entstandenen Gesteinspartikel. In einem einfachen Beispiel könnten es die Entscheidungen lebender Menschen sein. Ein Potentialsystem wäre auch eine Kirchweih. Sie wird von einer Menge von Leuten mit Geld in der Tasche und Durst in der Kehle besucht. Das Bargeld, welches das energetische Potential dieses Systems darstellt, fließt von den Besuchern zu den Gastwirten. Das System Kirchweih kommt zur Ruhe, wenn die Gäste besoffen und die Taschen leer sind.

Man wird sogleich einwenden, daß damit nur ein Aspekt der Kirchweih eingefangen ist, denn in diesem Falle wurde die Komplexität des Systems unzulässig vereinfacht. Dies ist sicher richtig, aber bei sozialen Interaktionssystemen kaum zu umgehen.

Häufig sind Potentialsysteme in Subsysteme unterteilbar, die ihrerseits wieder zu Ketten oder besser „Kaskaden" verbunden sind. In einer Kaskade nimmt jeweils das, oder nehmen die nachgelagerten Subsysteme die Outputs der vorgelagerten auf. Ein illustratives und sehr einfaches Beispiel ist eine Kette von Kraftwerken an einem Fluß, deren Stauseen im Schwellbetrieb gefahren werden. In dieser Kaskade, z. B. am Lech in Bayern, wird oberhalb der Stauseekette ein Großspeicher angelegt, während die übrigen Staue und Kraftwerke recht klein sein können.

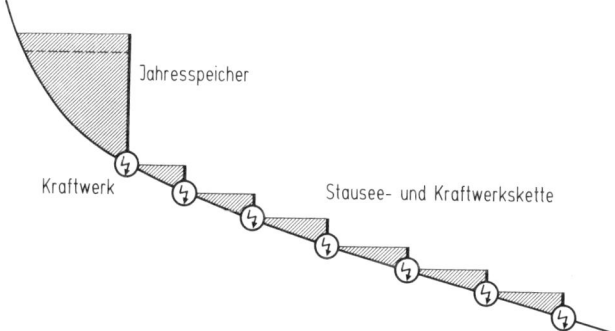

Abb. V-2   Kraftwerkskette mit Schwellbetrieb

Der Vorteil liegt darin, daß man bei starkem Strombedarf alle diese Kraftwerke gleichzeitig einschalten kann. In jedem von ihnen läuft die gleiche Wassermenge durch die Turbinen. Nachher sind alle Stauseen wieder voll. Nur im höchstgelegenen hat die Menge des Wasservorrats abgenommen (Abb. V-2).

Einfache Potentialsysteme und Kaskaden sind in der Natur sehr häufig, weil hier die gegenläufigen, regulierenden Entgeltströme fehlen, wie sie in Abbildung III-2 dargelegt wurden. In der Wirtschaft findet man sie bei technischen Lösungen und in Fällen der Ressourcenextraktion. Sehr illustrativ waren in dieser Hinsicht die frühen Phasen der Erdölwirtschaft in den arabischen Ländern (Abb. V-3). Die Geldbeträge, welche einem solchen Land ohne eigene Aufwendungen für die Ausbeutung der Erdölfelder zuflossen, wurden von dessen Herrscher selbst verbraucht oder verschiedenen Empfängern zugeteilt und flossen nach dem Durchlaufen dieser Kaskade in nahezu gleicher Höhe für Importgüter und Geldanlagen wieder ins Ausland (*Ritter* 1985a, 164). Ist eine solche Naturressource erschöpfbar, so muß nach ihrer restlosen Ausbeutung das nutzende Wirtschaftssystem zusammenbrechen, d. h. der Prozeß zur Ruhe kommen. Was übrig bleibt sind Ruinen und Geisterstädte. Derartige Folgen des Raubbaus lassen sich bei Holznutzung, Bergbau und Fischerei schön aufzeigen (*Ritter* 1982).

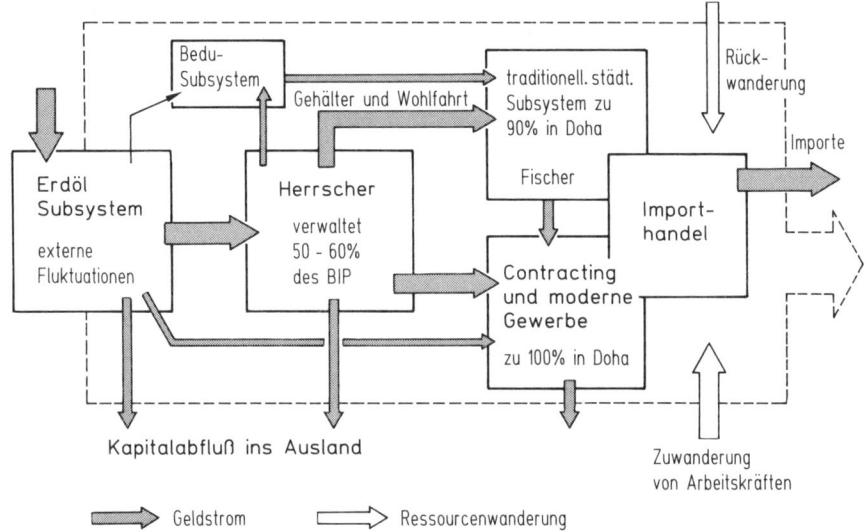

Abb. V-3 Die Geldkaskade der kolonialzeitlichen Erdölwirtschaft in Qatar (n. *Ritter* 1985/ 164)

Insgesamt bezeichnet man einfache Potentialysteme auch als strukturbewahrende Systeme (*Jantsch* 1982, 67; *Neumeister* 1989, 106). Sie bewegen sich entweder irreversibel auf einen endgültigen Gleichgewichts- bzw. Ruhestand hin oder verharren passiv in diesem. Für die Wasserkraftkaskade gilt dies nicht, weil sich ihre Energie laufend systemextern erneuert.

V.2   Das Fließgleichgewicht

Denken wir uns einen Fluß ohne Kraftwerkskette, so fließt sein Wasser kontinuierlich ab. Für jeden infinitesimalen Flußabschnitt ließe sich ein Input und Output an Wasser messen, die zusammen einen „Durchsatz" ergeben. Die Durchsätze charakterisieren die Funktionalstruktur dieses Systems. Ihr Weg und Volumen bestimmt die Formalstruktur von Uferböschungen und Flußkrümmungen.

Der ständige Durchsatz hält das System in Gang. Steigen jedoch die Durchsatz-mengen, so müßte die Formalstruktur zu deren Aufnahme erweitert werden können, andernfalls käme es zu Stauungen und Überflutungen oder die Formale würden in katastrophaler Weise zerstört.

In Systemstrukturen können solche Durchsätze aus Wasser, das heißt Materie oder auch aus Energie oder Energieäquivalenten wie Gütern, Geld oder Information be-stehen, deren systeminterner Weg die Formale bestimmt.

Bei wenig veränderten Durchsätzen kann ein solches System über lange Zeit stabil bleiben, obgleich die Systemelemente der Funktionalstruktur, bei unserem Fluß Was-sermengen, Kies und Sand ständig weiterbefördert werden.

Ein schönes Beispiel für solche Vorgänge sind die wandernden Inseln Frieslands (Abb. V-4). Sand wird im Westen dieser Inseln durch den vom Wind nach Osten gedrückten Gezeitenstrom abgespült, durch die Wellentätigkeit aber weiter im Osten wieder an die Insel zurückgeworfen. Dort verfrachtet ihn der Wind als Düne nach dem Ostende der Insel. Somit verschiebt sich diese insgesamt langsam gegen Osten, bleibt aber in ihrer ungefähren Masse und Ausdehnung erhalten. Insgesamt ergibt sich für die gesamte Inselkette eine makrostrukturelle Verschiebung bei genereller Erhaltung des Systems. Diese Erscheinung wird als Fließgleichgewicht bezeichnet. Ähnliche Strukturen in der Natur sind Flußmäander, wandernde Sanddünen, Glet-scher, Populationen von Lebewesen und alle Systeme, die zwar ihren Input nicht regeln, wohl aber Form und Größe beliebig verändern können.

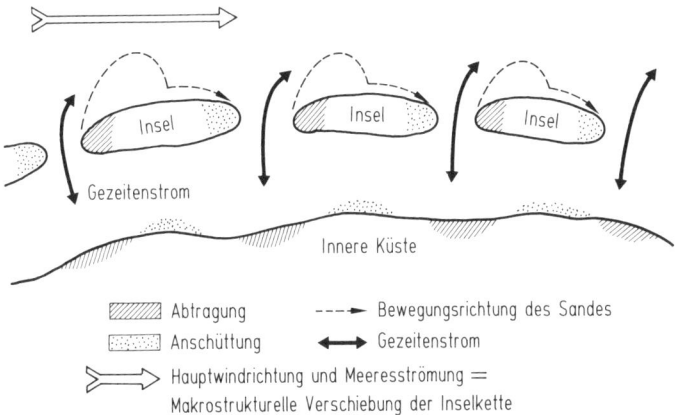

Abb. V-4 Die wandernden Inseln Frieslands – ein System im Fließgleichgewicht

Fließgleichgewichte treten auch in komplexeren Systemen in Erscheinung, die ih-ren Energie- und Masseaustausch mit der Umwelt selbst regulieren und die Durchsät-ze aufrechterhalten können. Sie bilden über längere Zeiträume scheinbar stabile Strukturen, die man als dissipativ bezeichnet, weil sie ständig arbeiten müssen. Dabei werden laufend Systemelemente eingegliedert und abgestoßen, Subsysteme aufge-baut und zerstört, was in komplizierten autokatalytischen Prozessen erfolgt. *Jantsch* (1982, 61, 66) nennt diese Systeme „autopoietisch" oder selbstorganisierend. Ihr Fließgleichgewicht zeigt nur Oszillationen um einen mittleren oder normalen Zu-stand, der solange aufrechterhalten werden kann, als die Inputs für dieses Systemregi-me verfügbar sind.

Was tatsächlich während eines Fließgleichgewichts geschieht ist weniger klar. *Kempel-Eggenberger* (1993) argumentiert, daß in Wirklichkeit fortwährend Minikatastrophen die Systemregime verändern, die große Zahl der Fälle und deren gegenläufige Auswirkungen dies aber statistisch verschleiern. Fließgleichgewicht wäre demnach als Begriff ein hypothetischer Rahmen für einen Zustand, wo sich systeminternes Chaos nicht zu makrostrukturellen Effekten aufschaukeln kann.

Dies läßt vermuten, daß negative, limitierende Rückkoppelungen in solchen Systemen (vgl. Abb. V-5) vielleicht weniger Rolle spielen als erwartet, aber wo sie völlig fehlen, die Gefahr des Entgleisens auf dem Systempfad recht groß ist.

Fließgleichgewichte, mögen sie nun faktisch oder nur scheinbar bestehen, erlauben es, die Funktionsweise eines Systems zu interpretieren. Dies gilt insbesondere für solche aus der Wirtschaft, der Gesellschaft und unsere Regionalsysteme. Die bekanntesten Versuche dazu stammen von *Odum*, der seine Systeme vom Energiedurchsatz her modelliert. Was an Energie in das System einströmt, muß letztlich in irgendwelchen Senken landen. Setzt man diese Ströme konstant, so läßt sich recht sauber untersuchen und nach allem fragen, was unterwegs geschieht. Für ökonomische und soziale Systeme wird dies sehr mühsam. Als Beispiel kann die nach *Odums* Methodik erstellte Studie über die Insel Gotland in Schweden von *Zuchetto & Jansson* (1985) angeführt werden. Daher ist statt der Energiesprache von *Odum* ein Aufbau der Modelle von den Geldströmen her oft aussagekräftiger (*Ritter* 1985a). Die Entgelte sind ja die Gegenströme zu den höchst verschiedenartigen und schwer auf einen gemeinsamen Nenner zu bringenden Bewegungen von Materie, Energie, Menschen und Informationen. Abbildung V-3 ist nach dieser Überlegung konzipiert. Die Aufgaben der Analyse werden um vieles komplizierter, wenn die Interaktion mehrerer oder gar vieler Orte zu berücksichtigen ist.

V.3   Steady-state und homöostatische Einregelung

Können Systeme mit Fließgleichgewicht ihre Inputs regulieren, so vermögen sie sich besser gegen ihre Umwelt auszugrenzen und gewinnen zusätzliche Autonomie. Negative Rückkoppelungen machen es auch möglich, die Aufnahme von Inputs auf einen Sollwert einzuregeln. Es wird damit vermieden, die interne Systemstruktur immer wieder zu verändern. Einen solchen Zustand, bei dem Durchsätze, Regulierungen und Systemstrukturen langfristig stabil bleiben, nennt *Odum* (1971, 16) einen „steady-state". Die Regulierung kann extern durch Fremdsteuerung oder durch Selbststeuerung systemintern erfolgen. Voraussetzung ist, daß entsprechende Sensoren vorhanden sind, die eine drohende Überlast rechtzeitig anzeigen. Bei Selbststeuerung muß das System eine dazu ausreichende Informationsverarbeitungskapazität besitzen. Die meisten technischen Systeme sind fremdgesteuert, Roboter und Lebewesen haben Selbststeuerung. In der Wirtschaft kann man auf beides treffen.

Ein schönes Beispiel für einen natürlichen Steady-state ist die Erhaltung der Körperfunktion beim erwachsenen Menschen, ähnlich bei vielen anderen Lebewesen im Reifezustand und auch bei manchen Ökosystemen. Automatische Sensoren und Regler zeigen unabhängig von bewußten Wahrnehmungsvorgängen an, wenn Inputs nötig werden (Hunger, Durst) und in welcher Menge (Sättigung).

Solche Systeme haben nur einen sehr kleinen Spielraum für die Inputgrößen und dürfen nicht weit davon abweichen. Die Strafe wäre Krankheit. Im Falle von Störungen kommen zusätzliche Regler ins Spiel, welche nach deren Ende die Durchsatzgrößen wieder zum Sollzustand zurückführen, wie bei der Genesung nach einer fiebrigen

Erkrankung. Gelingt dies nicht mehr, so muß dieses System „sterben", da es nicht die Fähigkeit besitzt, seine innere Struktur drastisch veränderten Gegebenheiten anzupassen. Es ist sehr auffällig, daß alle höheren Lebewesen in dieser Weise homöostatisch reguliert sind und sterben müssen. Ist dies eine Eigenschaft, die aus ihrer Einpassung in das Gaia-System resultiert? Dieses selbst ist vermutlich kein System mit Steady-state und Homöostasie. Es reagiert aber so langsam, daß dem Leben ein solcher Charakter der Welt vorgegaukelt wird.

Der stabile, homöostatisch regenerierbare Zustand aller Lebewesen ist bis auf einige Einzeller generell befristet. Auch komplexe natürliche Ökosysteme scheinen nur einen befristeten Zustand der Homöostasie zu besitzen. Zwar glaubt man, daß etwa Regenurwälder ihren reifen Zustand oder Klimax auch nach Bränden und Kahlschlägen in entsprechend langen Zeiträumen wieder erreichen, wir sollten uns davon aber nicht täuschen lassen. Es können manche Arten verschwunden und andere an ihrer Stelle eingedrungen sein. Diese Art des natürlichen Gleichgewichts gibt es also ebensowenig wie dauerhafte Gleichgewichtszustände in der Wirtschaft, mögen auch aus unserer Sicht die Veränderungen von Ökosystemen sehr langsam erscheinen (dazu *Klötzli* 1989; *Böhmer & Richter* 1996).

Steady-state Systeme mit Rückkehr zu einem spezifischen Sollzustand nach Störungen sind in der Wirtschaft scheinbar häufig, oft jedoch gewollte, falsche Analogien zu Organismen. Die Wünsche vieler Menschen orientieren sich nämlich an Utopien, welche stabile Endzustände für erreichbar und einhaltbar ansehen. Die Technisierung unserer Umwelt verleitet zu diesem Denken, denn Maschinen und viele Organisationen sind nach diesem Prinzip konstruiert. Abhängige Firmen und Zweigwerke können auch tatsächlich danach gefahren werden. Bei komplexeren Systemen in Wirtschaft und Gesellschaft baut sich jedoch bei einer solchen Strategie allmählich ein Veränderungsdruck auf, der die Existenz dieses Systems in Frage stellt. Homöostasie kann dann mit sicherem Tod gleichgesetzt werden, weil sie es nicht erlaubt, die akkumulierten Folgen des notwendigen Wandels auf einmal zu bewältigen. Viele Maßnahmen der Wirtschaftspolitik wie Produktionsquoten, Kontingente, Neuerungsverbote, Subventionen, Kartelle und Fusionen verfolgen gewöhnlich die Absicht, einen stabilen Zustand über die Zeitspanne seiner Nützlichkeit hinaus durch den Einsatz von Macht zu erhalten.

Die Analyse technischer und ökologischer Systeme hat viele Autoren in den Anfängen der Systemforschung dazu verleitet, der Ausbildung eines homöostatisch regulierten Gleichgewichts zu großes Gewicht beizumessen. Dies drücken z. B. die sechs Systempostulate von *Chorley* (*Haggett* 1973, 24) deutlich aus. Sie scheinen bei den „geschichtslosen" vorindustriellen Lebensformen und auch bei den sehr großen Städten und Volkswirtschaften anwendbar zu sein. Dies ist aber oft falsch, da auch hier das Gleichgewicht nur dank vieler sehr schnell reaktionsfähiger Subsysteme und durch klare ökonomische Sättigungsgrenzen erreicht wird. Überdies werden oft zugunsten der Materie- und Energieströme die Entgelt und Informationsströme und deren Veränderlichkeit vernachlässigt.

V.4 Dissipative Strukturen mit Ordnung durch Fluktuation

Durch Versagen der Selbstregulierungs- und Anpassungsmechanismen kann es in Systemstrukturen zu Entgleisungen mit zerstörerischen Folgen kommen. Krebs ist eine bekannte Form, ausgelöst durch ungehemmte Zellteilung. Vergleichbares kann in ökonomischen Regionalsystemen auftreten, wenn sich ein Subsystem wegen der Verstärkung seines Durchsatzes so sehr vergrößern muß, daß dies nur auf Kosten anderer Subsysteme oder des Gesamtsystems erfolgen kann. Solche Vorgänge sind aus deren Sicht unerwünscht und sie mögen auch zu starr sein, um sich anpassen zu können. Das expansive System wird diesen Vorgang durchaus als erwünscht und anstrebenswert betrachten, da es ja bereit und in der Lage ist, seine eigene Struktur entsprechend zu verändern.

Für solche Fälle eignet sich zur Interpretation die von *Ilya Prigogine* entwickelte Theorie der dissipativen Strukturen (*Nicolis & Prigogine* 1977, 1987; *Jantsch* 1982). Derartige Systeme werden durch das Auftreten von Expansions- und Veränderungsprozessen über ihre Kapazität hinaus nicht vernichtet, sondern sie sind in der Lage ein neuartiges Regime aufzubauen, welches der veränderten Situation angemessener ist. Bewirkt wird dies durch den Druck von Verstärkungsmechanismen mit positivem Feedback (Abbildung V-5), die das System auf ein neues Fließgleichgewicht zudrängen, das dann später sich durch negative Rückkoppelungen einregulieren kann, womit die Instabilität wieder abklingt (Abb. V-6). Dazu benötigt das System im Zeitpunkt des Übergangs einen Überschuß an Energie, den es nicht nach dem ökonomischen Prinzip verwalten muß, sondern den es sozusagen verschleudern oder dissipieren darf. In der folgenden stabilen Phase muß diese Energiemenge dann ausreichen, um das neue Fließgleichgewicht aufrecht zu erhalten, was *Lonergan* (1985) als das Minimax-Prinzip bezeichnet.

b) Systemstabilisierung durch negative Rückkopplung

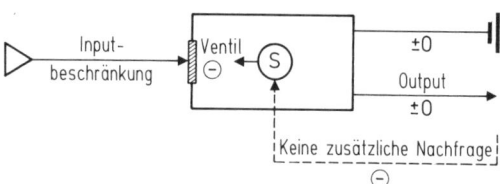

a) Systemwandel durch positive Rückkopplung

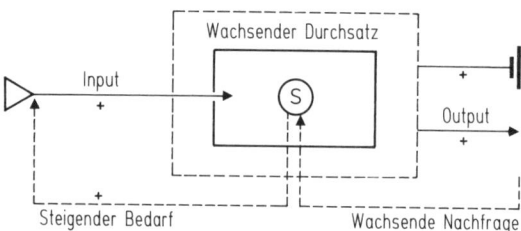

Abb. V-5 Positive und negative Rückkoppelung

Die Herkunft dieser zusätzlichen Energie in wirtschaftlichen Regionalsystemen kann z. B. durch die Verwendung bisher brachliegender Ressourcen oder ungenutzter Speicher besonders an Kapital und Information erklärt werden.

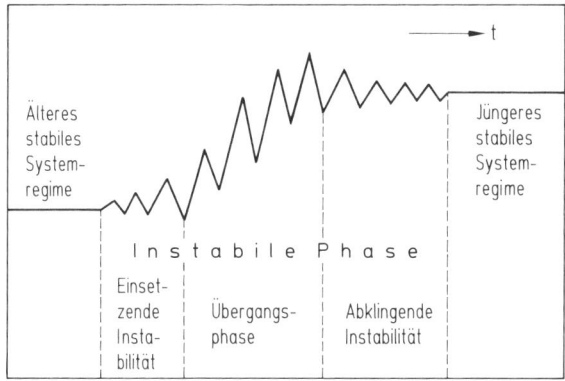

Abb. V-6 Der Übergang zu einem neuen Systemregime

In physikalischem Sinne sind solche Systeme höchst unwahrscheinliche Zustände der Materie. Sie sind potentiell unsterblich, da sie auf jede größere Störung mit immer neuen Metamorphosen reagieren und dank dieser weiterexistieren. *Prigogine* hat dies als das Prinzip der neuen „Ordnung durch Fluktuation" bezeichnet (*Jantsch* 1982, 32).

Nach unserer Auffassung sind mit Ausnahme ihrer elementarsten Bausteine alle wirtschaftlichen Regionalsysteme beginnend von den Haushalten bis zur Weltwirtschaft samt ihren Subsystemen derartige dissipative Strukturen. Auch das Individuum kann mit Berechtigung nach diesem Ansatz interpretiert werden, das es ja nur biologisch eine elementare Einheit darstellt, mit seinen Entscheidungs- und Handlungsmöglichkeiten in anderen Bereichen jedoch ein sehr komplexes System ist (vgl. *Jantsch* 1982, 18f.). Daher läßt sich das Modell der dissipativen Strukturen als Paradigma für die Analyse und Interpretation von Regionalsystemen verwenden, auch wenn heute noch keine Möglichkeit besteht, alle Vorgänge innerhalb solcher Systeme logisch abzuleiten oder gar die Zusammenhänge zu beweisen. *Ritter* (1985a) und *Reichart* (1986) haben quasi experimentell versucht, klassische regionalgeographische Fragen nach dem Ansatz dieser Theorie zu behandeln. *Heinze & Kill* (1987) wenden sie auf die Verkehrsentwicklung an.

Aus der allgemeinen Struktur und Funktionsweise dissipativer Strukturen lassen sich Hypothesen zu Fragen ableiten, welche die Wirtschaftsgeographie für ihre Objekte zu untersuchen hätte. Ein grober Rahmen dafür wurde in Kap. IV schon abgesteckt.

Die Theorie der dissipativen Strukturen wurde jedoch von physikalischen und biologischen Systemen abgeleitet. Dies bedeutet, daß ihre Aussagen nicht immer analog auf geographische Fragen angewandt werden dürfen. In der Wirtschaftsgeographie handelt es sich darüber hinaus immer um Probleme selbstreferentieller Systeme, worin Menschen über die Ziele und den Sinn ihres Tuns nachdenken. Diese Ergänzung wäre dereinst von der soziologischen Systemtheorie zu erhoffen, die leider gegenwärtig noch wirtschaftsgeographischen Problemen sehr fern steht. In diesem Buch werden daher nur einige Schlüsselbegriffe aus dieser Theorie eingesetzt, die wie Komplexität, Kontingenz, Emergenz und symbolische Steuerung Umstände ansprechen, die in der naturwissenschaftlichen Literatur noch nicht auftauchen.

Im folgenden wird auf einige Grundfragen bei der Anwendung der Theorie der dissipativen Strukturen eingegangen. Viele andere Aspekte werden in den späteren Kapiteln im konkreten Sachzusammenhalt aufgegriffen.

V.5 Einige Grundfragen bei der geographischen Anwendung der Theorie der dissipativen Strukturen

Den Ausgangspunkt soll das Postulat neue Ordnung durch Fluktuation bilden. Ist die Funktionalstruktur eines Systems infolge von Störungen, die sich durch positive Rückkoppelungen immer weiter aufgeschaukelt haben, instabil geworden, so erreicht das System einen Punkt, wo man nicht mehr so weitermachen kann wie bisher (Abb. V-7a). Häufig stehen dann aber eine oder meist mehrere Alternativen zur Auswahl. Es kommt hier zu einer potentiellen Verzweigung oder Bifurkation des Entwicklungspfads des Systems. Die Entscheidung für die eine oder andere Möglichkeit wird dort entfallen, wo sie besonders dringend ist, da andernfalls bestehende Strukturen zerfallen müßten. Dies ist gewöhnlich auf der Mikroebene des Systems der Fall. Da im kritischen Zeitpunkt jedoch beide Alternativen gleich verlockend sein mögen, und ergo gleich wahrscheinlich sind, geben oft zufällige Individualentscheidungen den Ausschlag, in welche der möglichen Richtungen das System später tendieren wird. Diese ist makrostrukturell nicht vorhersehbar.

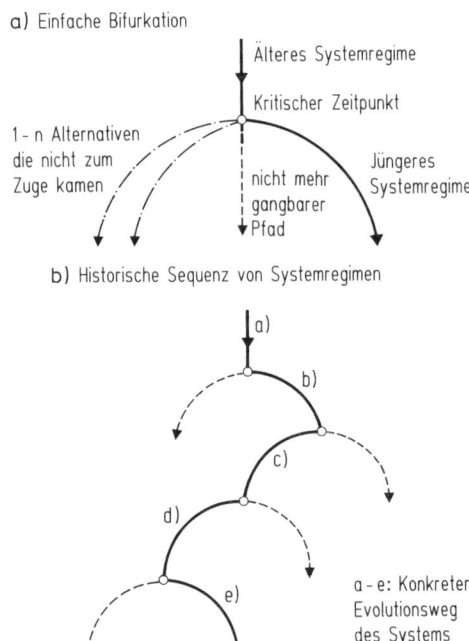

Abb. V-7 Bifurkation und Sequenzen von Systemregimen

Ein kritischer Punkt ist keineswegs ein ausgeprägtes Ereignis und wissenschaftlich selten eindeutig fixierbar. Eine allererste neuartige Entscheidung kann jenen anderer Akteure als Vorbild oder Attraktor dienen. Ist diese Richtung wahrscheinlicher geworden und als Tendenz erkennbar, wird sie auch von den Institutionen der Meso-

und Makroebene wahrgenommen und eventuell unterstützt. Damit kann sie sich trotz aller Turbulenzen im System verstärken. Ein Umschwenken auf eine andere Alternative würde mit der Zeit nur mehr unter großen Mühen möglich sein. Schließlich verfestigt sich das neue Systemregime zu einen Fließgleichgewicht wie dies Abb. V-6 andeutet.

Als Ergebnis treten nach jeder Bifurkationssituation Phasen unterschiedlicher Fließgleichgewichte oder Systemregime in historischer Abfolge auf, die längere oder kürzere Dauer haben (Abb. V-7b). Dissipative Strukturen haben also eine individuelle „Geschichte". Was bedeutet dies in wirtschaftsgeographischer Sicht?

Beim Vorherrschen eines Systemregimes sucht man für die in dieser Phase sich bildenden Funktional- und Formalstrukturen intern und extern nach einer möglichst weitgehenden Entsprechung, wofür man auch Harmonie sagen kann. Dem steht aber entgegen, daß in einer Fluktuation vornehmlich die Funktionale zerstört und neu aufgebaut werden. Die Formale sind weniger wandelbar und bleiben bestehen. Infolgedesssen schleppt jedes Regionalsystem seine Geschichte in Gestalt „veralteter" Strukturen mit sich weiter. Zwar wird diese Altsubstanz sukzessive beseitigt, vielfach kann sie aber auch den neuen Funktionen so schlecht und recht provisorisch dienen. Ist die Fluktuation abgeklungen und muß das System mit seiner Energie haushalten, wird man Umbauten immer weniger vornehmen wollen. Man kann diese Altsubstanz nun nicht aus dem bestehenden Systemregime her erklären, sondern nur aus dem vorherigen und den bereits vergangenen.

Für Geographen ist dies von fundamentaler Bedeutung, da ihre Forschung und Interpretation ja meist bei den Formalen ansetzen muß. Das Vorhandensein noch genutzter Altsubstanz kann dann leicht zu grundfalschen Schlußfolgerungen führen, wenn man sie irrtümlich für rezent hält. Wirtschaftsgeographische Forschung, die Regionalsysteme erklären will, braucht eine gewisse historische Tiefe, zumindest bis in die vorherige Systemphase hinein.

Zugleich engt natürlich jede Altsubstanz bei neuen Entwicklungen des Systems die möglichen Alternativen ein. Es bestehen Sachzwänge oder Kosten, die man vermeiden will. Akteure der Mikroebene versuchen die Verantwortung für Umgestaltungen auf die Makrostruktur des Systems abzuschieben. Diese reagiert mit der Einrichtung negativer Rückkopplungen, welche eine neue Entwicklung schon stabilisieren können, bevor sie entscheidend zum Durchbruch gekommen ist.

Was geschieht, wenn ein System zwar an einem kritischen Punkt anlangt, sich aber keine neuartigen Alternativen bieten oder kein Ressourcenüberschuß dafür vorhanden ist. *Prigogine* stellte fest, daß seine physikalischen Versuchsanordnungen dann in Richtung auf den vorherigen kritischen Punkt zurückkrebsen. Dies allerdings nicht genau auf dem gleichen Weg, den sie vorher genommen hatten. Dieser Unterschied wird Hystereseeffekt genannt, was *Jantsch* (1982, 85) in anschaulicher Vereinfachung behandelt (Abb. V-8).

Eine Entsprechung ist bei wirtschaftlichen Regionalsystemen zu erwarten, wenngleich es nicht sehr wahrscheinlich erscheint, daß Menschen einen solchen Vorgang ablaufen lassen, solange sie irgendwelche besseren Möglichkeiten sehen.

Bei seiner Untersuchung von Qatar stieß *Ritter* (1985a, 158, 173) auf ein belegbares Beispiel. In diesem Lande hatte sich nach 1860 dank der Perltaucherei eine einfache, aber relativ aufwendige Wirtschaftsstruktur ausgebildet und in der Boomphase nach dem Ersten Weltkrieg weiter verfeinert. Sie mußte in eine Phase der Rückbildung übergehen, als das Perlengeschäft nach 1930 in eine anhaltende Krise geriet.

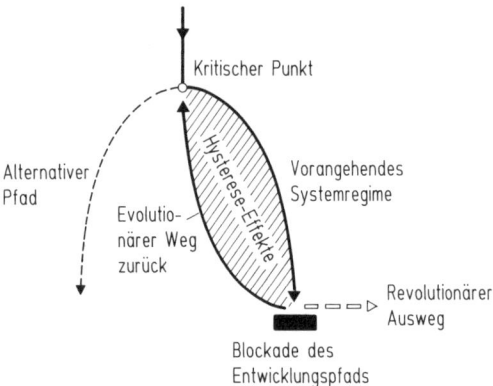

Abb. V-8 Rückentwicklung und Hysterese

Das Land verlor jene Einkünfte, mit denen es seine bisherige Struktur aufrechterhalten hatte. Die Bevölkerungszahl sank durch Auswanderung wieder auf jenes Niveau, das gerade noch ernährt werden konnte. Sowohl die Perlenwirtschaft und die Gewerbe wie auch die bereits entstandenen Städte verfielen. Sogar die staatliche Ordnung begann sich aufzulösen, da die Bevölkerungsgruppen in ihrer Not wieder unabhängig agieren mußten.

Die Reihenfolge der Auflösung dieser Strukturen war in etwa umgekehrt, wie die ihrer früheren Entstehung. Die erst nach 1915 gebildete staatliche Organisation geriet schnell in eine bedrohliche Krise, widerstand dann aber unter britischem Schutz bis zum Einsetzen der Erdöleinkünfte. Perlenwirtschaft und Gewerbe gingen rasch zurück, wogegen die Bevölkerung langsamer schrumpfte und die Städte ihren Tiefpunkt erst um 1950 erreichten.

Dank seiner Kleinheit ist Qatar ein leicht zu studierendes Objekt. In komplexeren Regionalsystemen würden sich solche Hysereseeffekte nur bei eingehender historischer Untersuchung erkennen lassen. In selbstreferentiellen Systemen ist im Gegensatz zur Natur daneben mit revolutionären Auswegen zu rechnen, die in Abb. V-8 nur angedeutet wurden. So hätten gleich zahllosen anderen Völkern im Laufe der Geschichte die Qataris eine Armee formieren und Nachbarländer erobern können, wären sie dafür nicht zu schwach gewesen und durch die britische Oberherrschaft daran gehindert worden.

Wieso aber können sogar physikalische Systeme ohne Nerven und Hirn „erinnerungsfähig" sein und zu ihren früheren Zuständen zurückfinden? Dies ist möglich, weil in ihrer Struktur ältere Zustände in Subsystemen verkörpert weiterbestehen. Ähnlich ist es ja auch mit der Erinnerung kultureller Art für die Menschheit. Diese beruht nicht allein auf dem Gedächtnisinhalt der lebenden Menschen, sondern ist in Büchern, Museen, Institutionen, Bauten bis hin zu den Mythen und Märchen verkörpert. Gleichzeitig sind diese Informationsspeicher Strukturkomponenten im System, welche seine Zukunft mitbestimmen.

In diesem Sinne spielt die Altsubstanz unserer Systeme eine wichtige Rolle. In wirtschaftlichen Regionalsystemen mögen 90 % und mehr der Strukturen aus früheren Systemregimes stammen. In einem Unternehmen nach einer umfassenden Reorganisation mögen es auch noch 40–50 % sein, da man ja nicht die gesamte Belegschaft kündigen und alle Anlagen verschrotten wird wollen.

Für die Erklärung der Funktionsweise solcher Systeme soll man auf das Modell von Mikro-, Meso- und Makrostruktur zurückgreifen. Dieses läßt sich nunmehr vervollständigen und zugleich in seiner Aussagekraft verstärken (Abb. V-9).

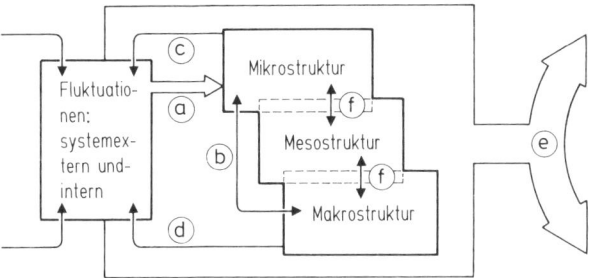

Abb. V-9 Allgemeines Modell eines Regionalsystems

Wie schon erwähnt, wird die Mikrostruktur des Systems durch Handlungsentscheidungen auf einzelwirtschaftlicher Ebene gebildet. Diese sind im Rahmen eines bestimmten Systemregimes so geordnet, daß „die Kontingenz der Handlungsalternativen auf ein handhabbares Maß beschränkt" wird (*Willke* 1982, 18). Treten Fluktuationen (a) auf, so entstehen schnell nicht wie üblich bewältigbare Situationen. Die Mikrostruktur, die ja die Gesamtheit der Lebensumstände der Individuen mitumschließt, wird damit zum Sensor und zugleich zum Opfer auftretender Fluktuationen.

Die Makrostruktur ist das vom Durchsatz des Gesamtsystems bestimmte Gefüge nach Größe, Form, Steuerungsweise und Organisation. Sie ist Ausdruck der längerfristigen Erfordernisse zur Erhaltung des Systemregimes. Entscheidungsmechanismen auf der Makroebene sind formalisiert und langsam, sie können daher kaum auf plötzliche Störungen reagieren.

Zwischen Mikro- und Makrostruktur besteht eine determinierende Wechselbeziehung (b), durch welche Handlungsabläufe reguliert und die Funktionsfähigkeit der Steuerung gesichert werden. Tritt nun eine Fluktuation oder Störung (a) auf, so wird sie auf der Mikroebene sofort wirksam und es passen die notwendigen neuen Entscheidungen nicht mehr mit den fest regulierten Handlungsabläufen zusammen. Deren Anpassung wird jedoch durch Rechtsnormen und andere unzeitgemäße Formalelemente behindert. Diese müßten auf den Druck der Einzelwirtschaften hin verändert werden. Selten wird eine solche Veränderung aber sofort alle Probleme der Mikroebene lösen. Vielmehr wird sich erst nach einigem Hin und Her eine neue Entsprechung einspielen. Diese Zusammenhänge entsprechen dem Kern der Strukturationstheorie nach *Giddens* (1988, 228).

Fluktuationen und Störungen können systemintern oder systemextern verursacht sein, etwa durch neuartige Lebensanschauungen der Menschen, Verhaltensmuster oder technische Ideen, die aus der internen Umwelt kommen (Pfeil c). Externe Fluktuationen können durch Aktionen anderer Regionalsysteme ausgelöst werden und sind dann eventuell prognostizierbar. Den mühsamen Prozeß der wechselseitigen Neugestaltung der Beziehungen (b) versuchen Institutionen der Makrostruktur (Regierung) gerne zu vermeiden, indem sie bei systeminternen Fluktuationen diese auf dem Wege einer negativen Rückkoppelung einfach verbieten oder drosseln (Pfeil d). Gelingt dies aber nicht, so verfällt das System in einen chaotischen Zustand, in dem „nichts mehr geht", also keine Regelungen von Seiten der Makrostruktur mehr greifen.

Aus einem solchen Chaos und der Auflösung des früheren Funktionalregimes kann über einen Bifurkationssituation (e) unter Umständen wieder ein neues Systemregime entstehen. „Order through fluctuation" nach *Prigogine* heißt, daß das System durch einen chaotischen Zustand hindurch zur neuen Ordnung finden muß.

Wirtschaftliche Regionalsysteme sind durch das Auftreten von Mesostrukturen charakterisiert. Wir finden diese in Gestalt von Unternehmen verschiedenster Größe und Organisationsform, von Institutionen unterhalb der Regierungsebene, Verkehrsträgern, Gebietskörperschaften, Wirtschaftsformationen, Branchenorganisationen und generell Subsystemen aller Art. Sie können mehrfach in hierarchischen Entscheidungsebenen gestaffelt sein, wie dies für Verwaltungen gilt. Alle diese Subsysteme sind vielfältig vernetzt und haben ihren eigenen Aktions- und Veränderungsspielraum. Namentlich die größeren unter ihnen können durch vorgehaltene Kapazitätsreserven einen Teil der Veränderungswünsche der Mikroebene absorbieren oder durch flexible Reaktionen dämpfen, ohne daß sogleich eine wechselseitige Anpassung durch neue Einrichtungen nötig wird (f). In gleicher Weise wirken sie gegenüber der Makroebene. Diese Mesostrukturen geben einem Regionalsystem trotz des dauernden Auftretens von Fluktuationen im System und einer nur unvollkommenen Wirksamkeit der Steuerung eine bemerkenswerte Beständigkeit, die man häufig als Metastabilität bezeichnet.

Übergänge zu einem neuen Systemregime sind daher gleich vielen anderen Veränderungsphänomenen in kleinen Regionalsystemen häufiger und auch besser zu beobachten. Die Reaktionswege großer Strukturen sind sehr langwierig und sie vermögen es auch, sich gerade dank ihrer tiefgestaffelten Mesostrukturen gegen Störungen von außen zu immunisieren. Die USA laufen seit über 140 Jahren, Frankreich sogar seit fast 300 Jahren auf einem im wesentlichen gleichbleibenden Entwicklungspfad, der immer wieder restauriert werden konnte. Für Deutschland erscheint der Ausgang des Zweiten Weltkriegs als der Höhepunkt einer verändernden Fluktuation. Ihr kritischer Punkt wäre aber wohl schon vor 1930 zu suchen. Das im Zuge des Wiederaufbaus gebildete neue Systemregime hat inzwischen manche Stürme überdauert und viele Veränderungen verarbeitet. Es wird seit 1989 von einem bisher unverarbeiteten Teil der Störungsfolgen eingeholt. Als vorausgehendes Systemregime ist die Zeit von der Industrialisierung bis nach der Weltwirtschaftskrise anzusehen.

Ein einfaches Regionalsystem ohne wesentliche Mesostrukturen muß sozusagen auf jeden Windhauch mit einem neuartigen Regime reagieren. *Ritter* hat (1985a, 148f.) ein solches am Beispiel eines Beduinenstammes in der Wüste gezeigt. Dürren oder Viehseuchen können solche Stämme sehr schnell zwingen, aus ihrem Weidegebiet „auszuwandern". Faßt man das Nomadentum als dissipative Struktur, so läßt sich das Verhalten der Leute in solchen Situationen weit besser erklären als mit der These, es würde sich hier um eine Form der Anpassung der Menschen an die karge Landesnatur handeln. In der Tat versuchen auch Beduinen ihre Lebensbedürfnisse maximal zu befriedigen. Sie agieren daher weitab von jedem Gleichgewicht mit der Natur.

Für den Umgang mit Regionalsystemen wird im Rahmen der Geographie freilich auch die Maßstabsfrage wichtig. Mikro-, Meso- und Makrostrukturen sind unterschiedlich zu interpretieren, je nachdem ob große oder kleine Systeme untersucht werden sollen, oder ob es sich um Subsysteme handelt. *Neumeister* (1989, 119f.) bringt dazu einen methodischen Ansatz über den Begriff der Fokusebene, also des Analyserahmens der jeweiligen Untersuchung. Dieser ist die Steuerungsebene gegenüberzustellen. Die Steuerungsimpulse können von einem übergeordneten Regionalsystem ausgehen und sind dann nicht auf das Gebiet des untersuchten Systems spezifisch ausgerichtet, oder sie entstehen im Gefüge der Fokusebene selbst. Im letzteren

Fall werden sie arealkongruent, genau auf dieses Gebiet bezogen wirken. Die Subsysteme sind dann jene Komponenten, welche die Eigenschaften der Fokusebene bestimmen.

Eine geographische Anwendung der vielen Ansätze der Theorie der dissipativen Strukturen ist meist heute noch nicht möglich. Sie müssen dazu erst räumlich interpretiert und an einfachen Beispielen auf ihre Anwendbarkeit und Relevanz überprüft werden. Dies betrifft z. B. die von *Prigogine* (1985) in einem Aufsatz angesprochenen Überlegungen zu den Auswirkungen sukzessiv auftretender Bifurkationen in Subsystemen, wodurch Teile des Gesamtsystems auf unterschiedliche Funktionen spezialisiert werden, ohne dessen makrostrukturellen Zusammenhalt zu zerstören. Dies wird dort primär für die biologische Entwicklung von Lebewesen gesehen. Doch wie wichtig könnte eine Theorie dieser Art für das Problem der Strukturbildung im Rahmen von Volkswirtschaftsregionen werden.

Kapitel VI
Mikro- und Mesostrukturelle Dynamik
in wirtschaftlichen Regionalsystemen

Wie Regionalsysteme funktionieren wurde in den vorherigen Kapiteln immer nur kurz angedeutet. In den beiden folgenden Abschnitten sollen die wichtigsten dynamischen Vorgänge systematisch untersucht werden. Dabei ist der Bereich der alltäglichen, normalen Verrichtungen wie Handel, Produktion, Organisation, Steuerung, Konsum und Reproduktion abzusetzen von den außerordentlichen Vorgängen wie Investition, Innovation, Katastrophen und Zusammenbrüchen. Die ersteren brauchen nur kurz beleuchtet zu werden, da sich mit ihnen die Betriebswirtschaftslehre und die Nationalökonomie mit all ihren Spezialdisziplinen befassen.

VI.1 Geographische Aspekte des wirtschaftlichen Alltags

Grundsätzlich müssen in allen wirtschaftlichen Regionalsystemen die normalen Funktionsprozesse sichergestellt sein, so daß die menschlichen Bedürfnisse in ausreichendem Umfang gedeckt werden. Sofern dies der Fall ist, werden die wirtschaftlichen Abläufe auch keinen besonderen Verdrängungsdruck auf die Strukturen des Systems ausüben und wir können als normal bezeichnen, für welche dies gilt. Das heißt aber auch, daß diese Systeme gerade für oder durch solche Prozesse geschaffen wurden, und daß für jeden einzelnen Teilprozeß die entsprechenden Strukturelemente in ausreichender Anzahl und Kapazität zur rechten Zeit und am rechten Ort bereitstehen. Unter diesen Voraussetzungen ist die Wirtschaft ein Gefüge sich ständig erneuernder Kreisläufe, die zueinander im Gleichgewicht sind.

Freilich sind die Maßstäblichkeit und die Periodizität der Prozeßabläufe hier zu beachten. Für eine junge Familie ist die Ankunft eines neuen Erdenbürgers sicherlich das einschneidenste und außergewöhnlichste Ereignis und wird alles im Haushalt ändern. Dennoch mag dieses kleine System gerade in Erwartung eines solchen Ereignisses geschaffen worden sein und alle übergeordneten, größeren Systeme betrachten dieses als normal.

Die Annahme einer optimalen gegenseitigen Anpassung von Prozessen und Strukturelementen ist sichtlich irreal, denn sie würde ein System im Steady-state voraussetzen. Unsere Wirtschaftsregionen sind dies nicht und können es auch nicht sein, weil ständig und von allen Seiten verändernde Umwelteinflüsse auf sie einwirken. Mit jeder dieser Einwirkungen bilden sich unvermeidlich an anderen Stellen des Systems Unzulänglichkeiten und Engpässe. Der übliche Ausweg sind eingebauten Kapazitätsreserven, Freiheitsgrade bei Entscheidungen und Spielräume bei der Bewertung von Ressourcen.

Neben den Alltagsgeschäften und den Engpaßproblemen gehören zu den normalen Funktionen unserer Regionalsysteme die Steuerung, Organisation und Kontrolle, der räumliche Transfer von Gütern, Personen und Nachrichten, die Erstellung und der Verbrauch wirtschaftlicher Leistungen aller Art und schließlich auch die Erzeugung von neuem Wissen und neuen Techniken, ohne die man mit den Freiheitsgraden und Spielräumen der Systeme nicht zurechtkommen könnte.

Im Idealfall funktioniert ein solches System derart, daß an jedem seiner Orte die dort auftretenden Bedürfnisse der Menschen gedeckt werden und daß die Ressourcen aller Orte so genutzt werden, daß überall auch die zur Bedürfnisbefriedigung erforderlichen Einkommen entstehen. Dies erfolgt über regionale, lokale und betriebsinterne Kreisläufe, die aufeinander abgestimmt sind in verkoppelten Subsystemen, wie sie in Kap. III/2 geschildert wurden.

Solche Gefüge sind relativ einfach, wo die Einheit von Ort und Zeit gewährleistet bleibt. Wir haben wenig Grund uns mit diesen Fällen zu befassen, die ja auch Gegenstand ökonomischer Modellbildung sind. Was aber geschieht mit Arbeitsteilung und Spezialisierung, wenn diese Einheit gebrochen ist, wie es der heutigen Realität in Volkswirtschaftsregionen entspricht.

VI.1.1 Der Bruch der Einheit des Ortes

Die Geschäftsabläufe als Elemente der Mikrostruktur unserer Systeme sind keine einfachen Akte, sondern komplizierte Pakete von Entscheidungen und Bewegungen in zeitlich festgelegter Reihenfolge. Wir bezeichnen so etwa heute gewöhnlich als Programm. Diese Programme folgen vielfach formal bereits vorstrukturierten Ablaufbahnen, wobei sie bestimmte Orte berühren müssen. Wesentliche Innovationen der Wirtschaft sind gewöhnlich mit der Neuorganisation dieser Ablaufprogramme verbunden. Letzteres konnte man z. B. sehr schön bei der Einführung des Containertransports vor 20 Jahren erleben. Die technische Bewältigung dieser Innovation war weit einfacher als die organisatorische mit der Neugestaltung der Transportketten und der rechtlichen Voraussetzungen (*Franz & Siemsglüss* 1981; *Marcinowski* 1981).

Ein unter Geographen wenig bekannter Aspekt der Geschäfte ist der Erfüllungsort. Dies heißt, daß einer oder mehrere Plätze festgelegt sein müssen, an welchen die von der verbindlichen Einleitung des Geschäfts bis zu seinem rechtsgültigen Abschluß maßgeblichen Handlungen gesetzt werden.

Nur in den einfachsten Fällen können diese Akte im persönlichen Zusammentreffen von Käufer, Verkäufer und Ware unter Einheit von Ort, Zeit und Handlung erbracht werden. Ist ein solches Zug-um-Zug-Geschäft nicht herstellbar, so setzt sich das Ablaufprogramm aus Teilschritten an mehreren Orten und zu unterschiedlichen Zeitpunkten zusammen. Die Festlegung von Erfüllungsorten wird dann sehr wichtig.

Bekannt sind in diesem Zusammenhang die beiden Klauseln „fob" und „cif" in Geschäftsverträgen. Fob (free on board) heißt im Überseegeschäft, daß der Verkäufer seine Verpflichtungen erfüllt hat, wenn er die Ware im Verschiffungshafen über die Reeling des Schiffs gebracht hat. Natürlich in vereinbarter Menge, Qualität und Verpackung. Ab diesem Ort und Zeitpunkt trägt der Käufer alle Kosten und Risiken und ist zur Bezahlung verpflichtet.

Äquivalente Vereinbarungen gibt es bei allen Geschäften mit Klauseln wie „ab Werk, ab Lager" u. ä. In Selbstbedienungsläden gilt praktisch „ab Kassa". Im Grunde sind alle Transaktionen, bei denen der Käufer die Ware abholt oder eine Leistung am Standort des Verkäufers in Anspruch nimmt fob-Geschäfte.

Cif (cost, insurance, freight) bezeichnet die umgekehrten Relationen. Der Verkäufer bringt die Ware auf seine Kosten und sein Risiko in den überseeischen Empfangshafen und hat seine Leistung erfüllt, wenn die Ware beim Löschen über die Reeling auf den Kai gehievt wurde. Damit erst wird der Käufer zahlungspflichtig. Cif-Konditionen liegen bei Klauseln wie „frei Haus; frei Bahnhof; Lieferung per Nachnahme oder gegen Zahlungsziel" usw. vor, also bei allen Geschäften, bei welchen Waren oder Leistungen an den Wohn- oder Betriebsstandort des Käufers gebracht werden.

Michael Chisholm (1966, 163 f.) hat sich mit den geographischen Auswirkungen solcher Klauseln beschäftigt. Er untersucht sie hinsichtlich des Standortwahlverhaltens der Geschäftspartner.

Bei fob-Preisen ist es für den Käufer günstig, die Nähe seiner Lieferanten zu suchen. Fob-Preise haben also geographisch den gleichen Effekt wie die Vorkommen lokalisierter Ressourcen. Im Rohwarengeschäft mit Übersee führen sie zur Ausbildung von Handelsstützpunkten an Verschiffungsplätzen. Die Verkäufer dagegen tendieren zur räumlichen Streuung ihrer Standorte gemäß den Theoremen von *Lösch*.

Zustellpreise (cif-Konditionen) erlauben dem Käufer mehr Freiheiten seines Standorts. Dieser darf aber nicht so entlegen sein, daß der Verkäufer auf eine Belieferung verzichtet. Cif-Konditionen begünstigen eine Konzentration der Anbieter in der geographischen Mitte eines Marktgebietes, da von dort aus die Summe aller Versandkosten am geringsten sein wird. Dies wirkt noch stärker, wo für gelieferte Ware ein Einheitspreis verlangt wird, in den der Verkäufer die Versandkosten bereits nach einem Durchschnittssatz berücksichtigt hat. Erfolgt aber der Versand seinerseits zu Einheitstarifen, etwa per Post, so sind Käufer und Verkäufer in ihrer Standortwahl völlig frei.

Mesostrukturelle Auswirkungen der Preiserstellung spricht *Ritter* (1994, 49 ff.) am Beispiel des frühneuzeitlichen Gewürzhandels an. Da die Europäer sich in einem Verkäufermarkt befanden, mußten sie Fob-Bedingungen akzeptieren und waren gleichzeitig gezwungen, den Seeverkehr zur Abholung der Ware zu organisieren. Ihre eigenen Waren boten sie deshalb in Übersee cif an. Dieser Modus blieb jahrhundertelang erhalten. Er begründete den Aufstieg der europäischen Staaten zu Seefahrernationen und Kolonialmächten. Analog war die Stellung der Araber im Indischen Ozean. Gegenwärtig versuchen einige Entwicklungsländer aus diesem System durch den Aufbau eigener Flotten auszubrechen. Möglicherweise hat die durch cif bedingte Anbieterkonzentration die Industrialisierung in England begünstigt.

Neben den Weg der Waren tritt immer auch der Weg der Gegenleistung. Bei der Bezahlung in Geld oder Wertpapieren können beide völlig voneinander gelöst werden. Die Erfindung dieser Teilung war ein sehr bedeutsamer Entwicklungsschritt der Wirtschaft, der durch gezogene Wechsel, Frachtdokumente und Banküberweisungen möglich wurde. Damit konnte das Intervall zwischen Lieferung und Zahlung wesentlich verkürzt werden, was gewaltige Kapitalien für andere Verwendung freisetzte.

Ein ganz normales Überseegeschäft berührt, wie gezeigt werden kann, sechs Orte (Abb. VI-1). Diese können unter Umständen zusammenfallen. Mannigfache Umstände wie insbesondere die Einschaltung von Nationalbanken bei Devisenkontrolle oder das Einholen behördlicher Genehmigungen, Preisauskünfte und Gerichtort können ein solches Ablaufprogramm noch viel komplizierter machen.

Es wäre zweifellos sehr mühsam, für jeden Geschäftsfall die notwendigen Festlegungen von Erfüllungsorten und Zeitpunkten neu vereinbaren zu müssen. Daher haben sich regional und branchenweise feste Usancen ausgebildet, werden handelsübliche Fristen und Termine benützt, die Institutionen bestimmter Orte und die Preise bestimmter Börsen benützt. Meist sind solche Referenzorte die größten Wirtschaftsmetropolen und Hafenplätze.

Ein geographisch interessanter Sonderfall der fob-Situation ist der Verkauf mit Preisbasis, wie er insbesondere für Schwergüter in sehr großen Wirtschaftsregionen

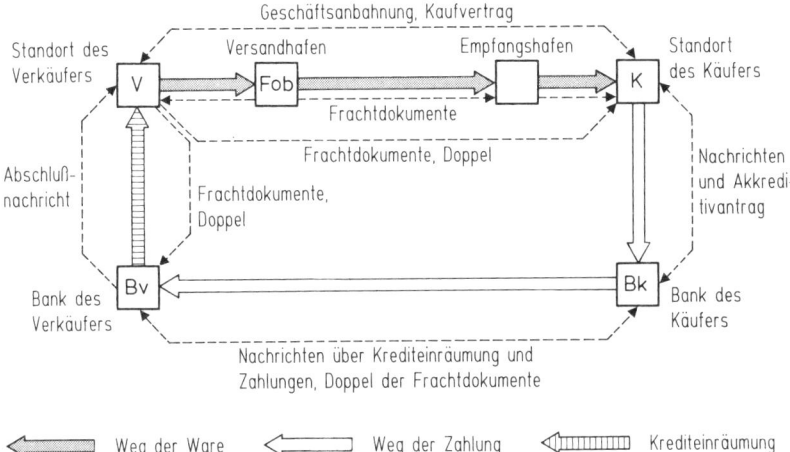

Abb. VI.1 Die räumliche Konfiguration eines Überseegeschäfts (Fob-Bedingungen, Dokumentenakkreditiv; stark vereinfacht)

auftritt. Das bekannte Pittsburgh-Plus System behandelte allen Stahl in den USA so als ob er aus den Hütten von Pittsburgh stammte. Ein Käufer in Los Angeles bezahlte also den Stahl aus dem wenige Kilometer entfernten Hüttenwerk in Fontana belastet mit fiktiven Kosten für tausende Meilen Bahnfracht. Ein solches aus den ersten Blick unsinnig erscheinendes Verfahren hat aber mancherlei Vorteile. Es vermeidet die Bildung regionaler Monopole und schaltet den Wettbewerb der Anbieter nicht aus, indem es auch peripheren Standorten im gesamten Marktgebiet eine Chance gibt. Lokale Anbieter müssen ihre Kunden von den Vorteilen ihrer Leistungen, z. B. der schnelleren Belieferung überzeugen.

Im internationalen Erdölgeschäft, das vorwiegend noch zu Fob-Konditionen abgewickelt wird, gibt es Preise für Referenzhäfen und Standardqualitäten, z. B. Arabian Light aus Ras Tannurah in Saudi-Arabien. Günstiger oder ungünstiger gelegene Häfen im Golf werden zu den gleichen Transportraten angelaufen, während es bei anderen Qualitäten Zu- und Abschläge beim Preis gibt.

Mit dem Aufbau eigener Tankerflotten der Exporteure bahnt sich allerdings ein Umschwung zu cif-Konditionen an. Kuwait lieferte vor 1990 sein Öl bereits an eigene Raffinerien in Europa und vertrieb dort die Produkte über eigene Tankstellennetze von Q8. Diese Situation war nicht ohne Pikanterie, wenn man sie mit den kolonialzeitlichen Faktoreien der Europäer im Orient vergleicht.

Die Festlegung von Erfüllungsorten wird bei allen normalen Geschäften notwendig, die nicht unter Einheit des Ortes abgewickelt werden können. Dies bewirkt im großen wie im kleinen Standortfestlegungen der Einzelwirtschaften, die über längere Zeiträume kumuliert weitreichende Auswirkungen auf die Struktur von Wirtschaftsregionen haben.

VI.1.2 Der Bruch der Einheit der Zeit

Zeit und Distanz sind Restriktionen, welche rationalem ökonomischem Handeln entgegenstehen. Menschen aber sehen andererseits in einer Verteilung ihrer Tätigkeiten über mehrere Orte und Abschnitte ihrer Lebenszeit große Chancen und Sicherheiten gegen Risiken. Dies führt uns zunächst zum Problem der kontinuierlichen und der diskontinuierlichen Leistungserstellung. Auch diesen Unterschied haben Geographen bisher unterschätzt. Der Nationalökonom *G. Hesse* (1982, 23f.) interpretiert ihn in sehr anschaulicher Weise.

Kontinuierliche Güterproduktion rund um die Uhr im Schichtbetrieb erlaubt es, in einer Fabrik die Anlagen sehr gleichmäßig auszunützen. Maschinenkapazität und eingesetzte Ressourcen können ähnlich einem Steady-state System genau aufeinander abgestimmt werden. Sofern alles läuft, kann sehr billig und profitabel produziert werden. Solche Systeme sind jedoch bei eventuellen Störungen sehr rasch in katastrophaler Weise gefährdet. Überdies werden den arbeitenden Menschen unnatürliche und sehr einseitige Verhaltensmuster aufgezwungen.

Hesse (1982, 35) findet nun, daß die tropische Agrarproduktion mit ihrem ganzjährig möglichen Anbau der Fabriksarbeit sehr ähnlich werden kann. Bei „entwickelten" agraren Zuständen sind hier alle Bodenressourcen ausgenutzt und alle Arbeitskraft voll in die Nahrungsproduktion einbezogen. Dennoch, und gerade deshalb sind die Leute sehr arm, ihre Lebensumwelt bleibt nach unseren Maßstäben unterentwickelt und sie sind schon bei kleinen Störungen vom Hunger bedroht. Das Problem der Verzerrung gesellschaftlicher Strukturen in den kontinuierlich arbeitenden Bewässrungskulturen hatte schon früher *Wittfogel* (1962) zu seinem Modell der orientalischen Despotie angeregt. Es nimmt daher nicht Wunder, daß auch in Industrien mit Schichtbetrieb autokratische Anordnung und halbmilitärische Organisation auftreten.

Diskontinuierliche Produktion kennzeichnet nach *Hesse* dagegen den Ackerbau in den kühlgemäßigten Klimaten, wo nur eine Ernte im Jahr möglich ist. Hier variiert der Arbeitseinsatz extrem mit den Jahreszeiten. Überdies braucht die Landwirtschaft bei saisonaler Produktion größere Kapazitäten, um einen ausreichenden Nettonutzen und etwas Versorgungssicherheit zu erreichen. Dies heißt mehr Bodenfläche, mehr Kapital und mehr Arbeitskraft. Arbeit und Boden liegen aber für den größten Teil des Jahres brach. Diese Arbeitskraft aber kann man für andere Arten der Sachkapitalbildung einsetzen. *Hesse* sieht darin eine der Voraussetzungen der Industrialisierung und des heute so hohen Wohlstands nördlicher Länder. *Ritter* (1984) und *R. Ruppert* (1987) haben dieses Argument aufgegriffen und gedanklich erweitert.

Konkret kann bei diskontinuierlicher Produktion auch eine kleine Einzelwirtschaft mehrere verschiedene Produktionsrichtungen am gleichen Ort verfolgen oder sogar Teilprozesse zur Ergänzung an anderen Orten organisieren. Dafür waren die früheren Staffelwirtschaften in den Alpentälern bekannt (*Suter* 1963). Im gleichen Bauernbetrieb waren z. B. im Wallis oder in Südtirol Weinbau, Getreidebau, Viehwirtschaft und Almnutzung in mehreren Höhenstufen verbunden. Dies gewährte auch unter schwierigen Bedingungen eine große Sicherheit vor Existenzrisiken.

Solche Wirtschaften sind vielseitiger und ihre Mitglieder erfahrener, wenn auch die Produkte wegen der Vorhaltung von Überkapazitäten teurer sind. Dafür können die Leute kreativ auf Störungen reagieren und ihre zeitlichen Spielräume für das Ausprobieren von Neuerungen benützen, was bei kontinuierlicher Anspannung nicht denkbar wäre. Als intelligente Lebewesen ziehen Menschen diskontinuierliche Tätigkeiten mit Anspannung aller Kräfte, gefolgt von Perioden der Muße, mit Spielräumen und Abwechslung, einer kontinuierlichen Tätigkeit wenn auch noch so mäßiger Mühseligkeit vor. Zum Glück helfen dabei die Natur und der Kalender, indem sie Zeiten und Rhythmen der Tätigkeit vorgeben. Wo diese nicht ausreichen, werden mit Ferien und Feiertagen künstliche Diskontinuitäten geschaffen.

VI.1.3 Rhythmen in der Wirtschaft

Die Natur gibt der Wirtschaft manche Tätigkeitsrhythmen vor. Hier steht an erster Stelle der Wechsel von Tag und Nacht, gefolgt von den Jahreszeiten und dem Jahresrhythmus von 365 Tagen. Künstlich geschaffen ist der Wochenrhythmus von 7 Tagen, den alle monotheistischen Religionen einhalten, ebenso der heute schwächere Monatsrhythmus. Tagesstunden, Wochentage, Jahreszeiten und die anderen Festlegungen des Kalenders machen deutlich, daß solche Rhythmen unser Leben und alle Wirtschaftätigkeiten in allen Aspekten strukturieren und sozusagen jeder Stunde ihre Funktionen zuweisen.

Beginnen wir beispielhaft mit dem Tag-Nachtrhythmus, dessen heute auffälligste wirtschaftliche Auswirkung die tägliche Pendel- und Einkaufswanderung in die Städte ist. Am Morgen eines Wochentags füllen sich die Innenstädte (C) und Gewerbegebiete (I) mit Humanressourcen auf. Am Abend entleeren sie sich wieder zugunsten der Wohngebiete (VI-2).

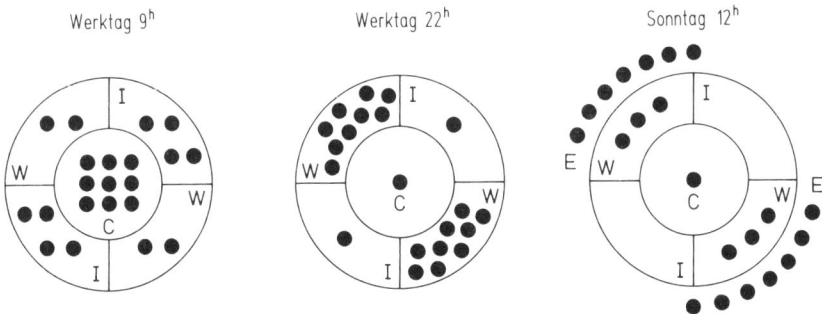

C = City ; I = Industriezone ; W = Wohngebiete ; E = Erholungszonen

Abb. VI-2 Drei Spannungszustände des Systems Stadt im Spiegel der Bevölkerungsteilung

Am Wochenende wären auch diese leer, weil sich die Kaufkraftträger in ihren Zweithäusern und in Erholungsgebieten aufhalten. Solche Darstellungen haben inzwischen schon Eingang in die Schulatlanten gefunden.

Würde nun ein Geograph über diese Stadt einen Meßraster legen und mit seinem klassischen Instrument der Kartierung die Verteilung von Arbeitskraft und Kaufkraft erfassen wollen, so erhielte er je nach dem gewählten Zeitpunkt ganz und gar andersartige Verteilungsbilder. Erst eine tiefgründigere Untersuchung auf wirtschaftliche Verflechtungen hin läßt erkennen, daß sich trotz gleichbleibender Formalstruktur und baulicher Substanz zu den drei Zeitpunkten ganz andere Funktionalstrukturen ergeben, die aber zusammen gehören.

Es ist uns klar, daß man ein solches System wissenschaftlich nur dann richtig interpretieren kann, wenn man seine verschiedenen „Spannungszustände" zu bestimmten Zeitpunkten kennt. Sie werden durch Diskontinuitäten und Kapazitätsreserven möglich. Da in der Regel auch zeitliche Reserven vorhanden sind, müssen formale Engpässe nicht unbedingt gleich beseitigt werden. Das System funktioniert trotzdem, wenn auch mit etwas Reibungsverlust. Die tägliche und wöchentliche Abfolge unterschiedlicher Spannungszustände des Systems bildet insgesamt einen oder mehrere ineinander verflochtene stationäre Zyklen, d. h. das System kehrt zu bestimmten Zeitpunkten wieder zu spezifischen Spannungszuständen zurück.

Hier stellt sich nun die Frage, ob derartige Zyklen die Wirtschaft fördern oder einschränken? Schon einfache Überlegungen können uns Antworten geben. Die tägliche Pendelwanderung erlaubt es z. B. auch einfachen Leuten, große Wohnungen mit viel Hausrat und Konsumgütern zu besitzen, die sie sich im Zentrum einer großen Stadt nicht leisten könnten. Der Konsum vieler Dienstleistungen ist eng mit der Freizeitwanderung zum Wochenende verbunden. Zeitungen werden besonders gerne auf dem Weg zum Arbeitsplatz gekauft usw. Damit ergibt sich eine große Zahl spezifischer Konsumbedürfnisse, die durch den Wechsel des Aufenthaltsortes auftreten, sonst aber nicht verwirklicht würden. Wir können daraus ersehen, daß die einzelnen Spannungszustände des Systems Stadt jeweils neue ökonomische Vorteilspotentiale aufbauen, oder anders gesagt, als Katalysatoren für neue Bedürfnisse an anderen Standorten dienen. An solchen Orten wäre vielleicht sonst gar nichts los und ihre Ressourcen lägen brach. Sicherlich entsteht mehr Beschäftigung und werden höhere Löhne bezahlt als in einer Stadt ohne solche Zyklen.

Systeme mit ausgeprägten Rhythmen, saisonalen Oszillationen und Zyklen sind insgesamt produktiver als solche, deren Funktionsprozesse stets gleichförmig ablaufen. Sie sind allerdings weniger komplex und wenig rückgekoppelt. Dies gilt analog auch in der Natur, wo sich die außertropischen Wälder und Agrarsysteme zum Erstaunen der Wissenschaft als „produktiver" als in den Tropen erwiesen haben. Andererseits wird damit auch verständlich, warum sich die Wirtschaft eigene Rhythmen schafft, wo der Kalender dergleichen nicht hergibt. Wir kennen sie in Gestalt von Saisonschlußverkäufen, Weißen Wochen, Messe- und Geschenkterminen usw.

Die einzelnen Spannungszustände im Zyklus müssen auch deshalb produktiver sein als die gleiche Tätigkeit bei kontinuierlichem Betrieb, weil ja zusätzlich Überschüsse für die Einleitung der folgenden Phasen des Zyklus geschaffen werden müssen, die es erlauben diese dann tatsächlich einzuleiten.

Derartige Zyklen hat der Biologe *Manfred Eigen* (1971) als Voraussetzung organischen Lebens erkannt und als Hyperzyklen bezeichnet. Abb. VI-3 zeigt einen einfachen Hyperzyklus aus der Wirtschaft. Im ersten Jahr wird eine Maschine für 1000 Geldeinheiten angeschafft und zu 20 % abgeschrieben. Die Abschreibungen sind gewissermaßen das Enzym, das zur Finanzierung weiterer Investitionen eingesetzt werden kann. Das Beispiel stammt aus *Wöhe* (1990) und stellt den bekannten Lohmann-Ruchti-Effekt dar. Im Verlauf von 5 Jahren kann ein Park von fünf Maschinen aufgestellt werden, von denen zwei aus Abschreibungen finanziert werden. Ab dem sechsten Jahr kann der Zyklus mit alljährlicher Anschaffung einer Maschine zur Gänze aus den Abschreibungen finanziert werden. Ohne weitere Geldzufuhr bliebe dann der Zyklus stationär. Die Abbildung entspricht exakt jener nach *Eigen* bei *Jantsch* (1982, 150). Haben die Maschinen in unserem Beispiel eine längere Nutzungsdauer als 5 Jahre und spielt der Unternehmer mit der alljährlichen Anschaffung einer Maschine weiter, so entstünde ein sich selbst verstärkender Wachstumszyklus vom *Myrdal*-Typ.

Der Vorgang im obigen Beispiel kann als Cross-Katalyse bezeichnet werden. Würden die Maschinen im Werk selbst gebaut, könnten wir von Autokatalyse sprechen. Beide spielen in den Modellen *Eigens* eine wichtige Rolle. In der Wirtschaftswissenschaft werden solche Vorgänge unter vielerlei Bezeichnungen studiert, kaum aber unter dem grundsätzlichen Gesichtspunkt, daß sie das sind, was man letztlich unter Wirtschaftsleben versteht.

Wichtige jahreszeitliche Spannungszustände nennen wir Saisonen. Sie bestimmen die agrare Nutzung und treten nur in den inneren Tropen zurück. Abgeschwächt gilt

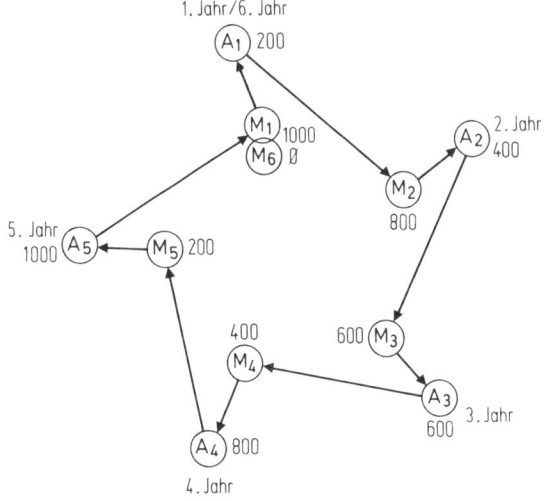

Abb. VI-3 Ein Hyperzyklus in der Wirtschaft (n. *Wöhe* 1990, 947f.; vgl. dazu *Jantsch* 1982, 150)

dies für den sekundären und Teile des tertiären Wirtschaftssektors. Dementsprechend ist die Wirtschaft der Städte weniger von Saisonen bestimmt als jene der Landgebiete. Gegen die Trocken-, Höhen- und Polargrenzen der Ökumene wird die Saisonalität aller Regionalsysteme ausgeprägter, was bis zum jahreszeitlichen Stillstand der Aktivitäten gehen kann.

Dabei können sich interessante katalytische Effekte ergeben. Was macht z. B. ein Hotelier in einem Touristenort, der nur eine Sommersaison erlaubt, wenn er seine geschaffenen Ressourcen besser ausnützen will. Ist er geschickt genug, so wird er die lokale Gemeinschaft zur Veranstaltung von Tagungen und Kongressen anregen, die seinem Betrieb auch außerhalb der Sommersaison Gäste bringen. Er hat dann im Sinne der Abbildung VI-3 Information in jener Funktion eingesetzt, die dort die Abschreibung hat.

Viele Hotelbesitzer in den Alpen haben sich von den Gemeinden eine zweite Saison im Winter durch die Errichtung von Seilbahnen in hochgelegene Skigebiete schaffen lassen. Damit entstehen wirtschaftliche Komplexstrukturen mit ev. günstigeren Kosten pro Leistungseinheit. Andere haben die Strategie verfolgt, im Sommer ein Hotel am Meer und im Winter eines im Gebirge zu betreiben. In diesem Falle entsteht ein sehr stark saisonales Regionalsystem, in welchem in der Nicht-Saison alle Aktivitäten an einem Standort eingestellt werden. Derartige Fremdenverkehrssiedlungen sind dann weitgehend menschenleer. Da aber von den ortsfesten Einrichtungen abgesehen der Hotelier seine anderen Ressourcen nun kontinuierlich nutzt, kann er gleichfalls günstigere Kosten pro Leistungseinheit haben.

An den Polargrenzen der wirtschaftlichen Nutzung in Skandinavien, Kanada, Alaska und Sibirien hat man erkannt, daß es sich kaum lohnt, regionale Komplexstrukturen mit ständiger Besiedlung und allen notwendigen Diensten im hohen Norden aufzubauen. Es kommt weitaus billiger, die notwendigen Arbeitskräfte nur für die Saison aus dem Süden einzufliegen.

In die städtische Gesellschaft von heute haben Schulpflicht und Urlaubsgesetzgebung früher unbekannte Rhythmen hineingetragen. Ihre geschickte Ausnützung hat nicht nur manche Marktnische geschaffen, sondern den Massentourismus als neues Phänomen hervorgebracht, das sich gewissermaßen aus anderen Kreisläufen heraus verselbständigt hat. Dem scheint in der Natur die Entstehung neuer Arten zu entsprechen.

Die Zahl der Rhythmen und Zyklen ist mit diesen wenigen Beispielen beileibe nicht vollständig erfaßt. Man denke etwa an die Konjunkturzyklen, Schweinezyklen, Moden und Innovationen. Von letzteren soll unten noch ausführlich gesprochen werden.

Alle verläßlich vorhersehbaren und einigermaßen quantifizierbaren Rhythmen können von den Systemstrukturen durch Kapazitätsreserven und andere Techniken aufgefangen werden. Dies muß auch gewährleistet sein, weil sonst die Schwankung zur Störung wird, welche die Stabilität des Systemregimes beeinträchtigen kann. Deutlich wird dieses Problem wo Oszillationen nicht exakt prognostizierbar sind oder wo man sie nicht wahrhaben will. Die Menschen haben die mehrjährigen, unregelmäßigen Regen-Dürre-Zyklen der Sahelzone ebensowenig im Griff wie die Konjunkturzyklen. Konjunkturschwankungen führen durch gehäufte Pleiten und Unternehmensgründungen zu irreversiblen Veränderungen der Systemstrukturen. Daß Krisen die Wirtschaft vom Schrott der nicht mehr lebensfähigen Unternehmen reinigen, ist kein Trost für deren Belegschaften, die ihre Arbeitsplätze verlieren.

Bei sehr langen Zyklen, wie sie etwa in der Forstwirtschaft mit 80–100 Jahren auftreten, kann es vorkommen, daß zwischenzeitlich so starke Veränderungen des Systemumfelds eingetreten sind, daß die ursprünglich beabsichtigten Ziele unerreichbar werden. Der Zyklus findet sozusagen nicht mehr zu seinen normalen Spannungszuständen zurück. Derartig lange Zyklen treten beim Generationenwechsel in Familienunternehmen, bei der Amortisation sehr langfristiger Kredite wie auch bei der Errichtung von Plantagen und großen Industrieprojekten auf. Ist die Schließung des Zyklus unmöglich geworden, weil die Veränderungen dies nicht mehr zulassen, so werden auch die anderen Spannungszustände unmöglich und der Gesamtprozeß löst sich in chaotische Wellenbewegungen auf.

Lange Zyklen spielen bei der Ausrottung vieler Pflanzen- und Tierarten eine wichtige Rolle. Grundlegende Bestandszyklen werden durch Jäger-Beute-Beziehungen begründet, wie sie die *Lotka-Volterra*-Gleichungen beschreiben (*Jantsch* 1982, 106f.). Sie bewirken, daß schon natürliche Populationen langfristige Schwankungen der Individuenzahl aufweisen. Wird nun in Zeiten hoher Bestände ein Nutzungssystem eingerichtet und ständig technisch verbessert, so können dadurch die Auswirkungen sinkender Bestände solange übersehen werden, bis die betreffende Population unter ihr minimales Reproduktionsniveau gedrückt wurde (Abb. VI-4). Auch wenn eine Art noch nicht restlos ausgerottet ist, kommt es dann mitunter zu keiner Erholung der Bestände mehr, weil ihre ökologischen Nischen in der Zwischenzeit von anderen Arten besetzt wurden. Die Erforschung solcher Vorgänge z.B. im Walfang ist ein junges interdisziplinäres Arbeitsfeld. In der Wirtschaft können im Konjunkturverlauf und Konkurrenzkampf ähnliche Vorgänge auftreten, wie sie Abbildung VI-4 veranschaulicht.

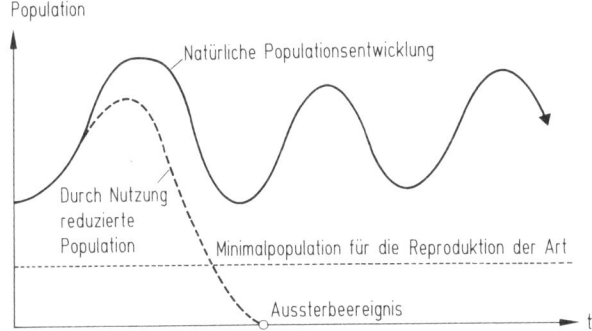

Abb. VI-4 Bestandsschwankungen und Ausrottung

Zu den Rhythmen der Wirtschaft scheinen auch die langen Wellen nach *Kondratieff* zu gehören, die im Zusammenhang mit der Innovationstheorie wieder viel beachtet werden. Diese 40–60 Jahre dauernden Phasen von Wirtschaftsaufschwung und -niedergang sollen mit der Einführung, Durchsetzung und dem Abschwung neuer, grundlegender Techniken zusammenhängen. Analog bringen sie die Ablösung bisher erfolgreicher Betriebstypen und Organisationsmodelle, was man vielleicht mit der Aussterbeproblematik parallelisieren darf. Erst die Schwächung und Beseitigung des Alten bahnt dem Neuen seinen Weg. Daher könnten in den langlebigen und metastabilen Regionalsystemen die langen Wellen ein Faktor der Erneuerung sein, der ihnen erlaubt weiterzuexistieren.

VI.1.4 Engpässe und Kompensationstechniken

Engpässe treten in allen Systemen auf, deren Inputs nicht streng reguliert werden. Man kann sie nur durch größere Freiheitsgrade der Prozeßabläufe oder durch teure Kapazitätsreserven auffangen, hat aber auch gelernt, sie durch verschiedene Kompensationstechniken zu vermeiden. Die verschiedenen Verknüpfungsmuster von Systemen haben jeweils spezifische Verfahren dafür. Ein wichtiger Grund für die Bildung von Engpässen ist die verortete und gebaute Formalstruktur, die mit Veränderungen der Funktionalbeziehungen nicht mitwachsen kann. Ein zweiter sind die Zeitverzögerungen in Systemen ohne Einheit des Ortes. Handel, Transport und Lagerhaltung dienen innerhalb der Volkswirtschaftsregionen als logistische Instrumente zum räumlichen und zeitlichen Ausgleich von Defiziten und Überschüssen. Es ist der angenehme Effekt ihres reibungslosen Zusammenwirkens, daß damit die Hunger- und Knappheitsprobleme verschwunden sind, die früher in den selbstgenügsamen Dorf- und Gebietswirtschaften so häufig waren.

Jedoch ist die bloße Verknüpfung zahlreicher Orte durch eine logistische Infrastruktur nur ein sehr grobes Instrument, das erst durch spezifische Spezialisierungen und Transaktionen wirksam wird. Eine recht ausgefeilte Kompensationstechnik ist auf dem Weltweizenmarkt die Ausnützung der unterschiedlichen Saisonalität der anderen Erdhemisphäre. Im klassischen Anwendungsfall wurde der im Spätwinter auf der Nordhalbkugel bereits an Ware knappe Markt durch die zu diesem Zeitpunkt einsetzende Ernte Australiens und Argentiniens entlastet. Dies verhindert ein Steigen der Preise und erspart Lagerhaltungskosten (*Schonberg*, 1956). Nachdem wegen der wachsenden Ernteüberschüsse der europäischen Industrieländer dieses Kompensationsmuster seine Bedeutung schon weitgehend verloren hatte, ist es

durch russische Weizenkäufe wiederbelebt worden. Nach einigen Jahren haben nämlich die Einkäufer erkannt, daß sie sich viel Geld ersparen können, wenn sie Weizen
nicht nur aus Nordamerika, sondern auch aus der Südhalbkugel importieren.

Im Gemüse- und Obstsektor läßt sich inzwischen eine kontinuierliche Marktversor-
gung mit Frischware durch die geographische Staffelung der Anbaugebiete und Ern-
tezeiten über mehrere Klimazonen erreichen. So folgen etwa den hochwinterlichen
Angeboten von Glashaustomaten aus den Niederlanden und Angeboten aus Südafrika im Frühjahr und Sommer der Reihe nach Oberägypten, Südarabien – Unterägyp-
ten, Marokko, Kanaren – Algerien, Zypern, Südspanien – Albanien, Bulgarien,
Oberitalien, Südfrankreich – Oberrheinebene, Ungarn, Burgenland, Wallis, worauf
im Spätsommer z. T. der Eigenanbau in Hausgärten folgt. Mit dem Einsetzen der
Herbstfröste springt die Lieferquelle wieder nach Süden zurück. Diese Staffelung
vermindert die Marktchancen der teuren Erzeuger. Die Niederländer, die ansonsten
den gesamten off-season Markt Europas versorgen würden, müssen damit rechnen,
daß LKW-Transporte aus den südlichen EG-Ländern ihre Preise untergraben.

In der Energiewirtschaft wurde die räumliche Kompensation zum Verbundsystem
weiterentwickelt. Der im Tagesablauf schwankende Bedarf an Elektrizität wird nicht
so sehr durch das Vorhalten von Reservekapazitäten, sondern durch das Zusam-
menschalten unterschiedlicher Kraftwerkstypen und Nachfragezonen so kompen-
siert, daß sich Aufwendungen und Transportverluste minimieren lasen. In kleinen
Regionen werden die kurzfristigen Bedarfsspitzen des Stromverbrauchs durch Spei-
cherkraftwerke und Gasturbinen gedeckt, wogegen die tagsüber gleichmäßig nachge-
fragte Strommenge aus sogenannten Grundlastwerken kommt, die auf Kohle-, Heiz-
öl- oder Nuklearbasis arbeiten. Letzere erzeugen den Strom wesentlich billiger, so
daß es vorteilhaft wäre, ihren Anteil an der Gesamterzeugung zu steigern. Dann
müßte aber nicht verwendbarer Strom auch während der Lücken am frühen Nachmittag und in der Nacht erzeugt werden. Dieses Problem lösen die Pumpspeicherkraft-
werke, die mit Überschußstrom Wasser in hochgelegene Speicherbecken pumpen
und es bei Spitzenbedarf wieder durch die Turbinen jagen können (vgl. Abb. VI-5a).
Die älteste derartige Anlage wurde nach dem Ersten Weltkrieg bei Hagen an der
Ruhr erbaut. Heute liegen die großen Pumpspeicherwerke für Deutschland im
Schwarzwald und in den Alpen.

In großen Wirtschaftsregionen mit mehreren Zeitzonen ist eine andere Lösung
möglich (Abb. VI-5b). Zwischen dem Jenissej und Moskau wird in Rußland eine
solche Verbundschiene über mehrere Zonen verwirklicht. Entsprechend der Uhrzeit
verschieben sich die Nachfragespitzen und insgesamt entsteht eine ausgeglichenere
Verbrauchskurve. Theoretisch könnte dies große Aufwendungen für Pumpspeiche-
rung und andere Spitzenkraftwerke ersparen.

Breitenkreisparallele Kooperation im Tagesablauf ist wegen der geringen Vernetzung der Welt noch selten. Sie bahnt sich im Finanzgeschäft an, wo die Börsenplätze
in Nordamerika, Europa und Japan einander zeitlich ergänzen können.

Ansonsten sind Kompensationstechniken und Verbundsysteme in vielen Wirtschaftsbereichen anzutreffen. Sie sind ein wesentlicher systemstruktureller Aspekt
moderner Volkswirtschaftsregionen. Konkret erlauben sie es, die diskontinuierlichen
und rhythmischen Elemente der Tätigkeiten beizubehalten und trotzdem viele Vorteile der kontinuierlichen Produktion ausnützen zu können. Der volle Effekt ist jedoch nur in großen Regionen mit tadellos funktionierender Infrastruktur erzielbar.
Dies könnte einer der Vorteile des europäischen Binnenmarktes werden. Er wird

a) Lastverteilung im Tagesverlauf

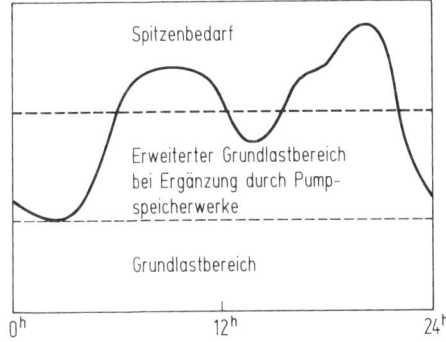

b) Stomverbund über mehrere Zeitzonen

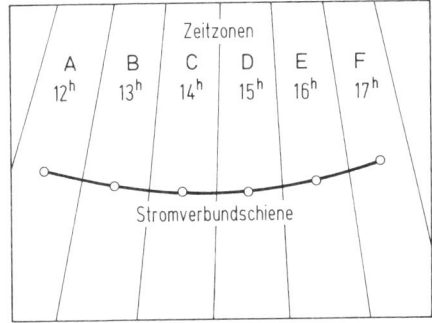

Abb. VI-5   Probleme des Elektrizitätsverbunds

viele interessante Möglichkeiten zur Ausnutzung geographischer Unterschiede zwischen Orten bringen, wie sie ähnlich in den obigen Beispielen angedeutet wurden.

VI.2 Veränderungen der Systemstrukturen

VI.2.1 Einbau und Rückbau von Systemgliedern und Ressourcen

Kreisläufe, Rhythmen, Oszillationen und selbst gelegentliche kleine Störungen müssen das formale und funktionale Gefüge regionaler Systeme nicht unbedingt verändern. Dies aber geschieht, wenn in eine solche Struktur eine neue Einzelwirtschaft eingebaut oder eine bestehende herausgenommen wird. Gehört dies in größeren Regionen auch zu den alltäglichen Vorgängen, so sind doch diese selbst keineswegs einfach, wie schon die Unzahl behördlicher Genehmigungen zeigt, die dafür einzuholen sind.

Betrachten wir zunächst den Einbau eines neuen Systemglieds, etwa die Errichtung eines Industriebetriebs. Vor der tatsächlichen Investition muß hier zunächst einmal festgestellt werden, welche Ressourcen des Standorts, wie Grundstücke, Anschlüsse, Arbeiter, in Anspruch genommen und wie die vorgesehenen Produkte dem Funktionalbereich des Systems zugeschaltet werden sollen, wobei die Konkurrenz zu beachten ist und Vertriebswege erkundet werden müssen. Ferner wird man sich über Umweltschädigungen, Immissionen, Lärm usw. Gedanken machen müssen, denn Unterlassungen bei diesen Fragen haben schon manche spätere Pleite mitbestimmt. Genau besehen benötigen der Unternehmer wie auch die zuständigen Behörden ein möglichst vollständiges Modellbild der neuen, durch die Betriebsgründung veränderten Funktionsweise des Systems, bevor wirklich investiert wird. Wir können dafür von „Planung" sprechen.

Systemtheoretisch ist Planung eine gedankliche Vorwärtskoppelung von den Inputs zu den daraus resultierenden Outputs, nach deren Ergebnis dann das System („Sx" in Abb. VI-6) konstruiert wird. Praktisch werden für solche Vorgänge Teillösungen durch Gesetze oder Institutionen der Raumplanung vorgehalten, die aber nicht alle Schwierigkeiten antizipieren können.

Nach den Gesichtspunkten dieser Planung wird später das Formalgefüge des Systems um die ortsfesten Einrichtungen erweitert. Geographen bezeichnen diesen Vorgang daher als „Verortung" der Funktionen.

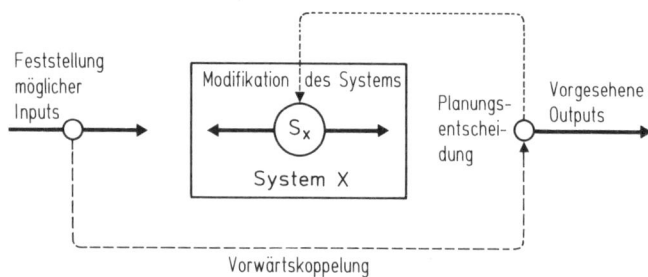

Abb. VI-6 Vorwärtskoppelung bei Planung

Das Funktionalgefüge des Systems wird aber erst modifiziert, wenn das neue Werk den Betrieb aufnimmt. Anwohner mögen ab diesem Zeitpunkt unter Immissionen zu leiden haben und andere Betriebe spüren die neue Konkurrenz. Daraus resultieren im positiven wie im negativen Sinne Folgewirkungen der Betriebsgründung, die als allmählich abklingende Unruhe eine Resonanz im System auslösen.

Schematisch ist dieser Vorgang in Abbildung VI-7 dargestellt. Er führt über eine Sequenz von mindestens sechs Schritten, wobei erst der Vierte eine irreversible Entscheidung bedeutet.

Streng genommen ist dieser Weg aber nur bei der Errichtung von Zweigwerken und Filialen gangbar, weil sich nur hier das funktionale Beziehungsgefüge vor und nach der Betriebsaufnahme gut genug erfassen und vorhersehen läßt. Die klassischen, normativen Standorttheorien von *Weber* und *Lösch* und auch ihre Nachfolger setzen dieses Wissen als Prämisse voraus.

Den weitaus häufigeren Fall, den man als „nachträgliche Standortoptimierung" bezeichnen kann, zeigt Abb. VI-8. Hier wird ein neuer Betrieb nach minimalen Vorüberlegungen des Gründers an einem Ort errichtet, der sich zufällig gerade zu diesem Zeitpunkt anbietet. Häufig sind dies der Wohnsitz des Gründers oder sein eigenes Grundstück. Aus Zeitgründen wird auf eine Planung verzichtet, weil möglichst rasch mit der Produktion begonnen werden soll (dazu *Albert* 1994). Die Ausgestaltung der Funktionalbeziehungen wird jedoch bald Unzulänglichkeiten oder gerade durch den Erfolg des jungen Unternehmers bedingte Engpässe erkennen lassen.

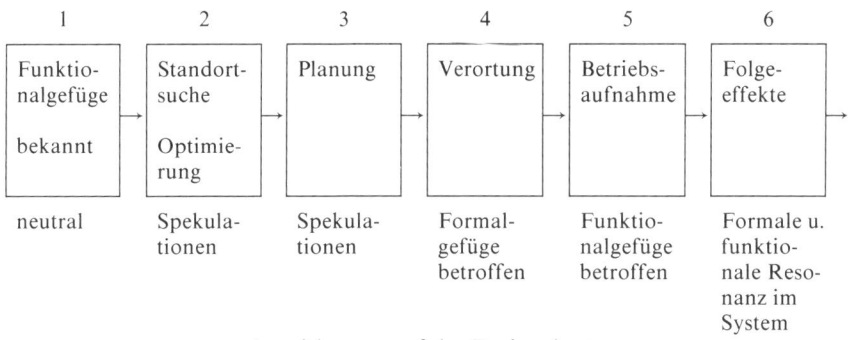

1	2	3	4	5	6
Funktio- nalgefüge	Standort- suche	Planung	Verortung	Betriebs- aufnahme	Folge- effekte
bekannt	Optimie- rung				
neutral	Spekula- tionen	Spekula- tionen	Formal- gefüge betroffen	Funktio- nalgefüge betroffen	Formale u. funktio- nale Reso- nanz im System

Auswirkungen auf das Regionalsystem

Abb. VI-7 Einzelschritte beim Einbau eines neuen Betriebs in ein Regionalsystem

Für den nächsten Entwicklungsschritt ist nun eine vorbereitende Planung eher möglich, weil viele der anfänglichen Unsicherheiten und Ungewißheiten schon ausgeräumt sind. Man kann sich nun einen ganz neuen Standort suchen, am bisherigen
erweitern, einen Teilbetrieb auslagern usw. Mit jeder Drehung der in Abb. VI-8
gezeigten Spirale kann die Annäherung an die Optimierungsverfahren der Standortwahl enger werden.

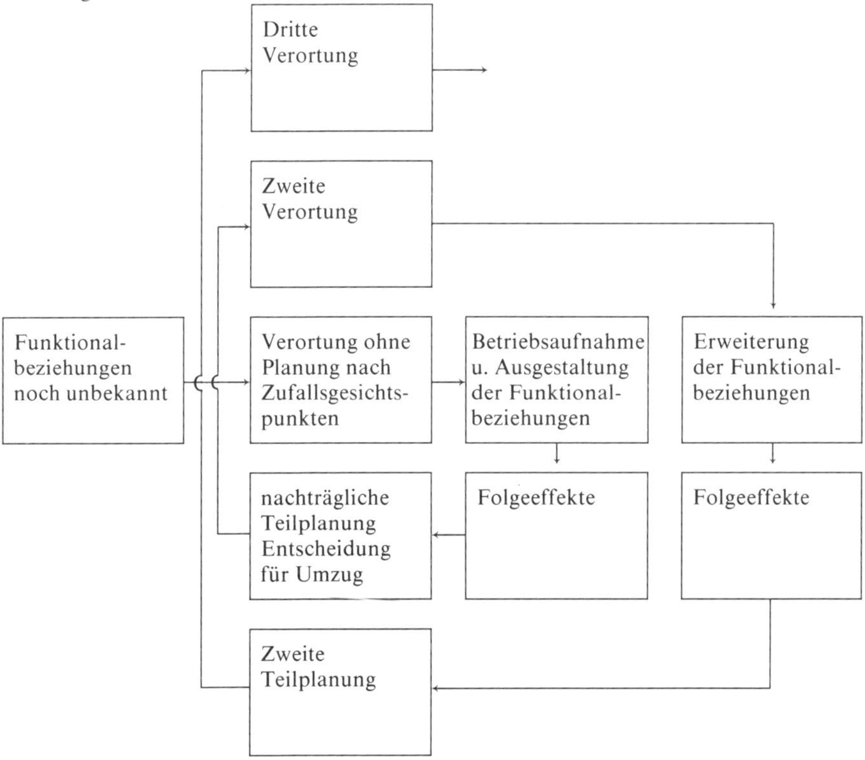

```
                    ┌──────────────┐
                    │ Dritte       │
              ┌─────│ Verortung    │
              │     └──────────────┘
              │  ┌──────────────┐
              │  │ Zweite       │
              │┌─│ Verortung    │─────────────────────────────────┐
              ││ └──────────────┘                                 │
┌────────────┐││ ┌──────────────┐ ┌──────────────┐ ┌──────────────┐
│Funktional- │││ │Verortung ohne│ │Betriebsaufnahme│ │Erweiterung  │
│beziehungen │└┐►│Planung nach  │►│u. Ausgestaltung│ │der Funktional-│
│noch unbekannt│►│Zufallsgesichts-│ │der Funktional-│ │beziehungen  │
└────────────┘ │ │punkten       │ │beziehungen   │ └──────────────┘
               │ └──────────────┘ └──────────────┘
               │ ┌──────────────┐ ┌──────────────┐ ┌──────────────┐
               │ │nachträgliche │ │Folgeeffekte  │ │Folgeeffekte  │
               │ │Teilplanung   │◄│              │ │              │
               │ │Entscheidung  │ └──────────────┘ └──────────────┘
               │ │für Umzug     │
               │ └──────────────┘
               │ ┌──────────────┐
               └─│ Zweite       │◄─────────────────┘
                 │ Teilplanung  │
                 └──────────────┘
```

Abb. VI-8 Gründung mit nachträglicher Standortoptimierung

Da aber jeder neue Betrieb in ein schon bestehendes Systemgefüge hineingestellt wird, kann es sich bei den Lösungen nie um echte Optima, sondern immer nur um Kompromisse handeln. Diese werden erzwungen durch die einengende Wirkung der bestehenden Formalstrukturen und deren Schutz durch Gesetze; durch den Umstand, daß alle Ressourcen schon in fester Hand sind und nur zu höheren als den bisherigen Preisen aus solchen Bindungen gelöst werden können; durch Widerstände und Verzögerungseffekte, die von der Funktionalstruktur des Systems ausgehen, die unvorhersehbar sind und erst nach der tatsächlichen Verortung zutage treten.

Solche Dinge lassen sich immer wieder am Beispiel größerer Projekte anschaulich verfolgen. Die allmähliche Annäherung an ein Optimum im Sinne von Abb. VI-8 betrifft meist junge Unternehmen mit nur einem Betrieb, die häufig erst nach zwei oder drei Standortverlagerungen seßhaft werden.

Der Ausbau und die Beseitigung von Systemgliedern läßt sich am besten mit dem Terminus „Rückbau" umgreifen, der im Eisenbahnwesen üblich ist (*Marcinowski* 1983, 188 f.). Ein Rückbau von Systemgliedern erfolgt, wenn sich das funktionale Beziehungsgefüge entscheidend verändert hat, z. B. Ressourcen nicht mehr verfügbar oder der Markt für das Projekt verschwunden sind. Die Ursachen können sehr vielfältig sein: Verhaltensänderungen der Verbraucher, Modewandel, technologischer Wandel, verdrängende Innovationen, beschränkende Regeln durch hierarchisch übergeordnete Ebenen des Systems usw. Vielfach wirken solche Ursachen zusammen. Ein Betrieb der Papiererzeugung mußte z. B. nach über 100 Jahren Bestand um 1985 stillgelegt werden, weil sich für seinen Standort keine gelernten Papiermacher mehr als Fachkräfte gewinnen ließen und die in ähnlichen Schwierigkeiten befindlichen Konkurrenten eine behördliche Verfügung gegen die Beschäftigung von Angelernten durchsetzten. Ein Rückbau führt zur Freisetzung jener Ressourcen, die bisher im Betriebsprozeß gebunden waren und zur Aufgabe von Standorten. Die verortete Formalhülle in Gestalt von Gebäuden, Grundstücken und rechtlichen Festlegungen bleibt aber erhalten. Abbildung VI-9 zeigt Folgeschritte und Problemfelder beim Rückbau.

Wie sogleich ersichtlich wird, ist dieser Vorgang mit seinen Alternativen reichlich kompliziert. Finden sie für freigesetzte Ressourcen keine Folgenutzungen am gleichen Ort, so fallen sie für kürzere oder längere Zeit brach. Brachliegende Ressourcen aber können verderben. Derartige Zerstörung kann etwa einen örtlichen Pool von Know-how betreffen, der nicht mehr genutzt wird. Mobile Ressourcen werden bei längerer Brache abwandern müssen.

Baulichkeiten dagegen sind extrem lokalisierte Ressourcen. Sie stellen beim Rückbau ein Problem dar, weil ihre Bestandsdauer die einstigen Funktionalbeziehungen weit übersteigen wird und ihre Beseitigung zusätzlichen Mitteleinsatz erfordert. *Marcinowski* (1983) hat derartige Fragen des Rückbaus und der Nutzungsalternativen am Beispiel der Streckenstillegungen der Deutschen Bundesbahn untersucht.

In den großen Bergbau- und Industrierevieren hatte sich im Laufe der Zeit eine solche Menge an aufgegebenen Baulichkeiten, Gleisanlagen, Abraumhalden, Zechen- und Industriegeländen gebildet, daß ihre Beseitigung für einzelwirtschaftliche Lösungen zu groß war. Für derartiges Unland prägte man in Großbritannien den Ausdruck „derelict land" im Sinne von aufgegebenen, herrenlosen Flächen. Diese lassen sich nur mit großen öffentlichen Aufwendungen, der Sanierung von Altlasten und Gefahrenstellen sowie neuen Investitionen in die Infrastruktur wieder „rehabilitieren", d. h. nutzbar machen. Ein solcher Prozeß ist seit den späten Achtzigerjahren großflächig in dem alten Lütticher Industrierevier in Belgien im Gange. Im Ruhrge-

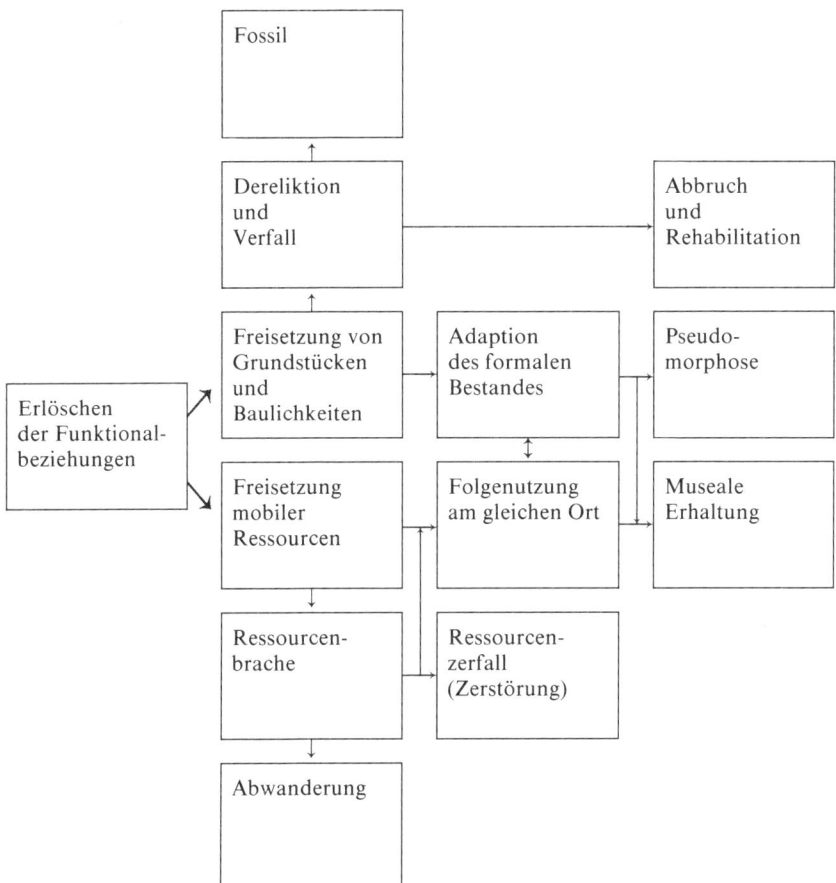

Abb. VI-9 Die Rückbauproblematik

biet wurden Rehabilitierungsmaßnahmen schon nach den Zechenschließungen der
Sechzigerjahre eingeleitet und sind an vielen Beispielen beschrieben worden, waren
aber weit weniger radikal (*Marandon* 1976, *Tappe* 1989, u. a.).

Im Agrarbereich spielte zur gleichen Zeit in Deutschland die Frage der Sozialbrache eine große Rolle. Kleinbauern und Nebenerwerbslandwirte verzichteten auf die
Bewirtschaftung ihrer Wiesen und Felder, hielten aber an den Besitzrechten fest.
Ebenso blieben die ungünstigen Besitzgrenzen bestehen (*Hartke* 1953, *K. Ruppert*
1958). Vielfach spekulierten sie vergeblich auf einen günstigen Verkauf als Bauland.
Dieses nicht mehr bewirtschaftete Land konnte erst nach mühsamen Flurbereini-
gungsmaßnahmen wiederverwendet werden, sei es zur Aufstockung anderer Bauernbetriebe, sei es zur Aufforstung oder als Schafweide.

Die Rehabilitation mit öffentlichen Mitteln ist natürlich nur eine ultimo ratio, da
oft schon einfache Adaptionen genügen, um freigesetzte Bausubstanz für neue Zwe-
ke wiederverwendbar zu machen. Viele Fabrik- und Geschäftsgebäude sind weit älter
als die darin befindlichen Betriebe und Büros, und diese bestehen oft schon länger als
die Unternehmensorganisation, der sie angehören. Sie sind also mehrfach für neue
Verwendungen adaptiert worden. Dies ist besonders in den Städten wichtig. Ein

schönes Beispiel ist das 1980 in einer ehemaligen Fabrik von AEG eingerichtete Berliner Gründerzentrum. Besonders hartnäckig sind die Standorte mit Wasserrechten, die aus alten Mühlen hervorgegangen sind und oft schon einen mehrfachen Nutzungswandel hinter sich haben.

Ist die Überalterung der Bausubstanz weit vorangeschritten, so kann die Adaption für einen verwandten Zweck bereits unmöglich geworden sein. Die Baulichkeiten eignen sich aber für andere Aktivitäten, zum einen weil sie billig zu haben sind, zum anderen weil sie einen hohen symbolischen oder künstlerischen Wert haben. Auch dies ist wieder in Städten häufig und man kann den Vorgang mit dem aus der Mineralogie entlehnten Begriff als „Pseudomorphose" bezeichnen. Dabei wird ein formal unveränderter Baubestand in gänzlich andersartige Funktionalbeziehungen eingebunden, etwa ein einstiges Fürstenschloß als Kongreßzentrum, eine Burg als Jugendherberge, aufgelassene Kinos als Supermärkte, die zur „Geisterstadt" gewordene Bergbausiedlung als Wintersportplatz usw.

Sind alte Baulichkeiten auch so nicht mehr verwendbar, so können sie dennoch als Formalelemente erhalten bleiben, häufig unter musealem Schutz wie in Deutschland die mittelalterlichen Stadtmauern. Mitunter werden sie zu Fossilien. Dies letztere gilt für Baureste, uralte Grundstücksgrenzen, Wegetrassen, Wassergräben und generell auch für Orts- und Flurnamen. Fossilien können Jahrtausende überdauern und in Mitteleuropa noch auf Römer und Kelten zurückgehen. Wir treffen sie sowohl in der Agrarlandschaft wie auch in den Städten an.

Der Anteil von adaptierten Formalelementen, Pseudomorphosen, Fossilien und Dereliktion an den Strukturen eines Regionalsystems kann leicht 90 % und mehr erreichen und darin alle neuen Entwicklungen nachhaltig einschränken oder sogar in unerwünschte Richtungen lenken. Nur ganz jung besiedelte Kolonialgebiete, Neustädte, junge Gewerbezonen oder genereller gesagt, die Ausbauten „auf der grünen Wiese" erlauben eine volle Entsprechung von Form und Funktion. Ökonomisch sind daher solche Neustrukturen der adaptierten Altsubstanz überlegen. In flapsigem Englisch spricht man heute von „greenfield" und „brownfield" als den Alternativen für Standortentscheidungen.

Die Veralterungsrate der Formalstrukturen wird in grober Annäherung in der Wirtschaft durch Abschreibungssätze auf Anlagegüter und die Bildung stiller Reserven berücksichtigt. Diese tragen jedoch der überlangen Dauerhaftigkeit mancher Formalelemente zu wenig Rechnung. Es besteht ein berechtigtes Interesse der Öffentlichkeit, den unvermeidlichen Vorgang der Überalterung auch anders als buchhalterisch kontrollierbar zu machen. Dieses Problem ist bis heute ungelöst. Im Grunde wäre nur ein periodischer Heimfall größerer Bauzonen sinnvoll, der Flächensanierungen ermöglichen würde. Dies haben einige Städte durch Umlegung von Besitzansprüchen bei Innenstadtsanierungen versucht, es wäre auch für Wohnviertel und Gewerbezonen nützlich. Periodische Strukturerneuerungen durch flächenhafte Großaktionen sind im ländlichen Raum als „Flurbereinigungen" häufiger und auch einfacher. Die Bildung von agraren Kooperativen ist eine parallele funktionale Erneuerungsmaßnahme.

Dem Erneuerungs- und Heimfallpostulat in allen Aktivitätsbereichen steht allgemein ein ebenso berechtigtes und starkes öffentliches Interesse an der Bewahrung von traditionsreichem Kulturgut und an der Pflege von Denkmälern entgegen. Im Widerstreit beider Tendenzen ließ sich oft genug zeigen, daß auch in scheinbar hoffnungslosen Fällen noch Adaptionen möglich waren.

VI.2.2 Metamorphosen und Verlagerungen

Als eigenständige Subsysteme von Regionen können Einzelwirtschaften, Siedlungen und kleinere Teilregionen ihre Strukturen selbsttätig wandeln, ohne daß es zu grundlegenden Veränderungen kommen müßte oder Standorte neubegründet bzw. aufgelassen werden. Interessant sind besonders die Wandlungen von Unternehmen. Als „Metamorphosen" sollen hier Wandlungen bezeichnet werden, wo solche Einheiten ihre Funktionalbeziehungen und Aktivitäten grundlegend verändern, ihren Standort und ihre Kontinuität als Organisation aber nicht unterbrechen.

Ein schönes Beispiel bildet ein Betrieb in Österreich, der sich bei Besuchen des Verfassers jeweils im Abstand einiger Jahre darstellte als:

1. Besuch: Warmwalzwerk für Bleche und Bänder und Zulieferer der metallverarbeitenden Industrie

2. Besuch: Kaltwalzwerk mit Verzinkerei und Lieferant der Bauwirtschaft und Verpackungsindustrie

3. Besuch: Plastikverarbeiter mit Produkten für Bauwirtschaft, Verpackung und Haushalt

Fabrikanlagen und Belegschaft sowie örtliche Beziehungsfelder waren weitgehend gleichgeblieben. Die Liefer- und Absatzverflechtungen hatten sich wohl grundlegend verändert.

Ein bescheideneres Beispiel lieferte ein Buchhändler, dessen Tochter das Geschäft übernahm, sich aber auf Modezeitschriften verlegte und zusätzlich Strickmaschinen vermietete. Unter Ausnützung einer alten, an das Haus gebundenen Konzession bot sie in einem Nebenraum ihren Kundinnen auch Tee und Kaffee an. Ihr Sohn führt heute das Geschäft als Cafe weiter.

Es gibt viel zu wenige Beispieluntersuchungen für Unternehmen, die an irgendwelche Hemmnisse ihrer Umwelt stießen und der Auflösung entgehen konnten, indem sie sich auf völlig andere Leistungsangebote verlegten, die aber mit der gegebenen Situation verträglich waren. Derartige Metamorphosen werden in der geographischen Literatur gerne unter den Stichworten Innovation und Persistenz behandelt, was aber beides eigentlich nicht zutrifft. Metamorphosen sind Wandlungen, die nur teilweise auf unternehmerische Ambitionen zurückgehen, meist als Reaktion auf äußere Umstände einem Weg des geringsten Widerstandes folgen. Die Fähigkeit zu diesem Wandel ist gewissermaßen der Preis für die Beibehaltung eines räumlich fixierten Standorts mit allen dort gegebenen Beschränkungen. Unternehmen, welche die Fähigkeit dazu nicht mehr besitzen, werden irgendwann schließen müssen.

Wandlungen können in Spezialisierungen bestehen, das heißt der Aufgabe einer vorher gegebenen breiten Leistungspalette zugunsten eines engeren, besser an die internen Ressourcen von Zeit, Arbeitskraft und Know-how oder an einen Teilmarkt ausgerichteten Angebots. Dies rückt den Vorgang systemtheoretisch in die Nähe der Bifurkationsproblematik, obgleich er nicht ganz darin aufzulösen ist. Der Begriff „Metamorphose" wurde bewußt aus der Zoologie entlehnt, um darzulegen, daß sich ein System äußerlich bis zur Unkenntlichkeit verwandeln kann, ohne als Organisation beeinträchtigt zu werden. Freilich sind Metamorphosen bei Betrieben, Siedlungen, kleinen Regionen offene Entwicklungen ohne festes Ziel, während sie bei Organismen genetisch programmiert und bei manchen Insekten mit einer strikten Spezialisierung der letzten Lebensphase auf die Fortpflanzung verbunden sind.

Wenn Metamorphosen der Preis für die Beibehaltung des Standorts in einem Regionalsystem sind, so erscheinen Standortverlagerungen als der Preis für Branchentreue und das Festhalten an einer einmal gewählten Spezialisierung. Diese Strategie ist nur für kleinere Systeme gangbar, größere reagieren mit multilokalen Organisationsformen. Einzelwirtschaften und Haushalte, die ihren Standort verlagern, tun dies, weil sie mehr Platz brauchen oder sich am bisherigen Standort längerfristig wirtschaftlich nicht halten könnten bzw. weil sie verdrängt werden. Da eine andersartige interne Organisation nicht angestrebt wird und die Art der Einbindung in das höherrangige Regionalsystem auch nicht verändert werden soll, kann es nicht weiter verwundern, daß solche Umzüge überwiegend auf die engste Umgebung beschränkt bleiben, also innerhalb der gleichen Stadt- oder Siedlungsregion stattfinden.

Persistenz ließe sich demnach als die Fähigkeit von Wirtschasftseinheiten bezeichnen, über längere Zeiträume ohne Metamorphosen oder Standortverlagerungen hinwegzukommen. Hochpersistent sind in unseren Städten z. B. traditionsreiche Restaurants und Apotheken, die in ihr Umfeld offenbar immer in derselben Weise eingebettet bleiben.

VI.2.3 Wanderungen mobiler Ressourcen

Wie bei den obigen Beispielen, handelt es sich auch bei Ressourcenwanderungen vorwiegend um Vorgänge auf der Mikroebene der Systeme. Der Begriff der mobilen Ressourcen wurde in Kapitel II.2 diskutiert, ebenso die Vorstellung eines Ressourcen-Mix unter Einheit von Ort, Zeit und Handlung. Ressourcenwanderungen sind Vorgänge, welche in diesem Sinne einen Transfer an andere Orte beinhalten. Daher sind damit nicht die Pendlermobilität oder Freizeitwanderungen gemeint, bei denen der Mittelpunkt der Lebensinteressen ja nur vorübergehend verlassen wird, wenn auch Menschen gewisse Ressourcen mit sich tragen und anderswo einsetzen.

Die Hypothese ist wohl berechtigt, daß ursprünglich alle Ressourcen geographisch lokalisiert und samt den sie tragenden Menschen an örtliche Gemeinschaften gebunden waren. Diese Bindung wird seit dem Aufkommen des Handels systematisch gelockert. Heute kennen wir Wanderungen von Waren, d. h. geschaffenen Gütern, Finanz- und Geldkapital, Rechtsansprüchen sowie von Menschen als Trägern von Kaufkraft, Arbeitskraft, Unternehmergeist, Know-how und Information. Sie alle folgen dem von Menschen geschaffenen und von ihnen wahrgenommenen ökonomischen Gefälle innerhalb und zwischen Regionalsystemen. Kurz gesagt, mobile Ressourcen wandern dorthin, wo für sie bessere Verwertungschancen im Rahmen eines örtlichen Ressourcenmix winken.

Dieser Vorgang ist gegenläufig zu Naturprozessen (Abb. VI-10). Massenbewegungen in der Natur erfolgen von Punkten hohen energetischen Potentials zu Ruhelagen mit niedrigem Potential bzw. hoher Entropie, wie dies etwa die Gefällskurve eines Wasserlaufs zeigen kann. In der Wirtschaft dagegen wandert z. B. Sparkapital von Orten, an denen es nicht gebraucht wird zu anderen, wo eine lebhafte Investitionstätigkeit stattfindet und hohe Verzinsung der Lohn ist. Dieser Vorgang ist neg-entropisch und schafft „Ordnung" im ökonomischen Sinne. Analog werden Menschen am Anfang ihrer Berufslaufbahn dorthin ziehen, wo sie Aufstiegschancen und höhere Einkommen erwarten dürfen.

Es ist verständlich, daß solche Wanderungen, wenn sie unbehindert ablaufen, innerhalb des Systems ökonomische Ungleichgewichte und soziale Disparitäten hervorrufen. Über dieses ungleichgewichtige „Wachstum", das vielfach als nachteilig angesehen wird, gibt es eine breite geographische Literatur (vgl. *Schätzl* 1993; *Weber*

a) Physikalische Massenbewegungen   b) Ökonomisch bedingte Wanderungen

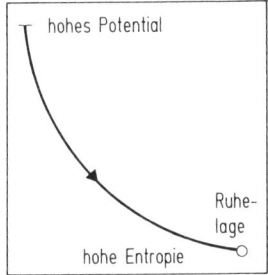 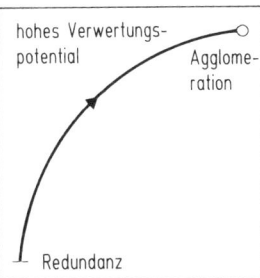

Abb. VI-10 Potentialgefälle in der Natur u. in der Wirtschaft

1982). Meist werden nur die Wanderungen von Menschen untersucht wie bei *Bähr* (1992). Lediglich *Schätzl* (106 f.) betrachtet auch die Kapitalwanderungen und die Gütermobilität. Aufschlußreich ist ein Beitrag von *Martin & Minns* (1995, 125 ff.) über den systematischen Kapitalabzug aus ärmeren Regionen Großbritanniens durch die Pensionsfonds, die ja an sich eine der wohlgemeinten Institutionen des Wohlfahrtsstaates sind.

Die Nationalökonomie untersucht Faktorwanderungen seit langem und hat dezidierte Standpunkte entwickelt. Wichtig ist dabei, daß man Ungleichgewichte als Wanderungsfolgen nicht einfach als den Preis der bürgerlichen Freiheiten abtun und auf einen späteren, automatischen Ausgleich warten will.

In den Zuwanderungsgebieten erlaubt nämlich die Anreicherung oder Agglomeration mobiler Ressourcen, daß dort neue, günstigere Ressourcenkombinationen mit höherem spezifischen Ertrag der Einzelfaktoren ausprobiert und eingeführt werden. Diese mögen sich in höheren Gewinnen, Umsätzen, Produktionsmengen pro Zeiteinheit, oder auch in Lebensannehmlichkeiten und anderen Vorteilspotentialen manifestieren. Dies erlaubt eine relative Verbilligung der Leistungen und höhere Realeinkommen, was wiederum als Magnet für zusätzliche, wanderungsfähige Ressourcen dienen kann. Dieser Vorgang ist ein wichtiger Antrieb für wirtschaftliches Wachstum und eine Teilerklärung für die Ausbildung neuer Systemregime in dissipativen Strukturen.

Eine Abwanderung mobiler Ressourcen aus ihren Herkunftsgebieten betrifft wohl anfänglich immer nur überschüssige Mengen, z. B. dauerhaft anzulegende Kapitalreserven oder weichende Erben von Betrieben. In Engpaß- und Krisensituationen erfaßt sie aber mehr und zieht solche Ressourcen aus ihren bisherigen Verwendungen ab. Dazu tritt schließlich der Sog der Gunstgebiete, wenn man erst um dortige Chancen weiß. Dies kann so weit führen, daß die bisherigen Produktionsverfahren unmöglich werden und auf solche übergegangen werden muß, die mit geringerem Ressourceneinsatz auskommen, also extensiver sind. Falls sich Betriebe nicht vergrößern lassen, sinkt ihr Ertrag, was eine relative Verteuerung der örtlichen Produkte und ein Sinken der Realeinkommen bedeutet.

Beide Vorgänge neigen zu zyklischer Selbstverstärkung (Abb. VI-11) und entsprechen in dieser Darstellung einer negativen Entwicklung, den von *Gunnar Myrdal* (1957) popularisierten Teufelskreisen. Bewegungen in dieser Richtung können schon durch einen relativ kleinen Anstoß in Gang gesetzt werden. Gerade dies ist besonders gefährlich, weil die Anfänge eines Entleerungsprozesses dann passiv hingenommen werden und Gegenmaßnahmen erst eingeleitet werden, wenn sich Wanderungsmuster schon verfestigt haben. Solche Teufelskreise spielen daher in der wirtschaftspolitischen und entwicklungstheoretischen Literatur eine große Rolle.

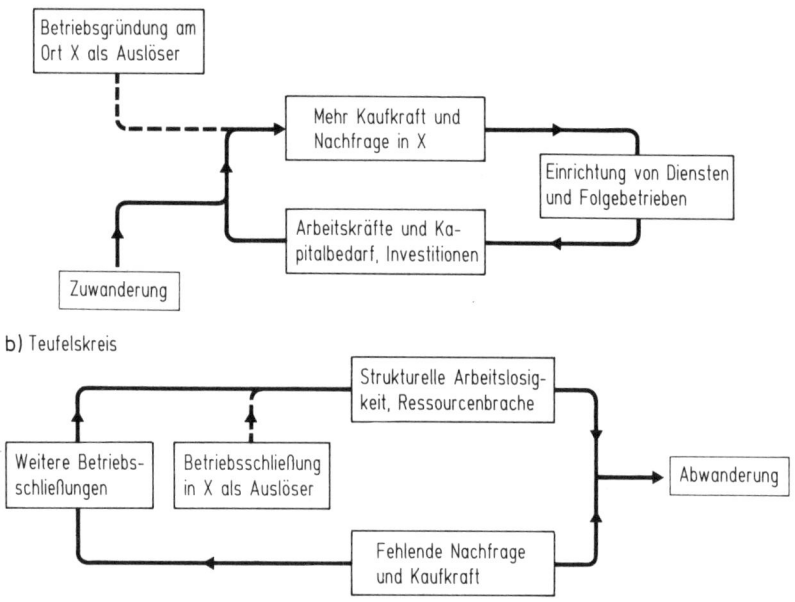

Abb. VI-11 Einfache zyklische Modelle der Wanderungseffekte

Nicht selten geht sowohl die Agglomerations- wie auch die Entleerungsdynamik weit über die ökonomisch begründbaren Ertragsunterschiede der möglichen Ressourcenkombinationen hinaus, weil Traditionen und die psychologische Einstellung der Menschen als Verstärker hinzutreten. In solchen Fällen kann freie Ressourcenwanderung tatsächlich schädlich sein.

Im Falle von *Myrdals* Modell wird ein Zyklus mit Selbstverstärkung unterstellt, aber tatsächlich sind Kausalitäten in so einfacher Form wohl nur selten gegeben. Zutreffender dürfte die von *Schwarzenbach* (1984, 629f.) entwickelte und in Abb. VI-12 vorgestellte Sachzwangspirale sein.

Schwarzenbach illustriert dies am Beispiel von Touristenorten in den Alpen. Ein initialer Touristenstrom läßt gewisse Engpässe im lokalen System erkennen, bringt aber durch den Kaufkrafttransfer auch die Mittel zu deren Beseitigung. Diese Kapazitätserweiterungen werden vorsorglich ein bißchen größer dimensioniert als eigentlich notwendig wäre. Um sie gut ausnützen zu können, wirbt die Gemeinde um mehr Touristen und hat auch Erfolg. Zu deren Versorgung aber braucht man mehr Personal und Dienste. Diese wieder heizt die Bautätigkeit und Zuwanderung an. Dies führt zu neuen Engpässen, die zwar beseitigt werden, aber nun das Preisniveau steigen lassen. Um sich behaupten zu können, schaffen die Hoteliers zusätzliche Kapazitäten und Dienste, was wie wieder zur Bemühung um noch mehr Touristen zwingt. Ein Ende dieser Spirale ist erst dann zu erwarten, wenn alles verfügbare Land überbaut ist. Es war aber keineswegs die Absicht der Akteure, ihren Heimatort vom Tourismus

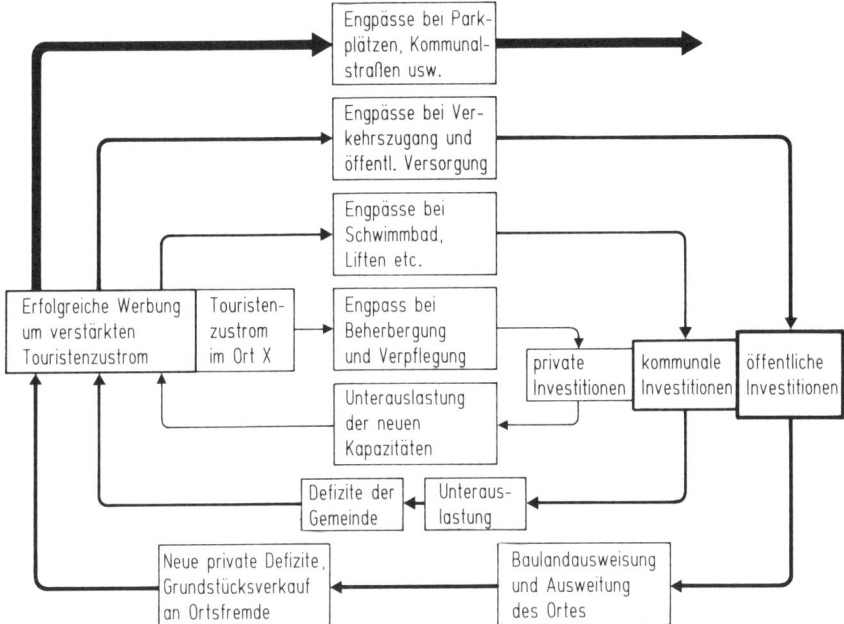

Abb. VI-12 Die Sachzwangspirale nach Schwarzenbach

überwuchern zu lassen. Eine Serie von kleinen, jeweils gut gemeinten Verbesserungen als Reaktion auf wahrgenommene Mängel hatte dazu geführt.

Diese Verknüpfung von Ressourcenwanderung und Engpaßbeseitigung erklärt sehr gut, warum Agglomerationsvorgänge so schwer zu kontrollieren sind. Dies dürfte analog auch für negative Entwicklungen gelten und Beispiele sind wohl leicht zu finden. Die staatlichen Maßnahmen zum Disparitätenausgleich gehen gewöhnlich ins Leere, weil die kritischen Engpässe für die nächste Drehung der Spirale ständig auf anderen Gebieten auftreten und daher von anderen Verwaltungsstäben zu behandeln sind, deren Aktionen kaum koordinierbar erscheinen.

Zum Glück wohl sind solche Entgleisungen nicht allzu häufig und wir kennen auch eine ganze Reihe von positiven Effekten der Ressourcenwanderungen, die man der negativ gesehenen Ausbildung von Disparitäten gegenüberstellen kann:

• Kaufkrafttransfers in ärmere Peripheriegebiete durch Tourismus, Rentner- und Gastarbeiterüberweisungen, welche die dortigen Strukturen aufrechterhalten lassen.

• Abwanderungen von Kaufkraft, Arbeitskraft, Kapital und Know-how aus Agglomerationen in ländliche Gebiete auf der Suche nach vorteilhafteren Verwertungen, wodurch dort Chancen für Neuentwicklungen entstehen.

• Systematische Transfers von Kapital, Know-how und Arbeitskraft in Peripheriegebiete zur Erschließung bisher ungenutzter Ressourcen.

• Genügende geographische Konzentrationen dispers verteilter Ressourcen, damit überhaupt wirtschaftliche Entwicklungen möglich werden.

Dieser letzte Punkt weist auf den gewaltigen Vorteil hin, den die begünstigten Kernräume und die Steuerungszentralen von Volkswirtschaftsregionen aus den Wanderungsvorgängen ziehen. Sie lösen aus, was *Otremba* (1969, 78) als das Kernwachstum bezeichnete, nämlich die über lange Zeiträume anhaltende, beständige Entfaltung und Diversifizierung der Strukturen solcher Gebiete, gegenüber den in der Regel nur kurzen Boomphasen in der Peripherie.

Diese Vorgänge konnten einsetzen, als in den entstehenden Volkswirtschaftsregionen auch jene Ressourcen beweglich wurden, die bisher von vielerlei Mobilitätshemmnissen an ihren Orten festgehalten worden waren. Der liberalistische Staat verstärkte dies durch die bürgerlichen Freiheiten wie freie Berufswahl, Wohnsitzwahl, Konsumfreiheit, Gewerbe- und Investitionsfreiheit. Seit damals läßt sich in allen Volkswirtschaftsregionen offenbar gesetzhaft die Ausbildung von Ballungsräumen auf der einen und strukturschwachen, relativ gesehen verarmenden Gebieten auf der anderen Seite beobachten.

Da dies nicht für alle Menschen angenehm ist, wird die Ursache gerne in der Unvollkommenheit des Marktmechanismus gesucht. Dies ist aber eine Überschätzung dieses automatischen Reglers. Politische Sachzwänge und der Einsatz öffentlicher Mittel zur Engpaßbeseitigung werfen den Marktmechanismus leicht aus dem Gleis.

Hinzu kommen die unterschiedlichen Reichweiten der Wanderungsbewegungen verschiedener Ressourcen und deren Interferenzen mit den Zuständigkeitsbereichen staatlicher Steuerungsbemühungen, wobei durch Regionalförderung, Entwicklungshilfen, Subventionen, Steuer- oder Zinsvergünstigungen usw. ein Ausgleich versucht wird. Diese können aber nicht einmal verhindern, daß sich Strukturschwächen in den gleichen Gebieten immer wieder aufs Neue bilden. Gegenüber der durch moderne Techniken ständig gesteigerten Ressourcenmobilität sind die Gegenmaßnahmen gewöhnlich trivial.

Einige Staaten mit absolutistischer Wirtschaftspolitik hatten die bürgerlichen Freiheiten aufgehoben und damit Disparitäten- und Wanderungsprobleme vorübergehend gelöst. Sie zahlten dafür mit zu geringem Wachstum und Fortschritt in ihren Kerngebieten. Andere Regierungen erlauben Freiheiten im Binnenbereich, verstehen sich aber als Instrumente, die ein Entweichen mobiler Ressourcen ins Ausland verhindern sollen. Dies ist wohl eine sehr schlechte Lösung, weil sie das Entstehen von Disparitäten im Inland nicht verhindern kann. Demokratische Staaten setzen eher auf Zuwanderungsanreize für strukturschwache Gebiete. Eine solche Politik kann aber allzuleicht durch die Mesostrukturen des Systems ad absurdum geführt werden, denn:

• Die multilokale Organisation vieler Unternehmungen zieht die als Effekt der Förderung entstehenden Gewinne wieder in die Steuerungszentralen ab und läßt auch viele andere Erlöse, etwa für Dienstleistungen und Transporte dort anfallen.

• Der Bankenapparat zieht zwar das Sparkapital strukturschwacher Gebiete an sich, macht es aber für Unternehmen in der Peripherie schwerer, an kleine Kredite heranzukommen als in den Agglomerationsgebieten an große.

• Jeder Staat benachteiligt seine Peripherien durch allgemein gültige Tarife und Steuern, die in ihrer Höhe auf die durchschnittliche Leistungsfähigkeit der Bürger zugeschnitten sind. Dabei wird nicht berücksichtigt, daß in der Peripherie zu allen staatlichen Leistungen höhere Zugangskosten zu tragen sind. Diese Benachteiligung schneidet in Wohlfahrtsstaaten am schärfsten ein.

• Gleiche Löhne und Preise im gesamten Staatsgebiet sind bequem und scheinbar gerecht, machen aber Arbeit und Ressourcen an ungünstigen Standorten oft zu teuer.

Es gibt viele weitere derartige Effekte, die ihre Ursachen in Rechtsprinzipien, Freiheiten der Bürger und außerwirtschaftlichen Verhaltensweisen haben, auf die man keineswegs verzichten möchte. Ungleichgewichte und Disparitäten sind daher ein Preis, der für großräumige Wanderungsvorgänge zu zahlen ist.

Folgt man den Thesen von *Josef Schumpeter* (1926), so ist es die Dynamik schöpferischer Unternehmer, welche Ressourcen an neue Orte zieht. Der Staat hätte sich demnach weniger um den Ausgleich von Disparitäten durch Umverteilung zu kümmern, als vielmehr darum, an möglichst vielen Orten die Chancen für wirtschaftliche Neuerungen zu schaffen. Diese sind derzeit nur in den Großstädten und einigen Gunstgebieten als gut einzuschätzen. In kleineren Städten sind sie wegen vielfältiger Behinderungen der Gewerbefreiheit und dem übergroßen bürokratischen Aufwand nach wie vor sehr schlecht. Im Rahmen von Konzepten wie der endogenen Regionalentwicklung wird derzeit versucht, neue Wege der Förderungspolitik zu finden.

Wanderungstypologien und modellhafte Beschreibungen von Wanderungsvorgängen hat *Bähr* (1992) zusammengestellt, allerdings nur auf Menschen bezogen. Von großer Bedeutung ist dabei der Befund, daß bei Wanderungen nicht immer sogleich jener Zielort oder jenes Zielgebiet erreicht wird, dessen Potentiale die Wanderungsentscheidungen ausgelöst hatten. Es wird also in Etappen gewandert oder der Wanderungsvorgang bleibt irgendwo unterwegs hängen. *Stouffer* (1940) hatte versucht, dies mit seinem Konzept der „intervening opportunities", der dazwischentretenden guten Gelegenheiten, zu fassen. Sein Modell wurde bisher in der Forschung viel zu wenig beachtet (dazu *Bähr* 1992, 296).

Neben den realen und vermeintlichen wirtschaftlichen Vorteilen induzierten Ressourcenwanderungen und ihren Auswirkungen, wäre in diesem Zusammenhang auf zwei weitere Wanderungsmuster zu verweisen. Hedonistische Wanderungen sind nicht an Einkommensverbesserungen und Aufstieg orientiert, sondern an Lebensannehmlichkeiten. Diese Wanderungen, meist von Menschen in ihrem Lebensabend durchgeführt, sind in vielen der wohlhabenden und großräumigen Volkswirtschaftsregionen spürbar in Erscheinung getreten. Die Wanderer nehmen ihre Ersparnisse, Rentenansprüche, Rechte und ihr Know-how mit. Sie lassen Agglomerationen besonderer Art entstehen, in denen die Annehmlichkeiten des Lebens und Wohnens die entscheidende Rolle spielen. In den USA ist diese Entwicklung bisher am deutlichsten in den sogenannten Sunbelt-Staaten aufgetreten und in Florida und Südkalifornien in ihren Formen und Folgewirkungen besonders vielfältig. Nach dem Wegfall der meisten noch bestehenden Hemmnisse in Europa und wegen der zunehmenden Sprachkenntnisse der Menschen wird sich wohl auch hier ein Snowbelt-Sunbelt Wanderungsmuster in den Mittelmeerraum ausbilden.

Hedonistische Wanderungen folgen meist nicht objektiv feststellbaren Vorteilen, sondern dem Ruf oder der Legende einer Stadt bzw. Region, wofür *Geipel* (1988) wichtige Gedanken bringt.

Zwangswanderungen haben andere geographische Muster und die intervening opportunities spielen dabei eine große Rolle. Einer Vertreibung aus den bisherigen Standorten folgt eine Wanderungsbewegung, die zunächst von ganz elementaren Sicherheitsüberlegungen gelenkt wird. Man sucht Gefahren oder Hunger irgendwohin zu entkommen.

In der nächsten Etappe folgt die Niederlassung an Plätzen, wo man dauerhafte Aufnahme finden kann. Dort entfalten Zwangsemigranten vielfach besondere Anstrengungen, um an das Wohlstandsniveau ihrer Umwelt heranzukommen, was sie oft

genug unbeliebt macht. Erst nach längerer Zeit setzt sich ein normales Wanderungsmuster durch. Ganz ähnlich laufen wohl die Wanderungen von Fluchtkapital und
schwarzen Geldern ab, die in ersten Zielorten „weißgewaschen" werden und erst
nachher dauerhafte Anlage suchen.

Zuwanderung und Abwanderung mobiler Ressourcen bedeuten irreversible Veränderungen der Systemstrukturen, die zu ständiger Neuanpassung und Umorganisation
zwingen. Wenn auch Wanderungen für sich alleine nur selten ein Regionalsystem auf
neue Entwicklungspfade lenken werden, so können sie doch Einflüsse bewirken, die
an kritischen Bifurkationspunkten den Ausschlag geben.

VI.3 Störungen und Innovationen

VI.3.1 Katastrophen, Bonanzas und andere Störungen

Naturkatastrophen, Kriege und dergleichen sind aperiodische, nach Umfang und
Zeitpunkt nicht vorhersehbare Ereignisse (events). Die einzelnen Erdräume sind in
unterschiedlicher Weise durch Naturkatastrophen wie Erdbeben, Überschwemmungen, Wirbelstürme, Vulkanausbrüche, Seuchen und Dürren gefährdet. Auch bei Unruhen, Aufständen, Bürgerkriegen, Terrorismus und ähnlichen Ereignissen zeigen
sich weltweit bestimmte Anfälligkeitsmuster. Solche Gebiete werden oft in struktu-
rellen Schütterzonen liegen, wie wir sie in Kapitel III.3.2 am Beispiel des Thünenmodells erschlossen hatten. In Zonen, deren soziale und wirtschaftliche Ordnung bereits
zerrüttet ist, entfalten auch Naturkatastrophen eine stärkere Wirkung. Denn es ist ja
eine der Aufgaben funktionierender Gesellschafts- und Wirtschaftssysteme, die natürliche Umwelt so zu kontrollieren, daß mögliche Schäden für die Menschen vermindert werden.

Besonders häufig auftretende Störungen lassen sich als Risiken versichern und
somit abdecken. Dies erhöht allerdings die laufenden Kosten einer Aktivität in stö-
rungsanfälligen Gebieten und kann dazu führen, daß Investitionen unterlassen werden, obgleich alle anderen Ressourcen dort billig zu haben wären. Anfällige Teilgebiete werden daher auch in ihrer allgemeinen Entwicklung gegenüber anderen des
gleichen Regionalsystems zurückbleiben, wobei die Risiken vielfach stark überschätzt
werden. Die gegebene Kombination von Naturrisiko, sozialer Anfälligkeit und Unterentwicklung braucht nämlich nicht zu heißen, daß in solchen Gebieten die Gewinnchancen schlecht wären. Wenn z. B. Naturkatastrophen in Intervallen von 20–30
Jahren zu erwarten sind, die Amortisation einer Investition aber in 5 Jahren zu
erreichen ist, kann die Chance vorzüglich sein, ungeschoren davonzukommen.

Eine Unterscheidung von Störungen und Katastrophen ist sicher nur pragmatisch
zu finden. Katastrophen können wir mit einer Vernichtung von Formal- und Funktionalstrukturen verbinden. Störungen schädigen Formalstrukturen und setzen vorübergehend Teile der Funktionalbeziehungen außer Kraft. Besonders deutlich wird dieser
Effekt bei einem Streik. Während er andauert, liegen Ressourcen vorübergehend
brach, ohne daß man für sie eine andere Verwendung suchen würde, da man erwarten darf, nachher so weitermachen zu können wie vorher. Jede Katastrophe ist in
diesem Sinne eine Störung, aber nicht jede Störung eine Katastrophe.

Bei anhaltenden Störungen und unmittelbar im Gefolge einer Katastrophe werden
Hilfskonstruktionen improvisiert, wobei die sonst üblichen Hemmnisse gegenüber
Neuerungen wegfallen. Mitunter erweisen sich solche Behelfe als dem früheren Zu-
stand überlegen. Der bekannte Spruch „Der Krieg ist der Vater aller Dinge" des

Griechen *Heraklit* (um 500 v. Chr.), von dem übrigens auch die Erkenntnis des Fließgleichgewichts stammt, nimmt auf diese Erfahrung Bezug.

Nach Beendigung der Störung folgt eine Normalisierungs- und Wiederaufbauphase. In dieser wird versucht, den vorherigen Zustand des Systems hinsichtlich Mikro-, Meso- und Makrostrukturen zu regenerieren. Eine solche „Restauration" kann selten vollständig gelingen, da sich im mikrostrukturellen Bereich eingetretene Veränderungen durch neue persönliche Erfahrungen der Menschen nie ganz rückgängig machen lassen. Sozioökonomische Systeme haben eben keinen Steady-state.

Wirtschaftsgeographisch ist dieser Umstand von größtem Interesse. Katastrophen beseitigen nämlich unterschiedslos voll funktionsfähige Strukturen wie auch solche, deren Nützlichkeit bereits geschwunden war, die man aber infolge der Trägheit aller menschlichen Einrichtungen weiterverwendete. Naturkatastrophen und Kriege machen dies besonders deutlich. Die gelockerten Systembeziehungen im sozialen und wirtschaftlichen Feld bieten unvermutete Chancen für die Durchsetzung von Alternativen, die vorher von einem metastabilen Systemregime unterdrückt worden waren.

Für einen solchen Vorgang sind die italienischen Eiskonditoren aus dem Val die Zoldo in den Dolomiten ein schönes Beispiel (*Rohrmaier* 1978). Schnee von den Bergen wurde schon früh aus den Dolomitentälern zur Bereitung von Speiseeis nach Venedig gebracht. Einige Eistransporteure aus Zoldo begannen, sich um 1830 im Sommer als Eiskonditoren zu betätigen. Sie unternahmen dazu weite Wanderungen in Städte, wo wie in Venedig eine reiche Oberschicht vorhanden war, aber noch keine Konkurrenz aus anderen italienischen Alpentälern auftrat. Solche Städte waren Wien, Leipzig und Budapest. Die Bevölkerung von Zoldo lebte jedoch hauptsächlich von der Arbeit in Nagelschmieden und Sägewerken. Als aber eine Folge von Überschwemmungen zwischen 1882 und 1890 mehrfach diese Anlagen zerstört hatte, wandten sich auch Nagelschmiede und Nagelhausierer dem Speiseeisgeschäft zu, nachdem viele von ihnen vorher für einige Jahre ihr Glück als Bauarbeiter in Österreich-Ungarn und im östlichen Deutschland versucht und dort den Erfolg ihrer Landsleute gesehen hatten.

Interessant ist, wie die Ausrichtung nach dem Osten Europas erhalten blieb, die noch in einer Zeit entstanden war, als das Zoldo-Tal zu Österreich gehört hatte. Erst nach dem Zweiten Weltkrieg ergab sich eine Verlagerung der Zielgebiete nach Westdeutschland und Westeuropa. Bis heute sind die Zoldaner Eiskonditoren eigentlich nur selbst-angelernte Arbeiter. Im Sommer betreiben sie ihre Eissalons. Den Winter verbringen sie in ihrer Heimat. Dort werden die Ersparnisse investiert und sind auch Pensionatsschulen für die Kinder entstanden.

Dieses Beispiel zeigt uns, wie im Gefolge einer Naturkatastrophe, der mangels Kapital kein Wiederaufbau folgen konnte, eine zunächst bescheidene Innovation verstärkt wurde und als Ausweg durchbrach. Sie hat eine ziemlich extreme Wirtschaftsform entstehen lassen, die sich strukturell stabilisiert hat und seit über 100 Jahren nun recht erfolgreich ist. Bemerkenswert ist ferner, daß die gesamte Sozialgruppe räumlich mobilisiert wurde und nicht etwa nur eine frühere Unterschicht. Möglicherweise geht auch die Entstehung anderer semi-mobiler und ambulanter Lebens- und Wirtschaftsformen auf solche auslösende Ereignisse zurück, etwa der irischen Tinkers, der Zigeuner und mancher Nomadengruppe. In unserem Beispiel war wohlgemerkt die Katastrophe nicht die Ursache, sondern der Auslöser und Verstärker einer strukturell bereits möglichen, aber nicht breiter aufgegriffenen Entwicklung.

In weitestem Umfang sind natürlich Kriege, insbesondere verlorene Kriege solche Auslöser. Sie können nämlich ein Regionalsystem insgesamt so schwer erschüttern, daß eine Rückkehr zu früheren Zuständen auf mikrostruktureller Ebene völlig unmöglich wird und die unvermeidliche Neustrukturierung bis auf die Makroebene durchschlägt. Oft führt dies zu Nachkriegsrevolutionen. Daneben gibt es das Phänomen des supererfolgreichen Kriegsverlierers, der von allem Ballast und Schrott der alten Zustände befreit wie ein Phönix aus der Asche sein Wirtschaftswunder erlebt.

Ein Beispiel dafür was der deutsch-dänische Krieg von 1864, den Dänemark verlor und mit großen Gebietsabtretungen bezahlte. Die Niederlage zwang das Land, sich statt wie bisher nach Deutschland nun nach England zu orientieren, und dafür seine recht einfache Landwirtschaft zu einer exportorientierten Veredelungswirtschaft umzugestalten. Dänemark hat dies mit solchem Erfolg getan, daß es reich wurde. Noch heute ist seine Stellung in starkem Umfang von diesen Gegebenheiten bestimmt.

Die dänische Entwicklung läßt sich schön in dem Diagramm (Abb. VI-13) darlegen. Eine Restauration war unmöglich und der frühere Entwicklungspfad als Getreide- und Viehexporteur auf den Kontinent durch den Krieg gegen Preußen und Österreich blockiert. Die Neuentwicklung war ein Ausweg, zu dem sich die Dänen angesichts ihrer früheren Konflikte mit England wohl nicht ganz leicht entschlossen haben, wobei aber eine Alternative nicht bestand. Nichtfinden eines Auswegs hätte das System Dänemark zum Zurückkrebsen auf einer Hystereseschleife gezwungen. Vermutlich hätte dies zum Verlust der Unabhängigkeit des Landes geführt.

Solche Vorgänge, die wiederum in kleinen Regionalsystemen häufiger auftreten als in großen, werden von der Katastrophen- oder Hazardforschung bearbeitet (*Geipel* 1977; *Geipel* et al. 1988; *Müller-Miny* 1959).

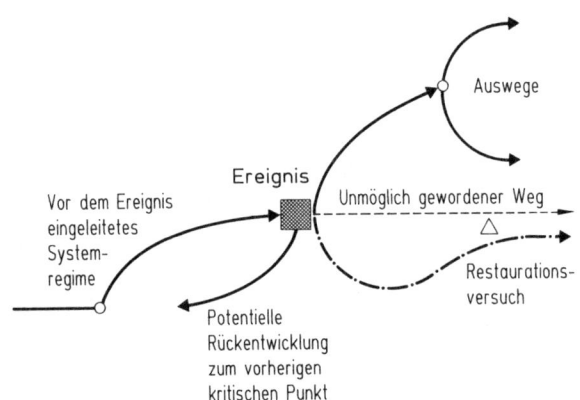

△ = unbeabsichtigter Veränderungseffekt

Abb. VI-13 Alternative Kriegs- und Katastrophenfolgen

Als Beispiele für die in Abb. VI-13 erläuterten Situationen können aber nicht nur Schadensereignisse, sondern auch ungewöhnliche Glücksfälle angeführt werden, die wir als „Bonanza" bezeichnen wollen. Charakteristisch ist, daß eine Bonanza, etwa als plötzlicher Geldstrom, das System zu raschester Umgestaltung zwingt, andernfalls würde der Segen zu alles auflösender Katastrophe, die ein ganz anderes und vermutlich unerwünschtes Systemregime zur Folge hätte. In den arabischen Golfstaaten waren die Erdölfunde solche Bonanzas und zugleich Auslöser einer umfassenden Umstrukturierung. *Ritter* (1985a) beschreibt dies am Beispiel von Qatar. Während die jüngeren Erdölländer am Golf den Erdölsegen auf Grund der Erfahrungen der früheren flexibel verkraften konnten, wobei natürlich die Lösungen einander recht ähnlich wurden, kam es im Iran, im Irak und in Libyen zu Revolutionen. Dem läßt sich zur Seite stellen, wenn *Georgescu-Roegen* (1993) die als Fordismus bezeichnete industrielle Hochblüte unseres Jahrhunderts als Bonanza anspricht, geht diese doch auch sehr deutlich auf die plötzlich unlimitierte Verfügbarkeit dieses Energieträgers zurück.

Daß ungemessenes Glück schwierig zu bewältigen ist und leicht zu Krisen führt, ist nur allzugut bekannt. Was in kleinem Maßstab den Lottokönigen zu passieren pflegt, erlebten in größerem Maßstab die Erdölländer Algerien, Mexico und Nigeria, die ihre Schuldenberge nicht mehr abtragen können. Selbst die bescheidene Bonanza der Niederlande mit ihrem Erdgasfeld in Groningen führte zu einem so verschwenderischen Einsatz von Energie in neuen Industrien und von leichtverdienten Mittelzuflüssen aus dem Ausland für Subventionen und Sozialleistungen, daß ihr Preis die „dutch-disease" der niederländischen Wirtschaft war.

VI.3.2 Innovation und Innovationsdiffusion

Die Erscheinungen der Innovation und Innovationsdiffusion sind in jüngerer Zeit in der wirtschaftsgeographischen Forschung breit bearbeitet worden. Die Ergebnisse lassen immer deutlicher erkennen, daß fast alle geschaffenen Systemelemente auf Innovation zurückgeführt werden, und daß uns die Ausbreitungs- und Rückzugsprozesse im Gefolge von Innovationen den Schlüssel zum Verständnis der Gefügemuster unserer Systeme geben können.

Die wichtigste zusammenfassende Darstellung der Innovationsproblematik gibt *Windhorst* (1983). Die Ursprünge der Innovationsforschung sind im Studium kulturgeographischer Diffusionsvorgänge in den USA und in den Ansätzen *Schumpeters* in den Wirtschaftswissenschaften zu suchen. Heute wichtige theoretische Einstiege liefern *Hägerstrand* (1952; 1953), *Malecki* (1975), *Wirth* (1979), *Haggett* (1973), *Brown* (1981) sowie *Heinze* und *Kill* (1987).

Innovation oder Neuerung bedeutet aus wirtschaftsgeographischer Sicht die Einführung neuartiger Elemente wie Betriebsformen, Bauformen, Verfahren, Produkte, Ressourcen, Organisations- und Absatzmethoden usw. in bestehende Regionalsysteme. Sie sind ihrer Art nach neu in dem Sinne, daß sie den Anwendern vorher nicht bekannt waren. Daher können auch im jeweiligen System, namentlich in dessen Mikrostruktur, noch keine Elemente vorhanden sein, die als Rezeptoren dienen und den Einbau der Neuerung ohne Folgewirkungen erlauben.

Diffusion bedeutet den Ausbreitungsvorgang der Neuerung, aus geographischer Sicht insbesondere dessen räumliche Komponente. Solche Abläufe sind den biologischen und kulturellen Vorgängen der Ausbreitung durch Wanderung und der Ideenweitergabe formal sehr ähnlich, wie sie z. B. in der Seuchenforschung schon früh breites Interesse gefunden hatten. Freilich ist Innovationsdiffusion von der Ausbreitung von Krankheiten durch Kontakte und Ansteckung oder von Wanderung und Kolonisation ökologischer Nischen durch Tierpopulationen doch vielfach verschieden.

Im wirtschaftlichen Bereich ist es günstig, zunächst einmal mehrere grundlegende Arten von Innovationen auseinanderzuhalten (*Ritter* 1985 b):

Erweiternde Innovationen bereichern das Repertoire der Menschen um bisher noch nie dagewesene Dinge. Sie schaffen grundsätzlich neuartige Funktionalbeziehungen, lassen neue Umstände zu Ressourcen werden und Freiheitsgrade entstehen. Ein schönes Beispiel für eine erweiternde Innovation ist der winterliche Skilauf im Gebirge. Er hat sich seit dem Beginn des 20. Jahrhunderts ausgebreitet, erstmalig Hangrelief und Schneedecke zu Ressourcen gemacht und als Folge Wanderungen und Kaufkrafttransfers ausgelöst. Inzwischen ist auch bereits ein Bündel weiterer innovativer Sportarten für den Winter im Gebirge entstanden. Einige andere Beispiele wären das Fernrohr und das Mikroskop, die Einführung der Mineraldünger in der Landwirtschaft oder auch die Techniken der Fliegerei, bevor man an ihre Anwendung auf Verkehrsprobleme dachte.

Verdrängende Innovationen sind bessere Lösungen für alte Aufgaben. Durch ihre Anwendung lassen sich Zeit, Geld, Rohstoffe oder Energie einsparen. Sie verdrängen die früheren Lösungen für spezifische Aufgaben, weil sie leistungsfähiger sind. Ein Beispiel ist etwa die Einführung des Lastkraftwagens im Güterverkehr, der Tragtiere, Fuhrwerk und Eisenbahnen gleichermaßen verdrängen konnte. Auch hier entstehen neue Ressourcen und Funktionalbeziehungen, sofern dies notwendig ist und die Rezeptoren der Systeme zu geringe Kapazitäten aufweisen. Nicht selten liegt ein Vorteil gerade darin, daß man keine solchen Rezeptoren braucht oder schaffen muß. So konnte sich der Lastkraftwagen in den arabischen Wüsten auch ohne Straßen, Tankstellen und Reparaturwerkstätten sehr rasch durchsetzen.

Erweiternde wie auch verdrängende Innovationen sind von Moden und Produktweiterentwicklungen einfacher Art zu unterscheiden. Diese bringen auch Novitäten hervor, bleiben aber dabei ganz im Rahmen der bestehenden Systemstrukturen. Innovationen sind ex definitione mit dem Bestehen völlig oder teilweise inkompatibel, finden keine passenden Anschlüsse in der Formal- und Funktionalstruktur vor, weshalb diese zu ihrer Aufnahme umgebaut werden müssen. In diesem Zusammenhang müssen wir Mikro-, Makro- und Basisinnovationen unterscheiden.

Mikroinnovationen sind ihrer Art nach relativ unbedeutend. Sie können daher bereits von der untersten Ebene der Mesostrukturen, also den Einzelwirtschaften voll bewältigt werden und ziehen auf den hierarchisch höheren Ebenen keinen Umbau von Meso- und Makrostrukturen nach sich. Als Beispiel läßt sich die Einführung des Muttertags in den Dreißigerjahren anführen, welche *P. Schöller* (1965) als Innovation untersucht hat. Seine Auswirkungen beschränken sich auf geringfügige Absatzsteigerungen bei Blumen und Geschenken. Sicherlich ist hier die Grenze zu einer Mode nicht scharf zu ziehen, wenn man sich auch von dem gängigen, zyklischen Modebegriff freimachen muß. Die Verwendung des Christbaums als Weihnachtssymbol hat bereits stärkere und gesellschaftlich nicht mehr umstrittene Auswirkungen.

Makroinnovationen sind grundsätzlich nicht harmlos. Sie erfordern wesentliche Strukturveränderungen auf Meso- und Makroebene der Regionalsysteme. Diese Umbauten kosten Zeit und Geld und begünstigen vermutlich auch andere Personenkreise als die bisherigen Zustände. Oftmals werden solche Auswirkungen von starken gesellschaftlichen Gruppen antizipiert und der Innovationsverlauf aus diesem Grunde abgeblockt (*Ritter* 1985 b). Dies war in Deutschland und einigen anderen europäischen Ländern bei der Atomenergie der Fall, deren vorgesehener rascher Ausbau schon Anfang der Achtzigerjahre wieder eingestellt wurde. In anderen Fällen muß der Weg zur Anwendung von Makroinnovationen erst mühsam von behindernden Rechtsbestimmungen freigeschaufelt werden.

Als Basisinnovationen bezeichnet man Makroinnovationen, die auf lange Sicht einen so grundlegenden Umbau der bestehenden Strukturen bringen, daß dazu eine ganze Serie zusätzlicher Innovationen in ergänzenden Problemfeldern nötig wird. Diese müssen die Innovation von einem Anwendungsbereich zum anderen begleiten. Eine solche Basisinnovation war der motorisierte Straßenverkehr mit seinen Auswirkungen auf Neuerungen in der Straßenbautechnik, Verkehrsregelung, Fahrzeugbau, Erdölwirtschaft, Pendlerwesen, Einkaufsverhalten und seinem Überspringen als Mechanisierung auf die Land- und Forstwirtschaft und von dort wieder, dank immer kleinerer Verbrennungsmotoren, auf zahllose andere Anwendungsgebiete. Als eine jüngere Basisinnovation kann inzwischen die Mikroelektronik gelten.

Eine Innovation ist nicht mit der Erfindung und der ersten Anwendung von Neuerungen gleichzuhalten, sondern mit derem breiten Einsatz für ganz normale kommerzielle und private Probleme. Dieser ist wieder von der Diffusionsfrage sachlich nicht zu trennen. Die Innovationsforschung hat daher die Verbreitung einer Neuerung innerhalb einer Population potentieller Anwender und ebenso ihre Ausbreitung in räumlicher Hinsicht zu untersuchen. Dabei muß ferner beachtet werden, daß Innovationen außerhalb von Systemstrukturen begrifflich unmöglich sind.

Im Rahmen der ersten Fragestellung wurden Phasen der Diffusion erkannt, die besonders *Rogers* (1962) und *Kiefer* (1967) dargestellt haben. Diese sind ganz besonders bei den verdrängenden Innovationen interessant (*Ritter* 1981b, 7f.). Dabei lassen sich im Gesamtablauf eines sogenannten Diffusionszyklus mehrere Phasen unterscheiden (Abb. VI-14).

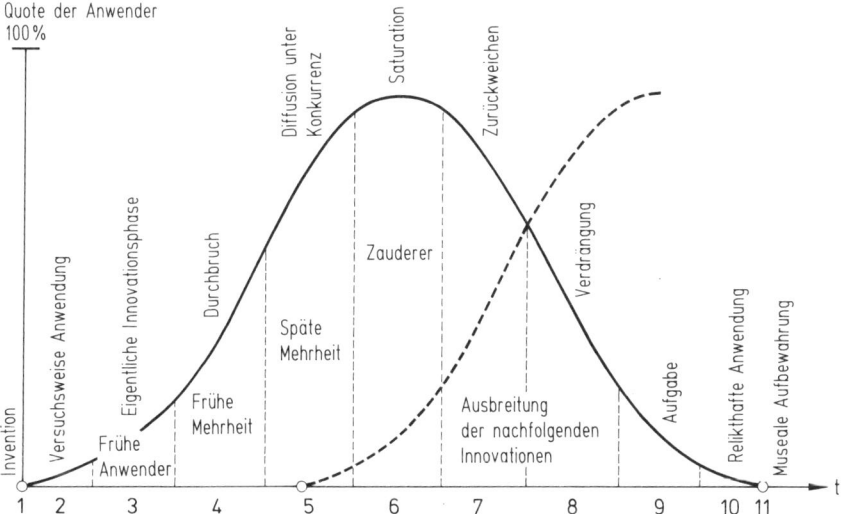

Abb. VI-14 Diffusionszyklus bei verdrängenden Innovationen (idealisiert)

1) Die Phase der Invention: Erfindungen können das Ergebnis gezielter Suchstrategien nach Problemlösungen sein oder das Produkt zufälliger Inspiration. Die verwendete Ursprungsidee kommt oft aus gänzlich anderen gesellschaftlichen Zusammenhängen oder Tätigkeitsfeldern. So entstand die Idee des Schienentransports im Bergbau, wo meist von Kindern sehr schwere Lasten über unebenes Ge-

lände zu bewegen waren. Viele Erfinder sind erfolglos, weil sie außerhalb der relevanten Beziehungsfelder stehen. Ihre Ideen bleiben dann für lange Zeit völlig unbeachtet, bevor sie später vielleicht eine Innovation auslösen.

2) Die Phase der versuchsweisen Anwendung: Die Vorstufe einer Innovationsdynamik stellt sich oft als probeweise Anwendung für ganz spezielle Aufgaben unter besonderen Rahmenbedingungen dar. Dafür sind die internen Strukturbereiche von kleineren Systemen besonders geeignet, wo solche Experimente auf weniger Widerstand stoßen. Wirtschaftliche und technische Neuerungen werden häufig nur von einzelnen Firmen angewandt oder gelangen zuerst ins Militärwesen. Dort können dann potentielle Neuerungen jahrzehntelang steckenbleiben, weil ihre Anwendung zunächst nur in diesem extremen Rahmen sinnvoll ist. Auch der Schienentransport blieb auf den Bergbau beschränkt, bis er von den Besitzern der Kohlegruben als alternative Technik für Schwertransporte zu Häfen und Fabriken „entdeckt" wurde. Die versuchsweisen Anwendungen können aber das Vorteilspotential der Neuerung klarstellen und so den Weg für die nächste Phase öffnen.

3) Die Phase der eigentlichen Innovation: Sie führt zu einer breiten Anwendung, wobei Innovatoren, d. h. schöpferische Unternehmer im Sinne von *J. Schumpeter* die Neuerung gegen alle Widerstände durchsetzen. Allerdings beschränken sich diese Pioniere ebenfalls noch gerne auf spezielle Anwendungsfelder, die mit den bisher üblichen Problemlösungen nur randlich in Konkurrenz treten, da einem völligen Durchbruch noch immer große organisatorische Hemmnisse entgegenstehen, von denen Spezialanwendungen frei sind.

Dies läßt sich mit dem von *Riedl* (1990, 245) in der Biologie verwendeten Begriff der „Bürde" verknüpfen. Neuerungen können dort eher ansetzen, wo die gesellschaftlichen oder ökonomischen Strukturen nicht mit institutionalisierten Erwartungen, Regelungen und streng fixierten Beziehungen zu anderen Elementen belastet sind. Sie tragen in solchen Fällen nur eine geringe Bürde, was freies Experimentieren erlaubt und keine Widerstände provoziert.

Wichtig ist aber, daß nun organisatorische Strukturen und technische Hilfseinrichtungen entstehen, breit über mögliche Verbesserungen nachgedacht wird, sich ein Pool von Know-how bei den Fachleuten bildet und sich Interessentenverbände und Pressure-groups formieren, die den Diffusionsagenturen bei *Brown* entsprechen.

4) Die Durchbruchsphase: *Rogers* (1962) läßt auf die „early adopters" die frühe Mehrheit, dann die späte Mehrheit und die Zauderer folgen, ein sehr guter Gedanke, der jedoch nicht allein quantitativ gesehen werden darf. Wenn die frühen Anwender die Vorteilspotentiale erkennbar gemacht haben, kann die breite Anwendung als Standardlösung für ein Problemfeld folgen. Die Hemmschwellen der Annahme der Innovation werden rasch herabgesetzt. Damit setzt die räumliche Diffusion in regelhafter Form ein und läßt sich mit Kartierungsmethoden erfassen. Ältere Techniken werden langsam aufgegeben, doch da die Masse der Anwender noch an ihnen festhält und sich auf sie stützen kann, werden bestehende Systemstrukturen noch nicht zerstört.

5) Die Phase der Ausbreitung unter Konkurrenz zu älteren Lösungen: Sie zeigt ein gänzlich anderes Bild. Die Neuerung ist nun etabliert, die ältere Technik weitgehend aufgegeben. Damit werden sukzessiv Strukturelemente zerstört, welche jene gestützt hatten. Wo diese unzureichend werden, muß die Innovation angenommen werden. In dieser Phase wird also die Notwendigkeit des Umbaus der Systemstrukturen deutlich spürbar. Zugleich aber schrumpfen die Vorteile, weil man auf

immer weniger ergiebige Anwendungsfelder kommt. Dies leitet spätestens jetzt die Suche nach Alternativen ein, die zu einer nachfolgenden Innovation werden können.

6) Die Phase der Saturation: In dieser Phase übernehmen auch die Zauderer die Neuerung, weil sie anders nicht mehr können. Vorteile haben sie davon kaum mehr. Die Innovation erreicht nun ihre größte Ausbreitung in sachlicher und räumlicher Hinsicht, gleichzeitig beginnt aber schon ihre Verdrängung.

Oft werden raffinierte Speziallösungen angeboten, um restliche, bisher noch nicht erreichte Anwendungsfelder aufzuschließen, wie dies etwa mit Schmalspur und Zahnradbahn im Eisenbahnwesen der Fall war. Häufig kommt es zur Miniaturisierung, mitunter zum Luxurieren der Formen, d. h. zu extrem leistungsstarken oder modebedingten Spezialformen wie Schienenzeppelin, Überschall-Verkehrsflugzeug und Formel-1 Rennwagen.

7, 8 und 9) Die Phasen des Zurückweichens, der Verdrängung und der Aufgabe: Die einstige Innovation ist nun nicht mehr „neu". Daher schließen viele Autoren diese Phasen aus der Betrachtung der Innovationsproblematik aus. Dies ist aber wegen der Zusammenhänge mit nachfolgenden und vorausgehenden Innovationen ungünstig. Für die Geographie wird es eigentlich erst hier interessant (vgl. dazu *Wirth* 1979, 206), denn es tauchen die Probleme des räumlichen Rückzugs, der Strukturauflösung und der Überlebensstrategien von Institutionen und Unternehmen auf.

Den Phasen 7 bis 9 können komplementär die Diffusionsphasen einer nachfolgenden Innovation oder historisch die einstige Diffusion in den Phasen 3–5 entsprechen. Soviel man weiß, beginnt das Zurückweichen bei teuren Speziallösungen und an spät erreichten Orten, also bei den „Zauderern", die vielleicht gar keine Schlafmützen gewesen waren, sondern gute Gründe für die späte Übernahme hatten. Die Verdrängung greift dann schnell auf normale Anwendungsbereiche über. Kennzeichnend sind bis in die Phase 8 die Bemühungen, die alte Problemlösung zu verbessern, um sie beibehalten zu können. Dazu sind vom Aufwand her wohl eher die großen Anwender in der Lage, wie etwa die Deutsche Bundesbahn, die mit Inter- und Eurocity dem PKW auf Autobahnen und dem Flugverkehr eine erfolgreiche Verbesserungsstrategie entgegengesetzt hatte. In der Phase 9 wäre es dafür zu spät gewesen.

10) Phase relikthafter Anwendung: Sie entspricht der Phase 2. Von der einstigen Verbreitung sind nur einige seltene Spezialanwendungen als Relikte verblieben. Als Standardlösung wurde diese Technik längst aufgegeben. Der einstige organisatorische Rahmen ist samt dem Pool an Know-how aufgelöst.

Solche Spezialanwendungen sind häufig im Unterhaltungs- und Tourismuswesen zu finden, da ja generell alte Wirtschaftsweisen und Überlebenstechniken zu Sport und Amüsement absinken. So sind die klassischen Passagier-Linienschiffe heute zu Kreuzfahrtschiffen geworden.

11) Museale Aufbewahrung: Die allerletzte Phase ist das Äquivalent zur Erfindung. Zur Aufbewahrung gehört die bewahrende Dokumentation und wissenschaftliche Betreuung. Diese stellen sicher, daß all dies weiterhin zum verwendbaren Erfahrungsschatz der Menschheit gehört, auf den bei Bedarf zurückgegriffen werden kann.

Darstellung VI-14 zeigt die postulierten Zusammenhänge mit vorausgehenden und nachfolgenden Innovationen, welche freilich in der Realität nie so glatt in ihrem Ablauf sein werden. Dabei ist es interessant, an den zeitlichen Ansatzpunkt einer nachfolgenden Innovation zu denken. Man kann dies leicht an Hand des allgemeinen Modells durchspielen (Abb. VI-15 a und b). Wird für eine innovative Problemlösung eine nachfolgende Innovation als solche schon in der Phase 3 erkennbar, so wird es kaum mehr zu Durchbruch und weiterer Diffusion kommen können, da sich spätere Anwender und Zauderer gleich dem Neueren zuwenden und diese Technik früh der Aufgabe verfällt. Eine solche gedämpfte Diffusionskurve sollte sogar der vorausgehenden Lösung noch gewisse Anwendungsbereiche bewahren.

Derartiges war sicherlich im Eisenbahnwesen vieler Länder der Fall, wo überall der Eisenbahnbau nach dem Ersten Weltkrieg eingestellt wurde, weil man eine rasche Motorisierung des Güterverkehrs erwartete, die aber dann zugunsten des Pferdefuhrwerks und der Tragtiere doch nicht so schnell erfolgen konnte.

Tritt keine nachfolgende Neuerung auf, so verharrt eine Technik in ihrer Saturierung als Plateauphase, die dann Jahrtausende andauern kann. In derartigen Situationen der Technologieruhe können sich wohlgeordnete Anwendungsstrukturen bis hin zu ganzen Kulturlandschaften ausbilden.

Die geographisch am besten durchleuchtete Fragestellung ist die räumliche Diffusion. Sie läßt sich mit Hilfe von Ortsrastern messen und beobachten. Man kann auch den weiteren Verlauf einer begonnenen Diffusion mit einiger Sicherheit prognostizieren. In ähnlicher Weise läßt sich aus den bereits beobachteten Strukturänderungen in Anwendungsgebieten der Innovation auf die notwendigen Auswirkungen schließen, die in bisher noch unberührten Gebieten eintreten müssen.

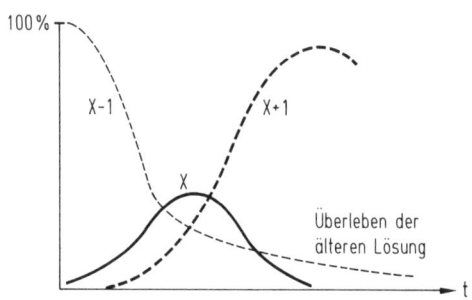

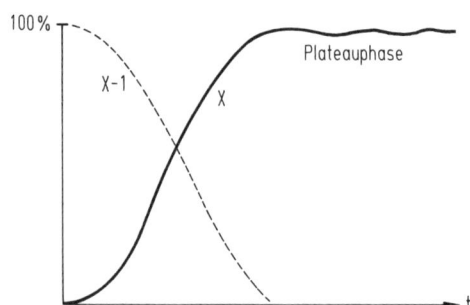

Abb. V-15 Alternativen der Verdrängungsproblematik

In der Geographie wurde der Diffusionsprozeß erstmals von *Torsten Hägerstrand* (1952, 1953) in ein strengeres Modell gebracht und simuliert (vgl. *Windhorst* 1983,

58 f). *Hägerstrand* geht davon aus, daß zukünftige Anwender die Innovation persönlich durch vertrauenswürdige Kontaktpersonen kennenlernen und sich daraus zu ihrer Übernahme entschließen. Mit diesem Kontaktmoment erhält die Diffusion eine gewisse Wahrscheinlichkeitskomponente. *Hägerstrand* sieht diese Wahrscheinlichkeit eines Kontakts als entfernungsabhängig an und postuliert im Umkreis des Standorts eines potentiellen Anwenders ein durch dessen übliche Beziehungen gebildetes „mittleres Informationsfeld". Neuerungen, die in dieses Informationsfeld eindringen werden ihm rasch bekannt, wogegen die Wahrscheinlichkeiten sehr viel geringer sind, daß er außerhalb dieses Umfeldes und von entfernteren Anwendungsorten etwas auf diesem Wege erfährt.

Um einen Innovator oder Anwender besteht natürlich ebenfalls ein solches Informationsfeld. Durch seine Kontakte läßt er in seinem Umkreis ein Innovationszentrum entstehen, das als „Herd" der weiteren Verbreitung dienen wird. Diese kann in regionalen Siedlungs- und Städtenetzen hierarchisch oder nach dem Nachbarschaftseffekt ablaufen.

Beim Nachbarschaftseffekt (Abb. VI-16 d) gelangt die Neuerung von einem Anwender zum nächstbenachbarten möglichen Adopter. Häufige persönliche Kontakte, Vertrauen und Nachahmungsbereitschaft und vor allem die Möglichkeit, die Innovation in ihrer praktischen Anwendung zu sehen, sind wichtig. Die Neuerung expandiert langsam und mit abnehmender Intensität ihrer Adoptionsquote vom Innovationszentrum nach außen. *Morrill* (1970) hat dieses Muster insbesondere für die Phasen 4 und 5 unseres Modells mit seinen Diffusionswellen zu fassen gesucht. Nachbarschaftseffekte dürften insgesamt eher bei erweiternden Innovationen anzutreffen sein.

Bei der hierarchischen Diffusion folgt die Ausbreitung vorhandenen gesellschaftlichen Kommunikationskanälen, die auch größere Distanzen überbrücken. Gute Bedingungen dafür bestehen im Rahmen zentralörtlicher Städtenetze. Hochrangige Zentren geben die relevanten Informationen an die nächstniedrigere Hierarchiestufe weiter, wo sich dann neue Innovationszentren ausbilden, und so fort (Abb. VI-16 c).

Hägerstrand hat dazu auch die mathematischen Simulationstechniken entwickelt, die es ihm erlauben, weitere Partner einzubauen, z. B. die Vermengung beider Ausbreitungsformen (Abb. VI-16 e) oder die Barrierewirkungen von Grenzen, Gebirgen und Gewässern als Kontakt- und Informationslücken.

Eine wichtige Weiterentwicklung dieser Überlegungen brachte *Malecki* (1975), der erstmals das Innovationsverhalten von Firmen in Abhängigkeit von Führungsstilen, Konkurrenzsituation, Firmengröße usw. untersuchte. Mittelgroße Firmen in großen Städten erwiesen sich als besonders innovationsfreudig, woraus sich eine Diffusion ergab, die im ganzen hierarchisch von den großen zu den kleineren Städten voranschreitet.

Brown hat dann 1981 diese Argumentation umgedreht und die Innovationsdiffusion nicht mehr von den Adoptern, sondern von den Anbietern her gesehen. Nach *Brown* wird die Verbreitung von Neuerungen von sogenannten „diffusion agencies" aktiv vorangetrieben. Diese können staatliche Institutionen oder private Firmen mit Gewinnabsicht sein. Innovationszentrum ist hier zunächst der Sitz des Diffusionsagenten. Dieser bemüht sich, die Innovation den potentiellen Anwendern bekannt zu machen und eventuelle Barrieren zu beseitigen. Die Diffusion kann durch direkte Kontakte oder über Informationsmedien erfolgen. In ausgedehnteren Regionen wird sich der Diffusionsagent mit Vorteil ein Zweigstellennetz aufbauen und diese Standorte als sekundäre Innovationszentren einsetzen. Dabei wird er in manchen Fällen

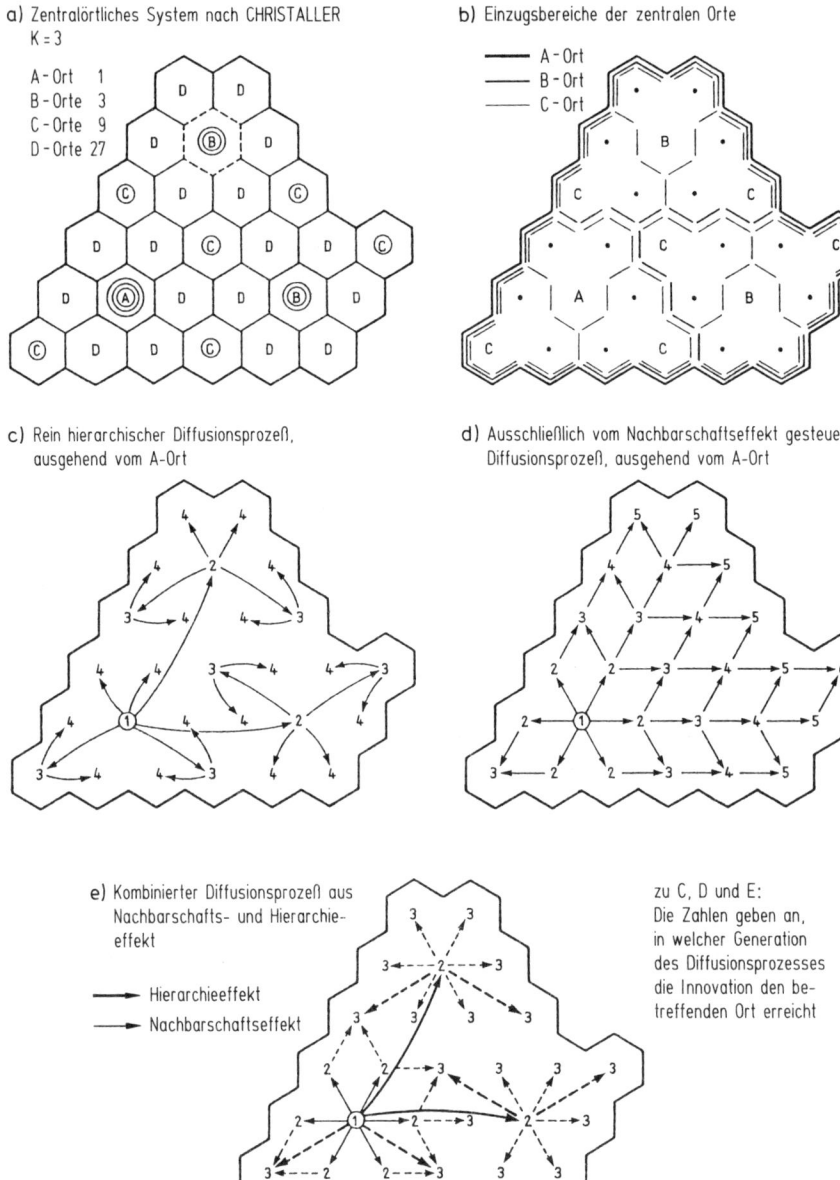

Abb. VI-16 Muster der Diffusion im zentralörtlichen System (aus *Windhorst* 1983, S. 98)

auf volle Flächendeckung achten müssen, also keinem der beiden obigen Modelle folgen. Wichtig ist vor allem der Unterschied zur Diffusionsweise nach *Hägerstrand*. Während dort kommunikative Wege postuliert werden, lassen sich bei dem Weg nach *Brown* in weitem Umfang Marketingtechniken einsetzen.

Das Modell von *Brown* entfaltet seine besondere Aussagekraft, wo die Diffusion weder durch persönliche Kontakte noch über das Städtesystem verbreitet werden kann. Dies ist dann der Fall, wenn die möglichen Adopter nur eine kleine, räumlich verstreute Gruppe sind oder ihre Anwendungsbereitschaft stark von lokalen Gegebenheiten beeinflußt wird.

Ersteres trifft bei Firmen bestimmter Branchen zu, die ja mit einer bloßen Innovationsidee noch wenig anfangen, sondern spezielle Problemlösungen als Abwandlungen brauchen, die ihnen nur ein Diffusionsagent beschaffen kann (dazu *Schamp* 1988; *Gschaider* 1981). Diffusionsagenturen sind in der Landwirtschaft sehr wichtig, wo man auf Produktionsgebiete mit ähnlichen Naturvoraussetzungen abstellen muß, da die Bauern ja wenig Nutzen hätten, wenn eine konventionell weitergegebene Neuerung von Klima und Boden her bei ihnen nichts bringen kann. Ein Grund vielleicht für die gerade bei dieser Anwendergruppe häufige Skepsis. In vielen Drittländern sind Stämme, Religionsgruppen und Klientelsysteme der bessere Ansatz. Die Diffusion erfolgt dann mit den Meinungsführern sozialer Gruppen als Agenten.

Falsch gewählte Agenten und falsch plazierte Diffusionsagenturen bedeuten Verzögerungen des Ausbreitungsvorgangs, da zwischen ihnen und den Adoptern Barrieren und Kontaktlücken zu erwarten sind. Das bekannte Versandhaus Quelle stieß vor kurzem auf einen interessanten Fall, als es seine telephonische Bestellannahme im Emsland aufbauen wollte. Es erwies sich als unüblich, aus der ehemaligen Grafschaft Bentheim in das „preußische" Lingen zu telephonieren. In Deutschland wirken sich, weit mehr als man glauben möchte, die Dialektunterschiede, alten Territorialgrenzen und die Konfessionen noch immer als kontaktmindernde Barrieren aus. In anderen Erdgebieten mögen solche Umstände sogar zu absoluten Barrieren werden.

Eine interessante Modifikation des einfachen Modells von Abb. VI-14 ist zu erwarten, wenn die Anbieter einer Produktinnovation aus einer Motivation handeln, die den Konsumenten fremd ist. Biobauern z. B. wollen aus idealistischen Beweggründen „natürlichen" Landbau betreiben, Biokonsumenten dagegen sich bloß gesund ernähren. Sachlich gesehen paßt dies nicht zusammen. Konsumenten reduzieren ihren Fleischgenuß, während der Bauer für seinen Bioanbau Viehhaltung betreiben muß, weil der Grünfutter zu verwerten hat und organischen Dünger braucht. Es wird in diesem Fall zwei Diffusionskurven geben, weshalb ich von „doppelter Innovation" sprechen möchte. Diese Kurven hängen sachlich zusammen, laufen aber nicht parallel, sondern weichen bald mehr bald weniger voneinander ab. Betrachtet man nur eine davon, so könnte man immer wieder einmal meinen, eine Sättigung wäre schon erreicht. Sehr viele Diffusionsprozesse müssen eigentlich solche Doppelvorgänge auf Anbieter- und Nachfragerseite sein. Die Abweichungen werden sich vor allem in den Anfangsphasen deutlich zeigen.

Weitere wichtige Diffusionshemmnisse auf mikrostruktureller Ebene können die Armut der möglichen Anwender, Kapitalmangel, zu kleine Betriebsgrößen, fehlende Zeit, zu geringes Bildungsniveau, kulturelle Präferenzen usw. sein. Sie zu beseitigen ist im Rahmen der Entwicklungspolitik und der Entwicklungshilfe ein wichtiges Ziel, um über eine Beschleunigung der Diffusionsvorgänge eine Verbesserung zu erreichen. Nicht minder wichtig ist dies beim Marketing eines neuen Produkts, das ja auch anwendergerecht gestaltet werden muß, was Techniker leicht übersehen.

Teile eines Regionalsystems, die aus solchen oder anderen Gründen eine Innovation sehr selektiv, sehr spät oder gar nicht annehmen, kann man als Pseudo-Rückzugsgebiete bezeichnen, weil dort noch ältere Verfahren angewandt werden. Solche Gebiete können aus diesem Grunde hinter der allgemeinen Entwicklung zurückbleiben. Besonders deutlich wird dies bei Produktinnovationen. Bei diesen endet eine Diffusion nämlich recht abrupt, wenn der Markt für das neue Produkt gesättigt ist.

Wer als Erzeuger dann noch nicht dabei ist, hat unter Umständen gar keine Chance mehr.

Für die Mehrzahl der direkt oder indirekt betroffenen Menschen und Institutionen sind Innovationen eine Belästigung. Sie zwingen zu Lernarbeit und verbreiten Verunsicherung. Daher neigt die Mesostruktur eines Regionalsystems dazu, den Neuerungsdruck abzudämpfen oder diese durch Verbote gleich unterbinden zu lassen. Dies kann lange Zeit Erfolg haben. Wenn aber Systemregime instabil werden, die Einzelwirtschaften an Kapazitätsgrenzen der üblichen Verfahren geraten, Engpässe und Streßsituationen gehäuft auftreten, dann kommt die Chance für Neuerungen, deren Einführung bisher vergeblich versucht wurde. Abbildung VI-17 soll dies veranschaulichen. Dazu wird das bereits gut bekannte Bifurkationsmodell benützt.

Zu einem Zeitpunkt (X) wird versucht, eine Innovation in das System einzuführen (D). Die Instabilität ist jedoch noch zu gering, als daß sich für potentielle Adopter das Umlernen lohnen könnte. Erst zum Zeitpunkt (Y) wird dies nötig. Ein Teil der Einzelwirtschaften entscheidet sich nun für die Alternative (A), ein anderer für (B). Ein Dritter will eigentlich beim Alten bleiben, wird aber durch den Druck der Umstände dann doch gezwungen, sich für (A) oder (B) zu entscheiden. Jene, die sich an sich für (B) entschieden haben, müssen sich ebenfalls (A) zuwenden, wenn diese rascher die Phase der frühen Mehrheit durchschreitet und das Übergewicht erlangt. Erst dann kann ein neues Systemregime stabil werden.

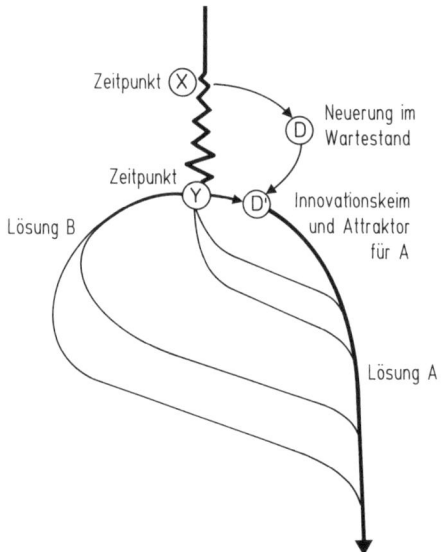

Abb. VI-17 *Bifurkationsmodell und Innovation*

Wodurch aber (A) sein Übergewicht erlangen kann, ist eine interessante Frage. Beachtung verdienen dabei die Versuche im früheren Zeitpunkt (X). *Reichart* (1986, 198) hat erstmals erkannt, daß diese nicht erfolglos geblieben sein müssen. Er spricht von „Wirtschaften im Wartestand" die aus solchen Versuchen hervorgingen, überleben konnten, aber nicht nachgeahmt wurden (D). Sie haben mit gewissem Erfolg eine neue Idee ausprobiert und Erfahrungen gesammelt.

Im Zeitpunkt (Y) können sie nun als „Innovationskeime" (D) bereitstehen, wenn andere Unternehmer auf der Suche nach Problemlösungen sind. Dies kann der einen Alternative, in unserem Beispiel (A) einen Vorsprung verschaffen, der als zusätzlicher Attraktor wirkt und ihr das Übergewicht verschafft. Die Diffusion kann dann schneller erfolgen als in Abb. VI-14, da eine Phase 2 und evtl. sogar 3 entfallen kann, wenn nicht mehr alles von Anfang an durchprobiert und durchgedacht werden muß.

Wirtschaftliche Neuerungen können generationenlang in Wartestellung verharren und die Pioniere längst verstorben sein. Als Innovationskeime spielen sie bei vielen scheinbar spontanen Diffusionsprozessen eine Rolle, da sie es ermöglichen, daß eine brauchbare Alternative zur richtigen Zeit und am richtigen Ort bereitsteht, wann und wo die instabile Situation zuerst drückend wird.

Heinze und *Kill* (1987, 39) haben von anderer Seite her diese Situation der Instabilität beleuchtet und sehen vier Stufen:

(1) Eine Systemstruktur hat expandiert und ihre Kapazitätsgrenzen erreicht. Die Engpässe sind drückend geworden.

(2) Man kennt und prüft verschiedene neuartige Lösungen mit höherer Kapazität.

(3) Die potentiellen Anwender ziehen es aber zunächst vor, durch Beseitigung von Engpässen die Kapazität des bestehenden Systems zu erhöhen. Falls dabei Innovationen Anwendung finden, kann man diese als konservative Neuerungen bezeichnen. Dieses Phänomen ist in der biologischen Evolution als Romer'sche Regel bekannt.

(4) Durch solche Maßnahmen expandiert das System weiter und dringt in neue Bereiche vor, was letztlich dann doch zur Anwendung der ursprünglich vermiedenen Lösung zwingt.

Falle es z. B. zutrifft, daß derzeit im Luftverkehr in der Bundesrepublik Deutschland eine solche Situation besteht, weil der Luftraum über die Sicherheitsgrenzen hinaus belastet ist, würden letztlich der neue Flughafen München und später auch Berlin keine Entlastung für Frankfurt bringen. Die Distanzen zwischen diesen Städten sind aber auch für den auf Neubaustrecken beschleunigten ICE-Zugverkehr zu weit.

Eine weiter gesteigerte Verkehrsnachfrage mit vielen Umleitungen mag dann doch der Magnetschwebebahn als schnellstem Festboden-Verkehrsmittel eine Chance geben. Wir können diese Überlegungen mit der Emergenzhypothese der soziologischen Systemtheorie verbinden.

Innovationen hat erstmals *Borchert* (1961) als geographische Regelerscheinungen bezeichnet. Diese Auffassung soll hier bekräftigt werden. Für eine systemorientierte Wirtschaftsgeographie wird die Innovationstheorie grundlegende Bedeutung haben, denn sie kann viele Verständnislücken füllen, welche die bisherigen aus der Sozialwissenschaft oder der Nationalökonomie entlehnten Theorien offen lassen mußten. Freilich ist dazu noch viel Forschungsarbeit zu leisten.

Kapitel VII
Makrostrukturelle Dynamik in wirtschaftlichen Regionalsystemen

VII.1 Revolutionäre Veränderungen

Gegenüber kurzen Katastrophenepisoden, langsamen Wanderungsvorgängen und Veränderungen durch Umbauten, ebenso aber auch gegenüber kleineren Innovationen, die von der Mikro- und Mesostruktur der Regionalsysteme absorbiert werden können, gibt es tiefgreifende Umwälzungen, die alle Subsyteme auf allen Ebenen für eine größere Region betreffen. In der Tat postuliert *Prigogine* mit seinem Theorem vom Entstehen einer neuen Ordnung aus dem Chaos einer solchen Flutuation derartige Ereignisse als Ausgangspunkte neuer Entwicklungen. Was aber sind nun solche Situationen, in denen ein systemweites Chaos entsteht? Oder besser, was sind solche Vorgänge, die alle bisherigen Strukturen entwerten, durch welche die Menschen von Ereignissen überrollt werden, so daß sie die Maßstäbe raumbezogenen Verhaltens verlieren und erst wieder neue entwickeln müssen? Was geschieht, wenn ganze Segmente der Systemstruktur funktionslos werden? Was entsteht, wenn ein Systemgefüge gewaltsam auseinandergerissen wird und was schließlich, wenn es insgesamt zusammenbricht?

Solche Vorgänge sind revolutionär im Sinne von „umwälzend". Die Veränderungen, die sie nach sich ziehen, werden nicht freiwillig und bewußt angenommen wie einfache Innovationsfolgen. Sie lassen sich oft gar nicht vorhersehen. Revolutionen müssen ferner nicht plötzliche Ereignisse sein. Die Umwälzungen können schon wegen der gleichzeitig notwendigen Veränderungen im wirtschaftlichen, sozialen und politischen Bereich und wegen der Anpassung von der Mikroebene bis zur Makroebene und wieder zurück mehrere Generationen dauern, ohne daß bis dahin eine ausgeprägtere Stabilität oder eine zufriedenstellende Entsprechung der Systemstrukturen erreicht werden könnte. Menschen akzeptieren diese Ungewißheit nur ungern. Seit dem Einsetzen der sogenannten Industriellen Revolution läßt sich sehen, wie eine „fortschrittliche" politische Strömung nach der anderen eigentlich nur das Erreichte konservierend erhalten möchte. Dies aber wird erst dann denkbar, wenn sich die gegensätzlichen Veränderungsmomente voll austariert haben und dieser Zeitpunkt ist noch fern. Es lassen sich derzeit mehrere revolutionäre Ereignissequenzen identifizieren, wie die Übergänge zu einer anderen Wirtschaftsstufe, der Umbau einer Region nach einer neuen Ideologie, Ressourcenkrisen, territoriale Umgliederungen und Kolonisation. Dies soll nicht ausschließen, daß auch andere Vorgänge im konkreten Fall auf ein Regionalsystem umwälzend wirken. Ebenso ist diese Einstufung maßstabsbedingt. Im kleineren Rahmen gehen alle Revolutionen in jene Vorgänge über, welche im vorigen Kapitel behandelt wurden. Von Revolutionen dürfen wir als gemeinsames Kennzeichen fordern, daß sie Mikro-, Meso und Makrostrukturen der Systeme gleichermaßen zu Änderungen zwingen und zwar an allen Orten größerer Regionalsysteme. Dies schließt also Umwälzungen aus, welche nur Einzelwirtschaften oder lokale Siedlungsgemeinschaften betreffen.

Bisher wurden im Rahmen der Geschichtswissenschaft vornehmlich die makrostrukturellen Aspekte solcher Revolutionen beachtet. Die vermutlich meist lange vor dem eigentlichen Ereignis einsetzende mikro- und mesostrukturelle Dynamik fand weniger Beachtung. Fast völlig vernachlässigt erscheint der räumliche Aspekt, über welchen wir noch beschämend wenig wissen. Solange der Veränderungsvorgang läuft, lassen sich die Ergebnisse von Revolutionen nicht exakt prognostizieren, so daß man auf Utopien und das Durchspielen von Scenarios angewiesen bleibt.

VII.1.1 Der Übergang zu einer anderen Wirtschaftsstufe

Am Beispiel der Basisinnovationen ließ sich zeigen, daß diese zahlreiche Folgeinnovationen und Anpassungsmaßnahmen verlangen, wodurch bisherige Strukturen zerstört werden. Die Nicht-Akzeptanz solcher Neuerungen bringt aber so schwere Nachteile, daß dies praktisch ausgeschlossen ist. Man muß sich im Krieg der Feuerwaffen bedienen, wenn der Gegner damit schon ausgerüstet ist. Die Basisinnovation liegt am Anfang einer langen Kette von Veränderungen.

Bei den Übergängen zwischen Wirtschaftsstufen liegt die Sache nicht so einfach. Ackerbau, Nomadismus, Städtewesen und Industrie sind keine einfachen, aus einzelnen Erfindungen hervorgegangenen Institutionen, sondern eher Emergenzphänomene, die auf einer Vielzahl zusammenwirkender Innovationsschritte beruhen. Der Prähistoriker G. *Childe* sprach (1952) analog zur sogenannten „industriellen Revolution" von einer „städtischen Revolution" als dem Ursprung der Hochkulturen und von einer „neolithischen Revolution" als dem Übergang zum seßhaften Bauerntum. In allen drei Fällen wird nur das Endergebnis, nicht aber der Vorgang selbst zum Ausdruck gebracht. Solche Übergänge sind aber zweifellos die bemerkenswertesten Ereignisse in der Geschichte der Menschheit, eines Volks oder einer Region. Wir wollen dafür „Stufensprünge" sagen.

Eine gewisse Systematik solcher Stufensprünge läßt sich an Hand der Stufentheorien (Vgl. *Schachtschabel* 1971, *Schätzl* 1993, 162 ff) ableiten. Dies soll hier an Hand der geographischen Stufentheorie von *Hans Bobek* (1959) geschehen. Dieser identifiziert sechs Hauptstufen der Gesellschafts- und Wirtschaftsentwicklung, in deren Rahmen man die drei Revolutionen nach *Childe* zwanglos eingliedern kann (Tab. VII-1). Die anderen Stufenübergänge nach *Bobek* wären eher als graduelle Evolutionen

Tab. VII-1 Revolutionen und Hauptstufen der Gesellschafts- und Wirtschaftsentwicklung (nach *H. Bobek* und *G. Childe*)

Stufe:	Spezifische Bevölkerungsdichte pro km^2
1) Wildbeuter	0,01–0,05
2) Spezialisierte Jäger, Sammler, Fischer	0,1–0,5
– Neolithische Revolution seit ca. 8000 v. Chr.	
3) Sippenbauerntum	5–20
3a) Hirtennomaden	0,1–1,0
4) Herrschaftlich organis. Agrargesellschaft	10–50
– Städtische Revolution seit ca. 4000 v. Chr.	
5) Älteres Städtewesen	20–200
– Industrielle Revolution seit dem 18. Jhdt. n. Chr. in mehreren Phasen ablaufend. Ihr Ergebnis sind vorläufig:	
6) Jüngeres Städtewesen und Industriegesellschaft	50– über 1000

anzusehen. Dies schließt jedoch nicht aus, daß sie ebenfalls revolutionären Charakter annehmen, wenn eine Bevölkerung oder ein Land dazu gezwungen werden. Nicht selten sind dann mehrere revolutionäre Vorgänge untereinander verquickt.

Gegen *Bobeks* Stufen lassen sich mancherlei Vorbehalte anbringen. So etwa unterscheidet er nicht konsequent zwischen seßhaften und nomadischen Lebensformen, die es gleichwohl zu allen Zeiten gegeben haben muß, und nicht nur bei der Ausbildung seiner dritten Stufe als Anpassungsform an Trockenräume. Man kann ihm auch bei der Einordnung der Hirtennomaden nicht zustimmen, denn Kamelzüchternomaden hatten erst einen ökonomischen Sinn als es Handel zwischen Städten gab.

Auf derartige Einwände und die detaillierte Beschreibung der Stufen soll hier verzichtet werden. Wichtig ist vor allem, daß Stufensprünge nach *Bobek* auch gegenwärtig in verschiedenen Teilen der Erde in Gange sind und daher an aktuellem geographischem Forschungsmaterial verfolgt werden können. Sie sind Zeiträume fortgesetzter Veränderung und Innovation, die sich zwischen zwei längerdauernde und relativ stabile Zustände einschieben, wie dies Tab. VII-1 zeigt.

Lediglich die sechste Stufe der Industriegesellschaft ist nur vorläufig definierbar, weil die industrielle Revolution noch kein abgeschlossener Vorgang sein kann. Manche Autoren schließen an die Industriegesellschaft eine noch namenlose „post-industrielle" Form von Gesellschaft und Wirtschaft an. Deren Konturen sind aber bislang noch so vage und so sehr an eine leistungsstarke Industrie gebunden, daß sie nicht darüber hinausweisen können. Weder eine Dienstleistungsgesellschaft mit völlig roboterisierter Gütererzeugung noch die eschatologische Überflußgesellschaft nach *Karl Marx* erscheinen heute plausibel oder auch nur wünschenswert.

Im Zuge eines Stufensprungs werden die Beziehungen einer Gesellschaft zu den Ressourcen ihres Lebensraumes völlig verändert, bilden sich neue Wirtschaftsstrukturen aus und werden andersartige Regionalsysteme als vorher geschaffen.

Beginnen wir der Anschaulichkeit halber bei den Umwertungen der Ressourcen. Alte, früher entscheidende Wohlstandsquellen können im Zuge eines Stufensprungs ihren Wert völlig verlieren, bisher wertlose Dinge aber rücken zu Grundpfeilern der Wirtschaft auf. Durch die Industrielle Revolution verloren z. B. Ackerboden, Energie aus Holz, manuelle Kunstfertigkeit, Adel der Geburt und auch Edelmetalle und Gewürze viel von ihrem früheren Wert als Reichtumsgrundlagen. Neuartige Ressourcen entstanden dagegen in Gestalt von Kohlen- und Erdöllagern, Wasservorräten als Brauchwasser für die Industrie, von Ausbildungstechniken und organisierten technischen Know-how.

Wo aber neue Rohstoffe und Technologien die alten ersetzen, ergeben sich auch andersartige Funktionalbeziehungen und Verknüpfungsmuster der Standorte. Damit wieder verändern sich deren, durch Lage und Zugänglichkeit bestimmte geographischen Qualitäten. Neue Siedlungen und Städte blühen an nunmehr günstig bewerteten Plätzen auf, während andere in Stagnation verfallen oder gar verlassen werden.

Der einsetzende Durchbruch der neuen Stufe bedeutet eine ernsthafte Krise für alle herkömmlichen Betriebsformen, die Gewinnchancen und Umsätze verlieren. Dagegen haben tüchtige Innovatoren und Unternehmer im Schumpeter'schen Sinne dann ihre große Zeit. Dies wurde in Deutschland, wo der Umbruch vom älteren Städtewesen und der feudalen Agrargesellschaft zur Industriegesellschaft zwischen 1830 und 1860 begann, unter dem Namen „Gründerzeit" bekannt (vgl. dazu *Ogger* 1982). Die Gründer, in diesem Falle die Industriellen, lösen die alten Führungsschichten später auch politisch ab und richten sich Staat und Gesellschaft nach ihren Vorstellungen ein.

Die Gründerjahre lagen in England und Frankreich früher als in Deutschland, in Österreich aber etwa zwei Jahrzehnte später. Japan erlebte seine Gründerzeit schon vor dem Ersten Weltkrieg, während sie in Südkorea vor unseren Augen seit etwa 1970 stattfindet.

In vielfältiger Vernetzung ist die industrielle Revolution mit dem Entstehen der Volkswirtschaften verbunden. Die dabei ausgebildeten neuen Strukturen wurden in Kap. IV-3 angedeutet und sind im Detail der Gegenstand späterer Ausführungen, weshalb sie hier nicht vorweggenommen werden sollen. Ähnliches gilt für das moderne Staatensystem und die Demokratie. Nicht minder wirksam waren und sind die städtische und die bäuerliche/neolithische Revolution. Neue Städtesysteme entstehen z. B. in größtem Umfang gegenwärtig in den Ländern der Dritten Welt.

Analog zu den Stufensprüngen gibt es auch die Übergänge in die andere Richtung. So etwas brachte der Zusammenbruch der römischen Weltordnung in Süddeutschland und im Donauraum nach 300 n. Chr. den Schritt zurück vom älteren Städtewesen zum Sippenbauerntum. Städte, Straßen, Gewerbe und Fernhandel hatten darin keinen Platz mehr. Sie wurden erst 600–800 Jahre später wieder neu aufgebaut. Theoretisch gilt auch hierfür das Modell aus Abb. V-8. Daß der Rückfall in Süddeutschland so drastisch war, liegt vielleicht daran, daß die antike Stadtkultur hier nur kolonial eingepflanzt war.

Der Schritt zurück muß stets mit einer scharfen Reduktion der Bevölkerungszahl verbunden sein. Diese entspricht den spezifischen Werten der niedrigeren Stufen. Der Rückgang wird besonders deutlich, wo eine städtische Gesellschaft vom Hirtennomadentum abgelöst wird, wie dies stellenweise im Vorderen Orient eintrat. Dazu wurden in Tabelle VII-1 die näherungsweisen Dichtewerte für die Bevölkerung angeführt.

Gesellschaften unterschiedlicher Stufe sind verständlicherweise nicht zu den gleichen oder auch nur zu vergleichbaren wirtschaftlichen Leistungen imstande. Bevölkerungsdichte, Produktionsweisen, Besitzverhältnisse und dergleichen Faktoren scheinen dafür maßgeblich zu sein, nicht zuletzt die Verfügbarkeit von Wissen.

Werden von einer Gesellschaft Dinge erwartet oder angestrebt, die eigentlich einer anderen Stufe entsprechen, so müssen erst die Voraussetzungen dafür geschaffen werden, insbesondere das erforderliche Spektrum menschlicher Fähigkeiten und Werthaltungen und die Institutionen der Gesellschaft. Neue Fähigkeiten aber haben erst dann für Menschen einen Nutzen, wenn für sie Verwendung besteht. Der Verzicht auf mühsames Lernen und die Lebensumstände einer höheren Stufe bleibt die ökonomisch vernünftigste Lösung, solange man mit der bisherigen Lebensweise zufrieden sein kann.

Eine besondere Problemgruppe sind in dieser Hinsicht die sippenbäuerlichen Gesellschaften. Ihre vergleichsweise hohe Tragfähigkeit und die Effizienz ihrer Nahrungserzeugung, die natürlich noch weit über das Normalmaß gesteigert werden können, erlauben es ihnen, für lange Zeiträume auf die Ausbildung höherer Organisationsformen zu verzichten. Dies gilt ganz besonders, solange noch durch horizontale Ausweisung des Lebensraums dem Bevölkerungszuwachs Platz geschaffen werden kann. Bewässerung, Terrassenfeldbau, ausgefeilte Landgewinnungs- und Bodenschutzmethoden wie auch die Züchtung neuer Nutzpflanzen sind charakteristische Strategien auf dieser Gesellschaftsstufe. Man sollte sich von den niedrigen Pro-Kopfwerten des Bruttosozialprodukts für die weitgehend sippenbäuerlichen Gruppen in Zentralafrika, Südostasien oder auf den Pazifikinseln nicht täuschen lassen. Solange sich die menschlichen Grundbedürfnisse mit sehr wenig Arbeit decken lassen, sind Menschen nicht wirklich arm, und sie haben auch wenig Grund, diesen paradiesischen Zustand zu ändern.

Wo immer aber Bauern dieser Art in den Zugriff anderer Gruppen kommen, besteht die Tendenz zur Ausbildung geschichteter Gesellschaften, deren Oberschicht von den Überschüssen der Bauern lebt. Dies war so bei der Landwirtschaft der alten Stadtkulturen und der feudalen Gesellschaft in Europa. Dies tritt sogleich auf, wenn in jungen Ländern eine Regierungsclique den Staat in ihre Hände bekommt.

Strukturen, Techniken und Denkweisen einer höheren Stufe lassen sich mit Erfolg erst übertragen, wenn eine Gesellschaft dafür „reif" ist. Im Mittelalter verwendete man dafür mit unterschiedlichem Erfolg das Instrument der „Bekehrung", d. h. die Übernahme der neuen Denkweise wurde an den Anfang gestellt. In der Zeit nach dem Zweiten Weltkrieg setzte man mehr auf die Übernahme der Techniken. Wie immer, es zeigt sich, daß zu frühe Modernisierungsversuche auch aus löblichen, humanitären Motiven kein reiner Segen sind. Sie machen entweder die Menschen von Almosen abhängig oder stürzen das Land in die Tretmühle ständig nachhinkender technischer Anpassung in dem vergeblichen Bestreben, seine Vorbilder zu erreichen. Erfolgreiche Einleitung der industriellen Revolution ist jedoch möglich. Dies zeigten Japan und die Skandinavischen Länder nach dem Ersten Weltkrieg und zeigen die ostasiatischen Schwellenländer heute.

Den einzelnen Stufen nach *Bobek* sind ganz spezifische Ausprägungsformen von Siedlung, Bodennutzung und Verkehrsinfrastruktur zuzuordnen, die den sichtbaren Ausdruck ihrer Formal- und Funktionalstrukturen darstellen. Diese lassen sich auf topographischen Landkarten, noch besser auf Luft- und Satellitenbildern deutlich erkennen und unterscheiden.

VII.1.2. Der Umbau nach einer neuen Ideologie

Religionen und Ideologien setzen an den Zielvorstellungen des Wirtschaftens an und bewirken über diese eine spezifische Ausgestaltung des regionalen Beziehungsgefüges im Sinne von Abb. II-1. Eine neue Ideologie postuliert somit einen Sollzustand der Funktionalstruktur des Systems. Sie beginnt die Formalstruktur dementsprechend umzugestalten, sofern sie dazu die Macht erlangt. Dies letztere unterscheidet den Vorgang von einer Veränderung der Denkweise der Menschen.

Grundsätzlich sind mit einer neuen Ideologie noch keine Neubewertung der Ressourcen oder eine Änderung der Wirtschaftsstufe verbunden. Der letzteren Erwartung hingen die Regierungen vieler Entwicklungsländer fälschlich an, die hofften, durch eine modernisierende ideologische Revolution ihr Land rascher voranbringen zu können. Sie haben Ideologie nicht von Know-how unterschieden, und so zumeist den beschwerlicheren Entwicklungspfad gewählt.

Die bekanntesten und illustrativsten Beispiele für ideologische Revolutionen sind die Sowjetunion und die frühere Deutsche Demokratische Republik.

Die einstige Sowjetunion machte sich in den Zwanzigerjahren unseres Jahrhunderts energisch daran, unter unsäglichen Mühen die sogenannten „Spuren des Kapitalismus" zu beseitigen. Zwar stellte sich allmählich heraus, daß man die neuen Strukturen nach Vorstellungen aufbaute, die in den führenden westlichen Industrieländern bereits veraltet waren. Eine endogene Modernisierung aber war nur in ganz geringem Umfang möglich, weil Ideologien ihrem Wesen nach strukturkonservativ sind. Die Anpassung der Funktionale und Formale an explizite ideologische Postulate läßt nur wenig Spielraum für ihre evolutionäre Weiterentwicklung. Da aber dieser Umstand nicht zugegeben werden durfte, mußte sich der Rückstand des Sowjetsystems immer weiter vergrößern.

Die frühere DDR war das prominenteste Opfer dieser Haltung. In einer ersten ideologischen Revolution nach 1949 wurde das bereits veraltete sowjetische Modell eingeführt. Unter einfachen Bedingungen wie in der Landwirtschaft, konnten dabei große Produktivitätsfortschritte erzielt werden. Unter den komplexeren Bedingungen im sekundären und tertiären Sektor war dies schwieriger. Der Rückstand war schließlich so groß geworden, daß seit 1989 eine zweite, wesentlich radikalere ideologische Revolution das Land wieder auf den westlichen Entwicklungspfad zurückzuführen versucht. Die Umbauten der Formalstrukturen nach 1949 und nach 1989 wird man einst auf den topographischen Karten im Detail genau studieren können, falls das Thema dann noch aktuell sein sollte.

Wichtig ist im Vergleich der Ideologien und Religionen stets die Haltung der herrschenden Meinung gegenüber Individuum, Familie, Eigentum und individuellen Freiheiten (*Todd* 1985). Diese wiederum setzten sich z. B. in die groß-klein Relationen der Wirtschaft um. Theoretisch sollten große Betriebseinheiten „economies of scale" erwirtschaften können. Dies tun sie auch bei effizientem Management und Marketing innerhalb einer Umwelt, in der die unterschiedlichsten Größen und Spezialisierungen vorhanden sind. Auf sich allein gestellt schneiden sich Systeme mit großbetrieblichen Strukturen von den kleinen lokalen Ressourcen, den kleinen Märkten und den kleineren Verbesserungen und Innovationen ab. Es entstehen Ressourcenbrachen und überlange Transport- und Kommunikationslinien und gleichzeitig fehlen den Organen der Meso- und Makrostruktur die Rückmeldungen aus dem mikrostrukturellen Bereich. Dazu äußerte sich z. B. *Heinzmann* (1985, 95 f.) für die DDR noch lange vor allen Anzeichen einer Wende.

Die Nachteile des Großbetriebs zeigen sich auch anderswo, wenngleich sie selten untersucht wurden. *Erwin Scheu* (1936) zeigte am Beispiel von Ostpreußen die verhängnisvollen Auswirkungen der Gutswirtschaften, die dort infolge einer Pervertierung der preußischen „Bauernbefreiung" entstanden waren und als Hauptgrund für den damaligen Rückstand dieser Provinz gelten konnten. Die ideologische Überbetonung der Großeinheiten in der Sowjetunion bewirkte die vielen, nicht durch lokale Produktion zu füllenden Versorgungslücken und den endlich auch zugegebenen Mangel an Innovationen.

Im Rahmen des jüngeren Städtewesens bzw. der Industriegesellschaft gibt es bislang fünf konkurrierende Ideologien:

- Soziale Marktwirtschaft (in der Bundesrepublik Deutschland und anderen westeuropäischen Ländern)

- Wohlfahrtsstaaten wie z. B. Schweden

- Zentralgelenkte Planwirtschaften (heute nur mehr relikthaft in der Dritten Welt vorhanden)

- Den American Way of Life (dazu *Holzner* 1996)

- Das japanisch/ostasiatische Wirtschaftsmodell.

Soziale Marktwirtschaft und American Way of Life sind Nachfolger des in den Industrieländern bereits überwundenen, krassen Laissez-faire Liberalismus, welcher derzeit nur in einigen peripheren Ländern und in Degenerationsformen weiterbesteht. Wohlfahrtsstaat und zentralgelenkte Planwirtschaft sind verwirklichte Varianten des europäischen Sozialismus. Ein Wohlfahrtsstaat auf islamischer Grundlage erschiene grundsätzlich möglich und wird in den reichen Erdölländern angestrebt. Das japanisch/südostasiatische Wirtschaftssystem beruht auf konfuzianischen, buddhistischen und animistischen Traditionen des Gemeinschaftslebens und der Pflichterfüllung, so wie die westlichen Systeme ihre christliche Wurzel haben.

Alle Volkswirtschaften, die einer dieser fünf Richtungen folgen, sind grundsätzlich zu den gleichen technischen und ökonomischen Leistungen imstande. Für ein tatsächlich entwickeltes Land wäre es jedoch äußerst kostspielig, von dem einen auf einen anderen Weg umzuschwenken, da dies mit jahrzehntelangen Ertragseinbußen und Umbaumaßnahmen erkauft werden muß. Seit der Wende im Osten wird dies unter dem Begriff Transformation eifrig diskutiert, in Begriffen der Systemrevolution umgesetzt bei *Ritter* (1995). Am Anfang eines Stufensprungs scheinen solche Umorientierungen, gewissermaßen als „Bekehrungen", leichter möglich zu sein. Jedoch bringt die Ausrichtung auf die eine oder die andere Ideologievariante keine Impulse für Gesellschaften, die noch fest in einer vorindustriellen Stufe verharren.

Über die groß-klein Relationen ihrer Einrichtungen und die geringere oder größere Planmäßigkeit unterscheiden sich auch die nach Ideologien ausgeformten Raumstrukturen sehr deutlich. Satellitenbilder von Mitteleuropa waren bislang wegen der unterschiedlichen Agrarstrukturen besonders aufschlußreich.

VII.1.3 Ressourcenkrisen

Das Schlagwort von der „Energiekrise" hat die Welt zwischen 1973 und 1985 aufgeschreckt. Für viele Entwicklungsländer bedeutete es das Ende der Hoffnungen, für die Industrieländer letztlich aber nur eine leichte Fluktuation. Manche voreiligen Maßnahmen auf makrostruktureller Ebene mußten später wieder zurückgenommen werden. Geblieben sind davon höhere Treibstoffsteuern und nicht wenige Atomkraftwerke. Nicht zu übersehen sind daneben die vielen mikro- und mesostrukturellen Innovationsanstöße bei Alternativenergien und der Energieeinsparung.

Diese Krise war eine Scheinkrise auf Grund einer weltweit unzulänglichen Informationslage über Verfügbarkeit und Gestehungskosten von fossiler Energie. Sie hätte die Struktur der industrialisierten Volkswirtschaften nicht ernsthaft in Frage gestellt, selbst wenn es zu großen Verbrauchseinschränkungen gekommen wäre. Es gibt aber echte Ressourcenkrisen, wobei der Ausfall einer Schlüsselressource das Ende einer Gesellschafts- und Wirtschaftsform bedeutet. Die Energieverknappung 1973 konnte Panik verbreiten, weil das Industriesystem auf dem Masseneinsatz fossiler Energieträger beruht, für deren möglichen Ausfall sich allerlei erschreckende Scenarios ausmalen ließen.

Für Ressourcenkrisen anfällig sind alle spezialisierten Regionalsysteme. Bei ihnen haben ja in der Regel gerade die komparativen Vorteile eines sehr reichlichen Ressourcenangebots diese Spezialisierung bewirkt. Nicht minder gefährdet sind selbstgenügsame Lebensformen, die ihren Ressourceneinsatz auf Grund eines bequemen Angebots zu sehr verengt haben. Die Bisonjägerstämme der amerikanischen Prärien wurden durch die Ausrottung ihrer wichtigsten Nahrungsgrundlagen faktisch mit ausgerottet. Dieses ökologische Problem stellt sich in der Natur noch viel schärfer.

Wieder können uns die *Bobek*-Stufen helfen, solche Dinge etwas breiter zu sehen (Tab. VII-2). Steht eine Schlüsselressource plötzlich und für längere Zeit nicht zur Verfügung, so muß mit allen Mitteln ein Ausweg gesucht werden, denn die üblichen Reserven erlauben es höchstens, einige Jahre zu überdauern, bevor die wirtschaftlichen und gesellschaftlichen Systemstrukturen auseinanderfallen. Verzweifelte Versuche, die nötigen Ressourcen mit Waffengewalt zu erlangen, gehören zu den naheliegendsten Auswegen. Ist eine Erhaltung des status quo nicht möglich, so bleibt nur der

Schritt zurück mit Reduktion der Menschenzahl, denn ein forcierter Weg nach vorwärts mit Substitution der fehlenden Grundlagen ist höchst unwahrscheinlich.

Tab. VII-2 Die *Bobek*-Stufen und ihre Schlüsselressourcen

Stufe:	Schlüsselressourcen:
Wildbeuter	*Lebensraum* im Sinne von ungestörten Ökosystemen größerer Ausdehnung und Vielfalt
Sammler	*Fruchtbaumbestände* für haltbare Trockenfrüchte; *Muschelbänke* am Meer
Jäger und Fischer	*Tierpopulationen* in Form von Wildtierherden, Laichzügen der Fische
Sippenbauern	*Land* als Ackerboden
Hirtennomaden	*Land* als Weideland
Herrschaftl. organis. Agrargesellschaft	*Menschenpopulationen* als Abgaben zahlende Urproduzenten
Älteres Städtewesen	*Kapital,* aus Fernhandelsprofiten akkumuliert
Industriegesellschaft	*Fossile Energie* und *Massenkaufkraft*
Postindustrielle Gesellschaften	*Zeit* als menschliche Lebenszeit?

Interessant sind die bei Jägern, Fischern, Hirtennomaden und der herrschaftlich organisierten Agrargesellschaft auftretenden Jäger-Beute, bzw. Wirt-Schmarotzer Wechselbeziehungen. Sie stellten sich direkt bei den Bisonjägern. Bei Nomaden wird die Beziehung zur Herde durch die Qualität des Weidelandes vermittelt. Sie sind für Dürren einerseits und die Konkurrenz der Bauern andererseits sehr anfällig. Im Deutschen Reich des feudalen Mittelalters wurden Bauernaufstände immer mit äußerster Grausamkeit niedergeschlagen, weil sich die Herrenschicht ihrer ökonomischen Abhängigkeit von den Zehenten der Bauern sehr wohl bewußt war.

Gut belegbar sind die Krisen im älteren Städtewesen. Kapital aus Fernhandelsprofiten war für die Erhaltung der städtischen Strukturen unentbehrlich. Fiel solches über längere Zeit aus, so begann ihr Niedergang, weil sich dann die spezialisierten Gewerbe aus Mangel an Abnehmern nicht halten konnten und das ländliche Umland als Markt nicht leistungsfähig genug war. Viele solcher Städte wie Petra, Palmyra oder Loulan starben völlig ab. Solche mit reicherem agraren Hinterland waren robuster, weil sich aus den Bauern mehr herauspressen ließ. *Bobek* (1959) hat diese Beziehung als „Rentenkapitalismus" dargestellt, der somit nach unserer Auffassung eine Degenerationsform des älteren Städtewesens in den metastabilen Spätphasen der Systementwicklung wäre.

Kapitalreichtum ohne Energie erlaubt es jedoch nicht, ein bestimmtes technisches Niveau zu überwinden. Erst der Einsatz fossiler Energie für normale Produktionszwecke, der in England kurz vor 1700 als Innovation eingesetzt hatte, brachte den Durchbruch zum Industrie-System, unterstützt von einer Reihe anderer günstiger Umstände (*Ritter* 1984b). Das Geheimnis des Massenwohlstands durch breite Verteilung der Kaufkraft wurde erst im späten 19. Jahrhundert entdeckt und so das Industriesystem stabilisiert.

Analog könnten wir vielleicht auch erwarten, daß noch soviel Energieverschwendung und Massenkonsum nicht dazu führen werde, die Stufe der Industriegesellschaft zu überwinden. Der Wohlstand der am weitesten in Richtung auf Dienstleistungen vorangeschrittenen Länder hängt nach wie vor von einem leistungsstarken Industriesektor ab. Hier stößt die Konsumausweitung heute an die Grenze, welche die verfügbare Zeit und Lebenszeit der Menschen setzt. Für weitere Steigerungen müßten der Arbeitseinsatz drastisch rückgebaut oder die Lebenszeit verlängert werden. Wo beides geschieht, wird wiederum der Energieeinsatz samt seinen unerwünschten ökologischen Folgen steigen. Ein Ausweg ist hier nicht in Sicht und eine weltweite Energie- oder Umweltkrise könnte nur durch Reduktion der Menschenzahl gelöst werden.

Ressourcenausfälle können ganze, große Länder oder Regionalsysteme betreffen, was allerdings zu den selteneren Ereignissen zählt. Kleine Regionalsysteme oder Subsysteme werden häufiger betroffen, oftmals gerade wegen ihrer Einbettung in große Systeme. Ihre Krisen sind dann bedingt durch die außerordentliche Schwierigkeit, im Rahmen großer Systeme auf die ökologischen Begrenzungen der kleineren Regionen Rücksicht zu nehmen. So wird die Nutzung aufbrauchbarer Ressourcen oft genug rücksichtslos überdehnt, was den plötzlichen Zusammenbruch einer darauf aufbauenden Teilstruktur unvermeidlich macht. *Ritter* (1982) schildert dies an sehr einfachen Beispielen aus der Waldnutzung und der Fischerei. Die restlose Zerstörung der Wälder hat schon in vorindustrieller Zeit viele Bergbau- und Gewerbezentren absterben lassen.

Eine beliebte und oft raffiniert durchgeführte Gegenstrategie ist die wiederum in großen Systemen mögliche räumliche Verlagerung der Ressourcenausbeutung. Zahlreiche Wirtschaftsformen wandern, wenn sie in einem Gebiet ihre Grundlagen zerstört haben, in ein anderes aus, wo sich der Prozeß dann wiederholt. Am eindrucksvollsten ist hier vielleicht der Walfang, der im späten Mittelalter von der Biscaya seinen Ausgang nahm und nacheinander alle Meere und Ozeane ausgeplündert hatte, bis er um 1900 am Ende der Welt in den antarktischen Gewässern angekommen war. Dort hat mit der Zerstörung der letzten großen Walbestände nun auch sein Ende eingesetzt. Auswanderungen und Kriege können ebenfalls Verlagerungen von Ressourcenkrisen sein.

Die Zusammenhänge sind aber gewöhnlich komplizierter vernetzt. Als Beispiel kann die berüchtigte Irische Hungersnot von 1845–1849 dienen (dazu *Leister* 1963, 259 f.), weil auch die langfristigen Folgen überschaubar sind.

Ausgelöst wurde diese Hungersnot vordergründig durch die Kartoffelfäule, welche die Nahrungsbasis der Kleinpächter und Landarbeiter über mehrere Jahre hinweg ausfallen ließ. Die wahre Ursache aber war jedoch die Einbindung der sich auflösenden herrschaftlichen Agrargesellschaft Irlands in die entstehende Industriewirtschaft Großbritanniens. Die Pächter mußten auf ihrem Land Schafe halten und Weizen pflanzen, um daraus ihre Abgaben an die Grundherren zu leisten. Für ihre eigene Versorgung bauten sie auf kleinen ihnen verbleibenden Flächen Kartoffel als einzige Nahrungsfrucht. Der Ausfall der Kartoffelernte drückte sie unter das physiologische Existenzminimum. Die Grundherren aber waren ebenfalls in einer verzweifelten Lage, weil ihre Existenz vom Weizen- und Wollexport abhing, der von auswärtiger Konkurrenz gedrückt wurde. So ergab sich die paradoxe Situation, daß noch auf dem Höhepunkt der Hungersnot irisches Getreide nach England ausgeführt wurde. Abb. VII-1 versucht zu veranschaulichen, wie die Grundbesitzer im Bestreben, ihr eigenes Existenzniveau zu sichern, die Pächter unter das Minimum drückten und zum Ausweichen auf Kartoffelnahrung zwangen. In solchen Situationen werden Ernteausfälle lebensbedrohend.

In der Folge der Hungersnot sank die Einwohnerzahl Irlands von 8,2 Millionen auf 6,4. Verhungert oder an hungerbedingten Seuchen gestorben waren 500 000 Men-

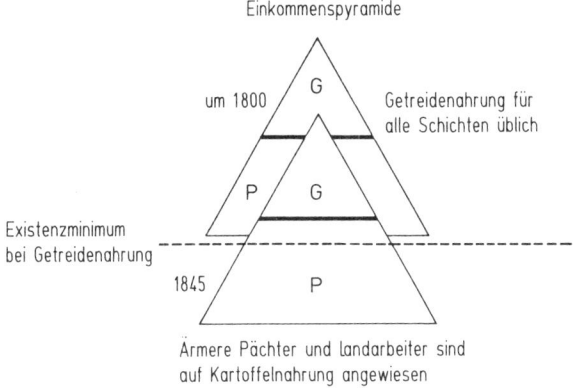

G = Grundherren
P = Pächter und Landarbeiter

Abb. VII-1 Der Mechanismus der Großen Irischen Hungersnot

schen, die übrigen hatten Rettung in der Auswanderung gesucht. 1851 zählte Irland 6,6 Millionen Einwohner. Die Massenauswanderung aber ging weiter, da sich in Irland die Verhältnisse nicht besserten. Im Jahr 1871 waren es noch 5,4 Mill. und 1921 vor der Errichtung des Freistaates 4,3 Millionen. Bis dahin hätte Irland bei normaler demographischer und wirtschaftlicher Entwicklung ein Industrieland mit 15 bis 20 Millionen Einwohnern sein müssen. Der Irische Freistaat und Nordirland kamen 1996 zusammen auf 5,2 Millionen, aber allein 13 Millionen Irischstämmige leben in den USA. Wir sehen aus diesem Beispiel, daß eine Ressourcenkrise durch die Bedingungen der Landnutzung zur Katastrophe wurde und ihre Fernwirkungen über die Massenauswanderung ein ganzes Land seinen normalen Entwicklungspfad haben verfehlen lassen.

Die Abb. VII-1 kann auch zur Erklärung des Niedergangs der Perlentaucherei am Arabischen Golf nach 1930 herangezogen werden. Diese war in der zweiten Hälfte des 19. Jahrhunderts zum Haupterwerb der Golfanrainer geworden. Sie beruhte auf einer regen, modebedingten Nachfrage in den kaufkräftigen Industrieländern und bescherte den kleinen Scheichtümern bescheidenen Wohlstand und Bevölkerungszuwachs. Als aber in der Weltwirtschftskrise die Perlenpreise in Amerika verfielen und gleichzeitig die ersten japanischen Zuchtperlen auf den Markt drängten, geschah das gleiche wie in Irland. Die Perlenhändler in Bahrain, Basra und Bombay versuchten ihren Status zu halten und drückten durch gesenkte Ankaufspreise die Tauchmannschaften unter das Existenzminimum. Nahrungsgüter konnten nicht mehr importiert werden. Auswanderung war für viele Familien der einzige Ausweg, wobei Sklavenfamilien sich nach Saudi-Arabien verkaufen ließen, um nicht verhungern zu müssen (vgl. *Ritter* 19853a, 133, 174; 1994, 90 f.).

Da diese Länder klein waren, konnten sie den Ressourcenausfall nicht kompensieren oder umverteilen. Die Auswirkungen der Krise werden daher schnell und deutlich spürbar. Gleicherweise schnell war aber auch die Wende, als nach dem Zweiten Weltkrieg die Erdölbonanza einsetzte. Dieses Phänomen läßt sich hier besonders gut studieren, weil sowohl beim Perlen- wie beim Erdölgeschäft auswärtiges Kapital zur Schlüsselressource wird. Die Bonanza löste in der Folge Boomsituationen in einer Reihe von Wirtschaftssektoren aus, bis ihr Effekt nach einigen Jahren auslief.

VII.1.4. Änderungen der territorialen Zuordnung

Seit etwa 400 Jahren beschäftigten sich in Europa Regierungen und Staaten umfassend mit der Wirtschaft ihrer Territorien. Dies hat zum Entstehen jener eigenartigen Symbiose von Macht und Geld geführt, die man als Kapitalismus bezeichnet und die sich in Volkswirtschaftsregionen geographisch ausdrückt. Das Machtdenken des Staates und seiner Bürokraten ist jedoch stets auf ein begrenztes Territorium ausgerichtet, während die Wirtschaftstreibenden keine Grenzen brauchen können, wohl aber sie als Instrument gegen lästige Konkurrenten einsetzen. Aus diesem Spannungsverhältnis heraus grenzen Regierungen ihre Territorien mit Zollmauern und Wirtschaftsbarrieren ein und kontrollieren im Binnenbereich die Wirtschaftstätigkeiten durch eine Unzahl von Gesetzen.

Ressourcen im eigenen Staatsterritorium wird ein Bürokrat stets höher bewerten als die gleichen Dinge in einem fremden Gebiet. Die letzteren gelten als weniger geeignet, weil sie der Herrschaft des eigenen Staates und der Verfügungsgewalt durch seine Gesetze entzogen sind. Vielfach ist dies mit aktiven Bemühen des Staates verbunden, jegliche Ressourcenvorkommen im eigenen Territorium zu nutzen, woraus der Kommunismus sogar eine Wirtschaftsdoktrin gemacht hatte. Gleichzeitig bemühen sich alle Staaten, mobile Ressourcen im eigenen Gebiet festzuhalten.

Sind nun die wirtschaftlichen Strukturen eines Gebiets auf Basis der Zuordnung zu einem bestimmten Staat bzw. Volkswirtschaftsregion ausgebildet worden und auf die dortigen Mangel- oder Überschußsituationen bezogen, so bedeuten die Abtrennung und der Anschluß an eine andere Volkswirtschaftsregion eine radikale Umstellung aller Verflechtungen und Bewertungen (Abb. VII-2). Solange sich dagegen im Mittelalter die Fürsten nur marginal um die Wirtschaft ihrer Länder gekümmert hatten, konnten diese problemlos von einem Staat zum anderen wechseln.

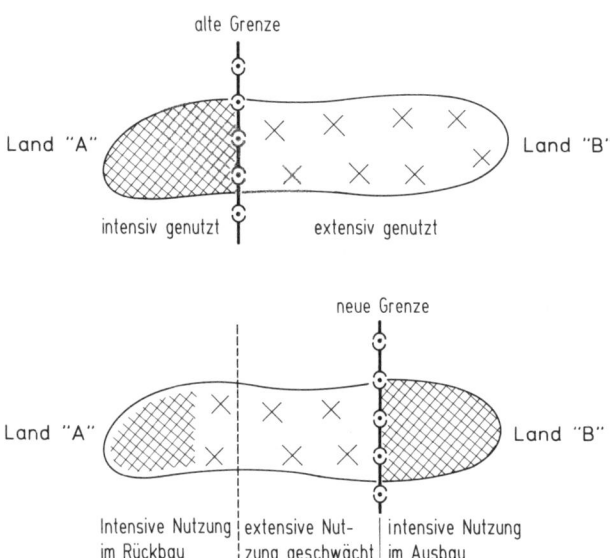

Abb. VII-2 Auswirkung einer Grenzänderung auf die Ressourcennutzung

Beispielhaft läßt sich diese Frage an einem Ressourcenfeld, etwa einem Kohlen- oder Erzrevier aufzeigen. Das Land A hätte daran zunächst nur einen kleinen Anteil, der entsprechend hoch bewertet und intensiv genutzt wird. Im Land B dagegen ist diese Ressource sehr reichlich und hätte daher weniger Nutzungsansprüche auf sich gezogen. Nun gewinnt A einen Krieg gegen B und läßt sich einen großen Teil des Reviers abtreten. Während B nun seinerseits den ihm verbliebenen Rest intensiv nutzen muß, sieht sich das Intensivgebiet in A nun plötzlich einer nun inländischen Konkurrenz gegenüber, die vielleicht billiger produziert. Ein Rückbau im Siegerland müßte die Folge sein.

Ein amüsantes Beispiel für diese Problematik lieferte der sogenannte „Deutsche Champagner" aus der Gegend von Metz. Hier wurde nach dem Krieg von 1871, der Elsaß-Lothringen an Deutschland brachte, der Weinbau zur Champagnererzeugung weiterentwickelt, da die Klimabedingungen und die Rebsorte Elbling dem Gebiet um Reims und Epernay gleichen. Bis 1914 gab es ein ansehnliches Wachstum dieser Industrie. Als aber nach 1918 das Gebiet um Metz wieder an Frankreich fiel, ging diese Champagnererzeugung rasch ein (*Müller* 1973). Heute ist der Weinbau im Pays Messin völlig verschwunden. Demgegenüber blüht das Luxemburger Weinbaugebiet einige Dutzend Kilometer moselabwärts. Der Wirtschaftsanschluß an Belgien (1919) brachte den Winzern hier einen aufnahmefähigen Markt als einzigem Anbaugebiet in der eigenen Region. Alle weinbaugeeigneten Hänge sind heute bepflanzt. Freilich wird aus dem Elbling hier kein Champagner erzeugt, da sich Frankreich diese Bezeichnung vorsorglich als Marke schützen ließ.

Erwin Scheu (1924) hat die Auswirkungen des Versailler Vertrages für Deutschland und die von Deutschland abgetretenen Gebiete genauer untersucht und die Auswirkungen abgeschnittener Verflechtungen und veränderter Regelungen dargelegt. Nach 1945 waren die Wirkungen sehr viel einschneidender.

Die Abtrennung Oberschlesiens zwang die spätere DDR zu einem forcierten Ausbau einer neuen Energiebasis mit Braunkohleneinsatz. Dafür wurden große Umweltschädigungen bewußt in Kauf genommen. Sie wurde nach der Wiedervereinigung sehr schnell redundant. Die Wirtschaft der Bundesrepublik Deutschland war dagegen vom Verlust der Ostgebiete und der Teilung des Landes nur örtlich stärker betroffen, sobald es einmal gelungen war, Nahrungsversorgung und Exportwirtschaft wieder aufzubauen.

Je straffer durchorganisiert und je strikter nach außen abgegrenzt sich eine Volkswirtschaftsregion darstellt, desto folgenschwerer sind territoriale Veränderungen. Sie bedeuteten nach 1945 für beide Kriegsparteien hohe Kosten. Man hat, vielleicht auch aus solchen Einsichten, seither auf das Instrument der Gebietsannexionen zu verzichten gesucht. Ähnliche Effekte treten jedoch auch bei der Bildung von Freihandelszonen und Wirtschsaftsintegrationen auf. Jede Erweiterung der EU bedarf komplizierter Verträge und zahlreicher Ausgleichsinstrumente, um die unerwünschten Auswirkungen eines Wegfalls der Grenzen aufzufangen. Der freie europäische Binnenmarkt wird durchaus nicht überall geschätzt und herbeigesehnt.

Als Großexperiment und Lehrbuchbeispiel kann inzwischen die Wiedervereinigung Deutschlands gelten. Nur selten gab es auf der Welt größere Unterschiede und Trenneffekte als zwischen den beiden deutschen Staaten. Die Folgen der Wiedervereinigung betreffen alle Orte in der ehemaligen DDR und mit bedrohlicher Plötzlichkeit treten die Auswirkungen auf Betriebe, Haushalte und Institutionen hervor. Durchaus auf gleicher Stufe stehen die Auswirkungen der Auflösung der Sowjetunion und einiger anderer Transformationsstaaten, auch wo sie nicht bis zum Bürgerkrieg eskalierten.

Ein ähnliches, aber weit weniger dramatisches Großexperiment war die Auflösung der europäischen Kolonialimperien nach 1946. Viele auf großräumigen Austausch ausgerichteten Wirtschaftsstrukturen fanden sich damals unversehens in Klein- und Kleinststaaten eingebettet, für welche sie viel zu große Dimensionen hatten oder zu stark spezialisiert waren. Die Ertragseinbußen und Kostensteigerungen waren z. T. so gewaltig, daß die jungen Länder vielfach bis heute keine Stabilität erlangt haben und multinationale Firmen und internationale Organisationen die Rollen der Kolonialherren weiterspielen müssen.

Die Aufarbeitung territorialer Veränderungen durch wirtschaftliche Regionalsysteme drückt sich in einer Vielzahl von Maßnahmen aus. Besonders wichtig werden Umstellungen im mesostrukturellen Bereich. Unternehmen bauen z. B. den erhöhten Konkurrenzdruck nach einem Anschluß durch Fusion wieder ab. Der Staat muß, sofern er das Geld hat, die technischen Infrastrukturen der neuen Situation anpassen. Die Harmonisierung des Städtesystems ist wohl die wichtigste Aufgabe und eine besonders langwierige dazu. Gerade das Fehlen von Zentren aber bedeutet für ein angegliedertes Territorium schwerste Nachteile.

Die Zeitdauer bis zur vollen Integration eines neugewonnenen Territoriums zeigt das Beispiel des Burgenlands in Österreich, das 1922 von Ungarn abgetreten wurde. Erst um 1965 war es gelungen, dieses Gebiet befriedigend in die österreichische Volkswirtschaftsregion einzugliedern, nachdem neue Verkehrsachsen, öffentliche Dienste und zentrale Orte geschaffen worden waren, konnte auch eine nachgeholte Industrialisierung Erfolge haben. Noch immer aber ist eine der Umgliederungsfolgen, das Wanderarbeitertum der Nebenerwerbslandwirte nach Wien und in andere Städte erhalten, und bis in die Volkszählungsperiode von 1971–1981 zeigten sich anhaltende Bevölkerungsverluste durch Abwanderung.

Diese Beispiele, die sich ohne Mühe vermehren ließen, zeigen an, daß territoriale Veränderungen Großfluktuationen für die Systemstrukturen darstellen, solange die Staaten auf Zoll- und Wirtschaftsgrenzen beharren. Daß dies überhaupt noch der Fall ist, kann als Fernwirkung der Militarisierung von Staaten und Völkern seit der französischen Revolution gedeutet werden. Die Trenneffekte sind daher an Demarkationslinien und Bürgerkriegsfronten am vollständigsten. Rechts- und Steuerordnung trennen weit weniger. Die USA und die Schweiz zeigen, daß man auch mit unterschiedlichen Rechtsnormen und Steuergesetzen im gleichen Staatsgebiet recht gut zurechtkommen kann. Wenn aber Sicherheitsdenken und Bürokratie Territorialveränderungen unnötig einschneidend machen, so läßt sich auch verstehen, warum mikro- und makrostrukturelle Anpassungen in neugewonnenen Gebieten so lange dauern. Die dortige Bevölkerung findet nämlich für ihre Wünsche weit weniger Beachtung, sofern sie nicht überhaupt als „feindlich" angesehen wird.

VII.1.5 Kolonisation

Ähnlich wie territoriale Umgliederungen bedeutet Kolonisation eine Großfluktuation, welche die Handlungsumstände der Mikroebene völlig verändert. Unter Kolonisation sei hier eine von außen kommende und von einer fremden, systemexternen Bevölkerungsgruppe getragene Veränderung verstanden, die zu einer Ablösung des bisherigen Formal-Funktionalgefüges durch eine neue, meist geplante Systemstruktur führt, die den Wünschen und Bedürfnissen der Kolonisatoren gemäß ist. Werden dabei neue Ressourcen durch und für die Kolonisatoren erschlossen, so vernichtet man im gleichen Zuge diejenigen, worauf sich die einheimische Bevölkerung bisher gestützt hatte. Kolonisatoren sind dazu in der Lage, weil sie zusätzlich zu ihrer ökonomischen und technischen Überlegenheit, auch die Machtmittel des Staates hinter sich wissen. Wir haben jedoch mehrere Formen von Kolonisation zu unterscheiden.

a) Kolonisation durch fremde Siedler höherer Wirtschaftsstufe: Dies ist die radikalste aller revolutionären Veränderungen, welche ein Gebiet oder Land treffen kann. Das vorher bestehende Formal- und Funktionalgefüge wird hinweggefegt, gelegentlich mitsamt der systemzugehörigen Bevölkerung. Allenfalls bleiben von ihr kleine Relikte erhalten und soweit diese bleiben dürfen, finden sie sich in den niedrigsten sozialen Rollen in abhängiger Position wieder.

Die negativen Aspektes dieser Art von Kolonisation hat man nur deshalb so wenig beachtet, weil im 19. Jahrhundert sich siedlungskoloniale Vorgänge dieser Art vornehmlich auf die früheren Lebensräume von Wildbeutern, Jägern, Fischern und Hirtennomaden in fernen Teilen Nordamerikas, Südamerikas, in Australien und russisch Asien richteten. Diese Gebiete waren nach damaliger Auffassung „leere Wildnis" bzw. herrenloses Land. Um humanitären Ansprüchen Genüge zu tun, wurden der Vorbevölkerung kleine Reservate zugewiesen. Im 20. Jahrhundert stehen hinter solchen Kolonisationsvorgängen die Machtapparate moderner Staaten, welche diese im „nationalen Interesse" vorantreiben. Kritische Forschungen dazu sind selten willkommen. Daher laufen heute genauso problematische Kolonisationsvorgänge ab, wie im vergangenen Jahrhundert. Nach wie vor werden Menschengruppen verdrängt, versklavt oder ausgelöscht. Die Kolonisten und Siedler in solchen Gebieten sind selbst am Schicksal der Vorbevölkerung uninteressiert und machen auch keine Versuche, diese als Partner in neue Beziehungen einzugliedern. Diesem Normaltyp der neuzeitlichen europäischen Kolonisation entsprechen derzeit die Siedlungsprogramme vieler lateinamerikanischer Staaten.

Illustrativ und warnend ist das Beispiel der Kolonisation in Israel. Seine ungelösten Folgen belasten inzwischen die gesamte Welt, da sich die Palästinenser mit einem Schicksal als „Vorbevölkerung" nicht abfinden wollten. In den Kolonisationsgebieten sind jedoch heute die Spuren des einstigen arabischen Palästina bis hin zu den kleineren Landformen völlig verwischt, die Siedlungen verschwunden und selbst die Ortsnamen vergessen. Man kann hier von einer ähnlichen Heimatvertreibung sprechen, wie sie in den polnischen und deutschen Ostgebieten nach 1945 stattgefunden hat, aber dort sind wenigstens die Siedlungen erhalten geblieben.

Gewöhnlich wird auch bei Verschonung die verbleibende Vorbevölkerung zu einer so unbedeutenden Minderheit, daß sie als Staatsbürger keinen Einfluß mehr auf die Gestaltung ihrer Heimat nehmen kann.

b) Die imperialistische Kolonialherrschaft: Diese Form, besonders häufig in den großen Überseebesitzungen europäischer Mächte im 19. und 20. Jahrhundert, ist eine Abwandlung des obigen Prinzips. Hier blieb die Bevölkerungsmehrheit der Einheimischen erhalten. Eine kleine Gruppe von Kolonisatoren etablierte sich jedoch als die allein entscheidungsbefugte Gruppe im System und zwang die Bevölkerung und dem Land ihre Ideologien, Techniken und Denkweisen auf. Widerstand wurde militärisch gebrochen. Die einheimische Bevölkerung verlor den Zugang zu Steuerungs- und Regierungsfunktionen auch in ihren eigenen Angelegenheiten, ebenso zu Berufspositionen in Militär, Verwaltung und anderen Tätigkeiten. Ein Zugang zu den neuentstehenden Aufgabenbereiche wurde selten gewährt. Von in die Zukunft weisenden Entscheidungen war sie völlig abgesperrt. Sie sah sich deshalb auf eine „Eingeborenenwirtschaft" in traditionellen, untergeordneten Formen verwiesen, was jede Beteiligung an Handel, Transportwesen und Industrialisierung sehr erschwerte. Innovationen aus den „Mutterländern" gelangten nur selten bis zu den einfachen Menschen in den Kolonien. Andererseits wurde diese Eingeborenenwirtschaft doch so weit deformiert, daß eine Rückkehr zu vorkolonialen Mustern nach Erlangung der Unabhängigkeit nirgends möglich war. Die wenigen Länder, die dies versuchten, hatten wie z. B. Burma dafür sehr teuer zu zahlen.

Eine solche Kolonialwirtschaft bringt in der Anfangszeit Vorteile auch für die Kolonisierten. Sie geht aber schon bald in einen potentiell „ewigen" metastabilen Systemzustand über, der vom Druck der Kolonialherrschaft und der Monopolisierung aller Führungsfunktionen erzwungen wird. Eine Kolonie kann das Mutterland nicht überholen oder ihm gleichkommen. Wenn der einheimischen Bevölkerung Aufstiegs- und Betätigungsmöglichkeiten außerhalb der Landwirtschaft verwehrt werden, sind agrare Involutionen (*Geertz* 1963) oder ähnliche Vorgänge im Tertiärsektor zu erwarten.

In vielen Herrschaftskolonien blieb die Zahl der Europäer außerordentlich gering. In den englischen Positionen am Arabischen Golf bestimmten vor 1940 etwa ein Dutzend Engländer, was geschehen sollte. Dennoch bedeutete der Wegfall der obersten Führungsentscheidungen, daß sich Herrscher und Bevölkerung in allen Betätigungsfeldern kaum an Neuerungen heranwagten.

c) Interner Kolonialismus: Von diesem spricht man, wenn eine zwar aus dem gleichen Staat und Volk gebürtige, aber aus den Kernzonen und Steuerungszentralen stammende Kolonisatorenschicht die entscheidenden Ressourcen peripherer Teilgebiete in Besitz nimmt bzw. die ausschließliche Verfügungsgewalt darüber erhält.

Die regionalen Auswirkungen können dann den beiden oben geschilderten Vorgängen entsprechen und ungewöhnlich brutale Formen annehmen. Dies ist in der Dritten Welt sogar an der Tagesordnung, weil eine öffentliche Meinungsbildung häufig fehlt und die UN-Organisationen solche Exzesse eher vernebeln, da es sich ja um interne Angelegenheiten der betreffenden Staaten handelt.

Interner Kolonialismus kann auch in Teilregionen von Industrieländern auftreten, wo im Zuge von Großprojekten im Bergbau, Kraftwerksbau, in der Industrie und im Tourismus umfassende Nutzungsberechtigungen an einzelne Organisationen vergeben werden.

Auch eine massive Zuwanderung aktiver Bevölkerungsgruppen kann in demokratisch regierten Ländern zu internem Kolonialismus tendieren. Man kann ja Zuwanderern auf lokaler Ebene ihre Bürgerrechte nicht verweigern. Diese aber lassen sich durchaus für Gruppeninteressen der Zuwanderer mißbrauchen. Dieses Phänomen der „Überfremdung" kennzeichnet am deutlichsten die Wachstumszonen am Außenrand der großen städtischen Agglomerationen. In Amerika machen daher die Vorstadtbewohner oft von dem Recht gebrauch, sich ihrerseits als „Stadt" zu inkorporieren, weil sie dann dem Überfremdungsdruck weniger ausgesetzt sind.

Alle Kolonien sind fremdgesteuerte Systeme und haben als solche andere Eigenschaften als selbststeuernde Regionalsysteme. Vor allem wird oft die Möglichkeit ausgenützt, die Aktivitätsabläufe in einem solchen Regionalsystem längerfristig zu stabilisieren. Dadurch aber ist ein Rückstand einprogrammiert, der im Laufe der Zeit gegenüber der normal zu erwartenden Entwicklung immer größer werden kann. Gerade die sehr alten Kolonien der Europäer blieben auffällig unterentwickelt, wogegen solche mit nur kurzer Dauer der Kolonialzeit ein moderneres Bild zeigten. Längerfristig war also die erzwungene Stabilität ohne Nutzen für die Kolonialbevölkerung. Es ergeben sich dabei interessante Parallelen zu den gesellschaftlichen Heilsutopien mit stabilem Endzustand.

VII.2 Wachstum, Entwicklung, Fortschritt

Zahlreiche Vorgänge wurden in den vorherigen Kapiteln angesprochen, welche die Umgangssprache mit diesen drei Begriffen belegt, die im Allgemeinen mit positiven Assoziationen geladen sind. Sie werden daher ungern hinterfragt, obgleich sie auf einzelwirtschaftlicher Ebene oft ein Janusgesicht haben. Jede Veränderung bedeutet ja für die Betroffenen zugleich auch Nachteile, Verunsicherung, mühsames Umlernen und den Abbau gewohnter Verhaltensmuster. Politiker neigen dazu Wachstum, Entwicklung und Fortschritt als Schlagworte aufzublähen, mit denen man Fehlschläge maskieren kann. In den Massenmedien wird dies dann bis zum Überdruß ausgewalzt.

Es ist daher heute nicht mehr möglich, diese drei Begriffe unbefangen zu benützen. Sie müssen für wissenschaftliche Verwendung neu definiert werden, und man sollte dabei vom eigenen Fach ausgehen. Im Folgenden wird daher versucht, unter Heranziehung systemtheoretischer Überlegungen wirtschaftsgeographische Begriffsinhalte für Wachstum, Entwicklung und Fortschritt zu formulieren und die mit ihnen verbundene Dynamik zu kennzeichnen.

VII.2.1 Wachstum und Größe von Regionalsystemen

Die Nationalökonomie mißt wirtschaftliches Wachstum an Zuwächsen des Bruttosozialprodukts, steigenden Beschäftigungszahlen und zunehmenden Outputs an Gütern und Dienstleistungen. Wachstum bedeutet hier ein Ansteigen des Aktivitätsniveaus einer Volkswirtschaft. In der Betriebswirtschaftslehre kann das Wachstum von Einzelwirtschaften auch an steigenden Umsätzen bzw. Cash-flows gemessen werden. Zweifellos haben sich beide Disziplinen damit präzise und gute Instrumente geschaffen. Gegenüber diesen systeminternen Wachstumskriterien wird der Geograph jedoch stärker auf die räumlichen und damit die systemexternen Aspekte achten, die freilich nur eintreten können, wenn internes Wachstum dafür Voraussetzungen geschaffen hat.

Manche dieser räumlichen Wachstumsaspekte wurden in den Kapiteln II und IV angesprochen. Daraus läßt sich zusammenfassend sagen, welche Vorgänge hier gemeint sind:

- Vermehrung der in ein Regionalsystem einbezogenen lokalisierten Ressourcen und Standorte, insbesondere solcher, die vorher außerhalb blieben und systemextern waren.

- Verlängerung der Verflechtungsreichweiten von Funktionalbeziehungen, wofür gewöhnlich eine Beschleunigung der Transfers die Voraussetzung ist. Der Zwang, Bezugswege zu verlängern, weil etwa ein Ressourcenvorkommen ausgeschöpft ist, wäre aber kein Wachstumsindikator.

- Intensivierung im Innern des Systems, indem die dort vorhandenen Ressourcen vollständiger genutzt und zu ertragsreicheren Kombinationen verknüpft werden.

- Vermehrung der zu einer Region gehörenden Subsysteme wie Einzelwirtschaften, Siedlungen, Städte und vor allem der höherrangigen zentralen Orte.

Diese Liste will keineswegs vollständig sein. Sie zeigt lediglich an, aus welchen geographischen Beobachtungstatsachen man Meßwerte für Wachstumsvorgänge ableiten könnte. Dies ist bisher noch sehr wenig versucht worden.

Gleichzeitig lassen sich aus denselben Beobachtungen auch Kriterien für die Größe von Regionalsystemen gewinnen, durch welche man in der Wirtschaftsgeographie von der fatalen Verzerrung durch Quadratkilometerangaben wegkommen könnte. Es wäre notwendig, daraus ebenso präzise und aussagekräftige Instrumente zu machen, wie sie Volks- und Betriebswirtschaftslehre bereits besitzen.

Abgesehen von *Schätzl* (1993), der die volkswirtschaftlichen Wachstumstheorien rezipiert und den vielen Geographen, die ihm mehr oder weniger naiv darin vorangingen oder nachfolgten, hat sich *Erich Otremba* (1969, 78f.) mit diesem Problem beschäftigt. Der von ihm geprägte Begriff des Kernwachstums bezeichnet ein Bündel untereinander vernetzter Ausweitungsvorgänge in den Städten und Ballungsräumen. Er zählt dazu Verdichtung, Intensivierung, Innovation, Verdrängung, Ausbreitung und Differenzierung. Wichtig erscheint dabei als Voraussetzung all dieser Vorgänge die Ausweitung der ökonomischen Spielräume.

Ansonsten haben Geographen immer schon Wachstum recht einfach als Zunahme der Bevölkerung eines Landes verstanden. Dies ist nicht so abwegig, weil ja die Zunahme der Menschenzahl die Vermehrung der Subsysteme, die Nutzung neuer Ressourcen und Standorte und die Vergrößerung der Outputs impliziert. Ähnliches gilt für die Verwendung der Einwohnerzahlen als Größenindikator.

Jedoch bringt dies den Nachteil, daß die aggregierte Menschenzahl eines Regionalsystems primär keine geographische Aussage ist. Bei ihrer Benützung greift der Forscher auf staatliches Monopolwissen zurück, das er weder für sich selbst kontrollieren noch beliebig kombinieren kann. Im übrigen könnte das Bevölkerungswachstum nur dann ein Indikator für wirtschaftliche Vorgänge sein, wenn für die zusätzlichen Individuen gleiche oder sogar bessere Lebensbedingungen erreicht würden als bisher. Dies gelingt, wie wir wissen, gerade in Ländern mit sehr raschem demographischen Wachstum häufig nicht. Andererseits ist echtes geographisches Wachstum durch Bildung neuer Standorte und Subsysteme auch in Gesellschaften ohne Bevölkerungsvermehrung und ohne Steigerung des Sozialprodukts im Sinne von *Otremba* möglich. Sein Wachstumsbegriff ist strukturverändernd und bedarf daher der Abgrenzung gegenüber Entwicklung und Fortschritt.

Ökonomisches Wachstum und räumlich ausweitendes geographisches Wachstum sind dagegen eher strukturkonservierend, d.h. gerade diese Vorgänge nehmen den Veränderungszweck von den bestehenden Strukturen und erlauben es, diese ohne Innovationen und Adaptionen weiterzubenützen. Vielfach können Systemen neue Untereinheiten einfach additiv zugeschaltet werden. Dies ist zweifellos Wachstum, aber ohne jegliche Komponente von Fortschritt oder Entwicklung. Derartiges Wachstum kann sogar über lange Perioden weiterlaufen, wenn die Eingliederung neuer Untereinheiten und Ressourcen leicht bleibt. Unversehens aber kann sich eine solche wachsende Wirtschaft in einem schweren Rückstand gegenüber anderen befinden, die in der Zwischenzeit zu Innovationen gezwungen waren und „Fortschritte" gemacht hatten. Diese Erfahrung mußte in jüngster Zeit die Sowjetunion machen. Ihr gewaltiger Reichtum an leicht erschließbaren natürlichen Ressourcen hatte sie dazu verführt, allzusehr auf bloß quantitatives Wachstum zu setzen. Dabei waren vielfach Strukturen geschaffen worden, die aus internationaler Sicht schon im Planungsstadium veraltet waren.

Die häufige Erfahrung, daß Wachstum für sich alleine wenig Wert hat, sollte uns gegenüber allen in Quantitäten ausgedrückten Erfolgsmeldungen sehr vorsichtig machen. Exponentielles und hyperbolisches Wachstum können nur über kurze Zeit durchgehalten werden. Sie sind oft Vorboten der Pleite, weil sie anzeigen, daß solche Systeme durch unkontrollierte positive Feedbacks aus dem Gleise laufen. Gesundes Wachstum wären demnach nur solche Ausweitungsvorgänge in Regionalsystemen, bei denen nicht an anderer Stelle die gegenteiligen Effekte und strukturelle Schwächen auftreten.

Das Gegenteil von Wachstum ist Schrumpfung. Diese bedeutet geographisch definiert, jeweils die Gegenposition zu den oben genannten Indikatoren. Dabei ist zu beachten, daß man Wachstum recht verläßlich an den Formalen der Systemstruktur messen kann, die Schrumpfungsvorgänge aber nicht, weil ja die Formale die Funktionale zeitlich überdauern kann.

Die vielfältigen Probleme schrumpfender Wirtschaftssysteme, verbunden mit der Aufgabe von Ressourcen, sinkender Tragfähigkeit, Verkleinerung der Zahl der Subsysteme, Verlassen von Standorten usw. sind wissenschaftlich noch weit weniger untersucht worden als Wachstumsvorgänge. Teilaspekte, die in jüngerer Zeit stärkere Beachtung fanden, umfassen die möglichen Auswirkungen struktureller Dauerarbeitslosigkeit, die Aspekte der Babylücke, den Rückzug der Landwirtschaft aus marginalen Lagen und das Syndrom der alten Industrierevier, welch letzteres sozusagen das Gegenstück zu *Otrembas* Kernwachstum abgibt.

VII.2.2 Entwicklung in Regionalsystemen

Der Begriff Entwicklung und die konträren Konzepte wie Niedergang, Verfall, Unterentwicklung, Rückentwicklung, Stagnation und Involution sind weitaus schillernder als das Wachstum. Entwicklung darf nicht mit simplen Wachstumsvorgängen gleichgesetzt werden, weder in der Natur noch in der Wirtschaft. Es besteht daher kein Grund, uns hier mit Autoren und Theorien zu befassen, die Entwicklung mit quantitativen Kriterien messen und dem Wachstum gleichsetzen. Allerdings begleitet Wachstum gewöhnlich die Entwicklungsprozesse, weshalb solche Verwechslungen verständlich und entschuldbar sind (Zur Diskussion *Nohlen u. Nuscheler* 1993, 55 ff.).

Beim Studium von Entwicklungen wird man daher immer auf qualitative Veränderungen, strukturelle Verbesserungen, Vollständigkeit und Komplementarität der Systemelemente achten müssen, wogegen die Vermehrung von Einheiten oder Outputgrößen allenfalls Anzeiger von Entwicklungen sein können.

Es wird daher illustrativ, den vier Wachstumsaspekten aus dem vorigen Abschnitt entgegenzustellen, was nicht Entwicklung heißt:

• Nicht Vermehrung der in ein Regionalsystem einbezogenen Ressourcen und Standorte, sondern deren vielseitigere und dauerhaftere Nutzung.

• Nicht Verlängerung der Verflechtungsreichweiten, sondern eher die Verkürzung der Interaktionsdistanzen durch eine bessere standörtliche Ausgestaltung der Region.

• Nicht Intensivierung, wenn diese nur eine Notlösung darstellt, mit der ein Problem umgangen wird, wie dies z. B. die Intensivierung durch Kartoffelanbau in Irland war.

● Nicht einfache Vermehrung der Subsysteme, sondern die Verbesserung ihrer Komplementarität und der synergetischen Effekte.

Insgesamt sollte ein besser entwickeltes System stabiler sein und friktionsfreier laufen als ein weniger entwickeltes der gleichen Klasse. Wir sehen daraus, daß Entwicklung nur schwer ohne eine Zielvorstellung verstanden werden kann. Ein System entwickelt sich auf etwas hin. Dieses Ziel ist entweder sein entwickelter Zustand, wobei wir von geschlossener Entwicklung sprechen könnten, oder ein noch nicht festlegbarer, aber dem bisherigen überlegener Zustand. Im letzteren Fall hätten wir von offener Entwicklung zu sprechen, können aber schwerlich davon absehen, daß dieser neue Zustand nicht von allen systemzugehörigen Menschen gleich günstig eingeschätzt werden wird. Wir wollen ferner erinnern, daß fremdgesteuerte Systeme zu offener Entwicklung und Selbstverbesserung wenig imstande sind.

Wissenschaftlich fällt es schwer, solche entwickelte Zustände zu erfassen. *Hesse* (1982) argumentiert für Agrargesellschaften mit einem Zustand, bei dem alle Ressourcen an Arbeitskraft und Boden ausgenützt sind. Allerdings verwendet er diesen Ansatz, um aufzuzeigen, daß dann die Menschen nahe am Existenzminimum vegetieren werden. Entwicklung als Vollständigkeit der Ressourcennutzung verstanden, macht also wenig Sinn.

Die wohlhabenden Landwirte in *Thünens* Modell zeigen dagegen, daß ihr voll ausgebildetes und in einem ökonomischen Gleichgewicht stehendes Agrarsystem nicht alle Ressourcen des Bodens in Anspruch nimmt, denn sonst müßte ja die Landwirtschaft in allen Zonen gleich sein. Vielmehr erlaubt gerade die selektive Beanspruchung der Bodenressourcen den entwickelten Zustand des Systems.

In der Ökologie verstand man „natürliche Gleichgewichte" als Zustände, in welchen eine typische Vielfalt und Formenfülle erreicht war. Ein Zustand also, der im Moment nicht mehr verbesserungsfähig wäre und den man oft als Klimax im Sinne eines Steady-State verstand. In solchen natürlich entwickelten Systemstrukturen könnte jedoch der Mensch nur als Wildbeuter oder Sammler leben. Bessere Bedingungen findet er für sich, wenn er diese Ökosysteme immer wieder stört.

Auch der Begriff der Reife ist hier anzusprechen. Er bedeutet, daß die potentiellen Anlagen eines Systems zur Entfaltung gekommen sind und wird in der Biologie im Sinne von Geschlechtsreife, Fortpflanzungsfähigkeit und evtl. Fähigkeit zur Aufzucht des Nachwuchses verwendet. Beim Menschen ist dies zunächst eine soziale Reife als ein Zustand, der von der Familiengründung bis zur Verselbständigung des Nachwuchses durchgehalten werden muß. Reife wäre also ein Zustand von längerer Dauer, der keineswegs zu den lustbetontesten Jahren des Lebens gehören muß.

Solche Ansätze mögen die Art des Problems veranschaulichen helfen. Die Theorie der dissipativen Strukturen faßt alle Entwicklungen als offen auf. Sie kennt entwickelte Zustände allenfalls als Phasen eines stabilen oder metastabilen Systemregimes zwischen zwei größeren Fluktuationen. Ein solches Systemregime hat sich aus chaotischen Anfängen aufgebaut. Seine internen Widersprüche sind zwar vorhanden, aber noch nicht stark genug, um das System insgesamt instabil zu machen (Abb. VII-3). Aus der früheren Phase übernommene, veraltete Elemente werden in der entwickelten Periode ab- und umgebaut, was zunächst genügt, um den stabilen Systemzustand zu verlängern. Dies ist in der Realität der Welt die nächste denkbare Annäherung an einen entwickelten Zustand (*Ritter* 1995, 107 ff.).

So gesehen bedeutet dieser dann keine Idylle. Er bringt weder Vollständigkeit der Ressourcennutzung noch eine dauerhafte und nicht mehr weiter verbesserungsfähige

Entfaltung der Wirtschaft. Er kennzeichnet vielmehr den gegenwärtig und auf absehbare Zeit real existierenden Ordnungszustand des Systems.

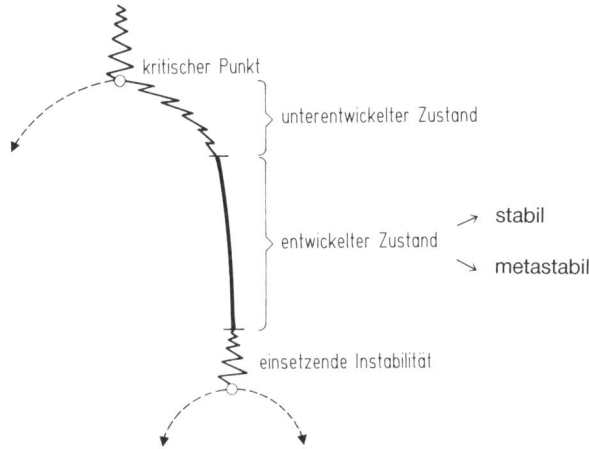

Abb. VII-3 Entwickelter und unterentwickelter Systemzustand im Bifurkationsmodell

Folgerichtig sprechen wir von den entwickelten Industrieländern, obgleich diese den Menschen keineswegs optimale Lebensumstände bieten können.

Als gewiß können wir bei dieser Betrachtungsweise lediglich eines hervorheben, daß nämlich die Anfänge eines eingeschlagenen Entwicklungspfades ein unterentwickelter Zustand sein müssen.

Ein Agrarland mit ausgereifter Struktur seiner Gesellschaft und Wirtschaft in einem stabilen Gesamtzustand wird, wenn es sich zu industrialisieren beginnt, zunächst einmal in einen unterentwickelten Zustand im Hinblick auf die Entwicklungsbahn zum Industrieland geraten. Dies wird verbunden sein mit geringeren Lebensannehmlichkeiten, härterer Arbeit und eventuell geringerer Wohlfahrt und viel größeren Ungewißheiten für die Masse der Bevölkerung. Dies wird den Menschen gerne verschwiegen, wenn man sie für „Entwicklung" begeistern will.

Entwicklung ist also hier zu beschreiben als ein Veränderungsprozeß, der vom völligen oder relativen Durcheinander hinführt zu einer geordneten und gut organisierten, jedoch nicht notwendigerweise optimalen oder für alle Menschen befriedigenden Systemstruktur. Dieser Vorgang erfolgt durch Vernetzung der Systemelemente und Subsysteme, wobei Rückkoppelungen das System stabilisieren und kleinere Fluktuationen unterdrücken. Das System wird eine spezifische Ausgliederungsfülle und Komplexität ausbilden. Zwischen Mikro-, Meso- und Makrostruktur entstehen Entsprechungen, wodurch die Sonderstellung einzelner Systemteile verhindert wird. Alle Subsysteme verstehen sich also in einer entwickelten Phase einem gemeinsamen Übersystem zugehörig und orientieren sich an dessen makrostrukturellen Signalen. Dies verbessert die Fähigkeit zur Selbststeuerung. Das System ist dann auch klar gegenüber seiner Umwelt abgegrenzt und hat trotz aller Austauschbeziehungen über diese Grenzen hinweg eine relative Autonomie. Größere und stärkere Systeme können ihre Umwelt kontrollieren.

Im unterentwickelten Zustand ist dies alles noch nicht erreicht. Vieles bleibt im Fluß, aber das System ist wandlungsfähig und reagiert auf Umwelteinwirkungen. Es läßt sich verbessern, bzw. lassen sich entstehende krasse Fehlentwicklungen noch ausmerzen. Reife Systeme sind dazu oft zu starr geworden. Als Beispiel für das rechtzeitige Ausmerzen eines Fehlers kann die Abschaffung der Sklaverei in den USA gelten. Sie war 1863 gerade noch möglich, bevor die zunehmende Industrialisierung Millionen Menschen dazu verurteilt hätte, als Sklaven in Bergwerken und Fabriken zu schuften.

Es erweist sich als sinnvoll, den entwickelten Abschnitt eines Systempfades in zwei Phasen zu teilen. Der erste ist ein stabiler Zustand mit einem häufig von Wachstum begleiteten Fließgleichgewicht und hoher Fähigkeit zu spontaner Selbstregulation. Der entstehende Wohlstand kommt allen Gruppen der Bevölkerung zugute. Die zweite Phase ist ein metastabiler Zustand worin bei stagnierendem oder leicht sinkenden Wohlstand eine Regulation von außen oder durch den Staat von oben für Stabilität sorgen muß. Für die Menschen im System mag dieser Wandel zunächst noch wenig spürbar sein, er kennzeichnet jedoch eine Trendwende. Erst die einsetzende Instabilität stellt alle Strukturen wieder in Frage.

Alle entwickelten Zustände sind einander ethisch gleichwertig. Nicht weil sie irgendwelche Ähnlichkeiten hätten, sondern weil man sie durch nichts besseres ersetzen kann, solange das Systemregime stabil ist. Als bester gegenwärtig verwirklichter, entwickelter Zustand volkswirtschaftlicher Systeme gilt die Industriegesellschaft mit demokratischen Bürgerrechten. Folgerichtig wird in der internationalen Debatte Entwicklung als eine Veränderung in dieser Richtung verstanden, sofern man sich mehr als einfache Wachstumsziele setzt.

Dies aber läßt sich heute nicht mehr ohne weiteres akzeptieren. Wo stehen nämlich die heutigen Industrieländer wirklich? Sind sie noch als Vorbilder geeignet, wenn sie schon in ihre metastabile Phase eingetreten sind? Gerade für Deutschland wird man dies angesichts der aktuellen Miseren vermuten müssen, und es scheint gerade diese Situation die Wiedervereinigung so mühsam und teuer zu machen.

Die verschiedenen Stufentheorien (vgl. *Bobek* 1959; *Schätzl* (1993) verlangen eine noch weiter differenzierende Sichtweise. Zumindest bis um das Jahr 1800 hätte man Entwicklung wohl als eine Veränderung in Richtung auf das ältere Städtewesen oder zu einer herrschaftlich organisierten Agrargesellschaft verstehen müssen. Aber in Europa waren diese Gesellschaften damals bereits metastabil und ihre Ausbreitung nach Übersee hat nur die Verzerrungen des Kolonialzeitalters gebracht. Glücklicherweise gab es einen innovativen Aufbruch in den USA (vgl. *Holzner* 1996).

Im Zuge des Entwicklungsprozesses zur Industriegesellschaft treten mögliche Abweichungen vom ausgewogenen Mittelweg hervor, die große Ähnlichkeiten mit den biologischen Begriffen der Neotenie und Progenese haben. Neotenische Entwicklungsstrategien würden sich bemühen, einen überstarken Investitionsgütersektor aufzubauen, ohne ihrer Bevölkerung die Früchte harter Arbeit zukommen zu lassen. Progenetisch agierende Strategien würden sich in Vorwegnahme dieser Früchte überstarken Konsum und Wohlfahrt leisten, und damit vielleicht ihre vorhandene Industrie ruinieren. Beispiele sind auf der Welt leicht zu finden.

Im Sinne einer gegenwärtig nicht gegebenen Verbesserungsfähigkeit gibt es entwickelte Zustände sogar bei den Wildbeutern, dem nach mechanistischer Auffassung extremsten Zustand der Unterentwicklung. Wie falsch aber die letztere Ansicht sein muß, beweist das relative Wohlbefinden, in dem die europäischen Entdecker überall die „Wilden" angetroffen haben. In entwickelten Systemen, gleich welcher Stufe, sind nämlich die groben Unzulänglichkeiten beseitigt und die Menschen leidlich zufrieden, solange sie eben gerade diesen Zustand als den besten für sie denkbaren verstehen können. Demnach könnte man argumentieren, daß in dem nun unabhängig gewordenen Namibia die Buschmänner in ihrem Reservat in der Kalahariwüste die höchstentwickelte Menschengruppe seien. Sie sind zweifellos einem entwickelten Zustand näher, als die viehzüchtenden Ovambo mit ihrer unbewältigten Bevölkerungsvermehrung, den unerfüllbaren Konsumwünschen und dem großen Landbedarf. Aber auch die Ovambo wären auf ihrem Pfad weiter vorangekommen als die deutschen und burischen Farmer, die zwar den beiden anderen Gruppen technisch und ökonomisch haushoch überlegen sind, deren Schwäche jedoch ihre Einbindung in die unterentwickelte südafrikanische Industriegesellschaft ist. Sie werden deshalb wohl den Ovambo weichen müssen. Wieder sehen wir hier die schillernde Mehrdeutigkeit des Entwicklungsbegriffs.

Der Entwicklung als Evolution, also der Herausbildung der charakteristischen Strukturkomponenten eines Systemregimes, sind eine Reihe von Konträrbegriffen entgegenzustellen, wovon die Rückentwicklung mit Hystereseschleife schon mehrfach aufgegriffen wurde. Von besonderem Interesse ist zunächst das Konzept der Involution, d.h. einer immer weitergehenden Steigerung der systeminternen Komplexität ohne Erweiterung der Handlungsspielräume und ohne Innovationen. *Geertz* (1963) hat eine agrare Involution am Beispiel der Insel Jawa unter niederländischer Kolonialherrschaft untersucht. Er stellt fest, daß der Bevölkerungszuwachs in den Reisbaugebieten Jawas durch eine immer weitergehende Aufteilung der Ressourcen zur Schaffung von Existenznischen aufgefangen wurde, in denen sich die Menschen ihr Überleben sicherten. Die Wirtschaftskraft der Haushalte und Betriebe blieb aber so gering, daß entscheidende Verbesserungen und Innovationen gar nicht aufgegriffen werden konnten. Die Kolonialmacht hatte unbeabsichtigt diesen Prozeß eingeleitet, weil sie den Bauern den Zuckerrohranbau als Cash-crop auferlegt hatte, der die durch Produktivitätssteigerungen im Subsistenzbereich freiwerdenden Ressourcen immer wieder absorbiert. Dem stellt *Geertz* die Reisbauern Japans gegenüber, deren Überschüsse zur Grundlage der Industrialisierung des Landes werden konnten.

Theoretisch ist Involution ein Aspekt der Metastabilität in Spätphasen eines Systemregimes. Diese tritt in physikalischen Systemen als verhinderter Übergang einer unter Druck stehenden Flüssigkeit zum gasförmigen Aggregatzustand auf. In wirtschaftlichen und gesellschaftlichen Systemen bewirken Fremdsteuerung und politischer Druck bei gleichzeitig wachsender interner Komplexität solche Metastabilität. In diesem Sinne wäre auch die Ausbildung eines informellen Wirtschaftssektors in so vielen Großstädten der Dritten Welt und in den Ghettos der Industrieländer ein Involutionsphänomen. Kennzeichnend ist auch hier, daß keine Alternativen zum Durchbruch kommen, sondern bereits bekannte Dinge mit bekannten Methoden weiter ausdiffernziert werden.

Bei *Geertz* (1963, 80f.) zeigt sich ganz deutlich die Bedeutung dieses Begriffs für unser Problem. Der Konträrbegriff zu Entwicklung und entwickelt heißt nicht unter- oder unentwickelt, sondern Involution. Diese kennzeichnet die späten Endphasen, bevor ein Systemregime wieder instabil wird. *Geertz* charakterisiert sie durch zunehmende Hartnäckigkeit der Verteidigung des etablierten Grundmusters, interne Überdifferenzierung und Ausschmückung, technische Haarspalterei und unendliche Virtuosität.

Verfall und Niedergang sind Vorgänge, die mit dem Verlust der Merkmale entwickelter Phasen verbunden sind. Systeme mit schwacher Meso- und Makrostruktur, etwa Haushalte und kleinere Unternehmen, können rasch zerfallen. Bei Regionalsystemen mit starker Makrostruktur und vielfältigen Mesostrukturen wird die Sequenz der Auflösung zu einem sehr langsamen Vorgang, weil auf niedrigerem Niveau immer wieder zeitweilige Stabilisierungen möglich werden, sofern man sich von der Bürde jener Strukturen befreien konnte, die man sich nun nicht mehr leisten kann. Im Geschäftsleben heißt dies Sanierung, in der Politik Reform. *Arnold Toynbee* (1962, 284) hat diesen Vorgang beim Niedergang von Zivilisation als „rout, rally und relapse" bezeichnet. Voraussetzung ist, daß die Makrostruktur noch besteht und einen Rest ihrer Kontrollfähigkeit über das System und seine Umwelt behalten hat. *Ritter* (1985a) zeigt am Beispiel von Qatar, wie der nach 1930 einsetzende Niedergang aufgefangen werden konnte, weil der Herrscher des Landes sich noch als legitimer Verleiher einer Erdölkonzession eignete.

Wo in unserer Zeit Verfallsprozesse eine Rolle spielen, vornehmlich in den alten Industrierevieren, scheinen sie gleichfalls oft nach dem Muster von Zusammenbruch, Wiedererholung und Rückfall abzulaufen, das *Toynbee* gefunden hat.

Verfallsprozesse können auch sehr rasch ablaufen. Ein aktuelles Beispiel lieferte Albanien. Anders als in den übrigen post-kommunistischen Ländern gab es hier kaum Ansätze zu einer ökonomischen Transformation. Vielmehr wurde ein Großteil der Formal- und Funktionalstrukturen kurz und klein geschlagen oder sonstwie außer Funktion gesetzt. Albanien lief auch nicht auf einer Hystereseschleife zum vorherigen kritischen Punkt seines Pfades um 1945 zurück, sondern eher in freiem Fall. Da eine „rally" im Sinne von *Toynbee* auf diesem Niveau nicht gelang, ging der Verfall beschleunigt weiter. 1996 stand Albanien wieder etwa dort, wo es sich zu Beginn seiner ersten Unabhängigkeit um 1913 befunden hatte. Einzig Familien- und Sippenbeziehungen bzw. lokale Subsysteme funktionierten noch inmitten eines Bürgerkriegsmilieus.

Ein Halt mag nun gefunden sein, doch unter den gegenwärtigen Bedingungen ist das Land trotz reicher natürlicher Ressourcen stark übervölkert. Eine weitere Destabilisierung wäre wohl mit einer Völkerwanderung verbunden.

Daneben können Rückentwicklungen in geographisch sehr interessanten Formen festgestellt werden, wenn sich Systemstrukturen in die Wildnis hinein ausbreiten und dabei die kritischen Größen und Dichteschwellen unterschritten werden. In solchen Fällen werden ältere, einer niedrigeren Wirtschaftsstufe zugehörige Organisationsstrukturen wieder aufgenommen, wenngleich eine Rückverbindung zu den Kernräumen erhalten bleibt. Beispiele lassen sich finden, wie Europäer in Übersee wieder die Techniken und Lebensweisen der Jägervölker aufgenommen haben, freilich als eine marktorientierte Jagdwirtschaft. Aus der Industriegesellschaft können sich sozusagen alle früheren Bobekstufen wieder herausentwickeln, weil sie im kollektiven Gedächtnis der Systeme erhalten geblieben sind. Kolonisationsperipherien und Rückzugsperipherien zeigen gleichermaßen solche Erscheinungen.

VII.2.3 Fortschritt und Koevolution

Die Formulierung eines wirtschaftsgeographisch anwendbaren Fortschrittsbegriffs ist sehr schwierig. Alle seine umgangssprachlichen Verwendungen sind emotional gefärbt und tendieren (man vergl. dazu *Otremba* 1969, 72) zu einer Gleichsetzung mit Wachstum, Expansion, Verdichtung, Mehrung der Wohlfahrt und dergleichen.

Es läge nahe, bei unserem Namibia-Beispiel die Ovambo gegenüber den Buschmännern und die Buren gegenüber als fortschrittlicher zu bezeichnen, weil sie jeweils mehr Technik anwenden, Ressourcen in Wert setzen und imstande waren, die anderen zu verdrängen. So hätte man noch vor einigen Jahrzehnten unbedenklich argumentiert. Inzwischen sträubt sich die zivilisierte Menschheit dagegen, eine Verdrängung der Schwächeren und eine Zurückdrängung der Natur durch den Menschen so ohne weiteres als Fortschritt zu bezeichnen (dazu *Dürrenberger* 1989, 38 f.).

Fortschritt wird ferner gerne, im ursprünglichen Sinne des Wortes, als das Voranschreiten, zeitlich oder von Stufe zu Stufe auf dem Weg zu einem späteren, vollkommeneren Systemzustand gesehen. In diesem Sinne wird auch der Begriff technischer Fortschritt verwendet, der dann nichts anderes besagt, als daß sich Techniken im Rahmen der Innovationszyklen ablösen und das Bessere des Guten Feind ist. In dieser Perspektive aber läßt sich Fortschritt nur ex post, d. h. historisch konstatieren. Ein solcher ist jedoch als gradliniger Vorgang nie gegeben, weil es sich dabei stets um die Aneinanderreihung vieler und oft zufälliger Entscheidungen für Alternativen handelt, die erst aus ferner zeitlicher Perspektive die Illusion eines geraden Weges ergeben.

Etwas anders ist es mit dem wissenschaftlichen Forschungsprozeß, der zu Neuentdeckungen führt, die wieder Anlaß zu erweiternden Innovationen sein mögen. Meist aber spricht man von wissenschaftlichem Fortschritt eher mit Einengung auf ganz bestimmte, angestrebte Lösungen für offene Probleme.

Immerhin ist auch dieser letzte Aspekt fruchtbar. Fortschritte wären dann Beiträge zur Lösung eines Problems, d. h. Überwindung von Hemmnissen, die sich Wachstumsvorgängen, Entwicklungen oder wissenschaftlicher Durchdringung entgegenstellen. Dies ließe sich auf die Fähigkeit der Systeme zum Überleben anwenden. Fortschritte wären dann Veränderungen in Systemstrukturen, welche die Fähigkeit zum Überleben einer sich wandelnden Umwelt verbessern.

Früher sah man gerne in statischer Perspektive die Überlebensfähigkeit am besten durch Anpassung an die Umwelt garantiert. Inzwischen hat man erkannt, daß Lebensformen, die zueinander in einem Jäger-Beute-Verhältnis stehen, jeden neugewonnenen Vorteil der anderen trickreich kontern. Dies bedeutet nicht Anpassung an ein ökologisches Gleichgewicht, sondern Reaktion auf spezifische Bedrohungen und Streßsituationen. Dafür verwendet man den Begriff Koevolution (*Jantsch* 1982). Ähnlich bemüht sich jede wirtschaftliche Einrichtung, die unter Konkurrenzbedingungen arbeiten muß, die neugewonnenen Vorteile der anderen möglichst schnell durch eigene Maßnahmen aufzuholen. Dieses endlose Bemühen faßten *Agergard* et. al. (1982) als Theorie der Spiralbewegung und illustrieren es an einem Beispiel, welches den Vorteil hat, der wirtschaftlichen Praxis entnommen zu sein.

Demnach zwingt wachsende Konkurrenz im Einzelhandel die Geschäftsinhaber zur Ausweitung der Sortimente und Leistungen. Dadurch werden größere Betriebseinheiten notwendig. Diese sind nun stärker als ihre kleineren Mitbewerber und verdrängen diese, aber damit vergrößert sich die Distanz zwischen Anbietern und Konsumenten. Gleichzeitig steigen auch die Kosten allgemein. Aus dieser Situation versuchen Einzelhandelsunternehmen durch weitere Betriebsvergrößerungen und trading-up auszubrechen, wodurch sich die Einkäufe für die Konsumenten weiter verteuern und kleine Läden eingehen. Zuletzt aber hat dieser Ausdünnungsprozeß Standorte und Marktnischen in solchem Umfange freigemacht, daß es sich wieder lohnt, in größerer Nähe zu den Wohngebieten kleine Läden mit preiswerten, den Kundenwünschen besser entsprechenden Angeboten zu eröffnen. Sind alle Nischen dieser Art mit neuen Betrieben besetzt, so kann sich die Spirale vom neuen zu drehen beginnen.

Man wird nun fragen, wo da der Fortschritt wäre? *Agergard* betont, daß diese Spirale wohl sachlich zu den gleichen Marktnischen und räumlich zu den gleichen Standorttypen zurückführt, aber niemals zum gleichen Betriebstyp. Denn zur Erschließung der Marktnischen müssen wesentlich mehr Service und Know-how eingesetzt werden, und dies macht den Fortschritt bei der Drehung der Spirale aus.

Analoge Koevolutionsvorgänge in der Natur haben wohl zu den auffälligen Ketten ähnlicher Formen in der Tierwelt geführt, wobei ganz verschiedene Arten ähnliche Nischen besetzen, wie z. B. Haie, Ichthyosaurier und Delphine. Ist auch hier die Spirale nicht rekonstruierbar, so dürfte dies forschungsmäßig in zahlreichen Wirtschaftsbereichen recht einfach sein. Die Bresciani (*Sedlacek* 1988, 41 f.) und die Ministahlwerke der Drittweltländer sind in Marktlücken eingerückt, welche das dinosaurierhafte Wachstum der großen, integrierten Hüttenwerke aufgerissen hat.

Dieser koevolutionäre Fortschrittsbegriff ist für Einzelwirtschaften in der Konkurrenzsituation zweifellos sehr brauchbar, und es läßt sich sogar ex ante zwischen fortschrittlichen und reaktionären Strategien unterscheiden. Er ist jedoch auch für große Gesellschafts- und Regionalsysteme anwendbar. Das interessanteste Beispiel sind wohl England und Frankreich, die sich seit dem frühen Mittelalter als Rivalen sehen. Dies war ursprünglich eine Rivalität der Herrscherhäuser, die sich in der Renaissance auf alle Gebiete.des ·Lebens ausweitete. Jeder mögliche Vorteil des Rivalen wurde genau beobachtet, gekontert oder nachgeahmt. Als Ergebnis hatten anfangs des 19. Jahrhunderts beide Länder gegenüber dem restlichen Europa einen Vorsprung von zwei bis drei Generationen, der nun langsam wieder verkleinert wurde und erst um 1950 verschwand. Ein Zeichen dafür, daß koevolutionäre Situationen an sich fortschrittlich bzw. fortschrittsträchtig sind, weil sie schöpferische Konkurrenz bedeuten.

Dazu freilich bedarf es gleich autonomer und annähernd gleich starker Partner, worin immer „Stärke" liegen mag. Fortschritt im Rahmen ihres Koevolutionsverhältnisses führt die Partner weit über ihre Umwelt hinaus, in neuartige Systemregime, worin frühere Begrenztheiten keinerlei Relevanz mehr haben, also weit weg von jeder Anpassung.

Fortschritte bedeuten dann gleichermaßen Erweiterungen der Freiheitsgrade und Spielräume für das System als Ganzes, wie auch für seine Subsysteme. Diese Spielräume vermehren ihrerseits die Fähigkeit des Systems zu „fortschrittlichen" Strategien.

Freilich geschieht dies um den Preis höherer Informationsverarbeitungskapazität, damit die Unsicherheiten in kontrollierbarem Rahmen gehalten werden. Die sozialwissenschaftliche Systemtheorie hat für dieses Problem den Begriff Kontingenz eingeführt (*Willke* 1982, 17 f.). Freiheitsgrade des Anbieters bedeuten Unsicherheiten für den Abnehmer und umgekehrt, so daß sich ein zweiseitiges Verhältnis ergibt, das als doppelte Kontingenz bezeichnet wird. Fortschrittlich wären in diesem Sinne Techniken der Wirtschaft, welche solche Unsicherheiten, die ja immer wieder neu auftreten müssen, handhabbar machen, ohne sie zu beseitigen. Man kann dies in der Wirtschaft auch als den „Markt" bezeichnen und der ewige Streit um den Wert des Marktmechanismus als Regulator zeigt deutlich, daß diese Art Fortschritt weniger in den Strukturen unserer Systeme stattfindet, als vielmehr in den Köpfen der Menschen, die sich bemühen müssen, die von ihnen selbst geschaffenen Systeme durchschauen und verstehen zu lernen.

Kapitel VIII
Ansätze einer systematischen Wirtschaftsgeographie

Im Kapitel IV wurden ausgehend von einfachen Strukturhypothesen verschiedene Arten wirtschaftlicher Regionalsysteme untersucht und der vorige Abschnitt brachte eine Übersicht dynamischer Vorgänge, die in ihnen ablaufen. Von wenigen Beispielen abgesehen, die als Illustration dienen sollten, wurde nicht die Frage gestellt, wie es im Inneren unserer Regionalsysteme aussehen mag. Dies ist jedoch die eigentliche Aufgabe der Geographie in ihrer Zuwendung zur Wirtschaft. Sie erkundet und hält fest, wie bei Handlungsabläufen in Wirtschaftsregionen unterschiedlich qualifizierte Standorte, Orte und Teilregionen im Rahmen größerer, vielfältig vernetzter Strukturen zusammenwirken.

Für die Lösung dieser Problemstellung hat die Wirtschaftsgeographie mehrere Ansätze entwickelt, je nachdem welche Art von Wirtschaft respektive Wirtschaftssystem die Verfasser im Auge hatten. In ihrer Einstellung spiegeln sich, oft mit beträchtlicher Verspätung, die Lehrmeinungen von Nationalökonomie und Betriebswirtschaftslehre und ergeben dann in der Überschneidung mit den in anderen Arbeitsfeldern der Geographie gewonnenen Erkenntnissen ein schillerndes Interferenzmuster von Ideen.

Erich Otremba geht 1969 vom „Wirtschaftsraum" aus, den er zwar nach alter Tradition der Geographen als den vom Menschen genutzten geosphärischen Raum sieht, als dessen gestaltende Kräfte er jedoch Standortbildung, Märkte, Organisationsformen usw. betrachtet. *Götz Voppel* spricht von räumlichem Wirkungsgefüge und Ordnungsprinzipien, welche die spezifische Ausbildung von Komplexen und Räumen der Landwirtschaft und Industrie, sowie die Städte als Agglomerationen des Tertiärsektors lenken. *Hans Bösch* (1974) hat in seine „Weltwirtschaftsgeographie" viele Aspekte von Einzelaktivitäten und branchenspezifischer Strukturbildung eingebaut, wenngleich er eigentlich noch von der klassischen Güterkunde und Verbreitungslehre ausgeht. *Ludwig Schätzl* (1978/1993) stellt sich ganz auf den Boden raumwirtschaftlicher Theorien. Ihn kümmern die alten Inhalte wenig.

Diese vier Autoren aus den beiden letzten Jahrzehnten haben inhaltlich und konzeptionell sehr verschiedene Wirtschaftsgeographien vorgelegt. Die Gemeinsamkeiten ihrer Blickrichtung sind kaum zu erkennen. Sie lassen sich allenfalls bei genauer Lektüre in der Art wie sie mit gewissen Problemfeldern umgehen erkennen. Eine einheitliche Position bei den großen Zügen ihrer Werke ist schon deshalb nicht zu erwarten, weil auch in den Wirtschaftswissenschaften die unterschiedlichsten Lehrmeinungen im Wettstreit stehen. Von letzteren aber darf sich die Wirtschaftsgeographie nicht abschneiden.

Eine allgemeine Wirtschaftsgeographie wurde früher mit der Behandlung von Gütern und Branchen gleichgesetzt. Diese Denkrichtung entstammt der Kameralistik und gehört zum methodischen Altbestand unseres Fachs aus dem 19. Jahrhundert. Ein Spätling dieser Schule ist die „Allgemeine Wirtschaftsgeographie" von *Erich Obst* (1961). In seinen Textbänden zum „Kulturgeographischen Atlas" (8. Ausg. 1978) konnte *Johannes Humlum* zeigen, daß diese Frage wohl eher bei der Kulturgeographie anzusiedeln wäre. Die vielen Auflagen des *Humlum* bedeuten, daß sein Ansatz von einem großen Leserpublikum honoriert wurde. Wenn es auch heute zahlreiche, weit billigere Informationsquellen gibt, so bleibt dieser Art der

Geographie doch ein kognitiver Wert, der insbesondere in Westeuropa und in den USA geschätzt wird.

Nachteilig blieben immer die Bindungen an statistische Klassifizierungen, die wissenschaftlich unbefriedigend und oft geradezu irreführend sind. So können Automobilfabriken und Kinderwagenerzeuger in der gleichen Gruppe „Straßenfahrzeugbau" aggregiert sein. Es ist nur zu verständlich, daß sich daraus dann eine Gliederung der Wirtschaftsgeographie in Landwirtschafts-, Bergbau-, Fischerei-, Forstwirtschafts-, Industrie-, Handels-, Verkehrs- sowie Fremdenverkehrsgeographie entwickelte, die um der Genauigkeit willen zu immer weiteren Spezialisierungen neigt. Als Ausrichtung der Forscher ist dies durchaus ehrenwert, als Aufgliederung eines Problemfeldes jedoch unsinnig.

Eine systematische allgemeine Wirtschaftsgeographie mag zwar von solchen Einzelaktivitäten und Aktivitätsgruppen ausgehen. Sie sollte diesen analytischen Gedanken aber zugunsten der Aufdeckung spezifischer Komplexe wirtschaftlicher Tätigkeiten unter Einheit des geographischen Ortes zurücktreten lassen, ein Gedanke, der sich zum ersten Male bei *Voppel* (1970) angedeutet und für Städte angewandt findet. Diese Ortseinheiten als Subsysteme mit bestimmten Gefügemerkmalen umreißen das Objekt einer systematischen Wirtschaftsgeographie näher.

Im Rahmen des hier verfolgten Ansatzes werden diese Orte als Subsysteme von Volkswirtschaftsregionen gesehen und behandelt. Diese Einbettung schränkt die kontingenten Unbestimmtheiten der Subsysteme wesentlich ein. Natürlich gibt es daneben auch, aber seltener, Städte und Wirtschaftsgebiete, die keiner Volkswirtschaftsregion angehören, oder solche, die sich darüber erhoben und als unabhängige Bestandteile von Großregionen oder des Weltsystems etabliert haben. Jedoch können sich auch diese dem determinierenden Einfluß starker Volkswirtschaften schwerlich entziehen, soweit sie nicht überhaupt deren Projektionen in die Außenwelt sind, wie die meisten der Finanzoasen und transnationalen Konzerne.

Dabei läßt sich sinnvoll von der Aufgliederung der Struktur der Volkswirtschaftsregionen in Makro-, Mikro- und Mesoebene ausgehen. Aus dem Interaktionsmodell in Abb. V-9 wird deutlich, wie sich diese drei Struktursegmente gegenseitig beeinflussen. Makrostrukturelle Regelungen bestimmen Handlungsentscheidungen auf der Mikroebene. Wenn sich dabei Reibungen ergeben, wirkt die Mesostruktur oft als Puffer, der das Gesamtsystem sanft stabilisiert, wo die Institutionen der Makrostruktur nur durch brutale Machtausübung dazu imstande wären. In demokratischen Gesellschaften spiegelt umgekehrt die Makrostruktur in ihren Maßnahmen auch die Handlungsbedingungen auf mikrostruktureller Ebene.

Diese Zusammenhänge verweisen uns auf drei grundsätzliche Möglichkeiten einer systematischen Wirtschaftsgeographie, je nachdem von woher der Themenkomplex aufgerollt werden soll. Alle drei wurden in der Wirtschaftsgeographie beschritten.

VIII.1 Makrostrukturelle Ansätze in der Wirtschaftsgeographie

Es liegt für einen Wirtschaftsgeographen ebenso nahe wie für einen Laien, Wirtschaftsregionen mit Staaten zu identifizieren, weil diese dem Verständnis geläufig sind, darüber in allen Kommunikationsmedien berichtet wird und relativ reichlich statistisches Datenmaterial vorliegt, das wieder seinerseits billig zu haben ist.

Im Prinzip werden bei einem solchen Ansatz Regionen primär als nur ein Ort betrachtet. Material über dessen geographisch wichtig erscheinende Merkmale werden in aggregierter Form, also im topographischen Aussagemodus vorgelegt. In solcher Form werden Wirtschaftsdaten in zahllosen Veröffentlichungen angeboten. Bei Bedarf kann dieses Verfahren durch Regionalisierung der Daten verfeinert werden. Statt einer Gesamtaussage für ein ganzes Land hat man dann Gesamtausgaben für einzelne Provinzen, Länder, Bezirke oder auch kleinere Einheiten, welch letztere aber in der Regel nur als Beobachtungs- oder Meßdaten betrachtet werden und nicht als mögliche Merkmale eigenständiger Systemstrukturen. Solche Daten lassen sich mit allen Methoden der statistischen und mathematischen Informationsextraktion weiterverwerten.

Dieser Situation entspricht ganz und gar, daß auch Regelungen durch Institutionen der Makrostruktur stets allgemeingültig sind. Gesetze, Verbote und Anordnungen dieser Ebene haben gewöhnlich keinen spezifischen Wirkungsort innerhalb des Systems und werden gewissermaßen „standortblind" eingeleitet. So wirken sie dann auch oft genug auf den unteren Hierarchieebenen. Gleiches gilt für das Menschenbild. Notwendig muß sich in dieser Betrachtung der Mensch zum „Einwohner", zur „Arbeitskraft" oder zum „Konsumenten" verkürzen, damit allgemeine Aussagen überhaupt möglich werden.

Verglichen mit der Nationalökonomie ist die Wirtschaftsgeographie in der makrostrukturellen Regionalforschung noch nicht sehr weit gekommen. Das Thema ist für die Fachvertreter neu, weil bis in die Sechzigerjahre das Paradigma des Länderkundlichen Schemas die Sicht verstellte. Klassifikationen, Typenbildung und Modellierung für größere Regionen bzw. ganze Volkswirtschaften sind nur bruchstückhaft vorhanden. Die Frage nach wirtschaftsgeographisch relevanten Inhalten wird sehr kontroversiell gestellt. Dies steht im Rahmen der Wirtschaftsgeographie in deutlichem Gegensatz zu der sehr ausgefeilten Begriffsbildung in der allgemeinen Stadt- und Siedlungsgeographie.

Da die Nationalökonomen für größere Regionen bessere Instrumente besitzen, greifen Wirtschaftsgeographen gerne auf diese Schwesterdisziplin zurück. Besonders deutlich wird dies bei *Schätzl* (1978f.). Seine Wirtschaftsgeographie geht von den Theorien der räumlichen Ordnung von *Thünen, Lösch, Christaller, v. Böventer*, der Regional Science und regionaler Wachstums- und Entwicklungstheorie aus. Sie ist ein konsequenter Versuch, die Wirtschaftsgeographie von der Makroebene her zu sehen. Dies muß notwendig auch ein Voranschreiten von der Theorie zur Empirie bringen, und nicht umgekehrt. Freilich wird dann auch der in klassischem Sinne geographische Inhaltsanteil sehr klein.

Als makarostrukturell ist auch der Ansatz von *N. N. Baranskij* (1954) zu werten. Schon in den Dreissigerjahren hatte dieser versucht, für die Sowjetunion eine den ideologischen Positionen entsprechende und auf die Verwirklichung der räumlichen Aspekte dieser Position ausgerichtete Ökonomische Geographie auszubauen, was er später in zahlreichen Publikationen darlegte. Sein Ansatz betrachtet alle Erscheinungen und Bestrebungen unter einem einheitlichen übergeordneten Blickwinkel. Dieser ist auf makrostruktureller Ebene gesetzt.

Sein Verfahren wurde zu einer in der Sowjetunion lange Zeit nahezu ausschließlich verwendeten und in alle Satellitenstaaten „exportieren" Vorlage. *Baranskij* hatte sich von vielen früheren Scheuklappen freigemacht und bedeutende Innovationen eingeführt. Seine Schwächen sind zugleich jene des Marxismus-Leninismus, für welchen der tertiäre Wirtschaftssektor letztlich nur eine parasitäre Erscheinung ist und der die Städte unbeachtet läßt, soweit sie nicht produktive Funktionen haben.

Außerhalb des engeren Fachs hat *Martin Schwind* (1972) einen wichtigen makro-strukturellen Ansatz in seiner „Allgemeinen Staatengeographie" vorgelegt. Er ist jedoch in die Rolle des Staates als Landschaftsgestalter abgeschwenkt, statt jene als Organisator von Gesellschaft und Wirtschaft zu betonen. Eine in letzterem Sinne verstandene Staatengeographie würde zur Raumplanung als ihrem angewandten Zweig führen.

VIII.2 Mikrostrukturelle Ansätze in der Wirtschaftsgeographie

Einzelne Entscheidungen und Handlungen lebender Menschen als Individuen und nur diese bilden die Mikroebene unserer Systeme. Erst ihre genaue Kenntnis und Klassifizierung erlaubt es, daraus Aggregate und sachlich-räumliche Bündelungen zu bilden, die dann zu Instrumenten für das Verständnis der Meso- und Makrostruktu-ren werden können. Individuelle Entscheidungen werden natürlich auch von befug-ten Personen als Organen auf der Meso- und Makroebene gefällt. Sie heben sich dann oft durch ihren homöopathischen Charakter gegen die Holzhammermethoden von Gesetzen und Verordnungen ab. Denn diesen Produkten korporativer Entscheidun-gen, die nach formalen Verfahren zustandekommen, geht häufig das „Fenster" zur Systemumwelt ab, wie dies *Pesonen* (1982) treffend sagte. Ein Gedanke, der zu den Systemmodellen in diesem Buche führte.

Mikrostrukturelle Ansätze sind unter verschiedenen Namen in einer Reihe von Wissenschaften breit verankert. Unternehmensentscheidungen und Konsumenten-verhalten samt ihren psychologischen Hintergründen interessieren nicht nur Betriebs-wirte, sondern auch Geographen. *Peter Sedlacek* (1988) hat für seine Wirtschaftsgeo-graphie manches davon aufgegriffen, die Konsumentenseite allerdings ausgeklam-mert. Auch die Volkswirte kommen nicht ohne ihren „Homunculus" unter dem Namen homo oeconomicus aus, wenn sie rationale Entscheidungen in ihren Konse-quenzen modellieren wollen. Die Sozialwissenschaften betrachten menschliches Han-deln und Entscheiden im Kontext von individuellen Situationen und gruppenspezifi-schen Neigungen. Der Behaviourismus versteht sich als ein breites Übergangsfeld von Natur- und Geisteswissenschaften, freilich mit sehr einengenden Annahmen hinsicht-lich der Spielräume und Motivationen seiner Probanden. In diesen Strom haben sich Wirtschaftsgeographen mit Studien zu Einkaufsgewohnheiten, Freizeitverhalten, Wohnungswahl und Standortfestlegung eingereiht, besonders in den angelsächsischen Ländern.

Derartige Forschung ist jedoch sehr teuer. Sie muß Fragebogen, Interview und direkte Beobachtung anwenden, was aus Kostengründen stets nur für eingeengte Problemstellungen und in beschränktem Umfang möglich ist. Andererseits ist solche Forschung unentbehrlich, weil wir ohne sie die Mikro- und Mesostrukturen unserer Systeme überhaupt nicht verstehen könnten. Für die Geographie verstärkt sich dieser Kostenaspekt durch die Notwendigkeit, Einzeldaten mit Ortsangabe zu erheben. Ohne diese Adresse sind sie nicht auswertbar. Wo andere Wissenschaften sich bei Studien ohne Ortsbezug mit kleinen Stichproben begnügen können, braucht die ge-ographische Forschung oft flächendeckende Samples oder Vollerhebungen. Erst mit solchem Material können räumliche Bündelungen erklärt werden, die Voraussetzun-gen für die Bildung von Mesostrukturen sind. Es kann also auf diesem Wege nicht so schnell ein Gesamtüberblick einer großen Region entstehen.

Mikrostrukturelle Ansätze legt das Konzept der Daseinsgrundfunktionen als Basis, wie es die Münchener Schule der Sozialgeographie verwendet (*Ruppert & Schaffer* 1969; *Partzsch* 1970). Einen Versuch zur Erfassung einer großen Region nach diesem Ansatz machte *Fuchs* (1974).

Ebenso ist die Time-geography von *Hägerstrand* (1973), weiterentwickelt von *Lenntorp* (1976) und *Carlberg* (1982) ein solches Aufbauen von unten her. Ausgehend von den Informationsfeldern der Menschen werden ihre möglichen und durch vielerlei Restriktionen begrenzten Aktionsreichweiten der Erklärung räumlicher Strukturen zugrundegelegt. In der Wirtschaftsgeographie im engeren Sinne wurde ein solcher Versuch noch nicht gemacht. Er müßte analog auf den Bezugs- und Absatzverflechtungen der Unternehmen aufbauen, wobei aber Material über konkrete Einzeltransaktionen nur schwer zu erhalten ist.

Möglicherweise kann der „Aktionsräumliche Ansatz" hier etwas weiterführen (*Klingbeil* 1977; 1978; *Heinritz* 1979) mit dessen Erhebungstechniken man im Prinzip auch bei Firmen arbeiten könnte. Alle diese Bottom-up Ansätze erfassen Entscheidungen und Handlungsabläufe auf individueller und einzelwirtschaftlicher Ebene sehr gut. Unter Einschluß von Wanderungs- und Investitionsverhalten und den Bündelungen und Restriktionen, sowie dem Moment begrenzter Informationsmöglichkeiten gelangt man bis zu größeren Mesostrukturen, Siedlungen, zentralen Orten und Wirtschaftsformationen. Faßt man diese Phänomene zusätzlich als Ergebnis von Innovationen, Überlebensstrategien und Metamorphosen wie bei *Sedlacek* (1988), so lassen sich für Leistungserstellung und Verbrauch viele Aspekte der Systemgefüge genetisch erklären und verstehen.

Mikrostrukturellen Ansätzen kommt grundlegende Bedeutung für die Theoriebildung zu. Es zeigt sich nämlich, daß die meisten Prozesse, wie sie in den Abschnitten VI und VII behandelt wurden, recht ähnliche Strukturen hervorbringen freilich in sehr verschiedenen Größenstufen von kleinen Subsystemen bis hin zu den weltumspannenden Übersystemen. Selbst kleine Einzelwirtschaften zeigen schon räumlich lokalisierte Vorteilspotentiale und Ungunstlagen, auch sie haben ihre Mittelpunkte und Peripherien. Man kann daher von einem grundlegend fraktalen Charakter aller geographischen Strukturen sprechen. Die Theorie der Fraktale für die wirtschaftsgeographische Forschung fruchtbar zu machen, wird noch ein weiter Weg sein. Man sollte aber alle Theorieansätze, die in diesem Buche aufgezeigt wurden, unter diesem Gesichtspunkt durch alle möglichen Größenstufen ihrer Ausprägung verfolgen. Eine solche Arbeit ist noch nicht in handlicher Form geleistet. Sie müßte bei Mikrostrukturen beginnen, weil nur hier im streng wissenschaftlichen Sinn saubere Resultate erzielbar sind.

VIII.3 Mesostrukturelle Ansatzmöglichkeiten

Die Geographie hat ihr Arbeitsfeld traditionell vornehmlich in der Erfassung formaler Gegebenheiten in mittleren Maßstäben gesehen. Hier ist die Datenbeschaffung einigermaßen rationell möglich. Geländebeobachtung, Begehung und Kartierung sind einsetzbar und können durch Statistiken und Luftbilder sowie punktuelle Befragungen ergänzt werden. Die Forschung wird dadurch weitgehend unabhängig von unwilligen Institutionen, staatlichem Monopolwissen und sorgsam gehüteten Geschäftsgeheimnissen. Der geübte Geograph kann hinter Fassaden und versperrte Türen schauen, da er bei der Schlußfolgerung von Formalbefunden auf Funktionalbeziehungen und wieder zurück hermeneutische Methoden anwendet (*Pohl* 1986). Sinnvoll wird gleichzeitig eine breite Literaturverwendung und Feldforschung, um Ver-

gleichsgrundlagen zu schaffen. Systemtheorien sind sehr gut geeignet, um eine Brük-
ke von den Mikro- bis zu den Makrostrukturen zu spannen und gleichzeitig als Rahmen für die Erforschung der Mesostrukturen zu dienen. Bei diesen handelt es sich
vielfach um Subsysteme der Volkswirtschaften. Freilich steht ein solcher Ansatz
ebenfalls noch am Anfang, weil man sie bisher selten in solchen Zusammenhängen
interpretiert hat.

Der Bedarf an mesostruktureller Theoriebildung erscheint gegenwärtig im Rahmen
der Wirtschaftsgeographie sehr groß und hat namentlich zur Rezeption einiger sozial-
wissenschaftlicher Ansätze geführt, die meist einen Bezug zur Systemtheorie haben,
auch wenn dieser nicht immer explizit gemacht wird. Es werden damit vielfach die
gleichen Fragen studiert wie in diesem Buche. Ihre andersartige Literaturbasis, Be-
grifflichkeit und Grundlage macht jedoch einen Einbau schwer. Leider ist noch keiner
systematisch zu einer Wirtschaftsgeographie ausgebaut worden.

Zu nennen sind hier der Netzwerkansatz nach *Granovetter* (1985), die Strukturationstheorie von *Giddens* (1988) und die häufig angesprochene Regulationstheorie
(*Bathelt* 1994; *Benko* 1996). Letztere kommt häufig zu ähnlichen Ergebnissen. Es
stecken freilich in ihr noch Altlasten ihres marxistischen Ursprungs, wie etwa das
unnötige Beharren auf dem Konzept des Territoriums, welches angesichts der heutigen Forschung zu Deregulierung, Netzwerken und Globalisierung nur wenig Sinn
macht (vgl. *Benko* 1996, 187).

Für die Wirtschaftsgeographie reicht der Bereich dieser mittleren Strukturdimen-
sionen von den Haushalten und Betrieben über Einrichtungen der technischen Infrastruktur, Siedlungen und Städte bis hin zu den Teilregionen der Volkswirtschaften,
wobei nichts der Hypothese entgegensteht, daß alle diese Erscheinungen ihrerseits
wieder Systeme mit relativer Autonomie sind. Infolgedessen bestimmt teilweise das
Untersuchungsobjekt, was jeweils als relevante Mesostruktur anzusehen ist. Die Mikrostruktur bleibt aber in jedem Fall die individuelle Entscheidung.

Die so von Geographen erfaßten Formalstrukturen sind in der Regel die ortsfesten
Hüllen der Funktionalstrukturen, die wiederum ein Ergebnis der Bündelung von
Einzelhandlungen bilden. Ihr Verhältnis ist eines wechselseitiger Verursachung. Die
Einbindung vieler Einzelhandlungen in ein festes standörtliches Ablaufschema recht-
fertigt erst den Ausbau ortsfester Einrichtungen oder die planerische Widmung von
Örtlichkeiten für bestimmte Zwecke. Umgekehrt wirkt diese Ausgestaltung und Wid-
mung vereinheitlichend auf die Entscheidungen der Individuen ein. Am deutlichsten
kommt dieser Bündelungseffekt wohl bei Verkehreinrichtungen zur Geltung.

Handlungsabläufe könnten nicht verortet sein, wenn sie nicht für einen genügend
langen Zeitraum beständig wären oder verstetigt würden. Diese Erfahrung verleitet
in der Geographie oft zu einer statischen Sichtweise oder zu einer am status quo
orientierten Darstellung von Mesostrukturen. Daher sollten sehr aufmerksam alle
jene Vorgänge und Verhaltensweisen beobachtet werden, die aus den etablierten
Mustern ausbrechen. Sie könnten nämlich der Ansatz zu Innovationen sein, welche
später das ganze Gefüge in Frage stellen werden.

Freilich sind beim Schluß von der Form auf die Funktion stets die unvermeidlichen
Verzerrungen durch weiterbenutzten Altbestand zu beachten. Dieser Umstand macht
das Forschungsverfahren schwieriger, weil er eine zusätzliche historische Perspektive
erfordert.

Ein weiteres Problem stellt die Verknüpfung von mesostrukturellen Subsystemen.
Die formal orientierte Sichtweise konstatiert ihr räumliches Nebeneinander und versucht dieses quantitativ und qualitativ als landschaftlichen Unterschied oder räumli-

che Disparität zu fassen. Wir konnten jedoch aus den verschiedenen Verknüpfungs-
mustern von Systemen in Kapitel III lernen, daß gerade ihre Verflechtung auch bei
Nachbarschaftslage zu beträchtlichen Unterschieden führen müssen. Die Geographie
hat bisher sehr wenig dieses funktionelle Miteinander am gleichen Ort, die Überlagerung autonomer Systemstrukturen und die notwendige Einheit von Ort, Zeit und
Handlung analysiert. Eine auf Netzwerke ausgerichtete Betrachtungsweise ausgehend von Wirtschaftstätigkeiten und Unternehmen (z. B. *Staudacher* 1997) könnte
diese Nachteile überwinden.

Im Rahmen der Volkswirtschaftsregionen sind die Subsysteme vielfach von gerade
jenen Dimensionen, daß diese Einheit eben noch herstellbar ist. Wir sehen dies bei
Arbeitsmarktregionen, zentralörtlichen Bereichen mittlerer Stufe, Pendlerbereichen,
Stadtumlandzonen usw. Oder besser, diese regionalen Verflechtungsinstrumente dienen gerade der Herstellung dieser notwendigen Einheit. Solche Subsysteme im Meso-
bereich sind wichtige, wenn nicht überhaupt die wichtigsten Untereinheiten der
Volkswirtschaftsregionen, ohne deren Kenntnis man nicht zu einem Bild des Ganzen
vorstoßen kann.

Maßnahmen, die auf dieser mesostrukturellen Ebene gesetzt werden, haben spezifische Wirkungsorte innerhalb des Gesamtsystems. Die Maßnahmen müssen, oder
sollen daher den Gegebenheiten dieser Orte entsprechen. Die Wirtschaftsgeographie
legt, indem sie die unterschiedlichen Bedingungen des Wirtschaftens von Ort zu Ort
erkundet, die Basis für eine vernunftgeleitete, gerechte Regionalpolitik.

Um aber eine solche Wirkung im angewandten Bereich entfalten zu können, müßte
die Wissenschaft endlich das „zünftische" Klassifizierungskonzept der Wirtschaftstätigkeiten überwinden. Dieses prägt noch viel zu ausschließlich die allgemeine Denkweise.

VIII.4 Vorüberlegungen zu einem mesostrukturellen Ansatz in der Wirtschaftsgeographie

Welche Kriterien könnte man anlegen, um innerhalb eines größeren Regionalsystems
systematisch die verschiedenen Mesostrukturen zu erkennen und zu klassifizieren?

Ein sehr einfacher Ansatz wäre es, einfach über diese Region einen genügend
feinmaschigen Ortsraster zu legen, wobei $n \times 10^2$ Felder reichlich sind, und darauf
alle Subsysteme der unteren Hierarchiestufen nach ihrer wirtschaftlichen Funktion zu
kartieren. Statt eines formalen Rasters könnten auch Siedlungen, Gemeinden, Ar-
beitseinzugsbereiche, zentralörtliche Bereiche und dergleichen verwendet werden.
Die Verbreitung von Betriebstypen kann dann nach Regelhaftigkeiten ihres Auftre-
tens geprüft werden. Wir würden dabei finden:

a) Einrichtungen, die nur an einem oder sehr wenigen Orten innerhalb der Region
   auftreten

b) Einrichtungen, die an mehreren oder vielen Orten vorhanden sind, und hier
   wieder

   • an einander nahe benachbarten Orten

   • an mehr oder weniger regelmäßig über die gesamte Region verteilten bzw.
     zufallsgestreuten Orten

c) Einrichtungen, die an allen oder fast allen Orten auftreten

d) Einrichtungen, die der Verknüpfung von Orten dienen, und hier wieder
   - nur zwei oder wenige Orte verknüpfen
   - viele Orte verknüpfen
   - alle oder fast alle Orte miteinander verknüpfen können

e) Einrichtungen, die mobil sind und an keinem Ort auf Dauer festgemacht werden können

f) Leere Rasterfelder in Hinblick auf die Einrichtungen a) bis c) oder hinsichtlich der Verknüpfungen

Ein solches Verfahren kann sehr präzise sein, und wird insbesondere die Standort-kongruenzen der Einrichtungen deutlich machen. *Bobek & Fesl* (1978) haben bei ihrer Untersuchung der zentralen Orte Österreichs ein solches Verfahren verwendet und darauf ihre Klassifizierungstechnik aufgebaut. Dieser Gedankenweg einer syste-matischen Erfassung aller Wirtschaftseinrichtungen ist jedoch wegen der Schwierig-keit der Datenbeschaffung nicht generell gangbar. Er kann jedoch als Rahmenkon-zept für weitere Überlegungen benützt werden.

Zu diesem Zweck seien die beiden Aspekte der obigen Übersicht, Verteilung und Verknüpfung in ein zweidimensionales Tableau gebracht Abb. VIII-1. Die X-Achse mißt die räumliche Verteilung von Einrichtungen oder Betrieben, von solchen, die nur an einem Ort auftreten bis zu solchen, die an allen Orten vorhanden sind. Die Y-Achse listet die Einrichtungen nach ihren Kontaktbedürfnissen auf, von solchen, die nur lokale Kontakte brauchen, bis zu anderen, die Kontakte zu allen Orten benö-tigen.

Die Eckpunkte des Tableaus sind mit A, B, C, D benannt. In der Nähe des Eckpunktes A liegen dann die Einrichtungen der Regierung, die Zentralen großer Wirtschaftseinrichtungen und Banken. Sie haben selbst meist nur einen Standort in der Region, brauchen aber Kontakt zu allen Orten. Im Eckpunkt B können wir Postämter und Telekommunikationseinrichtungen ansiedeln. Der Eckpunkt C nimmt Wirtschaftstätigkeiten auf, die nur an einem Ort der Region erstellt und auch nur hier benötigt werden. Der Sache nach können dies nur ausgesprochene Luxusdinge im Dienstleistungsbereich sein. Dagegen nehmen den Eckpunkt D jene Aktivitäten ein, die an allen Orten auftreten müssen, weil sie jeweils hier zur Deckung lokaler Versor-gungsbedürfnisse unbedingt benötigt werden und eben deshalb keine Kontakte zu anderen Orten brauchen. Stellen wir uns hier etwa die einfache Dorfkneipe vor, so würde ihr Gegenstück im Eckpunkt C das fashionable, hauptstädtische Luxusrestau-rant sein. Beide haben offensichtlich geographisch miteinander nichts gemeinsam, statistisch gehören sie aber zur Kategorie Gastronomie.

Die Diagonale des Tableaus von B nach C zeigt die Positionen der Einrichtungen des Verkehrs- und Kommunikationswesens, von den ubiquitären Zweigstellen der Post und des Telephonwesens über den Gütertransport auf Straße und Bahn zum schnellen Personenverkehr und weiter zu Binnenschiffahrt und Flugverkehr, welch letzterer nur an wenigen Orten wirksam werden wird und in der Regel auch nur zu wenigen Orten der Region Beziehungen herstellen kann.

Die Diagonale A nach D reiht die sogenannten zentralen Dienstleistungen auf. Sie beginnen nahe dem Eckpunkt D und reichen über Dienste der mittleren Stufe, die noch an vielen Orten vorkommen und wenige andere versorgen, weiter zu den hoch-

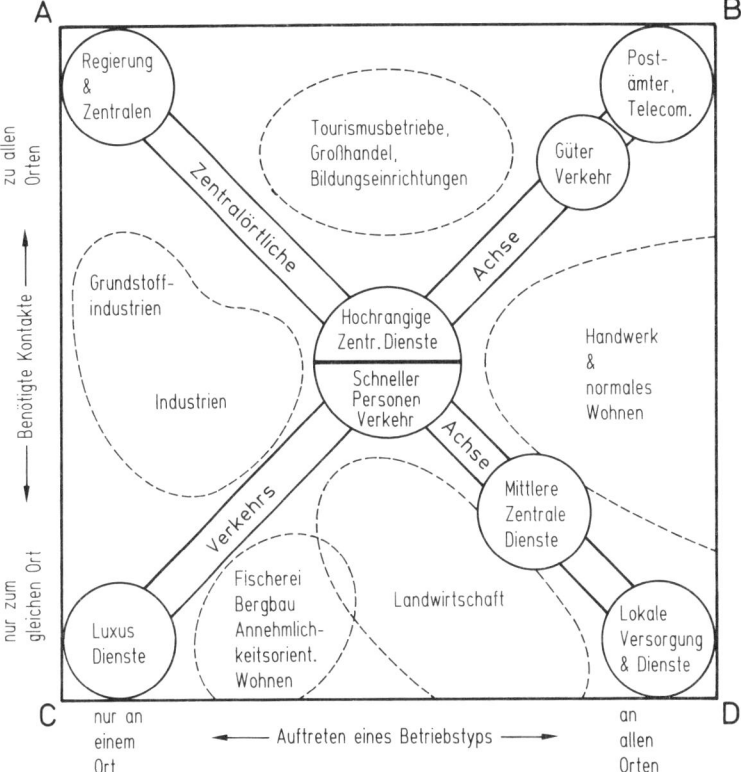

Abb. VIII.1 *Tableau wirtschaftsgeogr. Beziehungen*

rangigen Diensten der Oberzentren. Diese treten an wenigen Orten auf, haben aber größere Kontaktbedürfnisse. Die höchstrangigen zentralen Einrichtungen sind vielleicht nur einmal vorhanden, brauchen aber zu allen Orten Kontaktmöglichkeiten.

Bemerkenswert ist hier die Kongruenz zwischen hochrangigen zentralen Diensten und den Fazilitäten des schnellen Personenverkehrs, wie er in Deutschland durch Autobahnen und die IC- und Interregiodienste der Bahn gegeben ist. In anderen Regionen kann hierfür das Flugzeug eintreten.

Die übrigen Wirtschaftstätigkeiten lassen sich zwanglos in dieses Tableau einordnen, wenngleich die Aussagen hier weniger scharf präzisierbar sind, was durch die gestrichelten Abgrenzungen angedeutet wird. Industriebetriebe einer bestimmten Branche, z. B. werden eher an wenigen Orten auftreten und Beziehungen zu wenigen anderen Orten brauchen, sofern sie sich rein auf die Gütererzeugung beschränken. Betätigt sich das Industrieunternehmen jedoch auch mit Großhandel und der Verteilung seiner Produkte durch eigene Verkaufsstellen, so steigt die Zahl der Orte zu denen es als Organisation Kontakte braucht. Es rückt weiter gegen die Mitte des Tableaus. Tourismusbranche, Bildungseinrichtungen höherer Art und Großhandel sind Einrichtungen, die an einer mittleren Anzahl von Orten vorkommen, aber Kontakte zu vielen anderen brauchen, wo ihre „Kunden" leben. Landwirtschaftsbetriebe treten an vielen Orten auf, benötigen aber direkte Kontakte nur zu wenigen anderen. Ein interessanter und meist übersehener Wirtschaftsbereich ist das „Wohnen". Haushalte als konsumorientierte Einzelwirtschaften treten an vielen bis allen Orten auf.

Benötigen aber Kontakte zu anderen nur selektiv in der Erfüllung bestimmter Daseinsgrundfunktionen. Von diesem abzusetzen ist das „annehmlichkeitsorientierte Wohnen", dessen Kontaktbedürfnisse sehr reduziert sind.

Ambulante Einrichtungen sind ein Sonderfall, doch nur insofern, als sie ihre Kontaktpunkte selbst aufsuchen, statt sich über Verkehrs- und Kommunikationseinrichtungen mit ihnen in Verbindung zu setzen. Sie lassen sich daher leicht in das Tableau einsetzen, zumal die meist nur in einem beschränkten Umfeld nahe dem Eckpunkt D oder im unteren Teil des Tableaus agieren.

Komplexe wirtschaftliche Organisationen mit vielfältigen Aktivitäten und hierarchischen Innenstrukturen rücken in den oberen Teil in die Nähe des Eckpunktes B, sofern man sie gesamthaft betrachtet.

Internationale Aktivitäten im Außenhandel, Flug- und Schiffahrtswesen oder bei großen Konzernen ließen sich durch die Einführung einer dritten Dimension in das Tableau mitmodellieren. Da aber Volkswirtschaftsregionen und nicht die ganze Welt untersucht werden sollen, ist dies für die weiteren Ausführungen zunächst ohne Belang.

Eine exakte Ausführung des Tableaus für eine Region würde es zulassen, aus der Position eines Einrichtungs- oder Betriebstyps Folgerungen zu ziehen. Liegen sie im gleichen Koordinatenbereich, so besteht möglicherweise eine geographische Kongruenz ihrer Verteilung, die dann nicht ganz zufällig sein wird, sondern Verknüpfungen funktionaler Art anzeigen könnte. Ähnliches gilt für Einrichtungen die im Tableau untereinander oder nebeneinander angeordnet sind.

Solche Kongruenzen wären im nächsten Schritt darauf zu prüfen, wieweit ihnen geographische Einrichtungen entsprechen. So lassen sich Hauptstädte, zentrale Orte, Industriegebiete, Erholungsgebiete usw. als regionale Komplexe höheren Ranges vermuten, die dann den geeigneten Rahmen zur Behandlung spezieller Fragen der allgemeinen Wirtschaftsgeographie abgeben könnten. Auch über die Frage ihrer Rang- und Reihenfolge kann man sich klar werden, weil sicherlich im Rahmen des Gesamtsystems jene Komplexe größere Bedeutung haben, deren Einrichtungen für viele andere Orte wichtig sind.

Aus dieser Überlegung ergeben sich als mögliche Untergliederungen einer systematischen, allgemeinen Wirtschaftsgeographie folgende Forschungsfelder:

• Wirtschaftsgeographie der Steuerungszentralen und Hauptstädte
• Wirtschaftsgeographie des Städtesystems und der zentralen Orte
• Wirtschaftsgeographie der Verkehrs-, Kommunikations- und Versorgungsnetze,

die sich zu einer regionalen Grundstruktur zusammenfassen lassen, welche in ähnlicher Art in allen Volkswirtschaftsregionen vorhanden sein muß, und

• Sonderstrukturen als eine Wirtschaftsgeographie der Produktion und des Konsums von Leistungen der Landwirtschaft, Industrie, des Wohnens usw.

Dabei ergeben sich gewisse Überschneidungen, die durchaus nicht übersehen werden sollten, weil ja Wirtschaftseinrichtungen in vielseitigen Zusammenhängen stehen.

Unser Tableau erlaubt weitere Ausdeutungen, wovon eine in Abb. VIII-2 symbolisiert wird. Es soll dabei die gesamte Welt als Bezugsrahmen dienen. Die Volkswirtschaftsregionen stellen die geographischen Einheiten dar.

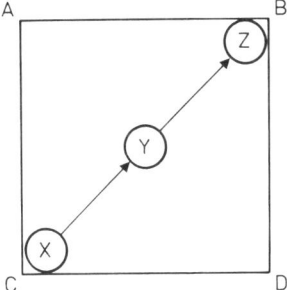

Abb. VIII-2 Positionen im Weltsystem

Der Buchstabe X nahe dem Eckpunkt C kennzeichnet ein völlig in sich beruhendes Regionalsystem. In dieser Position ist es selbstverständlich für sich gesehen eine einmalige Erscheinung. Da es zu keinem anderen Kontakte pflegt, wäre es autark. Seine wichtigsten wirtschaftsgeographischen Probleme können in der Bewältigung sozialer und ökologischer Ordnungsaufgaben gesehen werden. Der Punkt Y bezeichnet Wirtschaftsregionen, die von gleichartigen Regionalsystemen umgeben sind und zu diesen Beziehungen unterhalten. Dies entspricht der heutigen Situation. Für sie werden die relative geographische Lage und die transporttechnischen Verknüpfungen mit der Außenwelt sehr wichtig. Z endlich ist eine heute noch utopische Position der „elektronischen Glückseligkeit". Es gäbe zahllose Regionalsysteme, die jeweils mit allen anderen in Verknüpfung stehen und ihrerseits ihre Subsysteme über die gesamte Welt verteilt haben. Ganz so unrealistisch ist diese Version nicht, weil ja in einer vereinten, friedlichen Welt ohne trennende Wirtschaftsgrenzen sich Regionalsysteme als fraktale Gebilde mit unendlicher Vielfalt räumlich durchdringen könnten. Maßgeblich wird dann ihre Verträglichkeit in enger Nachbarschaft. Dieses Problem ist uns in kleineren Dimensionen innerhalb der Volkswirtschaftsregionen nicht mehr unbekannt. Eine solche Welt wäre vor allem von Umweltfragen geplagt, die wohlgemerkt nicht mit ökologischen Problemen identisch sind.

VIII.5 Die Abgrenzung von Wirtschaftsregionen

Ein Verständnis aller bisher dargelegten Beziehungen und eine Bewertung der Rolle der Erscheinungen im Systemverbund setzen voraus, daß wir unsere Regionalsysteme auch gegen ihre Umwelt abgrenzen können. Grundsätzlich liegen die Grenzen funktionaler Systeme dort, wo die konstituierenden Beziehungen sich abschwächen, nicht mehr regelmäßig sind oder zwischen benachbarten Orten ganz aussetzen. Dies ist eine empirische Aufgabe, die nicht immer leicht gelöst werden kann.

Die Abgrenzung ist nur bei kleinen Systemen mit einfacher Struktur leicht zu finden. Bei Haushalten und Betrieben helfen die Steuerungsbefugnisse, klare Verhältnisse zu schaffen. Bei größeren Systemen mit vielen Subsystemen schafft die Vielzahl der einbezogenen Standorte und deren komplexe Nutzung immer Unsicherheiten. Auch fehlt hier gewöhnlich eine eindeutige Autoritätsstruktur. Selbständige Städte des Mittelalters taten sich trotz Mauer und Graben sehr schwer, die Tätigkeiten ihre Kaufleute außerhalb ihrer engeren Bannbezirke zu beeinflussen, und gleiches galt für die feudalen Fürstentümer. Erst die in Nationalstaaten eingebetteten Volkswirtschaftsregionen erlaubten es wieder eine wirksame Lenkung der Wirtschaft mit Hilfe von Grenzbarrieren.

Daher liegt es nahe, Volkswirtschaftsregionen einfach mit Staatsterritorien gleich-zusetzen. Wo dies aber aus Zweckmäßigkeitsgründen geschieht, sollte der Wirt-schaftsgeograph immer vorsichtig die Berechtigung einer solchen Abgrenzung nach-prüfen. Unbesiedelte und unerschlossene Zonen eines Staatsgebiets sind nicht Teile einer Wirtschaftsregion, aber umgekehrt können einer solchen ferne Exklaven und Kolonien integriert sein. Über ein Jahrhundert lang, bis zum EU-Beitritt Großbritan-niens, waren Australien und Neuseeland Bestandteile der britischen Volkswirt-schaftsregion, bis sie sich dann zwangsläufig aus dieser Beziehung zum Mutterland lösen mußten. Niemand hätte den Agrarsektor Großbritanniens richtig beurteilt, der übersah, daß etwa der Getreideanbau aus England im Rahmen der weltweiten Thü-nenstruktur des Empire bis zu den Antipoden gewandert war. In analoger Weise sind in den österreichischen Alpen weite Zonen ein spezialisierter Teil der deutschen Volkswirtschaftsregion und ausschließlich dorthin im Tourismus orientiert. Andere Bereiche wie Industrie und Bildungswesen bleiben auf Österreich ausgerichtet. Hier könnte man von einem ökonomischen Kondominium sprechen.

Manchmal helfen Zoll-, Währungs- und Besteuerungsgrenzen, die Verhältnisse besser zu verdeutlichen, als es die politischen Grenzen können. Trotz aller Gegner-schaft bildeten Namibia, Botswana, Swasiland und Lesotho mit Südafrika in der Zeit der Apartheid nur eine Volkswirtschaftsregion.

Es gibt in so gut wie keinem Land der Welt eine völlige Kongruenz zwischen den staatlichen und den ökonomischen Abgrenzungen. Geschickte Geschäftsleute wissen daraus immer wieder Nutzen zu schlagen. Unkontrollierte Grenzsäume sind gleich-falls nicht selten. Dies zeigt, daß der Staat als rechtliche und politische, Macht aus-übende Institution auftritt und seine Befugnisse über die Wirtschaft nur usurpiert hat. Der Grad der Lenkung wirtschaftlicher Verflechtungen über die Grenzen hinweg durch einen Staat kann sehr unterschiedlich sein. Bei allen unselbständigen politi-schen Untereinheiten souveräner Staaten ist diese Fähigkeit heute sehr geringfügig geworden.

Wirtschaftliche Regionalsysteme, die kleiner sind als der zugehörige Staat aber größer und komplexer als die Einzelwirtschaften, können daher nur pragmatisch abgegrenzt werden. Man darf aber das Problem nie aus dem Auge verlieren, denn die Zahl der Orte und Subsysteme ist das reale Maß für die Größe eines wirtschaftlichen Regionalsystems und nicht irgend eine Menge von Quadratkilometern oder Einwoh-nern. Von diesen Zahlen hängt die potentielle und tatsächliche Komplexität des Systems ab, die dessen dynamisches Verhalten bestimmt.

Für grundlegend falsch abgegrenzte Systemstrukturen wird man schwerlich richtige Strukturhypothesen und Verhaltensprognosen aufstellen können. Dies ist eine grund-legende Schwäche regionalbezogener Forschung, um deren Lösung sich die Naturwis-senschaften und die physische Geographie bisher erfolgreicher bemüht haben als die Wirtschaftswissenschaften einschließlich der Wirtschaftsgeographie.

Kapitel IX
Wirtschaftsgeographie der Steuerungszentralen und der Hauptstädte

Selbst in kleinen Regionalsystemen, die aus mehr als zwei Orten im Sinne von Siedlungseinheiten bestehen, können diese nicht alle gleich gut für die Bewohner zugänglich sein. Unvermeidlicherweise gibt es Orte am Rande der Region und andere, die mehr im Zentrum liegen. Solche Lagemomente lassen sich mit Hilfe der Graphentheorie leicht analysieren und messen (*Haggett* 1973, 297). Sicherlich ist schon die einfache Wahrscheinlichkeit größer, daß Einrichtungen mit Bedeutung für alle Orte in den bequemer zugänglichen Siedlungen angelegt werden und nicht in einem Randdorf. Auch ohne besondere ökonomische Motive entstehen in ursprünglichen Bauernkulturen solche Zentralorte als Kultmittelpunkte für Stammes- oder Siedlungsgebiete. Dazu gesellen sich dann schnell die Märkte. Sehr häufig läßt sich ferner in innovativen Wirtschaftsformationen eine Ausbildung von „Vororten" mit spezifischen Führungsfunktionen konstatieren (*Ritter* 1987, 431, 438). Diese Erscheinung verweist uns zurück auf kommunikative Raumstrukturen.

In Staaten und anderen dauerhaft abgegrenzten Territorien bilden sich zeremonielle Zentren, Fürstenresidenzen und politisch-administrative Hauptstädte, von denen aus alle zugehörigen Orte der Zentralgewalt prinzipiell zugänglich sein müssen. Bei diesen kommt als erste und wichtigste ökonomische Funktion hinzu, daß sie Sammelpunkte für die als Steuern oder Kontributionen den Einzelwirtschaften abgeknöpften Produktionsüberschüsse sind. Hier sitzt dann auch jene Bevölkerungsgruppe, die als herrschende Elite von Machthabern, Richtern, Priestern, Beamten und Militärs diesen abgeschöpften Mehrwert der Produzenten verwertet. Hauptstädte haben also immer auch eine abgeleitete wirtschaftliche Bedeutung für die zugehörige Region, wie untergeordnet ihre politische Funktion auch sein mag.

Die hinter einer politischen Hauptstadt stehende staatliche Macht erlaubt es gelegentlich zwar, deren Standort aus dem Zentrum des Landes an die Peripherie zu rücken, wofür es zahlreiche historische Beispiele gibt. Jedoch werden dann zusätzliche Aufwendungen für Verkehrs- und Nachrichtenwesen nötig, um die Kontakte zu allen anderen Orten zu gewährleisten.

Ein Staat hat in der Regel nur eine Hauptstadt, die dann vorrangiger Kontaktpunkt aller Teile des eigenen Landes sein wird. Ebenso ist diese Stadt dann offizieller Kontaktpunkt zur systemexternen politischen Umwelt, also heute zu allen anderen Staaten der Welt. Diese Funktion wird nicht angetastet, selbst wenn die politischen Institutionen der Zentralmacht auf mehrerer Städte verteilt sind wie in der Bundesrepublik Deutschland (Abb. IX-1). Diese Teilung der Hauptstadtfunktionen ist möglich, weil zwischen den einzelnen Dienststellen formalisierte Kontaktwege eingerichtet sind. Sie entspricht im übrigen auch dem Konzept eines demokratischen Staatswesens besser als die Zentralisierung alten Stils, da ja auch die Bürger aller Landesteile an der Staatsgewalt teilhaben.

In vielen Staaten ist die politische Hauptstadt zugleich das bedeutendste wirtschaftliche Zentrum. In anderen sind diese beiden Funktionen aus mannigfaltigen Gründen und Ursachen getrennt, ohne daß dies die wirtschaftlichen Steuerungsaufgaben beeinträchtigt. Wir müssen uns daher primär mit jenen kommerziellen oder wirtschaftlichen Steuerungszentralen befassen, die keine stützende politische Funktion haben. Die Kombination beider Funktionen ist für sich besehen weniger grundlegend.

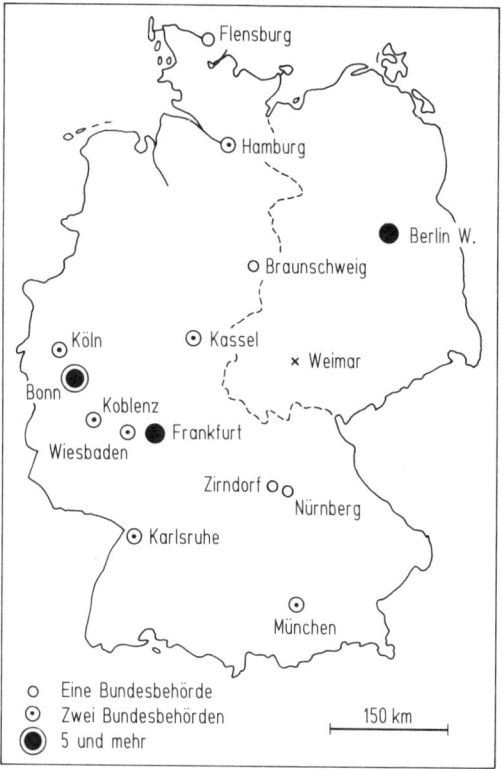

Abb. IX Verteilung der Zentralbehörden in der Bundesrepublik Deutschland 1989

Den reinrassigen Typus einer solchen Steuerungszentrale verkörpert New York. Als größte Konzentration von wirtschaftlicher und finanzieller Verfügungsgewalt auf der Welt hat es in seiner Agglomeration rund 18 Mill. Einwohner. Doch ist es weder die Hauptstadt der USA noch jene des Staates New York. Als solche fungiert Albany mit nur 102 000 Einwohnern. Diese Agglomeration liegt darüber hinaus in drei verschiedenen Bundesstaaten. New York hat keinerlei autonome Stellung, die über den Status der inkorporierten Gemeinde hinausginge, wie diesen und auch jede andere größere Stadt und viele kleinere Gemeinden in den USA haben. Mehr noch, New York hat niemals irgendwelche nennenswerten politischen, administrativen oder religiösen Funktionen besessen und ist dennoch zum führenden Wirtschaftszentrum aufgestiegen.

Die Erklärung liegt wohl darin, daß diese Stadt aus kleinen Initialvorteilen als Systemstruktur Vorteil ziehen konnte, die sich verstärkten und ihr trotz der unbritischen Anfänge gegenüber Boston und Philadelphia Vorteile verschafften. Es wäre eine Frage an Historiker, wann genau New York die führende Steuerungszentrale der Union geworden ist. Internationale Funktionen sind seit dem Einsetzen der großen Agrarexporte der USA dazugekommen. Trotz aller Unkenrufe über ihren Verfall als Stadt hat sie ihre Stellung bis heute behauptet.

In Deutschland kommen Frankfurt und Leipzig diesem Typus am nächsten, wobei man bei ersterem aber die lange Selbständigkeit als Reichsstadt nicht übersehen darf.

IX.1 Begriff und Funktionskomplex der volkswirtschaftlichen Steuerungszentrale

In jeder entwickelten Volkswirtschaftsregion treffen auf einen oder wenige Standorte, von denen aus alle übrigen Orte, Subregionen und Einzelwirtschaften vorgefertigte Entscheidungen, Handlungsanweisungen oder Entscheidungsimpulse in Form von Information beziehen, und von wo aus auch eine gewisse Kontrolle der Entwicklung der Subsysteme ausgeht. Sie sind mit anderen Worten die Standorte der Einrichtungen der Makrostruktur des Gesamtsystems.

Wir wollen im weiteren für diese Erscheinung (volkswirtschaftliche) Steuerungszentrale sagen und sie auf diese Weise von den gebietlichen Wirtschaftszentren jeglicher Art auf der einen und von den Weltstädten auf der anderen Seite abheben. Der Begriff wird also auf eine zugehörige Volkswirtschaftsregion bezogen, in dem Sinne, daß diese Stadt die Gesamtregion maßgeblich beeinflußt. Synonym spricht man in der Literatur von Wirtschaftsmetropolen, doch bleibt dieser Begriff weniger genau.

Es hat zwar jegliche wirtschaftliche Systemstruktur Entscheidungen zu treffen, auf volkswirtschaftlicher Ebene führt dies aber zu einer spezifischen geographischen Erscheinung durch die starke räumliche Konzentration wichtiger Institutionen aller Bereiche unter Einheit des Ortes. Warum dies so ist, kann derzeit noch nicht plausibel erklärt werden, zumal das Zustandekommen von Entscheidungen und der Kreis der daran beteiligten Personen sozusagen den Intimbereich der Wirtschaft darstellen.

Die in ihren wirtschaftlichen Belangen an sich autonomen Einzelwirtschaften an anderen Standorten achten laufend auf die Signale aus den Steuerungszentralen, von denen viele über die Tagespresse vermittelt werden. Größere Unternehmungen finden es zweckmäßig, wenn schon nicht ihre Zentralen, so doch Zweigabteilungen und Beobachtungsposten dort einzurichten. Zweifellos sind die Steuerungszentralen damit die wichtigsten Subsysteme der Volkswirtschaftsregionen. Interessanterweise ist die Wirtschaftsgeographie an dieser Frage bisher vorbeigegangen und hat erst in den letzten Jahren begonnen, diese Probleme aufzugreifen (*Wolf* 1989; *Stiglbauer* 1989).

Versuchen wir daher zunächst einmal die wirtschaftlichen Einrichtungen einer Steuerungszentrale systematisch aufzuzeigen:

a) Einrichtungen und Organe der Steuerung, Lenkung, Planung und Kontrolle der Wirtschaft

- Spitzeneinrichtungen staatlicher Wirtschaftsinstitutionen

- Zentralbanken

- Börsen und andere preisbildende Märkte

- Spitzen der Wirtschaftsverbände

- Zentralen der Konzerne, Großunternehmen und Kartelle

Diese sind an erster Stelle anzuführen. An zweiter folgen dann:

- Zweigabteilungen großer Unternehmen mit Zentralen an anderen Orten

- Beobachtungsposten von auswärtigen Unternehmen

Sie alle benötigen zur Durchführung ihrer Aufgaben wiederum die Dienste von (vgl. dazu *Stiglbauer* 1989):

- Informationseinrichtungen und Kontrollinstanzen wie Prüfungswesen, Schlichtungsinstanzen, Gerichtshöfe, Statistik, Dokumentation, Datenaufbereitung usw.

- Informationsbeschaffung und Auskunftswesen

- Treuhandwesen für komplizierte Aufgaben

- Instanzen des Normenwesens.

Diese ganze Gruppe von Einrichtungen bildet den Kern des Funktionskomplexes einer wirtschaftlichen Steuerungszentrale. Ihnen ist gemeinsam, daß die Tätigkeiten von Personen ausgeführt werden, die wirtschaftlichen Sachverstand und höchste Vertrauenswürdigkeit verbinden. Ihr Bedarf an persönlichen Kontakten impliziert die Nachbarschaft vieler Büros, so daß in den als Steuerungszentralen fungierenden Städten wiederum City-Bezirke mit Bürokonzentrationen entstehen, wobei viele Institutionen nur hier zu finden sind und sonst nirgends mehr in der gesamten Region.

b) Hinzutretende Einrichtungen sind:

- Beobachtungsposten ausländischer Wirtschaftspartner in Gestalt von Zweigbüros, Kontaktstellen, Agenturen, Informationsbüros, Pressekorrespondenten usw.

- Formelle Kontakteinrichtungen zum Ausland durch Konsulate, meist Generalkonsulate, Auslandshandelskammern u. ä.

- Repräsentative Einrichtungen der Wirtschaft wie Messen, Ausstellungen, Kongresse

- Kontakt und Hilfseinrichtungen von internationalem Niveau wie Flugbüros, Reisedienste, Hotellerie, Export-Importfirmen, Vertretungen ausländischer Banken und Versicherungen, Presse- und Verlagswesen der Wirtschaft, Vermittlungsdienste alle Art sowie ein qualifiziertes Aus- und Fortbildungswesen für Spitzenpositionen.

c) Akzessorische Einrichtungen und Dienste:

Berufspositionen an den Spitzen der oben aufgezeigten Einrichtungen werden generell sehr gut bezahlt. Daher können sich in einer Steuerungszentrale Dienstleistungen und Gewerbe entfalten, die sich gezielt an diesen Personenkreis wenden. Diese sind akzessorisch, d. h. an sich entbehrlich, werden aber dennoch in keiner vollwertigen Steuerungszentrale fehlen. Sie sind daher Indikatoren für deren Rang, wie etwa:

- Kulturelle Einrichtungen von höchstem Stand

- Angebote des Luxusniveaus bei Konsumgütern, Wohnungsausstattung, Gastronomie, Mode und Amüsements

- Luxuswohngebiete für eine reiche Bevölkerungsschicht (manchmal besonders gesichert)

- Technische Hilfseinrichtungen, wozu insbesondere ein internationaler Flughafen gehört, der tägliche Verbindungen zu allen anderen Steuerungszentralen der Welt möglichst direkt erlaubt.

d) Nachgeordnete Dienste und Industrien:

Diese bilden einen breiten Komplex von Tätigkeiten, durch welche die oben genannten Einrichtungen bedient und funktionsfähig gehalten werden. Vielfach sind sie Zulieferer oder Kontraktoren für ausgegliederte Aufgabenbereiche. Da sie auf den unmittelbaren Kontakt mit den Einrichtungen der Gruppen a) bis c) angewiesen sind, gehören sie samt ihren Beschäftigten und deren Angehörigen, bzw. räumlich gesehen deren Wohnvierteln ebenfalls zum Funktionskomplex der Steuerungszentralen. Typisch sind für diesen Bereich etwa Übersetzungsbüros, Dolmetscher, Druckereien, Sicherheitsdienste, Innenarchitekten, Schönheitspflege, Modeärzte usw. Nicht alle diese Tätigkeiten sind fachlich anspruchsvoll oder gut bezahlt (*Sassen*, 1996).

e) Zentrale Dienste und Gewerbe:

Steuerungszentralen sind gewöhnlich auch zentrale Orte für ihr Umland und entsprechen der höchsten zentralörtlichen Hierarchiestufe des betreffenden Landes. Meist sind sie auch bedeutende Gewerbe- und Industriestandorte. Diese Funktionsbereiche können in sehr charakteristischer Weise bei inferioren politischen Hauptstädten fehlen, bei wirtschaftlichen Steuerungszentralen jedoch nicht. Diese Dienste und Industrien finden in der Steuerungszentrale selbst Absatzmärkte oder gewinnen sie dort durch den Zugang zu den Exportwegen und den Vertriebsnetzen für die eigene Region. Solche Einrichtungen bilden gewissermaßen einen Mantel um den funktionellen Kern der Steuerungszentrale, der in vielen Fällen um ganze Größenordnungen bevölkerungsstärker ist. Sie könnten aber allesamt ihre Standorte auch anderswo haben. Das Motiv ihrer Ansiedlung ist die Nähe zu der Steuerungszentrale und die großstädtische Dynamik samt ihren Multiplikatoreffekten.

Statistisch gesehen ist eine Aussonderung schwer möglich. Wir erhalten daher bei konventionellen Analysetechniken keine Auskünfte über die Steuerungsfunktionen oder den steuernden Funktionskomplex, sondern nur ein verschwommenes Beschäftigungs- oder Berufsspektrum.

Ist eine Steuerungszentrale zugleich politische Hauptstadt, d. h. in der Regel Hauptstadt eines selbständigen Staates, so kommen unter a) die eigentlichen Staatsorgane, Parlamente, Staatsoberhaupt, Ministerien usw. und unter b) die gesamten Einrichtungen des diplomatischen Dienstes und die Lobbyisten hinzu. Jeder Staat schafft sich ferner akzessorisch seine repräsentativen Einrichtungen und nationale Symbole in Form von Kulturinstitutionen, Museen, religiösen und anderen Gedenkstätten. Eine Steuerungszentrale, die zugleich politisches Zentrum ist, hat also einen wesentlich breiteren und stärker differenzierten Kernbereich, was die unter d) und e) gruppierten Funktionen gleichfalls ausweitet. Geographisch bildet sich in solchen Städten neben der Wirtschaftscity ein Regierungsviertel aus. Letzteres ist im Gegensatz zur City architektonisch anders, weiträumiger und meist aufwendiger gestaltet.

In den letzten Jahrzehnten haben Steuerungszentralen und Hauptstädte als zusätzliche Rolle die Torpunktfunktion für den schnellen Güter- und Personenverkehr übernommen, die früher in den Seehäfen lokalisiert war. Nunmehr ist sie an Flughafenstädte geknüpft. Damit treffen hier nicht nur Waren und Informationen aus aller Welt ein, sondern Massen von Menschen als Touristen, Flüchtlinge, Zuwanderer und auch Kriminelle. Dies vermehrt nicht nur die an sich konstitutiv mit einer Steuerungszentrale verbundene Internationalität, sondern macht diese multirassisch, multikonfessionell und multikulturell. Die durch den Gegensatz von Reichtum und Bedürftigkeit, Zuwanderung aus dem Inland und etablierte Schichten schon starken sozialen Spannungen werden dadurch weiter vermehrt.

IX.2 Die Ausbildung von volkswirtschaftlichen Steuerungszentralen

Eine ausreichende theoretische Erklärung für die Ausbildung von Steuerungszentralen ohne politische und religiöse Funktionen steht noch aus. Sie müßte in der Art der volkswirtschaftlichen Verflechtungen gesucht werden. Historische Gründe und geographische Momente haben mitgespielt. Sie haben z. B. in Deutschland die Hansestädte und ehemaligen Reichsstädte nicht zu politischen Mittelpunkten werden lassen, was in vielen Fällen ihren wirtschaftlichen Wiederaufstieg im 19. Jahrhundert behindert oder verhindert hat. Dennoch sind Hamburg und Frankfurt zu Steuerungszentralen geworden. In den USA sind ebenfalls Steuerungszentralen ohne politische Funktionen hochgekommen, wobei man hier absichtlich die Trennung durch Wegverlagerung der politischen Funktionen förderte, um diese aus den Verstrickungen mit der Wirtschaft herauszuhalten (*Mahnke* 1970).

Sicherlich sind für Steuerungszentralen hervorragende, schnelle Verkehrsbindungen zu allen Teilen der zugehörigen Volkswirtschaftsregion und als Zugang zur Außenwelt unentbehrlich geworden, aber gerade diese Einrichtungen werden gewöhnlich erst geschaffen, wenn sie gebraucht werden. Sie sind nicht Vorbedingung.

Jede heutige Steuerungszentrale ist überdies aus einer Gruppe ursprünglich gleichrangiger Städte mit geographischen Voraussetzungen hervorgegangen. Ihre Aussonderung und die Bevorzugung des Standorts gerade an dieser Stelle, dürften in den Anfängen stark von Zufällen bestimmt gewesen sein und kamen später durch Prozesse der Selbstverstärkung zum Durchbruch. Mögen auch die Gründer von New York, Chicago, San Francisco, Sao Paulo Lagevorteile erkannt haben, die spätere Rolle dieser Städte hätten sie nicht vorausgeahnt.

Friedmann sprach 1972 von kumulativer Innovation, doch erscheint dies als Hauptgrund unzureichend. Fruchtbarer dürfte ein kombinierter Ansatz sein, der heterogene Agglomeration und Innovationsvorsprünge mit katalytischen Effekten in Hyperzyklen verbindet, denn sicherlich ist die Dynamik der Steuerungszentralen weitgehend endogen und nicht allein aus den Wachstumseffekten ihrer Regionen zu erklären. Die „Schöpfung" von Information, Geld und Kredit und der Zugang zu diesen Prozessen sind sicherlich wichtig.

Im reiferen Stadium scheint der Zugang zu Informationen der wichtigere Faktor zu werden. Vermutlich ist es dieser, der die Unternehmen dazu zwingt, sich die Kosten der Großstadt zu leisten und der dann zu den typischen exzessiven Anstiegen der Grundstückspreise und mittelbar der Gebäudehöhen in den City-Bezirken führt.

Für die Verstetigung der Steuerungsfunktionen an einem Standort scheint auch das ausländische Element entscheidende Bedeutung zu haben. Während nämlich innerhalb der eigenen Volkswirtschaftsregion Teilgebiete und andere Städte ihre Traditionen und ihren Stolz haben und wohlbekannte Unternehmen gerne an ihren alten Standorten festhalten, sehen Ausländer einen fremden Markt völlig unsentimental. Sie wählen die aus ihrer Sicht günstigsten Kontaktpunkte und konzentrieren sich dort, wobei in der Regel nur eine Stadt im Lande in Frage kommen wird. Nach bisherigen Erfahrungen erweist sich immer die räumliche Streuung ausländischer Firmen, Zweigstellen und Zweigwerke als geringer denn jene der einheimischen Wirtschaft. Wo dieses fremde Element auch eigenständig agiert baut es oft Mittelpunkte für internationale Netzwerke auf, die auch weltweit werden können. Dies stellt eine spezifische Weiterentwicklung der Steuerungszentralen dar. Man spricht zunehmend Städte dieser Art als „global cities" an (vgl. Kap. XIV-2).

Die allmähliche Einpassung der Wirtschaft in den Rahmen der zugehörigen Volkswirtschaftsregionen spielt mit. Mit der Ausbildung moderner Verkehrs- und Kommunikationstechniken seit dem 19. Jahrhundert wurden multilokale Wirtschaftsorganisa-
tionen in vielen Bereichen möglich. Diese sind jeweils zur rechtsverbindlichen Festlegung einer Zentrale gezwungen. Daß dafür die entstehenden Steuerungszentralen
besonders geeignet waren, braucht nicht zu verwundern. Unter diesem Aspekt besteht zwischen der Entwicklung der Volkswirtschaftsregionen und ihrer Steuerungszentralen eine Wechselwirkung.

Der Komplex einer voll ausgebildeten Steuerungszentrale setzt eine gewisse Größe
und Mindestausstattung als Stadt voraus. Zürich in der Schweiz mit rund 360 000
Einwohnern in einem Agglomerationsraum von wenig über 700 000 ist wohl eine der
kleinsten der Welt. Zürich konnte so klein bleiben, weil in der Schweiz wichtige
Torpunktfunktionen von Basel, politische Aufgaben von Bern und internationale von
Genf wahrgenommen werden. Durch das vorzügliche Verkehrsnetz und die geringen
Entfernungen in der Schweiz können diese Zentren einander leicht ergänzen, ohne
daß diese anderen Funktionen in den wirtschaftlichen Mittelpunkt gezogen werden
müßten. Üblicherweise haben solche Städte aber eine Millionenbevölkerung bedingt
durch die gleichzeitige Ausübung von Torpunkt-, politischer und zusätzlicher industrieller Funktion. Auch Zürich hat seinen industriellen Mantel, so daß wir die den
Kernfunktionen zuzurechnende Bevölkerungsschicht auf vielleicht 250 000 Menschen
und die Arbeitsplätze auf 100 000 veranschlagen können.

Der zahlenmäßige Umfang dieses hochbezahlten Segments wird in anderen Steuerungszentralen nicht wesentlich größer sein. Für den Mantelbereich der Stadt gibt es
jedoch keine Wachstumsgrenzen. Weitgehend ist diese Ausweitung erwünscht, weil
er den Kernfunktionen talentierte Menschen zuführt und der Stadt auf internationaler Ebene jenes Gewicht gibt, das zur technischen Aufrechterhaltung des Kontaktnet-
zes nötig ist. Dies macht dann verständlich, daß auch Verfallsprozesse im Mantelbereich der Stadt auf die Funktionen als Steuerungszentrale ohne größere Auswirkungen bleiben.

Nur die Steuerungszentralen haben als Städte alles aktuell mögliche verwirklicht
und sind Stätten der Weltzivilisation. Dies bewirkt neben dem Bündel ihrer Funktionen das Zusammentreffen vielfältigster Kultureinflüsse. Im Sinne von *L. Mumford*
(1961) werden diese Städte zu den Generatoren neuer Errungenschaften, wogegen
andere Städte eher die Transformatoren sind, die diese an ihre Hinterländer weitergeben. Dabei ist zu beachten, daß sie in das umspannende Beziehungsgeflecht eingebunden sind, an dessen Spitze die Weltstädte stehen, die in einem späteren Kapitel
angesprochen werden sollen.

Ob Länder, deren führende Städte noch zu klein sind, echte Steuerungszentralen
besitzen, ist anzuzweifeln. Haben sie keine, so wäre weiter zu prüfen, ob sie überhaupt Volkswirtschaftsregionen darstellen. Es gibt nur wenige entwickelte Länder,
deren Hauptzentrum kleiner ist als Zürich, und diese verfolgen gewöhnlich keine
wirklich autonome Wirtschaftspolitik.

IX.3 Wirtschaftsgeographische Aufgaben bei der Behandlung von Steuerungszentralen

Mit den Steuerungszentralen sind einige wirtschaftsgeographische Aufgaben auf der
angewandten und praktischen Ebene verknüpft. Sie haben für jeden höchste Rele-

vanz, der im Auslandsgeschäft tätig ist und man kann sie uneingeschränkt als die wichtigsten geographischen Fragen auf diesen Ebenen bezeichnen. Vielleicht ist gerade dies mit ein Grund, warum sie wissenschaftlich fast noch gar nicht bearbeitet wurden. Es sind dies:

- Identifizierung der Steuerungszentralen einer Volkswirtschaftsregion

- Messen ihrer Funktionserfüllung

- Feststellen der Reichweite ihres Einflusses.

Angesichts des Fehlens vergleichbarer wissenschaftlicher Aussagen und Kriterien ist es vernünftiger, sich hier bewußt auf Faustregeln zu beschränken. Sie haben den Vorteil, im konkreten Anwendungsfall leicht nachvollziehbar zu sein.

IX.3.1 Die Identifizierung von Steuerungszentralen

Diese Aufgabe ist nicht weiter schwierig. Sie sind Sitz von Firmenzentralen, Banken, großen Institutionen und Verkehrsunternehmen, deren Standorte an Hand von Adressenverzeichnissen leicht festgestellt werden können. Handelsfirmen und Geldinstitute sind gewöhnlich noch stärker konzentriert als die Industriefirmen, staatliche Unternehmen haben mitunter dagegen externe Zentralenstandorte zugewiesen bekommen. Für eine solche Erhebung genügt meist schon eine der heute so beliebten Listen der 100 größten Unternehmen eines Landes, wie sie alljährlich in der Wirtschaftspresse publiziert werden.

Gewöhnlich ist auch die Steuerungszentrale nach ihrer Einwohnerzahl deutlich größer als die nachfolgenden Städte, so daß kaum Zweifelsfälle auftreten. Es wird ferner in jedem Land nur wenige Städte geben, die täglich, oder besser werktäglich, internationale Direktflüge nach allen Kontinenten anbieten.

In vielen Einzelstudien zu dieser Stellung der Städte wird die Fragestellung wissenschaftlich noch mit der zentralörtlichen Theorie vermischt, die jedoch dafür ein ungeeignetes Instrument ist. Ähnlich steht es mit der häufigen Gleichsetzung mit dem Begriff „Weltstadt", der überdies oft noch von der Gesamtgröße einer Stadt ausgeht. Finden wir doch inzwischen in Indien und China viele Großagglomerationen mit mehreren Millionen Einwohnern, die durchaus keine volkswirtschaftlichen Steuerungszentralen sind. Im Neuen Kozenn Atlas sind alle wirklichen Weltstädte und nationalen Zentren ausgewiesen.

IX.3.2 Die Messung der Funktionalität von Steuerungszentralen

Diese ist etwas schwieriger festzustellen, weil man dazu eigentlich die Tragweite und das Gewicht der Steuerungsentscheidungen kennen müßte, ebenso den Grad an Autonomie, der in großen Organisationen jeweils nach den nachgeordneten Stäben gewährt wird. Man ist daher auf indirekte Methoden angewiesen.

Relativ einfach, aber auch nur sehr grob ist das Aufaddieren der Kapitalmacht, der von großen Unternehmen kontrollierten Beschäftigung, Wertschöpfung und gegebenenfalls Gehaltssummen. Diese lassen sich den oben erwähnten Zusammenstellungen und Firmenlisten entnehmen. In manchen Ländern liegen Berechnungen der volkswirtschaftlichen Wertschöpfung für kleinere Gebietseinheiten vor. Aus diesen läßt sich ersehen, in welchen Städten diese überproportionale oder sehr hohe Gesamtanteile erreicht. Selbst in Industrieländern sind 30–40 % des Bruttoinlandsproduktes für nur eine führende Stadt nicht ungewöhnlich. Diese Quoten können bis zu 80 oder

90% gehen. Wenn auch dies nichts direkt zur Steuerung aussagt, so läßt sich doch abschätzen, welchen Anteil die Zentrale an den wichtigen Entscheidungen haben müßte. Ein Wirtschaftspraktiker hat in solchen Fällen wenig Grund, sich um die geographischen Gegebenheiten im restlichen Land zu kümmern.

Aufschlußreich, doch selten mit der nötigen Genauigkeit zu erhalten, wäre die Beschäftigung in gewissen Schlüsselberufen wie Handels- und Börsenmakler, Bankdirektoren, Treuhänder und Consultingberufe. Kommen sie für ein Land nur in einer Stadt vor, so läßt sich unterstellen, daß diese zu 100 % als Steuerungszentrale fungiert.

Letztlich kann man auch die Höhe der Steuerleistungen pro Beschäftigtem oder Steuerpflichtigem heranziehen, wozu man allerdings das Steuersystem des betreffenden Landes kennen muß, um die relevanten Größen zu erfassen.

Die Relation mehrerer Steuerungszentralen in einem Land zueinander läßt sich näherungsweise durch den Vergleich der Flugkapazitäten für Inlands- und Auslandsflüge verdeutlichen, wofür man Flugpläne und Flugkursbücher heranziehen kann, die leicht erhältlich sind. Hier allerdings wird sich eine gewisse Verzerrung ergeben, wenn nationale Hauptflughäfen eine Rolle spielen, so wie derzeit bei Frankfurt für Deutschland.

IX.3.3 Die Einflußbereiche von Steuerungszentralen

Im Prinzip erstreckt sich die Reichweite dieses Einflusses auf die gesamte zugehörige Volkswirtschaftsregion, doch wird dieses einfache Bild durch Distanzmomente und durch die gegenseitige Lage von Steuerungszentralen bei offenen Grenzen verwischt. Ein Wirtschaftreibender wird sich überdies nach jener Zentrale orientieren, deren Institutionen seinem Tätigkeitsbereich näherstehen. Derartige Reichweiten sind sehr schwierig festzustellen, weil sie oft auf persönlichen Kontakten beruhen. Die üblichen Techniken der zentralörtlichen Forschung reichen dafür nicht aus. Auch hier lassen sich aber einige Faustregeln anführen.

So könnte man, bei entsprechender Datenlage, die regionale Organisation der in einer Steuerungszentrale ansässigen Großunternehmen erfassen und ihre Zweigwerke und Zweigorganisationen lokalisieren. Diese sollten über die gesamte Volkswirtschaftsregion annähernd proportional zur Gesamtwirtschaft verteilt sein und sich nicht auf kleinere Teilgebiete beschränken. Am günstigsten ist dafür eine Auswahl von Unternehmen der Güterproduktion, da ja Handelsfirmen, Banken und die Absatzorganisationen an sich flächendeckende Lösungen suchen.

Das Postulat einer Durchdringung der gesamten Volkswirtschaftsregion wird nicht immer erfüllt. Firmen mit Sitz in den Steuerungszentralen meiden die aus ihrer Sicht zu entlegenen Teilregionen bei Zweigwerksgründungen oder Übernahmen. Dies kann der Wirtschaft solcher Gebiete einen höheren Grad an Eigenständigkeit und endogener Verflechtung geben. Es kann wie bei Österreich andererseits (Abb. IX-2) zur teilweisen Ausrichtung auf andere Zentralen führen. Entlegene Gebiete bleiben natürlich auf die Signale und Informationen aus ihrer Steuerungszentrale angewiesen, doch werden dort kaum Firmen entstehen oder sich Tätigkeiten ausbilden, die diesen Kontakt häufig und direkt brauchen.
Distanzielle Faustregeln sind möglich und sinnvoll, weil ja die Entfernung zur Steuerungszentrale für alle Firmen an anderen Standorten ein so wichtiger Handlungsparameter ist und oft ein zeitliches Handicap darstellt. Es müssen dann nämlich die unumgänglichen Kontakte der Führungsspitze mit großen Zeitverlusten und langen Abwesenheiten erkauft werden.

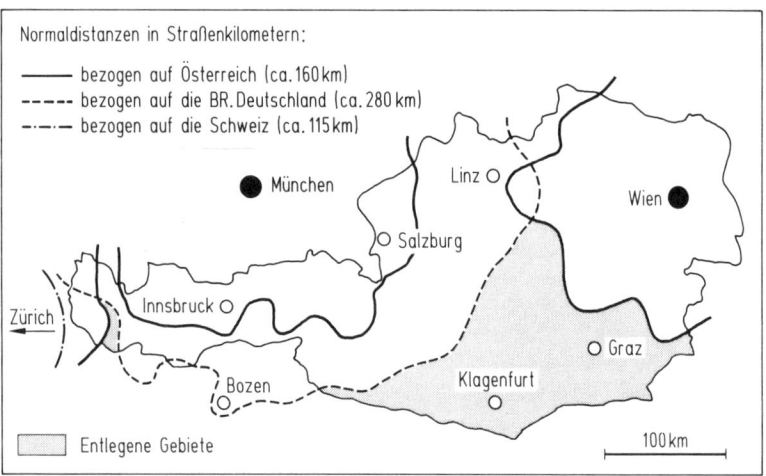

Normaldistanzen in Straßenkilometern:

── bezogen auf Österreich (ca.160km)
----- bezogen auf die BR.Deutschland (ca.280km)
─·─·─ bezogen auf die Schweiz (ca.115km)

München ●   Linz ○   Wien ●

○ Salzburg

Zürich ←

Innsbruck ○

Bozen ○

Klagenfurt ○

○ Graz

▢ Entlegene Gebiete   100km

Abb. IX-2 Distanzen zu Steuerungszentralen in Österreich

Unbehinderter Zugang zu einer Steuerungszentrale setzt Tagesrandverbindungen voraus, also Anreise am frühen Morgen und Rückreise am späten Nachmittag. Mit der Bahn und dem PKW sind dabei einfache Entfernungen von 250–350 km als bequem anzusetzen, mit dem Flugzeug etwa 1 000 km. Sehr große Volkswirtschaftsregionen wie die USA und Rußland erlauben auch Tagesrandverbindungen mit dem Flugzeug nicht mehr überallhin.

Wieweit Telekommunikation die persönlichen Kontakte ersetzen kann, muß offen bleiben. Für die Weitergabe von Massendaten und Geschäftspapieren ist ein Standort in einer Steuerungszentrale nicht mehr erforderlich, zumindest in Ländern mit modernem Fernsprechnetz. Vertrauliche Information aber wird wohl immer hinter gepolsterten Türen ausgetauscht werden.

Mögliche Tagesranddistanzen scheinen überdies nicht in allen Ländern als tolerable Entfernungen angesehen zu werden. In den kleinen Niederlanden empfindet man z. B. die 180 km zwischen Amsterdam und Groningen als sehr weit. In Österreich dagegen gelten Linz (190 km) und Graz (210 km) noch als nahe bei Wien, gegenüber Salzburg (284 km) und Klagenfurt (310 km), die schon weit weg sind (Abb. IX-2). In der Bundesrepublik Deutschland sind Reisen über 250–300 km noch nichts Besonders und in den USA sieht man Geschäftsreisen zwischen New York und Chicago (Luftlinie 1150 km) als kleine Hüpfer an.

Was also ist das Maß dieser Dinge? Solchen Entfernungseinschätzungen scheinen länderspezifische Distanzerwartungen der Menschen zugrunde zu liegen. Man erwartet, seine Partner in normaler Entfernung zu finden und wird unwillig, wo dies nicht der Fall ist. Die Größe des Landes beeinflußt die „handelsüblichen" Transaktionsreichweiten.

Man kann solche Relationen aus der mittleren Distanz der höchstrangigen Zentren und nach der Nächstnachbarmethode bestimmen, denn die Mehrzahl aller Geschäftsreisen wird sich zwischen diesen Städten abspielen. Ein einfacherer, wenn auch nur grober Richtwert wäre die Distanz zwischen den beiden größten Zentren der Region.

In gut entwickelten Ländern liegen diese Werte oft auffällig ähnlich wie jene numerische Größe, die man erhält, wenn man die Fläche des Landes als Kreis auffaßt und dessen Radius berechnet. Für die Bundesrepublik Deutschland erhält man dann

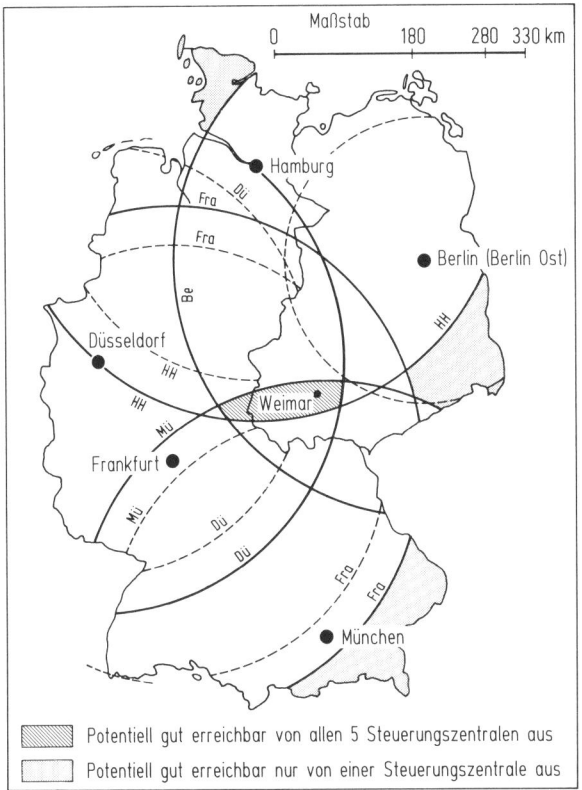

Abb. IX-3 Steuerungszentralen und Normaldistanzen im wiedervereinigten Deutschland (Luftliniendistanz)

281 km, für Österreich 163, für die Niederlande 115 und für die Schweiz ebenfalls 115 km als eine Art „Normaldistanz".

Die Hypothese einer solchen Normaldistanz für Geschäftsreisen läßt sich mit den Überlegungen von *E. Scheu* (1927) in Verbindung bringen, der Größe und Einwohnerzahl einer Region als Bestimmungsgründe für Intensität und Reichweite ihres externen Güterabsatzes ansieht und dies sogar als wirtschaftsgeographisches „Gesetz" auffaßt.

Die Auswirkungen einer ungünstigen geographischen Form der Region zeigt Österreich in Abb. IX-2 sehr schön auf. Die Bundesrepublik Deutschland war unter der Annahme einer Normaldistanz von 281 km bisher durch ihre vier Steuerungszentralen gut abgedeckt. In der DDR war diese nur 185 km. Im wiedervereinigten Deutschland kommt die Normaldistanz auf 337 km. Man wird sich also ganz allgemein an etwas größere mittlere Transaktionsdistanzen gewöhnen müssen. Abbildung IX-3 zeigt die Auswirkungen.

Was immer man zu solchen groben Instrumenten sagen mag, aus Erfahrung ist bekannt, daß außerhalb der Normaldistanz zur nächsten Steuerungszentrale gelegene Orte über die weiten Distanzen klagen und unmittelbare Kontaktbedürfnisse zu ver-

mindern trachten. Dies kann auch dazu führen, daß Betriebe zu verlängerten Werkbänken absinken, Innovationen so spät Eingang finden, daß sie nichts mehr nützen,
oder daß Investitionen unterbleiben.

IX.4 Anzahl und Lagetypen von Steuerungszentralen

Entwickelte Volkswirtschaftsregionen haben mindestens eine Steuerungszentrale.
Hätten sie keine, so wären sie entweder nicht entwickelt oder keine Volkswirtschaftsregionen, sondern unselbständige Teile einer anderen. Mikrostaaten, ehemalige Ko-
lonien und viele Drittweltländer sind in dieser Lage. Für abhängige Territorien sind
Steuerungszentralen sachlich gesehen auch gar nicht notwendig, da die Informationen
und Signale aus dem Mutterland kommen. Manche dieser Länder haben daher nach
Erlangung ihrer Unabhängigkeit versucht, ihre neuen Hauptstädte zu echten Steuerungszentralen ihrer Wirtschaft zu machen. Abidjan/Elfenbeinküste und Nairobi/
Kenya gelten als relativ erfolgreiche Fälle. Sie werden jedoch weit übertroffen durch
Seoul in Südkorea und Taipeh in Taiwan, weil in diesen Ländern nach der Unabhängigkeit auch die Industrialisierung eingesetzt hat und die Ausbildung einer Volkswirtschaftsregion abstützt.

Sicherlich waren die vielen Verstaatlichungen in gerade unabhängig gewordenen
Staaten auch von der Überlegung motiviert, die Lenkung dieser wichtigen Firmen
nun in der eigenen Hauptstadt festzumachen, statt sie fernen Metropolen zu überlas-
sen. Dies hat nicht immer Vorteile gebracht, weil verstaatlichte Firmen den internationalen Charakter einer Stadt nicht heben. Havanna/Cuba und Saigon/Vietnam sind
drastische Beispiele für diesen Vorgang.

Manche Volkswirtschaftsregionen haben zwei Steuerungszentralen. In solchen Fällen treffen wir häufig auf ein Paar, das aus der Hauptstadt und der größten Hafen-
stadt besteht, welch letztere als Torpunkt des Außenhandels in diese Rolle aufgestiegen ist. Sehr deutlich wird dies bei Rotterdam und Amsterdam in den Niederlanden
oder bei Antwerpen-Brüssel in Belgien.

Zwei oder mehr Steuerungszentralen können jedoch auch ein Relikt aus der Zeit
vor der Verschmelzung früher eigenständiger Volkswirtschaftsregionen sein. Leipzig
in Sachsen, wie immer man seinen heutigen Status beurteilen mag, hatte sich als
Steuerungszentrale Sachsens bis zum Zweiten Weltkrieg nicht nur behauptet, sondern seinen Einfluß weit im übrigen Deutschland ausgedehnt. Ähnlich steht Mailand
in Italien neben Rom. Neapel dagegen konnte nach 1860 weder seine Rolle behaupten noch Einfluß im übrigen Italien ausbilden.

In anderen Fällen zeigen zwei Steuerungszentralen sektionalistische Tendenzen in
der Wirtschaft des Landes an. Neben Toronto steht in Kanada Montreal als Zentrum
der francophonen Landesteile und Steuerungszentrale jener Firmen und Institutionen, die sich der französischen Sprache bedienen. Gegenüber Madrid betont in Spanien das katalanische Barcelona seine Eigenständigkeit.

In den USA, Indien, China, Brasilien, Australien haben die gewaltigen Entfernungen und die isolierten Ansatzpunkte der Industrialisierung von vornherein mehrere
Steuerungszentralen aufkommen lassen. Selbst die Planwirtschaft konnte in China
und in der Sowjetunion diese Tendenzen nicht unterdrücken. Beim Zerfall der Sowjetunion zeigte sich recht deutlich wie neben ethnischen auch sektionalistische Kräfte mitwirken. Nicht nur die Hauptstädte der selbständig gewordenen Republiken
streben ihren Aufstieg zu echten Steuerungszentralen an, sondern auch innerhalb
Rußlands hoffen St. Petersburg, Jekaterinburg, Nowosibirsk und sogar Kasan auf
eine Stärkung ihrer Rolle.

In den USA hatte man die wirtschaftlichen Folgen des Sezessionskriegs lange Zeit nicht aufarbeiten können, weil sich die Wirtschaft der Südstaaten eben nicht vom Norden her steuern ließ. Der Vielgliedrigkeit der Union trug man 1913 durch die Einrichtung von 14, heute 12 Federal Reserve Distrikten Rechnung, die jeweils eine autonome Zins- und Währungspolitik treiben durften. Inzwischen ist jedoch hier die Integration der Landesteile stärker und eine Steuerung durch zentrale Institutionen leichter geworden.

Für Steuerungszentralen hatten wir oben die günstige Lage im System des schnellen Verkehrs gefordert. Diese Verkehrsgunst ist jedoch in der Regel erst parallel zur Ausbildung der Steuerungszentrale geschaffen worden und keine Vorbedingung. Wir treffen daher auf sehr unterschiedliche Lagetypen:

a) Lage im geographischen oder ökonomischen Schwerpunkt einer Volkswirtschaftsregion:

Hier entspricht die Mittelpunktlage der obigen Forderung. Die Distanz zu allen anderen Orten wird minimiert und die Stadt ist unbestritten der am besten erreichbare Platz innerhalb des Regionalsystems. Dies ist beispielhaft bei Madrid, Budapest und Warschau gegeben. Bei Paris dagegen wird die etwas exzentrische Lage durch das Gewicht der in der Hauptstadt geballten Wirtschaftseinrichtungen ausgeglichen, ein Umstand, der auch in anderen Fällen mitspielt. Innerhalb Preußens hatte vor 1867 auch Berlin diese Lage. Im späteren Deutschen Reich lag es etwas peripherer, ohne diesen Umstand durch starke Konzentration kompensieren zu können. Weimar war in der Tat dem geographischen Mittelpunkt Deutschlands wesentlich näher. In der Bundesrepublik lag Frankfurt näherungsweise im Mittelpunkt. Im wiedervereinigten Deutschland rückt dieser wiederum nach Weimar (Abb. IX-3).

b) Lage als Torpunkt am Meer oder als Pforte vor einem weiten Hinterland:

Diese Lage haben Antwerpen, Rotterdam, Hamburg und London als Hafenstädte ausgebildet, letzeres seit der Hansezeit, denn nur damals war London ein lagegünstiger Seehafen.

Pforten oder Gateways sind Städte, die ein weites Hinterland zunächst als Relais einer fernen Metropole steuern, später selber zur Steuerungszentrale aufsteigen. Diese Position verkörpert am deutlichsten Chicago in den USA, das die westlichen Mais- und Weizenanbaugebiete steuert. In der früheren Österreich-Ungarischen Monarchie stieg Budapest als Pforte der Großen Ungarischen Tiefebene auf.

c) Koloniale Städte als periphere Steuerungszentralen:

Diese Gegebenheiten überschneiden sich teilweise mit den obigen. Solche Städte gingen aus frühen Stützpunkten der Kolonialmächte hervor, die von hier aus das Hinterland erschlossen. Indien zeigt dies mit Bombay, Madras und Kalkutta sehr schön. Alle drei stiegen als britische Stützpunkte und spätere Verwaltungsmittelpunkte zu Torpunkten Indiens auf, wogegen das portugiesische Goa und das französische Pondicherry trotz gleichwertiger Ausgangslage nie über das Stützpunktstadium hinauskamen. Andere bedeutende Beispiele sind Buenos Aires, Rio de Janeiro, Lagos in Nigerien, Casablanca in Marokko und selbst New York, ursprünglich der niederländische Stützpunkt Nieuw Amsterdam.

Der kolonialzeitliche Impuls mag also klein gewesen sein und schon lange zurückliegen. Der einmal eingeleitete Entwicklungsprozeß einer Steuerungszentrale ist ein hervorragendes Beispiel für die Stabilisierung solcher Vorgänge, denn solche Städte schaffen sich laufend neue Mesostrukturen, die Veränderungen der Rahmenbedingungen kompensieren können. Dublin im 1921 unabhängig gewordenen Irland ist eine Gründung britischer Invasoren im Hochmittelalter. Oslo, bis 1905 Kristiania, war die Zwingburg der dänischen Könige in Norwegen.

Bei Staaten mit solchen fremdbürtigen Steuerungszentralen besteht eine gewisse Neigung zur Aussonderung der politischen Hauptstadtfunktion an einen Platz, meist im Binnenland, der von belastenden Erinnerungen und Symbolen frei ist. Rio de Janeiro-Brasilia, Sydney und Melbourne-Canberra, Bombay und Kalkutta-Neu Delhi, Mombasa-Nairobi in Kenya, Lagos-Abuja in Nigeria und hin zum fast unbekannten Belize-Belmopan sind solche Paare. *Mahnke* (1970, 102f.) hat die in den USA besonders häufigen Hauptstadtaussonderungen des 19. Jahrhunderts schön dokumentiert. Sie ergaben sich hier aus einer Abneigung gegenüber Städten mit kolonialer Vergangenheit oder mit Reminiszenzen an die Zeit der Unselbständigkeit als Unionsterritorium wie auch gegenüber Wirtschaftszentren überhaupt.

d) Periphere Lage infolge Aufteilung früherer Volkswirtschaftsregionen:
Dies gilt für Berlin seit 1945, Wien seit 1918, Istanbul seit 1913, Kopenhagen seit 1668. In Übersee ist wiederum Seoul seit 1945 anzuführen, daneben Damaskus seit 1921. In solchen Fällen wurden nach territorialen Veränderungen die Wirtschaftsbeziehungen der Steuerungszentrale gekappt, z. T. völlig. Die Stadt behielt aber ihre Funktion für das Restgebiet, da sie natürlich für dieses der zugänglichste Ort geblieben war.

Die häufige Peripherielage von Steuerungszentralen steht also nur scheinbar dem Postulat der Zugänglichkeit entgegen. Mittelpunktlage und Torpunktlage sind einander soweit äquivalent, daß keine ökonomisch zwingenden Gründe für die eine oder die andere Lösung sprechen. Die Verkehrszugänglichkeit ist in hohem Maße manipulierbar und Steuerungsfunktionen sind ein Komplex von großer, rasch erneuerbarer Stabilität.

Wie groß diese Persistenz insgesamt ist, läßt sich heute noch gar nicht abschätzen, da Volkswirtschaftsregionen recht junge Gebilde sind und die Bedingungen für das Funktionieren von Steuerungszentralen im wesentlichen dieselben bleiben werden, solange diese Art der Systemverflechtung bestehen wird. Neubildungen von Steuerungszentralen finden daher nur dort statt, wo größere Regionen neu entwickelt und besiedelt werden. Ein solcher Prozeß mag in der Zukunft Manaos in Amazonien zu einer vollwertigen Zentrale gleichrangig mit Rio und Sao Paulo machen, wobei diese Stadt schon seit langem unbestrittenes gebietliches Wirtschaftszentrum ist.

Auch tiefgreifende territoriale Veränderungen können Verschiebungen erzwingen. Dies geschah in Deutschland, wo der Ausfall von Berlin massive Verlagerungen auslöste, was den Aufstieg von München, Frankfurt und Düsseldorf förderte. Gegenwärtig stärkt die beharrliche wirtschaftliche Stabilität in Baden-Württemberg, verbunden mit der starken Repräsentanz der Mikroelektronik, die Stellung von Stuttgart. Für die Persistenz von Steuerungsfunktionen ist auch Istanbul ein schönes Beispiel, weil die Türkei lange Zeit Ankara in jeder Hinsicht begünstigte. Berlin dagegen hatte 1945–1989 jene Extrembedingungen zu erleiden, welche selbst Steuerungsfunktionen nicht überstehen. Mehr als alles andere hatten dazu die Verkehrsprobleme beigetragen. Demgegenüber sind die politische Funktion einer Stadt und die unten zu behandelnde Rolle als Offshore-Platz weitaus flüchtiger.

Es gibt allerdings auch einige abgesunkene Steuerungszentralen aus den Frühphasen volkswirtschaftlicher Systembildung im Zeitalter des Merkantilismus. Sie sind wie Venedig und Florenz heute untergeordnete Verwaltungs- und Wirtschaftszentren, Industrie- oder Touristenstädte. Ein ähnliches Schicksal hat so manche frühere Reichsstadt in Deutschland erlitten.

IX.5 Die Bedeutung der Steuerungszentralen für praktische Entscheidungen

Eine Beschäftigung mit der Steuerungszentrale eines Landes hat gewiß größere praktische Bedeutung als andere wirtschaftsgeographische Fragestellungen. Der Kaufmann findet ja vorzugsweise an solchen Plätzen seine Geschäftspartner und kann von hier aus seine Märkte am leichtesten bearbeiten. Er trifft dort auch auf die öffentlichen Stellen, bei denen Genehmigungen zu beschaffen sind oder welche direkt Aufträge ausschreiben. Gleiches gilt für potentielle, einflußreiche Mittelsmänner, mit deren Hilfe sich Türen öffnen. Die Steuerungszentrale kann auch das gesamte Gefüge von Nebeneinrichtungen und Hilfsdiensten bieten, sowie ein Potential von genügend qualifizierten Mitarbeitern. Bei beiden wird es sich um das unzweifelhaft beste Angebot im gesamten Land handeln.

Für die meisten praktischen Fragen des Geschäftslebens erweist es sich daher als gar nicht notwendig oder auch nur naheliegend, andere Teilgebiete und Städte eines Landes genauer zu studieren oder selbst kennenzulernen. Dagegen sind hier und in den anderen Steuerungszentralen des Landes intensivere Recherchen in jedem Falle nützlich, um zu wissen, was, wo und wofür gute Plätze und Standorte sind. Bis zu einem gewissen Grad können Handbücher und Reiseführer für Geschäftsleute solche Informationen aufarbeiten. Sehr deutlich ist dies in der auf britische und amerikanische Geschäftsreisende zugeschnittenen Serie der MEED Practical Guides für das arabische Golfgebiet, weil deren Autoren dort noch keinen Tourismus zu berücksichtigen haben. Die Vielfalt der zu lösenden Aufgaben ist sehr groß und kann nur beispielhaft aufgeführt werden. Sie reicht von so einfachen aber oft schwierigen Problemen wie dem Finden von Postämtern und Partnerfirmen in einem fremden Milieu bis zur Kenntnis der niveauvollen Gastronomie und der Luxusgeschäfte.

Eine sehr wichtige Frage gilt den prestigeträchtigsten Standorten für Büros mit Kundenverkehr. Beste Adressen sind in der Regel City-Bezirke mit expansiver Bautätigkeit, in welch letzterer sich die vorhandene Nachfrage und die Bewertung dieser Lage deutlich ausdrückt. Interessant sind auch Renommierstraßen, wie z. B. die „Kö" in Düsseldorf, die Champs Elysées in Paris oder die 5th Avenue in New York. Sie werden heute von Bürohochbauten ergänzt, die sich selbst „Trade-Center" nennen.

Daneben müssen akzeptable Wohngebiete für Leute in Führungspositionen gefunden werden, samt den erforderlichen Dienstleistungen, Schulen und Clubs. Mitunter sind leitende Angestellte im Ausland bereit, einen exorbitanten Aufwand für die Anfahrt zum Arbeitsplatz in Kauf zu nehmen, wenn sie nur im alltäglichen Wohnumfeld den sozialen Kriterien der Oberschicht genügen können.

Einer anderen Bewertung bedürfen jene Stadtbezirke, die für Betriebsgelände und Lagerhaltung in Aussicht genommen werden. Hier ist nach der möglichen Dauerhaftigkeit und Zulässigkeit der Nutzungen ebenso zu fragen wie nach der Sicherheit dieser Standorte in Städten deren Kriminalität die Behörden nicht im Griff haben.

Welchen spezifischen Problemen ein Geschäftsmann in einer fremden Steuerungszentrale gegenübersteht und wie er sie löst oder nicht löst, wurde leider noch nicht systematisch erforscht. Er muß auf jeden Fall auch damit rechnen, daß er und seine Fragen für die Verhandlungspartner mühsam sind, weil diese als „Insider" ein anderes kognitives Bild ihrer Stadt mit sich tragen.

Im Zuge des Wandels von der älteren Industriegesellchaft zur „Informationsgesellschaft" wird oft diskutiert, wie weit persönliche Kontakte durch neue Kommunikationsmedien, etwa Bildtelephon und Telephonkonferenz ersetzt werden könnten. Hier ist zu beachten, daß die Vorteile des persönlichen Zusammentreffens in gewissen Situationen des Geschäftslebens nicht ersetzbar sind. *Jantsch* (1982) bringt in seinem Buch das Theorem von Erstmaligkeit und Bestätigung aus der Informationstheorie nach *E. v. Weizsäcker*, das sich auch hierauf anwenden läßt. Bei neuen Projekten, Anliegen, Entscheidungssituationen wird wegen des Moments der Erstmaligkeit der persönliche Kontakt, oft in aufzeichnungs- und abhörsicheren Räumen, nicht zu ersetzen sein. Auch von lange bekannten Partnern erfährt man wichtige Zusatzinformationen aus der nicht-verbalen Kommunikation mit Tonfall, Gesten, Mimik, Stimmlage und anderen Körperreaktionen. Diese erst können das richtige Vertrauen zu Vorschlägen ungewohnter Art schaffen. Sind dann die Beziehungen etabliert und laufen Vorhaben in logischen Bahnen ab, so wird zwischen einander vertrauenden Partnern Tele-Kommunikation genügen. Nicht für alles sind Büroräume notwendig. Informelle Kontakte im gesellschaftlichen Umfeld bei Veranstaltungen, Parties, Empfängen und Clubabenden spielen eine große Rolle, wo ebenfalls die Einheit des Ortes und hier „des Personenkreises" nicht zu ersetzen sind.

Es mag in näherer Zukunft so manche Verlagerung von Firmenzentralen in die Wohngebiete der Umgebung einer Steuerungszentrale geben, wo ja das Heer der Sekretärinnen und mittleren Manager schon wohnt, etwa aus Frankfurt in die Taunusrandsiedlungen oder aus Manhattan ins ländliche Connecticut, ganz allgemein aus der Geschäftscity in sichere, angenehme und prestigereiche Wohnlagen, die heute noch Oberschichtenviertel sind. Dies zieht zwar das Netzwerk einer Steuerungszentrale auseinander, wird aber nicht so weit gehen, daß die grundsätzliche Möglichkeit jederzeitiger persönlicher Kontakte aufs Spiel gesetzt ist.

IX.6 Offshore-Wirtschaftszentren als Auslagerungen aus Steuerungszentralen

Der Begriff „Offshore" stammt aus der Erdölwirtschaft und bezeichnet zunächst eine Tätigkeit außerhalb der Drei-Seemeilen Hoheitszone eines Küstenstaates und damit auch jenseits der früher üblichen Zoll- und Steuergrenzen. Die Vorteile solcher geographischer Positionen, z. B. für kommerzielle Radiostationen, wurden schnell erkannt. Heute hat sich die Bezeichnung auf alle Tätigkeiten ausgeweitet, die unter Ausnützung einer wie immer gearteten entgegenkommenden Gesetzgebung eines Staates dort für andere Wirtschaftsgebiete ausgeübt wird. Inlandgeschäfte sind dabei oft statutarisch ausgeschlossen.

Die Gründe für die Verlagerung geschäftlicher Transaktionen in Offshore-Plätze sind gewöhnlich die heimischen Steuergesetze, denen man in gewissem Umfang entkommen kann, wenn Geschäftssitz und Erfüllungsort in Steueroasen verlegt werden. Daneben spielen viele andere Momente mit. Großhandelsgeschäfte, Schiffahrt, Captive, d. h. unternehmensinterne Bank- und Versicherungsinstitute, die Vermittlung von Expertenjobs, die Verwaltung von Copyrights, Patenten und Lizenzen und noch vieles andere sind heute neben die früher dominierenden Finanzgeschäfte und Firmenholdings getreten.

Die Tendenz zur Auslagerung solcher Geschäfte aus volkswirtschaftlichen Steuerungszentralen ist eine Reaktion der Wirtschaft auf überstarke Einwirkungsversuche des Staates, indirekt also eine Projektion interner Schwierigkeiten eines Regionalsystems nach außen.

Die Aufnahmeländer oder „Hosts" sind gewöhnlich Klein- oder Mikrostaaten mit wenig eigenen Ressourcen, für welche dann aber die an sich nicht aufregend großen Einnahmen aus solchen Offshore-Geschäften doch deutlich zu Buche schlagen. In Europa haben Luxemburg, Liechtenstein, die Kanal-Inseln und die Insel Man, die Schweiz insgesamt und einige ihrer Kantone in besonderem Maße diese Stellung. In Übersee sind die Bahamas, Cayman Inseln, Bermuda, Liberia, Griechisch-Zypern oder auch Bahrain bekannt. Insgesamt listet *Beauchamp* (1983) an die 50 solcher Steueroasen auf. Freilich sind nicht bei allen die Kontaktmöglichkeiten so gut, daß die anderen Vorteile sinnvoll ausnützbar werden. Noch hat kein Geschäftsmann die faktische Steuerfreiheit etwa der Kerguelen Inseln ausnützend, seinen Geschäfts- und Wohnsitz dorthin verlegt. Erinnerlich ist noch die explosionsartige Entwicklung schon vor 1989 in den chinesischen Sonderwirtschaftszonen. Ein Zeichen, daß hier die Bedingungen nach wie vor bestehen, welche einst Macao, Hongkong und die europäischen Vertragshäfen hervorgebracht hatten.

Die Offshore-Wirtschaftszentren entstehen durch die Auslagerung gewisser Geschäfte aus ihren normalen Standorten, die wieder weitgehend die Steuerungszentralen wären. Eine solche Auslagerung ist durch Flugverkehr und weltweite Telekommunikation möglich geworden, soweit dafür Distanzen keine Rolle spielen und die Einheit des Ortes nicht unbedingt nötig ist. Sie sind dennoch nicht unproblematisch. Weniger wegen der Steuerausfälle für das Mutterland, als wegen des Unterschieds zwischen „ganzheitlicher" und rein formaler, ja absolutistischer Kontrolle von Unternehmungen und Ressourcen. Die in eine Steueroase verlagerte und dort via Rechtsanwalt geleitete Holdingfirma wird anders auf Entscheidungsprobleme reagieren als ein Unternehmer in Fleisch und Blut im konkreten, kreativen Milieu des Wirtschaftsmittelpunktes einer Region.

Diese wirtschaftlichen Auslagerungen sind den Aussonderungen der politischen Hauptstadtfunktionen gegenüberzustellen. Bei politischen und administrativen Aufgaben, Auslagerungen der Herrscherresidenz oder des Regierungssitzes herrschte gerade der umgekehrte Zweck vor. Man wollte sozialen und politischen Einflußnahmen und Kontrollen seitens der eigenen Bevölkerung ausweichen. Daher ist dies für das absolutistische Zeitalter vor Napoleon besonders typisch gewesen. In neuerer Zeit ist das Kappen der Verstrickungen zwischen der Regierungsbürokratie und korrumpierenden Wirtschaftseinflüssen ein wichtiges Motiv geworden.

Offshore-Wirtschaftszentren sind flüchtige Erscheinungen. Dieselbe Gunst der Stunde, die sie aufblühen ließ, kann bei einer Gesetzesänderung in den Mutterstaaten eine rasche Zurücknahme der Auslagerungen bringen. Ruhe und Sicherheit sind für Offshore-Wirtschaftszentren sehr wichtig. Unruhen und Kriegsgefahr vertreiben die Geschäfte schnell. Es gibt auch rundum genügend Ersatz. Für das einst so wichtige Beirut fanden sich nach dem Ausbruch des libanesischen Bürgerkriegs sogleich Ausweichplätze auf Zypern, in Athen, in Amman in Jordanien und Manama in Bahrain. Es wird interessant werden, wie weit sich das seit einigen Jahrzehnten etablierte Bankenzentrum von Luxemburg halten kann, wenn der gemeinsame Binnenmarkt der EU-Länder dessen gegenwärtige Vorteile ausgleichen sollte.

Kapitel X
Städtesysteme und zentrale Orte

Die Ausbildung von Städten in allen Hochkulturen der Geschichte hat *Bobek* (1959) veranlaßt, die Stadt als Hauptmerkmal bestimmter gesellschaftlich-wirtschaftlicher Entwicklungsstufen den noch nicht zur Städtebildung befähigten Kulturen gegenüberzustellen. Gesellschaften seines „älteren" und „jüngeren" Städtewesens bilden echte Städte aus, die wir vereinfachend als heterogene Agglomerationen nicht-agrarer Einzelwirtschaften bezeichnen können. Es gibt zahllose Stadtdefinitionen in der Geographie, die an anderen formalen oder funktionalen Eigenschaften der Städte ansetzen wie Einwohnerzahlen, Bevölkerungs- bzw. Wohndichte, Geschlossenheit der Bebauung, Tätigkeit der Bevölkerung im sekundären und tertiären Wirtschaftssektor usw. Die reiche Literatur dazu ist bei *Schwarz* (1989) in aller Breite eingearbeitet. Andere Autoren setzen bei prozeßhaften Merkmalen der Verstädterung an. *Lichtenberger* (1985) betont die Existenz eines Kern-Rand Gefälles bei Bebauungsdichte, Verkehrsdichte, Bodenpreisen und der Konzentration der Aktivitäten. Dies sind makrostrukturelle Ergebnisse der zentripedalen und zentrifugalen Vorgänge innerhalb der Städte, die auch zu Viertelsbildung als Ausdruck sozialer und planerischer Segregation Anlaß geben.

Das für uns zunächst wichtigste Merkmal ist der Austausch zwischen den Städten und den umgebenden nicht-städtischen Gebieten, aus welchen die Stadt Nahrungsmittel, Rohwaren, Arbeitskräfte und Kaufkraft bezieht und dafür mit gewerblichen Gütern, Dienstleistungen und Informationen bezahlt. In allen heutigen Volkswirtschaftsregionen bilden solche Städte ein mehr oder minder regelhaftes Standortgitter, das sich an den Steuerungszentralen orientiert. In Ländern der Dritten Welt ist es oft erst im Entstehen, und die Lage erscheint ähnlich wie im frühmittelalterlichen Deutschland. Hier hatte nämlich das Land ein gewisses Niveau der Marktorientierung und der Ausgliederungsfülle spezialisierter Tätigkeiten erreicht, bei dem sich die einzelnen Akteure überlegen konnten, ob sie weiter im Sippen-, Dorf- oder Feudalverband bleiben oder sich mit ihresgleichen an einem neuen Schauplatz zusammentun wollten. Stadtluft macht in der Dritten Welt auch heute noch frei.

Letzeres zeigt an, daß die Stadt Chancen bietet, die sich vorteilhaft umsetzen lassen. Jede Stadt bietet diesbezüglich ganz individuelle Bedingungen. Die enge Nachbarschaft von Betrieben in der Stadt macht es möglich, arbeitsteilige Erzeugungsprozesse in vielen alternativen Formen zu kombinieren. Neuerungen lassen sich darin vorteilhaft einbauen. Betriebsformen, die in Venedig oder Nürnberg, Wien oder Paris zu bestimmten Zeitpunkten auftraten, hätten nur dort entstehen können. In anderen Städten waren sie aber nachahmbar. Die Städte sind also individuelle Systemstrukturen in einem fortlaufenden Entwicklungsprozeß.

X.1 Städtesysteme

Wie kommt es aber dazu, daß sich statt einer einzigen Stadt, wie im Thünen-Modell, in einem Lande eine Vielzahl von Städten in weitaus engerer als erwarteter Nachbarschaft und mit unterschiedlichen Größen ausbilden? Wie ist es zu erklären, daß sich sowohl Einzelstädte als auch ganze Städtesysteme in ihren Standort- und Größenrelationen quasi stabil erhalten können? Es mag zum Teil daran liegen, daß die Städte in der Regel viel älter sind als die Volkswirtschaftsregionen, deren Subsysteme sie derzeit darstellen. Früher waren sie in andere Verflechtungen eingebaut. Nicht wenige Städte haben aus der ersten Verstädterungsphase ihrer Erdgegend bis heute überlebt. Im Vorderen Orient war dies die Anfangsphase der Hochkultur vor 5000 bis 6000 Jahren. Man hat Rom das Epithet „ewige Stadt" gegeben, aber verglichen mit Damaskus oder Arbil im Irak ist es mit rund 2700 Jahren eine recht junge Stadt.

Die Anfänge einer Stadtbildung erwachsen aus den Gegebenheiten größerer Regionen. Oft handelt es sich um herausgehobene Schauplätze religiöser Bedeutung mit Heiligtümern und Tempeln, die in Notzeiten zu Zufluchtstätten werden. Oder es stehen Freistätten an ihrem Ursprung, wo sich ungebundenes Volk, Ausgestoßene, Flüchtlinge, Händler, Seefahrer und Gaukler zusammenfanden. Privilegierte Freistädte, wie sie oft von Fürsten geschaffen wurden, stehen neben „neutralen" Marktorten an der Küste oder zwischen den Stammesterritorien. Dort ließ man die üblichen Fehden und die Blutrache ruhen. Solche Zustände gab es noch um 1970 im Nordjemen und wenig früher in vielen anderen Teilen des Orients.

Damit ergeben sich geeignete Ansatzpunkte einer Stadtbildung sowohl innerhalb wie auch zwischen bestehenden Aktionsfeldern und Regionalsystemen. *Redfield* und *Singer* (1954) sprechen in diesem Sinne von orthogenetischer und heterogenetischer Stadtbildung. Eine orthogenetische Stadt ist von Anfang an der Mittelpunkt eines weiten Umlandes und gewinnt aus diesem Grunde später Gewerbe, politische Funktionen und Handel dazu. Die Heterogenese setzt bei gebietsexternen politischen, Handels- und Verkehrsvorgängen an. Eine Siedlung von Kaufleuten kann dann später die Stabilisierung der Siedlung durch ansässige Handwerker als die entscheidende Schwelle für die Ausbildung einer echten Stadt ansehen.

Das Verhältnis zwischen Stadt und Umland wird damit entscheidend. Die Notwendigkeit des Austauschs zwingt die städtischen Gewerbetreibenden, solche Waren anzubieten, welche sich die Landbewohner in der gewünschten Qualität und Menge nicht herstellen können oder wollen. Dies bringt Evolution und Innovation ins Spiel. Leider ist in vielen Kulturen diese Relation im Laufe der Zeit entartet und einseitig zugunsten der Städte ausgebildet worden. Die betreffende Kultur bezahlt dies mit Stagnation.

Seit der Industrialisierung hat sich dieses Austauschverhältnis grundlegend gewandelt, weil nun jede Stadt und auch jede große Einzelwirtschaft Industriegüter und manche Dienstleistungen weltweit vertreiben und ihren Bedarf an Nahrungsgütern und Rohwaren aus beliebigen Herkunftsgebieten decken kann. Diese Ausweitung würde Städtesysteme überflüssig machen und nur eine Stadt pro Volkswirtschaftsregion erfordern. Ebenso kann sich das Wachstum der Städte von den Ressourcen ihres Umlandes loskoppeln.

Gewisse Grenzen schaffen hier die aktionsräumlichen Restriktionen. Sie machen es immer noch notwendig, viele Einzelaktivitäten in Mittelpunkten zu bündeln. Am deutlichsten wird dies bei Dienstleistungen, die persönlich nachgefragt werden müssen.

Das Städtesystem oder Städtenetz eines Landes ist aber höchst selten aus einem Guß. Es läßt sich nämlich feststellen, daß jede Regimephase des Gesamtsystems potentiell eine neue Städtegeneration an den nunmehr als günstig bewerteten Standorten hervorbringt. *Hans Bobek* hat dies in seinem inzwischen klassisch gewordenen Geographentagsvortrag von Amsterdam (*Bobek* 1938) in aller Deutlichkeit herausgestellt. Dieser Gedanke wurde jedoch, auch von ihm selbst, in späteren Jahren zu wenig beachtet.

Wenn eine spezifische Phase eines Systemregimes zum Auslöser einer Städtebildung wird, so wie dies in der Industrialisierung der Fall war, so werden damit Mesostrukturen geschaffen und verortet, die eine sehr große Beharrungskraft haben. Sie werden in späteren Phasen in das dann wirksame Städtenetz übernommen und funktionieren ihrerseits als dessen Stabilisatoren.

In Deutschland sind in der gegenwärtigen Phase die zentralen Orte mit hochrangigen Dienstleistungs- und Verwaltungsaufgaben im Aufstieg, wogegen reine Industriestädte eine Schwächeperiode erleben. Im 19. Jahrhundert und bis in die Zeit nach dem Zweiten Weltkrieg war dies umgekehrt. Man konnte neue Industriestädte „gründen", was derzeit hier niemandem einfallen würde.

Doch Deutschland hatte auch schon früher bemerkenswerte Umschichtungen seines Städtesystems erlebt. Seit dem 16. Jahrhundert war es den Residenzen und insbesondere den Hauptstädten größerer Fürstenstaaten gelungen, den alten Reichs- und Bischofsstädten durch Abschneiden von deren Austauschnetzen das Wasser abzugraben. Dies etwa leitete den Aufstieg von München, Stuttgart, Darmstadt, Düsseldorf und anderen ein.

Die Reichsstädte ihrerseits hatten sich durch das Hinausdrängen der Fürsten, Vögte und Bischöfe auf ihren Mauern im 14. und 15. Jahrhundert große Vorteile verschaffen können, die sie später mit langer Stagnation bezahlen mußten. Nur sehr wenige von ihnen gehören heute zu den führenden Städten Deutschlands, worunter wir zwar Hamburg, Frankfurt, Köln und Nürnberg finden, nicht aber Regensburg, Worms, Ulm, Rothenburg und Donauwörth oder andre einst ruhmreiche Plätze.

Bei näherer historischer Analyse wird sich kaum ein Städtenetz irgendeines Landes als völlig zeitgleich in seiner Entstehung erweisen. Dies ist mit ein Grund für die geringe Anwendbarkeit abstrakter Modelle und deren schwierige empirische Überprüfbarkeit. Völlig zeitgleiche Städtenetze sind nur in Gebieten ganz junger Kolonisation denkbar und selbst in solchen Gebieten wie dem Mittelwesten der USA werden kleine zeitliche Vorsprünge von wenigen Jahren oft für den Aufschwung oder die Stagnation einer Stadt maßgeblich (vgl. *Storck*, 1984, 152ff.).

X.2 Zentrale Orte und ihr Funktionskomplex

Städte, die in bedeutsamem Umfang Dienstleistungen für ein größeres Umland erbringen, bezeichnet man nach *W. Christaller* (1933) als „zentrale Orte". Sie enthalten einen Funktionskomplex, den man ähnlich wie bei den Steuerungszentralen klassifizieren und erheben kann. Auch hier treten Kerneinrichtungen, Hilfs- und Nebeneinrichtungen, sowie ein geschaffene Standortvorteile nützender „Mantelbereich" auf. Wie bei den Steuerungszentralen muß auch der zentralörtliche Komplex die Gesamtsiedlung nicht dominieren. Er kann vielmehr nur eine, wenngleich meist wichtige Facette der städtischen Funktionen abgeben. Andere, von diesem unabhängige Funktionen wären etwa die Rolle als Steuerungszentrale, politische Hauptstadt, Industrie- oder Bergbaustandort, Hafen und Torpunkt, religiöses, kulturelles oder Bildungszentrum sowie als Touristenziel. Von diesen anderen Funktionen soll in diesem Kapitel noch abgesehen werden.

Innerhalb des zentralörtlichen Komplexes lassen sich vier wesentliche Teilbereiche und die Hilfseinrichtungen unterscheiden:

a) Echte zentrale Dienste:

Dies sind Einrichtungen des Dienstleistungssektors, die von ihren Benutzern häufig und persönlich aufgesucht werden müssen. Dies gilt z. B. für Arzt, Zahnarzt, Rechtsanwalt, die Kneipe wie auch die Kirche. Es hätte keinen Sinn, dort einen Vertreter hinzuschicken. Der Arzt macht vielleicht Hausbesuche, aber damit ist das Problem nur umgedreht.

Solche Einrichtungen haben ihre Standorte gewöhnlich im geographischen Mittelpunkt ihres potentiellen Benutzerkreises. Sie bilden dort heterogene wie auch homogene Agglomerationen. Die Benutzung setzt voraus, daß von den Wohnorten der Kunden her eine Anreise in vernünftiger Zeit möglich ist. Können diese zwischen mehreren Anbietern wählen, so entscheiden sie sich häufig für den besser erreichbaren.

b) Gesetzte Dienste:

Einrichtungen staatlicher oder halbstaatlicher Organisationen dienen oft der Umsetzung von öffentlichen Dienstleistungen in kleinen Anwendungsgebieten. Ferner haben sie vor Ort Entscheidungen zu treffen oder Informationen aufzusammeln. Sie überziehen das Land daher mit einem mehr oder weniger dichten Netz von Stützpunkten, denen jeweils ein Zuständigkeitssprengel untersteht. Zur Illustration kann man hier die Kärtchen zur Justiz-, Arbeits- und Finanzverwaltung der Bundesrepublik Deutschland bei *Dloczik* et al. (1982, 122 f.) heranziehen. Ähnliche Zuständigkeitsbereiche haben auch Wasserämter, Bergbehörden, Industrie- und Handelskammern und viele andere Institutionen, nicht zu vergessen die Staatsverwaltung selbst.

Alle diese Ämter sind nach dem Territorialprinzip organisiert. Fob Bedingungen herrschen bei ihrem Angebot vor. Wenngleich auch diese Einrichtungen häufig und persönlich aufgesucht werden müssen, so sind hier doch der Zeitaufwand und die Erreichbarkeit nicht entscheidend. Im allgemeinen aber wird auf Zumutbarkeit geachtet.

c) Wohlfahrtseinrichtungen:

Da sie direkt der Lebensqualität der Bevölkerung dienen, müssen sie standörtlich näher an die Benutzer heran und ein enges Stützpunktnetz mit annähernd gleichen Abständen einrichten. Auch ihnen sind gewöhnlich Zuständigkeitssprengel beigeordnet, obwohl die Inanspruchnahme freigestellt ist. Unter solchen Aspekten arbeiten Kindergärten, Schulen, Postämter, Pfarrkirchen, Krankenhäuser usw. Die Angebote sind fob oder cif.

d) Einrichtungen der privaten Wirtschaft:

Insbesondere Einrichtungen mit verteilenden oder sammelnden Aufgaben bei Güterabsatz und Güterbeschaffung neigen dazu, den Mittelpunkt der Verteilung eines potentiellen Kundenkreises als Standort zu suchen. Lediglich bei wirklich alltäglichen Bedürfnissen kommt man den Kunden bis in die Wohngebiete entgegen. Insbesondere wählen die landesweit tätigen Konsumgüterhersteller mit eigenem Vertrieb solche Standorte, um von hier aus die Einzelhändler zu beliefern. Auch für Großhandel und zwischenbetriebliche Transaktionen gelten solche Überlegungen (*Stiglbauer* 1989).

Zwischen diesen vier Komponenten der Zentralität bestehen zahlreiche synergetische Beziehungen, welche die Standortwahl neu hinzukommender Einrichtungen beeinflussen. Von Vorteil für die Kunden sind in besonderem Maße die Möglichkeiten kombinierter Verrichtungen bei einem Besuch. Sehr verschiedenartige Einrichtungen gruppieren sich daher auf engem Raum, woraus schon bei recht kleinen Siedlungen eine Standortkonkurrenz um die am besten zugänglichen Plätze ausgelöst wird.

e) Hilfseinrichtungen werden wie bei den Steuerungszentralen nötig. Höchstrangige zentrale Orte, in Deutschland Großzentren genannt, sind diesen deshalb sehr ähnlich, nur fehlt das gehobene ausländische Element weitgehend. Niedrigrangige Zentren brauchen nur wenig Hilfsdienste. Wichtig sind besonders die Hotellerie, die lokale Presse, Kongreß- und Veranstaltungswesen sowie die Verkehrsdienste für die Umlandsbeziehungen.

Als primäre Wurzel der zentralörtlichen Struktur in Mitteleuropa können die hierarchische Organisation der Kirche und das Gerichtswesen angesehen werden. Die Kirche hat seit dem frühen Mittelalter ein flächendeckendes Standort- und Sprengelnetz mit Pfarreien, Dekanaten und Bistümern ausgebildet. Das Gerichtswesen wurde zur Grundlage weltlicher Territorien. Beider Standorte ergaben die Ansatzpunkte für Handel und Gewerbe an ihren Standorten.

Die staatliche Verwaltung konnte mit ihrer eigenen Verwaltungshierarchie dem Vorbild der Kirche erst folgen, als dem die feudale Organisation der Grundherrschaften nicht mehr im Wege stand. Diese Umorganisation setzte im Merkantilismus ein und kam mit der Aufhebung des Feudalwesens im 19. Jahrhundert zur Vollendung. Bayern z. B. folgte dem Vorbild des revolutionären Frankreich unter dem Reformer Montgelas. In Österreich hatten schon Maria Theresia und Kaiser Josef II. die Grundlagen gelegt.

Wichtig ist jedenfalls, daß beim Einsetzen der bürgerlichen Freiheiten und der Industrialisierung die Unternehmer bereits ein vom Staat geographisch festgelegtes Netz von Verwaltungsstützpunkten vorfanden. Sofern nicht unabweisbare Kostenvorteile für andere Standorte sprachen, fanden sie es vorteilhaft, den Setzungen des Staates zu folgen, was dann die weitere Entwicklung der zentralen Orte bestimmte. In England und Teilen der Niederlande dagegen war diese Reihenfolge umgekehrt. Die Städtesysteme beider Länder sind daher kaum mit zentralörtlichen Modellvorstellungen in Einklang zu bringen.

Das interessanteste Standortproblem in diesem Zusammenhang ist jenes der echten zentralen Dienste. Will z. B. ein praktischer Arzt längerfristig ein angemessenes Einkommen erzielen, so braucht er eine gewisse Mindestzahl an potentiellen Patienten, vielleicht 1000 bis 1200. Ein Facharzt mit seiner Spezialisierung auf seltenere Leiden wird nicht so häufig aufgesucht. Während man beim praktischen Arzt diese potentiellen Patienten in etwa mit der Bevölkerungszahl seines unmittelbaren Umfeldes gleichsetzen kann, sind die Kunden des Facharztes spärlicher anzutreffen. Er wird vielleicht für 3000–5000 Menschen in seiner Umgebung erreichbar sein müssen, um genügend Patienten zu erhalten. Für Kneipen genügen schon 100–150 männliche Stammkunden. Ein Lebensmittelladen muß heute 500–800 Menschen versorgen können. Für eine Buchhandlung aber sind mehr als 10 000 nötig.

Derartige Relationen bezeichnen *Berry & Garrison* (1967) als „threshold" oder Schwelle. Wo diese Schwelle nicht erreicht wird, also eine Mindestkundenzahl in erreichbarer Entfernung fehlt, ist die entsprechende Dienstleistungseinrichtung auf die Dauer nicht existenzfähig. Diese Anforderungen eines jeden Typs von Einrichtungen werden ein Netz von Standorten entstehen lassen, das gerade so weitmaschig ist, daß jeder Anbieter geringfügig über diesen Schwellenwert kommt. Bietet ein Standort mehr Potential, so wird sich alsbald ein weiterer Anbieter hineindrängen.

Zentrale Orte entstehen formal als Agglomerationen aller Dienste mit ähnlichen Schwellenwerten im Mittelpunkt ihrer Kunden. Am selben Standort können auch alle Dienste mit niedrigerer Schwelle vorhanden sein, meist sogar mehrfach, während solche mit höherer ausgeschlossen sind. Zentrale Orte sind daher in einer Region als

Agglomerationen gleichartiger und ungleichartiger Dienste in verschiedenen Rangstufen ausgebildet. In den recht zahlreichen Grundzentren finden wir daher nur eine
Angebotsagglomeration zur Deckung des alltäglichen Bedarfs. Alle diese Dienste
haben sehr niedrige Schwellenwerte und sind daher auch in kleinen Siedlungen oder
Wohnbezirken existenzfähig. Die selteneren Mittelzentren mit höherem Rang bieten
zusätzlich alle Dienste mit höherer Schwelle an, die jeweils gerade noch möglich sind.
Daraus kann ein hierarchisches Standortgitter mit geometrischer Regelmäßigkeit mit
diskreten Distanzen zwischen den zentralen Orten und deutlichen Intervallen in der
Ausstattung verschiedenrangiger Zentren entstehen, wie dies im folgenden Kapitel
diskutiert wird.

Für den Rang einer Siedlung als zentraler Ort ist die dort auftretende Kaufkraft
und Nachfrage maßgeblich. Diese kann von der Ortsbevölkerung oder aus dem Umland stammen. In unserer Abbildung X-1 hätte der zentrale Ort „A" 10 Einheiten an
Nachfrage im Zentrum konzentriert, aber Zugang zu weiteren 40 in seinem Umland.
Bei „B" fänden wir 40 Einheiten im Zentrum, aber nur 10 im Umland. In beiden aus
Zentrum und Umland bestehenden zentralörtlichen Bereichen kann offensichtlich die
gleiche Palette an Dienstleistungen angeboten werden, wobei sich die Dienste mit
höherer Schwelle im Mittelpunkt konzentrieren müßten. Diese hätten beide als zentrale Orte gleichen Rang, wenn auch „A" bei den Grundbedürfnissen schwächer
besetzt sein könnte. Daraus läßt sich erkennen, daß Siedlungsgröße und die Weite
der Einzugsbereiche breite Spielräume aufweisen können, die strenge Modelvorstel-
lung stören. Im Grenzfall gibt es Selbstversorgerorte wie „C" die nur ihre eigene

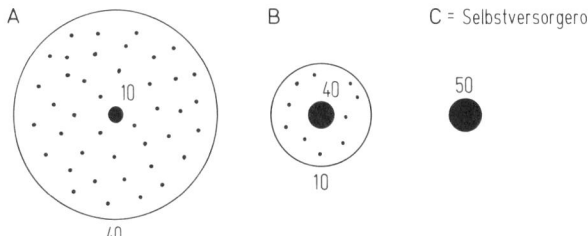

Abb. X-1 Zentralörtliche Ausstattung gleichen Ranges bei unterschiedlich weiten Einzugsbereichen

Bevölkerung bedienen. Das andere Extrem einer Siedlung, in der nur die Anbieter zentralörtlicher Dienste leben, tritt in Mitteleuropa nirgends auf.

X.3 Zur Theorie zentralörtlicher Systeme

Der bekannteste Ansatz zur normativen Analyse von Städtesystemen unter dem
Gesichtspunkt der Zentralität stammt von *Walter Christaller*, der ihn 1933 in seinem
Buch: „Die zentralen Orte in Süddeutschland, eine ökonomisch-geographische Untersuchung über die Gesetzmäßigkeiten der Verbreitung und Entwicklung der Siedlungen mit städtischer Funktion" veröffentlichte. Der Titel zeigt deutlich die eigentliche Zielvorstellung *Christallers*, dessen Theorie das idealisierte Ergebnis der Studie
ist.

Christaller stellte zunächst empirisch fest, welche Städte eine größere Bedeutung
für ihr Umland hätten und verwendete dazu die von ihm entwickelte Telephonmethode. Überschüsse einer Stadt an Telephonanschlüssen über den bevölkerungsbezogenen Mittelwert deutete er als einen Bedeutungsüberschuß der Dienste, der auf die

Nachfrage aus dem Umland zurückzuführen wäre. Ein solcher Ansatz ließ sich da-zumal vertreten, da Haushalte, Handwerker und Kleinhändler noch kaum Tele-phone hatten.

Aus diesen Befunden hat *Christaller* zuerst abstrahierend und dann deduktiv sei-ne Modelle des zentralörtlichen Systems entwickelt. Er postuliert dabei für jeden zentralen Ort ein Umland, auch Einzugsbereich oder Ergänzungsgebiet genannt, das im Idealfall ein Sechseck wäre. In einer isotropen Landschaft wäre wie in Abb. X-2 jeder dieser Orte von sechs anderen umgeben. Ihre Ergänzungsgebiete bilde-ten ein flächendeckendes hexagonales Muster als Optimallösung einer räumlichen Verteilung. Aus diesem wieder läßt sich ein Dreiecksnetz der Verkehrswege ab-leiten.

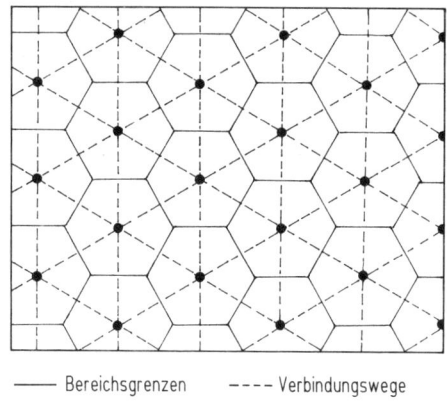

—— Bereichsgrenzen   ---- Verbindungswege

Abb. X-2 Zentrale Orte und ihre Bereiche in idealisierter räumlicher Verteilung

In Abbildungen X-3 sind die Zentren ungleichrangig. Die umliegenden Orte sind samt ihren Bereichen auf höherer Ebene den mittleren untergeordnet. Die Wege zwischen diesen Zentren sind nun nicht mehr gleichrangig, Nebenwege verbinden die niedrigrangigen, Hauptwege führen in die hochrangigen Zentren.

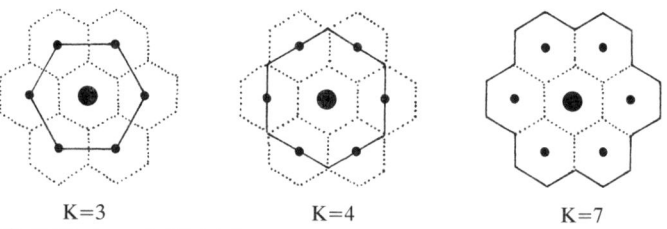

K=3   K=4   K=7

Abb. X-3 Die K-Werte nach *Christaller*

Die Relation von einem höherrangigen zu sechs niedrigerrangigen Zentren bei insgesamt sieben zusammengehörigen Bereichen nennt *Christaller* den K-Wert des Systems (K = 7 in Abb. X-3). Die beiden anderen Darstellungen sind andere Möglichkeiten des K-Werts. Als einfachste Lösung muß K = 3 gelten. Hier hat das höherrangige Zentrum einen ganzen und sechs Drittel der niedrigerrangigen Bereiche auf sich gezogen, also insgesamt drei.

Bei K = 3 wird der Abstand zwischen den Zentren der höheren Stufe minimiert, ihre mögliche Anzahl im Gesamtsystem also ein Maximum. Allerdings liegen die Orte niedrigeren Ranges dann abseits von deren Verbindungswegen. Durch eine andere geometrische Zuordnung erhält man K = 4. Hier liegen die niedrigerrangigen Zentren auf den Hauptverkehrsachsen.

Gehen wir über dieses einfache Beispiel hinaus, so läßt sich folgern, daß bei K = 7 ein Zentrum noch höheren Ranges $7 \times 7 = 49$ Bereiche der untersten Stufe auf sich vereinigen müßte und insgesamt eine Reihe 1 - 7 - 49 - 343 . . . der Bereiche und Zentrenzahl entstünde. Nach K = 3 lautet die Folge 1 - 3 - 9 - 27 - 81 - 243 und nach K = 4 heißt sie 1 - 4 - 16 - 64 - 256. In beiden Fällen ist die Anzahl der Zentren in den höheren Stufen größer und ihre räumliche Lagerung enger als bei K = 7. *Christaller* assoziierte daher K = 3 mit rein marktbezogenen, K = 4 mit verkehrsbezogenen und K = 7 mit verwaltungsbezogenen Diensten. Da aber diese drei Möglichkeiten der Verteilung nicht ohne weiteres koexistieren könnten, mußte diese Frage empirisch untersucht werden. Sie ergab für Süddeutschland eher eine Annäherung an ein K = 3-System. Dies ist durchaus plausibel, denn die Zahl der zentralen Orte ist größer und ihre räumliche Lage dichter als jene der Verwaltungsmittelpunkte.

Da höherrangige zentrale Orte mehrere Stufen von Dienstleistungen vereinigen, können sie auch eine größere Dienstleistungsbevölkerung tragen als die Grundzentren. Im normativen Modell lassen sich unter Annahme der isotropen Ebene mit gleichmäßiger bäuerlicher Besiedlung und mit Zentrenbildung nur durch zentralörtliche Funktionen, also ohne eine Mantelbevölkerung, dann diskrete Bevölkerungsgrößen ableiten.

Hätte z. B. der größte Ort in einem Land mit K = 3 System 100 000 Einwohner, so müßte die Bevölkerung der nächstniedrigeren Stufe im Rahmen demographischer Variationsbreiten um den Wert 33 000 liegen. Die folgenden neun Orte hätten dann um 11 000, die nächsten 27 je 3700 und die fünfte Stufe je 1230 Einwohner. Realistischerweise wären solche Werte mit einem Faktor zu multiplizieren, der das gesellschaftliche Entwicklungsniveau ausdrückt. Dennoch ließe sich aus der Stadtgrößenverteilung eines Untersuchungsgebiets auf dessen zentralörtliche Hierarchie schließen. Oder in Umkehrung dieses Arguments müßte eine Stadt durch Bevölkerungszustrom einen höheren zentralörtlichen Rang erreichen können.

Dies sind unter anderem die Gründe, weshalb nach dem Zweiten Weltkrieg die Theorie der zentralen Orte nach *Christaller* begierig von Geographen und Planern aufgegriffen wurde und ihre Terminologie dieses Forschungsgebiet bis heute bestimmt. Die Zahl der Untersuchungen ist bereits unübersehbar geworden und nahezu für jedes Land der Erde wurde die zentralörtliche Struktur untersucht. Auch hat sich so gut wie jeder namhafte Kultur- und Wirtschaftsgeograph irgendwann damit durch eigene Arbeiten auseinandersetzen müssen.

Im angewandten Bereich führte die Anwendung der *Christallerschen* Thesen zu mäßigen Erfolgen und drastischen Fehlschlägen, weil die Planer zu wenig an die Grundannahmen dachten. Solche Einwände werden später aufgegriffen. Für die Wirtschaftsgeographie besonders bemerkenswert erscheint, daß *Christaller* in seiner Theorie weit über *Thünen* hinausgeht und neben die räumliche Theorie der Agrarwirtschaft eine Theorie von Dienstleistungen bestimmten Typs stellt. Nicht aller aber, und den Rest seines Lebens hat *Walter Christaller* beharrlich und ergebnislos nach einer Theorie der peripheren Orte gesucht, die er seiner Theorie der zentralen Orte zur Seite stellen wollte.

Uns aber interessiert zunächst der Ansatz von *August Lösch* (1962), der etwa gleichzeitig wie *Christaller* von der nationalökonomischen Theorie her die Verteilung von Städten aufklären wollte. *Lösch* konstruierte sein Modell rein deduktiv. Ausgehend von der Sechseckverteilung als räumlicher Optimallösung zur Raumnutzung baut er sein Modell von einem niedrigstrangigen Dienstleister her auf. Dieser könnte gerade drei umliegende Haushalte versorgen. Der nächsthöhere Dienstleister würde 4 Haushalte beliefern, der folgende 5 und so weiter mit 6, 7, 8, 9, ... weitergeführt im Modell bis 150. *Lösch* postuliert also keine fixen K = Werte, sondern gibt jedem Dienst ein spezifisches sechseckiges Raumgitter, das auf jenem der Haushalte aufbaut. Die Maschenweite des Standortnetzes wird dabei von Schritt zu Schritt größer. Legt man nun diese Raumgitter aufeinander, so daß ein Mittelpunkt für alle 150 Dienste gleich ist, dann zeigt sich, daß auch an anderen Orten mehrere Rangstufen zur Deckung kommen. Hat der ranghöchste Ort 150 Dienste, so finden sich 12 Orte mit je 11, 18 Orte mit je 9, 24 Orte mit je 8 Diensten. Später wird diese Reihe unregelmäßiger. Dies zeigt insgesamt ebenfalls eine Stufenfolge oder Hierarchie von Städten, jedoch wesentlich anders als bei *Christaller* und ohne eine Ableitbarkeit spezifischer Größenstufen. Bemerkenswert ist das überstarke Gewicht des ranghöchsten Zentrums.

Sind die Sechseckmuster der einzelnen Dienste in dieser Weise zur Deckung gebracht und solange rotiert worden, bis sich der maximale Effekt des Zusammenfallens der Einzelstandorte eingestellt hat, dann ergeben sich vom Hauptzentrum ausgehend sechs städteärmere und sechs städtereichere Sektoren als Optimierung. Diesen unerwarteten geographischen Effekt sucht *Lösch* nachzuweisen. Im Umkreis sehr großer Städte lassen sich tatsächlich aus anderen geographischen Faktoren nicht erklärbare städtearme Sektoren nachweisen. Allerdings ist eine Erklärung über rotierte Standortmatrizen wohl etwas gewagt (Abb. X-4).

An den Modellen von *Christaller* und *Lösch* setzt *Walter Isard* (1956, 272) aus, daß sie nicht dem Umstand Rechnung tragen, daß mit zunehmender Entfernung analog zu *Thünen* eigentlich die Bevölkerungsdichte abnehmen und die Abstände zwischen den Zentren zunehmen müßten. Statt des regelmäßigen Sechseckgitters ergäbe sich dann ein weniger geometrisches Standortmuster der Städte und ihre Bereiche wären durch unregelmäßige Polygone begrenzt, die nach außen immer größer würden.

Tatsächlich ergibt eine Ausgrenzung von Bereichen für empirisch festgestellte zentrale Orte gleicher Stufe gewöhnlich solche räumliche Muster, was man mit den *Thiessen* Polygonen bei *Haggett* (1973, 310) verbinden kann. Letztlich aber fordern alle Theoretiker doch eine gewisse Regelhaftigkeit in der Verteilung der zentralen Orte. Jedoch, in dem berühmten Testgebiet für geographische Theorien, im amerikanischen Bundesstaat Iowa, der von allen Wirtschaftsregionen der Welt dem Ideal der isotropen Ebene am nächsten kommt, mußte man feststellen, daß das Städtenetz eher zufallsverteilt wirkt. Zu ähnlichen Ergebnissen kamen auch die meisten Studien in anderen Teilen der Welt. Wenn aber selbst in Iowa keine Regelhaftigkeit sicher nachweisbar ist, dann hat man guten Grund die praktische Brauchbarkeit all dieser Theorien zu bezweifeln.

Ein Einwand wäre z. B., daß ja zentrale Orte nicht durch eine agglomerierende Standortwahl von Unternehmern zustandekommen, sondern eher durch einen fortgesetzten Diversifizierungsprozeß des Dienstleistungssektors. Dabei verselbständigen sich Segmente einer Betriebskonzeption in einem arbeitsteiligen System sobald die erreichbare Masse an Kaufkraft groß genug geworden ist, um eine solche Spezialisierung als eigenständigen Betrieb zu tragen.

Einen entsprechenden Ansatz liefern *Allen & Sanglier* (1979, 1980), zwei Schüler von *Prigogine*. Auch sie gehen zwar von einer isotropen Ebene mit gleichmäßig verteilten Siedlungen aus. Ihre Modellierung aber beginnt mit der Annahme, die unserem Fall A in Kapitel II entspricht, daß ein erster zentraler Dienst als Innovation

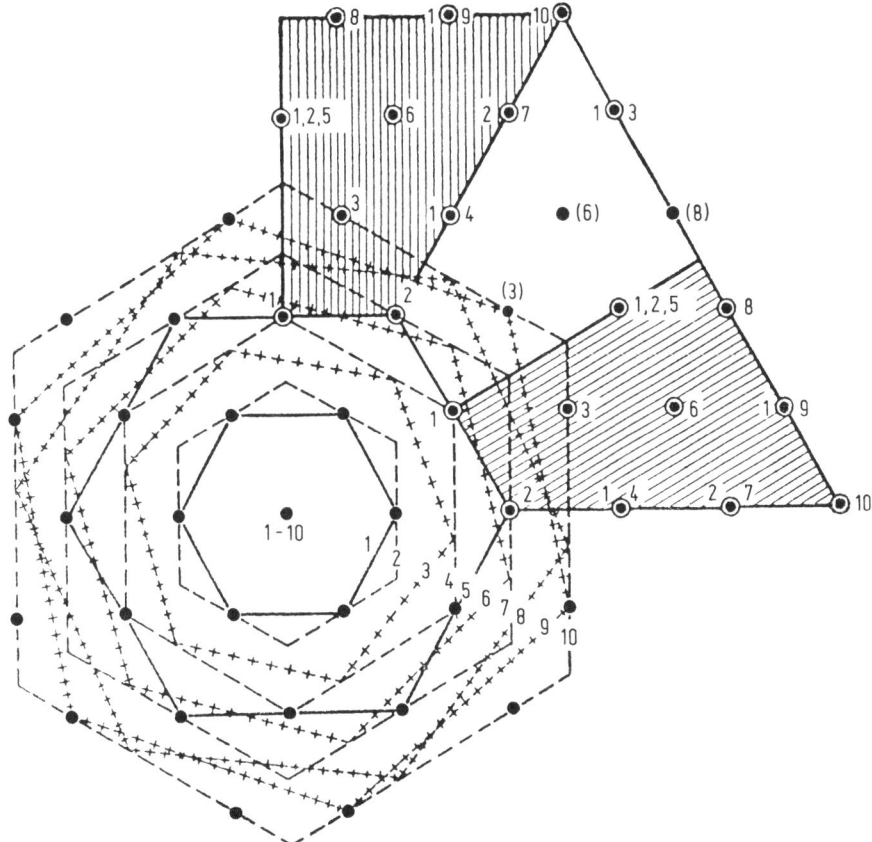

Abb. X-4 Die Konstruktion der stadtreichen und stadtarmen Sektoren nach *A. Lösch*

sich in diesem Ressourcenfeld an einem „zufällig" gewählten Ort niederlassen kann. Das Marktfeld kann dann durch weitere Zufallsentscheidungen solange aufgefüllt werden, als die angenommene Schwelle für diesen ersten Dienst zuläßt. Dabei kann es durchaus vorkommen, daß durch den Zufallsgenerator zwei oder mehr Einheiten einem Standort zugewiesen werden.

Es entstehen also von Anfang an Standortmuster mit Lücken und Verdichtungen. In der Folge ziehen durch normale Wanderungsvorgänge die Standorte dieses ersten Dienstes von den nicht besetzten Orten Bevölkerung ab. Sie wachsen dadurch an und kommen so der Schwelle für einen zweiten Dienst nahe. Setzt die Ausbildung dieses Dienstes als Innovation ein, wo werden wiederum Standorte nach dem Zufallsprinzip ausgewählt. Die Wahrscheinlichkeit, daß sie sich in den bereits größeren Orten halten können ist jedoch besser. Dies löst weitere Bevölkerungswanderungen aus und so kann die Simulation Runde um Runde weitergeführt werden. Ein Ergebnis einer solchen Simulation ist bei *Jantsch* (1982, 114) abgebildet. Sie zeigt eine Zentrenverteilung recht ähnlich empirischen Mustern. Wegen der starken Auswirkung von reinen Zufallsmomenten am Anfang der Simulation ergibt jedes einzelne Durchspielen ein völlig anderes Städtenetz.

Dieser Ansatz vermeidet zu starre Modellannahmen und kommt dem vorherrschenden Mechanismus der sequentiellen Besetzung von Standorten, analog einer Innovationsdiffusion, nahe. Demgegenüber können die regelhaften Strukturen bei *Christaller* und *Lösch* realistisch erst nach einer unendlichen Serie von Standortoptimierungen gemäß den *Hotelling-Chamberlin* Theoremen zustandekommen, bzw. müßten sie von Anfang an von einem Superplaner so eingerichtet werden. Die Modelle nach *Allen & Sanglier* mit einem Kontinuum von Stadtgrößen und unterschiedlichen, unregelmäßigen Einzugsbereichen kommen der Realität viel näher. Freilich gibt es in der Wirklichkeit keine isotrope Ebene und deren Annahme stellt sich eigentlich unnötig heraus. Ebenso spielt der Zufall im wirklichen Leben eine geringere Rolle. Reale Zentrensysteme sollten demnach um einen Hauch weniger zufällig sein als die Ergebnisse der *Allen-Sanglier* Simulationen.

Die Simulationstechnik läßt sich sicher noch viel realitätsnäher gestalten, wenn man rechentechnische Vereinfachungen wegläßt. Besonders interessant müßte es sein, ein solches Verfahren rückwärts laufen zu lassen, d. h. von einer realen zentralörtlichen Struktur zu deren Ausgangssituation.

Wie wenig die abstrakten zentralörtlichen Theorien ausgereizt sind zeigt *Jojima* (1992). Ausgehend von dem im Zentrum konzentrierten Massen (Kapital, Kaufkraft) sieht er eine interessante Analogie zwischen zentralörtlichen Systemen und dem Gefüge der Atome. Kapital in produktivem Einsatz entspräche dabei den Protonen, solches in nicht produktiver Form den Neutronen. Es ergäbe einen Wohlfahrtseffekt. Der Kaufkraftzufluß aus den nicht-zentralen Orten des Umlandes wäre mit der Bindung der Elektronen gleichzusetzen, welcher das System stabilisiert. Ist mehr aktives Kapital verfügbar als für die Anbindung des Umlandes erforderlich ist, so können analog zu den nicht vollbesetzten Elektronenschalen eines Atoms Bindungen zu anderen zentralörtlichen Regionen entstehen oder wie bei der chemischen Bindung in Molekülen gemeinsame Versorgungsbereiche, Konurbationen und Städtebänder etc. entstehen. Dies kann auf sehr abstrakter Ebene einen Ansatz zur Behandlung der heute vieldiskutierten Städtenetze liefern.

X.4 Geographische Aufgaben bei der Erforschung zentralörtlicher Systeme

Alle oben genannten Theorien postulieren ein Städtenetz in einer Region. In dessen Rahmen werden die einzelnen Städte durch fördernde oder hemmende Einwirkungen aller anderen Städte betroffen, insbesondere aber von den größeren her. Das Städtenetz ist also ein Subsystem der Gesamtregion. Unter den verschiedenen Funktionsaspekten dieses Subsystems ist bisher der Problemkreis der Zentralität am eingehendsten studiert und am besten theoretisch untermauert worden. Man hat sich daher angewöhnt, Städtenetze als „zentralörtliche Systeme" zu interpretieren. Auf diesen Problemkreis angewandt ergeben sich folgende Forschungsfragen:

• Erkennen des zentralörtlichen Systems einer Region

• Messung der Funktionserfüllung in sachlicher und räumlicher Hinsicht

• Feststellung der Bereichsabgrenzungen

• Studium der Eigendynamik des zentralörtlichen Systems

X.4.1 Erkennen und Klassifizieren zentralörtlicher Systeme

Es gibt inzwischen einen breiten Satz von Methoden, um die zentralen Orte aus dem übrigen Siedlungsgefüge herausfiltern zu können. Meist sind diese Verfahren auf ein bestimmtes Untersuchungsgebiet und die dort zur Verfügung stehenden Daten maßgeschneidert und daher nicht auf andere Länder übertragbar. Manche sind recht einfach zu handhaben und bei aller vermutbaren Ungenauigkeit doch für praktische Anwendungen gut brauchbar.

a) Bevölkerungsbezogene und statistische Methoden:

Zentren höheren Ranges haben eine größere Gesamtbevölkerung entweder im Siedlungskern selbst oder in der Agglomeration. Sie bieten ja auch einen breiteren und tieferen Komplex an Dienstleistungen an, der eine stärkere Attraktivität auf Zuwanderer entfaltet. Man kann aus der Verteilung von Städten bestimmter Größenklasse allerdings nur sehr ungenau auf deren zentralörtlichen Rang und Funktion schließen, da ja eine nicht-zentralörtlich eingebundene Mantelbevölkerung miterfaßt wird, die im weiteren Einzugsbereich erbrachten Dienste aber ausgeklammert sind (vgl. X-1). Eine neue Methode bringt *Staack* (1995). Er berechnet den Bedeutungsüberschuß höherrangiger Zentren aus ihrer Dienstleistungsbeschäftigung. Dies hat den Vorteil, daß hier nicht nur Versorgungsdienste sondern auch die Produzentendienste miterfaßt sind.

Die Regelmäßigkeit ihrer räumlichen Verteilung läßt sich am einfachsten visuell auf einer Landkarte, mit etwas mehr Aufwand durch die Nächstnachbarmethode, erfassen (vgl. *Nipper* 1985, 1410). Verfeinerungen sind leicht einzubringen, wo geeignete Beschäftigungsdaten vorliegen (*Heinritz* 1979, 348f.). Mit ihrer Auswertung kann man z. B. durch Vergleich des Beschäftigungsgefüges der Gemeinden recht nahe an die reale Situation herankommen. Derartiges müßte freilich scheitern, wo inzwischen die Gemeindereformen zu große statistische Bezugseinheiten geschaffen haben.

Solche Methoden sind jedoch weiterhin für die Landesplanung sehr wichtig, da ihre Ergebnisse einfacher an Hand neuerer Zählungen aktualisierbar sind als bei den anderen Verfahren. *Blotevogel* hat sich in mehreren Arbeiten mit diesen Aufgaben beschäftigt und konnte für das Land Nordrhein-Westfalen Ergebnisse vorlegen, die den Schritt zur laufenden Beobachtung der Entwicklung und Veränderung des zentralörtlichen Systems ermöglichen (*Blotevogel* 1983; *Blotevogel et al. 1990*).

b) Indikatorenmethoden:

Eine solche war *Christallers* Telephonmethode, da man zu seiner Zeit eine überdurchschnittliche Anschlußzahl als Indikator für zentralörtliche Funktionen einer Siedlung postulieren konnte. Man wäre geneigt, heute Telefax, Telex, BTX und andere Kommunikationstechniken in dieser Rolle zu sehen. Gelegentlich mag dies der Fall sein, generell aber ist gegenüber allen einfachen Indikatoren große Vorsicht geboten, da man allzuleicht mit solchen Daten nur eine noch nicht genügend weit gelaufene Innovationsdiffusion erfaßt.

Natürlich haben Indikatoren den Vorteil, schnelle Ergebnisse zu bringen. Daher kann man auf die aus Telephon- und Adreßbüchern leicht erfaßbaren Angaben über Berufsgruppen mit hohem Schwellenwert zurückgreifen, vor allem auf solche, die alles Interesse haben müssen, in solchen Verzeichnissen aufzuscheinen. Anzahl bzw. „Bedeutungsüberschuß" bei Fachärzten, Rechtsanwälten, Wirtschaftsprüfern, Maklern kommen hier ebenso in Frage, wie die Einrichtungen des Bank- und Versicherungswesens. Sie erlauben einen Zugriff auf den Kern des zentralörtlichen Funktionskomplexes.

c) Methode der repräsentativen Dienste:

Hier wird das obige Argument konsequent eingesetzt, die Fehlermöglichkeit aber durch ein Bündel von Indikatoren vermindert. *Bobek & Helczmanowski* (1961 f.) benützten bei ihrer ersten Erhebung über Österreich das Vorhandensein eines Satzes von Einrichtungen mit ähnlichem Schwellenwert. Je nach dem Vorhandensein oder Fehlen dieser Dienste konnten Rangstufen und Hierarchien von Standorten aufgestellt werden. Diese Methodik hatte *Christaller* (1950, 367) schon vorgeschlagen. Eine Übersicht repräsentativer Dienste benützte auch *Freisitzer* (1962; bei *Ritter & Greiner*, 1967).

Bei der medizinischen Versorgung etwa kann als Indikator der niedrigsten Stufe der zentralörtlichen Funktion das Vorhandensein eines praktischen Arztes gelten. Praktische Ärzte werden in allen Orten anzutreffen sein, deren Eigengröße plus Einzugsgebiet die für diesen Dienst nötige Schwelle überschreiten. In größeren Orten werden mehrere praktische Ärzte angesiedelt sein und dieser Indikator hat auf deren zentralörtlicher Stufe keine Aussagekraft mehr. Die nächsthöhere Indikatorstufe kann dann das Auftreten von Fachärzten in Verbindung mit einer größeren Zahl praktischer Ärzte sein. Es folgen dann die Mittelzentren, wo gewöhnlich neben die niedergelassenen Mediziner ein Krankenhaus tritt. In den höheren Hierarchiestufen treten Spezialkliniken oder medizinische Fakultäten als repräsentative Einrichtungen auf.

Derartige repräsentative Dienste werden nach empirischen oder statistischen Unterlagen zusammengestellt und für die verschiedenen Zentralitätsniveaus gruppiert. Der Nachweis ihres Vorhandenseins läßt sich aus Adreß- und Telephonbüchern leicht erbringen. Als wichtigsten Einwand gegen dieses gerne benützte Verfahren kann man vorbringen, daß es a priori hierarchische Stufen im System der zentralen Orte annimmt.

d) Die empirische Umlandmethode:

Sie wurde von *Kluczka* (1970) für die große und bis heute einzige Erhebung zur zentralörtlichen Struktur der Bundesrepublik Deutschland verwendet. Methodisch ersetzt sie die Feststellung der Angebotsstandorte zentraler Dienste durch Befragung über deren Inanspruchnahme seitens der Umlandbevölkerung. Auch hier mußte man selektiv vorgehen. Befragt wurden in einer Gemeinde nur gewisse Schlüsselpersonen wie Bürgermeister, Lehrer, Pfarrer, bei denen man eine Kenntnis des Verhaltens ihrer Mitbürger unterstellte. Dies bringt Ungenauigkeiten, doch wäre eine repräsentative statistische Befragung natürlich viel zu aufwendig gewesen. Der Vorteil dieser Methode lag darin, daß die zentralen Orte und die Abgrenzungen ihrer Bereiche in einem Arbeitsgang erhoben werden konnten (dazu *Heinritz* 1979, 73 f.). In der heutigen Situation ließe sich eine Abstützung auf „ortskundige" Auskunftspersonen kaum mehr vertreten.

e) Vollauswertungen des Dienstleistungssektors:

Die oben angedeuteten Unklarheiten und insbesondere die a priori Setzung von Zentralitätsniveaus haben *Bobek* später dazu geführt, seine zweite Erhebung des zentralörtlichen Systems Österreichs (*Bobek-Fesl*, 1978) auf das Verteilungsmuster aller Dienste zu gründen. Dabei wurden die von der Gewerbe- und Berufssystematik erfaßten Dienste auf ihre Verbreitung über alle Gemeinden Österreichs hin untersucht. Das so gewonnene Funktionsbündel der Orte wurde anschließend mittels Clusteranalyse zu zentralörtlichen Funktionsniveaus gruppiert. Dies ist das bisher aufwendigste, aber auch sauberste Verfahren. Dennoch bleibt als Voraussetzung seiner Anwendbarkeit, daß alle Dienste im gesamten Land unter gleichen Rahmenbedingungen operieren, d. h. nach den gleichen Vorschriften, Rechtsnormen und organisatorischen Kriterien. Kombinierte Dienstleister, z. B. eine Gastwirtschaft mit angeschlossenem Ladengeschäft, die nur als Gastwirtschaft aufscheint, müßten stören (dazu *Birkenhauer*, 1987a).

Tab X-1 Zentralörtliche Stufen in Österreich und in der Bundesrepublik Deutschland

Österreich Nach *Bobek-Fesl* 1978, XVI	Bundesrepublik Deutschland nach *Kluczka* et al. 1970
1) Wien	1) Großzentren Hamburg, Köln, Frankfurt, München
1a) Nicht vorhanden	1a) Oberzentren mit Teilfunktionen der Großzentren; Städte wie Stuttgart, Hannover, Nürnberg
2) Landeshauptstadtstufe voll ausgebildet; Salzburg, Graz, Klagenfurt, Innsbruck, Linz	2) Oberzentrum (mit normaler Funktion) etwa Regensburg, Würzburg, Augsburg
2a) Viertelshauptstädte als große Mittelzentren wie Wels, St. Pölten, Villach; Bregenz und Eisenstadt als besondere Zwischenstufe	2a) Mittelzentren mit Teilfunktionen von Oberzentren (oft fälschlich als Oberzentren eingestuft und später in Landesplanungsprogramme als potentielle Oberzentren ausgewiesen).
3) Mittlere Stufe/Bezirkshauptort	3) Mittelzentrum/Typ Kreisstadt
4) Untere Stufe	4) Unter- und Kleinzentren
5) Unterste Stufe/Hauptdörfer; nicht erhoben	5) Nicht definiert

Aus den Untersuchungen von *Bobek* und *Kluczka* ergeben sich die beiden obenstehenden Klassifikationen für Österreich und die Bundesrepublik Deutschland, deren zentralörtliche Systeme sich annähernd vergleichen lassen, aber auch spezifische Unterschiede aufweisen. Orte aller Rangstufen sind überdies in Österreich, entsprechend der geringeren Bevölkerungsdichte in ihrem Umland etwas kleiner (Tab. X-1). Terminologie und Klassifizierungsansätze beider Untersuchungen weisen auf einen starken Einfluß der politischen Situation und der unterschiedlichen historischen Entwicklungen in beiden Staaten hin. Streng genommen bringen nämlich jedes Land, jeder Staat und jede Wirtschaftsregion ihr spezifisches zentralörtliches System hervor. Die Standortkomplexe der Dienste sind unterschiedlich zusammengesetzt, die einzelnen Einrichtungen zeigen andere Betriebsgrößen und Aufgabenfelder. Gesteuert wird dies einerseits vom politischen System über Rechtsnormen und gesetzte Dienste, andererseits über die Steuerungszentrale und die Mittelstufe, welche die Ausgliederungsfülle der Wirtschaftstätigkeiten bestimmen, bzw. durch Innovationen neuartiger Dienste erst hervorbringen.

Obgleich daher für die meisten Länder der Erde zentralörtliche Studien vorliegen, lassen sich die gewonnenen Klassifizierungen von Land zu Land nicht vergleichen. Versuche zu einer internationalen Klassifizierung fehlen noch, könnten aber für die Wirtschaft sehr nützlich sein. Vom Verfasser wurde dies im Rahmen von Schulatlanten versucht (Neuer Kozenn Atlas 1996).

Teilregionen eines Staates können trotz langer Zusammengehörigkeit ein anders ausgestaltetes Städtenetz, bzw. zentralörtliches System haben. In Deutschland gilt dies für Nordrhein-Westfalen mit seinen dicht gepackten Oberzentren und Baden-Württemberg, wo *Kluczka* nur wenige echte Oberzentren, dafür eine gute Ausstattung mit Mittelzentren feststellte. Dies trifft man ähnlich im österreichischen Vorarlberg an, so daß man als Ursache wohl ein Weiterwirken der früheren staatlichen Zersplitterung und der Nachbarschaftslage zur Schweiz sehen muß.

Städtenetze und zentralörtliche Systeme sind ein wichtiger Teil der Mesostrukturen eines Regionalsystems. Daher werden in vielen Ländern in Raumordnungs- und Entwicklungspläne heute eigene Programme zur Stärkung oder zum Ausbau der Zentren aufgenommen. Eine besondere Rolle erhalten in diesem Rahmen die gut ausgestatteten Mittelzentren. Denn auf dieser Ebene finden Bürger und Konsumenten alle jene Leistungen und Güterangebote vor, die man erwartet, wenn man in unserer Kultur nach den heute üblichen Standards leben will. Zentren niedrigeren Ranges und mangelhaft ausgestattete Mittelzentren im ländliche Raum können dies nicht bieten. Sie vermögen auch Innovationen nur verspätet aufzunehmen und sind für die Standortwahl der gewerblichen Wirtschaft kaum mehr attraktiv. Damit vermögen sie es auch nicht, für ihr Umland zu Arbeitsmarkt- und Ausbildungszentren zu werden. Eine Stärkung gerade solcher Orte wird aber in Ballungsrandzonen mit aktiver Vorstadtbildung festgestellt. Eine vernünftige zentrale Orte-Politik wird daher auf die Stärkung der Mittelzentren abzielen.

Die Dienste der Oberzentren und Großzentren sprechen nicht so sehr den Standardbedarf der Bevölkerung an. Durch größere Vielfalt und spezifischere Arbeitsteiligkeit wenden sie sich an Oberschichten, Angehörige gehobener Berufe und spezielle Bedarfssegmente. Wichtig werden sie als Standorte jener Dienstleistungen, die für „Produzenten" in Gewerbe und mittelständischer Industrie unentbehrlich sind. Großzentren sind in der Regel, wenn auch nicht zwingend, zugleich die Steuerungszentralen der Wirtschaft. Man sollte aber diese beiden Funktionen begrifflich auseinanderhalten. Die zentralörtliche Funktion ist mehr regional ausgerichtet. Die Steuerungsfunktionen sind auf die gesamte Volkswirtschaftsregion bezogen und schlagen zusätzlich die Brücke zur übrigen Welt. In Deutschland ist eine solche Differenzierung deutlich zwischen Köln und Düsseldorf zu erkennen, wobei letzteres in den vergangenen Jahrzehnten zur Steuerungszentrale herangewachsen ist.

Theorien und empirische Arbeiten der Zentralitätsforschung können ein Instrument der Marktforschung und des Marketing sein (*Ritter & Greiner* 1967), sind dort jedoch noch sehr wenig aufgegriffen worden. Der Grund ist wohl, daß man im Marketing mit den abstrakten Vorstellungen der Theoretiker nur wenig anfangen konnte, und man bisher mit einfachen administrativen Raumgliederungen und statistischen Instrumenten sich besser zu helfen vermochte. Dies wird sich vielleicht mit dem Übergang zu strategischem Marketing ändern, wo es auf die gezielte Bearbeitung von Teilregionen ankommt.

X.4.2 Die Beurteilung der Funktionserfüllung

Die breitere Anwendung des Konzepts der zentralen Orte in der Landesplanung führt zunächst zur Betrachtung von Städtenetz und Zentrenverteilung unter dem Gesichtspunkt der maximalen Wohlfahrt der Bürger. Danach sollten allen Haushalten an ihrem Standort gleiche Lebensannehmlichkeiten und Lebenschancen zugänglich sein. Dies setzt die bequeme Erreichbarkeit von Dienstleistungen und Arbeitsplätzen einschließlich beruflicher Aufstiegsmöglichkeiten voraus. Wer dazu von seinem Wohnort aus eine sehr mühevolle Anreise hat oder in erreichbaren Zentren kein mindestens mittelzentrales Angebot vorfindet, ist benachteiligt. Eine zentrale Orte-Politik müßte diesen Umstand korrigieren und Mittelzentren möglichst gleichmäßig über das Land verteilen. Ist dies nicht durchführbar, so kann man der Peripherie nur mit anderen Vergünstigungen wie etwa Steuervorteilen wirksam helfen.

Unter dem Gesichtspunkt optimaler Standortbildung sollte die Bevölkerung in Mittelzentren oder in deren näherer Umgebung leben. Bedingt der eigene Wohnort

Benachteiligungen, so wäre es angebracht, in solche Zentren abzuwandern. Dies geschieht vielfach spontan. Es ist unwirtschaftlich und unbefriedigend, ein Leben lang überweite Versorgungswege auf sich zu nehmen. Es wäre aber doppelt unwirtschaftlich, an der Peripherie defizitäre Leistungsangebote aufbauen zu wollen. Die private Wirtschaft ist dazu auch nicht im Stande.

Während in den günstiger gelegenen Teilen eines Landes die vorhandenen kleineren Städte leicht das Niveau von Mittelzentren erreichen können, ist dies in dünn besiedelten und entlegenen Randgebieten nicht möglich. Dort verbleiben dann, bei unbehinderter Binnenwanderung, nur jene Wirtschaftstätigkeiten und Berufsgruppen, die sich mit dieser Situation abfinden wollen oder müssen. Die menschenarmen Agrarzonen der USA, Kanadas oder Australiens zeigen dies sehr schön auf. Ähnliche Entleerungsprozesse treten auch in vielen europäischen Ländern in Erscheinung.

Wie weit ein Städtenetz diese Ansprüche erfüllt oder zu der einen oder anderen Extremposition tendiert, läßt sich an Hand der Ausstattung, Verteilung und der Distanzen zwischen den Städten von mittlerem und höherem Niveau bestimmen.

Ausstattungskriterien umreißen, wie weit eine Stadt als zentraler Ort hinter einer als normal und wünschenswert erachteten Palette von Einrichtungen und Diensten zurückbleibt. Die möglichen Meßtechniken wurden oben geschildert. Dabei ist zu bemerken, daß ein minder ausgestatteter Ort nicht einfach durch technokratische Förderung auf ein höheres Niveau angehoben oder gar ein Mittelzentrum willkürlich neu geschaffen werden kann. Dafür sind nämlich interne Wachstums- und Differenzierungsvorgänge im nicht-agraren Sektor erforderlich, deren Dynamik und Erfolg erst zusätzliche Bevölkerung und Betriebe anziehen. Neu angesetzte, subventionierte Dienste können nicht immer darauf rechnen, die lokale Nachfrage tatsächlich an sich zu ziehen, denn ein verbessertes Angebot steigert sogleich die Ansprüche und führt erst recht dazu, daß ein Teil der Nachfrage in größere und besser ausgestattete Zentren „entweicht".

Bezüglich solcher Prozesse stehen alle Glieder eines Städtesystems durch ein dichtes Geflecht von Kommunikation auf allen Ebenen in einer Art Resonanzverhältnis. Impulse, wie sie irgendwo im Städtesystem auftreten mögen, pflanzen sich im positiven wie auch im negativen Sinne rasch durch das gesamte Gefüge fort. Daher können wir auch sagen, daß alle Städte gleichen Ranges sehr ähnliche bis gleiche Standortbedingungen für wirtschaftliche Tätigkeiten bieten, trotz aller Klagen über lokale Nachteile und feststellbare Disparitäten. Jedoch handelt es sich nicht um solche Resonanzen allein. Städte sind ja auch selbstorganisierende Subsysteme mit gewisser Autonomie. Impulse, welche sie von anderen Zentren her erfahren, lösen in ihnen selbständige Weiterentwicklungen aus.

Distanz im Städtesystem bedeutet in praktischer Sicht die übliche Fahrzeit zum nächstgelegenen Mittelzentrum oder einen höherrangigen Ort. *Steinbach* (1980, 47) stellt fest, daß mehr als 25 Minuten reiner Fahrzeit bereits als diskriminierend gelten können. Bei seiner Untersuchung ergab sich, daß in Österreich 1971 davon 27,5 % der Wohnstandorte und 15,7 % der Bevölkerung betroffen waren. Die Erreichbarkeit mit privatem PKW oder mit öffentlichen Verkehrsmitteln ist somit das entscheidende Kriterium für die Funktionserfüllung des Städtenetzes. Zumutbare Distanzen erlauben die tägliche Interaktion. Diese ist allerdings weiträumiger als oben und kann zwischen einer Fahrtstunde auf der Straße bis zu Tagesverbindungen mit dem Flugzeug über hundert Kilometer variieren. Letzteres treffen wir in sehr dünnbesiedelten aber wohlhabenden Bereichen im nördlichen Kanada und Alaska an, die

deshalb ein funktionsfähigeres zentralörtliches System haben, als sehr arme Entwicklungsländer, in denen man noch zu Fuß gehen muß.

Zu große Distanzen verteuern alle Besorgungen durch Übernachtungen am zentra-
len Ort, erfordern Pensionate für Schüler oder doppelten Wohnsitz bei Arbeitneh-
mern. Läßt sich auch keine generelle Obergrenze in Kilometern angeben, so gilt für
Mitteleuropa eine Fahrtstunde als noch zumutbar. Dies bedeutet 60–80 km mit dem
PKW auf Landstraßen oder 30–50 km mit öffentlichen Verkehrsmitteln. Fehlt ein
Mittelzentrum in dieser Entfernungsstufe, so muß ein Gebiet als unterversorgt gelten.
In Deutschland ist dies selten der Fall, tritt jedoch in Gebirgen oder in den Ländern
mit reichgegliederten Küsten häufig auf.

Die gesamte Städteverteilung eines Landes läßt sich mit einer Vielzahl von Methoden beurteilen, wenngleich dies bisher noch wenig versucht wurde. Man kann etwa
auf die Normaldistanz von den Steuerungszentralen aus zurückgreifen. Liegt dann
das entfernteste Mittelzentrum des Landes noch innerhalb dieser Distanz, so muß es
logischerweise städtearme und zentralörtlich unterversorgte Peripherien geben. Auf
diese Situation stößt man in vielen Drittländern deren führende Zentren exzentrisch
an der Küste liegen. Gemittelte Distanzen zwischen den Städten lassen erkennen, ob
diese räumlich dicht gepackt oder weit gestreut sind. Mitunter hilft da schon ein
kurzer Blick auf eine Karte der Städteverteilung vor dem Hintergrund der dichter
besiedelten Gebiete.

Sehr aufschlußreich ist eine Berechnung der Zahlen der zu versorgenden Umlandbevölkerung pro Zentrum einer bestimmten Rangstufe. Dazu muß man freilich die
Zentren kennen und deren Bevölkerung abziehen. Der Rest wird dann aufgeteilt, wie
dies Tabelle X-2 zeigt. Diese überschlägige Berechnung ergibt, daß in der Bundesrepublik Deutschland und in Österreich auf ein Oberzentrum rund 900 000 Menschen
im Umland kommen und diese Werte ziemlich ähnlich sind. Dagegen müßte die
Bundesrepublik noch Spielraum für eines oder zwei weitere Großzentren bieten.
Leider konnte eine vergleichbare Berechnung für die Mittelzentren noch nicht durchgeführt werden. *Birkenhauer* (1987 a) vergleicht unter ähnlichen Gesichtspunkten die
Einflußbereiche von München und Wien.

Tab. X-2 Vergleich der Städtesysteme der Bundesrepublik Deutschland und Österreichs (Daten nach *Bobek-Fesl* 1978 und *Kluczka* 1970, Bevölkerungszahlen 1987)

Österreich		Bundesrepublik Deutschland	
Großzentren	Umlandbevölkerung	Großzentren	Umlandbevölkerung
1	6 050 000	4	10 900 000
Oberzentren u. höher	Umlandbevölkerung	Oberzentren u. höher	Umlandbevölkerung
6	878 000	50*	869 000

* Weiden, Coburg, Hof und Landshut wurden nicht als Oberzentren eingestuft.

X.4.3 Die Einzugsbereiche von Städten und zentralen Orten

Für die Feststellung der Reichweite des zentralörtlichen Einflusses einer Stadt
und die Abgrenzung dieser Bereiche gegenüber konkurrierenden Zentren wurden mannigfache Methoden vorgeschlagen, je nachdem, ob man grobe, näherungsweise oder exakte Lösungen benötigt. Das exakteste Verfahren ist natürlich die Befragung. Sowohl *Bobek* wie auch *Kluczka* stellten ihre Bereichsab-

grenzungen durch Expertenbefragungen fest. Für repräsentative statistische Verfahren wäre der Aufwand wegen der benötigten großen Probandenzahlen noch prohibitiv (dazu *Heinritz* 1979, 77f).

Dies macht geometrische oder mathematische Verfahren attraktiv. Der simpelste Weg ist es, die Umlandbereiche der Zentren gleichen Rangs nach *Dirichlet*-Polygonen zu konstruieren (Abb. X-5). Dies schlägt *Haggett* (1983, 587) vor. Solche Polygone sind die Vielecke, welche man erhält, wenn man auf der Verbindungslinie zweier Zentren in halbem Abstand die Senkrechte errichtet und die so gewonnenen Linien zwischen allen Zentren zu geschlossenen Kantenzügen verbindet. Das gleiche Resultat läßt sich auch mit Kreisen in gleichem Abstand um die Zentren erreichen, deren Schnittpunkte man verbindet.

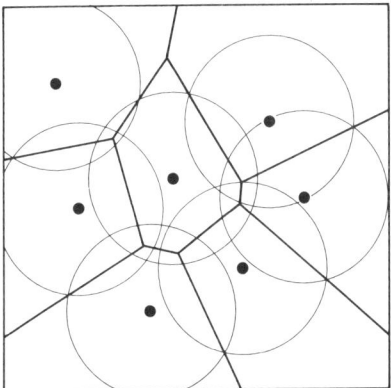

Abb. X-5 *Dirichlet*-Polygone nach der Kreismethode

Für Städte ungleicher Größe hat *Reilly* schon 1931 eine Lösung vorgeschlagen. Er postuliert, daß sich die Reichweite jedes Zentrums proportional zu seiner Größe, wie immer diese definiert wird, und umgekehrt proportional zu deren Distanz verhält. Daraus hat er seine bekannte Näherungsformel für die Grenze der Marktgebiete beider Zentren abgeleitet:

$$Db = \frac{Dab}{1 + \sqrt{\dfrac{Pa}{Pb}}}$$

Db   = Abstand der Bereichsgrenze vom kleineren Zentrum „b"
Dab   = Gesamtdistanz beider Zentren in Einheiten, z. B. Kilometern
Pa, Pb = Bevölkerungszahl oder ein anderes Größenmaß für beide Zentren.

Mit Hilfe der *Reilly*-Formel haben *Ritter & Greiner* (1967, 75) einen Berechnungsversuch für Oberösterreich gemacht, wobei sie reale Straßendistanzen verwendeten. Das Ergebnis bringt Abb. X-6. Dieses zeigte eine sehr gute Übereinstimmung mit den empirischen Befunden von *Bobek*, so daß man die *Reilly* Formel wohl für praktische Zwecke verwenden darf. Entscheidend wird der Exponent dieser Formel, den man aber für die mittlere Zentralitätsebene mit „2" ansetzen kann. Schwierigkeiten machte die Einbeziehung der beiden Oberzentren Linz und Salzburg, die man für die mittlere Zentralitätsstufe nicht mit ihrem vollen Bevölkerungsgewicht ansetzen konnte. Dies mußte durch einen Abminderungsfaktor umgangen werden, für welchen später *v. Franz* (1976) eine mathematische Lösung entwickelte.

Zu dieser Problematik ist die Literatur voll von Verfeinerungen, mathematisch anspruchsvollen Formeln und Berechnungsmethoden, die auch anstelle der bloßen Bevölkerungswerte die Kapazitäten des Dienstleistungssektors und ähnliche Maßgrößen heranziehen. Unnötigerweise gehen sie meist von Luftlinienentfernung aus. Solche Unterschiede sind aber für die Praxis von geringer Bedeutung, denn absolut trennscharfe Bereichsgrenzen gibt es in der Realität nicht. Dies würde ein völlig rationales Benutzerverhalten voraussetzen. Ein solches kann aber nicht ernsthaft postuliert werden, da Besucher, die an der Bereichsgrenze wohnen, ja beide Zentren als gleich weit entfernt bewerten und je nach Besorgungszweck fallweise das eine oder das andere Zentrum aufsuchen oder aus anderen, nichtökonomischen Motiven entscheiden werden.

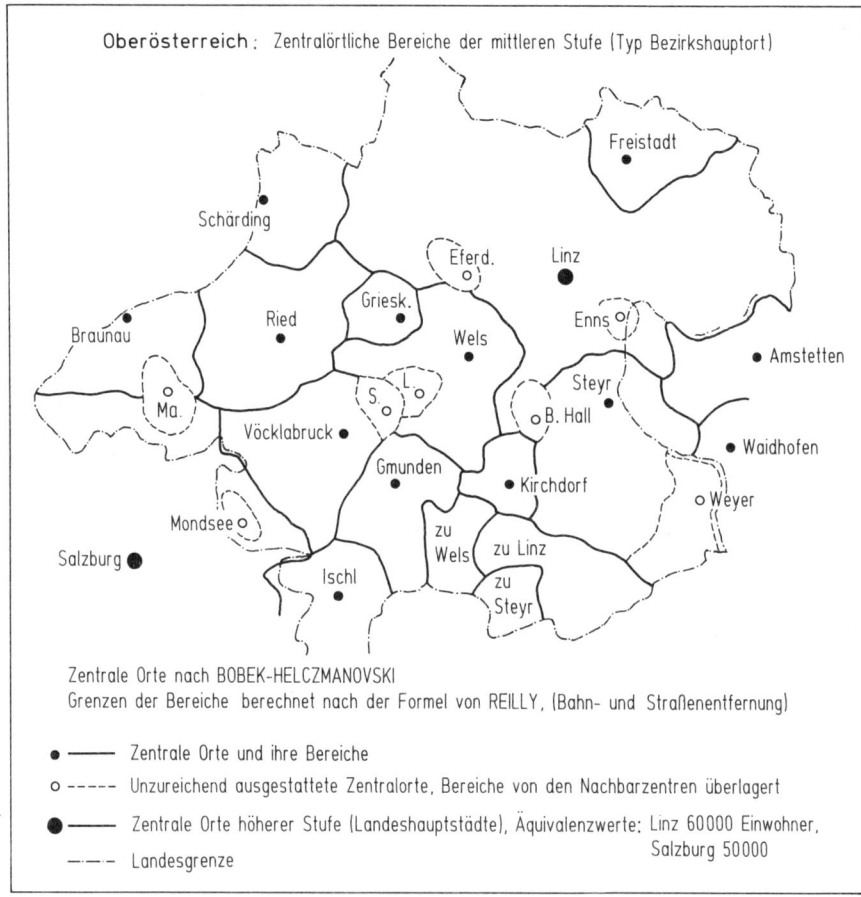

Abb. X-6 Zentralörtliche Bereiche mittlerer Stufe in Oberösterreich

In dieser Linie liegt auch das von *Bobek* mehrfach empirisch festgestellte Überspringen benachbarter Mittelzentren zugunsten eines attraktiveren in größerer Entfernung, das sich auch bei der Berechnung für Abb. X-6 unter Berücksichtigung der Verkehrsmöglichkeiten ergab. Es kann mit der nicht-linearen Abnahme der Attraktivität eines Zentrums bei zunehmender Distanz erklärt werden (Abb. X-7). In diesem Fall kann sich das kleinere Zentrum „B", dessen zentralörtliche Attraktivität nur halb so groß ist wie jene von „A" nur bei distanzempfindlichen Diensten gegen dieses durchsetzen. Ist der Faktor des Distanzabfalls d½, so fahren Kunden aus weiter entfernten Gebieten gleich nach „A" weiter. Bei einem noch geringeren Faktor würde „B" überhaupt nicht mitbieten können. Bei d^1 ist dagegen das Einflußgebiet von „B" ein weiter Umkreis, der bei d^2 noch etwas weiter gezogen wäre.

Dieses Ergebnis ist nach allen Annahmen über das Konsumentenverhalten durchaus realistisch. „B" übt zwar auch in „A" eine geringe Anziehungskraft aus, die Attraktivität von „A" mag aber in „B" selbst so stark sein, daß dort bei d½ der erforderliche Schwellenwert nicht mehr erreicht wird.

Der Exponent wäre nach *Reilly* für Dienste des alltäglichen Bedarfs mit größer als 2 anzusetzen. Dies ergibt einen sehr steilen Distanzabfall, der zwischen „A" und „B" noch viele kleinere Angebotsstandorte zulassen würde. Bei höchstrangigen Diensten dagegen wird der Exponent sehr gering und ginge für die spezifischen Leistungen der Steuerungszentralen gegen Null, weshalb diese ihren Einfluß im gesamten Marktgebiet geltend machen können. Der untere Teil der Abb. X-7 zeigt die Umsetzung in die Fläche, wobei „B" jeweils einen kreisförmigen Ausschnitt im Einflußbereich von „A" behauptet.

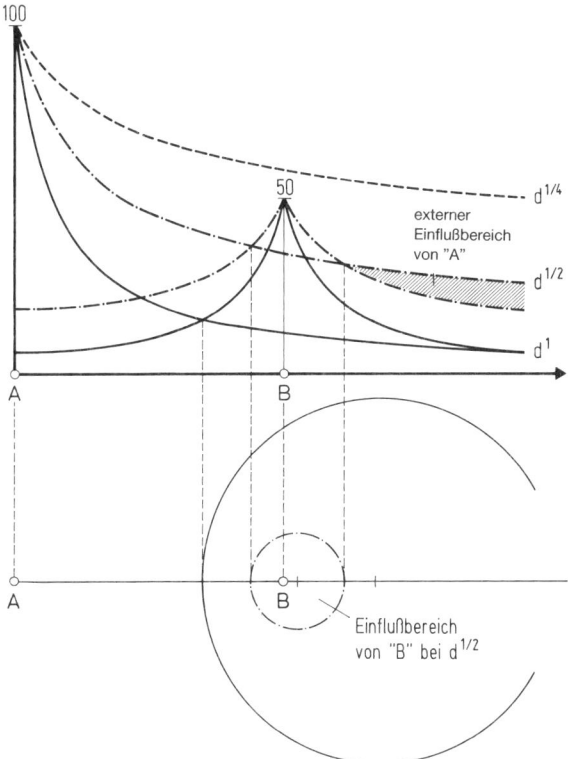

Abb. X-7 Das Überspringen kleinerer Zentren

Die Feststellung solcher Bereichsgrenzen, sei es nach Faustregeln, sei es empirisch, kann zur Festlegung von Verkaufs- und Versorgungssprengeln dienen. Sie verhilft auch dem Kaufmann an einem Standort, den gleichsam „natürlichen" Markt für sein Angebot zu erkennen.

Mit Hilfe der Dirichlet-Polygone stellte *Elliott* (1983) die sehr sehr wichtige Frage nach umgebenden größeren Zentren und nach Kardinalen Nachbarn. Erstere sind die einer Siedlung jeweils benachbarten größeren zentralen Orte, auf die sich die Nachfrage nach höherrangigen Diensten richten kann. Kardinaler Nachbar ist der nächstgelegene höherrangige Platz, der den Hauptteil dieser Nachfrage auf sich ziehen wird und der solchen Beziehungen eine klare räumliche Orientierung gibt. Diese läßt sich als Gradient bis zu den Großzentren und Steuerungszentralen weiterverfolgen. Also von einem Klein- oder Unterzentrum über ein Mittelzentrum weiter zum Oberzentrum und schließlich zu einer führenden Stadt. Dank dieser Methode lassen sich auch die weiträumigen Einflußfelder hochrangiger Zentren mit geringem Arbeitsaufwand näherungsweise erfassen.

X.4.4 Konkurrenz und Dynamik im Städtesystem

Alle Zentren in einem Städtesystem stehen in einem Resonanzverhältnis, das sich als Konkurrenz, Ergänzung und Anstoßgeber auswirkt. Dies führt zu der Frage, wie diese Relationen erfahren werden und wie man kreativ darauf reagieren kann. Dies hatte zwar *Christaller* selbst im zweiten Teil seiner Studie breit diskutiert, doch sind diese Ausführungen von späteren Autoren kaum jemals beachtet worden, weil er sie allzusehr in den Begriffen seiner abstrakten Theorie formulierte.

Aus den vielfältigen Aspekten dieser Zentrendynamik können hier nur einige wenige Aspekte herausgegriffen werden.

a) Horizontale Konkurrenz zwischen gleichrangigen Zentren:

Sind zwei zentrale Orte gleich ausgestattet und attraktiv, so liegt die theoretische Bereichsgrenze beim halben Weg. Diesseits und jenseits dieser Linie wären aber die Mühen für den Aufwand in das eine oder das andere Zentrum für dort lebende Menschen kaum zu unterscheiden. Vielerlei individuelle Momente wie Neugier, Laune oder Ärger über eine schlechte Erfahrung, sowie soziale Umstände mögen dann ausschlaggebend werden, ob man in „A" oder „B" einkauft. Es wird sich also zwischen den Bereichen der beiden Orte keine scharfe Grenze ausbilden, sondern eine Indifferenzzone entstehen. Diese wird enger oder breiter sein, je nachdem wie wichtig die Besorgungen eingeschätzt und wie sie durchgeführt werden (Abb. X-8a).

Innerhalb solcher Indifferenzzonen kann es beträchtliche Verschiebungen der Kundenpräferenzen geben, wenn etwa eine neue direkte Straße gebaut oder eine Buslinie eines der beiden Zentren bequemer erreichbar macht. Dabei ist mit einer nur geringen Breite der Indifferenzzonen entlang der Hauptverkehrsachsen zu rechnen, während sie abseits dieser Wege sehr ausgedehnt sein können und Verkehrsumlenkungen große Bereiche betreffen können (Abb. X-8b).

Geschäftsleute können mit gezielter Information und Werbung in Indifferenzzonen ansetzen, um dort für sich Präferenzen zu schaffen. Vermutlich aber werden die damit erzielbaren Effekte nur vorübergehend sein, weil sich ja auch der Konkurrent der gleichen Mittel bedienen kann. Man kann vermuten, daß die großen Verbrauchermärkte außerhalb der Städte durch den verbesserten Zugang zu Warenangeboten große Indifferenzzonen im ländlichen Raum und an der Peripherie der Städte angezapft haben. Dabei mag es sogar reale Umsatzzuwächse gegeben haben, da ja von den Bewohnern ungünstig gelegeneren Standorte wegen zeitlicher und anderer Restriktionen auf manchen Einkauf verzichtet wird.

a)

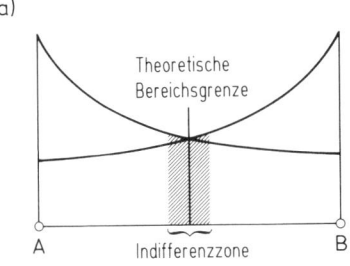

Theoretische
Bereichsgrenze

A   Indifferenzzone   B

b) Umsetzung in die Fläche

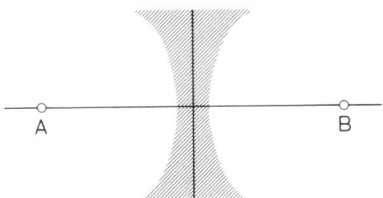

A   B

Abb. X-8 Horizontale Konkurrenz und Indifferenzzonen

b) Die Konkurrenz nach unten:

Ein größerer, gut ausgestatteter zentraler Ort ist in der Lage, durch sein geballtes Angebot an Gütern und Diensten auch für solche Dinge attraktiv zu werden, welche die Kunden sich gleich gut auch an einem niedrigerrangigen, näher gelegenen Zentrum verschaffen könnten. Ein solcher Effekt ist bei steigenden Einkommen und steigender Mobilität rasch zu erwarten, weil dann die Distanzüberwindung als Kostenelement weniger spürbar wird, aber Zeitrestriktionen kombinierte Besorgungen wichtiger machen (*Lange* 1973, 71). Die Massenmotorisierung konnte daher die Zentrenstruktur auf den unteren Hierarchiestufen völlig umkrempeln. Viele Dienste und Gewerbe kleiner Zentren sind überhaupt abgestorben und früher aktive Standorte der Grundversorgung weisen kaum mehr Geschäfte auf. Die theoretischen Aspekte solcher Vorgänge behandeln *Heinritz* (1979, 135 f.) und *Lange* (1973).

Ein anschauliches Beispiel ist das Kinosterben auf dem Lande. Das Dorfkino als Treffplatz der Jugend erreichte Ende der Sechzigerjahre seine weiteste Verbreitung, wobei üblicherweise ein Kino mit wöchentlich wechselndem Programm geboten wurde. Nachdem schon das Fernsehen den Kinos Kunden entzogen hatte, brachte die Motorisierung der Jugend die Möglichkeit, zwischen vielen Kinostandorten zu wählen. In der Folge entstanden in den größeren Städten die Kinozentren mit vielfältigen Angeboten, während die Dorfkinos nach und nach eingingen.

c) Konkurrenz von unten entsteht den höherrangigen zentralen Orten, wenn früher seltene und prestigeträchtige Dienste und Gewerbe, zu deren Besuch auch lange Fahrten unternommen wurden, nun in gleicher Qualität in kleinen Zentren oder auf dem Dorf angeboten werden. Dies tritt bei wachsendem Wohlstand als Verbreiterung bzw. Demokratisierung der Nachfrage ein. Damit werden Schwellengrößen überschritten und es tun sich Marktnischen auf. Gute Beispiele waren in den letzten Jahrzehnten der Damenfriseur/Haarstudio, Auto- und Motorradfachhandel, Spezialitätenrestaurants, Fachmärkte und auch das höhere Schulwesen. Ähnlich wirken technische und organisatorische Verbesserungen, die kleinere Betriebsgrößen bei höherer Leistung erlauben. Hier ist besonders das Druck- und Verlagswesen zu nennen, dem ein lebhafter Sektor von Kleinbetrieben bis hin zum Copy-Shop zur Seite tritt. Die mögliche Verkleinerung der Betriebseinheiten und ihrer technischen Ausstattung ist hier besonders deutlich. Ganz allgemein bedeutet jede Verkleinerung eines Betriebskonzepts, daß Schwellenwerte herabgesetzt und kleinere Zentren als Standorte möglich werden.

Diese Konkurrenz von unten zu Ungunsten der höherrangigen Zentren ist vielfältig verquickt mit der Suburbanisierung des Lebensstils, der Abwanderung der besser verdienenden, kinderreichen Familien aus den Städten und der Naherholung. Dies alles kommt neuen Angebotsstandorten im Umkreis der großen Städte zugute und zwingt diese selbst zu kostspieligen Maßnahmen, um die zentralörtliche Attraktivität der innerstädtischen Geschäftsbezirke zu erhalten.

d) Sonderformen der Zentrenkonkurrenz:

Ein Anbieter, dessen Aktionsspielraum durch den zentralörtlichen Rang seines Standorts begrenzt ist, hat nur bescheidene Möglichkeiten seinen Absatzradius auszuweiten, wenn er alleine vorgeht. Aussichtsreicher wird es sein, wenn mehrere Anbieter kooperieren und sich gemeinsam um höhere Attraktivität bemühen. Dem steht oft entgegen, daß Geschäftsleute nur die Anbieter der gleichen Leistungen an ihrem Standort als Konkurrenten empfinden, die es zu verdrängen gilt. Gelingt ihnen dies aber, so ist das wohl der sicherste Weg, die Attraktivität des eigenen Standorts zu zerstören. Damit wird nämlich die Vielfalt und Variationsbreite des Angebots vermindert und eine Fahrt in diese Stadt weniger verlockend gemacht. Orte, an denen nur mehr ein Anbieter einer Leistung vorhanden ist, sind für Kunden aus dem Umland wenig interessant und zahlreiche Momente aus dem sozialen Bereich wirken gegen ihn.

Aussichtsreicher wird es, sich von den Limitationen der zentralörtlichen Struktur ganz zu befreien. Dies kann geschehen durch ambulanten Betrieb oder Durchführung von Einsätzen an wechselnden Orten, wie letzeres in der Bauwirtschaft schon lange üblich ist. Ein anderer Ausweg ist der Aufbau von Filialsystemen. Die interessanteste Lösung ist wohl das Versandgeschäft, weil dieses sich des ubiquitären Leistungsangebots der Post bedienen kann und jeden Ort der Region zu den gleichen Kosten erreichen. Dies befreit den Versender ähnlich dem Industriebetrieb von den Bindungen auf der Absatzseite. Seine Standortwahl wird völlig frei. Neben Baur im kleinen Burgkunstadt in Franken finden wir daher gleich vier Sortimentsversender in Pforzheim.

X.5 Unterschiedliche Ausbildungsformen von Städtesystemen

X.5.1 Christaller-Systeme

Trägt man in ein doppeltlogarithmisches Koordinatensystem wie in Abb. X-9 die von *Christaller*-Modellen theoretisch geforderten Stadtgrößen beginnend mit der größten Stadt ein, so ergibt sich eine charakteristische getreppte Abfolge, je nach dem unterstellten K-Wert.

Sicherlich darf man in einem realen Untersuchungsraum weder eine modellhaft exakte Abstufung der Stadtgrößen noch eine völlig regelhafte räumliche Verteilung der Städte erwarten. Die stufenbildenden Variablen, zu verstehen als Dienstleistungspakete mit unterschiedlichen Schwellenwerten, müßten jedoch stark genug sein, um im Diagramm durchzuschlagen. *Christaller* selbst (1933, 155) führt typische

Stufen von Einwohnerzahlen für Süddeutschland an. In der Tat lassen sich in manchen Ländern deutliche Stufungen der Stadtgrößen erkennen, die eine hierarchische Unterordnung der kleineren Zentren und ihrer Bereiche zu den größeren andeuten. Dies ist z. B. in Österreich der Fall, wo nach Wien (1,6 Mill. Einwohner) zunächst vier Städte der Größenklasse 100 000 bis 250 000 kommen, dann folgt eine Stadt mit 87 000 und nach dieser sieben Städte zwischen 32 000 und 55 000. Diese klare Abfolge hatte *Bobek* seinerzeit bewogen, diese dritte Größenstufe als „Viertelshauptstädte" zu betrachten, die zwar nicht ein ganzes Bundesland, aber doch große Landesteile mit besonderen Diensten versorgen.

Weltweit gesehen sind aber solche Stufungen nicht nur selten, sondern auch auf die obersten Ränge des zentralörtlichen Systems beschränkt. Deutlichere Stufen treten auch im Übergangsbereich von Städten zu ländlichen Siedlungen gelegentlich auf.

Dieses Fehlen eines klaren Nachweises von *Christaller*-Stufen ist irritierend und kann nicht allein auf die unangemessenen statistischen Erhebungsmethoden geschoben werden. Es scheint eher so zu sein, daß die Bedingungen für die Ausbildung hierarchisch geordneter Städtesysteme in dynamischen Wirtschaftsregionen heute nicht mehr gegeben sind. Selbst in klar abgegrenzten Regionen mit langer zeitlicher Bestandsdauer, wo man sie am ehesten erwarten dürfte, treten nicht unbedingt auch Stufen auf. Man darf daher zweifeln, ob sie jemals unabhängig von staatlicher Einflußnahme entstehen konnten.

X.5.2 Die Rang-Größen-Regel von Zipf

Statistikern war schon früh aufgefallen (*Auerbach* 1913), daß man bei der Multiplikation der Einwohnerzahl einer Stadt mit ihrem Rang im Städtesystem dieses Landes auffällig oft die Einwohnerzahl der größten Stadt als Resultat erhält. Mit dem hierarchischen Modell von *Christaller* läßt sich dies nicht vereinbaren und in Abb. X-9 stellt eine Gerade die Verteilungskurve der Stadtgrößen dar. Dieses Modell wurde von *G. K. Zipf* (1941) veröffentlicht. Die zweite Stadt einer Region hätte hier die halbe Einwohnerzahl der größten, die dritte Stadt ein Drittel usw.

Bemerkenswert an diesen Befunden ist jedoch nicht allein die Tatsache, daß sehr viele Städtesysteme in aller Welt der Rang-Größen-Regel so nahe kommen, sondern auch daß diese Kurve über lange Zeit fast unverändert Bestand hat. Wachsen also die Städte einer Region, so ist dieses Wachstum für alle Städte gleichmäßig und die Rang-Größen-Kurve schiebt sich in dem Diagramm einfach nach oben (Abb. X-10). *Bobek-Fesl* (1978) berichten für alle Zentrenstufen fast die gleichen Zuwachsraten der Dienstleistungsausstattung gegenüber ihren früheren Erhebungen 1959 und 1973. Diese Erscheinung ist also nicht auf Bevölkerungszahlen beschränkt.

Es käme unter den Bedingungen der Rang-Größen-Regel nach *Zipf* also nicht zu unterscheidbaren hierarchischen Stufen zentraler Orte, was ein gewichtiger Einwand gegen die Theorien *Christallers* wäre. Jedoch muß man vorerst die *Zipf*sche Kurve als eine einfache empirische Regelhaftigkeit ansehen, wofür noch keine theoretische Begründung vorliegt. Die Häufigkeit ihres Auftretens macht es allerdings nötig, nach einer solchen zu suchen.

Es liegt daher nahe die Größenreihe der Städte eines Landes und ihre Dauerhaftigkeit als das Ergebnis von Interaktionen im Städtenetz zu deuten. Keine Stadt steht für sich allein und die „Resonanz" des Systems verteilt die Auswirkungen der Wachstums- und Innovationsimpulse recht gleichmäßig auf alle Glieder des Systems. Die Simulationen von *Allen & Sanglier* weisen den Weg zum Einbau solcher Überlegungen.

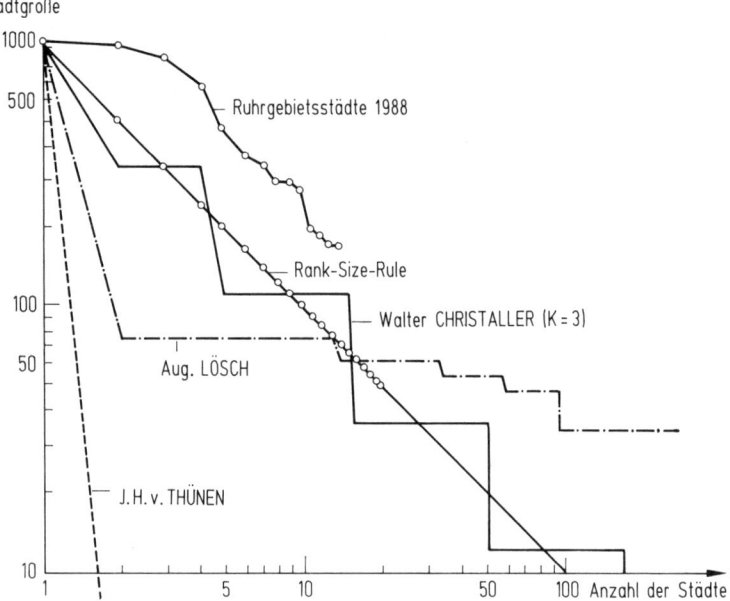

Abb. X-9 Die Größenverteilung der Städte nach verschiedenen Modellen im Rank-Size-Diagramm

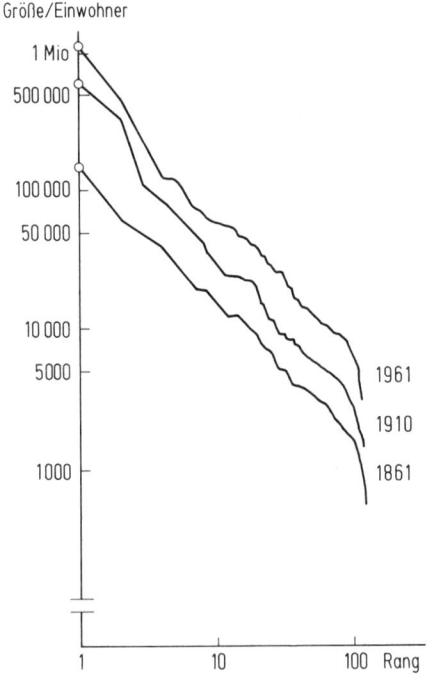

Abb. X-10 Rang-Größenverteilung ausgewählter Zentren in Bayern 1861, 1910, 1961 nach *H. Wöhl* 1979, S. 57

X.5.3 Städtesysteme mit Primatstadt

Bei der Beschäftigung mit der Rang-Größen Regel stießen *Jefferson* (1939) und später *Berry & Garrison* (1948) auf Städtesysteme mit einem auffälligen Übergewicht der größten Stadt, welche sie als „primate city" d. h. Primat- oder Primärstadt bezeichneten. Seit dem damaligen Zeitpunkt ist diese Erscheinung noch viel augenfälliger geworden, da in vielen Ländern der Dritten Welt Verstädterungsprozesse nach diese Muster eingesetzt haben.

Berry & Garrison bezeichneten jede Stadt als Primatstadt, die mehr als doppelt so groß war, wie die zweite Stadt der gleichen Region. Aufgrund der Modelle von *Christaller* sollte man jedoch diese Werte höher ansetzen. Sinnvoll wäre es, den siebenfachen Wert der Größenmeßzahl der zweiten Stadt zu nehmen, gemäß einem Wert K = 7, der noch als eine theoretisch begründbare Relation angesehen werden darf. Die Größenspanne wird in genügend vielen Ländern überschritten. So ist in Ungarn das Verhältnis 10 : 1, in Thailand gar 36 : 1, wobei eins die zweitgrößte Stadt angibt.

Primatstädte treten auch in Industrieländern auf, weshalb eine Erklärung für ihr Auftreten sicherlich viele Ursachen berücksichtigen muß. Es sollte dabei wohl sogleich auf das Modell von *August Lösch* zurückgegriffen werden (Abb. X-9). In seinem Modell der räumlichen Verteilung der Dienstleistungsstandorte ergibt sich ein Verhältnis von 13,6 : 1 bei einem weiteren, sehr flachen Abfall der Standortgrößen. Im Thünenmodell folgt auf die zentrale Stadt, die gemäß dessen Logik eine Millionenstadt sein müßte, sogleich die Ebene der Bauerndörfer, die man kaum größer als mit 1 000 Einwohnern ansetzen darf.

Kleine Wirtschaftsregionen, deren Interaktionsmöglichkeiten durch zu weite Distanzen nicht behindert sind, sollten sich mehr oder minder deutlich diesen Modellen annähern. Die Primatstadtentwicklung wäre dann eine Konsequenz der Kleinheit der Region, innerhalb derer neben der lokalen Versorgung nur eine einzige größere Stadt notwendig ist. Diese Stadt wird rechnerisch zur Primatstadt, weil allfällige Zwischenstufen der zentralörtlichen Hierarchie nicht ausgebildet wurden. Ist eine tägliche Interaktion mit dieser Stadt von allen teilen des Landes aus möglich, so können alle Bewohner an den Angeboten und Chancen dieser Stadt teilhaben, es besteht dann wenig Grund, anderswo im Lande mehr als Farmen und Zweitwohnsitze aufzubauen. Derartige Verhältnisse fand *Ritter* (1985a) in Qatar vor. In Kuwait dagegen hatte die massive Anwesenheit nicht-autobesitzender Gastarbeiter kräftiger in Richtung auf die Entstehung von Dienstleistungszentren in anderen Landesteilen hingewirkt.

Bei ausreichender Mobilität aller Bevölkerungsschichten können solche Primatstadtregionen ca. 100 km Radius haben und damit mehr als 30 000 km² erreichen. Für wesentlich ausgedehntere Länder aber versagt dieser Erklärungsansatz. Für solche Länder, etwa Uruguay mit 176 000 km² und einem Primatstadtverhältnis von 15,4 : 1 könnte man an die regionsinternen Größenrelationen der Einzelwirtschaften denken. Ist etwa die durchschnittliche Größe der landwirtschaftlichen Betriebseinheiten klein, so wird auch deren Aktionsreichweite recht gering sein. Die Region braucht dann zahlreiche Zentren in einem dichten Netz, um den Bauern die Teilnahme am Marktgeschehen zu ermöglichen. Ist diese Region weiträumig genug, werden auch Mittelzentren für die Händler mit Agrarprodukten und Versorgungsgütern entstehen, da die Verteilungs- und Sammelprobleme großen Umfang annehmen.

Sind aber die Agrarbetriebe selbst sehr groß, so können sie auch über weite Distanzen hin den Kontakt zu den großen Städten halten. Kleinere zentrale Orte sind dann entbehrlich, insbesondere die Zwischenstufen. Als Beispiel kann Ostpreußen dienen. Dort hatte die Ausbildung der Gutswirtschaften die kleineren zentralen Orte vor 1945 geschwächt und verarmen lassen (*Scheu* 1936, 47, 112, 126). Königsberg dagegen war zur regionalen Primatstadt aufgestiegen. In Israel ergab der Versuch, ein an *Christaller* orientiertes Netz zentraler Orte aufzubauen, einen eklatanten Fehlschlag (*Spiegel 1966; Karmon* 1983, 82). Dort sind nämlich die Moshavim und Kibbutzim als Basiseinheiten der Landwirtschaft große, durchorganisierte Unternehmen, die ihre Kontakte nach Haifa oder Tel Aviv und darüber hinaus leicht selbst pflegen können, und deshalb nähergelegene, kleinere Zentren gar nicht brauchen. Man mußte für die bereits gegründeten 32 Neustädte eilends Ersatzfunktionen als Industriestädte suchen. Ein ähnlicher Fehlschlag waren die gegründeten Kleinzentren bei der Besiedlung des Nordostpolders in den Niederlanden gewesen. Auch hier waren die Bauernbetriebe durch ihre Größe und ihre Einbindung in Genossenschaften in der Lage, Fernbeziehungen direkt zu unterhalten.

Man kann diesen Erklärungsansatz für Primatstädte in zahlreichen Teilen der Welt von der Mongolei bis Australien heranziehen. Neben ihn wird man aber die Torpunkthypothese stellen müssen. Exporthäfen sind zugleich die Eingangspforten für Importe, Einwanderer und neuartige Wirtschaftstätigkeiten. In vielen Überseegebieten blieb die Masse der Einwanderer in diesen Pforten hängen, weil sie sich hier schneller eine passende Existenz aufbauen konnten, als wenn sie in das Hinterland weitergezogen wären. Analog werden solche Städte zum Wanderungsziel für die überschüssige Landbevölkerung. Diese Menschen möchten wohl gerne in die „Länder der unbegrenzten Möglichkeiten" weiterwandern, allein sie dürfen nicht.

Anders argumentiert *Reichart* (1993). Er betrachtet Primatstadtbildung als ein Resultat der Wirtschaftspolitik, die mit Instrumenten wie Importsubstitution, Subventionen, Aufbau staatlicher Unternehmen und ganz allgemein mit merkantilistischen Praktiken bewirkt, daß sich die Aktivitäten ihrer Bürger in der Hauptstadt konzentrieren müssen und andere Städte keine eigenständigen Exportaktivitäten entfalten können. In weiterer Folge gibt es Verdienstchancen und Aufstiegsmöglichkeiten nur mehr in dieser einen Stadt, was die mobile Bevölkerung dorthin zieht. Diese Hypothese erklärt die rasche Primatstadtbildung in postkolonialen Überseeländern aber auch die Existenz von Primatstädten in europäischen Industrieländern wie England, Frankreich oder Dänemark als ferne Folgewirkungen früherer merkantilistischer Wirtschaftspolitik.

In industrialisierten Ländern hätte man zusätzlich mit der durchschnittlichen Haushaltsgröße mal einem Mobilitätsfaktor zu rechnen. Zweifellos konnte der bürgerliche Großhaushalt im 19. Jahrhundert mit seiner stärkeren Ausrichtung auf luxuriöse Lebensführung andere, weitreichendere Beziehungen aufrechterhalten als der extrem zeitbeschränkte Arbeiterhaushalt. Als Folge wäre eine Tendenz zur Primatstadtbildung zu erwarten. Im Zuge der Verkleinerung der Haushalte und zur Demokratisierung der Konsumgewohnheiten wird Luxus zu arbeitsaufwendig. Man kommt mit dem mittelzentralen Angebotsniveau aus, welches sich Arbeiterhaushalte inzwischen auch leisten können. Flachen die Bedarfsunterschiede ab, so fallen auch wichtige Gründe für die Differenzierung der Städte weg, und es sollte sich in reifen Industrieländern ein Abbau von Primatstadtrelationen ergeben.

X.5.4 Poleis-Strukturen

In manchen Gebieten trifft man auf Städtesysteme, deren Glieder annähernd gleich groß sind und die alle eine ähnliche Dienstleistungszentralität haben. Allenfalls stehen neben diesen Städten kleinere, unselbständige Satelliten. Bietet eine Stadt alle benötigten Dienste für ihre Bewohner auf einem kulturspezifisch ausreichenden Niveau, so spricht man von Selbstversorgerorten. Dabei können solche gleichrangigen Zentren durchaus ihrerseits die Primaten für ihr agrares Umland sein.

Ein solches Städtesystem kennzeichnete das antike Griechenland. Die Städte waren autonome Einheiten. Jede einzelne bemühte sich, alles an Einrichtungen zu schaffen, was dem Niveau der damaligen Kultur entsprach. Nach dem griechischen Wort „polis" für Stadt soll hier im Plural vom Poleis-Modell gesprochen werden. In der Antike waren solche Städtesysteme weit verbreitet. Sie hatten sich mitunter zu politischen Einheiten als Städtebünde organisiert, wie z. B. die Dekapolis (Zehnstädtebund) im heutigen Palästina und Jordanien. Im Mittelalter entstanden Städtebünde und Städteregionen ähnlicher Art in der Toskana, in Norditalien, Süddeutschland und Flandern, wo immer sich die Bürger aus feudalen Bindungen befreiten. Das 19. Jahrhundert brachte Poleis-Strukturen in den Industrierevieren hervor, und sie entstehen aktuell in den Verdichtungsbereichen des Tourismus und des annehmlichkeitsorientierten Wohnens. Allerdings ist der Übergang zur wirtschaftlichen Formationsbildung nicht scharf zu ziehen.

Von Poleis-Strukturen können wir in Anlehnung an *Berry & Garrison* sprechen, wenn die Städteverteilung deutlich über der Geraden des Rank-size Diagramms liegt (Abb. X-9). Dies gilt z. B. für die Ruhrgebietsstädte, wenn man diese Region als eigenständiges System auffaßt.

Die Poleis-Struktur kommt der optimalen Wohlfahrt der Bevölkerung näher als irgend ein anderes der besprochenen Modelle von Städtesystemen. Es ist jedoch politisch schwierig zu handhaben. Keine Stadt hat ja einen Grund, sich von einer anderen aus verwalten zu lassen. Die Städte streben nach gleichen Rechten, politischer Autonomie, ja Unabhängigkeit, und treten untereinander in einen scharfen Prestigewettbewerb, der in der Geschichte nicht selten kriegerische Formen annahm.

In den meisten Volkswirtschaftsregionen unserer Zeit wird daher die Autonomie der Städte am kurzen Zügel gehalten. In Deutschland betrifft dies insbesondere die kreisfreien Städte. Dies wird umso deutlicher, je zentralistischer und hierarchischer die jeweilige Staatsbürokratie aufgebaut ist.

X.5.5 Doppelt- und Mehrfachstädte

Allen obigen Modellen ist es gemeinsam, daß sie Städte stets als einen einzelnen Siedlungsschwerpunkt verstehen. Dies ist aber durchaus nicht immer der Fall. Doppelt- und Mehrfachstädte sind eine häufige, gebietsweise sogar regelhafte Erscheinung.

Unter Doppelstadt wären zwei Städte annähernd gleicher Größe und Funktion in allernächster Nachbarschaft zu verstehen, zumindest innerhalb der alltäglichen Interaktionsdistanz. Sehr häufig sind Doppelstädte eine Folge der Interferenz wirtschaftlicher und politischer Faktoren der Stadtentwicklung. In Deutschland sind Wiesbaden-Mainz und Mannheim-Ludwigshafen die auffälligsten dieser Paare. Der trennende Fluß spielt geographisch eine geringere Rolle als die zwischen ihnen gelegene politische Grenze.

In manchen Fällen ist die zweite Stadt eine direkte Konkurrenzgründung, mit der die bereits geschaffene Standortgunst einer älteren Stadt angezapft werden sollte. Hamburg-Altona, Frankfurt-Offenbach, Düsseldorf-Köln-Neuß stehen bzw. standen sicherlich in einem konkurrierenden Nachbarschaftsverhältnis. Die Grenzstädte zwischen den USA und Mexico wie San Diego-Tijuana, El Paso-Ciudad Juarez sind einander ergänzende Nachbarschaftspaare. In ihrem Fall war eine Grenze als politische Barriere der Anreiz dieser Situation auszunützen (vgl. *Bartels* 1960, 16f.). Man kann in solchen Fällen davon ausgehen, daß die Wirtschaftreibenden bestehende oder sich neu bildende Differentiale der Kosten und Profitchancen schnellstens ausnützen und ein Koevolutionsprozeß stattfindet.

Daneben treffen wir auch auf technologische Doppelstädte wie Bremen-Bremerhaven, Athen-Piräus, wo eine wichtige wirtschaftliche Teilfunktion der Stadt an einem ausgelagerten Standort erfüllt werden muß.

Soziologische Doppelstädte hat *W. Ritter* (1975, 223) in Saudi-Arabien festgestellt. Hier bildeten sich diese aus der Tendenz der beduinischen Stammesgesellschaft zur Aufspaltung in zwei Parteien oder Fraktionen innerhalb der eigenen Gemeinschaft. Kommt es zu einer dauerhaften Ansiedlung, so „gerinnt" dieses Verhältnis zu zwei räumlich getrennten Nachbarsiedlungen.

Mehrfachstädte oder Conurbationen sind das Ergebnis langer und komplexer Entwicklungsvorgänge, durch welche ursprünglich kleine Trabanten zu selbständigen Städten aufgestiegen sind. Daran können alle der genannten Momente beteiligt sein. Nürnberg bildete sich aus drei zu unterschiedlichen Zeiten fusionierten Siedlungen. Es ist heute mit seinen eigenständigen Nachbarn Erlangen, Fürth, Schwabach und einer Reihe kleinerer Stadtgemeinden eine solche Conurbation. Die Ballungsräume der Bundesrepublik Deutschland am Rhein sind weitere Beispiele. Gewerbe und Industrie brachten die stärksten Impulse in dieser Richtung. Jede Industriestadt kann ja für sich allein und ohne auf Nachbarn angewiesen zu sein, ihre nationalen und übernationalen Märkte bedienen und braucht auch ihre Existenz nicht auf den Austausch mit einem Umland aufzubauen. Sehr deutlich wird dies im Entwicklungsgang von Fürth, das zwar immer kleiner blieb als Nürnberg, in manchen Zeiten aber eine viel stärkere unternehmerische Dynamik aufwies.

Leider wissen wir über die interne Prozeßstruktur von Doppelt- und Mehrfachstädten noch recht wenig. Neben Wettbewerb und Koevolution ist dabei an intensive Austausch- und Wanderungsvorgänge zu denken. Faszinierende Ansätze einer Modellbildung könnte die von der Astrophysik untersuchte Dynamik von Doppelsternsystemen abgeben.

X.5.6 Megalopolis und die amorphe Stadt

Der Begriff Megalopolis (große Stadt) wurde von *Jean Gottmann* (1961) für die verstädterte nordöstliche Küstenregion der USA eingeführt. *Holzner* (1985) spricht für das gleiche Gebiet von der „amorphen" d.h. formlosen Stadt und (1996) vom „Stadtland". Gemeint ist jene zusammenhängend von städtisch verbauten Gebieten eingenommene Zone, die im Raume von Boston beginnt und sich über New York und Philadelphia bis Washington erstreckt.

Hier hat sich durch die Suburbanisierung der Siedlungsbereich der Kernstädte zu weiten, flächenhaft verstädterten Zonen ausgebreitet. Dieser Städtebrei wird von Schnellstraßen- und Schnellbahnsystemen so durchzogen, daß die Lagewerte der Standorte einander weitgehend gleich werden. Damit können sich an den Anschlußpunkten dieser Verkehrsachsen Dienstleistungseinrichtungen aller Art ansiedeln, für welche ein klar erkennbares Einzugsgebiet ebensowenig festzustellen ist wie eine Kohärenz der Leistungssegmente der einzelnen Standorte. Die frühere Zentralität und Hierarchie der Standorte löst sich auf, das Angebot wird sozusagen ubiquitär. Eine solche Entwicklung geht klar zu Lasten der Kernstädte und Innenstädte, denen ihre Existenzgrundlage entzogen wird.

Tendenzen in Richtung amorpher Standortverteilung wichtiger zentraler Dienste sind auch in Europa nicht zu verkennen. Der Ausbau von Verbrauchermärkten und Fachmärkten am Stadtrand und zwischen den Städten ist eine Folge der „Automobilität" der Gesellschaft. Diese Tendenz wird bei den echten zentralen Diensten nicht Halt machen. Daher könnten amorphe Verstädterungszonen für eine nach-industrielle Gesellschaft zu einer geographischen Leitform werden. Interessant ist in diesem Zusammenhang die Ausbildung von Sekundärzentren in den späteren Durchlaufphasen der *Allen-Sanglier* Simulationen.

X.6 Nicht-zentrale Städte in Städtenetzen

Steuerungszentralen und zentrale Orte gehören wesenhaft zur Struktur volkswirtschaftlicher Regionalsysteme. Die Ursprünge der einzelnen Städte mögen jedoch in ferner Vergangenheit und in einem heterogenetischen Stadtbildungsvorgang zu suchen sein. In das heutige Städtenetz eines Landes können daher nicht bzw. noch nicht integrierte heterogenetische Städte einbezogen sein, ebenso aber die „nicht verdauten" Relikte früherer Städtesysteme und abweichende Sondertypen, die gleichwohl Produkt der volkswirtschaftlichen Verflechtungen sind.

a) Nicht verdaute Relikte aus früheren Phasen des Systemregimes sind weiterbestehende Städte mit vornehmlich religiös-kultureller, repräsentativer oder wissenschaftlicher Funktion. Solche Städte sind gewöhnlich viel älter als die aktuellen Regionalverflechtungen. Sie besitzen deshalb hohes Ansehen und starke Beziehungsfelder eigener Art, so daß sie unerwünschte Einflüsse externen Ursprungs lange Zeit abwehren können.

Ein sehr ausgeprägtes Beispiel ist Mekka. Die herausgehobene religiöse Stellung bedeutete für die heilige Stadt des Islam den Verlust der einstigen Handelsfunktionen zugunsten des Hafens Jeddah, welches in der saudischen Wirtschaftsregion ein hochrangiger zentraler Ort geworden ist. Mekka dagegen ist auf eine ganz bestimmte, wirtschaftlich nicht weiter entwicklungsfähige Funktion festgelegt und wird zum Sonderfall in dem ansonsten der Normalität zustrebenden Zentrensystem des Landes.

Fürstenresidenzen, inferiore politische Hauptstädte, alte kleine Universitätsstädte bieten zahlreiche Beispiele in Europa und den USA. Nicht selten auch finden solche alten Städte nach schweren Funktionsverlusten eine neue Existenzgrundlage im Tourismus.

b) Funktionell spezialisierte Städte entstehen auf Grundlage von Industrien, Bergbau, Tourismus, wissenschaftlicher Forschung, Garnisonsfunktion und annehmlichkeitsorientiertem Wohnen. Solche Siedlungen können beträchtliche Einwohnergrößen erreichen und alle städtischen Attribute aufweisen, ohne zentrale Orte zu sein. *Christaller* stellte schon 1933 die Ausnahmesituation der Industriestädte heraus, die kein Einzugsgebiet an sich binden konnten. Später befaßte er sich mit der Ausbildung „peripherer" Städte durch den Tourismus (*Christaller*, 1955, 1975, 257).

Der Dienstleistungsbesatz solcher Städte entspricht der Kaufkraft und Anzahl ihrer Bewohner und deren schichtspezifischen Bedürfnissen. Industriestädte erreichen in Deutschland oft das Niveau der voll ausgestatteten Mittelzentren. Sie stellen aber nicht jenes differenzierte Angebot bereit, das auch die Landbevölkerung anlocken könnte. In Tourismuszentren kommt zur einheimischen Bevölkerung eine sehr kaufkräftige Urlauberschicht hinzu, so daß größere Ferienorte in den Alpen in gewissen Bedarfssegmenten die Ausstattung von Mittelzentren erreichen und übertreffen. Bei Urlaubsorten an der Mittelmeerküste kann dies bis zu oberzentralen Angeboten gehen.

Diesen Selbstversorgern sind die Hegemonial- oder Vororte der gewerblichen Wirtschaftsformationen zur Seite zu stellen. Als zentrale Orte haben sie nur einen niedrigen Rang, als Mittelpunkt einer regional dominierenden Branche können sie weit darüber hinausragen und weltweit aktiv sein. Selb als Vorort der nordostbayerischen Porzellanindustrie, Pirmasens für die Pfälzer Schuhindustrie und Solingen wären hier anzuführen. Solche Städte werden auch zu den Standorten industrieller Dienstleistungen, branchenspezifischer Forschung und organisatorischer Aktivitäten, die sonst eher den Steuerungszentralen zukommen.

Am anderen Ende dieses Spektrums stehen die Company Towns. Dies sind von Industrie- und Bergbaufirmen für ihre Belegschaften eingerichtete städtische Siedlungen mit hochrangigem Dienstleistungsangebot einschließlich vieler Produzentendienste. Dieses bleibt jedoch auf einen Kreis von Zugangsberechtigten beschränkt und wird nicht nach außen wirksam. *Sjöholt* (1992) weist dies sehr schön an einigen der 104 norwegischen Company Towns nach. In Deutschland waren Wolfsburg, Salzgitter, Schwedt und Eisenhüttenstadt ursprünglich als solche Siedlungen entstanden, haben aber diesen einseitigen Charakter längst wieder verloren.

c) Torpunktstädte:

Die Ausbildung großer Regionalsysteme bedingt Grenzen der Systemverflechtung, die von völlig offenen Demarkationen bis zu starren Wirtschaftsgrenzen reichen können, die alle unkontrollierten Kontakte abschneiden. Natürliche Trennlinien und Meeresküsten fallen oft mit wirksamen Systemgrenzen zusammen. Damit einher geht die Bündelung grenzüberschreitender Aktivitäten an einzelnen Übergängen. *August Lösch* hat diese Plätze, wohl unter dem Eindruck der Grenze zwischen den USA und Mexico, als Torpunkte bezeichnet (*Lösch*, 1962, 131, 304).

Die Torpunktfunktion ist im Landverkehr geprägt durch Grenzabfertigung, verkehrstechnische Abfertigung, Zollkontrolle und polizeiliche Sicherung. Dies wird verbunden mit Speditionsleistungen, Gütermanipulation und Lagerhaltung. Um hemmende Grenzeffekte zu vermeiden, werden auch Fertigungs- und Montagebetriebe oft an Standorte unmittelbar jenseits der Grenze vorgeschoben. Daraus können große Grenzstädte und „Landhäfen" entstehen.

In erster Linie sind heute die Seehäfen und Flughafensiedlungen Torpunkte der Volkswirtschaftsregionen. Bescheidener ausgebildet ist diese Funktion bei oberen Endhäfen von Binnenwasserstraßen und zentralen Eisenbahnknoten.

Am deutlichsten ist die städtische Entwicklung bei den Seehäfen. Diese kann vom übrigen Städtenetz völlig losgelöst sein. Die Seehafenstädte verdanken dies ihren günstigen Standortbedingugnen für Gewerbe- und Dienstleistungen, die mit dem gebrochenen Transport zusammenhängen. Hervorzuheben ist ferner die Internationalität der Seehäfen, sonst eher ein Merkmal der Steuerungszentralen. Die Kehrseite muß in den Schwierigkeiten gesehen werden, diese Torpunktfunktion mit der Erfüllung von Aufgaben für das Umland abzustimmen. Hamburg und Triest sind bekannte

Hafenstädte, die sich immer wieder mit einem antagonistischen Umland auseinander-zusetzen hatten.

d) Stützpunktstädte dienen Wirtschaftsaktivitäten als Standort, die außerhalb der üblichen Grenzen eines Regionalsystems ausgeführt werden, sei es in der Wildnis, auf den Ozeanen oder in fremden Wirtschaftsregionen. Man muß hier nicht unbedingt sogleich an Militärstützpunkte denken, obwohl diese natürlich den gleichen Charakter zeigen. Zivile Stützpunkte sind Fischereihäfen wie Cuxhaven und die Ausrü-stungsplätze der Offshore-Erdölgewinnung, etwa Stavanger in Norwegen.

Stützpunkte liegen innerhalb einer Wirtschaftsregion auffällig peripher oder über-haupt jenseits der Grenze des genutzten Raumes in der Anökumene. Gute Beispiele dafür sind Murmansk und Petropawlowsk auf Kamtschatka in Rußland, beides Groß-städte ohne landseitiges Umland. Gerne werden Stützpunkte bis an den Rand der Einsatzgebiete vorgeschoben, wie dies bei Magadan in Rußland oder Anchorage in Alaska heute, bei Macao und Hongkong in früherer Zeit der Fall war. Die Stütz-punktfunktion ist vielfältig mit der Torpunktrolle verzahnt und verwandelt sich in letztere, wenn das Operationsgebiet wirtschaftlich eigenständig wird.

XI. Kapitel
Die Netze des Verkehrs, der Transporte und der Kommunikation

Städtesysteme und Verkehrsnetze stehen in engster Verknüpfung zueinander. *Christaller* wie auch *Lösch* haben ihre Modelle der Städteverteilung mit Überlegungen zur Führung der Verkehrsachsen zwischen diesen verbunden. Diese Beziehung ist nicht nur theoretischer Natur sondern bedeutet auch eine evolutionäre Wechselwirkung. Wege schaffen die Lagevorteile, die zum Wachstum der Städte führen. Das Wachstum der Städte wieder bewirkt den Ausbau und die weitere Verbesserung der Wege zwischen ihnen, was wiederum die Entwicklung der Städte vorantreibt. Zuletzt führen „alle Wege nach Rom". Verlagerungen wichtiger Verkehrsachsen gehören daher auch zu den wenigen als normal anzusehenden Vorgängen, welche die Rangrelationen in einem Städtesystem umstoßen können.

Verkehrswege sind jedoch nur der räumliche Niederschlag der Interaktionen der Städte untereinander und mit ihrer nahen und fernen Umwelt. Diese sind die wichtigen Aktionszentren, wie sie *Pirath*(1949) nannte, als Quell- und Zielorte der einzelnen Verkehrsvorgänge. Die Wege sind das Ergebnis einer Bündelung solcher Interaktionen auf ausgewählten geographischen Pfaden. Durch diesen Umstand wird das Verkehrsnetz zu der nach den Städten wichtigsten Komponente der Grundstruktur eines Regionalsystems.

Alfred Hettner (1952, 5) bezeichnet in seiner Begriffsabgrenzung den Verkehr als den Transport von Gütern, Personen und Nachrichten zwischen solchen Aktionszentren in beiden Richtungen und in regelmäßiger Weise. Damit wird zum Ausdruck gebracht, daß hinter ihm der Austausch steht und daß er als Wesensmerkmal zu regionalen Systemverflechtungen gehört. *Matznetter* (1953) hat die Bindung des Verkehrs an gebahnte Wege und die Zuhilfenahme technischer Mittel betont, was zwar nicht als unbedingte Voraussetzung, aber für alle höheren wirtschaftlichen Entwicklungsstufen als empirische Regel gelten kann.

Verkehr verbindet die Aktionszentren und seine Wege werden der Intensität dieser Beziehung entsprechend ausgestattet sein. Daneben aber bedürfen alle Schauplätze von Aktivitäten innerhalb einer Region eines Zugangs zu diesem Verkehrssystem, der der Art ihrer Einbindung in das Funktionalgefüge entspricht. Dadurch erst werden Ressourcen zugänglich und ihre Outputs mobil. Allerdings ist diese Anbindung oft nur für Bewegungen in einer Richtung erforderlich, weil die komplementären Entgelt- und Informationsströme andere Wege benützen und an anderen Orten zusammenlaufen. Bei solcher Anbindung von Schauplätzen und Standorten über Güterwege, Zugänge, Leitungen, Empfangsgeräte und dergleichen sollten wir eher von Transport- als von Verkehrswegen sprechen, weil hier das *Hettner*sche Moment des räumlichen Hin und Her fehlt.

Die Verbindungsaufgabe eines Verkehrsnetzes in einer Region ist somit ganz deutlich von der Standort- und Ressourcenaufschließung zu unterscheiden. Dies ist in der Praxis nicht immer ganz einfach, weil gewöhnlich nur Momente der Trassenführung, die Art der technischen Ausstattung und der Rechtsstatus der Wege die Unterschiedlichkeit dieser beiden Funktionen erkennen lassen. Auch auf Verkehrswegen werden ja letztlich Transportvorgänge abgewickelt und Verkehre sind organisierte Abläufe, die sich aus einzelnen Transportakten zusammensetzen.

XI.1 Wegesysteme für die Standort- und Ressourcenaufschließung

Oftmals dienen nur kurze Stichwege der Aufschließung, die verzweigt oder unverzweigt ausgelegt sein können (Abb. XI-1). Sie enden gewöhnlich an einem Betriebsgrundstück, einem Wohnplatz oder einer Feldparzelle. Sofern nicht ohnedies Grundstücksgrenzen den Verlauf solcher Wege zum Abgehen von der direkten Verbindungslinie zwingen, nimmt man Umwege aus mannigfachen Gründen in Kauf. Sie spielen bei kürzeren Distanzen auch keine Rolle. Beim leitungsgebundenen Transport von Öl, Gas oder Wasser wird eine solche Wegverlängerung irrelevant, weil der Durchfluß des Transportguts stetig ist. Bei der elektromagnetischen Transmission von Energie und Informationssignalen erfolgt die Übertragung ohne meßbaren Zeitverzug. Umwege spielen dann überhaupt auf der Erde keine Rolle. Man kann solche Transportwege nach Optimierungsgesichtspunkten auslegen, wie sie weiter unten behandelt werden.

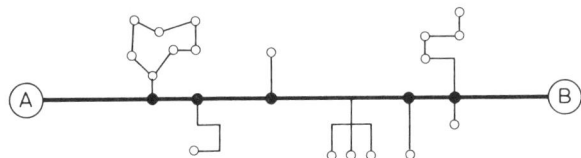

Abb. XI-1 Verbindungsweg und verschiedene Aufschließungen

Aufschließungswege und Leitungssysteme sind häufig nicht in das öffentliche Verkehrsnetz aufgenommen, sondern werden nur privat oder unternehmensintern benützt, wie etwa die Elektrizitätsleitungen und die Erdölpipelines. Sie stellen daher nur bedingt einen Teil der räumlichen Grundstruktur einer Wirtschaftsregion dar und gehören eigentlich in die Sphäre der einzelwirtschaftlichen Strukturen.

Ein geographisch recht interessantes theoretisches Problem sind die verschiedenartigen Lösungen, die man für die gleichmäßige Erschließung und Versorgung der Fläche finden kann. Einige dieser Lösungen sind in Abb. XI-2a zusammengestellt. Praktische Anwendungen dafür lassen sich recht leicht auf Straßenkarten oder Stadtplänen finden. Äquivalente Lösungen benötigt man für die Aufschließung der vertikalen Dimension (Abb. XI-2b), die in den Städten unabdingbar wird.

Viele primär für Transporte in einer Richtung angelegte Wege können auch in beiden Richtungen benützt werden, ohne daß dies ihren Charakter als Aufschließungswege ändern müßte. Demgegenüber wird aber eine Einbahnlösung bei einer Verbindungsachse stets als Verkehrsweg anzusehen sein.

Bei der Durchführung von Transporten in einer Richtung taucht das Problem auf, verschiedene Standorte nacheinander aufsuchen zu müssen und dafür den kürzesten Weg zu finden. Diese Fragestellung ist als „Paul Revere's Ride" nach einem Helden des amerikanischen Unabhängigkeitskrieges bekannt geworden (*Bunge* 1962). Es stellt sich generell bei der Bereitstellung von Transportgefäßen und vor allem in der Trampschiffahrt. Soll das Fahrzeug wieder an seinen Ausgangsort zurückkehren, so erhält man das bekannte Rundreise- oder Travelling Salesman's Problem (dazu *Schickhoff* 1985, 1426). Dieses kann auf Besichtigungsreisen, Verkaufstouren, Milchsammlung, Bierausfuhr und Postzustellung oder ähnliche praktische Aufgaben angewandt werden. Die aufzusuchenden Standorte werden unter Berücksichtigung der

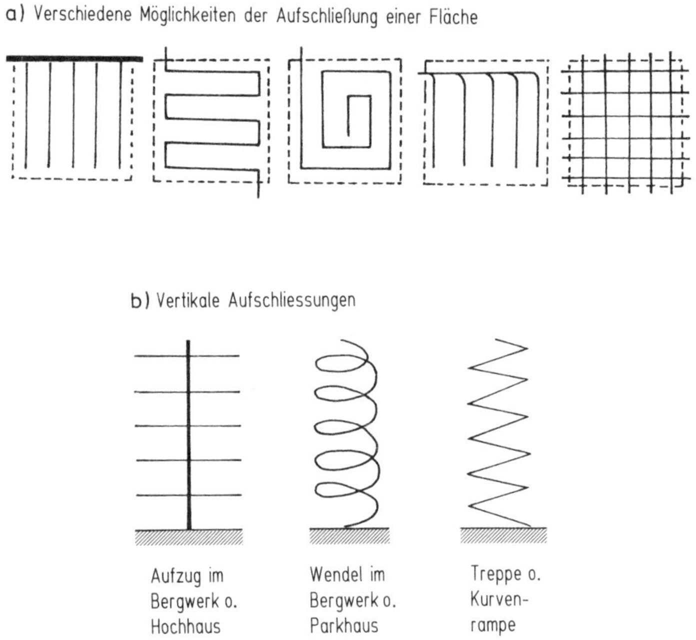

a) Verschiedene Möglichkeiten der Aufschließung einer Fläche

b) Vertikale Aufschliessungen

Aufzug im	Wendel im	Treppe o.
Bergwerk o.	Bergwerk o.	Kurven-
Hochhaus	Parkhaus	rampe

Abb. XI-2   Aufschließungsmethoden

Ladung und der Reihenfolge ihrer Ausladung zu Touren zusammengestellt. Die Lösungsansätze dafür sind bekannte Fragestellungen im Operations Research. Es gibt dabei Suchalgorithmen und Computerprogramme für Optimallösungen, die bei einer größeren Zahl von Orten sehr aufwendig werden (*Müller-Mehrbach* 1970). Diesen Verfahren kann man noch immer händische Lösungen als Näherungen gegenüberstellen, die allerdings nicht immer zum Optimum hinführen. Verbunden mit realen Wegeverhältnissen, Fahrzeiten, Ladefaktoren und Kosten sind rechnerische Optima eher schwer praktisch zu verwirklichen.

Einfache technische Ringlösungen, wie sie Abb. XI-3 b zeigt, sind keine müßige Spielerei. Sie werden z. B. bei der Wasser- und Elektrizitätsversorgung benützt. Die Knoten des Kantenzugs können wir uns dabei als Einspeisungspunkte von Produzenten oder Entnahmepunkte von Konsumenten vorstellen. Man erhält dabei den unschätzbaren Vorteil, daß zu jedem Verbraucher und Produzenten zwei Wege führen und die Gefahr einer Versorgungsunterbrechung viel geringer wird. Kürzeste Rundkurse ersparen hier Bau- und Betriebskosten.

Damit lassen sich Reservekapazitäten und Speicher vermeiden. Ringleitungen sind daneben bei der Gasversorgung und der Abwasserbeseitigung nützlich. Ringwege werden auch bei Landwegen und Binnenwasserwegen angestrebt, um für den Transport bei Naturkatastrophen und anderen Blockaden einen Ausweg zu haben. Ringkurse bei öffentlichen Verkehrsmitteln bringen die Fahrzeuge ohne Leerfahrten an ihre wichtigsten Einsatzorte zurück.

Ein Nebenproblem der Standortaufschließung ist die Ambivalenz von Wegen und Grenzen, die *Bökemann* (1982, 67f.) herleitet. Die Sicherung einer territorialen Begrenzung erfordert stets parallel zur Umgrenzungslinie verlaufende Wege, besonders wo diese bewacht und verteidigt werden muß. Ähnlich verlangt ein nicht frei überquerbarer Verkehrsweg eine Abgrenzung, die wieder einen parallel verlaufenden Weg bedingt. Man kann dies bei einfachen Fahrstraßen neben Autobahnen oder Bahndämmen schön sehen. Nicht selten bleiben Verkehrswege dieser Art erhalten, wenn die ursprüngliche Grenze wegfällt. Stadtmauer, Wehrgang und Wassergraben mögen verschwunden sein, der äußere Ringweg umzieht aber immer noch als Ringstraße eine Altstadt.

XI.2 Verkehrswege und Netze mit Verbindungsfunktion

Die Verknüpfung von zwei Städten oder Aktionszentren wird am besten durch einen Weg erreicht, der sich möglichst der Luftlinie annähert, denn hier handelt es sich zwar um sehr verschiedene Verkehrsfälle, darunter aber ist ein wesentlicher Anteil, bei denen die Transportdauer eine Rolle spielt. Dieses Moment tritt ganz besonders bei Reisen lebender Menschen und bei eilbedürftigen Gütern und Nachrichten hervor. Die Bündelung vieler solcher Transportfälle mit gleichem Ausgangs- und Zielort erlaubt es auch, Geld für die Beschleunigung auszugeben. Dies bewirkt in vielen Fällen ganz andere Netzlösungen und Trassenführungen als bei den Aufschließungswegen.

Bei gleicher Entfernung wird der Verkehr zwischen großen, hochrangigen Städten viel reger sein, als zwischen kleineren und niedrigrangigen Aktionszentren. Dies führt zu technisch aufwendigeren Wegen. Damit bilden sich im Rahmen eines Städtesystems Verkehrsachsen von ungleicher Leistungsfähigkeit. Üblicherweise werden Verbindungsnetze mehrstufig ausgelegt, z. B. durch Haupt- und Nebenbahnen oder durch Autobahnen, Bundesstraßen, Landesstraßen mit verschiedenen Ausbauparametern. Ähnliches gilt für die Geschwindigkeit und den Komfort der angebotenen Dienste. Die Rangstufung oder eine eventuelle Hierarchie im Städtesystem wird somit in das Verkehrsnetz übertragen.

Reale Verkehrsnetze kann man den Straßen- und Eisenbahnkarten entnehmen. Ohne Berücksichtigung ihrer Mehrstufigkeit sind sie auch in Atlanten abgebildet. Sie erfüllen stets Verbindungs- und Aufschließungsfunktionen gleichzeitig. Aus den Karten wird kaum ersichtlich ob eine Bahn oder Straße der einen oder der anderen Aufgabe dient. Dies läßt sich aber mit Kenntnis der Zentren und ihres Ranges bzw. ihrer Einwohnerzahl herausfiltern. Das Werkzeug hierzu ist die Graphentheorie, wie sie in den Arbeiten von *Bunge* (1962), *Haggett* (1969), *Vetter* (1970), *Schickhoff* (1978) und *Wirth* (1979, 180f.) dargelegt wird. Grundsätzlich werden dabei Aktionszentren und Verkehrswege zu Graphen bestehend aus Knoten und Kanten vereinfacht. Grundformen von Graphen sind „Bäume" und „Kreise" (Abb. XI-3). In Graphen jeglicher Kompliziertheit lassen sich verschiedene Indizes berechnen, wodurch Netze mathematisch vergleichbar werden und man die Knoten bester Zugänglichkeit bestimmen kann.

Allerdings sind solche Abstraktionen weniger wichtig als einige Anwendungen der einfachen Grundgedanken der Graphentheorie und die darauf beruhenden Netzsimulationen. Die Überlegungen zu den Grundformen von Verkehrsnetzen sollen an den Beispielen aus Abb. XI-4 erläutert werden:

a) Dreiecksnetze:

Die zentralörtliche Theorie von *Walter Christaller* impliziert ein Wegenetz, welches die Orte gleichen Ranges so verbindet, daß die Wege jeweils die Kanten gleichseitiger Dreiecke bilden (Abb. X-2). Solche Netzformen finden wir in Annäherung bei Landstraßen, wo die Verkehrsdichte mäßig ist und die Geschwindigkeitsanforderungen

a)   b)

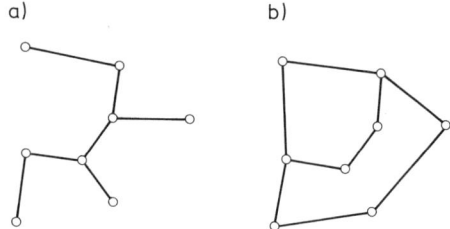

Abb. XI-3 Ein Graph als Baum und Kreise

gering bleiben. Das Dreiecksnetz ist in keiner Weise ein verkehrsbezogenes Optimum. Bei einer Reise von A über C nach D und von B nach E werden in Abb. XI-4 a Umwege nötig, welche die Verbindungsfunktion beeinträchtigen. Andererseits sind im Netz mehr Wege enthalten, als für die Aufschließungsfunktion erforderlich wären.

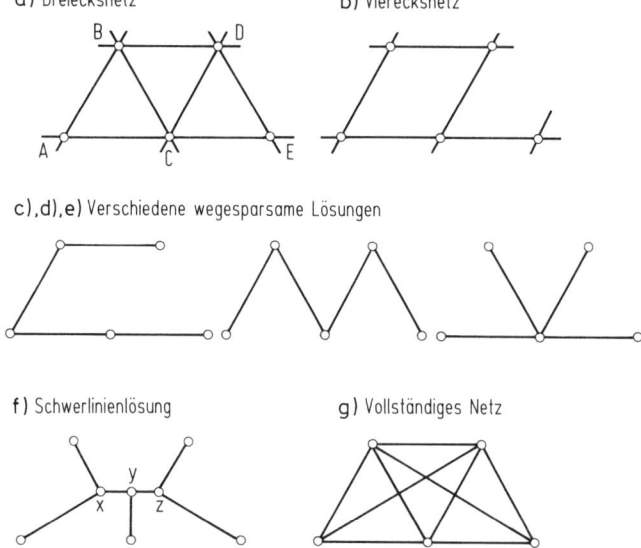

Abb. XI-4 Grundformen der Verkehrsnetze

Abb. XI-4 c, d, e zeigen drei Möglichkeiten einer wegesparsamen Verknüpfung. Muß man für die Dreieckslösung Wege über 7 Entfernungseinheiten bauen, so kommen die sparsamen Lösungen mit nur vier aus. Dies entspricht einer Verkürzung von 43 % der Gesamtstrecken, freilich um den Preis noch weiterer Umwege.

Die Dreieckslösung ergibt ein sogenanntes „wegereiches" Netz, während man die anderen, vereinfachten Lösungen als „wegesparsam" bezeichnet. Letztere werden bevorzugt, wo die Bau- und Erhaltungskosten sehr hoch sind, erstere wo es mehr auf die Kosten der Verkehrsabwicklung ankommt.

Etwas wegesparender als das Dreiecksnetz ist ein Vierecksnetz wie es Abb. XI-4 b zeigt. Hier beträgt die Verkürzung für eine Verknüpfung der 5 Knoten nur 27 %. Vierecke und Polygone als Grundmuster der Netzgestaltung sind bei Eisenbahnen und Autobahnen häufig.

b) Nabe und Speiche (hub and spoke) ist die wichtigste der wegesparsamen Lösungen und entspricht formal der Abb. XI-4 e. Im modernen Transport wird diese Möglichkeit breit eingesetzt, wenn auch die Umwege zwischen den Endknoten beträchtlich sind. Hub and Spoke wird möglich durch niedrige Transportkosten und hohe Geschwindigkeit bei guter Organisation der Umsteige/Umladeproblematik im zentralen Knoten. *Opitz* (1994, 77 ff.) schildert dafür die Vorteilspotentiale. Die Bündelung in einem zentralen Knoten erlaubt nämlich eine häufigere Bedienung der Endknoten, weil das Volumen aller darauf gerichteten Transportströme zusammengefaßt wird. Ausgehend von der Binnenluftfahrt der USA haben sich Hub and Spoke Lösungen vielfältig auch in der Logistik großer Unternehmen und in der Nachrichtenübertragung bewährt. Sie sind das wichtigste Rationalisierungsinstrument für Verkehrsdienste.

c) Die Schwerlinienlösung:
Um mit einem Minimum an Wegstrecke auszukommen, muß man eine Lösung wählen, welche keinen der Knoten A–E direkt einbindet, sondern nur über die Hilfsknoten X–Z. Dieses Netz hätte in unserem Fall nur 48 % der Streckenlänge der Dreieckslösung. Solche Konfigurationen werden daher gerne bei reinen Aufschließungssystemen verwendet.

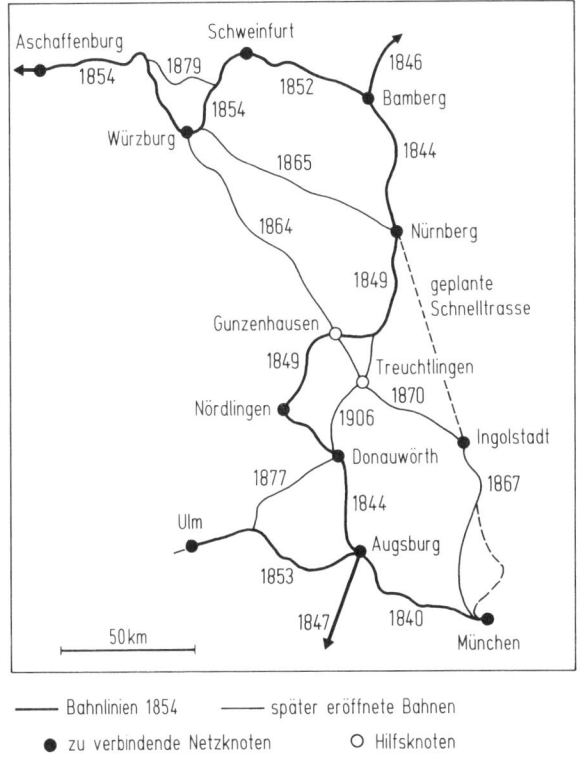

Abb. XI-5 Die Verkürzungen der Bahnlinie Aschaffenburg-München seit 1854

Bei den Verbindungsnetzen nähert man sich dieser „Schwerlinienlösung" an, wo der Ausbau sehr aufwendig ist. Sie sind daher häufig bei Autobahn- und Eisenbahnnetzen in den Anfangsstadien ihrer Entwicklung. Gleichfalls sind Schwerlinien beliebt, wo die Transportdauer keine Rolle spielt, wie dies für Kanäle, Leitungsnetze und bei

Transporten mit „Lichtgeschwindigkeit" für Strom und Telephon gilt. Bei Straßen und Eisenbahnverbindungen werden anfangs allzu wegesparsam ausgebaute Netze später durch kürzere Direktverbindungen zwischen den wichtigen Knoten ergänzt (Abb. XI-5).

Generell finden wir Schwerlinienlösungen und wegesparsame Netzgestaltung eher in den weniger wohlhabenden und in dünner besiedelten Gebieten. Eine konsequente Anwendung des Schwerlinienprinzips ist jedoch höchst selten, wegen des zusätzlichen Aufwands für die Einrichtung von Hilfsknoten, was besonders bei Eisenbahnen teuer kommt.

d) Vollständige Wegenetze sind sehr wegereich. In unserem Beispiel XI-4f wird ein noch vernünftiges Maximum mit einer Wegstrecke von 9,72 Einheiten erreicht, dies sind 39 % mehr als im Dreiecksnetz. Dafür aber ist nun jeder Knoten mit jedem anderen direkt verbunden, was diese Netzform für den Benutzer zum Optimum macht.

Derart wegereiche Verknüpfungen sind im Schiffs- und Flugverkehr möglich, wo der Weg selbst praktisch nichts kostet. Häufig aber spielen für die Wirtschaft die Fahrtzeiten eine so entscheidende Rolle, daß zwischen den führenden Zentralen einer Volkswirtschaftsregion auch im Landverkehr nahezu vollständige Netze entstehen. Interessant ist darunter vor allem das Autobahnnetz. Da man bei einer Fahrt auf der Autobahn alle dazwischenliegenden Orte ohne Verzögerung umfährt, werden alle hochrangigen Zentren quasi direkt verbunden. Die Eisenbahn kann durchgehende Züge ohne Zwischenaufenthalte weniger gut einrichten und anbieten.

XI.3 Graphentheoretische Simulation von Verkehrsnetzen

Diese aus einfachen Beispielen abgeleiteten Einsichten lassen sich leicht zur Beurteilung der vorhandenen Netze einer Region heranziehen. Mehrere Autoren haben sich mit der Frage beschäftigt, wie zwischen einen gegebenen Satz von Städten als Knoten ein hochrangiges Verbindungsnetz aussehen könnte und, dazu auf der Graphentheorie basierende Simulationstechniken vorgeschlagen. Die ersten Versuche stammen von *Kansky* (1963). In Deutschland sind *Vetter* (1970) und *Schickhoff* (1978) zu nennen. Nach dem Verfahren von *Vetter* hat *Schmidt* (1977) Simulationen für das Hauptverkehrsnetz der Bundesrepublik Deutschland durchgeführt. *Wolf* (1987) hat sich mit den besonderen Bedingungen von Autobahnnetzen befaßt, deren Knoten ja nicht in den Stadtzentren sondern jeweils am Außenrand der Bevölkerungsballungen angelegt werden. Das widerspruchsfreieste Verfahren ist jenes von *Schickhoff*, das allerdings von der etwas realitätsfernen Annahme ausgeht, daß alle Knoten im Netz den gleichen Rang hätten. Konkret umfaßt ihr Verfahren folgende Schritte:

1. Jeder Knoten wird mit seinem nächsten Nachbarn durch eine Kante verbunden.

2. Die entstehenden Teilgraphen werden dort miteinander verknüpft, wo dies mit der jeweils kürzesten Kante zu einem der bereits verbundenen Knoten möglich ist. Damit entsteht ein Graph als Baum unter Einbeziehung aller Knoten der eine wegesparsame Lösung im Sinne von Abb. XI-4c–e bildet.

3. Die Endknoten des Graphen werden mit dem jeweils nächstgelegenen zu Kreisen verbunden.

4. Das nunmehr gefundene Netz kann zur Abkürzung der Wege und zur Vervollständigung um weitere Verbindungskanten ergänzt und so der geographischen Realität angenähert werden. Ebenso wären unmögliche Kanten zu eliminieren.

5. In weiteren Schritten wird freilich noch eine Ergänzung des so gewonnenen Netzes um die Verbindungen zu Nachbarregionen und durch eventuelle Transitrouten zwischen diesen erforderlich. Als Richtschnur kann man die kürzeste Verbindung zum jeweils nächstgelegenen Knoten in diesen Nachbarregionen wählen.

Das Verfahren kommt, wie auch alle anderen genannten Simulationstechniken nicht ganz ohne subjektive Entscheidungen des Bearbeiters aus.

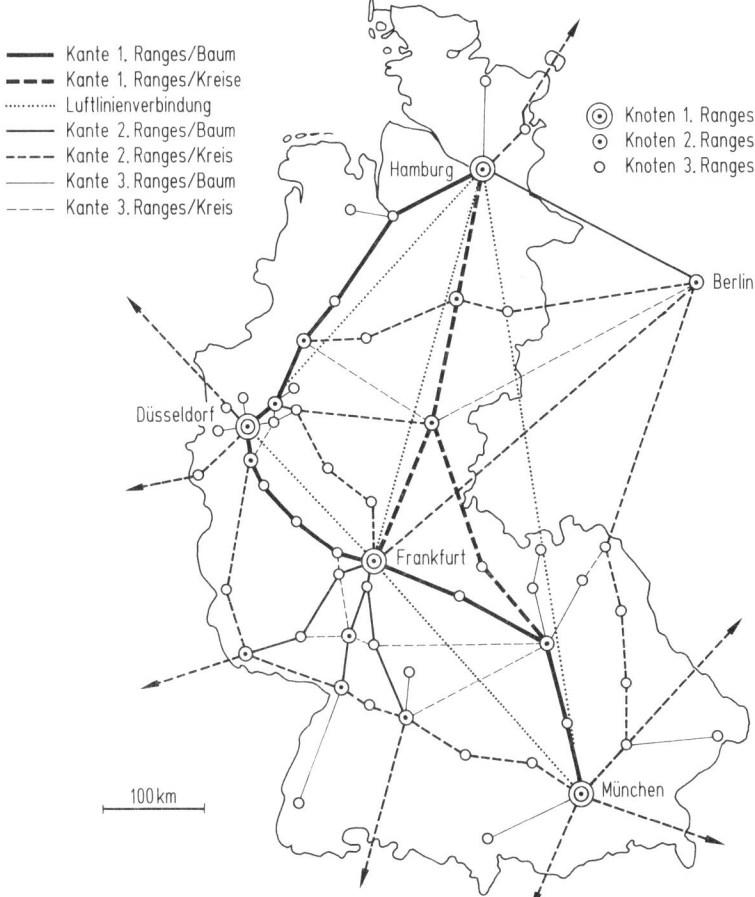

Abb. XI-6 Mehrstufige Simulation eines hochrangigen Verbindungsnetzes für die Bundesrepublik Deutschland

Lassen sich mehrere deutlich unterscheidbare Rangstufen von Städten einer Region feststellen, so kann der Ansatz von *Schickhoff* in mehreren Stufen durchgeführt werden. Dazu wird in der ersten Runde ein vollständiges und weitgehend umwegefreies Netz zwischen den höchstrangigen Zentren konstruiert. Von der Luftlinie dürfen diese Kanten durch dazwischengelegene Zentren niedrigeren Ranges abgelenkt werden. Wie weit dies möglich erscheint, muß der Bearbeiter entscheiden.

In der zweiten Runde weitet man dieses Netz auf die Zentren zweiten Ranges aus. Hier werden auch die Kanten zu den höchstrangigen Zentren von Nachbarregionen eingefügt, die ja erfahrungsgemäß eine geringere Verkehrslast tragen. Das Ergebnis für die drei höchsten Rangstufen im Städtenetz Deutschlands zeigt Abb. XI-6. Es sollte aber für den Leser leicht sein, eine analoge Simulation für ein wiedervereinigtes Deutschland durchzuführen. Bemerkenswert ist, wie in dieser, und auch allen anderen Simulationen die sogenannte „liegende Acht" der Hauptverkehrsachsen der alten Bundesrepublik hervortritt.

Graphentheoretische Simulationen können sicherlich nicht als Instrument der praktischen, verkehrstechnischen Planung und Netzgestaltung dienen, weil die Randbedingungen in realen Situationen sehr vielfältig sind. Sie bieten aber ein einfach handhabbares Instrument für die Feststellung wie weit sich ein gegebenes Verkehrssystem für die Bedürfnisse eines schnellen, zeitempfindlichen Verbindungsverkehrs eignet. Abb. XI-7 veranschaulicht dies am Beispiel der Türkei (nach *Sahverdi* 1986). Da hier das Bahnnetz für diese Aufgabe zu wenig entwickelt und der Flugverkehr für die Masse der Benutzer viel zu teuer ist, hat sich in diesem Lande ein leistungsfähiges Fernbussystem etabliert, dessen Netz alle geforderten Direktverbindungen enthält.

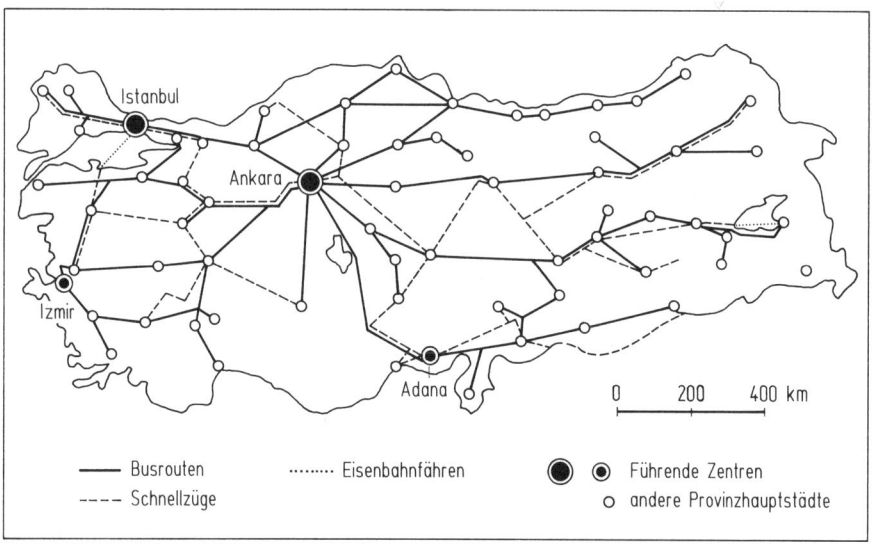

Abb. XI-7 Fernbus- und Schnellzugsverbindungen in der Türkei (1983) – direkte Kurse nach Istanbul und Ankara nach *Y. Sahverdi* (1986)

Die Feststellung von Unzulänglichkeiten in vorhandenen Verkehrssystemen sind wohl die nützlichsten Anwendungen solcher Simulationsmethoden. Sie bringen Hinweise auf mögliche Gründe, warum die feststellbaren Lücken noch nicht geschlossen sind, wo Wege zwar vorhanden, aber vom Verbindungszweck her nicht erforderlich wären und allgemein zum Entwicklungsstand der Region. Wege mit hoher Tranportbedeutung aber ohne Begründung in der Simulation sind gewöhnlich reine Aufschließungsrouten wie etwa Eisenbahnen zum Abtransport von Erzen, Seehafenverbindungen oder auch aus politischen und strategischen Überlegungen errichtete Wege.

XI.4 Verkehr, Transport und Kommunikation als Wirtschaftskomplexe

Der Begriff Verkehrswesen umfaßt jedoch nicht nur auf Wegen abgewickelte Transporte und die dazu geschaffenen technischen Einrichtungen sondern stellt eher einen wirtschaftlichen Funktionskomplex dar. Dieser umgreift zusätzlich ein breites Feld von Dienstleistungen, das als Bündel mesostruktureller Subsysteme innerhalb einer Volkswirtschaft zu verstehen ist. Ihm gehören zunächst die großen Institutionen des Verkehrs an, die nationale und internationale Verkehrsaufgaben tragen, wie Bahn, Post, Luftfahrt, Schiffahrt, Radio, Fernsehen, Telephon und Telegraphendienste ferner die Speditionen und Frächter. Sie alle haben präferentielle Standorte in der Wirtschaftsregion und an diese Standorte wieder sind andere Aufgaben geographisch eng gebunden, was bei Lagerhaltung bzw. Speicherung, Großhandel, Sammeln und Distribution von Gütern, Umschlagtätigkeiten, Verpackung und Manipulation von Transportgütern und schließlich auch bei Finanzierung und Versicherung der Transportgeschäfte leicht zu verstehen ist. Auch dieser Wirtschaftskomplex ist vorwiegend städtisch, also wie die zentralörtlichen Dienste an die Städte geknüpft. Ein kleinerer Teil von Leistungen und Diensten muß auf oder entlang der Wege erbracht werden, wozu insbesondere die Sicherung der Verkehre gehört.

Es ist somit keine Überraschung, daß Städte, die wir als Torpunkte kennengelernt haben, wegen der starken Ausprägung eines verkehrsorientierten Wirtschaftskomplexes eine Sonderstellung einnehmen und daß ihr Auftreten geographisch regelhaft erscheint. An solche Verkehrsstandorte wird nicht selten auch der Bau und die Reparatur von Fahrzeugen, die Erzeugung von Treibstoffen und der Transportgüter selbst verlegt. Auch deren Standorte sind dann verkehrsbedingt, und man spricht nicht umsonst von den typischen Seehafenindustrien und Flughafengewerben. Der Anteil, den das Verkehrswesen als mesostruktureller Komplex am Bruttoinlandsprodukt erreicht ist sicherlich viel höher als die 6,2 % mit welchen es 1988 im Statistischen Jahrbuch der BRD erscheint, realistischer ist er mit 12–15 % anzusetzen, wenn man alle direkt verkehrsbezogenen Leistungen der anderen statistischen Sektoren einbezieht. Davon freilich entfällt nur ein Bruchteil auf die Wege und ihre Nebeneinrichtungen.

In den wohlhabenden und aktiven Volkswirtschaftsregionen werden mehrere Verkehrsträger je nach ihren technischen und organisatorischen Vorzügen eingesetzt. Benützer und Verfrächter haben also für jeden Verkehrsfall Alternativen, die sie nach ihren Präferenzen in Anspruch nehmen können. Dies erfordert andererseits eine staatliche Verkehrsträgerpolitik, welche deren Konkurrenzbedingungen koordiniert und darauf achtet, daß nicht die volkswirtschaftlich vorteilhafteren Lösungen (Bahn, Binnenschiff, öffentlicher Nahverkehr) von den benützergerechteren (LKW- und PKW-Verkehr) verdrängt werden. Diese Aufgabe stellt sich von Land zu Land mit unterschiedlichen Schwerpunkten. In armen Ländern dagegen ist gerade die Einseitigkeit der Verkehrsmöglichkeiten ein verteuernder, die Entfaltung der Wirtschaft hemmender Faktor.

Kapazitätsgrenzen der vorhandenen Gesamtstruktur sind vielfach die Ansatzpunkte von Neuerungen (*Heinze & Kill* 1987), die zum Auftreten alternativer Lösungen und sogar zum Umbruch des Verkehrssystems führen. Dabei spielt mit wachsendem Wohlstand und Lohnniveau einer Region der Faktor Zeit eine immer entscheidendere Rolle, wogegen reine Transportkostenunterschiede relativ unwichtiger werden. Auf Grund seiner Flexibilität und zeitlichen Leistungsstärke ist in den meisten Ländern der Erde derzeit der motorisierte Straßentransport zum Hauptverkehrsträger geworden. Er wird in den älteren Industrieländern von einem dichten Bahnnetz ergänzt, in flächengroßen Staaten zusätzlich vom Binnenflugnetz. Im Personenverkehr wird das Flugzeug generell dort vorteilhaft, wo Reisen nach inländischen Zielen länger als einen Tag dauern müßten, was für Deutschland praktisch 500–600 km bedeutet, da man ja immer Rüstzeiten und Anfahrtswege hinzurechnen muß. In Drittweltländern kann diese zeitliche Schwelle bedeutend niedriger liegen. In entwikkelten Industrieländern, deren Normaldistanzen noch unter 500 km liegen, wird man beim schnellen Personenverkehr auf Autobahnen und Intercity-Angebote der Bahnen setzen. Bei größeren Distanzen kann dem Flugzeug im Festbodenverkehr nur durch spezielle Schienenverkehrs wie dem französischen TGV Konkurrenz gemacht werden.

Neben dem Problem der Reichweiten und Geschwindigkeiten stehen jene der beschränkten Kapazitäten der Wege. Die Steigerung der Leistungsfähigkeit eines Verbindungswegs auf der bestehenden Trasse ist nur selten in zufriedenstellender Weise über ein gesamtes Segment zwischen zwei bedeutenden Knoten möglich. Die Folgen sind Staus, Verstopfungen der Haltepunkte, Wartezeiten und andere Verzögerungen, die sich eine entwickelte Volkswirtschaftsregion nicht leisten kann, weil ein besonders empfindliches Struktursegment betroffen ist.

Die Lösungen sind zunächst „Umfahrungen" neuralgischer Wegabschnitte und Torpunkte, wie dies W. *Bunge* (1962) als „shifting rule" oder Verschiebungsregel bezeichnet. Solche Verschiebungen der Route können Schleichwege unerwünschter Art sein. In größtem Maße wurde von der Lösung durch Wegverschiebung bei den Ortsumfahrungen im Straßenwesen Gebrauch gemacht. Das gleiche Prinzip kann weitergeführt werden zur Aufspaltung, wobei Paralleltrassen als Verdopplungen zwischen gleichen Quell- und Zielorten geschaffen werden. Der Verlauf hochrangiger Bahn- und Straßenachsen im Rheingebiet in Deutschland liefert dafür anschauliche Beispiele. Eine nächste Stufe ist die Spezialisierung paralleler Wege für bestimmte Verkehrsarten oder Richtungen, wofür die Neubaustrecke der Bundesbahn zwischen Hannover und Würzburg angeführt werden kann, aber auch alle Autobahnen, da sie ja Bundes- und Landesstraßen nicht ersetzen, sondern nur einen Teil des dort zur Überlastung führenden Verkehrs aufnehmen.

Auch die Verkehrssubstitution ist in struktureller Hinsicht ein wichtiger Vorteil. Verkehre und Transportmengen werden erspart, indem Güter in elektromagnetische Impulse umgewandelt werden oder Leitungen benützen. So erspart das elektrische Verbundnetz den Transport von mehreren hundert Millionen Tonnen Kohle und Heizöl kreuz und quer durch Deutschland. Dies ist vielleicht nicht gerade ein ökonomischer Vorteil für die Binnenschiffahrt oder die Bundesbahn, jedoch unschätzbar wegen der geringeren Belastung der Straßen und der Umwelt.

Wiederum ist festzuhalten, daß solche Effekte vornehmlich in den wohlhabenderen Wirtschaftsregionen zu schaffen sind, in armen Ländern dagegen vielfach fehlen, was dort eine höhere Belastung für Haushalte und Betriebe mit sich bringt.

Wasserstraßen und Küstenschiffahrt können manche Erleichterung schaffen. Wo sie breit für die Beförderung von Gütern und Personen herangezogen werden, haben auch arme Länder große Vorteile, solange bei ihnen der Faktor Zeit noch wenig Rolle spielt. Die Verbilligung von Massengütertransporten ist auch für Industrieländer nicht zu unterschätzen. Dies gilt z. B. für Belgien, die Niederlande, die Bundesrepublik Deutschland, Italien, Schweden, Dänemark, Norwegen und Italien. Allerdings erfordert ein Ausbau und Betrieb von Binnenwasserstraßen so hohen Kostenaufwand, daß sich dieser nur in Ausnahmefällen lohnt. Daher haben Länder wie

Frankreich, die ehemalige DDR, Polen trotz bedeutender Massengutbewegungen nur wenige Ausbauten vorgenommen. Die Schweiz hat auf ein technisch machbares Wasserstraßensystem nach langen Debatten verzichtet.

Wasserwege im Binnenland ziehen hoch heute die Standorte materialintensiver Grundstoffverarbeitung und die Erzeugung sperriger Industriegüter an sich. Wo das Verkehrssystem eines Landes auf sie zurückgreifen kann, stellt sich als Entscheidungsalternative, entweder diese Industrien in Hafenstädten und Torpunkten aufzubauen oder aber den Wasserweg zu den Industriestandorten zu bringen. Für die letztere Alternative spricht, daß marktnahe Binnenstandorte allgemein den mitunter marktfernen Seehafenstandorten ökonomisch überlegen sind. Natürlich verzahnen sich bei konkreten Kanalprojekten viele Überlegungen. Deutschland ist diesen Weg durch viele Ausbauten von Binnenwasserstraßen gegangen, obgleich deren Netz wenig vermascht ist und auf die Seehäfen ausgerichtet bleibt. Belgien ist das einzige Industrieland, dessen Wasserwege ein voll vermaschtes System ergeben, das den inländischen Hauptverkehrsachsen entspricht.

Versorgungsnetze für Strom und Nachrichtenverkehr, möglichst auch für Gas und Wasser sollten die gesamte Volkswirtschaftsregion adäquat abdecken. Sie können organisatorisch zu Verbundnetzen zusammengeführt sein. Solche Netze sind mit steigender Effizienz der wirtschaftlichen Tätigkeiten immer wichtiger. Daher sind Verbundnetze ein wichtiger Indikator für den Entwicklungsstand einer Region. Erst solche Systeme schaffen die Möglichkeit einer Lieferung ins Haus oder für den direkten Austausch Haus zu Haus ohne Unterbrechungen des Verkehrs- bzw. Transportvorgangs, mit anderen Worten die Bereitstellung von Gütern samt Transportleistungen zu cif-Konditionen. Dies ist jene Lösung, die der Logik der volkswirtschaftlichen Verflechtung am besten entspricht und gleichzeitig der Käufermarktsituation in wohlhabenden Gesellschaften entgegenkommt. Haus-zu-Haus Transportketten wie die Containerdienste der Bahn haben dieser viel bereits verlorenen Verkehr zurückgebracht.

Dagegen werden Transportketten, wo zwischen Empfänger und Lieferanten gebrochener Transport zu bewältigen ist, verbunden mit Umsteigen, Wartezeiten, Umladen, Zwischenlagern und Zwischenhandel weit weniger geschätzt. Für kleinere Einzelwirtschaften und Haushalte bedeutet nämlich die Vielzahl der damit verbundenen Unsicherheiten eine gewaltige Belastung. Unbestritten ist für letztere der private PKW die zweckmäßigste Lösung aller ihrer Transportprobleme im Alltag, die nicht durch Zustellung ins Haus gelöst werden können.

Vor diesem Hintergrund lassen sich auch die Transporteinrichtungen für Information beurteilen. Der noch unvollkommene Haus zu Haus-Dienst der Briefpost, wird wohl über kurz oder lang durch Telefax und andere direkte Übermittlungstechniken verdrängt werden, vielleicht mit Ausnahme von Liebesbriefen. Mit dem Telephon kann direkter Kontakt zwischen den privaten Bereichen der Einzelwirtschaften hergestellt werden. Dadurch wird es samt seinen modernen Abwanderungen zu einer unentbehrlichen Komponente regionaler Systemverflechtungen und die Telephondichte wird zu einem wichtigen Entwicklungsindikator. Informationstransfer ohne direkte Rückmeldung wie Fernsehen, Rundfunk und Presse wird in der Wirtschaft wiederum als Werbeträger von Nutzen.

Besondere Probleme stellt die Wasserwirtschaft. Formal gesehen ist die Lieferung von Wasser ins Haus der Gas- und Stromversorgung sehr ähnlich. Ihre technischen Lösungen müssen aber wegen der analogen Aufgabe der Entsorgung der Abwässer komplizierter werden. Dazu tritt der vielseitige Einsatz des Wassers als Lebensmittel

(Trinkwasser), Produktionsmittel (Kochen und Waschen) und als Lebensannehmlichkeit (Baden). Versorgung und Entsorgung lassen sich nicht so leicht ausbauen wie das Stromnetz, denn Wasser ist ein schweres Massengut. Entfernungen spielen bei den Bau- und Erhaltungskosten der Leitungen eine Rolle. Die Wassergewinnung im Großmaßstab bedeutet einen schweren ökologischen Eingriff und ist im Gewinnungsgebiet gleichzusetzen mit dem Entzug von Ressourcen und Entwicklungsalternativen.

Flächendeckende Wasserversorgungs- und Abwassersysteme sind daher auch in den wohlhabenden Industrieländern noch nicht entstanden. Lokale und kleinregionale Lösungen werden irgend möglich beibehalten. In der Bundesrepublik Deutschland sind bisher vier größere regionale Versorgungssysteme aufgebaut und werden gerne in Schulatlanten abgebildet, das Versorgungssystem für den Ballungsraum an Rhein und Ruhr, die Harzwasserversorgung, die Bodenseewasserversorgung und das mittelfränkische Überleitungsprogramm für Trinkwasser aus dem Donaubereich in das Maingebiet.

Umfassendere Lösungen werden erforderlich, wo knappe natürliche Wasservorkommen neben der Versorgung von Haushalten und Gewerben auch für die landwirtschaftliche Bewässerung dienen müssen. Hier geht auch die Wasserwirtschaft den Weg zu einem Verbundsystem, in welches alle Quellen eingespeist werden und an das alle Verbraucher angeschlossen sind. Dies ist bisher nur in Israel der Fall. Recht weitgehende Vernetzung besteht auch in Kalifornien, Südwestspanien und in verschiedenen arabischen Ländern. Dies ist verbunden mit Wasserumleitungen in andere Flußgebiete im Großmaßstab. Das bemerkenswerteste Projekt dieser Art ist die Umleitung der Pandschabströme in Indien und Pakistan, wo praktisch neue Flußläufe geschaffen und die früheren zu Abwassersammlern wurden. Leider waren hier egoistische nationale Gründe bestimmend.

XI.5 Die Rolle des Staates bei der Netzgestaltung

Bei allen Verkehrs- und Transportaufgaben stellt sich die Frage der Einwirkung der staatlichen Politik. Diese ist in keinem anderen Bereich der Wirtschaft und der Regionalstrukturen so direkt, denn Verkehrsflächen und Verkehrseinrichtungen haben ja den Charakter eines öffentlichen Bereichs, von dessen Benützung keine Einzelwirtschaft ausgeschlossen sein darf. Daher geht mit der Entstehung der Volkswirtschaften und der neuen Verkehrsträger die Bestimmung von deren Rechtsstellung, Planung, Bau, Betrieb und Benutzungsentgelten durch den Staat einher. In vielen Ländern wurde das Verkehrsnetz überhaupt vom Staat eingerichtet oder verstaatlicht. Die Probleme liegen auf der Hand. Staatliche Verwaltung ist bürokratisch und kann nur langsam auf strukturelle Veränderungen der Wirtschaft reagieren. Erwartet sich der Staat von seinen Verkehrsdiensten steuerähnliche Monopoleinnahmen, die mehr einbringen als der Aufwand für Betrieb und Erhaltung beträgt, so weicht die Wirtschaft sehr schnell auf selbstorganisierte Lösungen aus, wenn diese nur marginal günstiger sind. Wenn in so vielen Volkswirtschaften trotz hohen Wohlstands die Verkehrsträger aus Steuergeldern subventioniert werden müssen, so ist dies weniger ein Ausdruck einer Wohlfahrtspolitik als vielmehr ein Symptom für den evolutionären Rückstand des Staates gegenüber der Wirtschaft. Dieser verzögert üblicherweise die Deregulation seiner bürokratisierten Einrichtungen um viele Jahrzehnte.

Der Staat und seine Institutionen behalten jedoch zu Recht neben den wirtschaftlichen die gesellschaftlichen, politischen und strategischen Aufgaben des Verkehrs im Auge. Eine rein ökonomisch gesteuerte Verkehrspolitik würde ja stets dort investieren, wo der Bedarf dringend und die Engpässe störend sind, das heißt vorwiegend in Ballungsräumen und Aktivzonen, was auch in den oben geschilderten Simulations-modellen zum Ausdruck kommt. Daraus müßte ein Verstärkungseffekt bei der Aus-bildung regionaler Disparitäten resultieren, der Wirtschaftsregionen auf einen Ent-wicklungspfad zu Thünensystemen abdrängt. Dies kann sich aber ein demokratisches Staatswesen politisch nicht leisten.

Bei den staatlichen Anliegen im Verkehrssektor steht zunächst die Einbindung der Verwaltungsmittelpunkte an, besonders jener in dünn besiedelten und peripheren Teilen des Territoriums, die gleichwohl einen leistungsfähigen und schnellen Kontakt zur Hauptstadt brauchen. Daneben steht die vorausgreifende Ausstattung erschlie-ßungsfähiger Gebiete mit Verkehrsachsen, in der Erwartung dort Entwicklungs- und Besiedlungsprozesse in Gang zu bringen oder bestehende Strukturen zu festigen. Mitunter wird sogar die Peripherie gegenüber den Kerngebieten etwas bevorzugt. Randliche Teile der Bundesrepublik Deutschland erhielten Autobahnen, auch wenn damit keine Oberzentren mehr anzubinden waren und das Verkehrsaufkommen ge-ring blieb. Strategische Überlegungen führen zum Ausbau grenzparalleler Verkehrs-achsen für den Kriegsfall, aber auch um der Bevölkerung an der Grenze die Fürsorge des Staates zu verdeutlichen. Dies kann weit über wirtschaftliche Notwendigkeit hinausgehen.

Bei unregelmäßiger Form des Staatsterritoriums wird man nach Möglichkeit Ver-bindungswege im eigenen Hoheitsbereich schaffen, auch wenn dies Umwege erfor-dert, da solche Achsen weniger störungsanfällig sind. Für Österreich ist z. B. die Straßenverbindung über das „Deutsche Eck" bei Bad Reichenhall sehr wichtig. Sie wurde schon mehrfach bei Spannungen durch den Freistaat Bayern vorübergehend blockiert. Noch immer bewährt sich daher der nach dem preussisch-österreichischen Krieg 1866 gefaßte Beschluß Wiens, die Eisenbahn in den Westen Österreichs auf eigenem Staatsgebiet aufzubauen. Heute handelt es sich bei dieser Route um die höchstrangige Verkehrsachse des Landes (Abb. XI-8).

Die Verkehrsführung über das eigene Territorium steigert auch den Anteil an den Verkehrseinnahmen. Die Schweiz hat daher die Monte Ceneri-Strecke der Gotthard-bahn bis in den südlichsten Zipfel ihres Staatsgebiets geführt. Mit der Einführung von distanzbezogenen Benutzergebühren auf Straßen und Autobahnen würde dieses Mo-ment auch hier schnell hervortreten, wogegen heute noch eher eine Verkehrsvermei-dung angestrebt wird. Leitungsgebundene Transportwege jeglicher Art und Auf-schließungsachsen bleiben generell im eigenen Staatsgebiet.

Für die Beziehung zwischen Staat und Verkehr spielt die Flächengröße des Territo-riums eine Rolle. In großen Ländern neigen die Regierungen stets dazu, ihre Finanz-ressourcen für Verkehrsprojekte in entlegenen Landesteilen zu verzetteln. Derartige verfrühte Investitionen, wie z. B. die Baikal-Amur Magistrale in der Sowjetunion bringen nicht viel Nutzen. Sie bewirken aber, daß Ausbauten in den wirtschaftlich aktiveren Landesteilen unterbleiben und das Netz verteuernde Umwege behält. Die-ser scheinbare Zwang zur Erschließung der Ferne mit Eisenbahnen hatte in der Sowjetunion den Ausbau eines gesamtstaatlichen Straßennetzes verhindert. Nirgends auf der Welt wurden so viele Güter auf so weiten Umwegen mit der Bahn herumge-schleppt wie hier. Vergleichbare Beispiele aus Kanada, Brasilien und anderen Staa-ten mit übergroßer Fläche lassen sich jedem Atlas entnehmen.

Staat und Wirtschaft haben gänzlich andersgeartete Interessen beim grenzüber-schreitenden Verkehr und beim Transit. Das staatliche Bedürfnis nach einer wirksa-men Kontrolle dieses Verkehrs führt zu einer Reduktion der erlaubten Grenzüber-

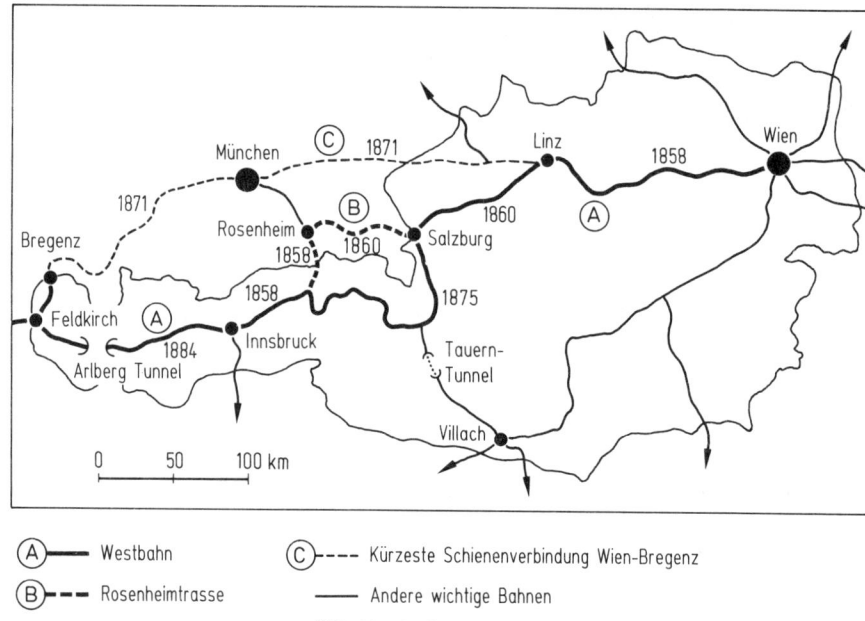

Abb. XI-8 Die österreichische Westbahn als politisch bedingte Umweglösung

gänge und Transitrouten. Während bei freier Entfaltung der Verflechtungen auch der grenzüberschreitende Verkehr Routen benützt, die nach Anzahl und Richtung dem Städte- und Siedlungsnetz beiderseits der Grenze gerecht werden, können aus politischen Motiven die Übergänge zwischen zwei Staaten auf wenige oder gar nur einen einzigen beschränkt sein. Die deutsch-deutsche Grenze vor und nach der Wende von 1989 kann dafür als Anschauung dienen. In ähnlicher Weise reduziert der Staat auch die Zahl seiner Flug- und Seehäfen. Für die Bewohner grenznaher Gebiete oder entlegener Küstenzonen bedeutet dies Isolierung. Grenzüberschreitender Verkehr wird manchmal zu gewaltigen Umwegen gezwungen, wenn Staaten einander mißtrauisch gegenüberstehen. So erforderte die nur 5 km lange Strecke zwischen Eilat in Israel und Aqaba in Jordanien jahrzehntelang einen mehr als 800 km langen Umweg über Amman und Jerusalem, weil nur zwischen den beiden Hauptstädten ein Grenzübertritt zugelassen wurde.

Die Notwendigkeit einer Kontrolle und Sicherung von Staatsgrenzen läßt sich zwar nicht leugnen, doch Vieles davon ist unnötig. Im Verhalten der Staaten kommt natürlich die Auffassung der hauptstädtischen Bürokratie und der Militärkommandanten zur Geltung. Deren Neigungen können weit über unmittelbare Sicherheitsbedürfnisse hinaus zur Verbarrikadierung des Landes und zum wirtschaftlichen Ruin der grenznahen Zonen führen.

XII. Kapitel
Die Standorte der Einzelwirtschaften

Steuerungszentralen, Städtenetz, Verkehrs- und Transportachsen bilden das meso-strukturelle Grundgerüst einer Volkswirtschaftsregion. Sie sind der formal faßbare, geographische Niederschlag einer Vielzahl von wirtschaftlichen Aktivitäten. Diese sind zum größten Teil so deutlich an diese Einrichtungen gebunden und ihre engen Beziehungen so plausibel, daß dafür recht gute und auch praktisch anwendbare Theorien aufgestellt werden konnten.

Für die Mehrzahl der Betriebe und Haushalte innerhalb einer Volkswirtschaftsregion ist dies nicht möglich, und ihre Bindungen sind weder zwingend noch sachlich notwendig. Wenn das obige Grundgerüst der regionalen Struktur gut durchgebildet ist, erhalten sie vielmehr extensive Freiheitsgrade bei der Wahl ihrer Standorte. Will man ihr Standortmuster innerhalb der Region nach Regelhaftigkeiten abklopfen, so erscheint es reichlich chaotisch. Das schöne Thünenmodell kommt nur deshalb zu seiner Eleganz, weil dort eben keine solche Grundstruktur vorhanden ist.

Konkret betrifft dies die Standortmuster nachstehender Wirtschaftstätigkeiten, die man als Sonderstrukturen der Grundstruktur der Wirtschaftsregionen zur Seite stellen kann. Sie lassen sich aus dem Tableau wirtschaftsgeographischer Beziehungen in Abb. VIII-1 herleiten:

- Bergbau und mineralische Rohstoffgewinnung
- Aneignende Tätigkeiten wie Jagd, Sammelwirtschaft, Fischerei, Forstnutzung und Weidewirtschaft
- Ackerbau und Viehwirtschaft einschließlich ihrer intensiven oder industrialisierten Formen in Gärtnerei, Plantagen usw.
- Industrielle Gütererzeugung
- Erholung und Tourismus sowie einige andere nicht an die Grundstruktur gebundene Dienstleistungen
- Wohnen und insbesondere annehmlichkeitsorientiertes Wohnen als Ausdruck der konsumptiven und reproduktiven Haushaltstätigkeiten.

Wollte man konventionell vorgehen, so müßte man alle diese Bereiche analog den drei Segmenten der Grundstruktur behandeln. Sie würden dann als eigene Teilgebiete der allgemeinen Wirtschaftsgeographie aufgefaßt. Dies aber ist nicht unbedingt notwendig und es fiele überdies schwer, für jedes von ihnen eine besondere theoretische Grundlage zu finden. Alle Probleme der Produktion und des Verbrauchs sind einander letztlich recht ähnlich und für alle dient die Standortlehre als verbindendes Element, mag diese theoretisch und praktisch zum gegenwärtigen Zeitpunkt auch noch so ungenügend erscheinen.

Einzelwirtschaften der obigen Bereiche können in Volkswirtschsaftsregionen einander benachbart, räumlich weit gestreut, dichter gepackt oder sogar vertikal über- und untereinander angeordnet sein, ohne daß man zwischen ihnen a priori Verflechtungen postulieren dürfte. Nachbarschaft für sich allein ist ein rein formaler Aspekt. Daher wird klar, daß selbst die sehr dichte Packung im Mantelbereich der Städte nach denselben Ansätzen behandelt werden kann, wie die Streuung der Betriebsstätten am Rande der Wildnis. Unterschiede ergeben sich lediglich, wo wir vom kommunikativen Raumverständnis in das territoriale oder geosphärische überwechseln.

Für die Einbettung der Einzelwirtschaften in größere Regionalsysteme sind zunächst zwei Gesichtspunkte von Wichtigkeit: Erstens der Verzicht auf Selbstversorgung; zweitens die Einbettung in komplexartige Beziehungsgefüge. Diese erst erlauben es, Standortentscheidungen sinnvoll zu treffen. Dafür gibt es bislang noch keine vereinheitlichte, große Theorie. Alle Ansätze, einschließlich der im Folgenden dargestellten, lüften nur einen Zipfel des Problems.

Bei einer geographischen Kartierung können die Standorte verschiedenartiger Tätigkeiten als chaotisch gemischt, zufallsverteilt, nach Assoziationen sortiert, agglomeriert oder gar regelhaft verteilt aufscheinen. Für regelhafte Verteilungen lassen sich Erklärungen nach den Modellen von *Christaller* und *Thünen* geben. *Lösch* ging etwas darüber hinaus, ohne nach Interpretationen für die chaotische Mischung zu suchen.

Ferner ist nicht zu übersehen, daß die Bedingungen der Standortbildung in den einzelnen Phasen eines Systementwicklungspfades verschieden sind (*Ritter* 1995, 609 f.; vgl. auch Abb. VIII-3) und jeweils mit anderen Thorien zu erklären wären. In Gründerzeiten sind z. B. viele Standorte zufallsbedingt, durch den Wohnsitz des Gründers oder durch Nachahmung zu erklären. Im stabilen, entwickelten Systemzustand lassen sich die rationalen Entscheidungsverfahren etwa nach *Weber* (1909) gut anwenden. In der metastabilen Phase werden die Standortmuster zu politisch gesteuerten Verteilungen und in einer einsetzenden Instabilität dünnen sie so weit aus, daß sie wiederum zufallsbedingt erscheinen.

Es ist aber jede der oben genannten Tätigkeiten innerhalb der Volkswirtschaftsregionen auch in der Lage, relativ einheitliche Zonen und sogar Wirtschaftsformationen zu bilden. Diese Einheitlichkeit oder Dominanz steht erklärungsbedürftig neben der Mischung. Für die Geographie wird damit interessant, was in einer konkreten Wirtschaftsregion an Zonen und Formationen auftritt, und was in Regionen ähnlichen Entwicklungsstands, Systemregimes und kultureller Tradition aufzutreten pflegt. Überträgt man dies auf die gesamte Welt, so ließe sich ein Gedankenzug wieder aufgreifen, den *Erich Otremba* (1960, 344 f.) mit seinen „Hauptwirtschaftsformationen" im Sinne hatte, aber wegen seines ungünstigen gedanklichen Ansatzes wieder fallen lassen mußte.

XII.1 Autarkieverzicht und Komplexbeziehungen

XII.1.1 Der Verzicht auf Selbstversorgung

Haushalte und Betriebe gehen genetisch als Ausgliederungen aus einstigen, relativ autarken Wirtschaftseinheiten hervor. Verschiedene Aspekte dieses Vorgangs wurden schon in Kapitel III angeschnitten.

Große Bedeutung hat die rechtliche Verselbständigung der Unternehmung als von den Haushaltungen der Eigner getrennter Rahmen für Betriebe. Diese Trennung ist auch bei uns nicht vollständig durchgeführt. In den Basaren des Orients ist der Familienladen wenig mehr als ein räumlich ausgegliederter Zweig des Haushalts der Großfamilie. Durch ihre Trennung gewinnen aber beide Teile die Freiheit für eine Einbettung in andersartige wirtschaftliche und soziale Beziehungsfelder, wie sie dort von Religion und sozialer Tradition gefordert werden.

Eine autarke Wirtschaftseinheit etwa im dörflichen Rahmen einer ursprünglichen Bauernkultur müßte im Prinzip ihre ökonomischen Bedürfnisse mit den biologischen Zyklen der Reproduktion, beide mit den analogen Bedürfnissen der Nachbarn, zu denen soziale Beziehungen notwendig sind, und das Ganze schließlich mit der natürlichen Umwelt in Einklang bringen. Dies bedingt eine enge, kaum auflösbare Einheit von Ort, Zeit und Handlung, die erhalten bleibt, selbst wenn die Lebensweise nomadisch wird.

Nicht autarke Haushalte stützen sich auf externe Arbeitsstätten, Versorgungsquellen, Zulieferer, Abnehmer und Geldgeber. In diesem Fall braucht die Einheit von Ort und Zeit nur für jeweils spezifische Handlungsabläufe hergestellt werden. Die nicht autarke Einzelwirtschaft macht sich damit weitgehend frei von Beschränkungen ihrer natürlichen Umwelt und auch der Gesellschaft. Sie bedarf aber der Einbettung in ein Beziehungsgefüge, das die Selbstversorgung voll substituiert.

Die Resultate sind aus geographischer Sicht „aufregend" zu nennen. Der Verzicht auf Nahrungsautarkie befähigte Städte, Seefahrer und Transportnomaden schon in den frühesten Hochkulturen, die sich archäologisch erfassen lassen, zum Ausbau „weltweiter" Beziehungsnetze. Die Randgebiete der Welt jenseits der Trocken-, Höhen-, Polar- und Wassergrenzen der Ökumene, die ja nicht menschlicher Lebensraum sein könnten, weil sie eine Nahrungsversorgung und Reproduktion aus lokalen Ressourcen nicht erlauben, können dank des Verzichts auf Autarkie systematisch überschritten werden. Nutzung und Aufenthalt von Menschen in den lebensfeindlichsten Umwelten unseres Planeten werden möglich, was eine gewaltige Bereicherung des verfügbaren Ressourcenpotentials bedeutet.

Innerhalb der Ökumene konnten sich die bindungsfreier gewordenen Haushalte und Betriebe in vielerlei Weise entfalten, spezialisieren und gruppieren, weil ihre Existenz nicht mehr rein von der dauerhaften Nutzung örtlicher Ressourcen abhängt. Was fehlt, kann zugeführt oder von auswärts bezogen werden. Immer mehr Aktivitäten werden geographisch bindungslos oder „foot-loose". Das heißt, sie haben ihre natürlich nach wie vor notwendigen Rückverbindungen zu lokalisierten Ressourcen aus ihrem betrieblichen System ausgegliedert und anderen Einzelwirtschaften übertragen. Im Grenzfall mag dann das private Hobby seines Besitzers den Standort eines großen Industriewerks bestimmen.

Hier erlangte der soziologische Ansatz der „embeddedness" (nach *Granovetter* 1985; dazu auch *Oinas* 1997) große Verbreitung. Freilich ist nun jegliche wirtschaftliche Tätigkeit in eine Vielzahl sozialer und kultureller Beziehungen eingebettet, von denen die meisten nur episodisch wirksam werden oder gar nur latent existieren. Für praktische Anwendungen wird man nicht ohne Vereinfachungen auskommen. Ebenso wirft ein Versuch, die Standorte einzelner Betriebe über ihre Einbettung in Systembeziehungen zu verstehen, sogleich die historische Frage auf. Zumeist haben sie ja eine längere Geschichte und die Bedingungen können sich mehrfach gewandelt haben, obwohl Beziehungen weitergeführt werden. Aussichtsreicher dürfte es sein, die Stärken und Schwächen, bzw. die Erfolgsfaktoren von Standorten zu aktuellen Untersuchungszeitpunkten zu betrachten. Auch dafür sind aber die Theorien noch sehr vage und selbst eine griffige Terminologie fehlt noch. Daher bleibt es nützlich, die klassischen Ansätze der Standorttheorie zu studieren und erst mit ihrer Hilfe zu größeren Wirtschaftsräumen überzugehen.

XII.1.2 Die Einbettung in komplexe Wirtschaftsbeziehungen

Nicht-autarke Einzelwirtschaften sind über Input- und Outputbeziehungen mit anderen verknüpft. Vom Standpunkt der jeweiligen Einheit aus lassen sich dem eigenen Leistungsprozeß vor- oder nachgelagerte Partner unterscheiden (vgl. dazu Abb. IV-6). Als vorgelagert oder „upstream" bezeichnet man Partner, von denen Güter oder

Dienste bezogen werden, die irgendwie als Inputs anzusehen sind. Nachgelagert (downstream) sind jene, die Outputs irgendwelcher Art übernehmen, verbrauchen, weiterverarbeiten, veredeln oder auch als Abfälle beseitigen.

Diesen sind Aktivitäten beigeordnet, an denen man zur allgemeinen Unterstützung der eigenen Tätigkeit mitwirkt, z. B. in Verbänden, Interessenvertretungen, Parteien und Politik. Gewöhnlich werden diese mit dem Ausdruck „Infrastruktur" bezeichnet, der aber bei unterstützenden organisatorischen Leistungen höchst irreführend wird. Ein derartiges Verflechtungsmuster kann einfach sein, wenn nur wenige Lieferanten und Abnehmer auftreten. Die Vielfalt kann auch sehr groß werden und erscheint nur durch die Kapazität der Einzelwirtschaft zur Informationsverarbeitung begrenzt. Bei Haushaltungen müssen auf die Inputseite die sogenannten Daseinsgrundfunktionen abgedeckt sein. Ihre Outputseite schließt den gesamten Bereich der Entsorgung ein.

Die räumliche Reichweite solcher Beziehungen ist in einer voll entfalteten Volkswirtschaftsregion nicht grundsätzlich determiniert. Es wird einerseits kein Zwang ausgeübt, der benachbarte Lieferanten oder Abnehmer vorschreibt, andererseits sollten die Transport- und Transferkosten so niedrig gehalten werden, daß alle Orte der Region in mindestens einem Tätigkeitsfeld wettbewerbsfähig bleiben. Dieser Idealvorstellung stehen Hemmnisse entgegen und in vielen Fällen schafft ein für die Wirtschaft ungeeigneter staatlicher Rahmen politische Zwänge.

Festzuhalten aber ist vor allem, daß die einzelne Unternehmung, der Betrieb und der Haushalt für sich alleine besehen nur ein unvollständiges Gebilde ist. Seine isolierte geographische Analyse wird daher nur wenige Einsichten erbringen. Erst in Verbindung mit dem Komplex der Beziehungen ergibt sich ein sinnvolles Ganzes. In diesem sind alle Einseitigkeiten der Spezialisierung durch Austauschbeziehungen wieder aufgehoben und es wird ein Systemgefüge erkennbar, dem keine Komponente fehlt. Damit erst lassen sich Standorte interpretieren. In bestehenden oder geplanten Beziehungsgefügen treten auch die Streßmomente hervor, die man bei zu wenig vernetztem Denken leicht übersieht. Aus ihnen läßt sich erfahren, ob ein Standort auf längere Sicht möglich ist oder ob er gewechselt werden sollte.

Jede Volkswirtschaft bietet individuelle Bedingungen für die Ausgestaltung solcher Komplexgefüge. Sie werden durch Wohlstands- und Bildungsniveau, Moral, Gesetze, verfügbare Technik und Know-how, durch Konkurrenz sowie die geographische Vielfalt der Region maßgeblich beeinflußt. Ein Unternehmen, das im Ausland aktiv wird, kann sich dort vor völlig andersartige Beziehungsnotwendigkeiten gestellt sehen, die dann über Erfolg oder Mißerfolg entscheiden.

Wichtig wird eine gesamthafte Sicht auf die Transaktionskosten solcher Beziehungen. Wenn *North* (1988) meint, daß ein niedriges Niveau dieser Kosten die arbeitsteilige Auffächerung der Leistungserstellung in einem Netzwerk kleinerer Unternehmungen begünstige, während hohe Transaktionskosten dazu verlocken, die vor-, nach- und nebengelagerten Stufen in das eigene Unternehmen zu integrieren, dann bedeutet dies, daß bei grundsätzlich gleicher Gesamtleistung ein gänzlich andersartiges geographisches Beziehungsgefüge entsteht.

Die Erforschung solcher Beziehungskomplexe hat in der Betriebswirtschaftslehre eine lange Tradition. Für die klassischen geographischen Forschungsmethoden werden sie erst erkennbar, wenn die ablaufenden Prozesse Ausdruck in formalen Strukturen, wie Betriebshäufungen, Ballungen, regelhaften Standortmustern oder sehr großen Einzelanlagen gefunden haben. Solange dies nicht gegeben ist, entgehen sie der Forschung leicht, besonders wo diese auf statistischen Daten aufbaut. Erst auf

Betriebsebene aber lassen sich Komplexstrukturen mit zentralen Komponenten und anderen im Verbund funktionell zugeordneten Einzelwirtschaften analysieren.

Schwierigkeiten beim Erkennen solcher Zusammenhänge bereitet die tief in unserem Denken verankerte analytisch-klassifizierende Sicht auf die Vielfalt der Welt. Die Hauptaktivität eines Komplexes mag zur Industrie gehören, die mit ihr verbundenen Aktivitäten können aber zu anderen Industriebranchen zählen, agrarisch, bergbaulich oder Dienstleistungen sein. Der Einsatz von analytisch „geordnetem" Material bringt daher oft Wirrwarr in die Daten, worin die Zusammenhänge nicht klar werden.

Die komplexe Sichtweise erfordert freilich, daß Wirtschaftseinrichtungen der gleichen Klasse mitunter ganz verschieden interpretiert werden müssen. Eine Molkerei kann in einer Stadt zu den notwendigen, den Haushalten vorgelagerten Versorgungseinrichtungen gehören, und wird dann zu Recht zum produzierenden Gewerbe gezählt. Auf dem Lande dagegen ist sie eher ein den Bauernhöfen nachgelagerter Veredlungsbetrieb für Milch vor ihrem Abtransport. Als solcher gehört sie, trotz industrieller Produktionstechnik und Organisation eigentlich zum Agrarsektor.

Wirtschaftsgeographisch ist diese Unterscheidung nicht trivial. Denn ganz generell werden in der volkswirtschaftlichen Gesamtrechnung die primären Wirtschaftstätigkeiten, Tourismus und Erholung vor allem aber das „Wohnen" mitsamt der unbezahlten häuslichen Wertschöpfung in den Industrieländern krass unterbewertet. Bei produzierendem Gewerbe, Industrie und Handel ist das Gegenteil der Fall. Landwirtschaft scheint statistisch als nicht mehr bedeutsam, ja vernachlässigbar auf, wogegen ihr wahres Gewicht bei der landschaftsbezogenen Analyse einer Region nicht zu übersehen ist. Man sollte also immer bedenken, daß alles was in einem Bauerndorf an nicht-landwirtschaftlichen Betrieben und Haushalten auftritt, die Diesel-Tankstelle, Landmaschinenreparatur, das Lagerhaus aber auch Läden, Kneipe und Kirche Bestandteile von agraren Wirtschaftskomplexen sind.

Üblicherweise werden von der Wissenschaft solche Fragen von den individuellen Wirtschaftseinheiten d. h. von ihren Standorten her angegangen. Es läßt sich keineswegs leugnen, daß auf diesem Wege eine Menge bedeutsamer Erkenntnisse erzielt worden sind und mit diesen eine reiche Literatur und eine Fülle von Methoden und Theorieansätzen entstanden, die eine beträchtliche Treffsicherheit bei Einzelaussagen erzielen. Der gleichsam ökologische Gedanke der Betrachtung komplexer Beziehungsfelder wird erst in jüngster Zeit aufgenommen. Dem Versuch Betriebsstandorte über komplexe Systemstrukturen, Formationen und Regionalbeziehungen zu erklären, fehlt ein theoretischer Überbau noch weitgehend. Daher ist es nützlich, die klassischen Ansätze der Standorttheorie anzusprechen und erst anschließend zu größeren Wirtschaftsregionen überzugehen.

XII.2 Die Erklärung von Standorten durch Naturfaktoren

Ein solcher Einfluß kann unterstellt werden, wenn Betriebstypen räumlich gehäuft auftreten, die natürliche Ressourcen und Naturbedingungen als wesentliche Faktoren oder Inputs neben Arbeit, Kapital und Wissen beanspruchen. Gewöhnlich sind nämlich Naturfaktoren die strenger lokalisierten Ressourcen und daher in vielen Fällen in der Lage, den Standort einer Aktivität an sich zu ziehen. *Weber* hat diesen Gedanken indirekt in sein Modell eingebaut. Die Bindung verstärkt sich, wenn zahlreiche Einzelwirtschaften um die gleichen Ressourcen oder um deren Märkte konkurrieren.

In solchen Fällen ist die Arbeit der Geographen leicht. Wenn die Standortbindung der Tätigkeit offenbar außer Zweifel steht, wird es zu seiner Aufgabe, diese Naturgegebenheiten und ihre Verbreitung über die weite Welt hin zu studieren, zu qualifizieren und zu quantifizieren. Kann man diese Umstände auf Landkarten ausgrenzen, so erhält man Eignungsräume für bestimmte Tätigkeiten, ganze Komplexe und auch Formationen. Letztlich läßt sich sogar der Standort für einen Betrieb als Optimalausprägung der natürlichen Gunstmomente finden (vgl. Kap. I-1).

Bei diesem Denkansatz erhält eine Reihe von sogenannten „Geofaktoren" Bedeutung für die Wirtschaft:

- Tektonische Strukturen und ihre Ränder (Randeffekte) und Unregelmäßigkeiten

- Relief als morphologische Ausgestaltung mit Randeffekten und relativen Höhenunterschieden (Reliefenergie)

- Gesteinsaufbau und mineralische Zusammensetzung des Untergrunds

- Klima, Witterung, Wasserhaushalt und Gewässer, wiederum samt den damit verbundenen Spannbreiten beiderseits der Mittelwerte, Risiken und Randeffekten

- Böden in ihrer Eignung als Baugrund und als landwirtschaftliche Produktionsfläche

- Vegetation samt Pflanzenarten und Schädlingsanfälligkeit in natürlichen Ökosystemen

- Tierwelt mit ihren Nahrungsketten, einschließlich den Schädlingen und Krankheitserregern.

Generalisierende Kartenserien zu diesen Themen und breite Kapitel sachbezogener Erläuterung sind deshalb in Regional- und Nationalatlanten und in geographische Landeskunden aufgenommen. Wesentlich detailliertere Instrumente haben sich die Behörden geschaffen, deren Aufgabe es ist, Eignungsareale nachzuweisen, die für bestimmte Tätigkeiten als sehr günstig, möglich, ungünstig oder unzulässig einzustufen sind.

Lassen sich die entsprechenden Betriebe dann empirisch tatsächlich den sehr günstigen Bereichen zuordnen, so darf man vielleicht auf Ursache (erkannte und bewertbare Eignung) und Wirkung (Gründung und nachhaltiger Erfolg der Betriebe) schließen.

Dabei ist allerdings größte Vorsicht angebracht, denn zumeist liegen die Gründe nicht ganz so einfach. Daher wurde gegen Geographen, die Standorte mit Hilfe von Naturgegebenheiten erklären wollten, oft der Vorwurf des Naturdeterminismus erhoben. Darunter versteht man den voreiligen Schluß, daß Naturfaktoren die Ursachen für wirtschaftliche Erscheinungen sein müßten, weil sich deren Verbreitung nachweislich mit einem definierbaren natürlichen Gunstareal deckt. Dazu ein Beispiel: Die Wiesen in den Alpen zeigen hervorragenden Graswuchs, der Milchwirtschaft nahelegt. Der auf umgebrochenen Wiesen betriebene Ackerbau ist dagegen weniger ergiebig. Also bleibt den Bauern nur die Milchwirtschaft. Dabei scheinen sich die Alpen besonders für die Käseerzeugung zu eignen, denn in allen Alpenländern treffen wir auf die Käseproduktion. Dies ist von der Natur her leicht erklärlich. Außerdem könnte man die Milch wegen der schwierigen Transportverhältnisse nicht frisch verkaufen, ergo wird es sogar notwendig, sie zu Käse weiterzuverarbeiten.

Dieses Beispiel ist konstruiert und falsch. In Wirklichkeit gibt es nämlich diese Käseerzeugung nur in wenigen Gebieten der Alpen. Meist betreiben die dortigen Bauern Jungviehaufzucht. Wo sich die Bauern der Käserei zugewandt haben, liegt der Grund neben anderen Umständen darin, daß ihre Betriebsgrößen und Betriebssysteme eine sichere Existenz auf Basis der Jungviehaufzucht nicht erlauben.

Die oben angesprochenen Randeffekte (nach *Kiemstedt* 1967) sind dagegen umfassender anwendbar. Durch Standorte an den Rändern naturräumlicher Einheiten lassen sich für einen Betrieb die Vorteile zweier oder auch mehrerer Eignungszonen kombinieren. Damit werden vorteilhafte Aktivitätenbündel unter Einheit von Ort und Zeit möglich, die in weiten, einheitlich ausgestatteten Naturregionen höhere Kosten erfordern müßten.

In Regionen mit guter Grundstruktur erhalten auch die Spannbreiten der Naturausstattung hohen Wert. Gerade die Seltenheit von Klimavorzügen oder auch scheinbaren Ungunstmomenten, wie einer langen winterlichen Schneebedeckung in Gebirgen, werden dann systematisch in Wert gesetzt, weil sie Optimalbedingungen für einzelne Aktivitäten sein können.

Damit aber kommen wir auch zu einer sehr wichtigen Einschränkung der Erklärungsmöglichkeiten über die Naturfaktoren. Was ist los, wenn in vorzüglichen Eignungsgebieten eine entsprechende Tätigkeit nicht auftritt? Wenn Strände ohne Badeurlauber bleiben, Ölfelder ohne Produktion, Wälder ohne Holznutzung? Die Erklärung solcher Negativmomente wird nur selten versucht, mitunter ist die Sicht sogar ideologisch verstellt, weil man etwa Naturressourcen unbedingt als knappe Ressourcen sehen will. Gründe für eine Nichtnutzung wären z. B.:

• Die betreffende natürliche Ressource erfordert zu hohe Inwertsetzungskosten zur Herstellung der örtlichen Einheit, oder sie bringt zu hohe ökologische Risiken, weshalb sie aus gesellschaftlich-politischen Gründen nicht genutzt werden darf.

• Die Nutzung ist in diesem Gebiet infolge des Fehlens der entsprechenden Innovationen noch unbekannt oder man will sie wegen andersartiger gesellschaftlicher und religiöser Präferenzen gar nicht haben.

• Die Nutzung ist zwar technisch möglich aber das Einkommensniveau des betreffenden Landes ist noch zu gering.

• Der Markt ist bereits gesättigt. Dies ist oft der Fall, aber den Entscheidungsträgern oft schwer beizubringen. Zu sehr ist man gewohnt in Erzvorkommen z. B. auch „Bodenschätze" zu sehen, die man für sich isoliert als Werte versteht.

Ferner erscheint eine Nutzung selten von Anfang an in den Gebieten mit der besten natürlichen Eignung, obgleich diese gut bekannt sind. Dies ist besonders verwirrend. Wie läßt sich nämlich erklären, warum „schlechtere" Erzeugnsbedingungen freiwillig akzeptiert werden? Die wahren Gründe liegen gewöhnlich im erforderlichen Ressourcen-Mix, in dem der Anteil lokalisierter Naturfaktoren letztlich nicht so entscheidend ausfällt wie Arbeit, Kapital und andere Momente, deren regionale Verfügbarkeit dann doch eine Standortwahl für andere Plätze vorteilhafter macht.

Der Ansatz einer Erklärung von Standorten über Naturfaktoren mag heute wegen seiner vielfach mißbräuchlichen und blauäugigen Anwendung selbst unter Wirtschaftsgeographen diskreditiert sein, er bleibt aber nach wie vor in der Lage, direkt oder indirekt wichtige Einsichten zu vermitteln. Die natürliche Ausstattung einer Wirtschaftsregion gehört zu den notwendigen Grundlagenkenntnissen. Vorhandene Naturressourcen und Eignungen zeigen Möglichkeiten oder zukünftige Alternativen an. Unmittelbare Standortentscheidungen aber lassen sie nur in technisch sehr klar gelagerten Fällen zu. Und vor vereinfachenden Schlußfolgerungen auf Grund von empirisch festgestellten Koinzidenzen muß man sich hüten.

XII.3 Der Erklärungsansatz der klassischen, normativen Standorttheorie

Dieser Ansatz hat frühe Wurzeln in den Arbeiten von *Thünen, Kohl* (1841) und *Launhardt* (1882). Im wesentlichen aber bezieht man sich auf *Alfred Weber* (1909). Die klassische, normative Standorttheorie sucht den optimalen Standort eines Betriebs nach mathematischem Kalkül festzustellen. *Weber* hat sie in seinem Werk „Über den Standort der Industrien . . .“ aus volkswirtschaftlicher Sichtweise ausgearbeitet. Er bezieht sich auf die Standorte der Produktion in Einbetriebsunternehmen. Die Fragen der Standorte von Mehrbetriebsunternehmen und auch den Absatz der Produkte hat er weitgehend ausgeklammert. Ebenso zielt seine Lösung ausschließlich auf die Minimierung der Kosten. Die Alternative einer Maximierung der Erlöse faßt er nicht ins Auge. Die zahlreichen späteren Standorttheoretiker haben weitgehend auf *Weber* aufgebaut und seine Überlegungen verfeinert und ergänzt (bes. *Isard* 1956 und *v. Böventer* 1962, 1979).

Weber stellt zunächst den Gewichtsverlust der eingesetzten Materialien im industriellen Verarbeitungsprozeß heraus. Wird ein Reinmaterial verwendet, so fällt wenig als Abfall weg. Es ist dann gleichgültig, ob das Rohmaterial oder das Verarbeitungsprodukt nahe an den Absatzmarkt heranrücken.

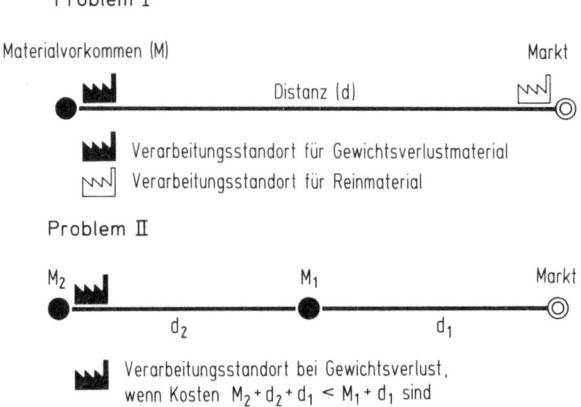

Problem I

Materialvorkommen (M)   Markt

                        Distanz (d)

         Verarbeitungsstandort für Gewichtsverlustmaterial
         Verarbeitungsstandort für Reinmaterial

Problem II

M_2 M_1 Markt

         d_2 d_1

         Verarbeitungsstandort bei Gewichtsverlust,
         wenn Kosten $M_2 + d_2 + d_1 < M_1 + d_1$ sind

Abb. XII-1 Die Rolle des Gewichtsverlustes und der Materialkosten bei *A. Weber*

Im gegenteiligen Fall ist es besser in der Nähe des Rohstoffvorkommens zu bleiben, da man dann nur die niedrigeren Transportkosten für das Produkt anrechnen muß (*Weber* 1909, 53). Beispiele für Gewichtsverlustmaterialien wären Zuckerrüben, Rundholz, Metallerze und auch Kohle, wenn sie als Energieträger verbraucht wird. Ein typisches Reinmaterial wäre dagegen das Erdöl, von dem fast nichts bei der Verarbeitung verloren geht.

Ein zwischen dem Materialvorkommen und dem Absatzmarkt gelegener Standort kann in diesem einfachen Fall (Problem I in Abb. XII-1) nicht sinnvoll sein, denn wo immer Gewichtsverlust auftritt, wird der Transportkostenminimalpunkt als günstigster Standort beim Materialvorkommen liegen.

Sind alternative Materialvorkommen zu berücksichtigen, so lassen sich rechnerisch Transportkosten und Materialkosten gleichhalten (Problem II). Das Materialvorkommen M2 wird anstelle von M1 herangezogen, wenn dort die Gewinnungskosten für das Rohmaterial geringer sind als in M1 und die Differenz größer ist, als für den weiteren Transport auszulegen wäre. Handelt es sich dabei um ein Gewichtsverlustmaterial, so wird der Standort des Verarbeiters an diesen entfernteren Ort gezogen.

Dieses Prinzip der Äquivalenz von Material- und Transportkosten hat *Weber* auch benützt, um kompliziertere Fälle zu lösen, die den gleichzeitigen Einsatz mehrerer Materialien in einem Produktionsprozeß verlangen. Auch hier werden Materialkosten rechnerisch in Transportkosten verwandelt. Der theoretisch mögliche Bezugsort kann sehr weit entfernt sein, wenn ein Material an seinem Fundort quasi umsonst zu haben ist; eine auf der Welt nicht ganz unrealistische Situation. Dieser kombinierte Kostenfaktor geht dann in die Berechnung ein wofür *Weber* Standortpolygone konstruiert, deren Schwerpunkt dem Transportkostenminimalpunkt entspricht. Hat man diesen Punkt festgestellt, so ist die Fragestellung im Grunde wieder auf das Problem I reduziert.

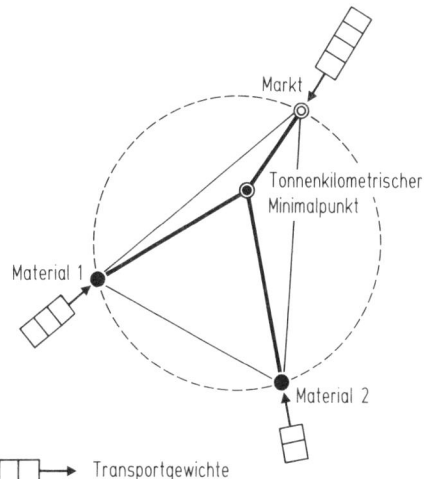

Abb. XII-2 Standortfigur nach *Weber* (Schematisch) zwei Materialien gehen in das Produkt ein

Freilich müßte man dann einen ähnlichen Transportkostenminimalpunkt für die Absatzseite berechnen.

Da solche Berechnungen zu *Weber*s Zeiten noch recht aufwendig waren, benützt er dazu den sogenannten Varignonschen Apparat (*Weber* 1909, 54, 226; sieh auch Abb. XII-2).

Vom Transportkostenminimalpunkt kann eine Produktion durch örtliche Differenzen der Lohnkosten abgelenkt werden. Niedrigere Löhne müssen aber höhere Transportkosten kompensieren können. Auch diese Frage ist formal dem Problem I gleich, nur muß statt des Gewichtsverlustes eine Lohnhöhendifferenz eingesetzt werden. Da aber Transportfaktor, Materialfaktor und Lohnfaktor hier zusammenwirken, ist die Lösung komplizierter. *Weber* verwendet dazu seine „Isodapanen" zur Darstellung der Kostendifferentiale. Ähnliche Ablenkungen treten durch Agglomerationsvorteile auf, welche *Weber* als „economies of scale" versteht, nicht aber als Nachbarschaft vieler Betriebe. Die Essenz seiner Überlegungen hat *Weber* in seiner Standortfaktorenlehre gefaßt. Diese wird allzuoft falsch verstanden, insbesondere seit *Behrens* (1961) seine betriebswirtschaftliche Faktorenlehre aufgestellt hat. Seither werden häufig Standortfaktoren mit absoluten Standortvoraussetzungen und Inputs der Produktion in einen Topf geworfen. Nach *Weber* ist der Standortfaktor eine geographische Kostendifferenz, die groß genug ist, um die Produktion an einen bestimmten Ort zu ziehen, indem sie alle anderen Einflußgrößen quantitativ übertrifft. Die Mißverständnisse mögen aus seiner Formulierung entstehen (*Weber* 1909, 16) wenn er den Standortfaktor definiert als: „... einen seiner Art nach scharf abgegrenzten Vorteil, der für eine wirtschaftliche Tätigkeit dann eintritt, wenn sie sich an einem bestimmten Ort oder auch generell an Plätzen bestimmter Art vollzieht".

Demnach wäre beim obigen Problem I mit Gewichtsverlustmaterial der Betrieb am Materialstandort nicht materialorientiert (durch den Standortfaktor Materialkosten bestimmt) sondern transportkostenorientiert. Den Ausschlag geben die Transportkosten bei dieser Standortentscheidung, weil die Materialkosten ja gleich blieben, würde die Produktion beim Absatzmarkt eingerichtet. Bei Problem II kann der Betrieb in M2 rohstofforientiert sein, wenn die Transportkosten d1 + d2 + Material in M 2 insgesamt niedriger sind als d1 + M1. Hier geben nämlich die niedrigeren Materialkosten und nicht die entfernungsabhängigen Transportkosten den Ausschlag.

Lohnkosten- bzw. arbeitsorientiert sind Betriebe, die ihren Standort bewußt wegen des niedrigeren örtlichen Lohnniveaus gewählt haben. Dies gilt etwa für die vielen Ansiedlungen deutscher Zweigwerke in Südostasien und anderen Niedriglohnländern. Es bedeutet aber nicht, daß dies auch Gebiete sein müssen, wo sehr viele Arbeitskräfte zur Verfügung stehen. Wäre letzteres der Fall, dann dürfte es ja in Industrieländern keine strukturelle Arbeitslosigkeit geben.

Die Standortlehre von *Alfred Weber* und mit ihm die gesamte klassische Standorttheorie verlangen zur Interpretation der Verteilung der Industrien die Kenntnis der Kostenstruktur der Produktion, ähnlich wie man diese für die Zonenbildung im *Thünen*-Modell wissen muß. Dies ist der schwerste Einwand gegen sie und der Grund für ihre geringe praktische Bedeutung. Im Normalfall sind diese Kosten nämlich betriebsinternes Geheimnis, für Geographen und selbst für die meisten Mitarbeiter nicht zu erfahren.

Mögliche Anwendungsfälle sind Standortentscheidungen rohstoffnaher Fertigungsbetriebe, jedoch nicht die Erzeugung von Fertigwaren, deren Absatzmärkte über die ganze Welt gestreut sind. Große Kapitalgesellschaften und Planwirtschaften können Werksstandorte nach dem *Weber*-Kalkül gründen, da bei ihnen der Zugang zu den Absatzmärkten außer Zweifel stehen. Anwendbar ist sie ferner auf die Errichtung von Zweigwerken und Zulieferbetrieben im Sinne von verlängerten Werkbänken, wo Kostenstruktur und Absatzwege bereits feststehen (vgl. Kap. IV-2.1). Unter solchen Voraussetzungen sind Naturgegebenheiten in diese Ansätze einbaufähig.

Die klassische Standortlehre sieht ferner eine Konstanz der Kostenstruktur vor und ist in diesem Sinne sogar weniger dynamisch als das Thünen-Modell. Sie kann zu den Pioniergründungen am Wohnort des Eigentümers und zu allen anderen nicht nach rationalem Kalkül entstandenen Standorten nichts beitragen. Sie versagt auch bei den alten Betrieben, die an ihren Standorten durch immer neue Strategien und Innovationen z. T. seit Jahrhunderten überdauern. Dennoch gibt sie gerade durch ihre hohe Abstraktion wichtige Anregungen und man kann sie, sofern man im Unternehmen drin sitzt, zur Bewertung der Standorteignung des eigenen Betriebs heranziehen.

XII.4 Ansätze über den Absatzmarkt

Grundsätzlich läßt sich auch diese Frage mit dem Instrumentarium *Weber*s behandeln. Eine Einrichtung z. B., die 50 % ihrer Produktion in München, 30 % in Nürnberg/Erlangen und den Rest diffus in Bayern verkauft, würde wohl im Varignon-'schen Apparat einen Transportkostenminimalpunkt für den Absatz im Raum von Ingolstadt erkennen lassen. Aus solchen Gründen wurde hier der Torpunkt der Rohölpipelines für Bayern angelegt und sind in der Folge gleich fünf Erdölraffinerien entstanden.

Ist der Absatzmarkt eine ganze Volkswirtschaftsregion, so wäre der Minimalpunkt der Vertriebskosten ähnlich festzustellen. Er würde im Schwerpunkt der Bevölkerungs- oder Kaufkraftverteilung des Landes zu suchen sein. Dafür sind eine Reihe von Berechnungsverfahren erstellt worden (*Meynen* 1985, 128). Ähnlich ist die Wertigkeit eines Standorts in einer Potentialverteilung zu sehen (*Harris* 1954; *Giese* 1985, 1416). Mit gewissen Einschränkungen lassen sich solche Mittelpunkte als Minima der aggregierten Transportkosten und als Maxima der Erlöschancen interpretieren. Geographisch fallen sie nicht selten mit einer Großstadt oder Steuerungszentrale zusammen.

Unter dem Gesichtspunkt der Erlösmaximierung sind natürlich Standorte in Absatznähe günstiger zu bewerten als die Kostenminimalpunkte bei *Weber*. Der direkte Absatz nahe dem Betriebsstandort senkt die Transaktionskosten insgesamt, weshalb ja gleiche Waren in der Großstadt oft sehr viel günstiger zu haben sind als auf dem Lande. Es mag sogar für einen Anbieter möglich sein, einen Teil der entstehenden Differenzen für sich zu behalten. Man muß sich daher fragen, warum nicht von vornherein sich alle Betriebe am Absatzort entwickeln.

Dazu hatte schon *Weber* mit seinen Ausführungen zu den Agglomerationsnachteilen die wesentlichen Gedanken dargelegt. Demnach wirken sich Agglomerationsvorgänge in höheren Löhnen, Grundstückskosten, Energie- und Hilfsstoffpreisen aus. Zusätzlich wird das Bauland auch für Wohnungen, Dienstleistungen und Erholung benötigt. Haben also Betriebe verschiedenartige Ausrichtung und Haushalte dieselben Standortpräferenzen, so werden alsbald Verdrängungseffekte einsetzen, denen die Einzelwirtschaften mit geringeren Einkünften, Nutzenstiftung oder Gewinnchancen weichen müssen.

Ein solches Gefüge entwickelt in den Städten seine eigene Dynamik, die von steigenden Grundstückspreisen gesteuert wird. Wollen die Einzelwirtschaften überleben, so müssen die schwächeren oft weit nach außerhalb ausweichen, bis sie dort einen Ort finden, an dem sie sich mit ihrer spezifischen Einnahme-Kostenrelation wieder halten können. Sie werden aber auch nur soweit hinausgehen, daß dieses Ausweichen nicht ihre Kontakte zu ihrem städtischen Absatzmarkt beeinträchtigt. Diese Bewegungen sind durchaus mit der Differenzierung im Thünen-System zu vergleichen, wie dies *Alonso* (1960) in seinem bekannten Modell aufzeigte.

Je größer eine Stadt ist, desto weiträumiger und dichter besetzt sollte dieses Ausweichfeld sein. Im Idealfall ist es ein Ring knapp jenseits der Gemeindegrenzen. *Grotz* hat dies 1976 für Stuttgart erhoben (Abb. XII-3). Realistischerweise müßte man ergänzen, daß am Stadtrand innerhalb der Kommunalgrenzen eine gleichermaßen gesuchte Ausweichzone besteht, wohin Betriebe verlagert werden, die auf den Standort in der Stadt nicht verzichten wollen.

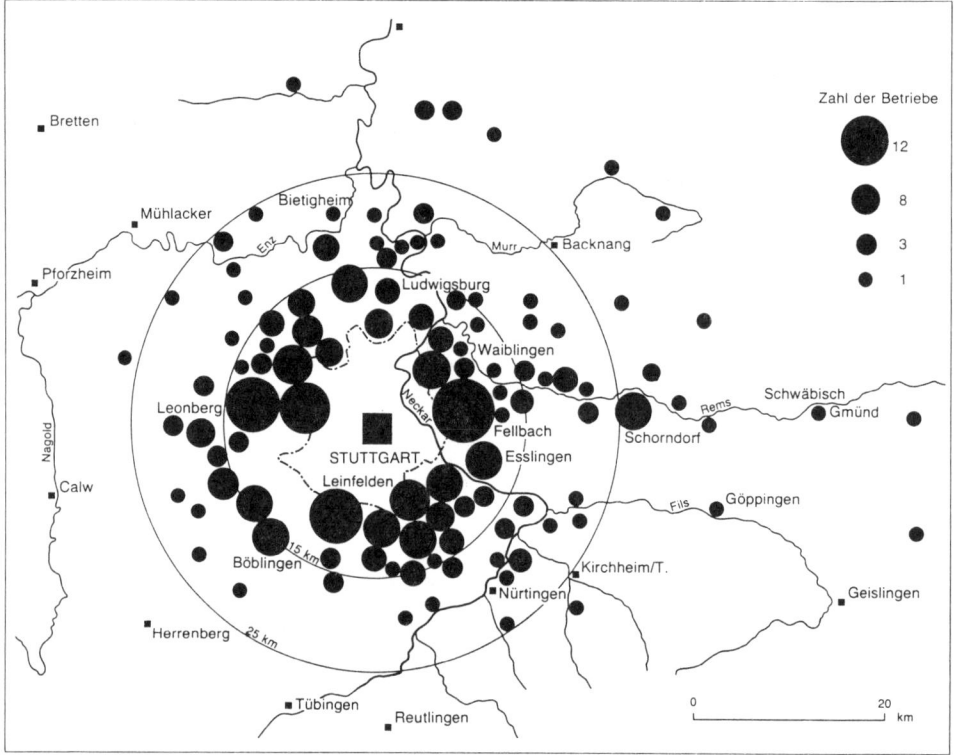

Abb. XII-3 Aus Stuttgart verlagerte Industriebetriebe 1948–1972
Quelle: nach *Grotz* (1976, S. 21). Aus *Gaebe, W.* Hrsg.: Handbuch des Geographieunterrichts, Bd. 3 Industrie und Raum. Darmstadt 1989, S. 299

Assmy (1983) hat dies für Nürnberg erhoben, wobei jeweils nach Eingemeindungen billige Grundstücke am neuen Außenrand verlagerungswillige Betriebe anlockten. Nur extensiv ihre Ressourcen nutzende Erzeuger mit wenig transportempfindlichen Produkten weichen bis an den Rand der weiteren Umlandregion einer Stadt. Manche verbinden dieses Ausweichen geschickt mit einer strategischen Standortwahl zwischen zwei oder mehreren städtischen Absatzmärkten.

Betriebsverlagerungen aus den Großstädten hinaus wurden in den letzten Jahren häufiger untersucht. Neben *Grotz* sind *May* (1968); *Beck & Voit* (1973); *Gaebe* (1981); *Decker* (1984) und *Rothauer* (1985) mit Studien zu Städten in Deutschland und Österreich zu nennen. Daraus ergibt sich, daß gegenwärtig hohe Grundstückspreise, fehlende Erweiterungsmöglichkeiten und Raumplanungsauflagen die wichtigsten Verlagerungsgründe sind, die Mehrzahl der weichenden Betriebe aber versucht, nahe bei ihrem Absatzmarkt zu bleiben. In den Städten waren schon im vergangenen Jahrhundert dieselben Momente wirksam, die Ausweichdistanzen jedoch noch geringer.

In früheren Zeiten galten andere Motive. In vielen größeren Städten war im Mittelalter Energie so knapp, daß die Feuergewerbe in wald- bzw. holzkohlereiche Gebiete der Umgebung verlagert werden mußten. Wasserkraft für Rad- und Hammergewerbe mußte von vornherein außerhalb der Mauern gesucht werden. Mangel an Arbeitskräften konnte entstehen und zu Verlagerungen zwingen, wo die Lebensmittelversorgung schwierig war. Heute sind Arbeitskräftemangel und Energieengpässe keine zwingenden Gründe mehr, um einen Standort in Marktnähe aufzugeben, dafür treten als Motive die am bisherigen Standort nicht mehr lösbaren Entsorgungsprobleme und Verkehrsengpässe neu in Erscheinung.

Ein ergänzender Rückverweis auf Kap. VI-1-1 und die dort diskutierten Auswirkungen der Preiserstellung nach *Chisholm* (1966) ist hier angebracht. Eine absatzorientierte Standortstrategie der Erzeuger könnte sich demnach beim längerfristigen Vorherrschen von cif-Konditionen bzw. Zustellpreisen ergeben. Aus dieser Bindung wieder werden Versender frei, die zu landesweiten Einheitspreisen per Post zustellen.

Alle diese Umstände werden in Volkswirtschaftsregionen als langsam wirkende Einflußfaktoren auf die Standortverteilung der Wirtschaft spürbar. Jede Verminderung der Belastung der Anbieter durch entfernungsabhängige Kosten, konnten diese in Freiheitsgrade bei der Standortwahl umsetzen. Im Ergebnis zeigt nach rund 150jähriger Entwicklung die Standortverteilung der Industrie eines Landes mehr zufällig erscheinende Momente als Regelhaftigkeiten. Solche von Zufällen geprägte Standortmuster sind aber besonders schwer zu knacken, denn sie können viele, verschiedenartige Ursachen haben:

- Betriebsstandorte sind das Endergebnis der Auslese durch zahlreiche Konjunkturzyklen, worin einzelne Betriebe oder Unternehmen dank besserem Management überlebt haben.

- Betriebe sind an ihren Standorten die Relikte bereits weitgehend verschwundener Branchen oder Wirtschaftsformationen.

- Betriebe sind am Heimatort des Gründers entstanden und dank erfolgreicher Innovation gerade dabei, über die landwirtschaftliche oder handwerkliche Wurzel hinauszuwachsen.

In der Schwierigkeit, solche Verteilungen ohne sehr genaue Einzelinformationen zu verstehen, ist vermutlich der Grund zu suchen, warum der Weg über den Absatzmarkt in der Forschung so wenig verfolgt wurde.

XII.5 Jüngere, strategieorientierte Standortlehre

Als Beispiel für diesen Ansatz können verschiedene Arbeiten von *Taylor* und *Thrift* sowie *Scott* (1983) dienen. Die folgenden Ausführungen interpretieren die Klassifizierungen von *Taylor & Thrift* (1983), die dort die Unternehmen ohne Rücksicht auf ihre Branchenzugehörigkeit in zwei Segmente mit jeweils mehreren Untergliederungen teilen. Segment A sind Einbetriebsunternehmen, wozu man im Grunde auch Bauernhöfe, Farmen und Haushaltungen zählen könnte, Segment B die Mehrbetriebsunternehmen (Abb. XII-4).

1) Segment A 1, die „Schlafmützen" (laggards) sind nach *Taylor & Thrift* Firmen,

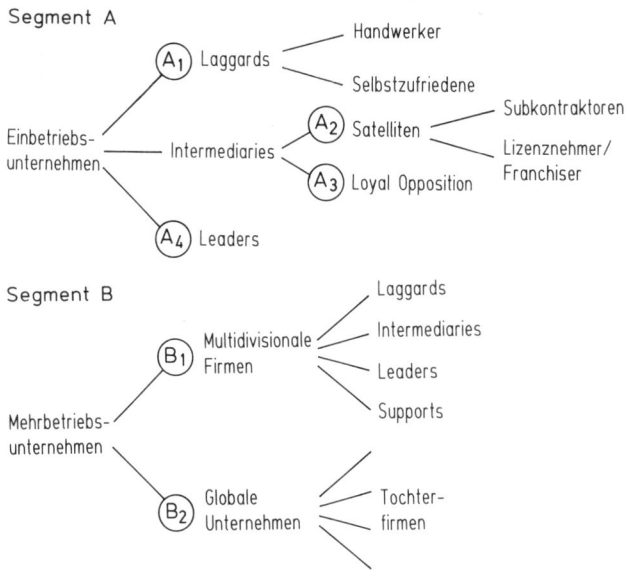

Abb. XII-4 Segmentierung der Wirtschaft nach *Taylor & Thrift* 1983

die sich auf die Deckung eines lokalen Bedarfs ausrichten. Sie werden bewußt klein gehalten, um mit den vorhandenen Ressourcen und familieneigenen Arbeitskräften auszukommen. Als Unternehmen erlöschen sie oft, wenn sich der Besitzer zurückzieht und kein Nachfolger da ist. Die ursprüngliche Standortentscheidung ist absatzorientiert und wird später nur mehr selten revidiert. Man kann dies als das „Problem des kleinen Selbständigen" bezeichnen, der sich den Wandlungen seines Viertels passiv anpassen muß, weil er weder Kraft noch Geld hätte, sich einen neuen Standort zu suchen. Allenfalls kann man örtliche Agglomerationsvorteile in Standortgemeinschaften nutzen (*Bodenstedt* et al. 1982). Rohstoffbindung wie auch Material- und Transportkostenorientierung im Sinne von *Weber* sind höchst selten. Innovationen werden von Laggards meist nur als Nachahmung aufgegriffen. Neben den Handwerkern und kleinen Industrieunternehmen sind ältere Privathaushalte, Bauernbetriebe, Dienstleister und viele Freiberufler zu diesem Segment zu zählen.

Freilich muß der pauschalen Zuordnung der Handwerker zu den Laggards bei *Taylor & Thrift* entgegengehalten werden, daß gerade aus diesem Bereich gelegentlich innovative Großunternehmen herauswachsen und am alten Standort verbleiben, wie z. B. der bekannte Spielwarenerzeuger *Lego* (*Marcinowski* 1979).

2) Segment A 2, die „Satelliten", sind Firmen, die ökonomisch von anderen Unternehmen abhängig wurden. Subkontraktoren haben oftmals nur einen einzigen Abnehmer. Auch lohnabhängige Haushalte wären hier einzuordnen. Sie wären in unserem Sinne isoliert nicht existenzfähige Teile von Wirtschaftskomplexen.

Die Entwicklung eines Unternehmens zum Subkontraktor und dessen späteres Überleben wird von der räumlichen Nachbarschaft zum Abnehmer begünstigt. Treten sie in größerer Zahl auf, so bilden sie Standortschwärme in dessen Umgebung, die auf Unsicherheiten der Aufträge und Preise nach *Scott* (1983) mit arbeitsteiligem Auffächern der Produktion und bewußtem Kleinhalten der Firmen reagieren. Oft entstehen diese Schwärme als Gründungen früherer Angestellter, die sich mit ihren

Spezialkenntnissen selbständig gemacht haben, was man im Amerikanischen als „spin-off" bezeichnet.

Lizennehmer und Franchiser (Systemfranchise, Produktfranchise) verwerten fremdes Know-how für örtlich begrenzte Märkte. Sie haben entweder einen Betrieb für das jeweilige Marktgebiet oder aber der Lizenzgeber deckt ein größeres Gebiet mit einem flächendeckenden Netz von Standorten seiner Wahl ab. Wienerwald, Mc Donalds oder Coca-Cola sind dafür gute Beispiele. Solche Standortnetze orientieren sich am Städtenetz bzw. dem zentralörtlichen System oder am Verkehrsnetz. Für die Standorte der untersten Ebene wird entscheidend, ob zu Zustell- oder zu Abholpreisen angeboten wird.

Die Selbständigkeit eines Lizennehmers kann unterschiedlich stark eingeschränkt sein. In manchen Fällen ist sie so gering, daß sich das entstehende Standortnetz kaum von den Filialen eines Großunternehmens abhebt.

3) Segment A 3 bezeichnen *Taylor & Thrift* als „loyal opposition", was man am treffendsten als „faire Konkurrenten" übertragen könnte, die sich an die Spielregeln des Wettbewerbs halten. Dieses Segment umfaßt vornehmlich Einbetriebsunternehmen, deren selbständige Existenz nicht bedroht ist, weil sie sich auf Marktnischen ausgerichtet haben, die den Großen uninteressant erscheinen. Oder sie erzeugen unabhängige Produkte, also Güter, die nicht Teil irgendeines komplementären Sets sind. So wird z. B. eine Erdölfirma den Erzeuger von Fleckputzmitteln oder Wundbenzin nicht als Konkurrenten empfinden und aufkaufen wollen. Ebensowenig aber sehen die Bekleidungs- und die Pharmaindustrie darin Güter, mit denen sie ihre sonstige Produktpalette abrunden könnten.

Ein anderes Beispiel wäre ein Verlag für Schulwandkarten. Deren Produktionstechnik eignet sich weniger für die großen Landkarten- und Atlantenverlage. Das Produkt erfordert ferner auch ganz andere Vertriebswege, weil sich der Sortimentsbuchhandel damit nicht befaßt.

Viele Firmen dieses Segments stützen sich auf ihren etablierten Ruf oder gut eingeführte Marken, wie etwa die Schokoladenfirma A. Ritter (Marke Ritter-Sport). Andere haben informelle Vorteile auf lokalen Märkten. Hier sind Landbrauereien, Druckereien und Lokalzeitungen zu nennen, ebenso aber sicher viele Gastronomiebetriebe. Bei guter Ertragslage und geringer Konkurrenz ist die selbständige Existenz wenig bedroht.

Die Standortmomente sind in diesem Segment höchst variabel. Viele Firmen sind Relikte früherer Innovationszyklen, die überleben konnten. Ihre Standorte sind dann zufällig. Oder aber, und dies tritt häufiger auf, sind sie das Ergebnis arbeitsteiliger Differenzierung im großstädtischen Milieu, wodurch sich Marktnischen gebildet haben, die sie nun ausfüllen, ohne sich vom Ursprungsort entfernen zu wollen.

4) Segment A 4 sind die Innovatoren (leaders). Meist handelt es sich um junge Firmen für neue Produkte und neuartige Verfahren. Es gibt in diesem Segment viele Gründungen und fast ebensoviele schnelle Pleiten. Starke Unternehmerpersönlichkeiten verfolgen offensive oder opportunistische, d. h. die sich bietenden Gelegenheiten nutzende Wachstumsstrategien. Aber nur wenige dieser Firmen werden tatsächlich groß, weil wie *Taylor & Thrift* ausführen:

• Zu viele Nachahmer die Marktchancen begrenzen,

• Zu wenig Risikokapital verfügbar ist,

- Erfolgreiche Gründungen frühzeitig von den größeren Konkurrenten übernommen werden, die damit Know-how einkaufen und eigene Entwicklungsarbeit sparen,

- Die Firmen zu Subkontraktoren absinken,

- Ein zu kurzer Marktzyklus des Produkts oder des Verfahrens kein weiteres Wachstum erlaubt,

- Zu starke Umsatzschwankungen in die Pleite führen.

Die Gründer sind in überwiegender Zahl Techniker oder technisch versierte Kaufleute. Die Standorte dieser Innovatoren sind durch räumliche Verbreitung von Knowhow bestimmt und daher nicht ganz zufällig gestreut, obwohl Zufallsmomente mitspielen. Innovatoren fehlen ganz deutlich in sogenannten „alten Revieren", in peripheren Entleerungsgebieten und generell unterentwickelten Teilen einer Volkswirtschaftsregion. Ebenso sind sie in den typischen Pendlerwohngebieten größerer Städte spärlich, weil sich in der Stadt andere, leichtere Aufstiegsmöglichkeiten finden lassen. Sie treten eher in aktiven Zonen der Verdichtung und in gewerblich ausgerichteten Peripherien auf.

Häufig stammen Innovationsideen aus Auslandskontakten, weshalb sie an Torpunkten und in Steuerungszentralen eher aufgegriffen werden. Andere sind Ergebnisse der Forschung an Universitäten oder in den Labors von Großfirmen und werden dort als Nebenprodukte marktfähig. Dies führt dann zu Neugründungen in deren Umkreis.

Die Möglichkeiten zur Gründung solcher Unternehmen sind allerdings oft räumlich umgekehrt verteilt als das Auftreten der Innovationsideen. Der unternehmerische Neubeginn ist nämlich auf dem Lande oder am Außenrand der Ballungsgebiete einfacher als in den Kernstädten, weil die Gründer hier vielfach eigenen Haus- und Grundbesitz oder Zugang zu billigen Industriegrundstücken haben. In den Städten muß man sich dagegen heute bemühen, durch die Einrichtung von Gründerzentren und Technologieparks Erleichterung zu schaffen. Immerhin haben die Erfolgssagas von Silicon Valley und Central Florida auch in Deutschland endlich die Behörden aufgescheucht.

5) Segment B 1 sind multidivisionale Großfirmen. Diese in Abteilungen gegliederten Unternehmen mit funktionell oder produktmäßig spezialisierten Teilbereichen an mehreren Standorten sind die heute dominierende Form der kommerziellen Organisation. Ihre Tätigkeit kann national oder international sein. Ebensowenig ist sie auf die Industrie beschränkt, obgleich sie in anderen Tätigkeitsfeldern noch seltener ist.

Die Lebensdauer solcher Firmen ist groß, so daß sie einen langen individuellen Entwicklungsgang hinter sich haben. Darin lassen sich oft unterschiedlich strategiegesteuerte Phasen ihres internen Systemregimes erkennen. Aus früheren Phasen oder aus Fusionen stammen oft noch Werksstandorte, die weiter mitgeschleppt werden. Deren raschere Stillegung verhindert u. a. die meist geringe Profitrate, die deswegen auftritt, weil Größenvorteile kaum mehr wirksam sind, da ja alle Konkurrenten ähnlich organisiert sind.

Die Teilbetriebe lassen sich nach ihrer Stellung im Produktlebenszyklus gemäß *Vernon* (1966) als Leaders, Intermediaries und Laggards klassifizieren, wozu noch die Supports treten.

Leaders sind jene Teilbetriebe, die innovative Produkte erzeugen, die später als Profit-centers das Unternehmen tragen sollen. Diese Werke werden meist mit Eigenkapital finanziert. Sie brauchen gute Manager und Facharbeiter. Standortmäßig liegen sie in der Nähe des Stammwerks oder sind selbst das Stammwerk des Konzerns. Bevorzugt werden derzeit noch große Städte mit allen Einrichtungen, hoher Lebensqualität und gutem Freizeitwert. Gute Ausbildungsstätten am Standort sind als Grundlage für die späteren Aufstiegschancen der Kinder sehr wichtig. Direkte Nachbarschaft zu Erholungsgebieten und erstklassige Wohnlagen werden von der Belegschaft geschätzt.

Intermediaries sind der Kern des Unternehmens, das sie durch gute Gewinne tragen. Gutes Management und ein Facharbeiterstamm sind nötig. Daher haben diese Werke oft eine lange Tradition an ihrem Standort. Sie liegen in Industriegebieten und in Industriestädten mit gutem, wenngleich nur mittlerem Ausstattungsniveau oder Bildungsangebot. Die Arbeitsplatzsicherheit ist hoch, weil keine Firma leichthin auf Facharbeiter verzichtet oder diese wegrationalisiert. Finanziert können die Werke jedoch mit Fremdkapital werden.

Laggards sind in multidivisionalen Unternehmen die Teilbetriebe für die Erzeugung von auslaufenden Produkten oder massenhaft preiswerter Standardware, die nur mehr modischen Abwandlungen unterliegt. Für solche Werke ist billige Arbeitskraft interessant. Daher werden sie gerne als Zweigwerke in Niedriglohngebieten oder Drittweltländern eingerichtet. Eine ähnliche Rolle wie die niedrigen Löhne können auch die Preise für Energie oder andere Inputs spielen. Die Dauerhaftigkeit solcher Werke ist gering, bei Rationalisierungen sind sie zuerst von Stillegung bedroht. Bei der Finanzierung wird Fremdkapital herangezogen, oft sucht man auch die Partnerschaft mit ausländischen Geldgebern oder entschließt sich zur Investition auf Grund von Regierungssubventionen.

Supports sind unternehmensinterne Hilfsabteilungen für Handel, Transporte, Hilfsstofferzeugung, Computerdienste und dergleichen, die oft als ausgelagerte Teilbetriebe auftreten. *Taylor & Thrift* sehen die Notwendigkeit solcher Supports bei Einbetriebsunternehmen nicht. Dies verzerrt ihre Analyse etwas, denn auch für diese sind die Standortqualitäten sehr wesentlich von der örtlichen Verfügbarkeit der Nebenleistungen und sogenannter „industrieller Dienstleistungen" bestimmt (*Staudacher* 1984, *Schickhoff* 1985). Überdies zeigen die Multis selbst zunehmend die Neigung, solche Nebenleistungen an billigere Subkontraktoren abzugeben.

Die hier skizzierte Struktur der Mehrbetriebsunternehmen ist dauerhaft und in systemtheoretischer Sicht selbststabilisierend. Sie treibt aber viele Unternehmen in eine innovative Tretmühle, da sie ständig neue Produkte und neue Verfahren aufgreifen, das Unternehmen intern umgliedern und reorganisieren müssen, um der Konkurrenz standzuhalten. Leider ist dazu erst wenig Material erarbeitet worden. Als Strategien führen *Taylor & Thrift* den offensiven Weg eines Griffs nach der Marktführerschaft mit neuen Produkten und als defensive Innovationsstrategie z. B. das „leapfrogging" (Froschhüpfen) an, worunter man die Aufnahme neuer Produktlinien versteht, sobald sich diese irgendwo als zukunftsträchtig abzeichnen. Dies kann weniger durch die eigenen Kader erreicht werden als durch Firmenübernahmen.

Unternehmensintern ergibt sich ein mehr oder minder deutlich durch Zentrum-Peripheriebeziehungen charakteristisches Standortmuster von Stamm- und Zweigwerken sowie ferngesteuerten Produktionsfilialen. Dies ist letztlich nichts anderes als das vom Unternehmen „internalisierte" Abbild der Struktur der Wirtschaftsregion. Die Firmenorganisation kopiert noch immer gerne den hierarchischen Aufbau der Staatsverwaltung. Leaders und Intermediaries liegen zumeist in starken Zentren und Industrieregionen, die Laggards in kleineren Städten oder an der Peripherie.

Die Rolle der Laggards wird von den Firmenleitungen gerne den standörtlich als „schwach" empfundenen Teilbetrieben aufgehalst.

In ähnlicher Weise bilden ausländische Zweigwerke das internationale Gefälle des wirtschaftlichen Wohlstands nach. Insbesondere macht es die Aufspaltung in Teilbetriebe möglich, dem *Weber*schen Gedanken einer Minimierung der Lohnkosten durch Werke in anderen Ländern nachzugehen. Ganz generell ist dieses Segment der Unternehmen, für welches die klassische Standorttheorie die größte praktische Bedeutung hat.

6) Segment B 2 sind echte transnationale oder globale Unternehmen. Diese meist sehr großen Firmen haben viele Merkmale mit dem obigen Segment gemein, unterscheiden sich aber durch die Überwindung der hierarchischen Kontrolle. Die Zentrale ist oft nicht mehr als eine Holding oder Dachorganisation über weitgehend selbständigen Töchtern. Letztere haben ihren Sitz in verschiedenen Staaten und erhalten nur strategische Vorgaben, die sie autonom auf die jeweiligen Gegebenheiten anwenden. Die Firmenleitung sucht intensivere Kontakte zu den Regierungen, Zentralinstanzen und den Institutionen der Steuerungszentralen des Gastlandes. Solche Strukturen sichern nach *Taylor & Thrift* ihre Existenz durch höhere Profite, als bei den einfachen Multis möglich sind. Das Management muß landeskundig sein und rasch auf Maßnahmen der Regierungen und Änderungen der Steuergesetze reagieren können. Ziele der Standortstrategie sind hier also weniger eine Kostenminimierung als vielmehr eine gute, dauerhafte und prominente Marktposition.

Globale Unternehmen haben ihre Dachorganisationen vornehmlich in den höchstrangigen internationalen Steuerungszentralen domiziliert, einige sind auch in Steueroasen ausgewichen. Das Standortmuster der sehr zahlreichen Tochterfirmen zeigt insgesamt zum einen Teil ein „elektisches" Reagieren auf das Spektrum der Möglichkeiten innerhalb mehrerer Volkswirtschaftsregionen und Staatsgebiete, wobei auch Werke in peripheren Förderungszonen gegründet werden. Zum anderen werden Portfoliostrategien verfolgt, um entweder zufriedenstellende Profite zu bewahren oder sich in den Märkten eine starke Stellung zu verschaffen. Hierher gehören die von *Ohmae* (1985) empfohlenen Triadenstrategien, d. h. das Unternehmen sollte mit Leaders oder wenigstens Intermediaries in Westeuropa, Nordamerika und Ostasien fest verankert sein.

Die hier nach *Taylor & Thrift* (1983) skizzierte Standortlehre leitet sich nicht aus Ressourcen- oder Kostenvorteilen an bestimmten Standorten ab, sondern aus den strategischen Entscheidungen von Unternehmen. Daher fragen die Autoren auch nicht nach Branche oder Produkt, denn ihr Ansatz ist mit geringen Modifikationen auf alle Wirtschaftssektoren anwendbar. Die Entscheidungen der Firmen sind nicht determiniert oder optimierbar, sondern sie leiten sich von der Art ihrer Einbettung in das Gesamtgefüge der Regionen her, wobei sich stets vielfältige Alternativen ergeben. Es ist die Stärke dieses Ansatzes, daß diese Beziehung von Betrieben und Unternehmen zu übergeordneten Regionalsystemen sichtbar wird.

Innerhalb der Volkswirtschaftsregionen sind solche Entscheidungen in großer Zahl zu fällen und frühere immer wieder neu zu bewerten. Die Problemlage ist für viele Unternehmen jeweils ähnlich und aus solchen Situationen stammt die Tendenz zur Ausbildung von Komplexen und Standortgemeinschaften. Diese treten uns als Industriestädte, Industriegebiete, Kernzonen, Wirtschaftsformationen und in manch anderer Form entgegen. Sie sind jeweils Subsysteme ihrer Volkswirtschaftsregionen und als solche in der Lage durch innovative Erneuerung ihre

Marktposition langfristig zu behaupten und im Sinne eines Fließgleichgewichts die Arbeitsplätze und Profite zu sichern.

Schlimm wird es jedoch, wenn eine solche Standortgemeinschaft nur Laggards enthält. Es treten dann die von *Tichy* (1981) beschriebenen Leiden der „alten Industriereviere" auf, verbunden mit permanent hoher Arbeitslosigkeit und Abwanderung. Da die gleichen Probleme in vielen Agrargebieten endemisch sind, läßt sich folgern, daß es auch „alte Peripherien" geben muß.

Theoretisch sind heute alle größeren Unternehmen mit ihrer gesamten Volkswirtschaftsregion und darüber hinaus verbunden und brauchen daher lokale Beziehungen nur wenig. Sie stützen sich nicht mehr auf benachbarte Anbieter, sondern bevorzugen den billigsten Lieferanten. Billig heißt jedoch nicht wie bei *Weber*, daß niedrige Erzeugungs- und Transportkosten maßgeblich wären, vielmehr ist es die Gesamtheit der Kosten der Transaktionen (*North* 1988). Räumliche Nachbarschaft und Fühlungsvorteile spielen nur dort eine Rolle, wo sie diese Kosten spürbar mindern können. Dies ist nicht mehr wie noch bei *Weigt* (1959) die Produktion, sondern eher der Bereich der gewerblichen Dienstleistungen. Als neuere Tendenz ist dem freilich wieder die Just in Time Produktion entgegenzuhalten, wo die Hersteller von Gebrauchsgütern die Kosten der Herstellung einer strikten Einheit von Ort und Zeit auf ihre Zulieferer abwälzen.

XII.6 Einige Überlegungen aus der Innovationstheorie

Auch die strategieorientierten Ansätze müssen Fragen offen lassen. Diese betreffen insbesondere die Entstehung und Verlagerung von Betrieben und die Persistenz an einmal gewählten Plätzen. Dies legt Ergänzungen auf mikro- und mesostruktureller Ebene nahe, die freilich weitgehend hypothetisch bleiben müssen, da sie von der vorhandenen Literatur kaum beachtet wurden.

XII.6.1 Entstehung und Nachahmung junger Unternehmen

Hierunter sind als „jung" Neugründungen im Sinne von *Schumpeter* zu verstehen und nicht Nachfolgegründungen mit neuem Management und neuem Produkt an alten Werksstandorten.

Junge Unternehmen werden gegründet, wenn neue Verfahren, neue Produkte oder neue Märkte einen Anreiz dafür geben. Unter den Gründern sind manchmal junge Wagehälse, die mit nichts als einer ungeprüften Idee starten. Die Mehrzahl aber sind erfahrene Techniker, Nachkommen selbständiger Unternehmer, Kaufleute und, seltener schon, auch Bauernsöhne. Angestellte und Nachkommen von Arbeitern bevorzugen dagegen andere Wege des sozialen Aufstiegs. Damit ist angedeutet, daß unter den Motiven der Gründer kaum das Gewinnstreben das wichtigste sein kann. Sofern aber solche Gründungen wegen spezifischer Anfangsfehler nicht geradewegs in die Pleite führen, bringen innovative Ideen meist gute Gewinne und Kapitalrenditen. Unter dieser Voraussetzung ist der Standort eines jungen Unternehmens im Grunde gleichgültig, d. h. er bleibt auch praktikabel, wenn er von der Kostenseite her gesehen weit vom optimalen Platz entfernt ist.

Viel entscheidender wird für den Gründer, wie schnell er mit der Produktion oder dem Verkauf beginnen kann. Verzögerungen kosten viel Geld und bedeuten den Verlust eines Teiles der Innovationsvorsprünge, wenn nicht gar des Produktlebenszyklus. Daher erfolgen solche Gründungen zumeist am oder nahe dem Wohnort des Gründers. Eigene Räume und Grundstücke sind ein wichtiger Startvorteil. Die Beschaffung von Mieträumen, von Krediten und auch die Bewältigung bürokratischer Prozeduren sind in einem vertrauten Umfeld leichter.

Wirtschaftsgeographisch interessant werden solche Gründungen, wenn der Pionierunternehmer Erfolg hat. Seine Firma wird dann wachsen oder in unmittelbarer Nachbarschaft Nachahmungsgründungen entstehen lassen. Dies wieder kann zu den in Kapitel IV behandelten regionalen Standortschwärmen führen, die sich zu Wirtschaftsformationen konsolidieren mögen. In der Anfangsphase ist eine solche Entwicklung weder geographisch noch statistisch erfaßbar. Auch erste Nachahmer werden nur lokal bekannt sein. Erst der Standortschwarm zieht die Aufmerksamkeit auf sich und gleichfalls erst nach einiger Zeit werden sich die Unternehmer ihrer gemeinsamen Interessen bewußt. Dies ist wohl der Hauptgrund, warum die Anfänge solcher Prozesse bisher kaum untersucht wurden.

Ein Standortschwarm oder eine Wirtschaftsformation sind durchaus rationale Standortmuster, wenn auch Zufallsmomente an ihrer Ausbildung beteiligt sind. Es wäre ja unvernünftig für einen Nachahmer, sich vom Pionierbetrieb weiter zu entfernen, als unbedingt notwendig ist. Erst im Abschwung dieser Entwicklung, wenn der Standortschwarm bereits weitgehend ausgedünnt ist, wird eine geographische Interpretation schwierig.

Große Wirtschaftsregionen sind nun durchsetzt von allen denkbaren Phasen innovativer Gründungszyklen. Deshalb ist das Standortmuster der Industrien eines „entwickelten" Landes stets eine bunte Mischung von Betrieben verschiedenster Branchen und Größen, wie auch von Unternehmen, die die unterschiedlichsten Strategien verfolgen. Ein sinnfälliger geographischer Kontext ist schwer zu finden. Die Standorttheorien vermögen breite Problemfelder nicht aufzuhellen.

Nachahmungen erfolgreicher Vorbilder sind aber nur ein Weg, deshalb ist es günstig auch andere Prozesse zu beachten, die vielleicht nicht unbedingt mit Innovation verbunden sind. Mitunter bilden Firmen Ableger im Generationenwechsel oder durch einfache Teilung. Für letzteres sind die beiden Sportschuherzeuger *Adidas* und *Puma* in Herzogenaurach bei Nürnberg ein weithin bekanntes Beispiel. Die Teilung des noch kleinen aber innovativen Unternehmens der Gebrüder Dassler mit 62 Mitarbeitern erfolgte 1948, gute 24 Jahre nach der Gründung. Erst später wuchsen beide Firmen zu 2268 Beschäftigten in Herzogenaurach und 27 500 weltweit an (*Löblein* (1986/87).

Die einfache Teilung der Firmenressourcen, wie in diesem Falle, ist in der Industrie selten, für die Landwirtschaft dagegen gebietsweise typisch. Dies hängt sehr stark von den Erbsitten eines Landes ab. Wo die Realteilung die Rechtsnorm darstellt, wie im Islam, wird sie gerne umgangen, da sie für Wirtschaftsbetriebe höchst nachteilig sein kann.

Die Bildung von Ablegern in der Generationenfolge ist die typische Verhaltensweise von Haushaltungen, Handwerk und Tourismusbranche. Kinder oder Geschwister des Inhabers des Stammbetriebs schaffen sich einen selbständigen Rahmen in der gleichen Branche. Dieser Vorgang scheint in der Wirtschaft zu Situationen zu passen, wo sich Marktchancen langsam aber stetig ausweiten oder wo Marktnischen systematisch besetzt werden können.

In allen Regionalsystemen steckt deren Größe neben einigen anderen Umständen den Rahmen ab, der für die arbeitsteilige Auffächerung von Unternehmenskonzepten gegeben ist. Neben funktioneller Teilung kommt es dabei nicht selten zu innovativer Neukombination der Aufgabenstellungen. Diese Aufspaltungstendenz war charakteristisch für das Handwerk des Mittelalters. Die Suche nach neuen Kombinationen kennzeichnet unsere Zeit. Durch die Vorteile der Spezialisierung steigt dabei die Produktivität der Arbeit. Geographisch bedeutsam ist bei diesen Vorgängen die unbeabsichtigte Nebenwirkung auf die Standortmuster. Veränderung des Aufgabenumfangs einer Wirtschaftseinheit modifiziert oder lockert die Einheit von Ort und Zeit der Handlungsabläufe, was eigentlich erst eine Arbeitsteiligkeit zwischen den Orten eines Regionalsystems zuläßt.

Ein weiterer Weg innovativer Standortentwicklung ist die Nachahmung durch Betriebsumstellung, wobei neue Verfahren und Produkte durch bestehende Unternehmen aufgegriffen werden. Ein Erzeuger von Flaschenkorken wurde so zum Pionier der Schaumstoffverarbeitung in Österreich. In diesem Lande hatten sich nach dem Zweiten Weltkrieg auch viele ländliche Tischlereien auf die Erzeugung von Skiern umgestellt. Als Beispiel kann auch der Wandel früherer Korbflechtereien zu Polstermöbelerzeugern im Obermaingebiet angeführt werden. In solchen Fällen setzt die Innovation des Pioniers an einem zufälligen Ort ein, die Ausbreitung erfaßt jedoch ein bestehendes Standortmuster und fußt auf lokalen Vorteilspotentialen durch die Einbindung der Betriebe in bereits bestehende Systemzusammenhänge. Neben der Existenz eines nachahmungswürdigen Pionierbetriebs gemäß Abb. VI-17 müssen zur Nachahmung fähige Adopter innerhalb eines „normalen" Kommunikationsumfelds vorhanden sein.

Daß dabei auch die allgemeinen Handlungsbedingungen eine gewichtige Rolle spielen belegt *Scott* (1983). Er kommt bei seiner Untersuchung einer Innovationsbranche im städtischen Milieu Südkaliforniens zu dem Ergebnis, daß die Einschätzung der Unsicherheit der Märkte durch die Unternehmer für die Häufigkeit der Nachahmungen maßgeblich wird. Unsichere Auftragslage veranlaßt sie dazu ihre Firmen klein zu halten und die Produktion zu spezialisieren. Dies wiederum erlaubt es, in Phasen guter Konjunktur den Nachahmern schnell in das Geschäft einzusteigen.

Die hier skizzierten Überlegungen liefern zwar keine direkten Argumente für die Standortwahl, sie decken aber jene Mehrheit von Standorten ab, die mit den theoretischen Ansätzen nicht verständlich gemacht werden können. Dabei tritt hervor, daß vielfach die Entscheidungssituation eine Standortwahl nach Optimierungsgesichtspunkten gar nicht zulassen würde.

XII.6.2 Verlagerungen von Betrieben

Wenn innovative Gründer an objektiv sehr ungünstigen Standorten beginnen, werden sie bald damit unzufrieden sein, sofern sie überhaupt Erfolg haben. Es folgen gewöhnlich eine bis drei Verlagerungen an neue Standorte mit besseren Qualitäten. In Abb. VI-8 wurde gezeigt, wie diese zunehmend mehr von rationalen Überlegungen bestimmt werden und sich so allmählich den *Weber*schen Vorstellungen annähern können. Ein bekanntes Beispiel ist die Chemiefirma Bayer. Sie wurde 1863 in Barmen gegründet, zog 1867 auf ein größeres Gelände in Elberfeld um, 1891 folgte dann die Verlegung nach Leverkusen an den schiffbaren Rhein, wo unter der Leitung von Carl Duisberg die komplexe, persistente Großanlage aufgebaut wurde.

Solche Standortzüge erfolgten in recht kurzen Intervallen in den ersten Jahren der Firmenentwicklung. Sie sind zumeist vom Flächenbedarf ausgelöst, der bei raschem Wachstum zu immer neuen Engpässen führt. Dies ließ sich aus zahlreichen, meist oral erfaßten Firmengeschichten erkennen. Stichhaltiger erscheint wohl der Befund von *Albert* (1994) für 6 Jahreskohorten neugegründeter Unternehmen in Mittelfranken. Von den insgesamt 3652 Firmen hatten 707 ihren Standort bereits einmal, 28 schon mehrmals verlagert, wobei der häufigste Zeitpunkt um das dritte Geschäftsjahr liegt. Die Verlagerer sind wohl eher die erfolgreichen Neugründer. Ihnen standen 342 gegenüber, die bereits aufgegeben hatten.

In späteren Phasen werden Verlagerungen seltener. Der sehr teure Schritt einer Aufgabe der bisherigen Anlagen mit allen eingespielten Anbindungen an örtliche Beziehungen wird solange irgend möglich aufgeschoben. Erst wenn im Betrieb oder Unternehmen auch andere größere Umstellungen anstehen, wie die maschinelle Umrüstung, grundlegend neue Produktionsrichtungen oder nicht mehr bewältigbare Vergrößerungen, denkt man an Verlagerungen. Man kann diese Situationen durchaus mit kritischen Punkten der Systemevolution in Abb. V-8 gleichsetzen, womit die interne Dynamik des Unternehmens als Auslöser hervortritt, während die Literatur meist nur den Standortwechsel im städtischen Milieu mit seinen Sachzwängen beleuchtet.

In der Geschichte innovativer Unternehmen scheint es mehrere solcher kritischer Punkte zu geben, die vielleicht sogar eine Ablaufsequenz nach der Art der Metamorphosen im Tierreich ergeben. Sie zu identifizieren ist bei unserem fragmentarischen Einblick in den Intimbereich von Unternehmen freilich schwer. Ein erster kritischer Punkt tritt mit größter Wahrscheinlichkeit auf, wenn die anfängliche Einheit von Ort, Zeit und Handlung gebrochen wird, wenn also das Unternehmen für Beschaffung und Absatz eine besondere Organisation aufbauen muß. Dies kann man auch so ausdrükken, daß hier bei der Marktdurchdringung vom Kontaktmodell nach *Hägerstrand* auf das Agenturmodell nach *Brown* umgestellt wird. Eine andere kritische Situation ist mit Sicherheit die Umorganisation zu einer globalen Unternehmensstrategie.

In jeder dieser Situationen stehen Betriebsverlagerungen oder Standortspaltung oder Ausbau am vorhandenen Standort als Strategien zur Wahl und werden von den Unternehmen auch benützt. Standortspaltungen sind vielfach zunächst die einfacheren Lösungen, die aber später zur Rationalisierung der Betriebsabläufe oft wieder zurückgenommen werden.

XII.6.3 Zur Frage der Persistenz der Standorte

Ein Betrieb, der sich längerfristig in seinem Standort halten will, muß hinsichtlich seiner Verfahren und Produkte stets flexibel und innovativ reagieren. Umstellungen und Metamorphosen sind der übliche Preis dafür. Gelingen sie, so wird nach jeder erfolgreichen Veränderung die Frage nach Schließung oder Standortwechsel hinausgeschoben, da für einige Zeit wieder Gewinne gemacht werden. Ein nicht innovatives Unternehmen wird eventuell aus dem Markt gedrängt. Dies kann übrigens auch passieren, wenn alle Konkurrenten ebenfalls auf der faulen Haut liegen, denn dann tritt unvermeidlich eine Auslese nach Kostenvorteilen der Standorte ein und es gelten die Prämissen von *Weber*.

Für Betriebe, die ihren Standort behaupten konnten, wurde aus der Geoökologie der Begriff der Persistenz übernommen (*Meynen* 1985, 874). Wichtige Untersuchungen stammen von *Esenwein-Rothe* (1961) und *Graeber* (1979). Einschränkend müßte man Persistenz als die Fähigkeit definieren, längere Zeiträume ohne Metamorphosen oder Verlagerungen zu überstehen, wobei ein Maß der Zeit nicht leicht zu finden ist.

Wirtschaftsgeographisch ist langfristige Persistenz von Betriebsstandorten und Branche höchst interessant. Es gibt Firmen, die sich seit den Anfängen der volkswirtschaftlichen Entwicklung in ihrem Lande als Organisation mit gleicher Betriebsstätte und gleichem Betriebszweck behaupten konnten. Jahrhundertelange funktionale Persistenz am gleichen Ort mit gleichem Programm, wenn auch mit veränderlicher Inhaberschaft treffen wir bei Gasthöfen, Mühlen, Apotheken und dergl. an, wobei sich der Betriebsumfang nur unwesentlich geändert hat. Bei bäuerlichen Betrieben in Mitteleuropa läßt sich diese Persistenz sogar bis in die Völkerwanderungszeit zurückverfolgen.

Funktionale Persistenz über derartige Zeiträume besagt, daß es über Jahrhunderte hinweg einzelne Standorte gibt, die stets in gleicher Weise in Netzwerke und übergeordnete Systemzusammenhänge eingebunden bleiben konnten. Dafür können nun nicht mehr unternehmerisches Geschick oder ähnliche Momente maßgeblich gewesen sein, sondern es muß dauerhafte Standortqualitäten geben, die im Zuge der Systementwicklung erhalten bleiben oder sich immer wieder in derselben Art einstellen. Für Bauernhöfe und Wirtshäuser auf dem Lande ist dies unmittelbar plausibel. Wo es in Städten auftritt, deren Grundstücke als Mikrostandorte ja bis zu einem gewissen Grad fungibel sind, muß längerdauernde Persistenz verblüffen.

Höchstwahrscheinlich gibt es innerhalb von Regionalsystemen eine Abstufung von den führenden Städten bis hin zu ländlichen Peripherien. Für Geschäftsstraßen in den Großstädten hat *Lichtenberger* schon 1963 auf den raschen Funktionswechsel der Geschäftslokale hingewiesen. Diese stehen in scharfer Konkurrenz um ihre Märkte und um gute Standorte. Hier werden tatsächlich nur sehr innovationsbereite Unternehmen persistent sein können. In den Peripherien gibt es nur wenig Konkurrenz um Standorte, wogegen die Konkurrenz um die Märkte bleibt. Sind letztere einigermaßen gesichert, so können auch nicht-innovative Betriebe persistent sein.

Die Situation ist jedoch komplizierter, wenn wir beachten, daß das Fehlen einer Standortkonkurrenz sehr wesentlich davon abhängt, wieviele geeignete, aber noch unbesetzte Standorte es innerhalb einer Region gibt. Unbesetzte potentielle Geschäftslokale werden in einer Geschäftsstraße der City nicht zu finden sein. Diese Abdeckung aller Nutzungsmöglichkeiten tritt aber auch in der Landwirtschaft und in Wohnbereichen der Städte auf. Wie wird unter solchen Bedingungen Persistenz möglich?

Sie setzt hier die Aufhebung der Standortkonkurrenz voraus. Dies kann durch festgeschriebene Widmungen geschehen. Schulen, Kirchen und Rathäuser in den Städten brauchen die Berechtigung ihrer Standorte nicht ständig aufs neue durch ihre Ertragskraft nachzuweisen. Grundstückseigentum und Hausbesitz wirken in der gleichen Richtung. Sie festigen das Standortgefüge der Wirtschaft, mitunter weit über jedes wünschenswerte Ausmaß hinaus.

XII.7 Standorte in Netzwerken

Die bisher besprochenen Standorttheorien sagen recht wenig zu den Wirtschaftsaktivitäten, die in Abb. VIII-1 entlang den Diagonalen anzuordnen sind. Standortbildungen entlang der zentralörtlichen Achse werden meist als Agglomerationen interpretiert, was sie jedoch nur formal verständlich macht. Standortbildungen entlang der Verkehrsachse lassen auf Torpunkte und gebrochene Transporte verweisen. Grundsätzlich kann man zwar über strukturelle Verflechtungen von Wirtschaftseinheiten (vgl. Abb. III-3 und IV-6) und über Handels- und Wertschöpfungsketten viele Einsichten herleiten, doch reicht dies nicht ganz aus.

Explizite Netzwerkansätze, mit welchen sich insbesondere *Staudacher* (1993; 1995; 1997, 179–222) in letzter Zeit intensiv beschäftigt hat, werden durch die aktuellen wirtschaftlichen Veränderungen immer wichtiger und haben großes Erklärungspotential. Als Komponenten solcher Veränderungen lassen sich der Trend zu multipler Standortorganisation der Unternehmen, Internationalisierung bzw. Globalisierung ihrer Tätigkeitsfelder, das Outsourcing von betrieblichen Teilfunktionen, globale Beschaffung und globale Vermarktung, die Entstehung neuer Dienstleistungen mit Vermittlung und Hilfsfunktion z. B. Datenverarbeitung und viele andere anführen.

Einzelwirtschaften, auch Haushalte und Einbetriebsunternehmen müssen bei ganzheitlicher Betrachtung ihrer Tätigkeiten als Netzwerke gesehen werden. Die Anbindung an Partner und die Einbindung von neuen Partnern in ihre bestehende Struktur lassen bevorzugte Kontaktpunkte entstehen. Diese können so wichtige Vorteile bewirken, daß man sich bei Standortentscheidungen daran orientiert. Sie sind vielleicht am treffendsten mit dem Begriff der „Synapsen" aus der Neurologie zu bezeichnen.

Synapsen sind formal zunächst die Schauplätze von Übertragungshandlungen im Geschäftsablauf, wenn Waren, Geld, Leistungen oder Informationen physisch oder rechtlich zwischen Partnern übertragen werden. Die weitere Analyse läßt Lieferrelationen (cif) und Abholrelationen (fob) erkennen. Häufig sind auch Sammel- und Verteilungsaufgaben oder die Kombination mehrerer Teilleistungen zu einem Paket. Nicht immer involviert dies die physische Präsenz von Menschen. Viele Synapsen besonders im Kommunikationsbereich sind automatisiert. Andere sind als Schauplätze nur latent gegeben, werden periodisch oder episodisch aktiviert oder wechseln ihren Schauplatz. Verortete Synapsen liegen zumeist im betrieblichen Innenbereich einer Einzelwirtschaft, auf Werksgelände, an Werkstoren, in Lagerhallen, Werkstätten oder Büroräumen. Sie können dann nur ausnahmsweise zu eigenständigen Standorten weiter ausgebaut werden. Die Wahl des eigenen Standorts in nächster Nachbarschaft oder zumindest im Rahmen einer enger gefaßten Einheit von Ort und Zeit kann jedoch für die Geschäftspartner einen entscheidenden Vorteil bedeuten. Sie erscheint z. B. in der Produktion als eine der Grundlagen der Just-in-Time Organisation. *Staudacher* (1993, 75 f.) spricht in diesem Sinne von Netzstandorten, deren Standortfaktoren eben solche Kontaktvorteile sind. Diese werden in großen Organisationen auch unternehmensintern auftreten.

Die Typen unternehmerischer Netzwerke, welche *Staudacher* identifiziert (1993, 54 ff.; 1997, 184–215) machen deutlich, daß die ausbaufähigen Synapsen jeweils an anderen Plätzen zu erwarten sind und sich bei Veränderungen in der Struktur eines Unternehmens ihrerseits verlagern, so daß ein großes Maß an Flexibilität nötig wird. Firmen mit plurilokaler Eigenstruktur haben solche Kontakterfordernisse in ihrem gesamten Standortnetz. Vielfach werden diese vom gleichen Partner an vielen Standorten bedient, so daß dieser seinem Kunden auch geographisch folgt.

In aggregierter Betrachtung wirken sich diese Erfordernisse vor allem im Besatz der Städte, zentralen Orte und Industrieballungen mit ergänzenden Dienstleistungen aus, weshalb wir auch diese als Synapsen im Wirtschaftsraum ansprechen dürfen. *Tomaney* (1994) faßt dies für die Zuliefererverflechtungen als „economics of association" auf und meint, daß an solchen Plätzen Bündel von Aktivitäten entstünden, die spezielle Vorteilspotentiale verkörpern und deshalb nicht an andere Orte transferierbar sind. Spezialisierte Erfahrungen und Sachwissen der Akteure verstärken dies.

Firmen, die solche Vorteile nutzen wollen, müssen hier einen Standort aufbauen oder eine Präsenz unterhalten. Allgemeiner noch spricht *Porter* (1991) indem er diesen Gedanken auf größere Regionen überträgt, daß trotz Globalisierung für die Wirtschaft die räumliche Nachbarschaft immer wichtiger wird.

Sind die wesentlichen Kontaktpotentiale an genügend vielen Orten eines Regionalsystems verfügbar, so können Unternehmen die Aggregation von Standortvorteilen durch Zerlegung ihres Wertschöpfungsprozesses als Strategie anwenden (*Staudacher* 1993, 70 ff.; 1997, 234). Die Teilfunktionen werden dann, speziellen Vorteilen folgend im geographischen Rahmen des zugänglichen Systembereichs plaziert. Deutliche lokale Vorteile locken dann Abteilungen vieler Unternehmen an und lassen das entstehen, was *Markusen* (1996) jüngst als Satellite-Platforms entdeckt hat. Kanten in solchen Netzwerken, geographisch auch als Bündelungen von Verrichtungswegen und Transporttätigkeiten zu verstehen, erlauben in ihrem Verlauf vielfältige Kontaktpunkte, die zu Knoten in Netzwerken werden können. Ist ihre Anzahl groß, so werden Verkehrsachsen eventuell auch zu Standortbändern als linear angeordnete Muster. Auch ursprünglich rein technische Erfordernisse im Transportablauf sind seit jeher Ansatzpunkte für die Entstehung von Kontaktpunkten der Wirtschaftsdienste gewesen.

Daß die Vorteile räumlicher Nachbarschaft und der Kontaktpunkt gerade in neuerer Zeit deutlicher gesehen und verstärkt untersucht werden, ist kein Zufall. Einerseits verlangt die Dienstleistungsorientierung der Wirtschaft von den Firmen ein ganzheitlicheres Verständnis ihrer Strukturen, Andererseits müssen in späteren Phasen der Systementwicklung, bei ausgereiften Produktzyklen und in Perioden wirtschaftlicher Abschwächung die verbleibenden Vorteilspotentiale besser ausgenützt werden. Dazu gehören die hier angesprochenen Momente.

XII.8 Ein genetisches Strukturmodell der Wirtschaftsregion

Der Schritt von den Partialansätzen der Standorttheorien zu einer Erklärung der komplexen Standortmuster in großen wirtschaftlichen Regionalsystemen ist nicht einfach. *Thünen* hat das erste derartige Modell erstellt. Es erklärt unter vereinfachenden Annahmen die Verteilung von landwirtschaftlichen Produktionszonen im Umkreis eines zentralen Absatzmarktes. Es ließe sich in analoger Form auch für andere Aktivitäten heranziehen. Seine Ergebnisse werden nicht umgeworfen, wenn wir davon ausgehen, daß in jeder seiner Zonen eine spezifische, der Landwirtschaft und der ländlichen Bevölkerung dienende, lokalversorgende Ergänzung durch Gewerbe und Dienste besteht. Auf diesem Gedanken hat *August Lösch* aufgebaut, was wiederum *Walter Isard* (1956) als Anreiz ähnlicher Modelle für „ökonomische Landschaften" diente. Diese Kombination von Landwirtschaft mit zentralörtlichen Aspekten und dem Verkehrswegenetz ist gelungen. Andere Aktivitäten wie Industrie oder Tourismus einzubauen scheiterte an der ungeheuren Vielfalt der hierfür notwendigen Annahmen zu den Standortfaktoren.

Lassen sich die Ergebnisse der verschiedensten Standorttheorien zu einem solchen Regionalmodell zusammenführen? Den Schlüssel kann eventuell die Systemtheorie in Verbindung mit den Innovationsansätzen bieten, die beide den früheren Standorttheoretikern noch nicht verfügbar waren. Der folgende Versuch ist bewußt einfach gehalten und gedanklich eher auf die Industrie bezogen.

Er geht auf eine Anregung bei *Grotewold* (1979, 10 f.) zurück, der diese Problematik unter Berufung auf *Predöhl* (1971) prägnant herausarbeitet.

Daß diese Frage aber höchst aktuell ist, belegen Arbeiten von *Storper & Walker* (1989) zur evolutionären Regionsbildung, *Palme & Kubacek* (1990) zu den Standortpfaden von Produkten. Ein solches wird gewöhnlich als Innovation an hochwertigen Standorten erzeugt. Im Laufe des Produktlebenszyklus werden die Standortanforderungen flexibler, die Erzeugung kann ausgelagert werden. In der Spätphase wandert sie an Orte mit billiger Arbeit. *Gritsai & Treivish* (1990) verbinden diese Gedanken zur Regionalevolution mit den langen Wellen nach *Kondratieff*.

Ausgangspunkt sei ein realer Wirtschaftsraum, d. h. ein Gebiet mit einer nicht näher definierten Anzahl von potentiellen Standorten, mit allen denkbaren Unterschieden der Ressourcenausstattung und Bevölkerungsverteilung. In diesem Gebiet bestünde ein „ursprünglicher Markt", der alle Güter nachfrägt, die dem jeweiligen Stand der Zivilisation entsprechen. Ursprüngliche Märkte dieser Art wären vorindustrielle Großstädte in der Gestalt von Fürstenresidenzen, Hauptstädten, kultischen Zentren oder Handelsstädten. Der Verständlichkeit halber könnte man sogleich an Paris oder London denken.

Die Ausbildung einer industriellen Regionalstruktur erfolgt durch ein Bündel von Einzelprozessen, die man grob zu vier Phasen gruppieren kann:

Phase 1: Ab einem bestimmten Zeitpunkt wird es möglich, einige der vom Markt nachgefragten Güter auch und eventuell billiger in großen Betrieben in Masse herzustellen, d. h. auf industrielle Art zu produzieren. Solche Betriebe können auf Grund von organisatorischen oder Prozeßinnovationen zuerst im ursprünglichen Markt konzipiert werden, denn nur dort werden sowohl Know-how, Kapital, Arbeitskräfte und Absatz zu finden sein. Ist der Weg zur Anwendung der neuen Technologien nicht institutionell versperrt, was allerdings im Laufe der Menschheitsgeschichte zumeist der Fall war, und haben sie Erfolg, so können sie auf immer weitere Produktionen Anwendung finden. Sie rufen dort die entsprechenden Innovationen hervor, so daß immer mehr Güter industriell hergestellt werden können. Diesen Vorgang belegt *Spate* (1938) sehr schön für London.

Phase 2: Im ursprünglichen Markt sind jedoch nur für einige, nicht für alle möglichen Industrien die nötigen Ressourcen ausreichend vorhanden. Es werden sehr schnell Agglomerationsnachteile auftreten. Manche Industrien werden dann verboten. Andere weichen aus dem Marktzentrum und suchen im Umland nach noch freien Ressourcen. Sofern es sich dabei um Prozesse mit starkem Gewichtsverlust handelt, werden diese Erzeugungen zu den Gewinnungsstätten der Rohmaterialien verlegt (Abb. XII-5).

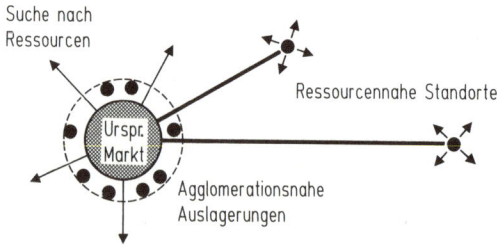

Abb. XII-5 Ursprünglicher Markt und erste Auslagerungen

Zuerst gilt diese Suche den Rohstoffen und Energieressourcen in entsprechenden Eignungsräumen, später werden auch Arbeitskräfte, Wasser und Hilfsstoffe knapp, und zuletzt gilt die Suche einfach Betriebsflächen genügender Größe, die billig und frei von Umweltauflagen sind.

Während Auslagerungen an den Rand des ursprünglichen Marktes ihre Rückverbindung dorthin halten können, nimmt an fernen Ressourcenstandorten die Entwicklung einen anderen Verlauf. Viele vor- und nachgelagerte Leistungen müssen nun an Ort und Stelle erbracht werden. Es bilden sich örtliche Komplexe und eventuell auch Formationen von vielen Betrieben, die ihrerseits sekundäre Märkte hervorrufen.

Ursprüngliche und sekundäre Märkte werden alsbald durch eine leistungsfähige Infrastruktur verbunden. Sie können zu einem industriellen Kernraum verwachsen. In diesem entstehen ständig neue, geschaffene Standortvorteile, welche die weitere Dynamik bestimmen (Abb. XII-6). Der entstehende Kernraum ist eingebettet in einen Staat, der sich nun als Volkswirtschaftsregion zu organisieren beginnt. Die übrigen Teile dieses Systems bleiben jedoch nicht-industrialisierte Peripherien. So weit gehen viele Theoretiker bei ihren Überlegungen.

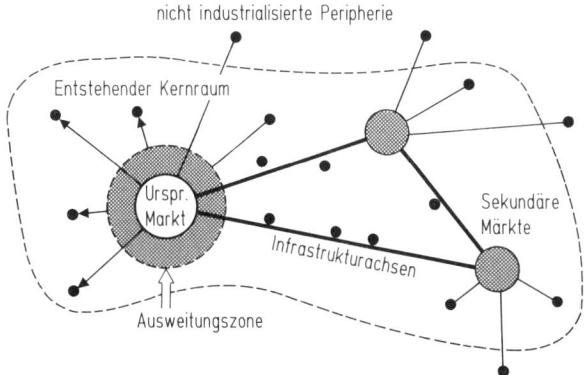

Abb. XII-6 Entstehender industrieller Kernraum

Phase 3: Mit diesen Vorgängen geht eine weitere Phase einher. Aus dem ursprünglichen Markt und später aus den sekundären Märkten ausgelagerte Industrien schaffen an ihren neuen Standorten auch neue Ressourcen, insbesondere Humanressourcen, aber auch technische Vorteile und einsatzbereites Kapital. Damit steigt die Wahrscheinlichkeit, daß nun dort durch lokale Innovation neue Industrien und Industrieformationen entstehen.

Solche Initiativen werden zwar vielfach nur Industrien von lokaler Bedeutung hervorrufen, etwa in Gestalt von Nachahmungen neuester Veränderungen im ursprünglichen Markt oder im Kernraum. Andere können sich zu Großunternehmen an Zufallsstandorten auswachsen. Wenn neue Wirtschaftsformationen entstehen und für diese die notwendigen vor- und nachgelagerten Einrichtungen und unterstützenden Dienste aufgebaut werden, können diese Bereiche ebenfalls zu sekundären Märkten werden, womit sich der Prozeß weiter in die Peripherie hineinschiebt. Daneben freilich gibt es auch ganz kurzlebige Standortschwärme, von denen nach kurzer Blüte nur mehr Konzentrationsbetriebe oder Relikte künden.

Erfolge neuer Industrien ermutigen die inzwischen in den ursprünglichen und sekundären Märkten entstandenen Großunternehmen ihre Zweigwerke in größere Entfernung vom Kernraum anzusiedeln. Gelegentlich werden auch selbständige Großunternehmen an geeigneten Standorten in der Peripherie gegründet, speziell wenn neuartige Ressourcen verwertbar werden. Gleichzeitig zieht diese Bewegung den Ausbau der technischen Infrastruktur in die Peripherie hinaus bis an die Grenzen der Volkswirtschaftsregion.

Phase 4: Mit zunehmender Ausweitung der Regionalverflechtungen sinkt die Bedeutung der geographischen Distanzen und der Transaktionskosten. Die Infrastrukturen werden nun so ausgebaut, daß die jeweiligen Normaldistanzen leicht bewältigt werden können. Bessere Organisation der Wirtschaft macht die Standorte gleichwer-

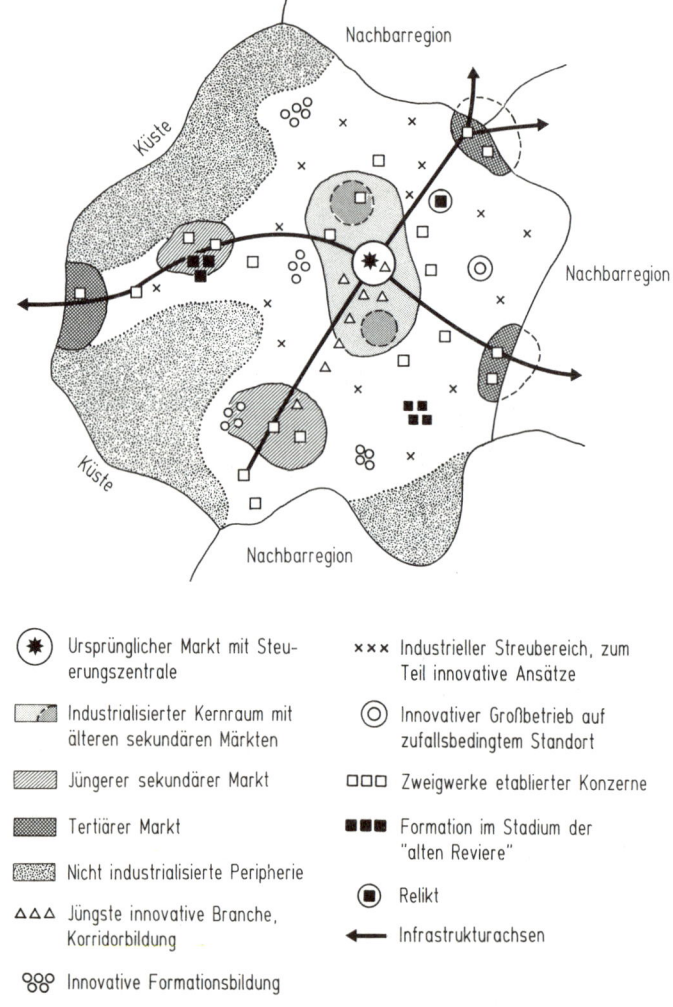

Abb. XII-7 Hypothetisches Gefüge einer industrialisierten Wirtschaftsregion

tiger und drängt die Ausrichtung auf lokale Ressourcen- und Kostenvorteile zurück. Die Industrien haben nun immer bessere Möglichkeiten auch ferne Absatzmärkte zu bedienen. Damit kommen auch Standorte in peripheren Lagen in Betracht. Nicht selten erlaubt es ein peripherer Standort mehrere Märkte und Kernräume zu beliefern. An solchen Plätzen kann es zum Entstehen von tertiären Märkten kommen, die nicht selten aus grenznahen Kontaktpunkten entstehen.

Die hypothetische Struktur eine derartigen industrialisierten Region zeigt Abb. XII-7. Sie ist natürlich weit entfernt von der eleganten Einfachheit des Thünen-Modells und sie müßte dies auch dann sein, wenn von der Prämisse einer isotropen Ebene ausgegangen würde. Am ehesten läßt sich dieses Gefüge nach dem Mosaik-Zyklus-Konzept der Ökologie interpretieren (*Böhmer & Richter* 1996). Die Gesamtregion besteht demnach aus einem Mosaik kleiner Subsysteme in den unterschiedlichsten Phasen ihrer Entwicklung. Durch deren assynchrone aber stets aufeinander bezogene Dynamik kann es sich einem Fließgleichgewicht annähern.

Die oben mit den 4 Phasen angedeuteten Prozesse laufen also nicht streng nacheinander ab, sondern sie sind zeitlich verschränkt, denn die innovative Dynamik und Verdrängungsprozesse kommen ja in den Kernräumen nicht zum Stillstand. Das gleiche gilt für alle anderen standortbildenden Vorgänge. Während junge Branchen gerade im Kernraum ein Standortmuster ausbilden, werden anderswo Industrien am Ende ihres Entwicklungszyklus ständig rückgebaut. Die einst von ihnen geschaffenen Ressourcen aber werden zu den Voraussetzungen für Nachfolger, die an alte Standorte einrücken. Die völlige Auslöschung bereits gebildeter Märkte und Kernräume ist in den Industrieländern trotz aller Klagen noch nirgends vorgekommen.

Man darf aber nicht postulieren, daß der hier angedeutete Entwicklungsgang regelhaft und geradlinig ablaufen sollte. Schon in dem Augenblick, wo erste Industrien aus den ursprünglichen Märkten hinausverlagert werden müssen, setzt auch der gegenläufige Vorgang ein, der darin besteht, daß sich diese bemühen, durch Anpassungsinnovationen, Rationalisierung oder politische Einflußnahme den zentralen, absatznahen Standort zu halten oder wiederzuerlangen. Der Ausbreitungsvorgang einer industriellen Regionalstruktur wird also zeitweilig sehr kräftig sein, während zu anderen Perioden Stillstand oder sogar Rückzug aus allzu ungünstigen Peripherien überwiegt. In allen Industrieländern kommen auch Randgebiete vor, die noch nie oder nur ganz gering von der Ausbreitung miterfaßt wurden. Dies gilt insbesondere für Inseln, Halbinseln und Gebirge, daneben auch für ländliche Räume, deren Arbeitskraftressourcen schon in die Kernräume und Agglomerationen abgewandert sind. Nirgends auf der Welt gibt es ein im geographischen Sinne voll industrialisiertes größeres Land.

Für eine Illustration der Ausbildung von Kernräumen bieten sich die großen Volkswirtschaftsregionen der USA und ehemaligen Sowjetunion an (Abb. XII-8a, b). Bemerkenswert ist bei ihnen die noch sehr unvollkommene Industrialisierung weiter Agrarräume und die große Zahl tertiärer Kernbildungen an Torpunkten und den Gateway-Städten zu weiten Hinterländern.

Freilich stellt sich hier auch die Frage, was ein solcher Kernraum ist, und wie man ihn erfassen könnte. *Otremba* (1969, 78) versteht das Kernwachstum als die wichtigste gestaltende Kraft im Wirtschaftsraum, ohne allerdings sein Konzept näher zu erläutern oder zu analysieren. In systemorientierter Sicht wäre zu fordern, daß der Kernraum durch selbstinduziertes, selbstverstärkendes Wachstum die Ausbildung der Struktur der Gesamtregion vorantreibt. Einfache Indikatoren für industrielle Kernräume sind höhere Standortdichte der Industrie, ein leicht überdurchschnittlicher Industriebesatz, starker Anteil der jeweiligen Wachstumsindustrien, worunter man derzeit Mikroelektronik, Elektrotechnik, Automobil- und Maschinenbau sowie die chemische Industrie zu sehen hätte.

a)

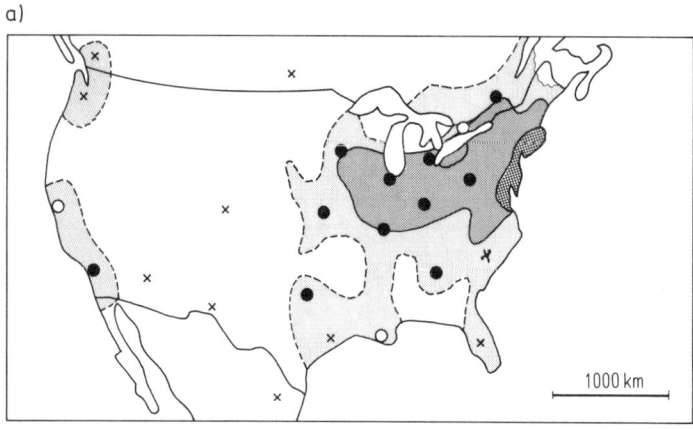

b)

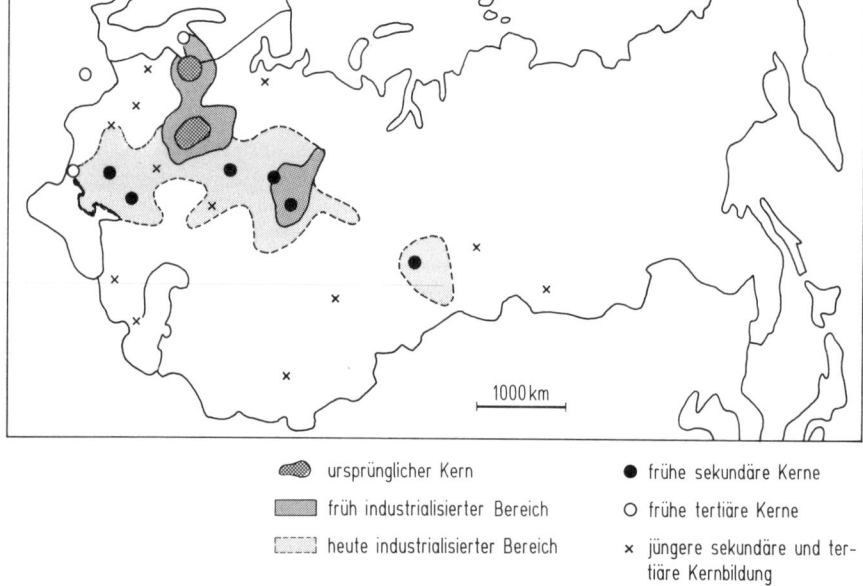

⬤ ursprünglicher Kern	● frühe sekundäre Kerne
▦ früh industrialisierter Bereich	○ frühe tertiäre Kerne
▒ heute industrialisierter Bereich	× jüngere sekundäre und ter- tiäre Kernbildung

Abb. XII-8 Kernraumbildung in Nordamerika und in der Sowjetunion

Kennzeichnend ist daneben die ausgeprägte Branchenvielfalt bei hochwertigen Konsum- und Investitionsgütern sowie ein generell hoher Anteil industrieller Dienstleistungen. Gerade letzteres ist aber noch zu wenig erforscht und richtiger wäre es, wohl nach dem Anteil von in Industrieprodukte eingebauten Dienstleistungen und Knowhow zu fragen.

Jede entwickelte Volkswirtschaftsregion wird mindestens einen solchen Kernraum haben. Wo bei näherer Untersuchung keiner auszumachen ist, wäre die berechtigte Frage zu stellen, ob dieses Land denn entwickelt und eine Volkswirtschaft wäre. Dieses Argument findet eine Stütze in der Handelstheorie von *Grotewold* (1979), wonach die Kernräume der Welt untereinander vornehmlich verschiedene Macharten von grundsätzlich „gleichen" Gütern und deren Komponenten austauschen. Peripherieländer dagegen beziehen Industriegüter im Austausch gegen Rohwaren, Halbfabrikate und andere komplementäre Güter.

Das hier skizzierte Strukturmodell betrifft neben den Steuerungszentralen den zweiten wesentlichen Strukturbestandteil von Volkswirtschaftsregionen. Wie das Modell in Abb. XII-7 verdeutlicht, ist hier an potentiell sehr weiträumige Beziehungen zu denken. In kleinen Staaten, die zum Kernraum industrieller Entwicklungsdynamik wurden, hat dieser Prozeß sehr rasch die Landesgrenzen erreicht und überschritten. Dies war schon im vergangenen Jahrhundert bei Belgien, dem Königreich Sachsen, der Schweiz und Großbritannien der Fall, welch letzteres sogar sekundäre Kerne in Australien und Indien hervorrief. Die USA, die ehemalige Sowjetunion, Brasilien und Indien heute zeigen andererseits, daß die Industrialisierung nur sehr langsam in diesen übergroßen Wirtschaftsregionen voranschreitet. Die noch sehr spärlichen Studien über die von bestimmten Steuerungszentralen aus kontrollierten Zweigwerke lassen vermuten, daß nur die größten Zentralen in die gesamte Volkswirtschaftsregion ausgreifen können, während kleinere nur ein begrenztes Umfeld beeinflussen und weiter voranbringen.

Eine letzte Frage betrifft die Anwendbarkeit des vorgestellten Modells auf andere Wirtschaftszweige. Die meisten Tätigkeiten, die auf überörtliche Märkte ausgerichtet sind, folgen heute diesem Muster. Dies gilt u. a. für den Tourismus wie ihn *Christaller* sehen wollte. Seine Strukturen bilden sich in der obigen Weise, er gelangt dabei nur viel schneller bis in die Peripherie als die Industrie. Am extremsten ist dieser Vorgang bei extraktiver Ressourcennutzung, die vielfach schon an den Grenzen der Ökumene angelangt ist und diese überschreiten will. Es besteht daher kein Grund, unserem genetischen Modell der Industrieregion gesonderte Hypothesen für andere Wirtschaftszweige einschließlich der Landwirtschaft zur Seite zu stellen, wenngleich da und dort natürlich die standortbildenden Prozesse andere Gewichte haben und in der Literatur andere Bezeichnungen tragen. Kleinräumig freilich läßt sich zweckmäßiger Weise die gesamte Fragestellung auf der Skala zwischen flächendeckender Standortverdichtung im Mantelbereich der Städte auf der einen und in menschenleeren Peripherien auf der anderen Seite aufspannen. Ebenso dringen die skizzierten Entwicklungen in kulturell fremdartige Gebiete ein, was gleichfalls Modifikationen bewirkt. Diese sind als Sonderprobleme zu behandeln.

Kapitel XIII
Besondere Fragen der Standortbildung

Standortsuche, Standortmuster und deren Einbindung in Regionalsysteme bringen spezifische Bedürfnisse einzelner Wirtschaftstätigkeiten zum Ausdruck. Da deren Variationsbreite potentiell unendlich ist, sollte man bei ihrer Behandlung nicht von Einzelaktivitäten ausgehen wollen. Andererseits fassen die Wirtschaftssektoren unserer Statistiken und Lehrbücher in sich so heterogene Elemente zusammen, daß bei einer allgemeinen Betrachtung kein klares Bild entstehen kann. Dies wird durch die Mannigfaltigkeit der Prozesse deutlich gemacht, die im vorigen Kapitel angesprochen wurden.

Eine brauchbare Ergänzung der Standorttheorien erbringt jedoch die Betrachtung nach der Dichte der Standorte und der Vollständigkeit bzw. Ausschließlichkeit der Inanspruchnahme der Ressourcen. Deshalb werden im Folgenden fünf Segmente beleuchtet, die von der extremen Ballung in den Städten bis zu den wenig genutzten und nur dünn besiedelten Peripherien reichen. Sie gelten jenen Aktivitätskomplexen, die in industrialisierten Volkswirtschaftsregionen neben der Industrie im engeren Sinne eigenständige Standortbildungen hervorbringen können. Diese sind jeweils als Subsysteme der Regionen zu verstehen.

XIII.1 Die Städte und ihr Mantelbereich

Die Funktionskomplexe der zentralen Orte und Steuerungszentralen sind in den Städten in der Regel von ausgedehnten Siedlungszonen umgeben, in denen Haushalte und Betriebe räumlich besonders dicht gepackt, ja lückenlos angeordnet auftreten. Die meisten dieser Einzelwirtschaften haben nichts mit Steuerungsaufgaben oder zentralörtlichen Diensten zu tun. Sie haben sich vielmehr wegen der geschaffenen Eignungsmomente der Städte hier niedergelassen. Die überaus vielfältigen Motive brauchen uns hier nicht mehr zu beschäftigen. Insgesamt führt diese Agglomeration von zuwandernden Menschen und Betrieben, verstärkt durch die aus ihrer engen Nachbarschaft resultierende, systeminterne Eigendynamik zu starken katalytischen Wachstumseffekten. Städte können zu Gebilden mit vielen Millionen Einwohnern anwachsen, die größer sind als manche Volkswirtschaften. Wir können leicht feststellen, daß sie auch ebenso komplex werden. Damit wird der von *Bobek* schon 1938 eingebrachte Gedanke von der industriellen Überlagerung der zentralörtlichen Funktionen der Städte aufgegriffen.

Die prozeßhaften Verflechtungen innerhalb der Städte erlauben es nicht, den Mantelbereich vom zentralen Kern säuberlich zu trennen. Einrichtungen der Steuerung und der zentralörtlichen Funktionen werden von Menschen bedient, die in den Wohngebieten im Mantelbereich der Städte leben. Sie stützen sich auf Zulieferer, die gleichzeitig außerstädtische Abnehmer haben. Es ist daher richtig, die städtischen Agglomerationen insgesamt als Subsysteme der Volkswirtschaften zu betrachten. Sie haben als solche eine gewisse Autonomie. Umgekehrt freilich geht diese Autonomie heute nicht allzuweit. Kaum eine Stadt kann heutzutage die Rahmenbedingungen ihrer Wirtschaftstätigkeiten selbst setzen. Sie ist eingebettet in das Städtenetz ihrer Region, welche einerseits den weiteren Agglomerationsprozeß durch Konkurrenzbeziehungen bremst, ihn andererseits infolge der Unzulänglichkeiten ihrer Struktur in ihren führenden Städten gewaltig beschleunigen kann. Innenbürtige Kräfte erwachsen den Städten aus Innovationen. Heute aber vermögen nur sehr große Städte solche Innovationsimpulse für sich alleine nutzbar zu machen, was sich dann in innerstädtischen Gewerbeformationen ausdrücken wird. In der Regel verbreiten sich diese Impulse durch Nachahmung sehr schnell durch das gesamte Städtesystem.

In formaler Hinsicht ist jede Stadt eine dicht gepackte heterogene Agglomeration. Neben die horizontale Nachbarschaft tritt das vertikale Über- und Untereinander der Standorte. Diese Engräumigkeit und Dichte gibt den am besten zugänglichen Plätzen einen gewaltigen, zusätzlichen Standortvorteil, der in Einkommen für Einzelwirtschaften umsetzbar ist. Die Folge sind hohe Grundstücks- und Mietpreise. Je nach ihrer Fähigkeit Einkommen zu erzielen, können sich Einzelwirtschaften im Rahmen dieses Bodenpreisgradienten im Stadtzentrum, abseits davon im Mantelbereich oder nur an der Peripherie halten. Die schwächeren Nutzungen werden fortlaufend nach Außen gedrängt. Die Folge ist eine von der Stadtgröße abhängige zonale Sortierung, die manche Ähnlichkeiten mit dem Thünen-Modell hat, wie dies von *Alonso* (1960 und 1964) herausgearbeitet wurde.

Mit solchen Fragen hat sich die Stadtgeographie sehr lange und intensiv beschäftigt. In ihren fortgeschrittenen Formen führen deren Arbeiten zu einer Aufdeckung der Entwicklungsprozesse städtischer Siedlungen im Rahmen sozialökonomischer Stadtmodelle (dazu *Carter* 1972, 1980; *Hofmeister* 1969; *Lichtenberger* 1973, 1985a, 1986; *Lichtenberger* et al. 1987). Damit ist für die Städte in breitem Umfang bereits geleistet worden, was für größere Wirtschaftsregionen an theoretischer Durchdringung noch aussteht.

Die Grundformen dieser Modelle wurden von amerikanischen Geographen und Soziologen erarbeitet. Sie sind bekannt als radialkonzentrische Stadt, Sektorenmodell und Mehrkernmodell. Sie bedürfen bei der Anwendung auf Städte anderer Kulturtraditionen einer Interpretation, welche die jeweiligen Einflüsse von Besitz, Bodenrecht, Arbeitsverhältnissen, Planungsvorstellungen und auch religiösen und symbolhaften Momenten berücksichtigt. Diese kulturspezifischen Stadtmodelle können jedoch in dieser allgemeinen Übersicht weitgehend ausgeklammert werden.

XIII.1.1 Die radialkonzentrische Stadt

In allen Hochkulturen spiegelten die Städte nach Form und Anlage einen politisch-religiösen Gestaltungswillen, der wirtschaftlichen Aspekten übergeordnet blieb. Meist waren diese Städte überdies aus Verteidigungsgründen baulich eingeengt. Nur bei den allergrößten Metropolen führte die nicht mehr kontrollierbare Vorstadtbildung zum Durchbrechen solcher starrer städtebaulicher Konzepte.

In Europa setzte dieses Ausufern der Städte mit der Ausbildung volkswirtschaftlicher Verflechtungen ab dem 18. Jahrhundert ein, zunächst auch hier nur in den führenden Städten, später als Folge von Industrialisierung und Eisenbahnbau auch bei allen anderen. Frühe Darstellungen dieses Vorgangs lieferten *Friedrich Engels* und *L. Faucher* schon 1844 (*Stewig* 1995, 134). In den USA begann das rasche Städtewachstum mit den großen Einwanderungswellen des 19. Jahrhunderts. Hier konnten sich die Städte weitgehend ohne Behinderung ausbreiten und ihr inneres Gefüge war nur wenig von starr fixierten Ansprüchen von Staat, Militär und Kirche beeinflußt. Daher setzten amerikanische Autoren die Erfahrungen zahlloser Städtebauer und Geographen in ein funktionales Stadtmodell um, das nach seinem wichtigsten Vertreter das *Burgess*-Modell genannt, allgemeiner aber als radialkonzentrische Stadt bezeichnet wird (*Burgess* 1925; Abb. XIII-1a).

a) Das Burgess-Modell

b) Das Reverse-Burges Modell

c),d) Die kleine Stadt an der Eisenbahn

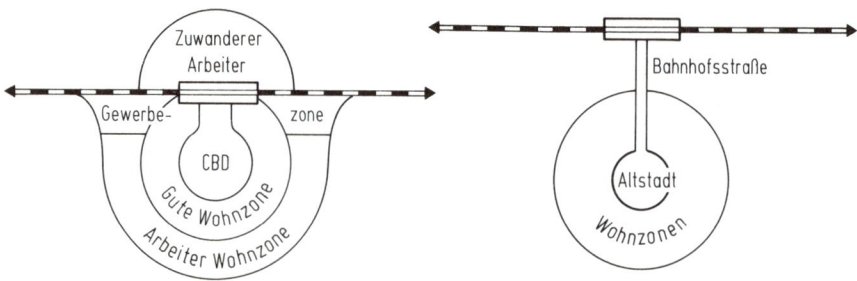

Abb. XIII-1   Die Radialkonzentrische Stadt

Burgess unterschied innerhalb der Stadt in konzentrischer Anordnung:

1) Den zentralen Geschäftsbezirk (central business district, „CBD", City) als den Fokus des wirtschaftlichen, sozialen und bürgerlichen Lebens, verbunden mit den zentralen Verkehrseinrichtungen und dem innerstädtischen Einkaufsbezirk (downtown), der die höchstrangigen Angebote von Konsum- und Modegütern bereitstellt. Downtown ist umgeben von Einrichtungen des Großhandels und der Lagerhaltung im Anschluß an die Eisenbahnanlagen. Bedingt durch die hohen Grundstückspreise wächst Downtown vornehmlich in die Höhe.

2) Die Übergangszone (zone in transition) rund um die Innenstadt. Hier liegen die ältesten Vorortgebiete der Stadt. Sie entstanden wegen der Verdrängung der Wohnbevölkerung durch Büros und Geschäfte aus Downtown und die frühesten Zuwanderergruppen. Doch verfällt hier allmählich der alte Baubestand schon wieder und die Wohnhäuser werden durch Gewerbenutzungen ersetzt, seit ihre Bewohner in jüngere Vororte weiter draußen abgewandert sind. Die leerstehenden Häuser dienen aber eine Zeit lang als einfache Unterkünfte für Zuwanderer, während die schlechteren Bezirke zu Slums absinken, in denen sich der Bodensatz der Stadtbevölkerung und diskriminierte Minderheiten zusammenfinden.

3) Der Bereich der Arbeitersiedlungen schließt nach Außen an die Übergangszone an. Seine Bewohner sind aus den inneren Zonen hierher abgewandert und bewohnen Eigenheime oder gemietete Häuser. Sie versuchen aber, in der Nähe ihrer Arbeitsplätze in der Stadtmitte zu bleiben. In amerikanischen Städten lebt hier vor allem die zweite Generation der Einwanderer.

4) Gehobene Vorortgebiete der bereits arrivierten Bevölkerungsschichten, vornehmlich angloamerikanischer Abkunft. Diese Zone ist geprägt von meist nach den letzten Stilrichtungen gestalteten Einfamilienhäusern. Diese haben sich häufig zu exklusiven Vorstädten mit eigenem kommunalen Statut gruppiert. Durchsetzt ist diese Zone von Industrieanlagen entlang der Eisenbahnachsen und mitunter auch von vornehmen Appartementanlagen.

5) Die Pendlervororte. Sie liegen außerhalb der Stadtgrenzen in Vorortgemeinden und Satellitenstädten, die sich entlang der Bahnlinien anordnen. Hier siedeln auf großen Grundstücken die Oberschichtenfamilien, deren berufstätige Angehörige sich die weite Anreise zu ihren Arbeitsplätzen in Downtown leisten können.

Man darf beim *Burgess*-Modell weder seine Entstehungszeit vor der Massenmotorisierung noch die besonderen Bedingungen der USA außer Acht lassen. Sein Wert liegt vielmehr darin, daß es zum ersten Male einen kohärenten Rahmen für Standortverlagerungen innerhalb der Städte und die Querverbindungen zwischen Wirtschaft und den haushalts- und bevölkerungsbezogenen Entscheidungskriterien aufdeckt. In der Tat würde man städtische Systeme völlig falsch interpretieren, wenn man sie nur unter dem Gesichtspunkt der Betriebsstandorte oder des Wohnens sieht. Wohnnutzung und gewerbliche Nutzung konkurrieren in der Stadt um Standorte, sobald die Einheit von Wohn- und Arbeitsstätte gelöst ist. Die Konkurrenzbedingungen sind freilich oft recht unfair für die eine oder die andere Seite, worauf insbesondere *Harvey* (1973) aufmerksam machte.

Besondere Bedingungen Amerikas bestimmen dieses Modell. Wichtig ist zunächst der Umstand, daß es keine Bauhöhenbeschränkungen gibt. Infolgedessen können die Gebäude in Downtown zu Wolkenkratzern werden, womit selbst die höchsten Grundstückspreise tragbar werden. Deshalb wächst Downtown auch nicht nach Außen. Darin liegt die Ursache für die Ausbildung der Übergangszone, die als eine Teilung im Systemgefüge der Stadt angesehen werden kann. Außerhalb der Übergangszone ist der Wandlungsprozeß in der Horizontalen wirksam und sehr rege. Ältere, bereits abgewohnte Wohnhäuser werden von den wohlhabenderen Bürgern nicht erneuert, sondern zugunsten neuer Wohnstandorte weiter draußen aufgegeben. Dienten sie einst als Behausungen der Oberschicht, so sinken sie sukzessive zu Vierteln des Mittelstands und der Unterschichten ab, bis man sie schließlich dem Verfall überläßt, den man als „urban blight" bezeichnet (*Strzygowski* 1963).

Die interessanten Zusammenhänge im Wohnbereich der Städte versucht *Alonso* (1960, 1964) theoretisch zu fassen. Nach seiner Ansicht ist der Hauptgrund die Fähigkeit der Oberschicht, sich weite tägliche Anreise leisten zu können. Sie zahlen dafür zwar mit Geld und viel Zeit, haben aber die Möglichkeit auf billigem Eigengrund angenehm zu wohnen. Ärmere Haushalte wollen Reisezeit und Kosten minimieren, bezahlen aber dafür mit höheren Mieten. Die Allerärmsten leben gedrängt aber innenstadtnahe in der Übergangszone. Zwar bezahlt der Einzelne für seine Unterkunft nur einen kleinen Betrag, dieser macht aber einen hohen Anteil seines Einkommens aus und verhilft den Vermietern zu horrenden Profiten.

In europäischen Städten ist das Prozeßmuster teilweise anders und umgekehrt, so daß man vom „inverted Burgess-model" spricht. Mit Nachdruck betont *Lichtenberger* schon 1972 (Abb. XIII-1b), daß in den Innenstädten die Bauhöhen hier auf eine maximale Stockwerkszahl beschränkt wurden, die Rücksicht auf kirchlichen oder staatlichen Baubestand nahm. Infolgedessen breitet sich die City horizontal aus und dringt mit Büros und Geschäften in die umgebenden Viertel ein, welche durch ältere Miethausbebauung oder Villen geprägt sind. Ein breiter Gürtel mehrstöckiger Miethäuser umgibt die Innenstädte. Das Miethaus mit Etagenwohnungen und Hinterhöfen war in den Residenzstädten als Wohnform für Beamte und ihre Gesinde entstanden. Es wurde stadtauswärts in immer einfacheren Formen für Mittelstand und Arbeiter abgewandelt. Zuwanderer siedeln sich am jeweiligen Außenrand der Städte an. Die Ausweitung der City und der soziale Aufstieg der Stadtbewohner bewirken einen Aufwertungsprozeß, der nach außen voranschreitet, im Gegensatz zur sozialen Abwertung in den amerikanischen Städten. Am äußersten Rand der Stadt können bei überstarker Zuwanderung randständige Zuwandererslums entstehen.

Sowohl das Modell von *Burgess* wie auch die Abwandlung von *Lichtenberger* sind auf sehr große Städte bezogen. Bei kleineren ist der Aufwertungs- und Abwertungsdruck weniger stark und konzentrische Zonierungen entstehen nur ansatzweise. Wichtig sind dabei Assymetrien der standörtlichen Bewertung der Innenstädte. Verkehrsachsen und Eisenbahnen, daneben auch Wasserläufe und Baulandeignung beeinflussen die nach außen gerichteten Entwicklungen. Die Stadtviertel „hinter der Eisenbahn" sind fast überall einfache Arbeiterviertel geworden, während die Straßenzüge „vor der Bahn" die bevorzugten Lagen der Innenstadtausweitung abgaben (Abb. XIII-1c, d).

Das radialkonzentrische Wachstum der großen Städte ist nicht abgeschlossen. Auch bei der heute bevorzugten Tendenz zur Ausbreitung entlang von Ausfallsstraßen und zum Ausbau von Satellitensiedlungen füllen sich die entstehenden Zwischenräume alsbald mit einfachen Wohnsiedlungen und Gewerbeflächen. In Städten der Dritten Welt setzen hier auf öffentlichem Landbesitz die illegalen Hüttenviertel der ärmsten Zuwanderergruppen an. Selten gelingt es, in großen Städten durchgehende öffentliche Grünzonen offen zu halten.

XIII.1.2 Das Sektorenmodell

Diese von Homer *Hoyt* seit 1936 für die Realitätenwirtschaft und die US-Regierung entwickelte Stadtvorstellung wurde durch *L. Wirth* (1945) und später durch die Arbeiten von *Harris & Ullmann* (1945) bekannt. *Hoyt* nimmt das *Burgess*-Modell als Grundlage, stellt aber fest, daß einige der dort zonal angeordneten Nutzungen bevorzugte Wachstumsrichtungen entlang von Sektoren zeigen (Abb. XIII-2). Dies sind einerseits die Gewerbegebiete und an deren Nähe gebundene Arbeiterwohnsiedlungen, andererseits die Oberschichtenwohngebiete. Arbeiterviertel lokalisiert *Hoyt* auch hinter den Gewerbezonen. Zwischen den Ausbreitungsachsen siedeln Mittelstand und Arbeiter, wobei hier der gleiche Mechanismus wirksam wird wie bei *Burgess*.

Wichtig ist der Gedanke, daß sich bereits in der zunächst noch kleinen Stadt bevorzugte Richtungen ausprägen, denen die weitere Ausbreitung dann lange Zeit folgt, indem immer die gleiche Nutzung im jeweiligen Sektor außen fortgesetzt wird.

Der gewerbliche Sektor der Stadt folgt dabei den Verkehrswegen und Flußterrassen mit ebenem Baugrund. Es kann aber auch die Richtung zu benachbarten großen Städten eine Rolle spielen. *Pred* (1964) hat dies für amerikanische Städte erhoben und meint, daß hier das Gefühl der Unternehmer mitspielt, auf dieser Seite der Stadt würde der eigentliche Absatzmarkt liegen. Deshalb fällt die Entscheidung oft für solche Standorte. Ansätze für Oberschichtenviertel sind stadtnahe Erholungsgebiete, denen man näher rücken will. Adelsschlösser, Wasserflächen, Weingärten spielen in europäischen Städten eine ähnliche Rolle als Attraktoren.

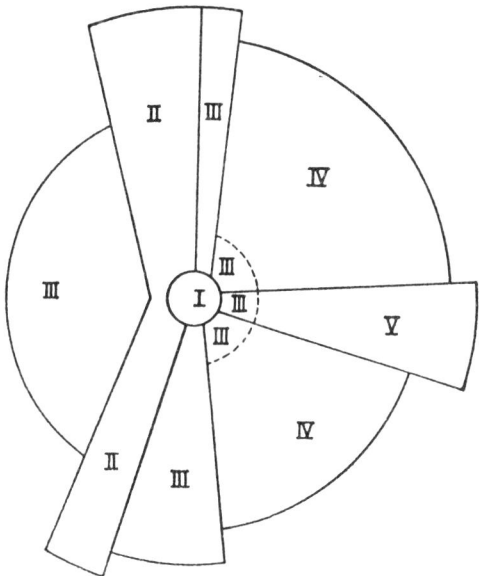

I City
II Leichtindustrie
III Wohnviertel Minderbemittelter
IV Wohnviertel des Mittelstandes
V Wohnviertel der begüterten Schichten

Abb. XIII-2 Das Sektorenmodell von *Hoyt*
Quelle: *Gabriele Schwarz*: Allg. Siedlungsgeogr., 4. Aufl., S. 727

Einen Versuch, solche Richtungskomponenten für eine Stadt anzugeben, zeigt Abb. XIII-3. Er wurde für Wien erstellt, weil hier ein guter Vergleich mit verschiedenen Arbeiten von *Lichtenberger* möglich ist, und auch, weil sich hier nach 1918 ein radikaler Wechsel der räumlichen Einbindung ergeben hatte. Waren in der Epoche vor dem Ersten Weltkrieg die Industriesektoren in den Richtungen auf Prag, Krakau, Budapest und zum Seehafen Triest ausgebildet, so wurde nach dem Zweiten Weltkrieg die Westrichtung interessanter. Sie war jedoch nicht frei, weil sich in diesem Sektor schon der Oberschichtenwohnbereich ausgebreitet hatte und große Areale unter Landschaftsschutz gestellt wurden, um dessen Wohnqualität zu sichern.

Insgesamt sollte in kleinen Städten die Sektorenbildung deutlicher ausgeprägt sein, weil reichlicher verfügbares, billiges und gut zugängliches Bauland viele Freiheiten in der Standortwahl bringt. Möglicherweise spielen bei der Sektorenbildung im Wohnmantel auch regionale Beziehungsfelder, die Einfallsrichtung von Pendlern und die Herkunft von Zuwanderern eine Rolle. Solche Dinge wurden aber noch kaum untersucht. Sicherlich trägt der umlandversorgende Dienstleistungssektor zur Sektorenbildung bei. Für ihn sind Standorte am Außenrand des städtisch verbauten Gebietes mit bequemer Erreichbarkeit noch viel wichtiger als für alle anderen Nutzer. Das gleiche Argument mag für die Bauwirtschaft gelten.

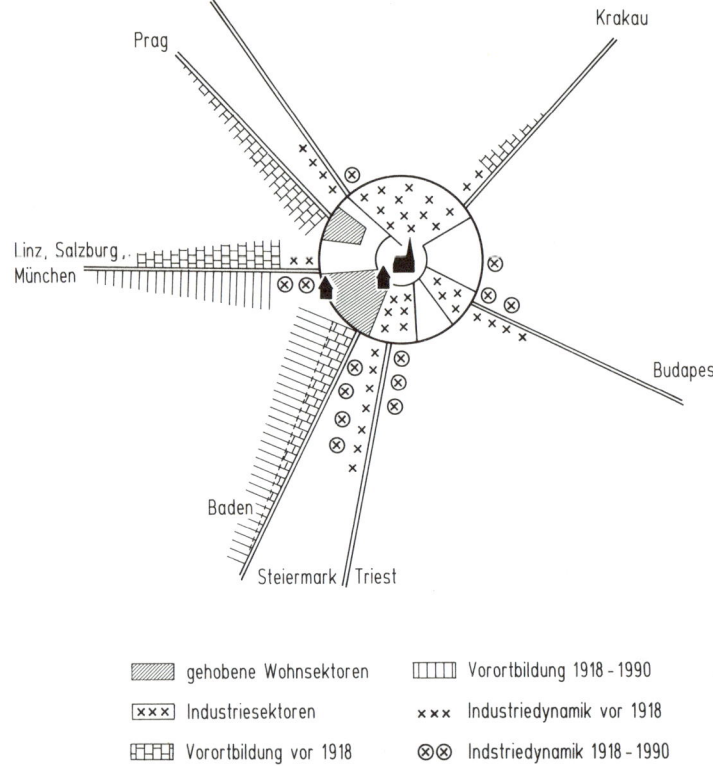

▨ gehobene Wohnsektoren	⸋⸋⸋⸋ Vorortbildung 1918 - 1990
⸋x x x⸋ Industriesektoren	x x x Industriedynamik vor 1918
⸬⸬⸬ Vorortbildung vor 1918	⊗⊗ Indstriedynamik 1918 - 1990

Abb. XIII-3 Wien – Verlängerung der städtischen Sektoren ins Umland

XIII.1.3 Das Mehrkernmodell nach *Harris & Ullmann*

Dem soziologischen Stadtmodell von *Burgess* stellen *Harris & Ullmann* (1945) ihr Modell einer mehrkernigen Stadtentwicklung entgegen. Dieses erwächst weniger aus den Wandlungen vom Eisenbahn- zum Automobilzeitalter als vielmehr aus der Beachtung der geographischen Realität. Verschiedene Lagewertigkeiten, bereits vorhandene Siedlungskerne und kleinere zentrale Orte geben Ansatzmöglichkeiten zu einer viertels- und stadtteilbezogenen Agglomeration, der später eine Spezialisierung folgen kann. In dieser Hinsicht denken eben Geographen anders als die unbesorgt mit isotropen Raumvorstellungen arbeitenden Soziologen und Ökonomen (Abb. XIII-4a)

Explizite heben *Harris & Ullmann* vier Momente hervor:

- Den Bedarf einzelner Aktivitäten an spezifischen Standortvoraussetzungen, wie z. B. Zugänglichkeit für City-Funktionen, Lage am Hafen oder Flughafen, Ausrichtung an Verkehrswegen.
- Nachbarschaftsvorteile bei Geschäftsbezirken, Bankenviertel und Vergnügungsbezirken.
- Störeffekte die zur Meidung von Nachbarschaft Anlaß geben, wie z. B. Oberschichtenviertel möglichst keinen Kontakt zu Industrie, Bauwirtschaft, Gastarbeitervierteln und Slums haben wollen.

a) Das Mehrkern-
   modell nach
   Harris & Ullman

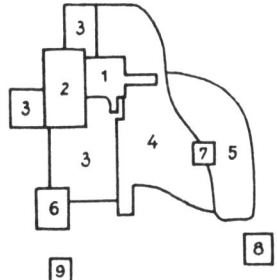

1 CBD
2 Gewerbebetriebe
3 Arbeiterwohnviertel
4 Wohnviertel des Mittelstandes
5 Wohlhabende Wohnviertel
6 Schwerindustrie
7 Shopping Center
8 Trabanten
9 Satelliten

b) Die ausgereifte Mehrkernstadt

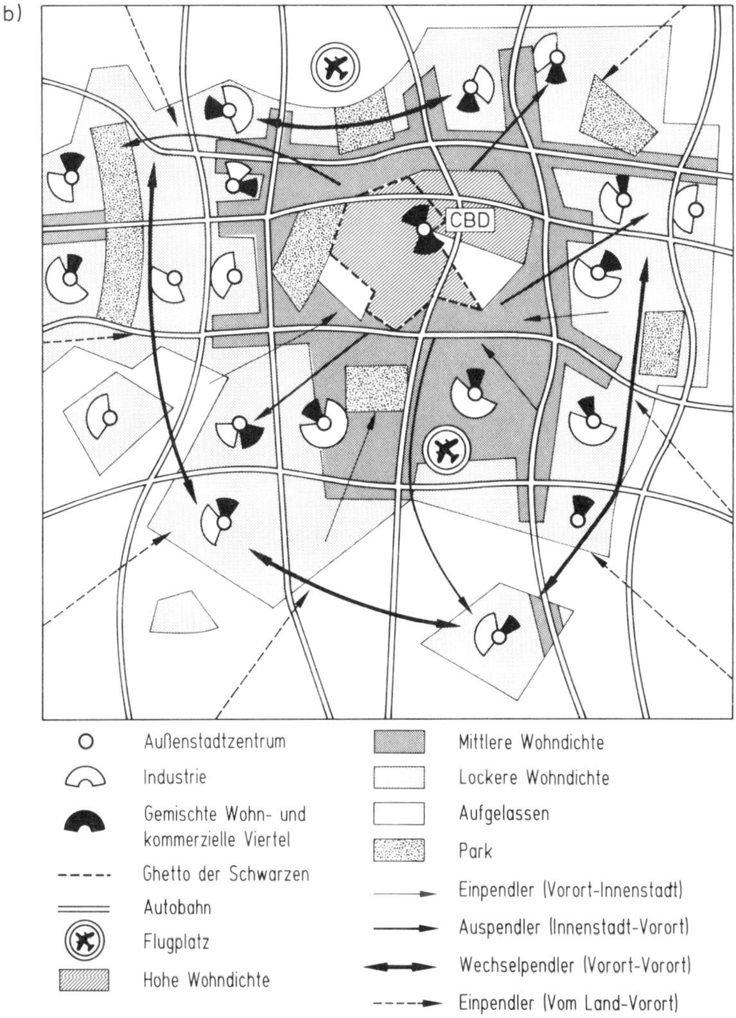

O	Außenstadtzentrum
⌢	Industrie
⬤	Gemischte Wohn- und kommerzielle Viertel
- - - -	Ghetto der Schwarzen
= =	Autobahn
✈	Flugplatz
▨	Hohe Wohndichte

▨	Mittlere Wohndichte
□	Lockere Wohndichte
□	Aufgelassen
▨	Park
→	Einpendler (Vorort-Innenstadt)
➡	Auspendler (Innenstadt-Vorort)
◀▶	Wechselpendler (Vorort-Vorort)
----➤	Einpendler (Vom Land-Vorort)

Abb. XIII-4 Die Mehrkernstadt
a) Quelle: Gabriele Schwarz: Allg. Siedlungsgeogr. 4. Aufl., S. 728
b) Quelle: *Lutz Holzner*: Geogr. Rundschau, 1990, S. 471

• Suche nach billigem Land für Lagerhaltung, Bauwirtschaft und sozialen Wohnungsbau.

Ihre „Kerne" stellen sich *Harris & Ullmann* gewissermaßen als Ansatzpunkte für die Ausbildung funktional spezialisierter Stadtteile vor. Diese können dann später mit anderen Stadtteilen zusammenwachsen. Erst dann wären Verdrängungen, Aufwertungen und Abwertungen zu erwarten. Dies wird nirgends deutlicher als bei der Ausbildung der Schwarzenghettos in amerikanischen Städten.

Die Ausbildung mehrkerniger Städte ist heute begünstigt durch Autoverkehr und Schnellstraßen, sowie in den USA durch die Möglichkeit der Vorstadtgemeinden sich zu inkorporieren und damit Autonomie für ihre weitere Ausgestaltung und Abgrenzung zu Nachbarvierteln zu erlangen. *Holzner* (1990, 471; 1996, 104) stellt das Bild der ausgereiften Mehrkernstadt des Autobahnzeitalters heraus, in welcher die Außenstadtzentren allmählich das Übergewicht über den CBD erlangen (Abb. XIII-4b). In europäischen Staaten geht die Tendenz zu Mehrkernstädten von der Konzentration des Gewerbes in planmäßig festgelegten Arealen und vom sozialen Wohnbau aus, der stets größere Areale einheitlich bebaut. Auf die mehrkernigen Verdichtungsräume Europas ist das Modell von *Harris & Ullmann* jedoch nur bedingt anwendbar. Diese bestehen nämlich nicht selten aus zusammengewachsenen radialkonzentrischen Städten.

XIII.1.4 Bandstädte und Städtebänder

Von den zahlreichen Stadtmodellen der Architekten und Raumplaner ist nur eines aus wirtschaftsgeographischer Sicht von allgemeinerer Bedeutung. Schon 1882 leitete der Spanier *Soria y Mata* die Vorteile einer linearen Stadt aus der Erfahrung her, daß das Wachstum der Städte entlang von Eisenbahnen und Hauptstraßen besonders schnell bandförmig ins Umland hinausdringt (*Dittmann* 1970). Eine Stadt von nur 500 m Breite, aber unbegrenzter Längenerstreckung könnte seiner Meinung nach die von der Oberschicht gesuchten und in traditionellen Städten nur ihr vorbehaltenen Vorteile einer naturnahen Wohnlage mit den Standortbedürfnissen der Arbeiterschaft und der Industrie vereinigen. Seine Versuche, eine solche „Ciudad Linear" im Umkreis von Madrid aufzubauen, blieben allerdings schon in den Anfängen stecken. Die Bandstadtidee wurde später von *Milutin* für die „sozialistische" Stadtentwicklung in der Sowjetunion aufgegriffen, aber auch in vielen westeuropäischen Ländern intensiv diskutiert (Abb. XIII-5).

Während alle anderen Städtetypen zu kompakten und sich im Laufe der Zeit immer mehr verdichtenden Siedlungskörpern führen, bietet die Bandlösung beliebige Erweiterungsfähigkeit ohne Agglomerationsnachteile und Verdrängungseffekte. Eine Verwirklichung im großen Maßstab müßte freilich an der unzulänglichen Fähigkeit des Verkehrssystems zur Erhaltung der Einheit des Ortes scheitern. Daher sind Bandlösungen auf einige Dutzend Kilometer beschränkt und der Wunsch nach naher Nachbarschaft zu bestehenden Stadtzentren führt zur Auffüllung der Areale zwischen den Verkehrsachsen.

Beispielhaft haben sich etwa im Falle von München im vergangenen Jahrhundert solche Achsen und Zwischenzonen zwar ausgebildet, sind aber im Autozeitalter fast vollständig wieder verfüllt worden. Anders als bei den drei klassischen Stadtmodellen, die ohne Planung zur Ausbildung kommen können, müßte eine Bandstadt strenge Lenkung der Siedlungsentwicklung erfordern, was in freiheitlichen Gesellschaften mit privatem Bodeneigentum fast unmöglich erscheint.

Dennoch gibt es spontane Bandstädte. Sie entstehen in Fremdenverkehrsgebieten entlang der Küsten, an den Rändern von Gebirgen und in Alpentälern, in kleinerem

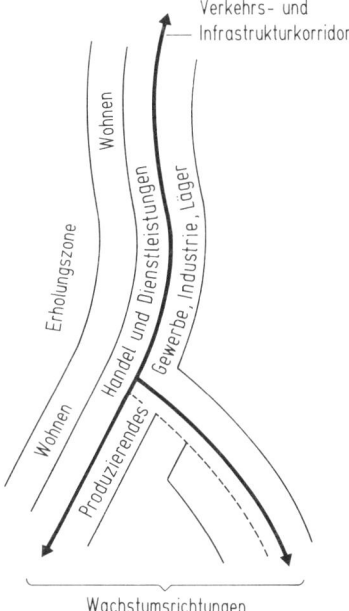

Abb. XIII-5 Die Bandstadt

Umfang auch als Industriegassen entlang von Flüssen und Verkehrsachsen. Kennzeichnend ist hier immer, daß zentralörtliche Kernbildung und Agglomeration von Steuerungsfunktionen keine Rolle spielt. Soweit damit eindeutige Standortbedürfnisse bestimmter Aktivitäten erfüllt werden können, läßt sich die Bandentwicklung durch die Verkehrsinfrastruktur lenken. Am deutlichsten wird dies bei den oft nur wenig mehr als 100 m breiten Hotelgirlanden an sandigen Badeküsten.

Die Weiterentwicklung der Bandstadtidee lag nach dem Zweiten Weltkrieg in den Händen der Landesplaner. Der bemerkenswerteste Versuch stammt von *Isbary* (1969), der das Siedlungsgefüge Deutschlands in Hinblick auf einen Ausbau von bandförmigen Standortverdichtungen entlang der bestehenden Verkehrsachsen studierte (*Istel* 1970). Das Konzept hat in der Folge in die Landesentwicklungsprogramme Eingang gefunden, wo die zentralen Orte durch Ausbau- oder Entwicklungsachsen verbunden werden. Solche Achsen sollen bevorzugt die öffentliche Verkehrs- und Transportinfrastruktur bündeln und Leitlinien für die weitere Ausweisung von Siedlungsland und Gewerbeflächen abgeben.

Der Gedanke wurde durch die übermäßig optimistische Festlegung solcher Entwicklungsachsen schnell zu Tode strapaziert. Im Rahmen einer umweltbewußteren Stadtentwicklung könnte er aber verstärkt wiederkehren. Nur in genügend dichten Siedlungsbändern kann man nämlich hoffen, einen kostendeckenden Personennahverkehr mit Schnellbahnen einzurichten und die Autobenützung etwas einzudämmen. Der Tag der Bandstädte mag kommen, wenn Benzin unerschwinglich teuer werden sollte. In der Zwischenzeit scheinen sich Tendenzen auszubilden, welche Bandlösungen begünstigen. Vor allem ist hier die wachsende Neigung zu nennen, die Konsumbedürfnisse in großen Verbraucher- und Fachmärkten außerhalb der Städte zu decken. Solche Standorte lassen sich gut in Bandstrukturen einfügen. Die Commercial-Strips amerikanischer Städte sind eine für Europa weniger wünschenswerte Tendenz in dieser Richtung.

XIII.2 Innerstädtische Zentren und Subzentren

Das Modell von *Burgess* betrachtet nur die Downtown als Geschäftszentrum. Bereits 1937 legte *Proudfoot* eine erste Untersuchung innerstädtischer Geschäftsagglomerationen vor, wobei er für amerikanische Städte fünf Stufen vom Central Business District bis zu den isolierten kleinen Ladenagglomerationen fand. Dies führte zu zahlreichen Studien in verschiedenen Ländern, wofür *Carol* (1960; 1972, 317) als Pionier im deutschen Sprachraum anzusehen ist.

Carol zeigte bei seiner Untersuchung deutlich auf, wie das innerstädtische Geschäftszentrum von Zürich betont auf den längerfristigen, aperiodischen Bedarf an Gütern und Leistungen ausgerichtet war, während Vorstadtzentren mehr den mittelfristigen und kleine Subzentren den täglichen Bedarf bedienten. Die umfassendsten Studien zu diesem Fragenkomplex stammen von *Lichtenberger* (1963, 1983, 1986).

Mehrstufige Hierarchien von Geschäftszentren im Mantelbereich der Städte entstehen aus dem Wechselspiel zwischen den Einkaufsgewohnheiten der Konsumenten und den Angebotsstrategien der Geschäftsinhaber. Ein solches Zentrengefüge kann durchaus Ähnlichkeiten mit den Angebotsprofilen zentraler Orte unterschiedlichen Ranges haben.

Die Erkenntnis dieses Gefüges war in Europa lange Zeit durch das Vorherrschen linearer Standortreihen in den Geschäftsstraßen verdeckt. In den lockerer bebauten Mantelbereichen amerikanischer Großstädte kam es früher zur Ausbildung und wurde bald auch in England nachgewiesen, wo es breiten Eingang in die Planung von hierarchisch gestaffelten Subzentren in den neuen Städten fand.

Die Ausbildung von Angebotskomplexen in Subzentren verschiedenen Ranges wird für die gesamte Stadt vom höchstrangigen Geschäftszentrum gesteuert, das in der Regel in der Innenstadt liegt. Da selbst sehr große Städte in dieser Hinsicht unter Einheit des Ortes funktionieren, hätten zu hoch spezialisierte Angebote in Randstandorten wenig Chance, von den Kunden angenommen zu werden. Das Haupteinkaufzentrum legt also Neben- und Subzentren auf eine gewisse Bandbreite der Sortimente und Spezialisierungen fest, ist aber seinerseits von der Einbindung und dem Rang der jeweiligen Stadt im Städtenetz der gesamten Region bestimmt. Die Zentrenhierarchien der Städte und der Volkswirtschaftsregionen greifen also ineinander und sind möglicherweise kongruent.

In ihren Studien zu dieser Frage hat *Lichtenberger* die Zusammenhänge zwischen dem Zentrengefüge Österreichs und den innerstädtischen Zentren in Wien und anderen Städten systematisch überprüft. Sie kommt zu dem Ergebnis (1985, 216), daß Subzentren des besten Ausstattungsgrades in Wien in etwa den Hauptgeschäftszentren der anderen Landeshauptstädte, d. h. den Oberzentren vergleichbar sind. Zentren dritten Ranges in Wien, die gewöhnlich große Einkaufsstraßen sind, entsprechen den großen Mittelzentren, solche vierten Ranges den kleineren Mittelzentren. Dabei benötigen solche Nebenzentren in Wien geringere Kundenzahlen für die gleiche Geschäftsausstattung als in den kleineren Städten, was sie auf eine mit der Stadtgröße steigende Dezentralisierung des Einzelhandels zurückführt.

Ein Zusammenhang zwischen der Ausbildung zentraler Orte und innerstädtischer Zentren wäre für Volkswirtschaftsregionen grundsätzlich zu vermuten. Eine weitgehende Übereinstimmung könnte sich aber wohl nur in einer langen Periode eines stabilen Systemregimes gegen die vielen lokalen Sondermomente durchsetzen. Derartige Bedingungen waren aber seit dem Beginn des Industriezeitalters niemals ausreichend gegeben. Deshalb auch scheint die Zentrenbildung innerhalb der europäischen Städte nicht über einen reichlich fluiden Zustand hinauszukommen. Expansion, Aufwertung und Rückbildung treten in den Städten nebeneinander auf. Verlagerungen großen Maßstabs finden statt, wovon die Entstehung von Einkaufszentren am Stadtrand und von City-Centern in der Innenstadt nur einige Aspekte sind (*Bühler* 1990).

Sicher ist, daß im Rahmen eines innerstädtischen Zentrensystems die durch innovative Marktvorteile und agglomerativen Bedeutungszuwachs erlangten Vorteile einzelner Standorte rasch durch Gegenstrategien der Konkurrenz wegkanalisiert und wieder zurückgelenkt werden können. Daraus ergibt sich als praktische Nutzanwendung, daß bei der Einrichtung von Stadtteils- und Subzentren stets eine den Kunden plausible Relation zu den übrigen Zentren eingehalten werden sollte. Wird das Angebot zu groß dimensioniert oder zu weit oben in der Rangordnung der Leistungen angesiedelt, so sind Gegenmaßnahmen der ranghöheren Zentren unvermeidlich. Dadurch wird es schwierig, solche Angebote gegen scharfe Konkurrenz über längere Zeit rentabel zu halten. Einkaufszentren am Stadtrand eines Oberzentrums etwa sollten sich ein Profil geben, das zur City Abstand hält, die umliegenden Mittelzentren aber etwas übertrifft.

Simulationsversuche innerstädtischer Zentrenbildung wurden von *Beaumont* et al. (1981) vorgestellt. Von einem einfachen Stadtmodell ausgehend ergaben die innerhalb der Stadt berechneten Kaufkraftströme nach kurzer Laufzeit des Modells eine starke Konzentration auf einen innerstädtischen Hauptgeschäftsbezirk, die in späteren Durchläufen zugunsten von randständigen Subzentren an Bedeutung abnahm. Gleichzeitig brachten über Bifurkationen eingebaute Alternativen jeweils völlig andersartige Zentrenstrukturen.

XIII.3 Städtische Zonen und Formationsbildung

Als Subsysteme größerer Regionalsysteme und Glieder von Städtenetzen unterliegen Städte vielerlei strukturbestimmenden Einflüssen, die von Außen in sie hineingetragen oder ihnen auferlegt werden. Umgekehrt tragen Städte ihre internen Gefügemerkmale in die umhüllende Region hinaus. Diese meso- und mikrostrukturelle Wechselwirkung ist sehr intensiv. In Ansätzen waren einzelne dieser Momente schon in den vorhergehenden Kapiteln zu ersehen.

Dabei sollte man sich bewußt sein, daß von ihrer Regionalverflechtung her nur selten standortspezifische Forderungen an die einzelne Stadt gestellt werden, jedoch eine Fülle von generellen Zielvorstellungen planerischer, politischer und sozialer Art an sie herangetragen werden, denen sie dann zu entsprechen sucht. Dies betrifft ihre Ausstattung, das Niveau ihrer Einrichtungen und die Ausrichtung ihrer Entwicklungspfade im Sinne unserer Systemmodelle. Umgekehrt wirken Städte stets in sehr spezifischer Weise in die Region hinaus. Dies ist mit präzisen Standortwünschen für alle jene Dinge verbunden, die aus der Sicht der Städte als Körperschaften und aus der Haltung ihrer Bewohner und Einzelwirtschaften gewünscht oder auch abgelehnt werden. Lediglich bei den höchstrangigen Städten wird diese Unterscheidung undeutlich, weil sie auf die gesamte Region direkten Einfluß ausüben.

Die folgenden Ausführungen beziehen sich auf die drei klassischen Stadtmodelle und müssen hier notgedrungen sehr knapp gehalten werden, was der gerade auf diesem Gebiet sehr reichen stadtgeographischen Literatur auch nicht annähernd gerecht werden kann.

a) Die innerstädtischen Geschäftszentren

In jedem der drei Stadtmodelle wird mit einer City oder einem Central Business-district als Hauptgeschäftszentrum gerechnet. Dieses ist in Europa gewöhnlich in den Gassen der vorindustriellen Altstadt ausgebildet. Hier ist der prestigereichste Standort in der Stadt und er hat in den Augen ihrer Bewohner wie auch der geschäftlichen Besucher aus naher und ferner Umgebung die höchste Attraktivität. Touristen haben charakteristischerweise oft andere Präferenzen.

Die Besucher erwarten hier das reichste, tiefste und qualitativ beste Angebot an Dienstleistungen, Informationen, Kontaktmöglichkeiten und Gütern vorzufinden. Firmen von auswärts suchen primär hier ihre Stützpunkte anzusiedeln. Kann eine Stadt kein genügend attraktives Geschäftszentrum bieten, weil sie dazu vielleicht zu klein ist, so wird sich weder jemand niederlassen wollen noch wird die Kaufkraft der Stadtbewohner für Güter des aperiodischen und des Luxusbedarfs festzuhalten sein. Sie wandert in besser ausgestattete Städte ab.

In europäischen Städten ist das innerstädtische Geschäftszentrum gewöhnlich in Haupt- und Nebengeschäftsstraßen ausgebildet, die heterogene Agglomerationen darstellen. Fachgeschäfte und Warenhäuser bestimmen ihr Profil, worin sich Anbieter von einfachen Konsumgütern nur in besonderen Organisationsformen wie z. B. als Filialisten halten können. Dienstleister und Büros besetzen die obersten Stockwerke der Häuser. Für die Erhaltung solcher Strukturen ist ein reger Passantenstrom notwendig. Sie müssen daher gut zugänglich sein oder gemacht werden. Zugang mit U-Bahn und die Umwandlung der Geschäftsstraßen in Fußgängerzonen stabilisieren und lenken den Passantenstrom.

Lage und Verlauf der Hauptgeschäftsstraßen einer Innenstadt sind deutlich durch die Einfallspforten bestimmt. Straßen zu den Bahnhöfen oder in Richtung auf größere Nachbarstädte nehmen bevorzugt diese Entwicklung. Als Orientierung spielt auch die symbolische Stadtmitte eine Rolle, obgleich sie selbst oft wegen kirchlichem und öffentlichem Baubestand nicht in das Hauptgeschäftszentrum einbezogen wird. Da Passantenströme sehr distanz- und richtungsempfindlich sind, versuchen große Kaufhäuser die strategisch günstigsten Plätze und Wegkreuzungen in solchen Gefügen zu besetzen.

Die breiteren Fahrstraßen in der Innenstadt und in ihrem Randbereich werden von Banken und Versicherungen als repräsentative Standorte geschätzt (*Gad* 1968). Ebenso suchen hier Hotels und Firmenpräsentanten geeignete Immobilien zu finden.

Da gerade in diesem Hauptgeschäftszentrum der Bodenpreis und die Mieten ihre steilsten Höhen erreichen, tritt ein kräftiger Sortierungseffekt ein. Tendenziell müßte dieser zu einer Verdrängung des Einzelhandels durch umsatzstärkere Dienste und die kapitalkräftigeren Banken, Versicherungen und Firmenzentralen führen. Dem steht in Europa gewöhnlich die Bauhöhenbeschränkung, die bauliche Enge der Innenstadt und die geringe Erreichbarkeit im Autoverkehr entgegen. Während also der Einzelhandel seine Standorte behaupten kann, werden Gewerbe, Lagerhaltung, umsatzschwächere Dienste und die Wohnnutzung verdrängt. Diese können sich allenfalls in Lagen abseits der Passantenströme halten. Dort kommt es in größeren Städten auch zur Ausbildung innerstädtischer Vergnügungsstraßen, zu Formationsbildungen der Presse und der Modebranche wie auch zu speziellen Einkaufsbezirken mit besonderen Angeboten, etwa Antiquitäten.

Der Grad der Differenzierung des innerstädtischen Hauptgeschäftszentrums beruht zum einen Teil auf dem Rang der Stadt als zentraler Ort oder Steuerungszentrale, zum anderen Teil aber auf der Zahl der Menschen und Betriebe im Mantelbereich der Agglomeration. Es wirken hier also von Außen kommende Einflüsse und der nach der Stadtmitte gerichtete Nachfragedruck zusammen. Ist letzterer, wie oft in reinen Industriestädten, zwar sehr groß aber in seinen Ansprüchen auf niedrigem qualitativen Niveau, so kann der Sortierungseffekt durch die Bodenpreise gering bleiben.

b) Der Wohnmantel der Stadt

Wohnungen sind Standorte von Haushalten und können als solche durchaus mit den Instrumenten der Standorttheorie erläutert werden, wobei spezifische Umstände und Restriktionen ins Spiel kommen. Reine Wohnstandorte gab es lange Zeit in europäischen Städten nicht. Das Gewerbe der Familie zog auch ihre Wohnstätte an seinen Ort. Heute überwiegt die Trennung und es bildeten sich hier wie im Orient reine Wohnviertel in den Städten aus.

Die große Bedeutung des Wohnens als Wirtschaftstätigkeit ist von Geographen seltener aufgegriffen worden als von Sozialforschern, Planern und Architekten.

Im Gegensatz zu den Nutzungen des Geschäftszentrums bedeutet Wohnen keine sehr ertragreiche Verwertung städtischer Grundstücke. In der Tat erlaubt nur die intensive Raumausnutzung mit maximalem Ausbau der zugelassenen Kubatur, wie auch die Vermischung von Wohnen mit Diensten und Geweben eine ausreichende Rendite bei teuren Grundstücken. Wohnen wird daher tendenziell auch im Mantelbereich der Städte von Geschäften und Büros verdrängt. Dies gilt besonders für rasch wachsende Städte in Ländern mit hoher Besteuerung von Haus- und Grundbesitz. Generell müssen daher von den Städten besondere Widmungsvorschriften eingeführt werden.

Ansonsten aber lassen sich Boden- und Mietpreise durch Wohnungsgröße und Belegungsdichte weitgehend kompensieren. Innerhalb der Wohngebiete überwiegt daher eine Segregation nach der sozialen Schichtung, wo Bodenpreise weniger Rolle spielen auch nach ethnischen und religiösen Motiven und nach dem Familienstatus. Singles und kinderlose Ehepaare ziehen oft Wohnstandort in Zentrumsnähe vor (*Lichtenberger* 1986, 221 f.).

Lediglich die einkommensmäßige Oberschicht aber kann sich auf die Dauer mit ihren Wohnansprüchen voll durchsetzen. Sie bestimmt daher weitgehend das Nutzungsgefüge im Mantelbereich der Stadt. Die von reichen Villenbauern bevorzugten Lagen werden als erste bebaut und sehr bald durch schnelle Verkehrsmittel aufgeschlossen. Dies zieht dann weiteren Wohnbau und gewerbliche Nutzung nach sich, sofern sich die Oberschicht nicht durch Einflußnahme auf die Stadtplanung dagegen absichert. Man kann also behaupten, daß Angehörige der Oberschichten ihre Wohnstandorte „wählen". Mittelschichten versuchen nachzuziehen. Unterschichten, Zuwanderer und minderprivilegierte Gruppen wohnen auf Flächen, die zum Zeitpunkt der erstmaligen Bebauung für andere Zwecke nicht verlockend genug waren.

Dagegen sind die schichtspezifischen Verdrängungsvorgänge in Wohngebieten und das Nachrücken der Unterschichten in frühere Oberschichtviertel wie in Amerika, in Europa nur ansatzweise zu finden. Eine Aufhebung dieses Prinzips der Stadtgestaltung durch die Wahlfreiheit der Oberschicht und die Vermeidung von Segregationsvorgängen sind nur bei sehr straffer Stadtplanung und städtischem Grundstücks- oder Wohnungsmonopol möglich. Dies läßt sich in Westeuropa nur in geplanten Neustädten und Neubauvierteln finden.

Die bauliche Entwicklung im Wohnmantel der Stadt folgt im übrigen interessanten Leitvorstellungen. Den einen Ursprung von Wohnhäusern bilden die städtischen Palazzi der Renaissance und die Zellentrakte der Klöster, die in mehreren Wandlungsstufen in den dichtverbauten Vierteln der Gründerzeit bis zu den berüchtigten Mietskasernen heruntergestuft wurden. Diese Miethäuser mit Innenhöfen wurden im sozialen Wohnbau nach dem Ersten Weltkrieg zunächst entkernt, rund um Grünflächen angelegt, bis man schließlich das Bauprinzip umkehrte und zu den frei inmitten von Rasenflächen stehenden Wohnmaschinen kam. Ein anderes Vorbild entstand aus den Landsitzen und Gartenpalais des Adels, die als Villen von der städtischen Oberschicht nachgeahmt wurden. Im sozialen Wandlungsprozeß wurden die Gärten immer weiter verkleinert bis hin zum Einfamilienhäuschen mit Minigarten, wo der Hund die letzte Erinnerung an den Tierbestand einer Adelsresidenz ist. Das Reihenhaus ist ein Seitenzweig, der sich aus den Dienerquartieren der Landsitze herleitet. Es sei vermerkt, daß in Amerika, Japan und den modernen Städten des Orients diese Vorbilder fehlen und daher andere Bauformen entstanden sind.

c) Industrie und Gewerbegebiete im Mantel der Stadt

Seit dem Beginn der Industrialisierung schon zwingt ihre eigene Wachstumsdynamik die Fabriken zur Verlagerung aus den Zentren der Städte hinaus. Dies ist eine der deutlichsten Einwirkungen der volkswirtschaftlichen Regionalbeziehungen auf die Städte. Standorte werden zunächst die Außenränder der Siedlung und die Eisenbahnachsen im Sinne des *Hoyt*-Modells, soweit letztere nicht durch landschaftlich reizvolle Lagen führen, die noch schneller von der Oberschicht entdeckt werden. Große Städte zeigen noch recht deutliche Industrieringe an früheren Gemarkungsgrenzen, über die sie aber vielfach längst hinausgewachsen sind. Der innerste dieser Industriegürtel konnte sich in Europa im Gegensatz zum *Burgess*-Modell nicht halten.

Seit dem Zweiten Weltkrieg ist die freie Grundstückswahl für gewerbliche Zwecke praktisch abgeschafft. Die planerische Lenkung zwingt die Industrie dazu, ihre Standorte in ausgewiesenen Gewerbezonen zu suchen, deren Lage selbst sich weniger nach Standortqualitäten als nach den vorhandenen Landreserven der Stadt richten. Die Auswahlkriterien werden bei ständig schärferen Umweltauflagen immer enger gefaßt. Diese planerische Verdrängung von Industrie und Gewerbe ergibt sich aus der Orientierung des Städtebaus an der „Charta von Athen" von 1941 (vgl. Deutsche Akademie für Städtebau und Raumordnung 1989, 209f.). Diese von dem berühmten Architekten *Le Corbusier* formulierten Leitsätze haben das Prinzip der funktionalen Trennung von Arbeiten und Wohnen, ursprünglich ein Kennzeichen orientalischer Städte, hervorgebracht. Sogenannte „gemischte Baugebiete" werden zu reinen Wohnzonen umsaniert. In vielen Städten tritt eine ausgesprochene Gewerbefeindlichkeit von Stadtverwaltung und Bevölkerung dazu, die im Kleinunternehmer einen Kapitalisten sieht. Diese „Orientalisierung" der Städte war in den Planwirtschaften noch krasser.

Man sieht heute allmählich wieder ein, daß die funktionale Trennung auch manche Nachteile im sozialen und ökonomischen Bereich bringt. Gewerbe und Industrie werden künstlich zu einer ausgesonderten Arbeitswelt gemacht, die ihrer Tendenz nach überprofessionalisiert ist. Weder Jugend noch Arbeitsuchende haben dazu informellen Zutritt. Der Unternehmer rückt aus der Gesellschaft in eine ebenso feindselig beobachtete Randseiterstellung wie früher der Adel. Ökonomisch und funktionell gesehen haben unsere Gewerbegebiete bei weitem nicht die Vorteile orientalischer Basare. Es besteht kein Druck auf die Zusammenarbeit der Betriebe oder weitergehende Arbeitsteilung. Ein unterstützendes Komplexgefüge bildet sich in Gewerbegebieten nur in Ansätzen aus. Innovationen finden so schwierig Verbreitung, daß eigene Technologie- und Gründerzentren nötig wurden, um in Städten die Gewerbestruktur überhaupt zu erneuern. Üblicherweise sind nämlich die Hinterhofwerkstätten in den Wohngebieten Saatbeete für junge Unternehmen.

Die begrenzten Möglichkeiten und unendliche Widerstände bei der Ausweisung von Gewerbegebieten erschweren die Situation zusätzlich. In größeren Städten ist baureifes Gewerbeland außerordentlich knapp und teuer. Der Zuzug von auswärtigen Unternehmen, das beste Gegengewicht gegen die Auslagerungen über die Stadtgrenzen hinweg, wird dadurch unterbrochen. Die Folge ist eine künstlich erzwungene Stabilität des sekundären Sektors, was im Zuge allgemeiner Rationalisierungszwänge bei älteren Unternehmen zu schweren Einbußen an Arbeitsplätzen führt.

Eine gewisse Wahlfreiheit bei Gewerbeansiedlungen gestatten die Städte allenfalls noch den ganz großen Unternehmen, die aber meist nur Zweigwerke errichten. Gerade solche Ansiedlungen sind aber für Städte oft problematisch, wenn alle Führungsfunktionen fern bleiben.

d) Der Vorortbereich

Unter Vororten versteht man jenseits des Stadtrandes und meist auch der kommunalen Grenzen gelegene, aber bereits zu städtischen Wohngebieten umgestaltete Siedlungsbereiche. Man sagt dafür heute auch gerne Suburbia. Zwischen der Stadt und den Vororten liegt der eigentliche Stadtrand, in welchem Bauland- und Standortreserven aktiv in den geschlossenen Siedlungskörper einbezogen werden, wobei allerlei Interimsnutzungen Eingang finden, bevor man die städtische Infrastruktur auch hierhin vorschiebt.

Vororte entstehen in Europa meist aus bereits vorhandenen Kleinstädten oder Dörfern, die für ausweichende Stadtbewohner wegen niedriger Baulandpreise oder der höheren Lebensannehmlichkeit attraktiv geworden sind. Firmen suchen günstige Betriebsgrundstücke, mitunter im Hinblick auf einen rationellen Neuaufbau auf der grünen Wiese.

Die gesteigerte Mobilität der Stadtbewohner treibt dieser Art der Suburbanisierung seit den Sechzigerjahren rasch voran. Die Distanzen zwischen Vororten und den Kernstädten sind zwar dauernd gestiegen, bleiben aber meist noch weit hinter den maximal möglichen Tagespendlerdistanzen zurück.

Funktionell gehören Vororte voll zum Systemgefüge der Stadt. Da sie sich aber in Europa an bereits bestehende Siedlungen anlehnen, finden die Zuzügler eine unterstützende Versorgungsstruktur vor. Dies macht es auch Arbeiterhaushalten und unterem Mittelstand leicht sich dort anzusiedeln. Auf diese Weise kann die Vorortbildung ebenso oder sogar weiter hinausgreifen als die Villenzonen der Oberschicht. Fehlt diese Anlehnungsmöglichkeit, so springen Siedlungsgesellschaften und Baufirmen in die Bresche und schaffen geschlossene Trabanten mit der nötigen Ergänzungsstruktur.

Arbeitsplätze und öffentliche Dienste folgen der Suburbanisierung der Bevölkerung mit zeitlicher Verzögerung. Die Wohndichte ist anfangs zu gering, um eine Ausstattung mit solchen Einrichtungen und auch mit Geschäften zu tragen. Das Bedarfsspektrum der Vorortbewohner aber entspricht den Angeboten innerstädtischer Geschäftsstraßen und Dienstleistungen. Dieser Time-lag ist nur langsam zu überbrücken. Daraus entsteht die große Chance der Einkaufszentren am Stadtrand. Sie bieten den täglichen und den gehobenen kurzperiodischen Bedarf in verkehrsgün-

stiger Lage an. Dem Lebensmitteleinzelhandel sind daher schon viele andere Bedarfssegmente gefolgt, die besonders in Neusiedlungszonen wichtig sind, wie die
Baumärkte, Bastler- und Heimwerkermärkte, Autobedarf, Heimtextilien und Mö-
belgroßmärkte, Gartencenter und Freizeitcenter. Als Shop-in-the-shop oder auf anderen Wegen rücken auch die unentbehrlichen Handwerke ein.

Nur in wenigen Ländern und bei wenigen Städten ist es gelungen, die Suburbanisierung durch gut geplante und ausgestattete Neustädte, Satellitenstädte und Entwicklungsachsen in geordnete Bahnen zu lenken. Makrostrukturelle Verhinderungsstrate-
gien müssen versagen, wenn die Haushalte klar genug wissen, was sie wollen, wo und
wie sie es erreichen. Dies ist der Fall, da ja ein Großteil der neuen Vorortbewohner
Städter in bereits gesicherten Berufspositionen sind.

e) Zuwandererviertel und Slums

Bei den Zuwanderern in die Städte ist diese Situation eher umgekehrt und es ist von
höchstem Interesse, wo diese in einer Stadt Fuß fassen oder sich verkriechen können.
Es gibt unterschiedliche Wanderkohorten. Aufstrebende Personen suchen in der
Stadt bessere Möglichkeiten zur Verwertung ihrer Fähigkeiten. Vom platten Land
und aus dessen zu einfachen ökonomischen Strukturen wird Überschußbevölkerung
abgestoßen, die hier ein Auffangbecken finden muß. Flüchtlinge, Asylanten und
Einwanderer suchen in der großstädtischen Gesellschaft eher einen Rückhalt, wie
auch den diskriminierten Minderheiten und Unangepaßten die Stadt etwas Sicherheit
und Kontakt zu ihresgleichen bietet. Hierbei werden Strukturelemente und insbesondere die Schwächen der großen Regionalsysteme in ihre Städte hineingetragen, oftmals mit der führenden Stadt als dem Brennpunkt allen Elends.

Äußerlich haben diese Zuwanderergruppen etwa die gleichen Startpositionen.
Während aber die erste Gruppe sich rasch einpaßt und selbst bei einfachstem Beginn
im Laufe von zwei bis drei Generationen bis in die Spitzenpositionen des Unterneh-
mertums und der städtischen Gesellschaft vordringt, sehen sich die anderen weitaus
größeren Schwierigkeiten gegenüber. Dazu trägt bei, daß aufstiegswillige Zuwanderer als Einzelpersonen in die Städte kommen, Zufluchtsuchende aber häufiger im
Familienverband. Letzteres erschwert die Einpassung durch längere Orientierung an
den mitgebrachten Verhaltensweisen und Wertvorstellungen. In Einwanderungsstäd-
ten kommt es dann zur Ausbildung ethnischer und religiöser Wohn- und Wirtschaftszonen. Sucht eine Gruppe in diesem Zusammenleben zusätzlichen Halt und schließt
sie sich gegenüber der Umwelt ab, so kann man von einem Ghetto sprechen. Dessen
Bewohner werden als Fremdkörper in der Stadt betrachtet und in vielfältiger Weise
diskriminiert.

Das Stadtmodell von *Burgess* betrachtet die Übergangszone und die baulich ältesten Wohngebiete als Auffangbecken für mittellose Zuwanderer. Dieser Bereich
wirkt in vielen amerikanischen Städten als deutliche Teilung zwischen den wirtschaftlich und sozial „gesunden" Bereichen der Downtown und des Wohnmantels. Der
anfängliche Wohnort vieler Zuwanderer ist irgendein gerade verfügbarer Winkel,
oder ein Unterschlupf in verfallenden, leerstehenden Bauten. Erfolglose und diskriminierte Randgruppen landen letztlich in den Slums, aus deren Bedingungen weder
sie noch ihre Nachkommen sich leicht herausarbeiten können (*Houter* 1964). Dies
wurde in den USA in vielen Städten deutlich wegen der großen Zahl farbiger, von
Anfang an diskriminierter Zuwanderer.

In europäischen Städten rückten mittellose Zuwanderer in Untermieterzimmer,
Hinterhäuser, Dachgeschosse und Kellerwohnungen im dichtverbauten Mantelbe-

reich ein. Die lange Tradition des Zusammenlebens unterschiedlicher Sozialschichten im gleichen Gebäude machte dies leichter. Viele vornehme Stadthäuser wurden zu diesem Zweck mit Mansarden ausgestattet. Später kam es zu einer spekulativ der Zuwanderung vorauseilenden Errichtung von Miethäusern einfachster Ausstattung. Eigentliche Elendsviertel und Slums entstanden hier kaum, weil später sozialer Wohnbau diese Funktion des Auffangbeckens übernahm. Erst der starke Zustrom ethnisch fremder Gruppen löste eine soziale Abwertung von Stadtvierteln aus.

Für Städte der Dritten Welt steht die Suburbanisierung noch in den Anfängen. Oberschichten und Mittelstand verbleiben nahe den Stadtzentren, wenn die Verkehrssituation unzureichend ist. Unterkunft in ihren Häusern ist für Zuwanderer jedoch nicht verfügbar. Diesen bleibt wenig Wahl als sich in Bretterbuden am Stadtrand oder innerhalb der Stadt an den konventionell nicht bebaubaren Standorten, z. B. an Steilhängen oder in Überschwemmungsgebieten niederzulassen. Diese Behelfssiedlungen am Stadtrand haben unterschiedlichen Status, der vom jeweiligen Bodenrecht abhängt (*Mertins* 1984; *v. Höhfeld* 1984). In den islamischen Ländern gilt sehr ausgeprägt das Haus als legitimer Wohnsitz der Familie. Auch wenn es illegal auf sonst nicht genutztem öffentlichen Land erbaut wurde, darf es nur mehr gegen angemessene Entschädigung enteignet werden. Hier lohnt es sich für den Bewohner seine mageren Mittel zu investieren. Bretterbudenviertel wandeln sich nach einiger Zeit in normale Stadtviertel, deren früheren Status man nur aus fehlender Infrastruktur und unregelmäßigem Straßenverlauf noch erkennt.

Wo diese Sicherheit nicht gegeben ist, zieht der erfolgreichere Hüttenbewohner später weg. Er wird sein Geld nicht dort investieren, wo er keine Recht hat. Die Slumsiedlung bleibt in ihrem ursprünglichen Zustand, solange neue Zuwanderer nachrücken.

XIII.4 Exurbia und die Zukunft der Städte

Auch außerhalb der fernsten Vorposten der Suburbia liegen Bereiche, die von großen Städten, deren Bewohnern und wirtschaftlichen Interessen ausgestaltet, beherrscht und daher in einer eigenbestimmten Weiterentwicklung gehemmt werden. Diese städtische Kontrolle des Umlands hat viele Gesichter. Sie wird von öffentlichen und privaten Institutionen ausgeübt. Am deutlichsten wird dies bei Arealen, die als Trinkwasserschutzgebiete, Flughafen- und Hafenbereiche, Entsorgungsanlagen und gewidmete Erholungszonen scharfe Nutzungseinschränkungen hinnehmen müssen und für deren Verteidigung die städtischen Umweltschützer auch sogleich auf die Barrikaden gehen.

Andere Formen städtischer Dominanz entstehen aus der Ausrichtung stadtferner Arbeiterpendlerbereiche auf eine Stadt. Wo die Mehrzahl der Erwerbstätigen Arbeitsplätze in der Stadt gefunden haben, entstehen am Wohnort Lücken im Arbeitskräfteangebot, die jede endogene Initiative erschweren. Nebenerwerbslandwirtschaft und Hausbesitz binden aber die Pendlerhaushalte an den Wohnort, so daß auch Fernpendeln mit Heimkehr nur zum Wochenende akzeptiert wird und ein Umzug in die Stadt nicht in Betracht kommt. Solche Pendlerorte stehen in einem anderen Verhältnis zur Stadt als die Vororte. Sind diese ein Bereich aktiver Einbeziehung in das städtische System, der an dessen Ressourcen partizipiert, so sind die stadtfernen Orte passive Ergänzungszonen oder quasi Kolonien.

Zur Exurbia gehören ferner jene Standorte, an denen Firmen aus einer bestimmten Stadt den lokalen Arbeitsmarkt dominieren oder wo Städter als Grundstückseigentümer, Zweithausbesitzer usw. Landschaften kolonisiert haben. In solchen Fällen steht der einheimischen Selbstbestimmung der mehr oder minder stark koordinierte Gestaltungswille der städtischen Interessenten gegenüber, die sich über Verbände sehr wirkungsvoll durchsetzen können.

Exurbia mag im Falle führender Städte über ganze Volkswirtschaftsregionen hinweggreifen. Staatlicher Ressourcenbesitz, verstaatlichte Großunternehmen und Institutionen sind stets ein deutlicher Ausdruck dieser „Aneignung". Solche Einrichtungen werden von Städtern geleitet, selten zum Vorteil der Anwohner, in der Regel aber zu jenem der städtischen Eliten.

Abb. XIII-6 zeigt die Kontrolle Wiens über Österreich in einer aggregierten Darstellung bezogen auf Anfang der Siebzigerjahre. Darin spiegelt sich der hohe Verstaatlichungsgrad der Industrieunternehmen, die Nationalisierung früher dem Landesherrn gehörenden Waldgebiete und die faktische Verfügungsgewalt der Elektrizitätsunternehmen, Bergbaufirmen sowie alpiner Vereine über das Hochgebirge. Alle diese Institutionen hatten damals ihren Sitz in Wien und wurden von Wienern verwaltet (s. dazu: *Sheppard* et al., 1990).

Dieser Dominanz großer Städte wird gerne von den Umlandgebieten die Bildung von Konkurrenzstandorten unter Ausnützung administrativer Grenzen gegenübergestellt. Industrieansiedlungen, Häfen, Einkaufs- und Großhandelszentren sollen Ressourcen und Besteuerungsgrundlagen aus der Stadt wegziehen. Neben manchen Städten entstehen in diesem Sinne geschickte, kleinere Standortschmarotzer. Der Effekt wird am deutlichsten, wo andere Verwaltungseinheiten mit eigenen Gesetzgebungsbefugnissen an Stadtgebiete grenzen.

Exurbia und großstädtische Dominanz sind also nicht statisch und festgeschrieben. Die volkswirtschaftlichen Verflechtungen wirken auf die Städte selbst als Auflöser der engen ökonomischen und sozialen Bindungen ihrer Einzelwirtschaften, wie sie früher bestanden. Dementsprechend haben sich andere Verhaltensweisen der Menschen und neuartige Strategien der Betriebe und Unternehmen gebildet. Freilich ist diese Lockerung höchst ungleich. Die ausschließliche existenzielle Bindung an eine Heimatstadt existiert aber nur mehr für Haushalte und Kleinunternehmen. In den Hauptstädten ist diese Ausrichtung sicherlich stärker als in kleinen Orten, bei denen man von einer Dissoziation des ökonomischen Verbundes zumindest der Industrie schon sprechen kann. Längst wird im Beschaffungsbereich der billigste Anbieter, wo immer er sitzen mag, den Vorzug vor dem Nachbarn im gleichen Gewerbegebiet haben. Urlaub, Freizeit und der zunehmend breitere Unterschied der Lebensstile in den einzelnen Altersphasen machen die Bindung zu bestimmten Orten lockerer, kurzfristiger und unverbindlicher. Zwar schätzt man die Vorteile der städtischen Umwelt, doch weiß man inzwischen, daß diese fast überall zu finden sind. Moderne Kommunikationstechniken machen bei vielen Verrichtungen die physische Anwesenheit in der Stadt bereits entbehrlich. Vereinzelt lösen sich Städter aus einer festen Wohnsitzbindung überhaupt und gehen zum halb-mobilen Leben im Wohnwagen oder Mobile Home über.

Lichtenberger et al. (1987) haben in einem sehr interessanten Ansatz anläßlich eines Konflikts der Stadt Wien mit ihren Nachbargemeinden um die Zuständigkeit für direkte Besteuerung folgende Berechnung angestellt. Zum Zeitpunkt der Volkszählung von 1981 hatte Wien 1,53 Mill. Einwohner. Darunter waren jedoch 347 000 Bürger, die als Auspendler, Zweithausbesitzer außerhalb Wiens und Ausländer mit

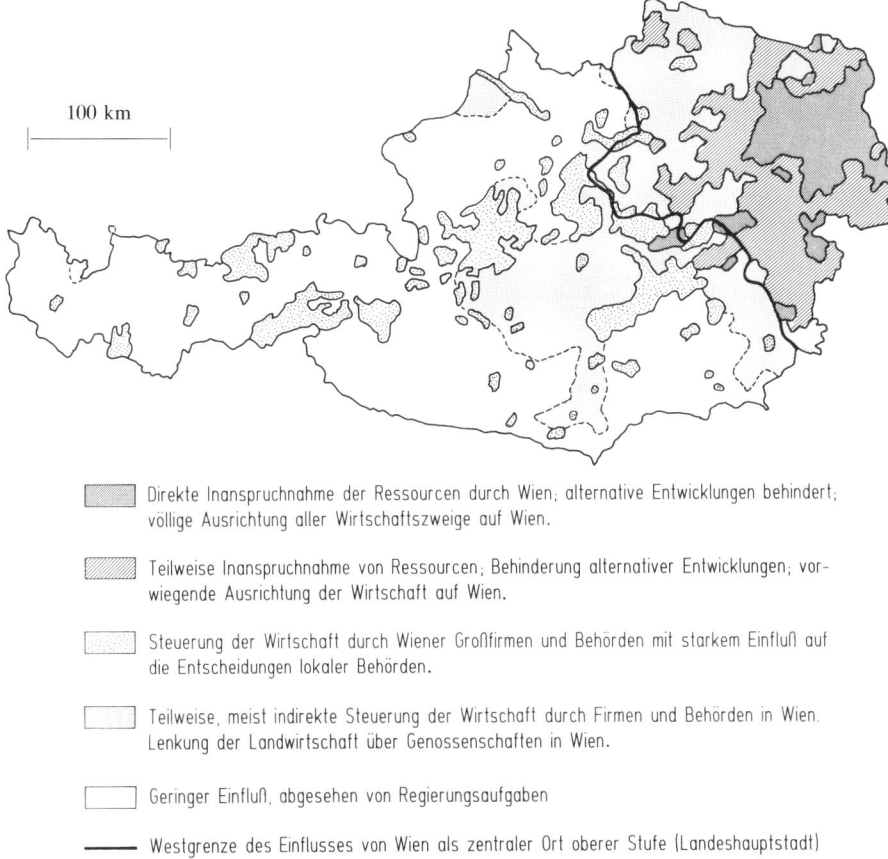

100 km

Direkte Inanspruchnahme der Ressourcen durch Wien; alternative Entwicklungen behindert; völlige Ausrichtung aller Wirtschaftszweige auf Wien.

Teilweise Inanspruchnahme von Ressourcen; Behinderung alternativer Entwicklungen; vorwiegende Ausrichtung der Wirtschaft auf Wien.

Steuerung der Wirtschaft durch Wiener Großfirmen und Behörden mit starkem Einfluß auf die Entscheidungen lokaler Behörden.

Teilweise, meist indirekte Steuerung der Wirtschaft durch Firmen und Behörden in Wien. Lenkung der Landwirtschaft über Genossenschaften in Wien.

Geringer Einfluß, abgesehen von Regierungsaufgaben

—— Westgrenze des Einflusses von Wien als zentraler Ort oberer Stufe (Landeshauptstadt)

Abb. XIII.-6 Österreich: Der Kontrollbereich von Wien um 1970

befristetem Aufenthaltsrecht den Mittelpunkt ihrer Lebensinteressen keinesfalls ohne Zweifel in dieser Stadt hatten. Diese abgezogen verbleiben 1,18 Mill. „wienzentrierte" Einwohner. Andererseits aber waren 498 000 Personen als Einpendler, Studenten, Besitzer von Zweitwohnungen in Wien sowie als kurzfristig anwesende Besucher mit der Stadt eng verbunden. Diese ergeben mit der städtischen Bevölkerung zusammen 2,03 Millionen als „aufgestockte" Bevölkerung des städtischen Systems, auf welche Größe auch die Infrastruktur ausgelegt sein muß.

Da die wienzentrierte Gruppe nur 48 % der aufgestockten Bevölkerung erreicht, gerade hier aber die meisten vollständigen Familien mit Kindern enthalten sind, bleiben wie wohl unter 45 % aller Haushaltungen. Hinzu kommt, daß dieses Segment vornehmlich im äußeren Mantelbereich der Stadt wohnt, die fluktuierende Bevölkerung dagegen in den inneren Bezirken. Sie und nicht die wienzentrierten Gruppen bestimmen hier das städtische Leben in Wirtschaft und Kultur. Man darf davon ausgehen, daß die Verhältnisse in anderen Städten gleichen Ranges nicht unähnlich sind.

Was aber bedeutet dies? Noch immer werden unsere Städte nach mittelalterlichen Vorstellungen vom städtischen Gemeinwesen verwaltet. Zahlreiche Einwohnergruppen, darunter die wichtigsten Träger der städtischen Funktionen, sind trotz demokratischer Institutionen von einer Mitwirkung ausgeschlossen. Dies galt allerdings schon für das Athen des Perikles, und dessen Demokratie versagte bekanntlich vor dieser Herausforderung.

Funktionell heißt dies, daß City und Innenbezirke auf der einen und die äußeren Mantelbereiche der Stadt auf der anderen Seite als Subsysteme auseinanderdriften. Sie sind weitgehend nicht mehr sozial, sondern nur noch ökonomisch miteinander verknüpft. Vielleicht auch dies nur mehr eingeschränkt, so daß eklatanter Zerfall im einen Bereich den anderen kaum mehr berührt.

Wir können auch sagen, daß sich in den Volkswirtschaften Lebens- und Aktivitätsmuster ohne die alte Einheit von Ort und Zeit in immer größerem Maße ausbilden. Zu diesen gehört der vorübergehende Aufenthalt und die nur periodische, dafür aber intensive Einbindung in das Leben der Stadt. Wir können erwarten, daß dies in Zukunft noch mehr der Fall sein wird. Die Stadt ist nicht mehr eindeutiger Mittelpunkt der Lebensinteressen. Alle Bürger eines Landes sind potentiell Bürger der Metropole. Die Identifizierung mit dem Begriff einer Heimatstadt verlagert sich auf einen abstrakteren Zentrums- und Symbolcharakter. Überall wird Babylon.

Brauchen wir Städte überhaupt noch? Als komplexe Standorte unter Einheit von Ort und Zeit funktionierend sind die übergroßen Städte schon längst überfordert. Sie bieten allerdings selbst in den elendsten Stadtrandslums immer noch mehr an Chancen als die Dörfer des gleichen Landes. Insofern hat Stadt als Siedlungsform weiterhin eine Daseinsberechtigung. Auch die kommunikativen und kontaktbedingten Funktionen der Zentren und Steuerungszentralen trotzen dem Zahn der Zeit. Freilich werden sie mehr und mehr zwischen gleichrangigen Städten verschiebbar, wie auch ihre Träger nur immer auf Zeit Bewohner einer Stadt sein werden.

XIII.5 Das annehmlichkeitsorientierte Wohnen

Die Pendlergebiete im Umkreis einer Stadt und auch die äußeren Teile des Wohnmantels unterscheiden sich in mancherlei Hinsicht vom Rest der Stadt. Der Pendlerhaushalt ist nämlich von vordergründigen ökonomischen Faktoren bei seiner Standortwahl freigestellt. Wichtig ist es zwar, den Arbeitsplatz ohne unzumutbaren Streß erreichen zu können. Haus oder Wohnung können aber nach rein konsumptiven Kriterien oder nach solchen der Reproduktion und der Lebensannehmlichkeit gewählt werden. Die im Nahbereich vorhandenen Dienste müssen nur die übrigen Daseinsgrundfunktionen und die Gebäudeerhaltung sicherstellen.

Fehlt auch die Bindung an einen Arbeitsplatz, so wird das Wohnen völlig frei. *Walter Christaller* (1955, 248) hat dies früh erkannt und spricht vom „frei gewählten Wohnen". Inzwischen sind in allen wohlhabenderen Ländern große Wohngebiete weit außerhalb der Pendlerbereiche der Städte entstanden. Hier lebt eine aus beruflichen Bindungen gelöste oder mehr locker in solche einbezogene Bevölkerung in selbstgewählten Wohnanlagen. Diese Gebiete zeichnen sich in der Regel durch ansprechende Landschaft und angenehmes Klima oder anderswie hohe Lebensqualität aus. Sie sind mit allen zivilisatorischen Annehmlichkeiten einer großstädtischen Vorstadt ausgestattet. Man kann daher bei den Entscheidungen, den Wohnstandort in einer solchen Siedlungszone aufzuschlagen, ganz im Sinne von *Alfred Weber* vom Standortfaktor „Annehmlichkeit" sprechen. Entscheidungsgrundlage ist die wahrgenommene Differenz an Vorteilen gegenüber der sonst in Betracht kommenden städtischen Umwelt.

Als eigenständige wirtschaftliche Erscheinung wird annehmlichkeitsorientiertes Wohnen in den Industrieländern erkennbar. Beispiele für solche Zonen sind in großem Umfang die südenglischen Küstengebiete, die Cotswolds sowie die Kanalinseln in Großbritannien, in Frankreich die Hinterlandsgebiete der Riviera und die Provence, in der Schweiz das Tessin und in Italien viele Gebiete an den Oberitalienischen Seen. In Deutschland lassen sich Oberbayern, Bergstraße, Taunusrand und das Sauerland erwähnen. Neuerdings zieht man auch nach Spanien und Südportugal, obgleich ansonsten das eigene Staats- und Sprachgebiet bevorzugt wird. In den USA sind es Florida, Südkalifornien und die südwestlichen Staaten mit mildem Winterklima.

Annehmlichkeitsfaktoren sind dabei breit zu interpretieren. Die Bewohner sind vornehmlich ehemalige Großstädter, die nach Sicherung einer ausreichenden Einkommensgrundlage keinen Grund mehr sehen, in der Stadt zu bleiben, die aber auch nicht auf gewohnte Dienste verzichten möchten, einschließlich der ärztlichen Versorgung im hohen Alter. Die Wertigkeit der Dienste rangiert noch vor den Landschaftselementen und dem Klimavorteil. Geeignete Standorte findet man in Fremdenverkehrsorten mit erweitertem saisonalem und ganzjährigem Betrieb. Hier sind die Dienstleistungen quantitativ und qualitativ sozusagen gesichert. Rein saisonale Fremdenverkehrsorte sind weniger attraktiv. Landschaft und Klima dieser Plätze besitzen gleich den anderen Lebensannehmlichkeiten sozusagen schon ein Qualitätsprädikat, so daß man sich darum nicht weiter sorgen muß.

An und in räumlicher Nachbarschaft zu solchen Tourismusorten findet sich daher rasch eine Mantelbevölkerung aus Rentnern, Kapitalbesitzern und Freischaffenden aller Art ein. Zum Teil kennen sie die Orte von früheren Ferien her und haben sich dort Bekannte geschaffen. Als ganzjährig anwesende und auch ökonomisch stärkere Gruppe sind sie sogar in der Lage, eine bereits vorhandene touristische Funktion zu verdrängen und zum Erliegen zu bringen. In den USA hat man reine Seniorenstädte wie Sun City bei Phoenix in Arizona oder Havasu City am Colorado River geschaffen (*Nagel & Oberbeck* 1982). Man bezeichnet diese als Sun Cities, eine Gattungsbezeichnung in Analogie zu den Begriffen „Sunbelt" und „Snowbelt" für die wintermilden und winterkalten Staaten der USA.

Annehmlichkeitsorientiertes Wohnen bedeutet immer die Kolonisation einer geographischen Umwelt durch Städter zu rein konsumptiven Zwecken, also ohne die Absicht, im Zielgebiet Beschäftigung zu schaffen oder produktive Investitionen zu tätigen. Nicht immer sind diese Kolonisatoren reiche Leute. Es spielen vielmehr gerade die Möglichkeiten, bei der normalen Lebensführung, bei Miete, Bekleidung und Beheizung Geld zu sparen, für viele Amerikaner eine wichtige Rolle, die sich entschlossen haben, ihren Lebensabend in Florida anstatt in Boston oder New York zu verbringen. Annehmlichkeitsorientiertes Wohnen gehört damit teilweise zu den im genetischen Regionalmodell diskutierten Verdrängungs- und Ausweichvorgängen.

Ist es jedoch wirklich nur ein Vorgarten des Friedhofs? Kann es eigenständige entwicklungsfähige Wirtschaftsformationen hervorbringen? Die Anzeichen sind nicht so schlecht. Als Folge angenehmer Wohnbedingungen und erstklassiger Ausstattung mit Dienstleistungen locken solche Standorte gewisse Gewerbe an, die nicht mehr auf ständigen Kontakt zu Geschäftspartnern angewiesen sind. Viele Rentner pflegen Hobbies, die einen ganzen Schwarm spezifischer Dienste hervorrufen. Erstklassige Restaurants florieren in solchen Wohngebieten auch dann, wenn der Tourismus keine Rolle spielt.

In der annehmlichkeitsorientierten Wohnformation entlang der britischen Südküste finden wir in Entfernungen von 70–400 km von London viele Verlage, Consultings, Internatsschulen, Produzenten von Software und Mikroelektronik und andere raffinierte Heimarbeit. In die französische Riviera mittenhinein wurde das High-Tech-Zentrum Sophia-Antipolis bei Cannes gelegt. Südflorida ist für ähnliche Gewerbebereiche vor allem rund um das Seniorenparadies Orlando bekannt. Die Beziehungen zwischen all diesen Einrichtungen, Aktivitäten und ihre Verbindungen zu den Senioren sind noch kaum bekannt. Viele Rentner sind ja nichts anderes als die früheren Chefs großer Firmen, emeritierte Professoren, Besitzer von Risikokapital, welches sie nicht mehr für ihre alten Tage zu horten brauchen, sondern das ausgegeben werden kann, auch für Dinge, die vordergründig wenig Nutzen versprechen.

Damit entsteht eine Mischung von produktiven und konsumptiven Aktivitäten, die nicht wenige innovative Chancen einschließt. Sie könnte zukunftsweisend werden, denn in der postindustriellen Gesellschaft, oder wie immer man sie nennen wird, kann die Industrie ihre technologische Leistungsfähigkeit endlich ebenso rücksichtslos und unbehindert ausspielen wie heutzutage die Landwirtschaft ihre Produktionkraft. Soziale Rücksichten auf Arbeiter wird sie nicht mehr nehmen müssen, wenn gerade noch 2–5 % der Erwerbstätigen in automatisierten Fabriken hochbezahlte Aufgaben erfüllen. Insgesamt werden laut der Hypothese von *Jean Fourastié* (1954) kaum 10 % in standortgebundenen primären und sekundären Berufen tätig sein müssen. Der Rest der Bevölkerung wird Dienste ausüben, von denen eine immer größere Zahl hinsichtlich der Standort- und Wohnsitzwahl völlig frei sein können. Damit entfällt für die Menschen auch der Grund, „lebenslänglich" ungünstige Bedingungen im Wohnbereich auf sich zu nehmen.

Man darf vielleicht prognostizieren, daß in einer solchen Gesellschaft ein erheblicher Teil der Bevölkerung, sicherlich mehr als 50 % der Bevölkerung, in Siedlungsbändern und Bandstädten leben wird, die sich rund um oder durch die Gebiete mit angenehmen Lebensbedingungen ziehen. Die Städte und Industriegebiete, vielleicht sogar die Agrargebiete werden eher eine Bevölkerung auf Zeit haben. Die Landkarte Deutschlands wird sozusagen zum Negativ des heutigen Bildes. Die Umweltprobleme einer solchen Bevölkerungsverteilung sind sicherlich gewaltig, aber nicht unmöglich zu bewältigen. Ansätze zu solchen Entwicklungen sind allenthalben schon heute zu erkennen.

XIII.6 Agrarzonen und Agrarformationen

Laut statistischem Jahrbuch wurden 1988 55,2 % der Landfläche der Bundesrepublik Deutschland landwirtschaftlich und weitere 29,6 % als Forsten genutzt, erbrachten aber nur 1,6 % des Bruttoinlandsprodukts. Dieses Mißverhältnis täuscht darüber hinweg, daß nach wie vor in sogenannten „ländlichen" Räumen die Agrarwirtschaft die Dominante der lokalen Wirtschaftssysteme abgibt, der viele andere Tätigkeiten direkt zu- und untergeordnet sind (Abb. XIII-7). Ihre heute scheinbar randliche Stellung ist das Ergebnis der Ausgliederung und Verselbständigung zahlloser, einst in den bäuerlichen Betrieb eingespannter Tätigkeiten, die zu selbständigen Gewerben oder Dienstleistungen geworden sind. Kein anderer Wirtschaftsbereich ist durch seine Einbettung in Volkswirtschaften so sehr kahlgeschoren worden. Die Bauernbetriebe wurden aus einer integrativen, halb-autarken Organisation binnen einer Generation in ein sehr arbeitsteiliges und völlig marktorientiertes Regime hinübergezogen, das ihnen nur mehr kleine Tätigkeitsbereiche als statistisch nachweisbare Leistung läßt. Wenn wir heute etwa 20 % der Konsumausgaben für Lebensmittel aus einheimischer Produktion aufwenden, so läßt sich schätzen, daß die wahre Leistung des agraren Komplexes vielleicht bei 15 % des Bruttoinlandsproduktes liegen könnte. Die hohen Agrarquoten mancher Entwicklungsländer zeigen noch die vorindustrielle Situation an. Hier ist noch weitgehend beisammen, was bei uns Statistik und volkswirtschaftliche Gesamtrechnung auseinanderreißen.

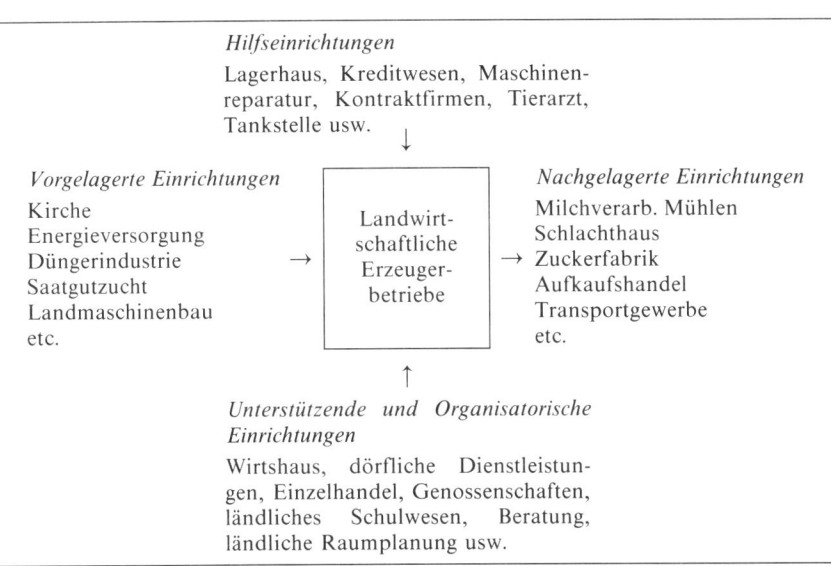

Hilfseinrichtungen
Lagerhaus, Kreditwesen, Maschinenreparatur, Kontraktfirmen, Tierarzt, Tankstelle usw.

Vorgelagerte Einrichtungen
Kirche
Energieversorgung
Düngerindustrie
Saatgutzucht
Landmaschinenbau
etc.

Landwirtschaftliche Erzeugerbetriebe

Nachgelagerte Einrichtungen
Milchverarb. Mühlen
Schlachthaus
Zuckerfabrik
Aufkaufshandel
Transportgewerbe
etc.

Unterstützende und Organisatorische Einrichtungen
Wirtshaus, dörfliche Dienstleistungen, Einzelhandel, Genossenschaften, ländliches Schulwesen, Beratung, ländliche Raumplanung usw.

Abb. XIII-7 Der Agrare Wirtschaftskomplex

Örtlich und räumlich ist der in Abb. XIII-7 skizzierte agrare Komplex vielfältig mit anderen Gewerben, Wohnfunkionen und Tourismus verzahnt. Diese anderen Tätigkeiten nutzen jene Ressourcen, die in einem rein agraren System mangels Verwendungsmöglichkeit brachliegen müßten. In dieser oft mehrschichtigen geographischen Koexistenz der Wirtschaftsbereiche verliert man leicht die spezifischen Zusammenhänge der landwirtschaftlichen Komplex- und Formationsbildung aus dem Auge, wovor auch Planer und Politiker nicht gefeit sind.

Einige Worte dazu sind wohl angebracht. Im städtischen Raum schließt ein dichtes Gefüge baulich ausgestalteter Parzellen mit ausschließlichen Nutzungsrechten deren multiple Inanspruchnahme gewöhnlich aus. Agrare Strukturen sind demgegenüber plastischer. Sie erlauben es anderen Wirtschaftstätigkeiten, sich darin einzunisten und ganze Formationen zu bilden, ohne daß die Landwirtschaft auf mehr als einen kleinen Teil ihrer Ressourcenansprüche verzichten müßte. Die entstehenden Synergieeffekte sind sogar ein Teil der Stärken der Industrieländer.

Am Thünen Modell konnten wir lernen, daß in einer Volkswirtschaftsregion weiträumige, lose an Böden, Klima und Marktdistanzen orientierte Agrarzonen sowie kleinräumigere organisations- und innovationsbedingte Agrarformationen zu erwarten sind. Darin kann es auch nach rationalem Kalkül gegründete Großbetriebe geben. Daneben werden solche aus innovativer Wurzel entstehen. In solchen Formen wird Landwirtschaft vom Handwerk zur Industrie, was eine gesonderte agrare Standortlehre entbehrlich macht.

Ein wichtiges Merkmal von Agrarzonen und -formationen wie sie *Thünen* vor Augen hatte, aber auch heute, ist die Entsprechung von Betriebsgröße, Gehöftform, Flurform und Siedlungsweise. Das bäuerliche Gehöft als Wirtschaftsbetrieb drückt diese Zusammenhänge aus. Es sollte genügend Platz für alle Teilaktivitäten bieten und nach rationalen, aber flexiblen Gesichtspunkten ausgelegt sein. Moderne Agrarbetriebe bestehen meist aus getrennten Wohn- und Wirtschaftsgebäuden. Diese Form löst zunehmend die traditionellen Gehöfte Mitteleuropas ab. Sie stammt ursprünglich aus den Niederlanden. Die Gehöfte von Wein-, Obst- und Gemüsebauern sind gewöhnlich viel kleiner als jene von Ackerbauern. Diese wieder werden von denen der Viehhalter übertroffen, welche die größten Vorratsmengen für den Winter zu lagern haben.

Die zum einzelnen Bauernhof gehörige Flur sollte sinnvollerweise unmittelbar anschließen. Dies ist bei Viehhaltern dringlicher als bei Ackerbauern. Dementsprechend bildeten sich als Extreme der agraren Siedlungsweise auf der einen Seite Einzelgehöfte mit Blockflur und andererseits große, geschlossene Dörfer mit Streifen- oder Blockstreifenflur, wobei lange Anmarschwege zu den Feldstücken in Kauf genommen werden.

Mit beiden Formen gehen auch die Extreme des Erbrechts konform. Geschlossene Vererbung des Hofs auf einen der Nachkommen ist eher bei Einzelhofsiedlung zu finden. Dieses Anerbenrecht bewahrt rentable Betriebsgrößen. Dorfsiedlungen neigen zur Realteilung im Erbgang. Letztere führt binnen weniger Generationen zur Besitzersplitterung in viele winzige Teilstücke. Beide Formen sind sehr alt und in grundlegenden Rechtsvorstellungen verankert. Das Anerbenrecht sucht den Familienbesitz geschlossen zu erhalten. Die Erbteilung drückt elementare Gerechtigkeitsvorstellungen in einer noch wenig marktorientierten Wirtschaft aus. Diese alten Sitten und Zustände lassen sich in der Landwirtschaft nur schwer überwinden. Grund sind die gerade im ländlichen Raum sehr eng geknüpften Sozialbeziehungen.

Heute werden in Deutschland bei Aussiedlungen aus dem Dorfverband gewöhnlich Einzelgehöfte mit Blockflur am Ortsrand eingerichtet, da ihre Bewirtschaftung viel flexibler ist. Man folgt damit Reformbemühungen, die vor fast 300 Jahre in Skandinavien begonnen haben. Sie fanden später Eingang in die Besiedlungsrichtlinien überseeischer Siedlungszonen, wie in den bekannten Homestead Act der USA von 1862. In der DDR und anderen Planwirtschaften wurde die „handwerkliche" bäuerliche Landwirtschaft durch ein staatliches oder kollektives Agribusiness weitgehend ersetzt, das freilich nicht immer erfolgreich war.

Auch in den Industrieländern ist häufig noch ein beträchtlicher Modernisierungsrückstand der Agrarstrukturen anzutreffen. Hinter ihm steht das Problem des Bodenrechts. Grundstücksparzellen mit verbrieften privaten Eigentumsrechten bilden ein starres, oft flächendeckendes Gefüge. Demgegenüber sind Industrien und Dienste beweglicher, da sie nur einzelne Parzellen im ländlichen Raum besetzen. Dies verweist uns zurück auf den im Einführungskapitel diskutierten Unterschied zwischen einem macht- und verwaltungsmäßig definierten Raumbegriff und den fraktalen, aus Schauplätzen gebildeten Räumen der übrigen Wirtschaft. Landwirtschaft und Städte entsprechen dem ersteren Konzept. Soweit es im Agrarbereich auftritt stammt es historisch aus der Stadt und setzte sich in Mitteleuropa ganz allmählich durch. Vollendet wurde seine Vorherrschaft erst durch die Bauernbefreiung und die Aufteilung der Allmenden in vergangenen Jahrhundert. Gleichzeitig aber tritt mit der Industrialisierung auch wieder eine Lockerung ein, weil neben der Landwirtschaft ergiebigere, alternative Nutzungen möglich werden.

Zu starres Besitzgefüge und enge lokale Sozialbindungen können daher zusammenwirken und Strukturen hervorbringen, die der Innovation wenig Chancen geben. Fehlt den Landwirten der Zugang zu Kapital und zusätzlicher Arbeitskraft, so können sie das Einkommenspotential ihrer Betriebe nicht ausschöpfen. Infolgedessen gilt für viele Agrargebiete, was *Tichy* (1981) und andere über die alten Industriereviere gesagt haben. Das Problem bezieht sich her aber auf wesentlich größere Räume. Die bestehende Subventions- und Marktordnungspraxis ist wesentlich deutlicher im Sinne einer Strukturkonservierung durchgebildet als bei den eher zaghaften Stützungsversuchen für alte Industrien. Paradoxerweise erlaubt es gerade diese Situation geschickten Agrarunternehmern, ihre Betriebsflächen maßlos zu ständiger Steigerung der Mengenproduktion auszunützen.

Auch dieser Umstand wird zu wenig beachtet. Marktorientierte Landwirtschaft ist innerhalb der heutigen Volkswirtschaften nicht nur eine alte Industrie, sie ist die „älteste" überhaupt. Darin liegt ein Element der Stärke. Sie ist evolutiv viel weiter vorangeschritten als die güterproduzierenden Gewerbe. Sie hat sich daher von der Bürde gesellschaftlicher Verpflichtungen entlasten können, worum in der Industrie noch heftig gerungen werden muß. Nahezu unbemerkt und unbeachtet kann sie die natürliche Umwelt ausbeuten.

Bildet die Landwirtschaft in einer Volkswirtschaft auch ein weiträumiges Systemgefüge aus, so heißt dies nicht, daß jeder einzelne Betrieb die Distanzen zu seinen Märkten selbst bewältigen könnte. Dazu müßten die Betriebsgrößen bei wachsenden Transaktionskosten oder Marktdistanzen proportional anwachsen. In Europa sind diese jedoch weiterhin noch aus den mittelalterlichen Vorstellungen von einer ausreichenden Ackernahrung zu erklären. Landwirte können ihre Produkte auf ihren fernen Märkten meist nicht selbst anbieten oder sich direkt an den Signalen aus den Steuerungszentralen orientieren. Sie brauchen nähergelegene Vermittler, wie schon in Abb. IV-12 angedeutet wurde. Agrarzonen haben daher eine kleinräumige Körnung, die früher auf der Ebene von Kirchdorf, Grundherrschaft und Marktort aufgebaut war. Heute haben Verbände und Genossenschaften ihr immer noch recht dichtes Netz von Einrichtungen und Sammelpunkten geschaffen. Diese Körnung bestimmt die Standorte im gesamten agraren Funktionskomplex, namentlich bei den nachgelagerten Verarbeitern. Sie stützen sich ihrerseits vielfach auf die unteren Stufen der zentralörtlichen Siedlungshierarchie. Derartige Kleinstädte und Unterzentren sind nicht so sehr Bestandteile des Städtenetzes, sondern funktionale Aspekte des ländlichen Wirkungsgefüges.

Von solchen Bindungen werden Betriebe frei, die groß genug oder günstig genug gelegen sind, um ihre Beziehungen zu Absatzmärkten selbst zu organisieren. Dies gilt für viele spezialisierte Produzenten in Wein- und Gemüsebau, bei Baumschulen und Großgärtnereien, zunehmend auch in Mitteleuropa für das Agribusiness. Vielfach haben diese neuen Großerzeuger die ersten Verarbeitungsstufen wie das Schlachten von Tieren, das Abpacken von Fleisch, Milch und Eiern oder eine differenzierte Veredlung samt Verpackung, Werbung und Versand wieder in den eigenen Betrieb hineingezogen. Derart vertikal organisierte Großbetriebe sind in der Landwirtschaft keineswegs neu. Sie entsprechen ganz und gar den frühneuzeitlichen Plantagen in Übersee, die sich dank dieser Methode auch bei gewaltigen Entfernungen im Markt behaupten konnten. Manche der modernen Großplantagen mit Konservenerzeugung sind nicht viel mehr als „verlängerte Werkbänke" der Mutterfirmen in Industrieländern. Wir sehen also auch hier die Ausbildung einer multidivisionalen Organisation.

Lehrreich für solche Betriebsformen ist aus Deutschland das Beispiel des einstigen Ostpreußen (*Scheu* 1936). Die Stärkung der Gutswirtschaften im 19. Jahrhundert

ermöglichte diesen den Getreideexport in sehr ferne Märkte. Allerdings sind Körner-
früchte das typische unintelligente Massenprodukt, dessen Terms of Trade sich seku-
lär verschlechtern müssen. Letztlich trieb dies viele Güter in den Konkurs.

Großbetriebliche Landwirtschaft mit einfachem Verkauf der Produkte ab Farmtor
kann keinen unter Einheit des Ortes funktionierenden Funktionskomplex mehr tragen. Die Körnung zerfällt, stützende Einrichtungen, Hilfsbetriebe, vor- und nachgelagerte Stufen mitsamt den kleinen zentralen Orten können abgebaut werden. Am
Ende einer solchen Ausdünnung stehen menschenarme Getreideeinöden wie in den
USA, Kanada und in Teilen Frankreichs.

XIII.7 Erholungs- und Fremdenverkehrsformationen

Die Entstehung von Erholungs- und Fremdenverkehrsgebieten wird vielfach als Begleiterscheinung von Verstädterung und Industrialisierung und damit als ein Bedürfnis nach Ausgleich und Ergänzung gegenüber der Alltagswelt, entsprechend dem
eigentlichen Wortsinn von „Er-holung", gesehen. Dies stimmt sicher weitgehend.
Ebenso wichtig aber ist die Sicht auf den Tourismus als eine weitere Folge der Ausbildung von Volkswirtschaften. Denn nur dank deren Produktivkraft konnten bezahlte
Freizeit und erschwinglicher Massenverkehr entstehen. Ebenso benötigt der Tourismus großräumige geordnete Staatswesen als räumlichen Bezugsrahmen wie auch als
Garanten von Ordnung und Sicherheit.

In allen Hochkulturen gab es Tourismus und Erholungsreisen. Sie blieben aber wie
die Pilgerfahrten in besondere gesellschaftliche Konventionen eingebunden oder auf
eine kleine „leisure class" beschränkt, die mit der herrschenden gesellschaftlichen
Gruppe identisch war.

Die neuen Freiheiten des Reisens für breite Schichten der Bevölkerung wurden
ebenfalls zuerst in den führenden Städten wirksam. Sie haben von dorther durch
geplante oder innovative Angebotsgestaltung Erholungsgebiete entstehen lassen.
Diese liegen anfangs großstadtnahe oder entstehen verkehrsbezogen in den jeweils
am leichtesten erreichbaren Eignungsräumen und sind eigentlich nichts anderes als
eine der vielen Auslagerungen aus den Städten. Andererseits gibt es von Anfang an
eine anders motivierte Tendenz zu Reisen nach sehr fernen, exotischen Zielen mit
hohem Erlebnis- und Prestigewert. Auch diese zeigt mehrere Ausbildungsformen. So
kennen wir die Einnistung des internationalen Tourismus selbst in den zentralen
Stadtvierteln der großen Metropolen, wo sich dieser sehr gut neben echten Steuerungsfunktionen standörtlich behaupten kann. Der Tourismus dringt aber ebenso bis
in die Randzonen der Ökumene vor und geht stellenweise sogar weit über die Grenzen des menschlichen Lebensraums hinaus (vgl. Abb. I-1).

Das Nebeneinander von Entstehungsprozessen, die kolonisierend von Städten ausgehen, von Ausweichbewegungen und von innovativen lokalen Ansätzen wird hier
womöglich noch deutlicher als im genetischen Modell der Industrieregion. Alle besprochenen Standorttheorien lassen sich im Bereich des Tourismus durch klare Beispiele belegen. Vielleicht wird man sogar einst die Standortproblematik der Wirtschaft besser vom Tourismus her aufrollen können als wie bisher von Industrie,
Landwirtschaft und zentralen Diensten.

Erholungskolonien werden von städtischen Unternehmern im Stil und Geschmack
der jeweiligen Epoche geschaffen. Heute zeigen sie die Form der Kettenhotels, von
Bungalowdörfern und Ferienclubs. Sie werden auch von den Städten her gemanagt
und von deren Reisediensten mit Urlaubern beschickt. Diese Unternehmen agieren

in marktwirtschaftlichen Ländern mit Kenntnis der Präferenzen ihres Kundenkreises und investieren an Orten und in Gebieten mit der entsprechenden Eignung. Anfangs waren dies vorzugsweise Plätze, die bereits durch Kunst, Literatur und Mode dem Publikum vertraut gemacht waren. Später traute es sich die Tourismusbranche zu, die Eignungsmomente selbst abzuschätzen und zu vermarkten. Zahlreiche Prozeßinnovationen im Bereich der Dienstleistungen, der Freizeitaktivitäten und des Sports stützen solche Vorgänge.

Die kolonisierende Tourismusentwicklung ist genetisch der Gründung von Plantagen und der Ausnützung von Standortvorteilen für Zweigwerke großer Unternehmen gleichzuhalten. Hier wie dort ist die Rücksichtnahme auf die Umwelt schwierig. Dies führt im Tourismus noch ausgeprägter zu der Neigung, sich von dieser abzukapseln und jeden störenden Außeneinfluß aus den geschaffenen „künstlichen Paradiesen" fernzuhalten. Diese Tendenzen haben heftige Kritik am Tourismus hervorgerufen, wo immer sie auftraten. Isolation von der Umwelt ist bestimmend für die neuen Wintersportzentren, die neuen Badeorte und Hotelurbanisationen am Mittelmeer und nahezu den gesamten Reiseverkehr aus den Industrieländern in die Dritte Welt, mit Sicherheit auch für den offiziellen Erholungstourismus in den planwirtschaftlichen Ländern. Gebietlich und örtlich kommt es später manchmal zu einer Entkolonialisierung des Tourismus mit teilweiser Auflösung der vorherigen Strukturen. Dies haben viele Kurorte und Erholungszentren des ausgehenden 19. Jahrhunderts in Europa erlebt, als deren Grand Hotels sich als unrentabel erwiesen und geschlossen wurden, wogegen rundherum eine bescheidenere, bodenständigere Hotellerie aufblühte.

Die innovative Entstehung von Tourismusgebieten geht auf ein Wechselspiel von Anreizen der Nachfrage und der darauf bezogenen Schaffung eines Angebots zurück. Auf diese Weise entstehen im eigentlichen Sinne „Fremdenverkehrsorte und -gebiete", in denen auswärtige Besucher und die für diese Ortsfremden erbrachten Dienstleistungen zur Lebensgrundlage der ansässigen Bevölkerung werden. Äquivalente sind *Thünens* Schnapsbrenner und die innovativen gewerblichen Wirtschaftsformationen, weshalb wir rundweg hier von Fremdenverkehrsformationen sprechen können.

Diese nisten sich in einer agraren Siedlungs- und Gesellschaftsmatrix ein. Dazu sind sie in der Lage, weil dort stets nicht beanspruchte lokalisierte Ressourcen in Fülle zur Verfügung stehen wie Ödlandareale, Strände, Wasserflächen und Gewässerränder, Wälder, Hutweiden, Felsen und Ruinen. Eine Mitbenützung des vorhandenen Wegenetzes und anderer öffentlicher Räume ist für Touristen zunächst problemlos möglich. Ebenso mag es brachliegende oder unterbeschäftigte Arbeitskraft geben. Kapital kann in Form von Ersparnissen, für besondere Bedürfnisse geschontem Holzbestand oder als Rücklage für weichende Erben vorhanden sein. Alle diese Ressourcen lassen sich für den Ausbau des Tourismus einsetzen, ohne zunächst das agrare Wirtschaftssystem zu stören. Zahlreiche Gebiete in den Gebirgen und an den Küsten Europas sind dieser Alternative gefolgt.

In späteren Phasen einer Fremdenverkehrsentwicklung treten autokatalytische Hyperzyklen der Selbstverstärkung hervor, die als Beispiele in Abb. VI-3 und VI-12 bereits behandelt wurden, ebenso die Sachzwangspiralen nach *Schwarzenbach*. Sie sind für diesen Entwicklungsweg typisch und werden oft beklagt. Sie scheinen in extremen Fällen erst dann zu einem stationären Zustand überzugehen, wenn ein Fremdenverkehrsort an die absolute Ausbau- und Kapazitätsgrenzen gelangt ist. Hier könnte man von einem „Obergurglsyndrom" sprechen, nach einem kleinen Bergbauerndorf in Tirol, das so lange weiter ausgebaut wurde, bis jeder einheimische Bauernsohn sein Hotel oder seine Pension hatte, die gerade so groß war, daß er sie noch führen konnte. Dies ging aus einem 1974 dort durchgeführten Projekt des IIA-SA zur Hochgebirgsökologie hervor. In solchen bis zu ihren Grenzen „entwickelten" Fremdenverkehrsorten ist die Landwirtschaft der Verdrängung ausgesetzt. Sie verliert Nutzflächen für Gebäude, Straßen und Parkplätze und sinkt im Laufe der Zeit in die gleiche dienende Rolle der bloßen Landschaftspflege ab wie in den Industriegebieten.

Insgesamt weichen Tourismus und Fremdenverkehr in ihren regionalen Prozeßmustern nicht wesentlich von den Gegebenheiten ab, die wir für gewerbliche oder agrare Komplexe und Formationen schon kennengelernt haben. Freilich darf man nicht übersehen, daß es sich hier um ein „intelligentes" Produkt handelt, das am Ort seiner Entstehung konsumiert werden muß. Industrielle und agrare Produkte sind insofern „unintelligent", als bei ihrer Erstellung kein kommunikatives Wechselspiel zwischen Erzeuger und Verbraucher mehr nötig ist. Daher zeigt der Fremdenverkehr ähnlich kreative Bedingungen, wie sie bei vielen Dienstleistungen anderer Art bestehen und wie sie einst im Handwerk, in der enstehenden Industrie und vor langer Zeit vielleicht sogar in der Landwirtschaft gegeben waren.

Interpretiert man Fremdenverkehr und Tourismus unter dem Formations- und Komplexgesichtspunkt, so besteht seine eigentliche produktive Leistung aus dieser kommunikativen Erlebniserstellung. Sie stützt sich auf zwei Segmente von Dienstleistungen, die *Mariotti* (1929) sehr treffend als das ursprüngliche und das abgeleitete Angebot bezeichnet hat. Um diese gruppieren sich vor-, nach- und nebengelagerte Einrichtungen und Institutionen in großer Vielfalt (Abb. XIII-8).

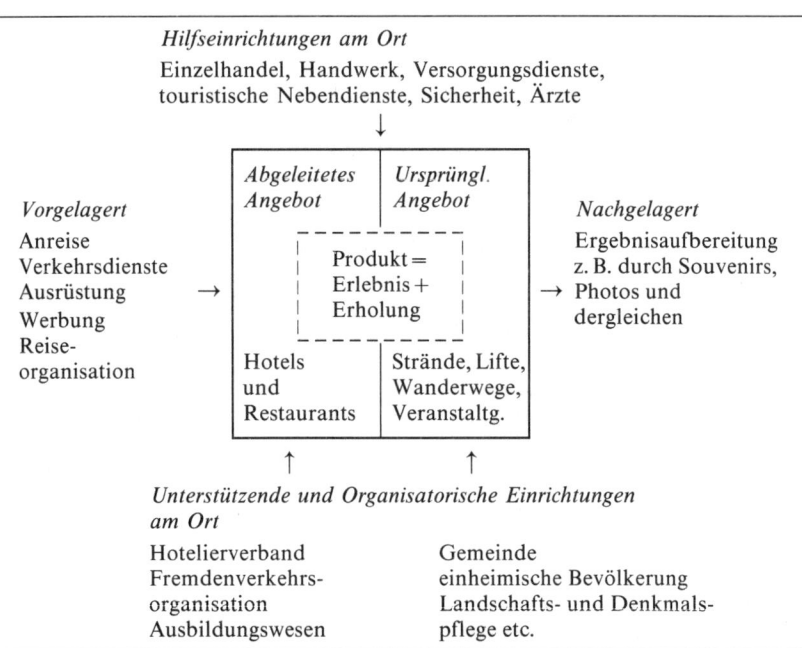

Abb. XIII-8   Der Strukturkomplex von Tourismus und Erholung

Das ursprüngliche Angebot stützt sich auf die naturgegebenen, kulturellen und geschaffenen Attraktivitätsfaktoren, welche Besucher herbeilocken, samt den Einrichtungen zu deren Nutzung. Das abgeleitete Angebot sind die Einrichtungen der

Beherbergung und der Verpflegung samt ergänzenden Diensten, die es den Gästen ermöglichen, am Ort der Attraktionen physisch anwesend zu sein. Es erscheint aus systembezogener Sicht dem ursprünglichen Angebot vorgelagert, geht aber wesentlich in das Produkt mit ein.

Attraktionen können besonders im stadtnahen Bereich und unter der Bedingung der Einheit von Ort und Zeit auch ohne abgeleitetes Angebot Besucherströme anziehen. Dagegen reicht niemals ein noch so hervorragender Hotelbestand dafür alleine aus. Ist nichts an landschaftlichen und kulturellen Attraktionen vorhanden, so müssen diese nachträglich geschaffen oder Erlebnisse inszeniert werden.

Weitere der Produktherstellung vorgelagerte Bereiche sind die Organisation der Anreise, Buchung und Werbung. Nachgelagert erscheint der sehr wichtige Aspekt der Erlebnisaufbereitung durch Erzählen, Renommieren, Souvenirs und Photos. Es gibt ferner eine Vielzahl von Hilfs- und Nebentätigkeiten, darunter auch die Landschafts- und Ortsbildpflege. Im Bereich der unterstützenden und induzierten Elemente ist der Komplex sicherlich nicht konfliktfrei. Unternehmer und Hoteliers werden kaum völlig gleichlaufende Interessen auch in der örtlichen Gemeinschaft erwarten dürfen.

Die Gäste sind in diesem Gefüge im Sinne der Dienstleistungsgeographie der „externe Faktor" wie ihn *Maleri* (1973, 78) und *Staudacher* (1991, 54, 160) nennen. Ihre Nachfrage erst gibt den Dienstleistungen einen Sinn, während ursprüngliches und abgeleitetes Angebot dafür die Potentiale bereitstellen. Daß die Qualität dieses externen Faktors, also Geschmack, Anspruchsniveau oder Bildungsniveau der Gäste für die Art der touristischen Dienste außerordentlich wichtig sind, wird hier deutlicher einsichtig als bei einer anderen Betrachtungsweise.

Die Formationsstruktur ist in Fremdenverkehrsgebieten viel komplizierter als bei Gewerbeformationen, weil sie häufig mit einer Mehrfachfunktion der Betriebe verschränkt bleiben muß, die ja wiederum notwendig ist, um die Attraktivität des Ortes zu sichern. Die Saisonalität der Nachfrage im abgeleiteten Angebotssegment erzeugt einen starken Druck in Richtung Abrundung und Ergänzung der Attraktionen im ursprünglichen Sektor, was tendenziell auf eine ganzjährige Auslastung der Einrichtungen hinzielt. Beginnt sich diese aber durchzusetzen, so induziert sie einen Zustrom von Bevölkerung auf Suche nach angenehmen Wohngebieten und von ungebundenen Gewerben, was letztendlich die touristischen Entwicklungsmöglichkeiten vernichten kann.

Tourismusgebiete kolonialen Typs werden von städtischen Reiseorganisationen vermarktet. Fremdenverkehrsgebiete aus innovativer Wurzel in einem Wechselspiel zwischen Reisebüros, Eigenwerbung und Mundpropaganda der Gäste. Dank letzterer spielt sich ein Teil der Kundenakquisition in kleinräumigen Informationsfeldern ab, wodurch in Fremdenverkehrsgebieten eine ausgeprägte Granulation entstehen kann. In solchen Mikroregionen übernehmen einzelne Siedlungen, oft die Kirchdörfer, die Rolle von Vororten der Formation. Sie sind gewöhnlich größer und besser ausgestattet als die umliegenden Neben- und Randorte.

Den ersten Hinweis auf solche Strukturen gab der französische Geograph *Pierre Defert* (1966). *Ritter* (1976b) übertrug diesen Gedanken auf alpine Fremdenverkehrsgebiete in Österreich. Er wurde an zahlreichen anderen Beispielen überprüft. *Hofmayer & Jülg* (1989) zeigen, daß sich solche Mikroregionen auch durch ihr Saisonregime gegeneinander abheben, während *Ritter* mehr einen genetischen Entwicklungszusammenhang vermutete. Ergänzende Hinweise auf solche Strukturen bringt die Arbeit von *Zimmermann* (1987).

Kolonisierende Tourismusentwicklung schafft nicht selten weite Bebauungszonen in Gestalt von Bandstädten entlang von Küsten, Seeufern und Gebirgsrändern, welche *Birkenhauer* (1980, 56 f) als Rivieren und Spaliere bezeichnet. Ansonsten aber erschließt sie Eignungsräume eher punktuell unter Bevorzugung verkehrsgünstiger Standorte für die abgeleiteten Angebote. In letzterem Fall sind Großfirmen besonders typisch. Es kann allerdings auch vorkommen, daß Fremdenverkehrsgebiete aus innovativer Wurzel in späteren Phasen ihre Entwicklung durch das Vordringen städtischer Unternehmer auf den kolonialen Entwicklungspfad gezogen werden. Bezeichnenderweise durch den Verkauf von Liegenschaften an fremde Bauträger und die Ausbildung einer einseitigen Abhängigkeit von städtischen Reiseorganisationen.

XIII.8 Probleme der Peripherien von Wirtschaftsregionen

Der Peripheriebegriff wird von vielen Disziplinen mit unterschiedlicher Bedeutung verwendet und bedarf daher einer geographischen Präzisierung. Er drückt zunächst einfach die Relation zwischen dem Zentrum oder Kernbereich eines Regionalsystems und seinen randnahen Zonen aus, wobei diese Unterscheidung wichtig wird, wenn das System nicht mehr in der Einheit von Ort und Zeit funktioniert.

Von der Peripherie einer Stadt, einer Gemeinde oder eines sehr kleinen Landes kann man nur umgangssprachlich reden. Sind dagegen die Schauplätze von Tätigkeiten oder die Standorte von Geschäftspartnern nicht mehr im normalen Tagesablauf erreichbar, so werden anders organisierte Handlungsabläufe nötig. Dies führt dazu, daß in solchen Peripherien allzu zeitraubende Tätigkeiten unterlassen werden. Peripherien erreichen also nicht dieselbe Vielfalt und Ausgliederungsfülle der Wirtschaft wie die Kerngebiete eines Regionalsystems, obgleich sie diesem voll angehören. Peripherien von Volkswirtschaftsregionen liegen nach dieser Auffassung weitab, außerhalb der normalen Reichweiten der Steuerungszentralen. Ist dies auch ein rein formaler Aspekt, so ist er doch nützlich zur Beurteilung möglicher wirtschaftlicher Erschwernisse.

Peripherien wären ferner Teilgebiete, die durch den volkswirtschaftlichen Verflechtungsprozeß noch nicht oder nur ungenügend durchdrungen wurden. In diesem Falle sind ihre Merkmale z. B. das Fehlen eines genügend dichten Städtenetzes, der Mangel an Verkehrs- und Kommunikationseinrichtungen, das Vorherrschen einfacher, einseitiger und extensiver Nutzungen, welche nur einen kleinen Teil der potentiellen Ressourcen in Wert setzen, so wie die Fernsteuerung vieler Wirtschaftseinrichtungen. Derartige Umstände sind ihrerseits aber nur Indikatoren für den Mangel an Humanressourcen, Kapital und lokalen Absatzmärkten. *Tykkyläinen* (1988) hat die einschlägige Literatur gut zusammengestellt. In besonderem Maße wirkt sich oft die geringe absolute Bevölkerungszahl aus, verbunden mit ungenügenden Fähigkeiten und mangelhaftem Ausbildungsniveau und der geringen Neigung der Menschen, Kraft und Geld in neue Aktivitäten zu stecken. Diese Umstände werden in der geographischen Literatur häufig unter die Begriffe Rückstandsgebiet und Rückzugsgebiet angesprochen, weil hier noch ältere, in den Kerngebieten bereits verschwundene Lebens- und Wirtschaftsformen weiterbestehen.

Wegen ihrer Schwächen stehen Peripherien dem kolonisatorischen Ausgreifen der Wirtschaftsinteressen aus den Kernräumen grundsätzlich offen. Sie sind ihm sogar ausgeliefert. Dabei ist Peripherie keine ein für allemal feststehende wirtschaftsgeographische Gebietskategorie. Sie können sich in bisher gut erschlossenen Bereichen durch Schrumpfung und Ressourcenabwanderung neu ausbilden. Selbst einstige Kernräume sinken mitunter wieder zur Peripherie ab.

Die marktbezogene Nutzung einer Peripherie stößt daher auf das Hemmnis mangelnder Standortvoraussetzungen und mobiler Ressourcen. Dies bedeutet, daß eine dort angesiedelte Aktivität wenig Unterstützung durch örtliche Zulieferer, Versorger und Vorleistungen finden kann. Ein Unternehmen in peripheren Gebieten muß daher für seine Zwecke selbst Leistungen erstellen, die anderswo bequem über den Markt beschaffbar sind. Unternehmen sind also dort weniger arbeitsteilig organisiert.

Dies läßt sogenannte „Inselbetriebe" ohne örtliche Verflechtungen zu vor- und nachgelagerten Partnern entstehen, die im Prozeßbereich ausgeprägt vertikal organisiert sind. Daneben aber umfassen sie die unentbehrlichen Hilfs- und Nebeneinrichtungen oft samt eigenen Verkehrsanlagen. Zusätzlich werden Reservekapazitäten für Notfälle erforderlich. Ein Inselbetrieb erfordert also weitaus höhere Investitionen als eine vergleichbare Anlage in den Kerngebieten und hat höhere Betriebskosten. Dementsprechend billiger müssen die Ressourceninputs sein.

Daraus entstehen wichtige Konsequenzen für Entwicklungsprozesse. Da Inselbetriebe in der Peripherie größer sind und intern weit mehr Abteilungen umfassen als entsprechende Anlagen in den Kernräumen, können zwischen diesen auch synergetische Effekte, wo sie auftreten, leichter erkannt werden als beim Fremdbezug der Vorleistungen. Weil auch die Kapitalkosten hoch sind, wird man besonders auf Effizienz der Faktoreneinsätze achten und möglichst rationelle Verfahren bevorzugen.

In diesem Umstand verbirgt sich ein wichtiger Ursprungsfaktor der industriellen Organisationsformen, die wohl in den Städten erdacht wurden, die sich aber zuallererst als vertikal integrierte Bergbau- und Hüttenbetriebe in entlegenen Waldgebirgen historisch fassen lassen. Dort konnten sie sich besser gegen das überlegene arbeitsteilige System der städtischen Wirtschaft behaupten. Erst im Merkantilismus wurden derartige technische Lösungen systematisch in die Städte Europas rückübertragen.

Vertikale Organisationen, wie sie der Inselbetrieb erzwingt, ist nicht mit den Economies of Scale gleichzusetzen, wiewohl damit verbunden. Inselbetriebe haben eine klare, technisch bedingte Mindestgröße. Die Vorteile immer weiterer Vergrößerung des Produktionsumfangs dagegen sind eng an die Entwicklung der Märkte gebunden. Sie dürften zuerst in den großen Seehafenstädten erkannt worden sein. Historisch steht die vertikale Organisation von Betrieben in regionalen Peripherien gleich am Anfang des im vorigen Kapitel geschilderten genetischen Modells der Standortentwicklung. Sie kam schon vor, als noch keine Energiemaschinen verfügbar waren. *W. V. Stromer* (1986, 45 f.) bezeichnet dies als Proto-Industrie.

Solche Aspekte der Peripherieräume lassen sich recht deutlich am Beispiel der großen Erdölfirmen in Arabien aufzeigen. Dort konnten geologische Landesaufnahme, Erdölprospektion, Bohrung, Förderung und Transport, dazu Hilfsstofferzeugung, Wassergewinnung und die Versorgung der Belegschaften anfangs nur von den Erdölfirmen selbst durchgeführt werden. Dies machte es notwendig, im Konzessionsgebiet eine Company-Town für mehrere hundert bis tausend Bewohner einzurichten. Solche Siedlungen entsprachen in ihrer Ausstattung einem amerikanischen Mittelklasse-Vorort. Daneben hatten sie Quartiere für die einheimischen Hilfsarbeiter und jeweils einen technischen Satelliten für Erdölverarbeitung, Verschiffung und die Wartung der Ausrustung. Solche Paare sind etwa Dhahran-Ras Tannura für die *Aramco* in Saudi Arabien oder Ahmadi-Mina al Ahmadi für die Kuwait Petroleum Co.

Den Gesamtumfang ihrer Aktivitäten suchten die Erdölfirmen aber wegen der überhohen Kapital- und Personalkosten immer auf unbedingt notwendigen Prozeß-schritte zu beschränken (*Ritter* 1985 a, 160). Fachleute werden nur für Vertragsdauer oder saisonal ins Land geholt. Weiteren Ausbau der Erdölverarbeitung vermied man, um sich nicht zusätzliche Mitarbeiter und damit Verpflichtungen zum Infrastruktur-ausbau aufzuhalsen.

Heute ist das arabische Golfgebiet keine Peripherie in diesem extremen Sinne mehr, sondern eher ein sekundärer Kernraum. Der Erdölsektor hat sich beträchtlich in alle nachgelagerten Tätigkeiten ausgeweitet, wurde arbeitsteilig in Leistungsseg-mente aufgeteilt, die jeweils von selbständigen Firmen als Kontraktoren erbracht werden. Die einstigen Inselbetriebe des Erdölsektors sind heute eher schon die Kerne von Standortkomplexen, und das Gesamtgefüge bildet sich zur Wirtschaftsformation weiter.

Dieses arabische Beispiel zeigt viele Parallelen zu den älteren Strukturen der euro-päischen Plantagenwirtschaft in Übersee wie auch zu vergleichbaren Beispielen im Bergbau und bei den großen Holznutzungskonzernen in Skandinavien und Nordame-rika. Am Anfang stehen bei all diesen Großeinrichtungen die vertikale Organisation, der Aufbau von Company-Towns und die Notwendigkeit von vielerlei Hilfs- und Nebenbetrieben. Sie alle verfolgen ähnliche Strategien, bleiben aber manchmal in den Frühphasen stecken. Letzteres bringt einem Peripheriegebiet wenig Nutzen und keine Entwicklungsanstöße, da gewissermaßen die potentiell tragende Industrie vor-zeitig „vergreist".

Inselbetriebe sind nicht selbständig oder eigenständig. Sie brauchen Rückkoppe-lungen zu den Märkten und Zentren. Innovationsideen kommen meist von dort, die Veredelung der Produkte kann nicht in der Peripherie bis zur Gebrauchsreife weiter-geführt werden, so daß sie vornehmlich einfache Stapelware liefern.

Betrifft die im Großmaßstab von Inselbetrieben organisierte Nutzung natürliche Ökosysteme in Fischerei, Waldausbeutung, Pelztierjagd, Sammel- oder Steppenwei-dewirtschaft, so kommt zu der Einseitigkeit der Nutzung weiter Areale noch die „Einsamkeit" der Nutzer hinzu. Diese müssen vielfach in der Vereinzelung oder „Diaspora" unter Menschen anderer Kultur arbeiten, anderswo sind sie buchstäblich allein.

Menschen aus den Kernräumen fassen solche Tätigkeiten immer nur als eine vor-übergehende Lebensphase auf, die schnellen Reichtum bringen soll. Raubbau ist eine unvermeidliche Begleiterscheinung dieser Situation. Dadurch unterscheiden sich die heutigen marktorientierten Nutzungsmuster solcher Peripherien wesenhaft von den endogenen Lebensformen der Jäger, Sammler, Fischer und Nomaden, wie sie *Bobek* (1959) in seinem Stufenmodell aufführt. Denn autochthone Lebensformen mit ex-traktiver Existenztechnik müssen im langfristigen Eigeninteresse ihre Ökosysteme schonend behandeln und dürfen zumindest nicht bewußt eine rasche, zerstörerische Ausbeutung betreiben. Den Übergang von kurzfristiger Extraktion zu langfristiger Nutzung erreicht man in natürlichen Ökosystemen durch Hege. Dafür aber ist eine ansässige, kenntnisreiche Bevölkerung erforderlich. Ein klassisches Hegesystem ist die Rentierhaltung im nördlichen Eurasien. Erfreulicherweise sind solche Hegesyste-me bei der modernen Steppenweidewirtschaft in Nordamerika oder Australien und bei der Waldnutzung im borealen Nadelwaldgürtel schon in Ausbildung.

Gedanklich erweist sich bei diesen Fragen der Begriff der Diaspora als wichtige Schnittstelle. Aus der Perspektive der Menschen in Kernräumen der Volkswirt-schaftsregionen sind nicht nur die Peripherien fremd, sondern auch die Kernräume fremder Kulturen. Sie werden daher von eindringenden fremden Unternehmen oft wie Peripherien eingeschätzt, und ihre dorthin versetzten Angestellten und Manager sehen sich in der Vereinzelung. Sind daher ökologischer Raubbau und soziale Insensibilität, die man im Westen und im Osten den Multis vorwirft, auf die Strategien solcher Firmen oder eher auf die Lebenseinstellung ihres Personals zurückzuführen? Und was würde dies, wenn letzteres gilt, für Peripherien in unseren eigenen Ländern bedeuten?

Die wirtschaftliche Rolle der Peripherien sollte man aber insgesamt nicht überschätzen. Nur außergewöhnlich gute Chancen locken Menschen und Investitionen dorthin. Immer mehr werden Peripherienutzungen weitab der Kernräume nur als saisonale Tätigkeit betrieben, wozu man das erforderliche Personal einfliegt. In allen Kontinenten weichen derzeit die Polar- und Höhengrenzen der Landwirtschaft und damit der bodensteten Siedlung zurück. Pionierhaftes Vordringen in die Wildnis schlägt sehr schnell in Rückzug um, wenn die Nachfrage nach deren Produkten gesättigt ist und die Gewinnchancen schwinden. Die Weltwirtschaft braucht ihre Peripherien im allgemeinen nicht, wie Kap. XIV.3 noch verdeutlichen soll.

XIV. Kapitel
Weltsysteme und die Volkswirtschaftsregionen

Kleinräumige wirtschaftliche Regionalsysteme wurden im Laufe der vergangenen Jahrhunderte in großer Zahl in den heute „entwickelten" Teilen der Welt mit allen ihren Elementen und Subsystemen zu Volkswirtschaftsregionen integriert. Dazu läßt sich die Hypothese aufstellen, daß es derzeit noch keine, vergleichbar gut durchorganisierten, höherrangigen Systemstrukturen gibt. Andererseits stehen Volkswirtschaften und die in ihrem Rahmen agierenden Einzelwirtschaften in vielfältiger Verbindung miteinander. Sie wirken also in ihre externe Systemumwelt hinaus und können dort ebenso zur Strukturbildung beitragen wie im internen Bereich. Letztlich ist die Aktionsreichweite auch kleiner Einzelwirtschaften weltweit geworden, obgleich daraus noch kein kohärentes Weltsystem resultiert.

Die Situation der Welt ist vielmehr durch Einflüsse geprägt, die von zahllosen Aktionszentren ausgehen, woraus sich ein buntes Interferenzmuster ergibt. Dieses ist jedoch nicht völlig chaotisch, weil die Aktivitäten durch Usancen des Handelsverkehrs, durch internationale Abkommen und ihre Einbindung in gut organisierte Weltmärkte geregelt werden. Zusätzlich haben Transaktionskosten und distanzielle Barrieren großen Einfluß.

Wie weit daraus jedoch ein universelles Ordnungsmuster abgeleitet werden könnte und wohin die Tendenzen der weiteren Entwicklung führen sollen, erscheint keineswegs klar. Die liberalistischen und marxistischen Utopien des vergangenen Jahrhunderts sahen den reichlich ungeordneten Zustand der Welt als eine vorübergehende Phase an. Letztendlich würde sich im freien Spiel der Kräfte oder durch politische Machtentfaltung eine „One World" einstellen, im Sinne einer einzigen, weltumspannenden Volkswirtschaft. Diese würde zwar nicht wesentlich anders funktionieren als die bisher bestehenden, müßte aber frei sein von all deren Unzulänglichkeiten. Diesen Vorgang sah man als denkbares Optimum bzw. als historische Notwendigkeit an.

Dabei bedachte freilich noch niemand, daß die einzelnen Teilregionen dieser Welt als Systeme über ein hohes Maß interner Autonomie verfügen und daß ihre Entwicklung jeweils nur die Verwirklichung eines unter vielen möglichen alternativen Pfaden sein müßte. Wird einer davon eingeschlagen, so werden gleichzeitig die Alternativen für immer oder doch für längere Zeit unterdrückt. Aus gleichen Ausgangssituationen gehen nach allen Erfahrungen mit der Evolution höchst unterschiedliche Endformen hervor, die wieder nur neue Ausgangspunkte für weitere Differenzierungen darstellen. In den letzten Jahrzehnten hat sich um diesen Fragenkreis eine sehr lebhafte Debatte unter Vertretern verschiedenster Wissenschaften ergeben.

XIV.1 Weltwirtschaften und Welthandel

Güteraustausch ist das wichtigste Instrument des friedlichen Kontakts zwischen benachbarten Regionalsystemen. Die Techniken und Organisationsformen dieses Handels haben interessante Konsequenzen für deren Systemstrukturen. *Erich Otremba* (1969; 1978) unterscheidet in dieser Hinsicht zwischen kontinentalen und maritimen Kontaktmustern, was hier als Einstieg dienen kann.

Der bisher größte kontinentale Wirtschaftsraum war jener der Alten Welt, der seit der frühen Antike die Domänen der Hochkulturen verknüpft. Der Handel zwischen diesen Gebieten bedient sich vornehmlich der Landwege und Binnenwasserstraßen. Seetransport und Überseehandel wurden ursprünglich nur dort eingeschaltet, wo dies zur Abkürzung der Wege, zum Umgehen von Barrieren oder zum Erreichen entlegener Märkte unumgänglich war. Überlandhandel ist einfacher zu organisieren als Überseehandel, weniger risikoreich und zumindest in friedlichen Zeiten auch schneller.

Maritime Wirtschaftsräume entstanden aus der Verselbständigung solcher Seehandelssegmente, zuerst im Indischen Ozean, später im Mittelmeerraum und im Nordantlantik. Seehandel kann einfacher als der Überlandhandel auf sehr große Distanzen ausgeweitet werden. Im Entdeckerzeitalter ab 1500 wurde zuerst das Handelsgebiet im Indischen Ozean mit jenem des Nordatlantiks verknüpft. An diese schloß man die beiden Amerika, das tropische Afrika, Südostasien, Australien und Ozeanien an. Als Schwerpunkte des maritimen Weltwirtschaftsraums bildeten sich Westeuropa, Nordamerika und Japan heraus.

In kontinentalen Wirtschaftsräumen liegen die ursprünglichen Märkte im Binnenland im Mittelpunkt weit ausgreifender Netze von Handelsrouten. Das Entstehen sekundärer Märkte und die Kernausbildung orientieren sich an solchen Routen. Entlegene Küstenzonen, die Halbinseln und Inseln sind die fernen Peripherien.

In maritimen Wirtschaftsräumen ist die Küstenlage der ursprünglichen Märkte ein wesentlicher Vorteil. Sekundäre Märkte entstehen ebenfalls an Küsten in Torpunktlagen zu weiten Hinterländern oder als Brückenköpfe am anderen Ende der Seerouten. Zu Peripherien werden bei diesem Vorgang die Binnenzonen der Landmassen weitab der Seehäfen, deren Potentiale im Extremfall niemanden anlocken. Dieser Unterschied prägt sehr weitgehend noch das heutige Bild der Weltwirtschaft.

Sowohl maritime wie auch kontinentale Wirtschaftsräume im Sinne von *Otremba* sind größer als alle in sie einbezogenen Einzelregionen und Staaten.

Von ähnlichen Erfahrungen und Überlegungen gehen die beiden bekannten Autoren *I. Wallerstein* (1980) und *F. Braudel* (1986) aus. Beide postulieren innerhalb der Ökumene die Existenz mehrerer Übersysteme, die sie als „Weltwirtschaften" bezeichnen. Diese sind primär durch den Handel geschaffene Umhüllungen der internen und externen Systemstrukturen der beteiligten Regionen und Staaten (*Braudel* 1986, 42). Da solche Weltwirtschaften nur locker geknüpfte Netze von Schauplätzen sind, hat die Wirtschaftsökumene der Erde jeweils Platz für mehrere solcher Gebilde, die untereinander vielfältig verzahnt sind und sich gebietlich überlagern können. Weltwirtschaften werden von ihren Kernen aus immer so weit ausgedehnt, als noch irgendein wahrgenommener Güterbedarf profitabel gedeckt werden kann. Einseitigkeiten der Ressourcenausstattung ihrer Glieder sind dafür der wichtigste Antrieb.

Wallerstein versteht unter seinen Weltwirtschaften sowohl maritime wie auch kontinentale Regionsbildungen. Sie können im Grenzfall zu Weltreichen politisch zusammengefügt sein. Er betont die Gliederung der Weltwirtschaften in Kernräume, Semiperipherien, Peripherien und Außenarenen und untersucht deren gegenseitiges Verhältnis.

Kernräume produzieren und konsumieren alle bekannten Güter. Sie sind wirtschaftsstark, heute kapitalistisch durchorganisiert, industrialisiert und expansiv. Die Länder der Semiperipherie sind wirtschaftlich von den Kernräumen abhängig und empfinden dies als Einschränkung. Solche Länder sind bestrebt, ihre Wirtschaft durch die Stärkung ihrer Märkte für ihre eigenen Produkte zu fördern, wobei dem Staat eine entscheidende Rolle zukommt. Ziel ist der Aufstieg zu Kernländern. Peripherien benötigen die Güter der Kernräume und Semiperipherien. Sie selbst liefern wenig angesehene, substituierbare Waren, in die der Schweiß ihrer Menschen und der Ertrag natürlicher Ressourcen eingeht. Sie sind nützlich für die Ergänzung des Warenangebots in den Kernländern, aber nicht unentbehrlich. Von der externen Nachfrage nach ihren Produkten bleiben sie extrem abhängig. Außenarenen sind die anderen Weltwirtschaften und die übrigen Teile der Erde. Aus ihnen werden nichtessentielle Kostbarkeiten und Luxusgüter bezogen.

Ein wesentlicher, bei *Wallerstein* aber zurücktretender Gesichtspunkt ist die asymmetrische Einbindung der Peripherien. Während diese für die Weltwirtschaft, der sie angehören, entbehrlich sind, sehen sie sich ihrerseits in starker Abhängigkeit vom Absatz ihrer Produkte in deren Kernräumen. Es waren daher weitgehend die Peripherien fremder Weltwirtschaften, worin sich die vorstoßenden Europäer der frühen Neuzeit einnisten konnten und wo sie als zusätzliche Abnehmer anfänglich auch sehr willkommen waren (*Ritter* 1994, 113 f.).

Braudel stellt stärker auf die Kerngebiete ab. Er sieht im Mittelpunkt seiner Weltwirtschaften (1986, 24 f.) jeweils eine dominierende Handelsmetropole, umgeben von Relaisstädten. Die dominierende Metropole beherrscht im Sinne einer Steuerungszentrale und eines Clearinghauses dieses Handelsnetz. Sie liegt, je nach der Stärke der maritimen Ausrichtung, im binnenländischen Schwerpunkt oder am Rande einer hochentwickelten Weltregion. Für diese Stadt sind alle anderen gleich gut entwickelten Weltregionen Partner oder Konkurrenten, während der Rest der Welt eine unendlich weite Peripherie darstellt.

In diesem Sinne lassen sich gegenwärtig in unserer Welt drei solcher Kerngebiete postulieren. Eines mit seinem Zentrum in New York und den wichtigsten Relais in Chicago und Los Angeles; ein zweites in Europa mit den Hauptzentren London und Paris und wichtigen Relais in Brüssel, Amsterdam, Frankfurt und Mailand sowie Zürich; als drittes Ostasien mit dem Mittelpunkt Tokyo. Der Japaner *Ohmae* sprach 1985 von diesen als der „Triade" und sah sie als Teile einer zusammenhängenden Weltwirtschaft mit weitgehender Konvergenz von wirtschaftlichen Organisations- und Konsummustern bei Weiterbestehen der kulturellen Verschiedenheiten. Mittlerweile ist in Südostasien mit dem Zentrum Singapur ein weiterer Kernraum im Entstehen. *Friedmann* (1986, 74) konzipierte in ähnlicher Weise sein Netz von primären und sekundären Weltstädten mit globaler Funktion, das *Rebitzer* (1995) auf den neuen Stand gebracht hat (Abb. XIV-1). Der Rest der Welt ist auf solche Zentren ausgerichtet, wohin in irgendeiner Weise alle Geschäfts- und Finanzströme zulaufen oder sie berühren. Zu diesem Rest gehörten nach *Friedmann* auch Rußland, Indien und China insoweit, als er dort keiner Stadt globalen Rang zuerkennt. Dies wird von *Rebitzer* bestätigt, doch zeichnen sich einige Plätze als Herausforderer ab. Auch *Braudel* (1986, 41) erkennt zahlreiche Gebiete, die in seinem Gefüge von Weltwirtschaften gewissermaßen Löcher darstellen, da sie in deren Verflechtungen noch nicht einbezogen sind. Dies schließt an die Auffassung von Weltwirtschaft als einem Gefüge von disjunkten Einzelregionen aus Kap. IV.3 an.

Der Zusammenhalt der *Braudel*schen Weltwirtschaften spielt sich auf der höchst abstrakten Ebene von korporativem Management, internationalen Finanztransaktionen und des Know-how-Transfers ab. Der physische Warenaustausch ist lediglich eine vordergründige Facette, die man vielleicht nur deshalb für so wichtig hält, weil man sie statistisch gut erfassen kann. Beachtlich ist ferner, daß *Braudel* für seine Weltwirtschaften zu keiner Zeit besondere politische, rechtliche, technische und or-

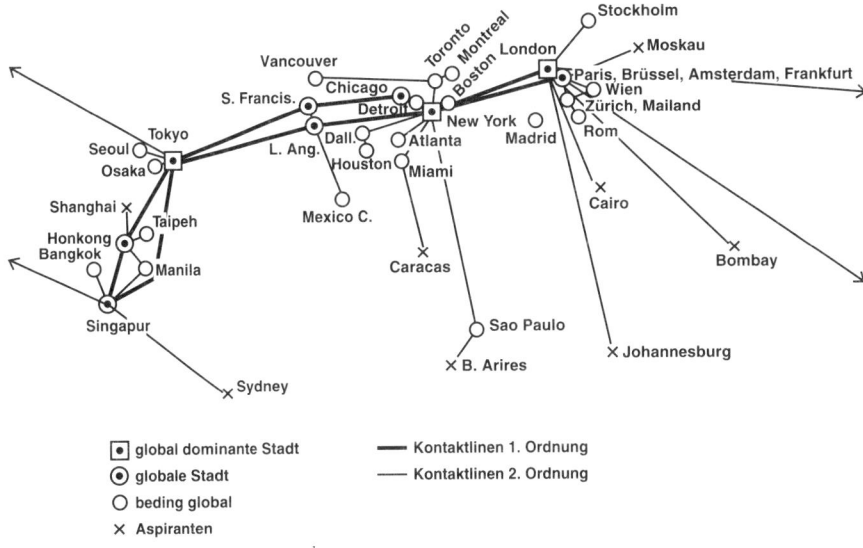

Abb. XIV-1 Weltstädte nach *Rebitzer* (1995)

ganisatorische Einrichtungen als notwendig ansieht. Es handelt sich also um selbstorganisierende Systeme par excellence, die sich unter Benützung vorhandener Einrichtungen für Transport, Nachrichtenübermittlung und Geldverkehr ausbilden. Demgegenüber brauchen Volkswirtschaftsregionen für ihren Zusammenhalt eine anspruchsvolle technische Infrastruktur und einen komplexen rechtlichen Überbau, wenn sie wohlfahrtsstaatliche Ziele erfüllen sollen. Dies wird nun im Zeitalter der Globalisierung zu einem heiklen Problemfeld, da sich die dafür nötigen Ressourcen nicht mehr sicher in Staatsterritorien festhalten lassen.

War der Güteraustausch zwischen Kernräumen von Weltwirtschaften früher im Sinne der Außenarenen nach *Wallerstein* ein Handel mit sehr hochwertigen und verfeinerten Produkten der jeweils höchsten gewerblichen oder künstlerischen Vollendung, so hat sich dies heute wesenhaft verändert. *Grotewold* (1979) umreißt in seiner regionalen Theorie des Welthandels die neue Situation, wenn er betont, daß nun im Güteraustausch der Industrieländer untereinander „gleiche" Waren vorherrschen. Dabei werden z. B. amerikanische, japanische und europäische Autos in großer Zahl in die jeweils anderen Märkte geliefert, sie unterscheiden sich aber weniger durch den Preis, mehr durch Marke, Bauart, spezielle Einsatzmöglichkeiten und gebotene Serviceleistungen. Von diesem sehr umfangreichen Handel ist eigentlich niemand existenziell abhängig, denn zu vergleichbaren Kosten könnten diese Autos in jeder der drei Regionen selbst hergestellt werden. Der Austausch gleicher Güter ist daher auch wirtschaftsgeographisch indifferent und läßt nur mehr selten völlig neue Standorte entstehen. Die Produkte selbst werden im Rahmen von international tätigen kommerziellen Organisationen erzeugt und vertrieben, die ihrerseits zur Triaden-Strategie nach *Ohmae* übergehen.

Der Handel der Peripherien mit den Kernräumen ist im Prinzip auf den Austausch von hochwertigen Industrieprodukten mit eingebauter Dienstleistung und Know-how gegen seltene und knappe Rohwaren, klimaspezifische Produkte und arbeitsintensive

Güter ausgerichtet. Letzterer nimmt heute die Form der Veredelung industrieller Produkte unter Ausnützung niedriger Löhne an. Dabei sind unter den Peripherieländern zahlreiche Abstufungen anzutreffen. Die Importgüter der Peripherieländer müßten im Prinzip ein technologisches Niveau haben, das über den besten heimischen Produkten liegt. Tatsächlich sind aber diese Relationen aus mannigfachen Gründen verzerrt. Inländische Produktion ist in Peripherieländern entweder zugrunde gegangen oder gar nicht erst entstanden.

Die geographischen Auswirkungen dieses Austauschs zwischen Kern- und Peripherieländern sind daher sehr groß. Letztere müssen in Arbeitseinheiten ausgedrückt relativ große Mengen ihrer Produkte gegen kleine Mengen von Industriegütern tauschen. Sie sind daher gezwungen, entsprechend umfangreiche Produktionseinrichtungen aufzubauen, da sie ohne den Industriegüterimport ihren zivilisatorischen Standard nicht halten könnten. Ausgedehnte Teilgebiete oder sogar das ganze Land werden daher so organisiert, daß diese Exportnotwendigkeit gesichert bleibt. Damit entstehen spezielle Ausprägeformen räumlicher Strukturen, die sich in ihrer Einseitigkeit von den Kernräumen der Weltwirtschaft deutlich unterscheiden. Sie sind am extremsten in jenen Peripherien, die in einer wachsenden Weltwirtschaft gerade neu aufgeschlossen werden (dazu *Peet* 1969) und den äußeren Thünen-Zonen entsprechen.

Es leuchtet andererseits auch ein, daß spezialisierte Wirtschaftszonen mit einseitiger Ausrichtung auf Getreidebau, Bergbau, Viehwirtschaft, Plantagenproduktion oder bestimmte Cash crops alternativen Entwicklungen gegenüber gar nicht offenstehen. Eine Änderung würde die Zerschlagung der bisherigen Produktionsstruktur und den Aufbau einer völlig neuen voraussetzen, bis hin zu anders ausgelegten Siedlungsnetzen und Infrastrukturen.

Peripherien der Weltwirtschaften besitzen gegenüber den Kernräumen durchaus komparative Kostenvorteile, die sie dank moderner Transport- und Kommunikationstechniken gegenüber den Industrieländern ausspielen könnten. Letztere sind gerne bereit, gewisse Produktionen an sie abzugeben. Es ist für sie unwesentlich, die Erzeugung von Rohwaren, einfachen Konsumgütern und Vorprodukten aufrechtzuerhalten, da sie diesen Rückbau ökonomisch kaum verspüren. Jedoch sind die Peripherien um vieles größer als die Kernräume und konkurrieren untereinander. Immer wieder treten Erzeuger auf, die noch ein klein wenig günstiger liefern. Die Folge ist ein schleichender Preisverfall für die Produkte der Peripherieländer.

Solche Austauschrelationen werden oft als ungerecht empfunden. Dies hat nach langen Debatten zu der Idee der Rohstoffonds der UN geführt, um durch Angebotsverknappung höhere Erzeugerpreise zu erzielen. Dem neigen die Erzeuger der gleichen Produkte in den Industrieländern ebenfalls zu, da sie ja auch abundante Güter zu tendenziell sinkenden Preisen verkaufen müssen. Die erzielbaren Vorteile sind bescheiden. Bei steigenden Preisen wird die Subsitution recht leicht, oder es treten schnell zusätzliche Erzeuger auf. Überdies besteht, und solches haben die Entwicklungen nach den Erdölverteuerungen deutlich gezeigt, gerade in den wohlhabendsten Ländern ein gewaltiges, unausgeschöpftes Potential für Einsparungen und Recycling.

Akteure im weltwirtschaftlichen Geschehen sind Kaufleute, also Einzelwirtschaften und staatliche Organisationen, die sich wie erstere verhalten. Soweit die im systemexternen Bereich agieren, sind sie nur wenig durch die in ihrem Ursprungsland gültigen Spielregeln kontrolliert. Wohlfahrtsgesichtspunkte liegen ihnen fern. Sie sind aber Träger des gesamten, raffinierten Know-how und der Kapitalmacht der Kernregionen. Dem haben ihre Partner in den Peripherien zu wenig entgegenzusetzen. Vorteile aus ihren Reichtümern an Ressourcen können sie nur dann ziehen, wenn die Zahl der Interessenten groß ist. Dies wäre normalerweise unter Freihandelsbedingungen der Fall. Es könnten dann auch die Ausbreitungstendenzen der Kernräume frei vor sich gehen und sich durch die Ausbildung weiterer Kernräume eine verstärkte Nachfrage nach Peripherieressourcen ergeben. Leider ist dieser Prozeß sehr langsam.

XIV.2 Die Globalisierung der Weltwirtschaft

Der Begriff Globalisierung wird erst seit kurzem verwendet und ist ein eher optimistisches Konzept, zumindest aus der Sicht der Drittweltländer. Er bedeutete anfangs nur, daß sich große Firmen in ihrer Absatzstrategie auf alle Märkte der Welt ausrichteten und diese über eigene Zweigwerke und Tochterfirmen vor Ort direkt beliefern. Analog ging man seit den Ölpreisschocks der Siebzigerjahre von einseitigen Bindungen ab und begann weltweit aus allen in Frage kommenden Lieferregionen zu beziehen. Im weiteren folgte man der von *Ohmae* empfohlenen Triadenstrategie und richtete die Tochterfirmen in anderen Triadenkernen und in starken Schwellenländern so aus, daß sie ihrerseits alle Märkte der Welt beliefern können. Die wenig später einsetzende Deregulierung und die neuen Regeln der World Trade Organization (WTO) haben eine fast völlig freie Wahl von Standorten weltweit möglich gemacht. Globale Unternehmen können die jeweiligen Vorzüge der einzelnen Gastländer strategisch einsetzen, sogar Regierungen gegeneinander ausspielen. Dadurch erscheint die Macht der Nationalstaaten gegenüber den Multis deutlich gemindert und zugleich schwindet die Bindung der Unternehmen an jene Volkswirtschaften, in deren Rahmen sie einst hochgewachsen waren.

Nach *Cook & Kirkpatrick* (1997, 57) gab es 1990 schon rund 37 000 multinationale Firmen mit 170 000 Auslandstöchtern, die ein Drittel der Weltproduktion und im firmeninternen Austausch 40 % des Welthandels abwickelten. Dabei wachsen dank dieser Organisation und den neuen schnellen Transfertechniken die Finanzgeschäfte und der Außenhandel weit rascher als die Produktion (*Nuhn* 1997, 3).

Diese Globalisierung der privaten Wirtschaft bedeutet den endlichen Durchbruch von Freihandelsprinzipien durch die bisher bestimmenden merkantilistischen Beschränkungen. Sie führt zur Konkurrenz zwischen den Kernländern und den Schwellenländern (Semiperipherie), da letztere längst die technischen Produktionsmöglichkeiten für nahezu alle Güter besitzen und zusätzlich komparative Vorteile beim Faktor Arbeit in einem Ausmaß haben, das alle klassischen Produktionen in den Industrieländern konkurrierbar macht. Die ausgelagerten Töchter großer Industriefirmen sind also nicht mehr verlängerte Werkbänke sondern voll wettbewerbsfähige Mitspieler. Dies führt bereits zu Verdrängungen auf den Märkten der Kernländer.

Der Zusammenschluß solcher Kernländer zu Wirtschaftsblöcken wie EU oder NAFTA hat daher eine gewisse Ambivalenz. Einerseits stärkt er deren weltweite Wettbewerbsfähigkeit durch den Rückbau bisheriger interner Barrieren, indem erst genügend große Märkte geschaffen werden, in denen die Globalisierungsstrategien der Firmen ihren Raum finden. Andererseits werden sie leicht auch als Instrumente zur Verteidigung geschützter Absatzmärkte und wohlfahrtsstaatlicher Errungenschaften interpretiert und so mißbraucht.

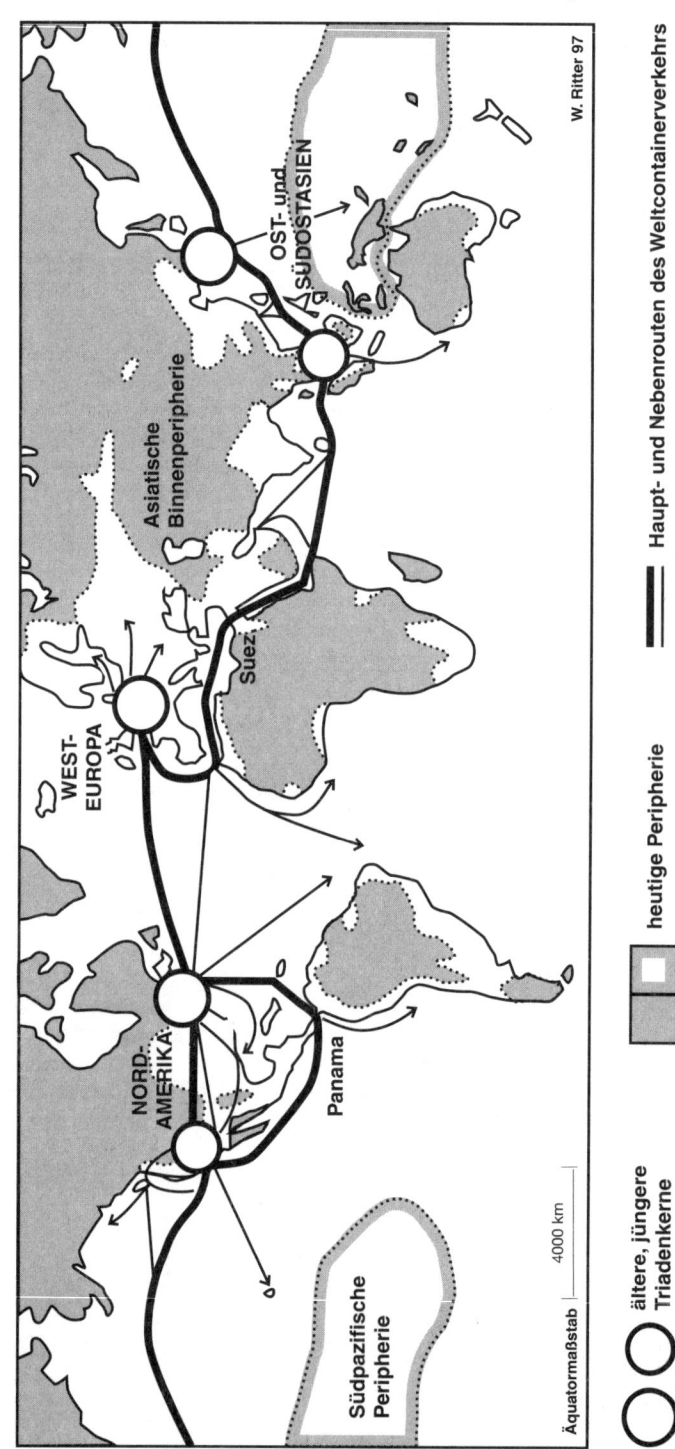

Abb. XIV-2 Die Globalisierung der Weltwirtschaft

Geographisch besehen ist freilich der Begriff Globalisierung noch eine heillose Übertreibung. Ihre Grenzen sind enger gezogen als man gerne glauben möchte, weil nach wie vor die Weltwirtschaft als Regionsystem disjunkt bleibt und maritim verfaßt ist. Nur Hafenregionen und ihr Umland mit vorzüglicher Einbindung in das Containertransportsystem bieten wirklich die Voraussetzungen für eine Globalisierung von Handel und Produktion (dazu *Exler* 1996). Nur über den, privat organisierbaren, Seetransport und in geringerem Maße den Luftverkehr lassen sich mit Unterstützung moderner Kommunikationssysteme weltweite Netzwerke aufbauen und verläßlich betreiben. Die beiden letzteren treiben zwar die weltweite Vernetzung rasch voran und durchbrechen staatlich gesetzte Informationsschranken, reichen aber für sich alleine nicht aus. Der schnelle Transfer von hochwertigen Gütern ist die eigentliche Stütze der Globalisierung.

Alles was abseits dieser Transportsysteme bleibt, ist vorerst nicht einbindbar. Nur in Europa und Nordamerika gibt es derzeit Überlandverkehr in die Binnengebiete von ausreichender Leistungsfähigkeit. In allen anderen Teilen der Welt wären dazu erst Investitionen in Verkehrseinrichtungen von unerhörter Höhe zu tätigen. Abb. XIV-2 zeigt dies als groben Überblick. Die Welt der Globalisierung beschränkt sich auf einen weltumspannenden aber letztlich doch schmalen Gürtel, der die Triadenkerne verbindet und an Zwischenstationen gute Ansatzpunkte bietet. Auf dieser Hauptachse erfolgt der Großteil des Handelsaustauschs mit hochwertigen Industriegütern, ihm folgen die Routen der Rund-um-die-Welt Containerdienste und die anderen dicht befahrenen interkontinentalen Verbindungen. Sie ist zu einem geschlossenen Band geworden, seit sich die frühere Lücke im Pazifik gefüllt hat und sie definiert heute, was auf der Welt Lagevorteile oder Lagenachteile hat. Von ihr gehen Auslieger der maritimen Anbindung nach Südamerika, Südafrika, Australien und Neuseeland, in den Ostseeraum und ins Schwarze Meer aus, ähnlich sind andere Nebenmeere angebunden. Abseits bleiben die Peripherien der Weltwirtschaft, die noch nicht globalisierungsfähig sind.

In seinem neuesten Buch liefert *Ohmae* (1996) wichtige weiterführende Gedanken. Die genannten Transportachsen verbinden zwar die Kernräume der Welt und solche, die es in absehbarer Zeit werden könnten, doch bei weitem nicht alle Länder mit Lagevorteilen nützen diese auch schon aus. Es sind auch nicht die Staaten, welche als Ansatzpunkte der Globalisierung anzusehen sind sondern eng verflochtene kleinere Regionen; *Ohmae* spricht etwas irreführend von Regionalstaaten. Solche Regionen haben mindestens einige Millionen Einwohner bei einem Pro-Kopf Einkommen von über 5000 Dollar. Sie sind dann als Märkte für die globalen Mitspieler so wichtig, daß sie dort präsent und fest verankert sein müssen. In diesen Regionen werden alle Industriegüter nachgefragt und können auch erzeugt werden. Verbraucher sind der Werbung für ausländische Produkte zugänglich, weil sie mehr als ihre unmittelbaren Existenzbedürfnisse decken können. Die räumliche Nähe ihrer Industriestandorte und deren enge Verflechtung im Produktionsbereich stellt ihre eigentliche Stärke dar. Solche Regionen müssen ihre Wirtschaftsregime deregulieren, weil sie sonst ihren eigenen Firmen zu wenig Spielraum gewähren, um in der weltweiten Konkurrenz bestehen zu können.

XIV.3 Die Peripherien im Prozeß der Globalisierung

Die Auflösung der kolonialzeitlichen Verflechtungen der Weltwirtschaft und die neuen geographischen Strukturen des Welthandels erfordern eine andere Sicht auf die darin benachteiligten Gebiete. Diese ist keineswegs identisch mit der Problematik der Entwicklungsländer, die bisher diese Diskussion beherrschte. Eine Reihe sehr armer

Länder hat in jüngster Zeit neue Chancen erhalten und manche konnten sie auch erfolgreich nutzen. Andere scheinen im Rahmen der Globalisierung noch weiter zurückgeworfen zu werden.

Unter diesem Gesichtspunkt lassen sich fünf Typen von Peripherien erkennen, wobei sich in manchen Fällen die spezifischen Merkmale addieren und so verstärken:

1) Dünnbesiedelte und einseitig genutzte Randgebiete der Ökumene:
   Sie liegen an und z. T. auch jenseits der traditionellen Polar-, Höhen- und Trokkengrenzen dichterer Besiedlung, teilweise auch noch in den tropischen Waldgebieten und Savannen. Diesen Räumen fehlt generell als Ressource die menschliche Arbeitskraft. In grober Näherung läßt sich zu dünn besiedelt mit weniger als 5 bis 10 Einwohnern pro km² definieren. Es kommen dann auch keine endogenen Stadtbildungen von genügendem Kaliber (etwa 200 000 bis 500 000 Einwohner) zustande, die vollwertig in die internationalen Netzwerke eingebunden werden könnten.

In diesen Peripherien ist es bei jedem größeren Erschließungsvorhaben schwer, genügend Arbeitskräfte lokal zu rekrutieren. Die vorherrschenden Wirtschaftstätigkeiten bleiben in der Regel flächenextensiv und sind auf Fischerei, Jagd, Holznutzung, Weidewirtschaft und allenfalls extensiven Getreidebau ausgerichtet, womit nur ein Bruchteil der vorhandenen Naturressourcen genutzt werden kann. Dies muß keineswegs Armut bedeuten.

Größere Vorhaben in Bergbau, Energienutzung und Tourismus erfordern Arbeitskräfte von auswärts. Diese jedoch haben kein Interesse mehr, sich in solchen Gebieten auf Dauer anzusiedeln und für die Unternehmen käme es auch viel zu teuer Infrastruktur und Logistik für familiengerechte Siedlungen aufrechtzuerhalten. Die heute übliche Lösung heißt „fly in-fly out". Arbeitskräfte werden für einen mehrwöchigen Turnus eingeflogen und verbringen dann eine Urlaubsperiode bei ihren Familien in den Herkunftsgebieten. Der Aufwand für Werkssiedlungen reduziert sich damit gewaltig, doch gehen davon auch keinerlei Impulse für eine Diversifizierung oder gar Industrialisierung mehr aus. Gebiete für Fly in-Fly out sind der gesamte Norden Amerikas und Rußlands, der ferne Süden von Chile und Argentinien, der Outback Australiens, die großen Wüstenregionen der Erde und viele, gar nicht so kleine Bereiche in den Hochgebirgen und Waldländern. Die spärliche indigene Bevölkerung ist dabei den Firmen durchaus willkommen, da sie dank ihrer Kenntnisse von Landesnatur- und -risiken wertvolle Ergänzungsaufgaben übernehmen können.

Der heute blühende Tourismus im südlichen Sinai und an der Rotmeerküste Ägyptens wird nach diesem Prinzip von Kairo aus organisiert.

2) Kleine isolierte Wirtschaftsgebiete: Es handelt sich hier um landferne Inseln, Halbinseln, entlegene Oasen und auch Gebirgstäler. Sie haben eine zu geringe Bevölkerungszahl um selbst bei passablem Wohlstand eigenständige Märkte und globalisierungsfähige Standorte abzugeben. Für sie bieten sich nur Nischenstrategien an, sofern sie nicht durch auswärtige Subsidien erhalten werden.

Die ergiebigste dieser Nischenstrategien ist der Tourismus. Er hat Madeira, den Kanaren, Bermuda, den Seychellen, Malediven und den Nördlichen Marianen zu Wohlstand verholfen. Es handelt sich dabei um tropische oder subtropische Gebiete mit ganzjähriger Saison, denen man Gebirgsorte mit Sommer- und Wintersaison zur Seite stellen kann. Zweifellos können noch viele andere Gebiete dieser Art auf Impulse durch den Tourismus hoffen. Industrien dagegen bleiben auf Nahbedarf und Souvenirproduktion beschränkt.

Bei genügend ausgeprägten Autonomierechten und staatlicher Unabhängigkeit tritt die Ausrichtung auf Offshore-Geschäfte im Dienstleistungssektor hinzu. Eine Übersicht erfolgreicher Offshore-Plätze (etwa *Beauchamp* 1983) läßt aber erkennen, daß diese alle an oder unweit der oben skizzierten Hauptachse des Welthandels liegen, also nicht zu den extremen Peripherien gehören.

3) Binnenperipherien der Kontinente: Seit dem Umbruch des Welthandels im 16. und 17. Jahrhundert ist dieser maritim dominiert (vgl. Kap. XIV.1). Die Binnengebiete gerieten dadurch in eine Randposition. Im Zuge der rezenten Veränderungen scheint sich dieses Moment nochmals zu verstärken. Nur in Nordamerika und Westeuropa sind die Verkehrsachsen in den Binnenlandgebieten leistungsfähig genug. In Afrika, Asien und Südamerika treten die Binnenperipherien jedoch oft schon im unmittelbaren Hinterland der Seehafenstandorte auf. Gütertransporte in solche Binnengebiete sind zu teuer, zu langwierig und oft auch zu unzuverlässig, um dort Industrie für hochwertige Produkte entstehen zu lassen. Häufig ist nicht einmal einfache Lohnveredlung möglich. Binnenperipherien bleiben daher gewöhnlich auf die Nutzung natürlicher Ressourcen und wenige exportfähige Agrarprodukte verwiesen. Selbst bei dichter Besiedlung ist die vorhandene Arbeitskraft nicht anders einsetzbar und muß daher in der Selbstversorgungswirtschaft verharren.

Von ihrer Größe und Einwohnerzahl her, wie auch von den potentiellen Märkten, würden sich viele Binnenlagen durchaus für eine eigenständige Industrialisierung eignen, der aber dann die Einbindung in weltweite Austauschnetzwerke durch neue Verkehrsachsen erleichtert werden muß. Den vielfältigen und sehr teuren Versuchen der Kolonialmächte und der großen Flächenstaaten zur Entwicklung solcher Binnenperipherien war meist kein überzeugender Erfolg beschieden. Viele Versuche wurden wieder aufgegeben.

Von weltpolitischer Bedeutung ist in diesem Zusammenhang der Zerfall der bisher kontinental aufgebauten planwirtschaftlichen Systeme in der Sowjetunion und in China. Hier ergeben sich drastische Lageumwertungen zugunsten der Küstenstandorte, was vermutlich in den kommenden Jahrzehnten noch deutlicher hervortreten wird. Dabei sollte man nicht vergessen, daß gerade in Zentralasien einst die Hauptzentren des Welthandels lagen. Die zu einer nachhaltigen Verbesserung nötigen Investitionen in ein transasiatisches Fernverkehrsnetz sind derzeit nicht finanzierbar.

4) Randperipherien: Sie sind Erbstück älterer Strukturmuster der Weltwirtschaften als diese noch durch weite Leerzonen voneinander getrennt waren und vornehmlich kontinentale Verflechtungsmuster im Sinne von *Otremba* besaßen. Die Kolonialmächte konnten solche Lücken nur teilweise füllen, obgleich es sich bei den Randperipherien um gut zugängliche Küsten- und Inselzonen handelt. Die Welt ist groß und man hat sie bisher nie wirklich gebraucht. Hier wären zwar alle notwendigen Ressourcen vorhanden und auch Kapital stellt heute keinen Mangelfaktor für sinnvolle Investitionen dar, wie *Ohmae* (1996) meint. Solche Investitionen sind aber anderswo eben günstiger zu tätigen als in Küstenzonen, deren Bevölkerung noch in urtümlichen Gesellschaften lebt.

Die ausgedehnte Südpazifische Randperipherie beginnt an der Makassar Straße in Indonesien zwischen Kalimantan und Sulawesi und zieht sich über Neuguinea durch die pazifische Inselwelt nach Osten. Manche dieser Inseln sind groß genug für eine aktive Einbeziehung in die globalisierende Welt. Der Tag dafür ist offensichtlich noch nicht gekommen. Eine weitere Randperipherie folgt der südostasiatischen Küste von Bangla Desh bis ins südliche Sumatra. Als Randperipherien sind auch die weniger erschlossenen Küsten in Zentralamerika, Südamerika und Afrika anzusehen, bzw. von dieser Sicht her zu erklären.

5) Rückstandszonen: Solche treten in allen Kontinenten auf und es handelt sich um größere oder kleinere Gebiete, die aus historischen, politischen, ethnischen und religiösen Gründen für lange Zeit nicht in der Lage waren, an den normalen Entwicklungen teilzuhaben oder dies nicht wollten. Mitunter sind sie auch in Systempfaden gefangen, die sie im Rückstand festhalten und ihnen keinen Ausweg bieten. Dies gilt sicher für die Republik Haiti, das ärmste Land in Amerika. In Europa könnte man Albanien anführen. Die Liste ließe sich unschwer verlängern.

Steht ein solches Gebiet freiwillig oder unfreiwillig für mehrere Generationen abseits der weltweiten Entwicklungen, so muß es ungeachtet seines eventuell bereits erreichten Standes auf das Niveau der am wenigsten entwickelten Länder absinken. Selbst wenn es einen revolutionären Umbruch schafft, fehlen dann Mittel und Kenntnisse für die Nutzung der eigenen Ressourcen.

Hier gibt es graduelle Ausprägungen, denn viele ehemalige Kolonien haben sich nach der Erlangung ihrer Unabhängigkeit nationalistischen Träumen hingegeben und durch Fremdenfeindlichkeit und Ablehnung ausländischer Investitionen wertvolle Zeit versäumt. Dies war selbst in Europa bei Island und Irland zu erkennen.

Rasche Entwicklung, soweit sie vom jeweiligen Weltsystem mitgesteuert wird, ist in der Regel mit einem neuentstehenden Bedarf an Rohstoffen, Gütern und Diensten verbunden gewesen, wird aber von den Menschen bewirkt. Im 19. Jahrhundert war das wichtigste Instrument dafür ein Auswechseln der Bevölkerung oder zumindest eine Überschichtung der einheimischen Gesellschaft durch Zuwanderer aus den Kerngebieten. Dieses Instrument, das noch von der Sowjetunion massiv eingesetzt wurde, ist heute nicht mehr praktikabel. Niemand wandert aus den Triadenländern aus, um sich in der Peripherie eine neue Existenz zu schaffen. Alle Länder, welche den Anschluß an die Welt suchen, sind darauf angewiesen, selbst die nötigen Fähigkeiten zu erwerben oder sich der Hilfe multinationaler Unternehmen zu versichern. Die klassischen Methoden der Entwicklungshilfe reichen dafür nicht aus. Sie wären auch, wie eine Durchmusterung der Peripherien zeigt, gar nicht das, was eigentlich gebraucht wird.

In extremen Fällen bleibt allerdings nur das Hoffen auf ökonomische Wunder (*Ritter* 1994, 113f.). Solche treten ein, wo sich unverhofft eine starke Nachfrage nach Waren oder Diensten auf bisher vernachlässigte Peripherien richtet oder wo völlig neuartige Ressourcenpotentiale in großem Umfang erschlossen werden können. Ein solches Ereignis wird gegenwärtig mit der Erdölförderung im Tschad und im Sudan eingeleitet.

XV. Kapitel
Ein Ausblick auf den regionalen Zweig
der allgemeinen Wirtschaftsgeographie

Dem sachbezogen-systematischen Zweig der allgemeinen Wirtschaftsgeographie kann ein regionaler Zweig zur Seite gestellt werden. Dessen Aufgabe ist allerdings nicht die Beschreibung konkreter Regionen oder Länder, sondern die Erarbeitung von Methoden zu deren sachgerechter Erfassung und Interpretation. Diese Aufgabe ist für die verschiedenen Klassen von Regionalsystemen jeweils inhaltlich anders gestellt. Sie ist zudem auf unterschiedlichen Maßstabsebenen angesiedelt, was ein spezifisches Problem der Geographie ist. Neben verbalen Darstellungsmöglichkeiten benützt die Geographie in breitem Umfang kartographische Techniken, und ebenso kommen Systemmodelle regionaler Zusammenhänge und deren mathematische Abstraktion in Betracht.

Darstellungsverfahren wurden zu verschiedenen Zeiten aus dem jeweiligen wissenschaftlichen Verständnis des Fachs heraus ausgebildet. Sie konnten sich dann für eine gewisse Zeitspanne behaupten, je nachdem wie gut sie sich für die angewandte Hauptaufgabe der Geographie, die Beschreibung von Regionen und Ländern eigneten.

Als frühestes Verfahren gewann die ältere Staatengeographie große Verbreitung. Als ihr wichtigster Vertreter kann *Friedrich Büsching* gelten. Seine „Neue Erdbeschreibung" von 1754 an hat fast hundert Jahre lang die Literatur bestimmt und lebt noch heute in staatenkundlichen Kompendien teilweise fort. Dies verdankt sie ihrer Nähe zur Kameralistik, deren Schemata ja gleichfalls hartnäckig überleben. Man vergleiche dazu etwa den Inhaltsaufbau der berühmten Darstellung Neuspaniens aus der Feder von *Alexander von Humboldt* (1809) mit modernen Informationsquellen wie dem Statesman's Yearbook oder den Publikationen des Statistischen Bundesamtes.

Diesen Verfahren stellte *Carl Ritter* (1822f.) einen bewußt von der Landesnatur ausgehenden Ansatz entgegen. Im Laufe des 19. Jahrhunderts flossen dessen brauchbare Elemente in eine Beschreibungstechnik ein, die man als das „länderkundliche Schema" oder einfach nach ihrem bedeutendsten Verfechter als das *Hettner*-Schema bezeichnet. (*Hettner* 1927; 1932). Bemerkenswert ist ferner der aus der Auseinandersetzung mit *Hettner* entstandene Ansatz der „dynamischen Länderkunde" nach *Spethmann* (1927). Der einzig bewußt theoretisch fundierte wirtschaftsgeographische Versuch einer Darstellungsmethodik ist jedoch das Verfahren von *N. Baranskij* (1954) geblieben, welches auf dem Marxismus-Leninismus aufbaut.

Insgesamt haben sich Geographen niemals gerne mit solchen methodischen Fragen beschäftigt und Länderdarstellungen eher als eine Art Kunst verstanden, bei der intime Landes- und Stoffkenntnis und gestalterisches Geschick ausschlaggebend wären. Spezifisch wirtschaftsgeographische Methoden sind daher kaum diskutiert worden und die wenigen vorgelegten ohne größeren Einfluß geblieben. Generell haben Geographen die Wirtschaft eines Landes immer nur als einen Teilaspekt ihres Anliegens betrachtet, dem ein Kapitel, aber auch nicht viel mehr zu widmen wäre. In diesem Rahmen konnten dann auch viele Fragen gar nicht gestellt werden. Dies wurde zur Voraussetzung für den ungeheuren Einfluß des Verfahrens nach *Baranskij*, dem nicht nur alle sogenannten sozialistischen Länder folgten, sondern auch viele Autoren im Westen, meist ohne sich dessen bewußt zu sein (dazu *Ritter* 1989).

Baranskij war auch der einzige Autor, der zu seiner verbalen Beschreibungstechnik eine kartographische Entsprechung entworfen hat, die sich dann im Osten und Westen in den Schulatlanten manifestierte. Diese interessante Frage der Übertragbarkeit von einem Darstellungsmodus in einen anderen haben nur sehr wenige Geographen überhaupt wahrgenommen (z. B. *Bunge* 1962, 37).

Die Aufgabenstellung einer regionalen Wirtschaftsgeographie läßt sich zunächst einmal durch das Verhältnis der Regionalsysteme zu ihrer Umwelt umreißen.

Kleine Systeme, wie Haushalte, Betriebe, Unternehmen, kleinere Städte, Mikrostaaten, Wirtschaftsformationen oder einseitig spezialisierte Regionen, müssen sich an dieser Umwelt orientieren. Sie bauen ihre interne Systemstruktur so auf, daß sie sich darin behaupten können. Dabei können sie bei innovativen Strategien für kürzere Zeiträume beträchtliche Vorteilspotentiale für sich mobilisieren. Dies läßt sich an Mikrostaaten wie etwa Liechtenstein sehr gut aufzeigen, die dann an Initiative und Wohlstand ihren größeren Nachbarn vorauseilen. Dennoch haben kleine Regionalsysteme das geographische Forschungsinteresse bisher eher nur in genereller Hinsicht erweckt, wodurch vermutlich viele wichtige Ansätze zum Verständnis der typischen Entscheidungssituationen in großen Systemen verschüttet wurden.

Große Systeme, wie ganze Länder, Staaten, Volkswirtschaftsregionen, große Städte und Großräume, bilden intern metastabile Systemstrukturen aus. Sie treten mit ihrer Umwelt gleichgewichtig in Interaktion. Solche Systeme sind bis zu einem gewissen Grad in der Lage, die Umwelt an ihre eigenen Bedürfnisse anzupassen. Das geographische Interesse an großen Systemen ist alt und breit. Solche Regionen werden als Individuen um ihrer selbst willen untersucht. Geographen haben sich dabei zu Spezialisten für die Mesostrukturen großer Systeme gemacht und zu diesem Zweck eine Vielzahl von Erfassungs- und Darstellungstechniken ausgebildet, die allerdings kaum die Möglichkeit zur Verallgemeinerung und Deduktion öffnen.

Kritisch betrachtet ist das regionalgeographische Instrumentarium der Wirtschaftsgeographie noch reichlich dürftig. Daher sollen zunächst einmal systemtheoretische Überlegungen angestellt werden, die auf drei Betrachtungsebenen angesiedelt sind. Für deren Unterscheidung diente eine Arbeit von *Heinze* und *Kill* (1987, 63 f.) als Anregung, worin statischer, dynamischer Ansatz und ein Weg über die Theorie der dissipativen Strukturen auseinandergehalten werden. Anschließend wird ein mögliches Verfahren für die regionale Wirtschaftsgeographie vorgestellt.

XV.1 Statische Betrachtung regionaler Systeme

Ein regionales wirtschaftliches Funktionalsystem wird durch Güterkreisläufe auf mehreren Ebenen (betrieblich, örtlich, gebietlich, national) in festen, geographisch verorteten Strukturen konstituiert. Wirtschaftsgeographische Regionalstudien suchen als ersten Schritt diese verorteten Strukturen zu erfassen. Die kleinsten Elemente dieser Betrachtung sind in der Regel mesostrukturelle Erscheinungen wie Siedlungen, Verkehrswege, Standorte usw. Diese werden als geographische Objekte verstanden, die im Beobachtungszeitraum im Untersuchungsgebiet vorhanden waren und ihre Standorte nicht veränderten. Weitere Eigenschaften des Systems werden von diesen Formalaspekten her erschlossen und durch statistisch erfaßte Bestands- und Leistungsdaten beschrieben. Üblicherweise sind dies Bevölkerung, Beschäftigung, Produktionsausstoß der Wirtschaftsbereiche, Bruttoinlandsprodukt usw. Veränderungstendenzen und Selbstorganisation werden vernachlässigt und allenfalls als Oszillationen um einen Regelwert beachtet (Abb. XV-1).

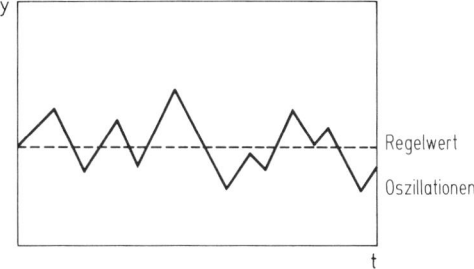

Abb. XV-1 Kennwerte eines Systemregimes in statischer Betrachtung

Auf angewandt wissenschaftlicher Ebene entspricht diese Betrachtungsweise der schematischen Beschreibung in Lehrbüchern oder Informationsunterlagen, die sich vornehmlich an Fakten halten. Noch ausgeprägter gilt dies für Wirtschaftskarten in Schulatlanten, in deren Bild jegliche Veränderung eingefroren werden muß. Auf angewandt-praktischer Ebene sind Raumordnungs- und Regionalpläne derartige statische Instrumente. Sie können deshalb nur für eine bestimmte Frist gültig bleiben.

Solche Karten und insbesondere Wirtschaftskarten für den Schulgebrauch sind stark vereinfachte und hoch generalisierte Abbilder regionaler Strukturen. Sie sind keine Landkarten im eigentlichen Sinne, denn sie versuchen lediglich die planerisch oder didaktisch als wichtig angesehenen Systemelemente wiederzugeben. Dabei wird zwischen analytischen und synthetischen Karten unterschieden. Erstere bringen generalisierte Darstellungen einzelner Strukturkomplexe oder Subsysteme z. B. der Industrie, der Landwirtschaft oder des Fremdenverkehrs oder mehrerer gemeinsam. Letztere sind Abbildungen der Gesamtstruktur der Region. Welche Elemente abzubilden sind, wird in Raumordnungsplänen durch generelle Vorschriften festgelegt. Bei Wirtschaftskarten ist dies weitgehend vom Wirtschaftsverständnis des Autors bestimmt (*Ritter* 1989). Feste Regeln haben sich hier nicht herausgebildet, und die Querverbindungen zur Wirtschaftstheorie sind nur sehr lose und meist über das Verständnis der Didaktiker vermittelt.

Wirtschaftskarten mit höherem wissenschaftlichen Anspruch findet man in den Regional- und Nationalatlanten. Bei größerer Detailgenauigkeit haben sie den Charakter vereinfachter Verortungsmodelle der regionalen Wirtschaftsstrukturen. Das grundlegende Problem dieser meist sehr aufwendigen Darstellungen ist die rasche Veralterung der Information. Nationalatlanten sind Werke, die nur einmal in einer Generation neu bearbeitet werden. Wirtschaftliche und soziale Strukturen können sich jedoch nach wenigen Jahren so sehr verändert haben, daß die Karten nur mehr Wert als historische Dokumentationen haben.

Eine verbale Darstellung ist der Karte insofern überlegen, als zumindest eine Andeutung der Veränderungstendenzen möglich ist. Diese Flexibilität des Textes wird aber damit bezahlt, daß dieser auch nicht annähernd die Informationsmenge einer bescheidenen Karte enthalten kann. Die gleiche Einschränkung gilt für alle mathematisch kodierten Speicherungstechniken.

Man muß auch beachten, daß Karten insofern realitätsnäher sind, als die das Nebeneinander und Miteinander von Erscheinungen im Raume wiedergeben können, während im Text einzelne Sachverhalte nacheinander abgehandelt werden müssen, was immer sich an Querverbindungen ergeben mag. Daher kommen verbale Darstellungen von Regionen nicht ohne einen oftmals beklagten Schematismus aus, wenn sie wissenschaftlich strengere Ansprüche stellen. Als wichtigster dieser Ansprüche ist jener auf eine allseitige Behandlung der Region und ihrer Subsysteme zu stellen. Dieser ist in der Wirtschaftsgeographie nicht leicht zu erfüllen.

Statische Untersuchungen und Darstellungen wirtschaftlicher Regionalsysteme in Text oder Karte leiden unter markanten Einschränkungen. Sie sind jedoch unentbehrlich für weiterführende Analysen. Der Mangel liegt nicht so sehr darin, daß sie manches nicht leisten können, sondern daß zu selten auf diese Beschränkungen hingewiesen oder versucht wird, über sie hinauszugehen.

Modellhafte Vereinfachungen kybernetischer Art für Regionen wurden zur Erläuterung wichtiger Zusammenhänge oftmals vorgeschlagen, aber nur selten praktisch angewandt. Der Grund liegt wohl darin, daß sich Geographen zu deutlich der unterschiedlichen örtlichen Gegebenheiten innerhalb einer Region bewußt sind, als daß sie dies mit gutem Gewissen tun wollten. Umfaßt eine Region mehr als einige wenige auseinanderzuhaltende Örtlichkeiten, so läßt sich überdies mit den üblichen statistischen Gruppierungen der Wirtschaftstätigkeiten wenig anfangen.

XV.2 Dynamische Betrachtung regionaler Systeme

Regionale wirtschaftliche Funktionalsysteme werden hier als die Gesamtheit aller Transaktionen innerhalb einer kohärenten Systemstruktur verstanden, deren Elemente bekannt und deren Veränderungen absehbar sind. Transaktionen geben in gebündelter Form Anlaß zur Ausbildung verorteter Mesostrukturen. Umgekehrt determinieren diese den räumlichen Ablauf von Handlungen.

In dieser Betrachtung tritt die zeitliche Dimension, die bei einer statischen Betrachtung unterdrückt werden muß, als eine gerichtete, irreversible Größe auf. Funktionale Strukturmuster verlagern oder wandeln sich. Formale Strukturen müssen dem angepaßt werden. Die regionalen Systeme haben eine Geschichte, und ihre Zukunft hängt weitgehend von ihrer Vergangenheit ab. Daher können auch in einem gewissen Vertrauensrahmen die beobachteten Veränderungen und Wachstumsvorgänge fortgeschrieben werden (Abb. XV-2). Grundlegende Veränderungen der Handlungsabläufe sind jedoch nicht vorgesehen, da man die Entstehung von Neuerungen und die Abschätzung von deren Auswirkungen schlecht prognostizieren kann.

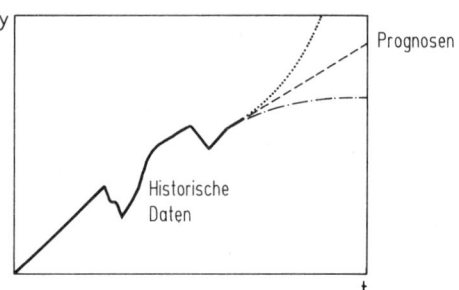

Abb. XV-2 Kennwerte eines Systemregimes in dynamischer Betrachtung

In geographischer Anwendung impliziert diese Betrachtungsweise, daß weniger die einzelnen in einer Darstellung zu berücksichtigenden Mesostrukturen (z. B. Siedlungen, Verkehrslinien, Betriebsstandorte) als gegeben angenommen werden, sondern nur deren Art. Sie selbst können sich verändern, verlagern, vermehren oder vermindern bzw. sich gleichmäßiger innerhalb der Region verteilen oder konzentriert werden. Solche Umstände lassen sich in verbale Darstellungen leicht einbeziehen, etwas schwieriger in angewandten Karten. Problematischer ist die Feststellung eines Zeitrahmens für die Untersuchung oder Messung dieser Dynamik. Meist behilft man sich mit willkürlich festgelegten Stichjahren.

In der angewandt wissenschaftlichen Literatur sind derartige Fortschreibungen in die Zukunft und Extrapolationen sehr häufig geworden. Man verfeinert sie mit Hilfe von Szenariotechniken durch Aufzeigen von Varianten, Alternativen und Konsequenzen der erwarteten Tendenzen. In angewandt praktischer Form haben solche Studien die Gestalt von Raumordnungs- und Entwicklungsprognosen, von Stadtentwicklungsplänen und von Durchführbarkeitsstudien zu Großprojekten, wie dies *v. Rohr* (1990) breit darlegt. Ihr Konfidenzzeitraum ist oft recht kurz und übersteigt kaum 5 bis 10 Jahre. Bei längeren Zeiträumen kann in metastabilen Systemen nicht mehr verläßlich genug mit einer Dämpfung auftretender Fluktuationen gerechnet werden. Oder es treten, gerade durch die Prognose ausgelöst, Selbsterfüllungs- oder Selbstverhinderungseffekte als Abweichungen vom erwarteten Pfad auf. Für langfristige Trendextrapolation mit Simulation von Systemvernetzungen ist wohl das Weltmodell von *Meadows* et al. (1972) am besten bekannt geworden. Mit dem Effekt, daß diese Studie über die Grenzen des Wachstums tatsächlich ein Umdenken bei einem großen Teil der Menschheit einleitete und viele der damals festgestellten Trends heute abgebrochen oder abgeschwächt sind.

Vor Prognosen scheuten Geographen lange Zeit zu Unrecht zurück. Ihre Forschungsergebnisse eignen sich oftmals viel besser dazu als eine generelle Extrapolation aus Statistiken, weil sie örtliche Gegebenheiten berücksichtigen können und eventuelle Engpässe oder Kapazitätsgrenzen erkennen lassen. Freilich sehen sie sich zu selten vor solchen Herausforderungen, weshalb auch die Erhebungstechniken noch viel zu wünschen übriglassen.

Langfristige Systemsimulationen mit einer fixen Menge von Parametern und vorgegebenen Systembeziehungen sind vorzüglich geeignet, räumliche Strukturen in die Zukunft zu extrapolieren oder, umgekehrt, in die Vergangenheit zurückzurechnen und damit potentielle Gesetzmäßigkeiten einer Entwicklung aufzudecken. Bisher sind solche Studien wegen des hohen Aufwands noch selten. Verwiesen sei auf die Versuche von *Allen & Sanglier* (1979) und von *Beaumont* et al. (1981), worüber in anderen Kapiteln dieses Buches berichtet wurde. Systemmodelle von Regionen wurden mehrfach von *Odum* und seinen Schülern erstellt. *Odum* (1971) modelliert seine Systeme von den primären Energieinputs über die Güterströme bis hin zu den Endverbrauchern und Senken. In mancher Hinsicht einfacher erscheint es für wirtschaftliche Regionalsysteme, von den dazu gegenläufigen Entgeltströmen auszugehen, die nach bewertbaren monetären Größen erfaßt werden können (Abb. V-3).

XV.3 Betrachtung regionaler Systeme als dissipative Strukturen

In dieser Betrachtungsweise ist ein regionales wirtschaftliches Funktionalsystem der Ausdruck der menschlichen Bedürfnisbefriedigung, wie sie sich in einem längeren Zeitraum in einem sich selbst organisierenden Gesamtsystem ausgebildet hat, das seinerseits aus zahlreichen selbst entscheidungsfähigen Subsystemen besteht.

Solche Systeme sind in ihrer Struktur nicht dauerhaft stabil. Sie verändern diese vielmehr in ständigen kleinen Schritten und in größeren Schüben nach Fluktuationen und können nur scheinbar stabile Fließgleichgewichte erreichen. Ständig laufen Anpassungsprozesse zwischen Mikro-, Meso- und Makrostruktur des Systems ab und bewirken einen evolutionären Trend. Dieser ließe sich wie im dynamischen Darstellungsverfahren noch beschreiben.

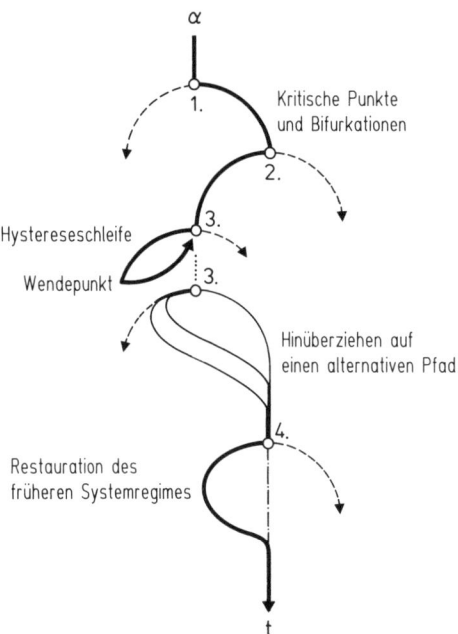

Abb. XV-3 Entwicklungspfad eines Systems als dissipative Struktur

Nicht voraussagbar sind jedoch die während einer Fluktuation entstehenden neuartigen Prozeßmuster und deren Konsequenzen, weil diese in der ursprünglichen Struktur gar nicht möglich gewesen wären.

Solche Ereignisse führen zu Trendbrüchen. Wegen der grundsätzlichen Offenheit der Evolution sich selbst organisierender Systeme ist eine längerfristige Planung oder gar die Prognose eines Endstadiums nicht möglich. In Fluktuationssituationen sind auch keine „richtigen" Entscheidungen festlegbar. Aufzeigen lassen sich allenfalls gewisse Möglichkeiten und Alternativen der zukünftigen Entwicklung, und man kann auf bevorstehende kritische Situationen aufmerksam machen. Die Geschichte eines solchen Systems läßt sich als Abfolge von Phasen eines jeweils andersartigen Systemregimes wiedergeben (Abb. XV-3). Sie ist niemals ein geradliniger historischer Ablauf. Abb. VII-3 kann weitere Anregungen geben.

Plötzliche Veränderungen in der Ausrichtung des Entwicklungspfads eines Regionalsystems lassen sich also nicht prognostizieren, und erst dies gibt den beiden anderen Betrachtungsweisen und den in ihrem Rahmen ausgebildeten Methoden einen spezifischen Wert und praktische Brauchbarkeit. Zeitpunktbezogene statische Strukturanalyse und dynamische Extrapolation festgestellter Trends mögen in ihren Ergebnissen meilenweit von der späteren Realität liegen, sie liefern aber zumindest Anhaltspunkte. Für eine dissipative Struktur mit raschem Phasenwechsel ihrer Entwicklung ist nämlich die bloße Beschreibung schon sehr schwierig, da ja die meisten Strukturelemente aus früheren Systemregimes stammen und aus der aktuellen Situation gar nicht erklärt werden könnten. Zumindest kann solches von der Geographie noch nicht einwandfrei geleistet werden.

Zwei Versuche in dieser Richtung wurden vom Verfasser (*Ritter* 1985 a) für Qatar und von *Reichart* (1986) für Andorra gemacht. Selbst bei so kleinen und gut abgrenzbaren Regionalsystemen zeigte sich, daß die Entwicklung ihrer Gesamtstruktur nicht einheitlich war. Vielmehr zeigten von bestimmten Subsystemen geprägte Teilregionen eigenständige und nicht-synchrone Entwicklungstendenzen, die für das Gesamtsystem wiederum als Fluktuationen wirksam wurden. Bei großen Volkswirtschaften wird die Anzahl möglicher Sonderentwicklungen von Subsystemen so gewaltig, daß man vorerst solche Systeme nur in gröbster Vereinfachung beschreiben kann. Dies ist zwar wissenschaftlich nicht unergiebig, aber auch nicht befriedigend. Hierfür wären Beschreibungsschemata, Kartendarstellungen und Systemmodelle zwar nützlich, doch müssen die entsprechenden Techniken erst allmählich ausgebildet werden. Computersimulationen werden sich vielleicht einst als die dafür geeignetste Methode erweisen.

XV.4 Ein Verfahren der Regionaldarstellung

Die Übersicht der drei Betrachtungsebenen hat ergeben, daß eine wirtschaftsgeographische Regionaldarstellung weitgehend auf der statischen Ebene angesiedelt werden muß. Realistischerweise darf man selbst da nicht erwarten, daß sie alle wünschenswerten Präzisierungen enthalten kann. Dies schließt aber nicht aus, daß dennoch Aspekte der beiden anderen Betrachtungsebenen eingebaut werden. Das Aufzeigen von Trends und die Prognose sind immer nützlich. Ganz allgemein wird man auch stärker auf die Dynamik der Subsysteme achten müssen, als dies bisher in geographischen Beschreibungen der Fall war. Stammen diese Subsysteme aus dem aktuellen Systemregime, so ist ihr innovatives Potential wichtig, stammen sie aus vergangenen Phasen, so darf man mögliche Störeffekte nicht übersehen.

Aus solchen Überlegungen ist das nachstehende Verfahren zur Beschreibung großer und komplexer Wirtschaftsregionen entstanden. Es wurde im Laufe vieler Jahre erprobt und konnte immer wieder überraschende neue Einsichten in das Gefüge und die Dynamik der untersuchten Systeme vermitteln.

Man sollte ein solches Schema jedoch weniger als einen Raster für die Abfolge von auf Fakten gestützten Aussagen verstehen, sondern eher als eine Serie von Fragen an das Untersuchungsobjekt. Auf diese Weise können a priori vermutete Zusammenhänge und Bedingungen leichter auf Unstimmigkeiten abgeklopft werden. Mitunter stellt sich auch eine vermutete Region als gar nicht existierend im Sinne eines funktionalen Systemzusammenhangs heraus. Das sollte dann der Anlaß sein, den gesamten Fragenkatalog nochmals mit geänderten Abgrenzungshypothesen durchlaufen zu lassen.

A) Definition des Untersuchungsobjekts

- Welcher Art ist das Objekt? Z. B. Volkswirtschaftsregion, Teilregion einer Volkswirtschaft, in eine Region eingebettete Stadt, ein Unternehmen usw.

- Läßt sich ein aktuelles Systemregime erfassen und gegen frühere zeitlich abgrenzen? Damit verbunden ist die Frage nach dem Entwicklungspfad und dem erreichten Entwicklungsstand.

• Wie sind Lage und Größe (Komplexität) des Untersuchungsobjekts zu charakterisieren? Lage ist dabei als Beziehung zu den entwickelten Teilen der Welt zu
verstehen.

• Wie ist gegebenenfalls die Lage im umhüllenden System zu beurteilen? Dazu
gehört die Abgrenzung von Teilsystemen gegen das Gesamtsystem in räumlicher
Hinsicht.

• Ist die Region reich oder arm an Ressourcen? Ressourcenreichtum erleichtert
sowohl das Einschwenken auf neuartige Entwicklungspfade wie auch die Beibehaltung entwickelter Systemzustände.

B) Die regionale Grundstruktur

Unter B) werden systembedingte Elemente und Subsysteme erfragt. Sie bilden notwendige Komponenten der Regionalstruktur, die ohne sie gar nicht bestehen könnte.
Dies wird hier beispielhaft für industrialisierte und teilindustrialisierte Wirtschaftsregionen angeführt. Viele Dienstleistungen werden von Einrichtungen und Betrieben
erbracht, die zu dieser Grundstruktur gehören und deren Standorte sich aus dieser
Einbindung erklären lassen, etwa Verwaltung, Einzelhandel, freiberufliche Leistungen und andere zentrale Dienste, Ausbildung usw. Sie brauchen nicht als gesonderte
Tätigkeiten erfaßt werden.

• Welches ist das führende Steuerungsorgan der Region, und wo ist es lokalisiert?
Dabei die Frage nach Steuerungszentralen und Hauptstädten.

• Besteht ein leistungsfähiges Netz von Relaispunkten, wenn die Region aus mehr
als einem Ort besteht? Dies schließt das Städtenetz, zentrale Orte samt ihren
Einrichtungen, Verwaltungen und auch entscheidungsbefugte Betriebsleitungen
ein.

• Sind alle Orte innerhalb der Region (interne Systemstruktur) und alle Bezugs- und
Absatzorte durch Verkehrs- und Kommunikationseinrichtungen ausreichend verknüpft?

• Bestehen öffentliche Versorgungsnetze innerhalb der Region und die Möglichkeit,
alle Orte an diese anzuschließen? Darunter ist besonders die Energieversorgung
wichtig.

• Ist das Funktionieren des Gesamtsystems und besonders seiner Verkehrs- und
Kommunikationseinrichtungen gewährleistet? Dazu gehört die Frage nach der Stö-
rungsanfälligkeit, öffentlicher Sicherheit und auch militärischer Bedrohung.

Alle Aspekte dieser Grundstruktur tendieren zu dauerhafter Verortung. Für große
Systeme sind dies interne mesostrukturelle Subsysteme, für kleine externe Gegebenheiten, nach denen man sich orientieren muß. Generell überdauert die Grundstruktur
alle Fluktuationen der kleineren Subsysteme, manchmal auch jene des Gesamtsystems. Man muß daher immer fragen, was davon aus früheren Phasen stammt. In
Deutschland sind z. B. das Schienennetz und die Eisenbahn als Organisation Erbstük-
ke aus dem 19. Jahrhundert.

C) Wirtschaftstätigkeiten mit eigenständiger Standortbildung

Wirtschaftstätigkeiten, deren Standorte sich nicht auf die Grundstruktur des Systems
umlegen lassen, sind von Region zu Region sehr unterschiedlich. Eine Aktivität, die
im Lande X eine ausgeprägte Wirtschaftszone hervorgerufen hat, kann im Lande Y

völlig fehlen; in dem Gebiet Z mag sie eine vom Staat kontrollierte Monopoleinrichtung sein, und in der Region W ist sie längst zu einem Aspekt der Grundstruktur geworden.

Die Standorte mögen bald im Mantelbereich der Städte, bald in deren Umland liegen oder gar in die entferntere Peripherie gerückt sein. Tätigkeiten, welche in der einen Region eigenständige, selbstgesteuerte Wirtschaftsbereiche sind, mögen in der Nachbarregion als fremdgesteuerte Zweigfirmen Teile ausländischer Konzerne sein. Daher ist der übliche Schematismus nach Wirtschaftssektoren und Branchen weitgehend abzulehnen. Freilich wird man auf ihn zurückgreifen müssen, wenn es gilt, sich seinen Lesern verständlich zu machen.

Konkrete Fragen sollten wie folgt gestellt werden:

• Bei größeren Regionen nach Industrien und Industrieformationen, nach deren Vielfalt, Stellung in komplexen Beziehungsfeldern, Wachstumsfähigkeit, Exportfähigkeit und innovativem Potential. Bei kleineren Systemen spielen dagegen die Beziehungen zu industriellen Kerngebieten im Sinne von Eigenständigkeit versus Abhängigkeit eine größere Rolle.

• Nach der Existenz von anderen strukturprägenden Wirtschaftstätigkeiten im Gesamtsystem oder in Teilregionen. In industrialisierten Volkswirtschaften sind dies regelhaft die Landwirtschaft und der Fremdenverkehr. Wirtschaftsformationen können aber auch Bergbau, Fischerei, Forstwirtschaft und sogar Service-Bereiche wie Schiffahrt, Finanzwirtschaft, Zwischenhandel, Bildungswesen und Religion hervorbringen.

• Nach den jüngsten Neubildungen solcher Komplexe und Formationen in Gegenüberstellung zu den Erbstücken aus früheren Phasen.

• Nach sonstigen Einkünften oder Belastungen des jeweiligen Regionalsystems als eine Art Kontrollfrage. Häufig treten Einkünfte und Lasten durch Transitverkehr auf. In kleinen Systemen können Profite aus ausländischen Kapitalanlagen oder nicht übliche, aber die Besteuerung mindernde Staatseinnahmen wichtig sein, etwa das Briefmarkengeschäft in Liechtenstein (*Malunat* 1987).

Die Reihenfolge, in welcher die Fragen dieses dritten Abschnitts gestellt und beantwortet werden, ist grundsätzlich gleichgültig. Die Konvention, eine Beschreibung der Wirtschaft eines Landes mit der Landwirtschaft zu beginnen, hat eigentlich nur für ausgesprochene Agrarländer einen Sinn. Zahlreiche andere geographische Gesichtspunkte sind denkbar, z. B. die zentral-peripheren Anordnungsmuster der Standorte oder die Unterscheidung nach alten gegenüber den sie verdrängenden jüngeren Wirtschaftsaktivitäten.

D) Gliederung des Objekts in Teilregionen

Dieser Schritt wird nicht immer erforderlich sein, denn strukturelle Unterschiede müssen ja schon im Abschnitt C angesprochen werden. Sinnvoll ist ein Eingehen auf Teilregionen mit deutlich abweichendem Entwicklungsverlauf. In solchen können dann kritische Punkte zu anderen Zeiten erreicht werden und andere Entwicklungsalternativen sich durchsetzen. Solche Teilregionen werden auch eine andere Wirtschaftspolitik befürworten als die Regierung des Gesamtstaates. In größeren Volkswirtschaften ist diese interne Segmentation oft viel stärker als vermutet. Sie wird normalerweise durch ein metastabiles Systemregime verdeckt, macht sich aber bei Fluktuationen schnell als Verstärker bemerkbar. So hat die Perestroika in der Sowjetunion sehr plötzlich den Willen der Republiken zu wirtschaftlicher Eigenständigkeit hervortreten lassen. Auf deren trótz aller staatlichen Lenkung sehr verschiedenartige Entwicklungen hatten bis dahin nur wenige Autoren hingewiesen. In Italien sind Autonomievorstellungen zumindest teilweise ökonomisch motiviert.

XV.5 Abschlußbemerkungen

In einer angewandt wissenschaftlichen Darstellung einer Region geht es darum, alle Aussagen an geographische Erscheinungen anzubinden und nicht der Versuchung zu verfallen, in nationalökonomische, soziologische oder historisierende Beschreibung auszuweichen. Die Geographie bietet dafür einen ausreichenden Apparat an Begriffen und Hypothesen an.

Sie steht jedoch als Fach auf der anderen Seite in einem Nahverhältnis zur Schuldidaktik, welches ihrer wissenschaftlichen Entfaltung nicht immer förderlich ist. Wissenschaftliche Bearbeitung einer Region und didaktische Aufbereitung für die Schule oder auch die angewandt-praktische Bearbeitung für ein breites Publikum sind verschiedene Dinge, die man genau auseinanderhalten sollte. Dabei freilich darf man auch nicht übersehen, daß diese angewandten Arbeitsfelder oft der Wissenschaft vorauseilen müssen, wo diese sich noch nicht um neue Fragestellungen gekümmert hat. Dies führt zu einer Entwicklung des Fachs, die man sehr wohl mit einer dissipativen Struktur vergleichen könnte, und zu vielerlei, einander oft ausschließenden Forderungen, die sich nirgends so deutlich zeigen wie in der leidigen Frage der Regionaldarstellungen.

Deshalb sollte man festhalten: Die Analyse einer Region auf der Ebene der statischen Betrachtung ist deren handfeste Beschreibung in Text und Karte. Sie entspricht den geographischen Informationsbedürfnissen eines breiten Publikums und kann in didaktischer oder kommunikativer Richtung weiter aufbereitet werden. Es werden hier Fakten dargeboten, aber weniger Fragen gestellt. Derartige Umstände werden bei der Kritik an weiterverarbeiteten Texten und Karten oft übersehen.

Die Ebene der dynamischen Betrachtung ist eine Interpretation der vorgefundenen Strukturen in Hinblick auf deren mögliche Weiterentfaltung. Sie führt zu einer zeitraumbezogenen Darstellungsform mit anwendungsorientierten Aussagen und Prognosen. Letztere sind prinzipiell ungewiß und gehen deshalb über das normale gesellschaftliche Informationsbedürfnis hinaus. Dies beschränkt ihre Anwendung auf spezielle Bereiche des öffentlichen Lebens und der Wirtschaft. Ihre Berechtigung im Schulunterricht ist zu bezweifeln.

Die dritte Ebene bietet gewissermaßen die Philosophie der betreffenden Region. Sie deckt Widersprüche und Gegensätzlichkeiten auf. Diese sind keineswegs schwierig zu erkennen oder zu formulieren. Man sollte sie Schülern und Studenten nicht verbergen. Freilich macht ihre Formulierung in Text und Karte noch große Schwierigkeiten, und die Benützung solcher Denkmodelle ist der Geographie weitgehend fremd. Sie versprechen ihr aber breite Anwendungsfelder für strategische Entscheidungen in der Wirtschaft und Politik sowie interessante Kontaktmöglichkeiten zu anderen Wissenschaften.

Literaturverzeichnis

Agergard, E., P. A. Olsen & J. Alpass (1985) Die Beziehung zwischen Einzelhandel und städtischer Struktur; die Theorie der Spiralbewegung. In: Günter Heinritz (Hrsg.) Standorte und Einzugsbereiche tertiärer Einrichtungen. Darmstadt, S. 55–85.

Albert, Jürgen (1994) Unternehmensneugründungen. Nürnberger wirtsch.- und sozialgeogr. Arb., Bd. 48.

Allen, P. M. & M. Sanglier (1980) Urban self-evolution, self-organization and decision-making. Evironment and Planning, vol. 13, S. 167–183.

Alonso, William (1960) A theory of the urban land market. Papers and Proceed. of the Regional Science Ass. 6, S. 149–157.

Alonso, William (1964) Location and Land-use, towards a general theory of land-rent. Cambridge, Mass.

Alonso, William (1977) Zur Ökonomie der Stadtgröße. In: D. Fürst (Hrsg.) Stadtökonomie; Wirtschaftswiss. Seminar Bd. 6, Stuttgart, S. 50–67.

Ammon, Günter (1989) Der französische Wirtschaftsstil. München.

Auerbach, Felix (1913) Das Gesetz der Bevölkerungskonzentration. Petermanns geogr. Mitteilungen Bd. 59, S. 74–76.

Bähr, Jürgen (1992) Bevölkerungsgeographie 2. Aufl., Stuttgart.

Bandmann, Mark K. (1980) Zur Definition und Spezifik grogramm-zielorientierter territorialer Prodkutionskomplexe. Petermanns geogr. Mitt. Bd. 124, S. 169–180.

Baranskij, Nikolai N. (1954) Ökonomische Geographie der UdSSR (Übersetzung der 14. Auflage) Leipzig.

Bartels, Dietrich (1960) Nachbarstädte, eine siedlungsgeogr. Studie an Hand ausgewählter Beispiele aus dem westlichen Deutschland. Forsch. z. deutschen Landeskunde, Bd. 120, Bad Godesberg.

Bartels, Dietrich (1968) Die Zukunft der Geographie als Problem ihrer Standortbestimmung. Geogr. Zeitschrift, Bd. 56, S. 124–142.

Bathelt, Harald (1994) Die Bedeutung der Regulationstheorie für die wirtschaftsgeogr. Forschung. In: Geogr. Zeitschr. 82. S. 63–90.

Beaumont, J. R., M. Clarke, A. G. Wilson (1981) The dynamics of urban spatial structure; some exploratory results using difference equations and bifurcation theory. Environment and Planning, vol. 13, S. 1437–1473.

Beauchamp, André (1983) Die Steuerparadiese dieser Welt. München.

Beck, Hartmut & Friedrich W. Voit (1973) Standortverlagerungen mit Industriebetrieben aus den Zentren eines Verdichtungsraumes, dargestellt am Beispiel von Nürnberg, Fürth und Erlangen. Informationen d. Inst. f. Raumordnung, Bd. 23/16, S. 357–371.

Behaim, Martin (1492) Der Erdapfel; Weltglobus im Germ. Nationalmuseum, Nürnberg.

Benko, Georges (1996) Wirtschaftsgeographie und Regulationstheorie. In: Geogr. Zeitschrift 84, S. 187–204.

Berry, Brian J. L. (1967) Geography of market centers and retail distribution. Englewood Cliffs, N. Jersey.

Berry, B. J. L. & W. Garrison (1958) Alternate explanations of urban rank-size relation-ships. Annals of American Georgraphers XLVIII, S. 83–91.

Berry, B. J. L. & W. Garrison (1959) The functional base of the central place hierarchy. In: Harold M. Mayer & Clyde F. Kohn: Readings in Urban Geography. Chicago, S. 218–337.

Birkenhauer, Josef (1980) Die Alpen. UTB Paderborn.

Birkenhauer, Josef (1987a) Die Oberbereiche München und Wien im Vergleich ihrer Zentralitätsstrukturen. Mitt. d. Geogr. Ges. München, Bd. 72, S. 229–259.

Birkenhauer, Josef (1987b) München, Weltstadt in Bayern, Kallmünz.

Bleiweis, Stefan (1993) Die Europäische Gemeinschaft im Vergleich mit Japan und den USA. Eine Strukturanalyse entwickelter Länder auf der Basis einer allgemeinen Theorie sozialer Systeme. Nürnberger wirtsch. und sozialgeogr. Arbeiten, Bd. 47.

Blotevogel, Hans Heinrich (1983) Das Städtesystem in Nordrhein-Westfalen. Münstersche Geogr. Arbeiten, Heft 15; Paderborn, S. 71–103.

Blotevogel, Hans-Heinrich, Norbert Dahms, Andreas Graef und Irmgard Schickhoff (1990) Zentralörtliche Gliederung und Städtesystementwicklung in Nordrhein-Westfalen. Duisburger geogr. Arbeiten, Bd. 7.

Bobek, Hans (1938) Über einige funktionelle Stadttypen und ihre Beziehungen zum Lande. Union Géogr. Internationale: Comptes rendues du congrès internat. de Gégr., Amsterdam 1938, vol. II, Leiden, S. 88–102.

Bobek, Hans (1948) Stellung und Bedeutung der Sozialgeographie. Erdkunde, Bd. 2, S. 118–125.

Bobek, Hans (1957) Gedanken über das logische System der Geographie. Mitteil. d. Österr. Geogr. Ges., Bd. 99, S. 122–145.

Bobek, Hans (1959) Die Hauptstufen der Gesellschafts- und Wirtschaftsentwicklung in geogr. Sicht. Die Erde 90, S. 258–297.

Bobek, Hans, (1962) Iran, Probleme eines unterentwickelten Landes alter Kultur. Frankfurt.

Bobek, Hans (1966) Aspekte der zentralörtlichen Gliederung Österreichs. Berichte zur Raumforschung und Raumplanung, Bd. 10, S. 114–129.

Bobek, Hans, (1969) Die Theorie der zentralen Orte im Industriezeitalter. Deutscher Geogr. Tag, Bad Godesberg 1967. Vortr. und wiss. Abhandlungen. Wiesbaden, S. 199–207 (auch in P. Schöller: Zentralitätsforschung, Darmstadt 1972).

Bobek, Hans & Heimold Helczmanowski (1963) Atlas der Republik Österreich, Karte XII/1; Zentrale Orte und ihre Bereiche. Wien.

Bobek, Hans & Maria Fesl (1978) Das System der zentralen Orte Österreichs, eine empirische Untersuchung. Wien–Köln.

Böhmer, Hans-Jürgen & Michael Richter: Regeneration – Versuch einer Typisierung und zonalen Ordnung. In: Geogr. Rundschau (1996) H. 11, S. 626–632.

Boesch, Hans (1966) Weltwirtschaftsgeographie, 4. Auflage. Braunschweig.

Bodenstedt, Walter, Dieter Bullinger, Konrad Roesler (1982) Betriebliche Investitions- und Standortprobleme und unternehmerisches Verhalten. Berichte und Materialien 3; Hrsg. v. f. Rob. Bosch Stiftung, Stuttgart.

Bökemann, Dieter (1982) Theorie der Raumplanung. München.

Borchert, Christian (1961) Die Innovation als agrargeographische Regelerscheinung. Arb. aus d. Geogr. Inst. d. Univ. des Saarlands, Bd. IV (Nachdruck in: Storkebaum D.: Sozialgeogr. Darmstadt, 1969).

Bowman, Isaiah (1931) The pioneer fringe. New York.

Boudeville, Jacques Raoul (1966) Problems of regional economic planning. Edinburgh.

Böventer, Edwin v. (1962) Theorie des räumlichen Gleichgewichts. Tübingen.

Böventer, Edwin v. (1979) Standortentscheidung und Raumstruktur. Veröff. d. Akademie f. Raumforschung und Raumplanung; Abh. 76, Hannover.

Brake, Klaus, Hrsg. (1985) Johann Heinrich v. Thünen und die Entwicklung der Raumstruktur-Theorie. Schriftenreihe d. Univ. Oldenburg.

Braudel, Fernand (1986) Aufbruch zur Weltwirtschaft. München.

Brown, Lawrence A. (1981) Innovation diffusion, a new perspective. New York.

Brugger, Ernst, A. (1984) „Endogene Regionalentwicklung": Ein Konzept zwischen Utopie und Wirklichkeit. Informationen zur Raumentwicklung H. 1–2, S. 1–9.

Brunet, Roger (1979) Systèmes et approche systèmique en géographie. Bulletin d. Assoc. des Géographes Francais 465. S. 403–407.

Brunet, Roger (1992) Géographie recentrée, géographie à enseigner. In: Bull. de la Soc. Geogr. de Liege, vol. 28, S. 12–18.

Brusco, S. (1986) Small firms and industrial districts, the experiences of Italy. In: Keeble D. & E. Weaver (Hrsg.) New firms and regional development in Europe. London, S. 184–202.

Bunge, William (1962) Theoretical geography. Lund Studies in Geogr. Ser. C. 1. Lund.

Burgess, Ernest W. (1925) The growth of the city. In: Robert E. Park et al. (Hrsg.) The city. Chicago, S. 47–62.

Bühler, Thomas (1990) City-Center, Erfolgsfaktoren innerstädtischer Einkaufszentren, Wiesbaden.

Büsching, Anton Friedrich (1754f.) Neue Erdbeschreibung. Hamburg.

Butzin, Bernhard (1987) Zur These eines regionalen Lebenszyklus im Ruhrgebiet. In: Alois

Mayr & Peter Weber (Hrsg.) 100 Jahre Geographie an der westfälischen Wilhelms Univ., Münstersche Geogr. Arbeiten, Bd. 26, S. 191–210.

Carlstein, Tommy (1982) Time, resources, society and ecology. Lund Studies in Geogr., Series B, Human Geogr. 49. London.

Carol, Hans (1956) Zur Diskussion um Landschaft und Geographie. Geographica Helvetica XI, S. 111–133.

Carol, Hans (1962) The hierarchy of central functions within the city. Lund Studies in Geogr., Proceedings of the IGU Symposion in Urban Geography. Lund 1960. S. 555–576 (Nachdruck in P. Schöller: Zentralitätsforschung. Darmstadt.

Carol, Hans (1963) Zur Theorie der Geographie. Mittel. d. Österr. Geogr. Ges. 105, S. 23–38.

Carter, Harold (1972) The study of urban geography. Bath.

Carter, Harold (1980) Einführung in die Stadtgeographie. Berlin-Stuttgart.

Chamberlin, Edward H. (1969) The theory of monopolistic competition. 8th ed., app. C. Cambridge Mass. (1. Ausg. 1933).

Childe, Gordon V. (1952) Man makes himself (Mentor books) New York.

Chisholm, Michael (1966) Geography and Economics. London.

Christaller, Walter (1933) Die zentralen Orte in Süddeutschland. Jena. 2. Aufl. Darmstadt 1968.

Christaller, Walter (1950) Das Grundgerüst der räumlichen Ordnung in Europa. Die Systeme der europäischen zentralen Orte. Frankfurter Geogr. Hefte 24, H. 1.

Christaller, Walter (1955) Beiträge zu einer Geographie des Fremdenverkehrs. Erdkunde ix, H. 1, S. 1–7.

Cook, Paul & Colin Kirkpatrick (1997) Globalization and Regionalization and Third World Development. In: Regional Studies, 31, 1, S. 355–366.

Coy, Martin (1988) Regionalentwicklung und regionale Entwicklungsplanung an der Peripherie in Amazonien. Tübinger Geogr. Stud. 97.

Coy, Martin (1990) Pionierfront und Stadtentwicklung. Geogr. Zeitschrift 78, H. 2, S. 115–134.

Decker, Hedwig (1984) Standortverlagerungen der Industrie in der Region München. Münchner Studien zur Sozial- und Wirtschaftsgeographie, Bd. 25. Kallmünz-Regensburg.

Defert, Pierre (1966) La localisation touristique – problèmes théoriques et practiques. Bern.

Defoe, Daniel (1719) The life and strange surprising adventures of Robinson Crusoe of York. London.

Deutsche Akad. f. Städtebau und Landesplanung (1989) Planung oder Anpassung. Bericht der Landesgruppe Niedersachsen-Bremen Nr. 11. Hildesheim-Hannover.

Dittmann, Elmar (1970) Stichwort Bandstadt. Handwörterbuch der Raumforschung und Raumordnung. Hannover. S. 126–135.

Dloczik, Manfred, Adolf Schüttler und *Hans Sternagel* (1982) Der Fischer-Informationsatlas Bundesrepublik Deutschland. Frankfurt/Main.

Downs, Roger M. & David Stea (1982) Kognitive Karten: Die Welt in unseren Köpfen. Hrsg. v. Robert Geipel, Stuttgart-New York.

Dürrenberger, Gregor (1989) Menschliche Territorien. Zürcher Geogr. Schriften 33. Zürich.

Eigen, Manfred (1971) Self-organization of matter and the evolution of biological macro-molecules. Naturwissenschaften 58, S. 465–523.

Elliot, Harald (1983) Surrounding larger nighbours and the Atlantic coast cardinal neighb ours gradient. In: Economic Geogr. 59, S. 426–444.

Esenwein-Rothe, Ingeborg (1961) Die Persistenz von Industriebetrieben in strukturschwachen Wirtschaftsgebieten. In: Akad. f. Raumforschung und Landesplanung, Veröff. Bd. 17: Industrialisierung ländlicher Räume, Hannover, S. 64–94.

Exler, Markus (1996) Containerverkehr – Reichweiten und Systemgrenzen in der Weltwirtschaft. Nürnberger wirtsch. und sozialgeogr. Arbeiten, Bd. 50.

Eyre, Samuel R. (1978) The real wealth of nations. London.

Fels, Edwin (1954) Der wirtschaftende Mensch als Gestalter der Erde. Stuttgart.

Fliedner, Dietrich (1993) Sozialgeographie, Berlin.

Fliedner, Dietrich (1997) Die Komplexe Natur der Gesellschaft. Frankfurt.

Fourastié, Jean (1954) Die große Hoffnung des 20. Jahrhunderts. Köln-Deutz.

Franz, Johannes C. v. (1976) Potentielle zentralörtliche Bereiche. Eine Untersuchung zur Bereichsabgrenzung zentraler Orte mittlerer Stufe am Beispiel Baden-Württemberg. Nürnberger wirtschafts- und sozialgeographische Arbeiten, Bd. 25. Nürnberg.

Franz, Johannes C. v. & Carsten Siemsglüss (1981) Das Containerverkehrssystem. In: J.C.v. Franz (Hrsg.) Der Containerverkehr in geogr. Sicht. Nürnberger wirtschafts- und sozialgeogr. Arbeiten, Bd. 33, S. 25–50.

Freisitzer, Kurt (1962) Die zentralen Orte in der Landesplanung. Berichte zur Landesforschung und Landesplanung 6, H. 3, S. 225–241. Wien.

Friberg, Tora (1993) Women's adaptive strategies in time and space. Lund Studies in Geography, Ser. B., Human Geogr. 55, Lund.

Friedmann, John (1966) Regional development Policy. Boston/Mass.

Friedmann, John (1972) A general theory of polarized development. In: N.M. Hansen (Hrsg.) Growth centres in regional economic development. New York. S. 82–107.

Friedmann, John (1986) The world-city hypothesis. Development and change 17. S. 69–83.

Fuchs, Gerhard (1974) Die Bundesrepublik Deutschland in der Gegenwart, eine aktuelle Landeskunde. Stuttgart.

Gaebe, Wolf (1981) Zur Bedeutung von Agglomerationswirkungen für industrielle Standortentscheidungen. Mannheimer geogr. Arbeiten, Bd. 13.

Gaebe, Wolf (1989a) Die Dynamik der internationalen Bank- und Finanzzentren, das Beispiel London. In: Klaus Wolf (Hrsg.) Zum System und zur Dynamik hochrangiger Zentren im nationalen und internationalen Maßstab. Frankfurter Geogr. Hefte 58, S. 43–70.

Gaebe, Wolf (1989b) Hrsg.: Handbuch des Geographieunterrichts Bd. 3; Industrie und Raum. Darmstadt.

Gad, Günter (1968) Büros im Stadtzentrum von Nürnberg, ein Beitrag zur City-Forschung. Erlanger geogr. Arbeiten, Heft 23.

Garofoli, Gioachino 1983) Industrializzazione diffusa in Lombardia. Sviluppo territoriale e sistemi produttivi locali. Milano.

Garofoli, Gioachino (1991) Local networks, innovation and policy in Italian industrial districts. In: Bergman, Edward, Gunther Mayer & Franz Tödtling: Regions Reconsidered, London, S. 119–140.

Gaspari, Christof & Hans Millendorfer (1973) Prognosen für Österreich. Wien.

Geer, Sten de (1976) The American manufacturing belt. Original 1927; gekürzt in K. Hottes (Hrsg. 1976) Industriegeographie. Darmstadt.

Geertz, Clifford (1963) Agricultural involution, the process of ecologic change in Indonesia. Univ. of Calif. Berkeley.

Geipel, Robert (1977) Friaul, sozialgeographische Aspekte einer Erdbebenkatastrophe. Kallmünz-Regensburg.

Geipel, Robert (1988) Münchens Images und Probleme. In: 46. D. Geogr. Tag 1987. Tagungsber. und wiss. Abh. Wiesbaden-Stuttgart.

Geipel, Robert, Jürgen Pohl & Rudolf Stagl (1988) Chancen, Probleme und Konsequenzen des Wiederaufbaus nach einer Katastrophe. Münchner Geogr. Hefte 59. Kallmünz-Regensburg.

Georgescu-Roegen, Nicolas (1993) The entropy law and the economic problem. In: Herman E. Daly & Kenneth N. Townsend (eds.): Valuing the earth. Cambridge, Mass.

Giddens, Anthony (1988) Die Konstitution der Gesellschaft. Grundzüge einer Theorie der Strukturierung. Frankfurt (engl. Original 1984).

Giersch, Herbert (1994) Kern und Rand in der spontanen Ordnung. Frankf. Allg. Zeitung v. 21.5.1994, S. 13 f.

Giese, Ernst (1985) Stichwort Potentialmodell. In: E. Meynen (Hrsg.) Internat. Geogr. Glossary, Wiesbaden-Stuttgart, S. 1416.

Gormsen, Erdmann (1976) Hrsg. Market distribution systems. Mainzer geogr. Studien, Heft 10.

Gottmann, Jean (1961) Megalopolis, the urbanized north-eastern seabord of the United States. New York.

Graeber, Heinrich (1979) Die Persistenz von Industrieansiedlungen – theoretische Überlegungen und empirische Ergebnisse für die Bundesrepublik Deutschland. Bochum.

Granovetter, Mark (1985) Economic action and social structure: The problem of embeddedness. In: American Journal of Sociology 91, S. 481–510.

Gritsai, Olga & Trejvish Andrej (1990) Stadial concept of regional development. The dynamics of core and periphery, a theoretical discussion. Geogr. Zeitschrift 78. S. 65–77.

Grotewold, Andreas (1979) The regional theory of world-trade. Grove city, Pennsylvania.

Grotz, Reinhold (1976) Die Wirtschaft im mittleren Neckarraum und ihre Entwicklungstendenzen. Geogr. Rundschau 28, S. 14–26.

Gschaider, Peter (1981) Bildung von räumlichen Diffusionszentren am Beispiel einer Investitionsgüterinnovation. Frankfurter wirtsch.- und sozialgeogr. Schriften, Bd. 40.

Hägerstrand, Torsten (1952) The propagation of innovation-waves. Lund Studies in Geography, Ser. B. No. 4. Lund.

Hägerstrand, Toren (1953) Innovationsförloppet ur korologisk synpunkt. Lund.

Hägerstrand, Torsten (1973) The domain of human geography. In: R. J. Chorley (Hrsg.) Directions in geography. London. S. 67–87.

Haggett, Peter (1973) Einführung in die kultur- und sozialgeographische Regionalanalyse. Berlin-New York.

Haggett, Peter (1983) Geographie, eine moderne Synthese. New York.

Haggett, Peter & Richard J. Chorley (1969) Network analysis in geography. London. 2. verb. Auflage 1972.

Hall, Edward T. (1976) Die Sprache des Raumes. Düsseldorf.

Hall, Peter & Ann Markusen (1985) Silicon landscapes Boston.

Hard, Gerhard (1986) Der Raum – einmal systemtheoretisch gesehen. Geographica Helvetica 41, H. 2. S. 77–83.

Harris, Chauncy D. (1954) The market as a factor in the location of industry in the United States. Ann. of the Ass. of American Geographers, Vol. XLIV.

Harris, Chaunc D. & Edward L. Ullmann (1945) The nature of cities. Nachdruck in P. Schöller (Hrsg.) 1969: Stadtgeographie. Darmstadt.

Hartke, Wolfgang (1953) Die soziale Differenzierung der Agrarlandschaft im Rhein-Main-Gebiet. Erdkunde 7. S. 11–27.

Hartke, Wolfgang (1959) Gedanken über die Bestimmung von Räumen gleichen sozialgeographischen Verhaltens. Erdkunde 13. S. 426–436.

Harvey, David (1973) Social Justice and the city. London.

Heinrich, Walter (1952) Wirtschaftspolitik II, Bd. 1, Halbband. Wien.

Heinritz, Günter (1979) Zentralität und zentrale Orte. Stuttgart.

Heinze, Wolfgang G. & Heinrich H. Kill (1987) Chancen und Grenzen der neuen Informations- und Kommunikationstechniken. In: Räumliche Wirkungen der Telematik. Forschungs- und Sitzungsberichte der Akademie für Raumforschung, Bd. 169, Hannover, S. 21–72.

Heinzmann, Joachim (1985) Territoriale Wirkungsbedingungen des wissenschaftlich-technischen Fortschritts für die Standortverteilung der Industrie – eine theoret. Fallstudie. In: Heinz Lüdemann (Hrsg.) Struktur und Prozesse in Wirtschaft und Naturraum. Beiträge z. Geographie, Bd. 32.Berlin (Ost), S. 54–102.

Hesse, Günter (1982) Die Entstehung industrialisierter Volkswirtschaften. Tübingen.

Hettner, Alfred (1927) Die Geographie, ihre Geschichte, ihr Wesen, ihre Methode. Breslau.

Hettner, Alfred (1932) Das Länderkundliche Schema, Geogr. Anzeiger 33, S. 1–6. Nachdruck in: Reinhard Stewig (Hrsg.) 1979: Probleme der Länderkunde. Darmstadt. S. 85–95.

Hettner, Alfred (1952) Allgemeine Geographie des Menschen – Verkehrsgeographie. Hrsg. v. Heinr. Schmitthenner; Bd. 3. Stuttgart.

Heymann, Thomas (1989) Komplexität und Kontextualität des Sozialraumes. Erdkundliches Wissen 95. Wiesbaden.

Hofmayer, Albert & Felix Jülg (1989) Typisierung von Fremdenverkehrsgemeinden Österreichs. In: Hartmut Asche & Theo Topel (Hrsg.) Beiträge zur Geographie und Kartographie. Wien. S. 132–149.

Hofmeister, Burkhard (1969) Stadtgeographie. Braunschweig.

Hofstede, Geert (1989) Culture's consequences: International differences in work-delated values. Beverly Hills.

Höhfeld, Volker v. (1984) Gecekondus. Dörfer am Rande türkischer Städte. Geogr. Ru. 36. S. 444–450.

Holzner, Lutz (1985) Stadtland USA – Zur Auflösung und Neuordnung der US-amerikanischen Stadt. Geogr. Zeitschrift 73, S. 191–205.

Holzner, Lutz (1990) Stadtland USA. Geogr. Ru. 42. S. 468–475.

Holzner, Lutz (1996) Stadtland USA: Die Kulturlandschaft des American Way of Life. Gotha. Ergänzungsheft 291 zu Petermanns Geogr. Mitt.

Hoppe, Ralf (1993) Ein Joghurt kommt in Fahrt. In: Zeit Magazin Nr. 5, 29.1.93, S. 3 u. 14–17.

Hotelling, Harold (1929) Stability in Competition. The Economic Journal, 39., S. 41–57.

Hottes, Karlheinz (1971) Wie läßt sich der von Waibel für die Landwirtschaftsgeographie entwickelte Formationsbegriff für die Industriegeographie verwenden? In: Symposion zur Agrargeographie. Heidelberger Geogr. Arbeiten. Heft 36, S. 35–41.

Hottes, Karlheinz (1976) Hrsg. Industriegeographie. Darmstadt.

Hoyt, Homer (1943) Forces of urban centralization and decentralization. Amer. Journal of Sociology; S. 843–852.

Huggett, Richard (1980) Systems analysis in geography. Oxford.

Humboldt, Alexander v. (1809) Versuch über den politischen Zustand des Königreichs Neu-Spanien, Tübingen.

Humlum, Johannes (1978) Kulturgeografi 1 + 2; Textbände zum Kulturgeographischen Atlas, 8. Ausgabe, Kopenhagen.

Hunter, D. R. (1964) The slums; challenge and response. New York.

IIASA (Internat. Inst. for Applied Systems Analysis): The Obergurgl model. A microcosm of economic growth in relation to limited ecological resources. Laxenburg/Österreich 1974.

Isard, Walter (1956) Location and the space-economy. New York-London.

Isard, Walter (1959) Industrial complex analysis and regional development. Cambridge/Mass.

Isard, Walter (1960) Methods of regional analysis. Cambridge/Mass.

Isbary, Gerhard (1969) Das Adernetz der Verdichtungsbänder und zentralen Orte in der Bundesrepublik Deutschland; Karte 9. In: Isbary, G., H. J. v. d. Heide & G. Müller: Gebiete mit gesunden Strukturen und Lebensbedingungen, Merkmale und Abgrenzungen. Abh. d. Akad. f. Raumforschung und Landesplanung, Bd. 57, Hannover.

Istel, Wolfgang (1970) Stichwort: Bandstruktur. In: Handwörterbuch der Raumforschung und Raumordnung. Hannover. S. 135–148.

Jäkel, Herbert (1982) Ackerbürger und Ausmärker in Alsfeld/Oberhessen. Rhein-Mainische Forschungen 40, Frankfurt.

Jantsch, Erich (1982) Die Selbstorganisation des Universums. München.

Jefferson, Mark (1939) The law of the primate city. Geogr. Revies 29, S. 226–232.

Jojima, Kunihiro (1992) Der Begriff des „Zentralen Ortes" von W. Christaller aus einer neuen interdisziplinären Sicht. In: Mäding, H., F. J. Sell & W. Zohlnhofer: Wirtschaftswissenschaft im Dienste der Politikerberatung. Berlin.

Kansky, Joseph K. (1963) Structure of transportation networks, relationship between network geometry and regional characteristics. Research Paper No 84. Chicago (Univ. of Chic., Dept. of Geography).

Karmon, Yehuda (1983) Israel, eine geographische Landeskunde. Darmstadt.

Kempel-Eggenberger, Christa (1993) Risse in der geoökologischen Realität. In: Erdkunde 47/1, S. 1–11.

Kiefer, Klaus (1967) Die Diffusion von Neuerungen. Heidelberger Sociologica 4. Tübingen.

Kiemstedt, Hans (1967) Zur Bewertung der Landschaft für die Erholung, Beiträge zur Landespflege. Sonderheft 1. Stuttgart.

Klingbeil, Detlev (1977) Aktionsräumliche Analyse und Zentraliatätsforschung. Überlegungen zur konzeptionellen Erweiterung der zentralörtlichen Theorie. Münchener Geogr. Hefte 39. S. 45–74.

Klingbeil, Detlev (1978(Aktionsräume in Verdichtungsräumen. Münchener Geogr. Hefte 41.

Klötzli, Frank (1989) Ökosysteme. Stuttgart, 2. Aufl.

Kluczka, Georg (1970) Zentrale Orte und zentralörtliche Bereiche mittlerer und höherer Stufe in der Bundesrepublik Deutschland. Forsch. z. dt. Landeskunde Bd. 194. Bonn-Bad Godesberg.

Klüter, Helmut (1986) Raum als Element sozialer Kommunikation. Gießener geogr. Schriften 60.

Kohl, Johann Georg (1841) Der Verkehr und die Ansiedlung der Menschen in ihrer Abhängigkeit von der Erdoberfläche. Dresden.

Kramer, J. H. T. (1991) Formation as an economic geographic concept. In: De Smits, M. & E. Wever (eds.): Complexes, formations and networks: Nederlandse Geogr. Studies 132, Utrecht/Nijmegen.

Lange, Siegfried (1974) Wachstumstheorie zentralörticher Systeme. Eine Analyse der räumlichen Verteilung von Geschäftszentren. Beiträge zum Siedlungs- und Wohnungswesen und zur Raumplanung 6. Münster.

Läpple, Dieter (1985) Raum und Gesellschaft im „Isolierten Staat". In: Klaus Brake (Hrsg.) Johann Heinrich v. Thünen und die Entwicklung der Raumstruktur-Theorie. Schriftenreihe der Universität Oldenburg.

Lasuén, J. A. (1973) Urbanisation and development – the temporal interaction between geographical and sectoral clusters. Urban Studies (Edingburgh) 10, S. 163–188.

Launhardt, Wilhelm (1882) Die Bestimmung des zweckmäßigsten Standorts einer gewerblichen Anlage. Zeitschr. d. Vereins der Ingenieure. Bd. 28.

Lautensach, Hermann (1953) Über den Begriff Typus und Individuum in der geographischen Forschung. Münchener geogr. Hefte 3.

Leister, Ingeborg (1963) Das Werden der Agrarlandschaft in der Grafschaft Tipperary (Irland). Marburger Geogr. Schriften 18.

Lenntorp, Bo (1976) paths in space-time environments. A time-geographic study of movement possibilities of individuals. Lund Studies in Geogr., Ser. B 44. Lund (Schweden).

Lichtenberger, Elisabeth (1963) Die Geschäftsstraßen Wiens, eine statistisch-physiognomische Analyse. Mitt. d. Österr. Geogr. Ges. Bd. 105, S. 463–504.

Lichtenberger, Elisabeth (1972) Die europäische Stadt – Wesen, Modelle, Probleme. Berichte zur Raumforschung und Raumplanung 16, S. 3–25.

Lichtenberger, Elisabeth (1985) Stichwort: Stadt. In: E. Meynen (Hrsg.) Internat. Geogr. Glossary, S. 1972.

Lichtenberger, Elisabeth (1986) Stadtgeographie 1 – Begriffe, Konzepte, Modelle, Prozesse. Stuttgart.

Lichtenberger, Elisabeth (1987) Theorien und Konzepte zur Stadtentwicklung. Geogr. Jahresbericht aus Österreich, Bd. XLIV/1985, Wien, S. 7–16.

Lichtenberger, Elisabeth, Heinz Faßmann und *Dietlinde Mühlgassner* (1987) Stadtentwicklung und dynamische Faktorialökologie, Wien.

Loda, Mirella (1989) Das „Dritte Italien". Zu den Spezifika der peripheren Entwicklung in Italien. Geogr. Zeitschrift 77, S. 180–194.

Loda, Mirella (1990) Erdbeben, Wiederaufbau und industrielle Entwicklung in Friaul. Münchener Geogr. Hefte 65. Kallmünz-Regensburg.

Lonergan, Stephen (1985) Regional development as an entropic process – a Canadian example. In: F. J. Calzonetti & B. D. Salomon (Hrsg.) Geographical dimensions of energy. Dordrecht. S. 393–409.

Lösch, August (1962) Die räumliche Ordnung der Wirtschaft. 3. unv. Auflage. Stuttgart. Deutsche Originalausgabe Jena 1940.

Lotka, Alfred (1956) Elements of mathematical biology. New Qork-Dover.

Lovelock, James E. (1987) Gaia – a new look at life on earth. Oxford.

Luhmann, Niklas (1984) Soziale Systeme, Grundriß einer allgemeinen Thorie. Frankfurt.

Lütgens, Rudolf (1949) Die geographischen Probleme und Grundlagen des Wirtschaftslebens, Hamburg.

Mahnke, Hans-Peter (1970) Die Hauptstädte und die führenden Städte der USA. Stuttgarter Geogr. Studien, Bd. 78. Stuttgart.

Malecki, Edward J. (1975) Innovation diffusion among firms. Disc. Papers 27; Ohio State Univ., Dept. of Geogr. Columbus/Ohio.

Maleri, R. (1979, 1991) Grundlagen der Dienstleistungsproduktion. 2. Aufl. Berlin.

Malunat, Bernd M. (1987) Der Kleinstaat im Spannungsfeld von Dependenz und Autonomie. Europ. Hochschulschriften, Bd. 1004. Frankfurt/Main.

Marandon, Jean Claude (1976) Types d'implantations industrielles sur les anciennes surfaces minières dans la region de la Ruhr. Terres et Hommes du Nord (Lille), Heft 1, S. 7–21.

Marcinowski, Bernhard (1979) LEGO – vom ländlichen Tischlereibetrieb zum weltbekannten Spielzeughersteller. Zeitschr. f. Wirtschaftsgeogr. 23, S. 171–174.

Marcinowski, Bernhard (1981) Der Containerverkehr der Deutschen Bundesbahn und seine Organisation. In: J. C. Franz (Schriftl.) Der Containerverkehr aus geogr. Sicht. Nürnberger wirtschafts- und sozialgeogr. Arbeiten, Bd. 33, S. 51–69.

Marcinowski, Bernhard (1983) Auswirkungen von Streckenstillegungen, dargestellt am Beispiel von Nebenbahnen in Bayern. Nürnberger wirtsch.- und sozialgeogr. Arbeiten, BD. 35.

334 Literaturverzeichnis

Marcinowski, Bernhard (1984) Der kombinierte Ladungsverkehr in der Bundesrepublik Deutschland. Ges. f. Regionalforsch. u. angew. Geogr. (Hrsg.). Nürnberg.

Marcusen, Ann (1996) Sticky places in slippery space. A typology of industrial districts. In: Economic Geogr. 72/3, S. 293–313.

Margulis, Lynn & James E. Lovelock (1974) Biologic modulation of the earth's atmosphere. Icarus 21, S. 471–489.

Mariotti, Giovanni (1929) L'Italia turistica, Rom.

Martin, Ron & Richard Minns (1995) Undermining the financial basis of regions, the spatial implications of the UK pension-fund system. In: Regional Studies 29/2, S. 125–144.

Matznetter, Josef (1953) Grundfragen der Verkehrsgeographie. Mitt. d. Geogr. Ges. Wien, Bd. 95, S. 109–124.

May, Heinz-Dieter (1968) Junge Industrialisierungstendenzen im Untermaingebiet unter bes. Berücksichtigung der Betriebsverlagerungen aus Frankfurt. Rhein-Mainische Forschungen, Heft 65. Frankfurt.

Meadows, Dennis et al. (1972) Die Grenzen des Wachstums. Bericht des Club of Rome zur Lage der Menschheit. Stuttgart.

Mercator, Gerhard (1569) Nova et aucta orbis terrae descriptio ad usum navigantium emendate accomodata. Duisburg.

Mertins, Günter (1984) Marginalsiedlungen in Großstädten der Dritten Welt. Geogr. Rundschau 36, S. 434–442.

Meynen, Emil (Hrsg., 1985) International Geographical Glossary. Wiesbaden-Stuttgart. Darin als Verf. die Stichworte: Persistenz S. 874; Bevölkerungsschwerpunkt S. 128.

Mikus, Werner (1978) Industriegeographie, Erträge der Forschung. Darmstadt.

Mohs, Gerhard und Günter Jacob (1981) Einführung in die Produktionsgeographie. Gotha-Leipzig.

Morill, Richard L. (1968) Waves of spatial diffusion. Journal of Regional Science 8, S. 1–8.

Morill, Richard L. (1970) The shape of diffusion in space and time. Economic Geography 46, S. 259–268.

Mose, Ingo (1989) Eigenständige Regionalentwicklung, Chance für den peripheren ländlichen Raum? Geogr. Zeitschrift 77, H. 3. S. 165–167.

Muller, Bernard (1973) Le vignoble de Novéant sur Moselle: Histoire d'un declin. Mosella III, H. 1, S. 1–39.

Müller-Mehrbach, Heiner (1970) Operations Research. Berlin-Frankfurt.

Müller-Miny, Heinrich (1959) Katastrophe und Landschaft. Theodor Kraus-Festschrift. Remagen. S. 95–124.

Mumford, Lewis (1961) The city in history, its origin, its transformation and its prospects. New York.

Myrdal, Gunnar (1957) Economic theory and undeveloped regions. London.

Nagel, Frank Norbert & Gerhard Oberbeck (1982) Neue Formen städtischer Entwicklung im Südwesten der USA – Sonnenstädte der zweiten Generation. In: Mitt. d. Geogr. Ges. in Hamburg, Bd. 72; Beiträge zur Stadtgeographie I, Städte in Übersee. Hamburg.

Neuer Kozenn Atlas (1996) Wien.

Neumeister, Hans (1981) Geoökodynamik – Ökogeomorphologie und Geoökologie. In: Geoökodynamik X, S. 103–124.

Nicolis, Gregoire & Ilya Prigogine (1977) Self-organization in non-equilibrium systems. New York.

Nicolis, Gregoire & Ilya Prigogine (1987) Die Erforschung des Komplexen. München.

Nipper, Josef (1985) Stichwort: Nächst-Nachbar-Methode. In: E. Meynen (Hrsg.) Internat. Geogr. Glossary, Wiesbaden-Stuttgart.

Nohlen, Dieter & Franz Nuscheler (Hrsg. 19939 Handbuch der Dritten Welt, BD. 1, Bonn, dritte Auflage.

North, Douglas C. (1988) Theorie des institutionellen Wandels. Tübingen.

Nottrot, Jan (1985) Luxemburg, Beitr. z. Stadtgeographie einer europ. Hauptstadt und eines internationalen Finanzplatzes. Innsbrucker Geogr. Studien 12.

Nuhn, Helmut (1997) Globalisierung und Regionalisierung im Weltwirtschaftsraum. In: Georg. Rundschau 49/3, S. 136–143.

Obst, Erich (1960) Allgemeine Agrar- und Industriegeographie, 2. Aufl. Stuttgart.

Odum, Howard T. (1971) Environment, power, society. New York.

Ogger, Günter (1982) Die Gründerjahre. München.

Ohmae, Kenichi (1985) Macht der Triade, die neue Form des weltweiten Wettbewerbs. Wiesbaden.

Ohmae, Kenichi (1996) Der neue Weltmarkt. Hamburg (engl: The end of the national state, New York 1995).

Oinas, Paivi (1997) On the socio-spatial embeddedness of business firms. In: Erdkunde 51/1, S. 23–32.

Opitz, Michael (1994) Der Einfluß der EG-Liberalisierung auf die Netzbildung im europ. Luftverkehrssystem. GUB-Schriftenreihe, H. 27, Nürnberg.

Otremba, Erich (1960) Allgemeine Agrar- und Industriegeographie. 2. Aufl. Stuttgart.

Otremba, Erich (1969) Der Wirtschaftsraum, seine geographischen Grundlagen und Probleme, Stuttgart.

Otremba, Erich (1978) Handel und Verkehr im Weltwirtschaftsraum. Stuttgart.

Palme, Gerhard & Lucia Kubacek (1990) Auswirkungen einer EG-Integration auf die regionale Industriestruktur. ÖROK-Schriftenreihe Nr. 80. Wien.

Partzsch, Dieter (1964) Zum Begriff der Funktionsgesellschaft. Mitt. des dt. Verbandes für Wohnungswesen, Städtebau und Raumordnung, Heft 4, S. 3–10.

Partzsch, Dieter (1970) Daseinsgrundfunktionen. In: Handwörterbuch der Raumforschung und Raumordnung, Bd. I; 2. Aufl. Hannover, S. 424–430.

Paterson, John H. (1972) Land, work and resources, an introduction to economic geography. London.

Peet, Richard L. (1969) The spatial expansion of commercial agriculture in the 19th century. A. von Thünen interpretation. Economic Geography 45, S. 283–301.

Pelzer, Karl J. (1945) Pioneer settlements in the Asian tropics. New York.

Perroux, Francois (1964) L 'économie du XXième siècle. 2. Aufl. Paris.

Personen, Heikki (1982) On the paradigmatic nature of non-equilibrium thermodynamics and some other systems theories. Unpubl. Paper for the Regional Congress of the Regional Science Ass., Groningen 1983. Inst. of Processing Science; Univ. of Oulu/Finnland.

Pirath, Carl (1949) Die Grundlagen der Verkehrswirtschaft. Berlin.

Pohl, Jürgen (1986) Geographie als hermeneutische Wissenschaft. Münchener Geogr. Hefte 52. Kallmünz-Regensburg.

Porter, Michael (1991) The comparative advantage of Massachusetts. Cambridge, Mass.

Pred, Allen (1964) The intrametropolitan of American manufacturing. Annals of the Ass. of American Geogr. 54, S. 165–180.

Predöhl, Andreas (1925) Das Standortproblem in der Wirtschaftstheorie. Weltwirtschaftliches Archiv, Vol. XXI, S. 294–331.

Predöhl, Andreas (1971) Außenwirtschaft. 2. Auflage. Göttingen.

Prigogine, Ilya (1985) Time and human knowledge. Planning and design 12. S. 5–20.

Proudfoot, Malcolm J. (1937) City retail structure. Economic Geogr. 13, S. 425–428.

Quasten, Heinz (1970) Die Wirtschaftsformation der Schwerindustrie im Luxemburger Minett. Arbeiten aus dem Geogr. Inst. d. Iniv. des Saarlands. Saarbrücken.

Rebitzer, Dieter (1995) Internationale Steuerungszentralen. Nürnb. wirtsch. und sozialgeogr. Arb., Bd. 49.

Redfield, R. & M. Singer (1954) The cultural role of the cities. Economic Development and Cult. Change 2, 53.

Reed, H. C. (1981) The pre-eminence of international financial centers. New York.

Reichart, Thomas (1986) Andorra – eine Landeskunde, Möglichkeiten und Grenzen endogener Regionalentwicklung. Nürnberger wirtschafts- und sozialgeogr. Arbeiten, Bd. 39.

Reichart, Thomas (1993) Städte ohne Wettbewerb. Bern.

Reichart, Thomas (1998) Bausteine zu einer Wirtschaftsgeographie. Bern.

Reilly, William J. (1931) The law of retail gravitation. New York.

Richter, Michael (1993) „Gaia" und „Surprise" – Dimensionen zwischen globalem Klimawandel und klimabedingten Katastrophen. In: Petermanns Mitt., 137/6, S. 325–338.

Riedl, Rupert (1990) Die Ordnung des Lebendigen. München.

Ritter, Carl (1822f.) Die Erdkunde im Verhältnis zur Natur und Geschichte des Menschen. Berlin.

Ritter, Wigand (1970) Die Beschreibung der Erde. In: W. Ritter & W. Strzygowski: Geographie. Das Wissen der Gegenwart. Darmstadt. S. 32–56. Ebendort: Die Ausgestaltung der Erde durch den Menschen S. 83–133.

Ritter, Wigand (1975) Central Saudi Arabia. Beiträge zur Wirtschaftsgeographie, I. Teil. Wiener Geogr. Schriften 43/44/45, S. 205–228.

Ritter, Wigand (1976a) Für eine angewandte Staatengeographie. In: Werner Leupold und Werner Rutz: Der Staat und sein Territorium. Wiesbaden. S. 229–244.

Ritter, Wigand (1976b) Kleinregionen in alpinen Fremdenverkehrsräumen. Tagungsber. und wiss. Abh. d. 40. Deutschen Geographentags in Innsbruck 1975. Wiesbaden. S. 723–736.

Ritter, Wigand (1981a) Liechtenstein – wirtschaftsgeogr. Skizze eines kleinen Staates. In: Österreich in Geschichte und Literatur, Jg. 25, S. 380–392.

Ritter, Wigand (1981b) Die Innovation des Containerverkehrs und ihre geographischen Auswirkungen. In: J. C. Franz (Schriftl.) Der Containerverkehr aus geogr. Sicht. Nürnberger wirtschafts- und sozialgeogr. Arbeiten, Bd. 33, S. 1–24.

Ritter, Wigand (1982) Waldverwüstung und Wiederbewaldung. Geo-Ökodynamik Bd. 3. Darmstadt. S. 1–20.

Ritter, Wigand (1983) Der Erdölgolf, Köln.

Ritter, Wigand (1984b) Die Entstehung industrialisierter Volkswirtschaften. In: Wirtschaftsgeographie und Wirtschaftswissenschaften; 5. Frankfurter wirtschaftsgeogr. Symposium 1983; Frankfurter wirtschafts- und sozialgeogr. Schriften, Bd. 46, S. 107–120.

Ritter, Wigand (1985a) Qatar, ein arabisches Erdölemirat. Nürnberger wirtsch.- und sozialgeogr. Arbeiten, Bd. 38.

Ritter, Wigand (1985b) Der Innovationsbegriff in der Wirtschaftsgeographie und das Modell der dissipativen Strukturen. In: J. Franke (Hrsg.) Betriebliche Innovation als interdisziplinäres Problem. Stuttgart. S. 15–26.

Ritter, Wigand (1987) Gewerbliche Wirtschaftsformationen im nördlichen Bayern. Ber. z. deutschen Landeskunde. Bd. 61, S. 425–452. Trier.

Ritter, Wigand (1989) Wirtschaftskarten in Schulatlanten – und die Wirtschaftstheorie? In: H. Asche und Th. Topel (Hrsg.) Beiträge zur Geographie und Kartographie; Festschrift für F. Mayer zum 60. Geburtstag; Wiener Schriften zur Geographie und Kartographie Bd. 3. Wien. S. 176–183.

Ritter, Wigand (1994) Welthandel, Darmstadt.

Ritter, Wigand (1995) Von der geographischen Substanz zum Problem der Transformation. In: K. A. Schachtschneider (Hrsg.): Wirtschaft, Gesellschaft und Staat im Umbruch. Berlin., S. 601–614.

Ritter, Wigand und *Peter Greiner* (1967) Die zentralen Orte und ihre Bereiche, ein Hilfsmittel der Marktforschung und Absatzpolitik. In: Der Markt 23 (1967/3). Wien. S. 74–78.

Rogers, Everett M. (1962) Diffusion of Innovation. New York-London.

Rohr, Hans Gottfried v. (1990) Angewandte Geographie. Das Geogr. Seminar. Braunschweig.

Roscher, Wilhelm (1878)Studie über die Naturgesetze, welche den zweckmäßigsten Standort der Industriezweige bestimmen, Ansichten der Volkswirtschaft aus dem geschichtlichen Standpunkte. 3. Aufl. Leipzig-Heidelberg.

Rothauer, Herlinde (1985) Standortverlegungen des sekundären Sektors in Wien. Berichte zur Raumforschung und Raumordnung, H. 1–2. S. 3–11.

Rühl, Alfred (1925f.) Vom Wirtschaftsgeist im Orient; Vom Wirtschaftsgeist in Spanien (1927); Vom Wirtschaftsgeist in Amerika (1928). Leipzig.

Ruppert, Karl (1958) Zur Definition des Begriffs „Sozialbrache". Erdkunde 12, S. 226–231.

Ruppert Karl und *Franz Schaffer* (1969) Zur Konzeption der Sozialgeographie. Geogr. Rundschau 21, S.205–214.

Ruppert, Rasso (1981) Räumliche Strukturen und Orientierungen der Industrie in Bayern. Forschungen zur deutschen Landeskunde, Bd. 218. Trier.

Ruppert, Rasso (1987) Klima und die Entstehung industrialisierter Volkswirtschaften. Zeitschr. v. Wirtschaftsgeogr. 31, H. 1, S. 1–11.

Sassen, Saskia (1996) Metropolen des Weltmarkts. Frankfurt.

Schachtschabel, Hans; Hrsg. (1971) Wirtschaftsstufen und Wirtschaftsordnungen, Darmstadt.

Schamp, Eike W. (1988) Innovationen in der Industriewirtschaft. In: Wolfgang Gaebe (Hrsg.) Industrie und Raum; Handbuch des Geographieunterrichts, Bd. 3, Köln. S. 78–85.

Schätzl, Ludwig (1978, 1993) Wirtschaftsgeographie I (Theorie); Wirtschaftsgeographie II (Empirie); Wirtschaftsgeographie III (Politik). 5. Aufl. Paderborn.

Scheu, Erwin (1924) Deutschlands wirtschaftsgeographische Harmonie. Breslau.

Scheu, Erwin (1927) Der Einfluß des Raumes auf die Güterverteilung. Ein wirtschaftsgeographisches Gesetz. Mitt. d. Vereins d. Geogr. an der Univ. Leipzig, VII, S. 31–38. Nachdruck (mit fehlerhaften Formeln) in: E. Otremba und U. auf der Heide (Hrsg.) Handels- und Verkehrsgeographie. Darmstadt. 1975.

Scheu, Erwin (1936) Ostpreußen, eine wirtschaftsgeographische Landeskunde. Breslau.

Schickhoff, Irmgard (1978) Graphentheoretische Untersuchungen am Beispiel des Schienennetzes der Niederlande. Duisburger Georgr. Arbeiten, Heft 1.

Schickhoff, Irmgard (1985a) Stichworte: Kürzester Weg (S. 1426) und Netzsimulation (S. 1412–1413). In: E. Meynen (Hrsg.) Internat. Geogr. Glossary. Wiesbaden-Stuttgart.

Schickhoff, Irmgard (1985b) Dienstleistungen für Industrieunternehmen. Erdkunde 39. S. 73–83.

Schmidt, Ursula (1977) Der Fernsprechdienst der deutschen Bundespost. Nürnberger wirtschafts- und sozialgeogr. Arbeiten, Bd. 26.

Schmithüsen, Josef; Hrsg. (1963–962) Handbuch der naturräumlichen Gliederung Deutschlands; 9 Lieferungen. Remagen-Bad Godesberg.

Schöller, Peter (1965) Neugliederung, Prinzipien und Probleme der politisch geogr. Neuordnung Deutschlands am Beispiel des Mittelrheingebiets. Forschungen zur Deutschen Landeskunde, Bd. 150. Bonn-Bad Godesberg.

Schöller, Peter; Hrsg. (1972) Zentralitätsforschung. Darmstadt.

Schonberg, J. F. (1956) The grain trade: How it works. New York.

Schumpeter, Josef (1926) Zur Theorie der volkswirtschaftlichen Entwicklung. 2. Auflage. München-Leipzig.

Schwarz, Gabriele (1989) Allgemeine Siedlungsgeographie, Teil 2: Die Städte, Berlin-New York, 4. Auflage.

Schwarzenbach, Fritz Hans (1984) Problem analysis of the control of regional tourist development in tourist regions of the Alps. In: Ernst A. Brugger et al. (Hrsg.) The transformation of Swiss mountain regions. Bern-Stuttgart. S. 619–637.

Schwind, Martin (1972) Allgemeine Staatengeographie. Berlin.

Scott, Allen J. (1983) Industrial organization and the logic of intrametropolitan location; a case study of the printed circuits industry in the Greater Los Angeles region. Economic Geography 59, S. 233–250 und 343–367.

Scott, Allen (1992) Flexible production agglomerations: Lessons for local economic development politicy and strategic choice. In: Economic Geogr. 68/3, S. 219–233.

Sedlacek, Peter (1988) Wirtschaftsgeographie. Darmstadt.

Sheppard, Eric; Gunther Maier & Franz Tödtling (1990) The Geography of organizational control: Austria 1973–1981. Ec. Geogr. 66; S. 1–21.

Sjöholt, Peter (1992) Producer service provision in the company towns. Geografi i Bergen Nr. 158. Bergen.

Smith, Neil & Dennis Ward (1987) The restructuring of geographical scale: Coalescence and fragmentation of the northern core area. Economic Geography 63/2 (Nachdruck) S. 160–182.

Spate, O. H. K. (1938) Geographical aspects of the industrial evolution of London till 1850. The Geogr. Journal XCIII, S. 422–432. Nachdruck in: K. Hottes (Hrsg.) Industriegeographie. Darmstadt 1976.

Spencer, Joseph E. & William L. Thomas (1773) Introducing cultural geography. New York-London.

Spiegel, Erika (1966) Neue Städte in Israel. Stuttgart-Bern.

Spethmann, Heinz (1927) Dynamische Länderkunde. Kiel. Nachdruck 1972.

Staack, Jörg (1995) Die Klassifikation deutscher Städte nach ihrer regionalen Zentralität. Europ. Hochschulschr., Reihe V, Bd. 1751. Frankfurt.

Staudacher, Christian (1984) Wirtschaftsdienste als Forschungsthema der Wirtschaftsgeographie. In: Österr. Ges. f. Wirtschaftsraumforschung (Hrsg.) Wirtschaftsgeogr. Studien 7, II. 11/12, S. 57–84.

Staudacher, Christian (1993) Standortnetze-Netzstandorte. In: Nürnb. wirtschafts- und sozialgeogr. Arb., Bd. 46, S. 47–71. Nürnberg.

Staudacher, Christian (1995) Fremdenverkehrs-/Freizeit Dienstleistungen. Ansätze zu einer Geographie der Tourismus- und Freizeitunternehmen. In: Wirtschaftsgeographische Studien 11, H. 19/20, S. 1–24. Wien.

Staudacher, Christian (1997) Wirtschaftsgeographie, eine Einführung; Teil I Service Verlag der Wirtschaftsuniversität. Wien.

Stewig, Reinhard (1995) Entstehung und Entwicklung der Industriegesellschaft auf den britischen Inseln. Kieler Geogr. Schr., Bd. 90.

Stiglbauer, Karl (1989) Die Entwicklung hochrangiger Zentren als Problem der Zentrale Orte Forschung. In: Klaus Wolf (Hrsg.) Zum System und zur Dynamik hochrangiger Zentren im nationalen und internationalen Maßstab. Frankfurter Geogr. Hefte 58, S. 9.–32.

Steinbach, Josef (1980) Bewertung und Simulation der regionalen Verkehrserschlossenheit, dargestellt am Beispiel einer Untersuchung der „regionalen Versorgungsqualität" Österreichs. Österr. Akademie der Wissenschaften. Wien.

Stoddard, David R. (1967) Organisms and ecosystems as geographical models. In Richard Chorley & Peter Haggett (Hrsg.) Models in geography. London. S. 511–538.

Storck, Karl-Ludwig (1984 Die zentralen Orte im Becken v. Oaxaca (Mexico) während der Kolonialzeit. Lateinamerik. Studien 16, München.

Storkebaum, Werner (Hrsg.) Zum Gegenstand und zur Methode der Geographie. Darmstadt.

Storper, Michael & Richard Walker (1989) the capitalist imperative, New York.

Stouffer, Samuel A. (1940) Intervening opportunities: A theory relating mobility and distance. Americ. Sociol. Revue 5, S. 845–867.

Stromer, Wolfgang v. (1986) Gewerbereviere und Protoindustrien in Spätmittelalter und Frühneuzeit. In: H. Pohl (Hrsg.) Gewerbe- und Industrielandschaften vom Spätmittelalter bis ins 20. Jahrhundert. Wiesbaden. S. 39–111.

Strzygowski, Walter (1963) Lincoln, Nebraska; Die Entwicklung einer amerikanischen Stadt. Mitt. d. Österr. Geogr. Ges., Bd. 105. S. 166–179.

Suter, Karl (1963) Der Zerfall des alpinen Nomadismus im Wallis und Tessin (Schweiz). Mitt. d. Österr. Geogr. Ges., Bd. 105, S. 180–186.

Tappe, Hans Ulrich (1989) Nutzungswandel und Probleme der Reaktivierung ehemaliger Zechenstandorte in der Emscherzone des Ruhrgebiets. Die Erde 120, S. 283–299.

Taylor, Michael J. & Nigel J. Thrift (1983) Business Organization, segmentation and location. Regional Studies 17. S. 445–460.

Terjung, Werner H. (1982) Process-response systems in physical geography. Colloquium Geographicum, Bd. 14. Bonn.

Thünen, Johann H. v. (1826) Der isolierte Staat in Bezug auf Landwirtschaft und Nationalökonomie. Neuausgabe der 4. Auflage Stuttgart 1966.

Tichy, Gunther (1981) Alte Industriegebiete in der Steiermark – ein weltweites Problem ohne Lösungsansätze. Berichte zur Raumforschung und Raumplanung 25, H. 3, S. 18–26.

Todd, Emmanuel (1985) The explanation of ideology, family structure and social systems. Oxford.

Tomaney, J. (1994) Alternative approaches to restructuring in traditional industrial regions. In: Regional Studies 28/5, S. 544–547.

Toynbee, Arnold (1962) A study of history, Bd. 6; Paperback Ausgabe der 7. Auflage. London.

Turner, Frederick J. (1920) The frontier in American history. New York.

Tykkyläinen, Markku (1988) The periphery syndrome – a reinterpretation of regional development theory in a resource periphery. Fennia 166/2, S. 295–411.

Uhlig, Harald (1970) Organisation und System der Geographie. Geoforum 1, S. 19–52.

Vernon, Raymond (1966) Trade and international investment in the product-cycle. Quarterly Journal of Economics 13, S. 109–207.

Vetter, Friedrich (1970) Netztheoretische Studien zum niedersächsischen Eisenbahnnetz, ein Beitrag zur angewandten Verkehrsgeographie. Abh. d. Geogr. Inst. Bd. 15. Berlin.

Voppel, Götz (1975) Wirtschaftsgeographie. Schaeffers Grundriß des Rechts und der Wirtschaft, Bd. 98. Stuttgart-Düsseldorf.

Voppel, Götz (1980) Verkehrsgeographie, Darmstadt.

Wagner, Horst-Günter (1994) Wirtschaftsgeographie. Das Geogr. Seminar 2. Aufl. Braunschweig.

Waibel, Leo (1933) Die Sierra Madre de Chiapas. Mitt. d. Geogr. Ges. Hamburg. Bd. XLIII, S. 12–154.

Waibel, Leo (1955) Die Pionierzonen Brasiliens. In: Gottfried Pfeifer und Gerd Kohlhepp (1984) Leo Waibel als Forscher und Planer in Brasilien. Wiss. Beihefte zur Geogr. Zeitschrift 71. Wiesbaden.

Wallerstein, Immanuel (1979) The capitalist world-economy. New York.

Weber, Alfred (1909) Über den Standort der Industrien. Tübingen.

Weber, Peter (1982) Geographische Mobilitätsforschung. Darmstadt.

Weigt, Ernst (1959) Standorte neuer Industrien in Franken und der Oberpfalz unter dem Gesichtspunkt von Nachbarschaft und Fühlungsvorteil. Berichte zur deutschen Landeskunde 23, S. 383–400.

Wein, Norbert (1983) Die Sowjetunion. Paderborn.

Weizsäcker, Carl Christian v. (1989) Ordnung und Chaos in der Wirtschaft. In: Wolfgang Gerok (Hrsg.) Ordnung und Chaos in der belebten und unbelebten Natur. Stuttgart. S. 43–57.

Weizsäcker, Ernst v. (1974) Erstmaligkeit und Bestätigung als Komponenten der pragmatischen Information. In: E. v. Weizsäcker (Hrsg.) Offene Systeme I, Beiträge zur Zeitstruktur von Information, Entropie und Evolution. Stuttgart.

Werlen, Benno (1995) Sozialgeographie alltäglicher Regionalisierungen, Bd. 1. Reihe: Erdkundliches Wissen Bd. 116, Stuttgart.

Willke, Helmut (1982) Systemtheorie. Stuttgart.

Wilson, Alan Geoffrey (1981a) Geography and the environment. Chichester-New York.

Wilson, Alan Geoffrey (1981b) Catastrophe theory and bifurcation. London.

Windhorst, Hans Wilhelm (1974) Agrarformationen. Geogr. Zeitschrift 62, S. 272–294.

Windhorst, Hans Wilhelm (1983) Geographische Innovations- und Diffusionsforschung. Darmstadt.

Wirt, Eugen; Hrsg. (1969) Wirtschaftsgeographie. Darmstadt.

Wirth, Eugen (1979) Theoretische Geographie, Grundzüge einer theoret. Kulturgeographie. Stuttgart.

Wirth, Louis (1945) Human ecology. Chicago.

Wittfogel, Karl A. (1962) Die Orientalische Despotie, Köln.

Wöhe Günter (1971) Einführung in die allg. Betriebswirtschaftslehre. 17. Aufl. München.

Wöhlke, Wilhelm (1969) Die Kulturlandschaft als Funktion von Veränderlichen. Geogr. Rundschau 21, S. 298–308.

Wolf, Klaus; Hrsg. (1989) Zum System und zur Dynamik hochrangiger Zentren im nationalen und internationalen Maßstab. Frankfurter Geogr. Hefte 58.

Zimmermann, Friedrich (1987) Struktur und Entwicklung des Fremdenverkehrs in Österreich – eine multivariate Gemeindetypisierung. In: Kristine Klemm & Gerd Mielitz; Hrsg. Vorträge zur Fremdenverkehrsforschung. 1. Sitzung d. Arbeitskreises Freizeit- und Fremdenverkehrsgeographie in Berlin 1986. Institut für Tourismus der FU Berlin.

Zipf, George K. (1941) National unity and disunity. Blommington.

Zucchetto, James & Ann Mari Jannson (1985) Resources and society – a systems ecology study of the island of Gotland/Sweden. New York-Berlin.

Zwittkowits, Franz (1965) Bemerkungen zu einem wirtschaftsgeographischen System. Festschrift für Leopold G. Scheidl zum 60. Geburtstag, Teil 1, Wien. S. 140–151.

In dem Buch verwendete unveröffentlichte Diplomarbeiten am Lehrstuhl für Wirtschafts- und Sozialgeographie der Universität Erlangen-Nürnberg.

Assmy, Petra (1983) Die Industrie im Stadtgebiet von Nürnberg.

Eicher, Angelika (1990) Die Uhrenindustrie im Schwarzwald.

Löblein, Robert (1987) Kommunale Möglichkeiten zur Steigerung der Persistenz ansässiger Industriebetriebe am Beispiel Herzogenaurach.

Mehnert, Andrea (1987) Innovation und Diffusion des McDonald'‚ Systems in der Bundesrepublik Deutschland.

Möllers, Eberhard (1989) Entwicklung und Krise der Schweizer Uhrenindustrie.

Rohrmeier, Rudolf (1978) Die italienischen Eiskonditoren im Raume Nürnberg, Fürth usw. als sozialgeographische Gruppe.

Sahverdi, Yasar (1986) Der Personenverkehr in der Türkei.

Wolf, Christine (1987) Verkehrsgeographische Konsequenzen einer Normalisierung der Beziehungen zwischen DDR und BRD – graphentheoretische Untersuchung der Wegenetze im deutsch-deutschen Verkehrsraum.

Orts- und Sachregister

Unernehmensgründung   259–261
upstream   244
ursprünglicher Markt   166
USA   47, 71, 83, 100, 125, 186, 189 f, 231, 270 f
Utopie   93, 149, 306

Venedig   62, 127, 190, 194
Veralterung   97, 118
Verbindungsweg   226, 229–232
Verbrauchermarkt   214–, 181
Verbundnetz, –system   112, 237
Verdopplung von Wegen   236
Verdrängungseffekt   251, 269, 273, 280, 284
Veredelung   49
Verfall   162 f
Verflechtung   36 ff, 53
Verkehr(s-)   226, 235
– achse   229, 239 f
– netz   174, 226 ff
– wesen   235 ff
Verlagerung v. Betrieben   119 f, 252, 261
Verortung   114
Verrichtungsweg   15, 56
Versandhandel   216
Viertelshauptstadt   207, 217
Volkswirtschaft, -sregion   3, 66–69, 101.124, 150, 174 ff, 185, 194, 235, 251, 258, 271, 306
vollständiges Wegenetz   232
Vorort einer Wirtschaftsformation   65, 78, 177, 224
Vorortbereich einer Stadt   287
Vorwärtskoppelung   37, 114 f

Wachstum(s-)   31, 33, 39, 156
– von Firmen   57 f, 79, 235
– von Regionalsystemen   57 f, 62, 65, 69, 120, 155
– pol   81
Walfang   110, 148
Wanderung   29, 120 ff
Wanderfeldbau   62
Wasserstraße   236 ff
Wasserwirtschaft   237 f
wegesparsames Netz, wegereiches Netz   230
Weimar   187, 189
Weinbau   48
Welt   243, 306
– handel   309

– markt   73
– stadt   183 f, 309
– weizenmarkt   111
– wirtschaft   72 f, 95, 307 ff
– wirtschaft als Regionalsystem   72–74
Whiskyerzeugung   48
Wiederaufbau   100, 127
Wiedervereinigung   151
Wien   190, 177, 282, 290 ff
Wildbeuter   37, 141, 153, 160
Wildnis   43, 67 f, 82, 153, 162, 241
Wirtschaft im Wartestand   138
Wirtschaftsformation   63, 74 ff, 177, 260
– innovative   77–80
Wirtschaftsgebiet   62 ff
Wirtschaftsgeographie, regionale   317–326
– systematische   165 ff
Wirtschaftsgrenze   67
Wirtschaftsgroßraum   69 ff
Wirtschaftskarte   319
Wirtschaft(s-)
– ökomene   72
– raum   17
– region   16
– region, genetisches Modell   265–271
– stil   52, 72
Wohlfahrt   14, 31, 221
Wohnen   173, 245, 285, 292 ff
Wohnung(s-)   56 f
– wahl   57, 285
Wunder, ökonomisches   316

Zeit als Ressource   105 ff, 147, 235
Zeitzone   112
zentraler Dienst   30, 174, 181, 197 f
zentraler Ort   63, 174, 181, 196 ff, 199, 272
zentralörtliche Theorie   32, 100, 184, 199–204
zentralörtliches System   136, 199 f, 204 ff
Zentren, innenstädtische   282 ff
Zug-um-Zug Geschäft   18, 103
Zürich   183, 282
Zuordnung, territoriale   150
Zusammenbruch   143, 148
Zuwanderung   121, 124, 126
Zuwandererviertel   273 ff, 288 f
Zwangswanderung   125
Zweigwerk   57, 114, 185, 250, 257 f
Zyklus   78, 107 ff, 122